REPORT OF MUTUAL FUNDS IN CHINA 2024

深圳高等金融研究院
Shenzhen Finance Institute

2024年中国公募基金研究报告

曹泉伟　陈卓　舒涛　等 / 著

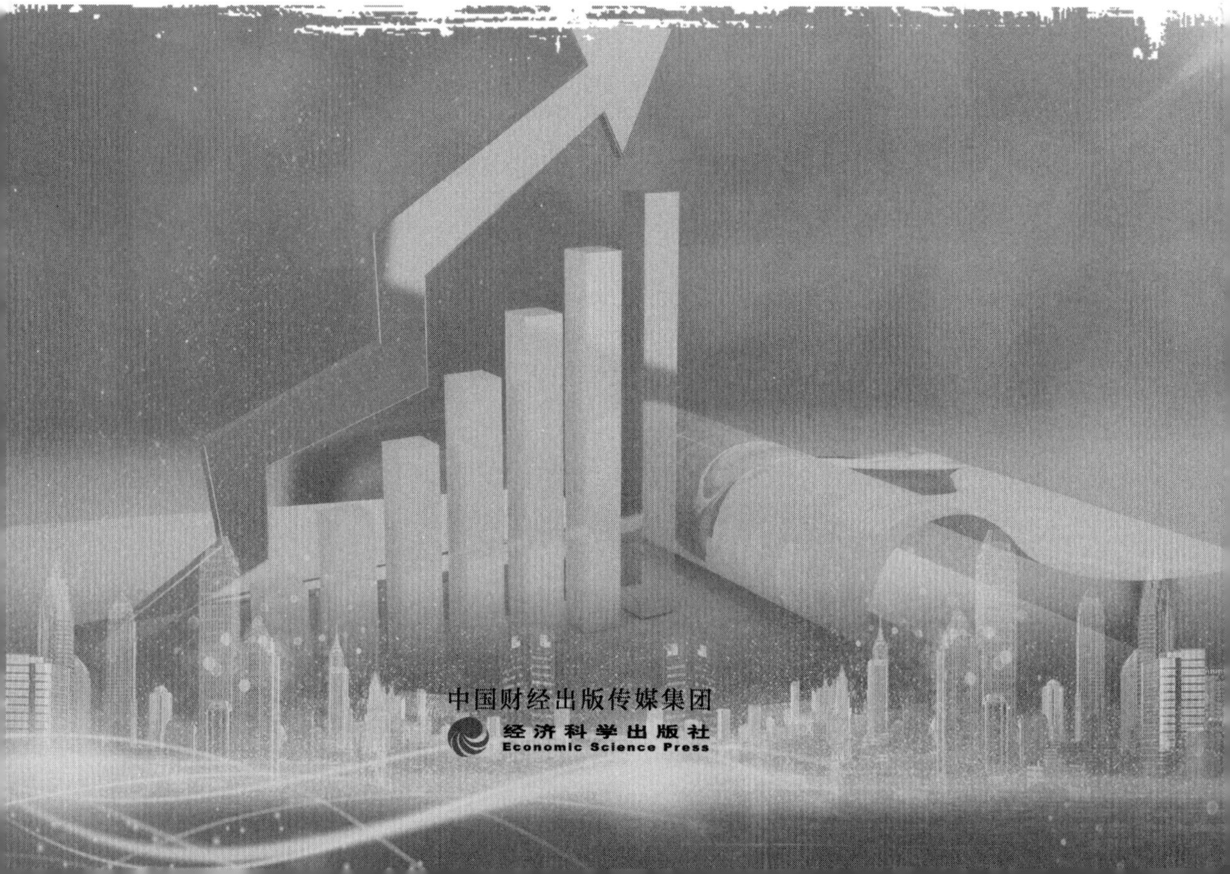

中国财经出版传媒集团
经济科学出版社
Economic Science Press

编委会

主　　任： 曹泉伟

副 主 任： 陈　卓　舒　涛

编著人员：（按姓氏笔画为序）

门　垚　张　凯　周嘉慧

姜白杨　詹欣琪

前言

2023年，各国政府纷纷采取了刺激性的经济措施，为经济的阶段性复苏注入动力。但当前资本市场的挑战与风险尚存，全球需求疲软、贸易保护主义加剧、欧美银行危机频现以及通货膨胀高企等问题增加了全球经济恢复的不确定性。在各类风险和挑战并存的环境下，我国实施稳中求进的政策，为经济的温和复苏保驾护航。我国采取了一系列积极政策来巩固经济回升的良好趋势，包括下调印花税、规范股份减持行为、调降融资保证金和收紧IPO节奏等。这些政策的实施为资本市场注入全新的活力，有助于维护市场稳定、提高市场流动性、为投资者创造更多机会，有助于促进我国经济增长并推动我国公募基金行业的发展。同时，我国实施积极的财政政策和稳健的货币政策，为消费和投资注入了强劲动力。尤其是2023年，大型基建项目和高科技产业的崛起进一步推动了经济的发展。这些产业的兴起不仅带动了内需增长，还提升了中国在全球供应链中的关键地位，为我国经济注入了新的活力。中国的经济增长速度令人瞩目，2023年国内生产总值（GDP）为126万亿元，同比增长4%。

经过三十余载的发展，我国公募基金行业在规范化、法治化和市场化的过程中逐步走向成熟，截至2023年底，我国继续运营的公募基金数量为20005只（包括不同收费类别的基金），资产管理规模近28万亿元，管理人数量达到157家。当前，我国已成为全球第四大公募基金市场，仅次于美国、卢森堡和爱尔兰，我国公募基金行业的迅速发展为国内经济发展注入了强大的金融动能，同时公募基金也成为我国资本市场的重要中流砥柱。本书以中国公募基金为研究对象，从发展历程与现状、基金的业绩表现、基金业绩持续性、基金经理的选股与择时能力等方面进行细致分析。

第一章，我们回顾了我国公募基金行业的发展历程，并从不同维度剖析我国公募基金行业的发展现状。随着公募基金市场的快速发展，公开披露的基金信息日益增多，2023年，中国证监会和中国人民银行制定《公开募集证券投资基金信息披露电子化规范》，推进资本市场信息化建设，提高信息规范与效率，同时，《重要货币市场基金暂行规定》的发布对进一步规范货币市场基金市场运作、提高货币市场基金的风险防范能力及推动行业健康有序发展具有重要意义。此外，REITs常态化发行工作也在稳步有序地推进，REITs市场的高质量发展指日可待。

第二章，我们以主动管理的股票型公募基金为研究对象，与覆盖市场上所有股票的万得全A指数的业绩表现进行综合比较。从收益的角度来看，2023年，股票型公募基金的净值平均下跌13.2%，同期万得全A指数下跌5.2%，业绩大幅落后于大盘。将样本区间拉长，近三年（2021~2023年）股票型公募基金的平均年化收益率为-9.6%，近五年（2019~2023年）平均年化收益率为12.0%，股票型公募基金五年期业绩跑赢了万得全A指数，但与往年结论不同，股票型公募基金三年期业绩跑输万得全A指数。在考虑风险因素后，即夏普比率和索丁诺比率方面，近五年（2019~2023年）股票型公募基金优于万得全A指数，但近三年（2021~2023年）股票型公募基金跑输指数，说明无论是从整体风险还是下行风险的角度出发，当股票型公募基金承担同样的风险时，在过去五年能够取得高于万得全A指数的风险调整回报，但过去三年股票型公募基金的风险调整回报却输于指数。

第三章，我们假设一只基金由一家基金管理公司的一支团队管理，并以基金数据为主线，分析这支团队的选股和择时能力。本章的“基金经理”指的是“一支管理团队”。我们的量化分析结果显示，在近五年（2019~2023年）具有完整历史业绩的839只股票型基金中，有208只基金（占比25%）表现出正确的选股能力，但是仅有16只基金（占比2%）表现出正确的择时能力，这一结果说明几乎没有公募基金有择时能力。经自助法检验后发现，有130只基金（占比15%）的选股能力源于基金经理自身的投资能力，而非运气。

第四章，我们分别使用基金收益率的Spearman相关性检验、绩效二分法检验、描述统计检验和夏普比率的描述统计检验，研究公募基金过往业绩与未来业绩的关系。检验结果显示，过去半年（排序期）收益率较高的基金在未来半年（检验期）有较大概率继续获得较好的收益，过去半年收益偏低的基金在未来半年有很大概率仍然收益不佳。我们的研究结果还显示，如果把排序期延长为一年（或三年）、检验期延长为一年，公募基金的业绩在下一年不具有持续性。因此，仅仅依据过往一年（或三年）的收益选择基金，很难选出在未来一年收益高的基金。同时，当排序期为一年时，夏普比率属于靠前（靠后）位置的基金有很大概率在下一年的夏普比率排名依旧靠前（靠后），投资者可以重点关注和避免这类基金。这些信息能够作为投资者选择基金的参考依据。

第五章，我们以2023年12月31日为界，将基金经理划分为在职基金经理和离职基金经理，并以基金经理管理所有产品的合并收益序列为主线，对其选股能力和择时能力进行研究。结果显示，在选股能力方面，分别有24.2%和24.0%的在职和离职的基金经理具有显著的选股能力；在择时能力方面，分别有9.7%和12.5%的在职和离职的基金经理具有显著的择时能力，相较选股能力，择时能力更难获得。值得关注的是，基金经理的选股和择时能力呈现出负相关关系，即基金经理的选股能力越强，其择时能力越弱；而择时能力越强的基金经理，选股能力越弱。

第六章，我们对 ESG 投资进行了详细介绍，并对我国 ESG 公募基金发展现状、基金业绩等进行了分析。ESG 投资理念最早可追溯到 20 世纪 20 年代，源于宗教教会投资的伦理道德投资，是指投资人在资产配置过程中将环境、社会责任和公司治理因素纳入考虑，以获得长期、可持续的投资回报。在最近几十年，全球资本市场对责任投资的关注度持续升温，ESG 投资理念在全球范围内快速兴起，我国 ESG 公募基金的规模也呈现出快速增长的趋势。本章将对 ESG 基金进行详细的介绍和梳理，包括 ESG 投资生态情况、我国 ESG 基金的发展历程和 2023 年的发展现状。截至 2023 年底，我国的 ESG 基金数量达到 638 只，资产管理规模达到 4135 亿元。我们以主动管理的股票型 ESG 基金为研究对象，将其与万得全 A 指数的业绩进行对比。结果表明，股票型 ESG 基金在近三年和近五年的平均年化收益率分别为 -8.36%和 13.37%，万得全 A 指数在这两个时间段内的平均年化收益率分别为 -5.57%和 7.07%。总体来看，股票型 ESG 基金的近五年收益率优于大盘指数。在考虑风险因素的情况下，股票型 ESG 基金的夏普比率和索丁诺比率在最近五年领先于大盘指数的收益率。我们还对股票型 ESG 基金的选股能力和择时能力进行了量化分析。在过去五年内有完整净值数据的 49 只样本基金中，有约 24%的基金经理表现出了显著的选股能力，但几乎没有基金展示出择时能力。最后，我们总结了我国 ESG 公募基金投资所面临的挑战与发展新趋势，为读者提供 ESG 投资的展望。

本书通过定性的归纳总结和大量的数据分析，力求以客观、独立、深入、科学的方法，对我国公募基金行业的一些基础性、规律性的问题作出深入分析，使读者对公募基金行业整体的发展脉络有一个全面而清晰的认识，加深对公募基金发展现状的理解。同时，也为关注公募基金行业发展的各界人士提供一份可以深入了解公募基金的参阅材料。

目 录 CONTENTS

中国公募基金行业发展概览

经过三十余年的发展，我国公募基金行业在金融体制不断改革、法律法规不断完善、经济高速发展和居民财富快速积累的背景下，焕发出勃勃生机，并逐步走向规范、开放和市场化的道路，迈向高质量的发展。

本章旨在全面介绍我国公募基金行业的基础概况。首先，我们将对公募基金的概念、特征和分类进行详细介绍；其次，我们将按照时间顺序分阶段介绍我国公募基金行业的发展历程，包括起步阶段、规范化发展阶段、法治化与市场化发展阶段等；再次，我们将从市场动向和监管政策等多个角度，对 2023 年我国公募基金行业发展的新动态进行深入分析；最后，我们将从公募基金的数量、管理规模、分类情况、费率等多个维度，全面介绍当前公募行业发展的现状。

公募基金行业作为金融领域的重要组成部分，为投资者提供专业化的理财服务与分散风险的渠道，推动着资本市场的繁荣与稳定。通过对本章的阅读，读者将对我国公募基金行业有一个全面深入的了解，从而更好地把握其发展态势和未来趋势。

一、公募基金简介

在本书中所提及的基金指的是证券投资基金，即以进行证券投资为目的而设立的投资工具。基金是由基金管理人通过发行基金份额向投资者募集资金，并以专业投资机构的身份管理这些募集资金形成的独立基金财产，从事金融工具投资的活动。基金券是基金投资人持有基金份额的凭证，与股票、债券等同属于有价证券。不同于直接投资股票、债券的方式，基金是一种间接投资方式，投资者通过购买基金，将资金委托给基金管理人作为机构投资者进行股票、债券等证券的投资。

根据《中华人民共和国证券投资基金法》（以下简称《基金法》），我国基金管理公司发起成立的基金属于契约型基金。契约型基金的设立是基于投资者（基金份额持有人）、委托者（基金管理人）和受托者（基金托管人）之间签署的基金合同，并利用信托关系进行投资。基金管理人由依法设立的基金管理公司承担，其职责包括设定、募集和管理基金产品，是基金运作的核心。基金管理人依照基金合同的约定，确定资金投资方向，并进行资金的投资运用，以确保投资者的资金安全和收益最大化。基金份额持有人是基金产品的投资者，根据《基金法》的规定，他们享有分享基金财产收益、转让或赎回所持基金份额等权利。基金托管人由合法设立并获得基金托管资格的商业银行担任，其负责基金资产的保管和资金清算等业务，根据基金合同的约定和基金管理人的指令进行具体的资金运作，以确保基金资产的安全性。

我国的基金根据募集对象和方式的不同，可分为公开募集证券投资基金（以下简称“公募基金”）和私募证券投资基金（以下简称“私募基金”）。公募基金是指向社会公开发售的基金，最低投资额门槛较低，面向的投资者包括普通大众和机构投资者；私募基金则是以非公开方式向少数特定投资者募集资金设立的基金，对投资者的风险承受能力有一定要求，其最低投资额门槛较高。在本书中，研究范围主要集中在公募基金领域。

公募基金具有以下特点。（1）集合理财、专业管理。公募基金采用集合投资方式，向众多不特定投资者募资，将其分散小额的资金汇集成集中大额的基金资产，通过统一管理，实现规模收益，并由基金管理人进行专业管理运作。（2）组合投资、分散风险。基金采取资产组合方式进行投资，相较于投资者分散的小额资金仅能够投资于有限的资产种类与数量，基金管理人将汇集而成的大数额资金分散投资到多种资产中，构造有效的资产组合，降低组合的非系统性风险。（3）利益共享、风险共担。基金投资者以其所持有基金份额按比例享有基金回报，并共同承担基金投资风险。（4）监管严格、信息透明。公募基金行业由监管机构实行严格监管，须在基金发行、募集、销售、交易、投资运作等一系列环节中，依照规定向社会公众及时、准确、充分地披露信息。（5）独立托管、保障安全。基金资产的管理和保管须分开运作，基金资产由托管人根据基金合同独立保管、直接运作，保证资金安全。

公募基金可按照不同标准进行分类。（1）按照运作方式，分为开放式和封闭式基金。开放式基金在发起时，基金份额或股份总额、基金期限不固定，投资者可随时申赎基金单位；封闭式基金在设立时已规定好固定的发行总额和存续期，在存续期间，投资者无法向发行机构赎回基金份额，只能通过在证券交易所交易来变现基金份额。当前我国基金市场的主流运作类型是开放式基金。（2）按照投资理念，分为主动型和被动型基金。主动型基金的基金经理以主动管理进行选股择时，力争使基金收益超过业绩比较基准；被动型基金则在选取特定的指数作为跟踪对象后被动进行调仓管理，试图通过买入与指数成分相同比例的证券跟踪市场的表现，也被称为指数型基金。

本书根据万得（Wind）数据库的基金分类体系对公募基金的两级分类进行数据统计与分析。其中，一级分类按照投资标的将公募基金划分为八大类，二级分类共有 31 个小类别，详见表 1-1。

表 1-1　　基金分类

基金分类	分类标准
股票型基金	以股票投资为主，股票等权益类资产占比下限≥80%，或在其基金合同和招募说明书中载明该基金类别为股票型
被动指数型基金	以追踪某一股票指数为投资目标，以完全复制方法进行指数管理和运作
增强指数型基金	以追踪某一股票指数为投资目标，实施优化策略或增强策略
普通股票型基金	在基金公司定义的基金名称或简称中包含“股票”等字样
债券型基金	以债券投资为主，债券资产+现金占比下限≥80%或在其基金合同和招募说明书中载明类别为债券型
被动指数债券型基金	被动追踪投资于债券型指数的基金
增强指数债券型基金	以追踪某一债券指数为投资目标，实施优化策略或增强策略
可转换债券型基金	不属于指数债券型基金，主要投资可转换债券，基金合同中明确可转换债券投资比例不低于固定收益类资产的 80%，或基金名称明确为可转债基金
中长期纯债型基金	不属于指数债券型基金，可在一级市场申购可转债，但不在二级市场投资股票、可转债等权益资产或含有权益的资产，且不参与一级市场新股申购，一级市场申购的可转债转股获得的股票持有期不超过 30 个交易日；中长期为在招募说明书中明确其债券的期限配置为长期，期限配置或组合久期>3 年
短期纯债型基金	属于纯债型；短期为在招募说明书中明确其债券的期限配置为短期的基金，期限配置或组合久期≤3 年
混合债券型一级基金	混合债券型为不属于可转换债券型和指数债券型，可部分投资权益类资产的基金，可在二级市场投资可转债，及持有可转债转股所形成的股票等资产，或参与一级市场新股申购的基金；但混合债券型一级基金不可在二级市场投资股票以及权证等其他金融工具
混合债券型二级基金	属于混合债券型；可在二级市场投资股票及权证等其他金融工具

续表

基金分类	分类标准
混合型基金	股票资产与债券资产的配置比例可视市场情况灵活配置
灵活配置型基金	权益类资产的投资范围上下限之差≥50%，且上限>50%、下限<50%，或基金全称包含“灵活配置”
偏股混合型基金	不属于灵活配置型，权益类资产投资上限≥75%，或下限≥50%
平衡混合型基金	不属于灵活配置型，权益类资产投资上限 50%~75%、下限 25%~50%
偏债混合型基金	不属于灵活配置型，权益类资产投资下限<25%，或上限≤50%
货币市场型基金	仅投资于货币市场工具
货币市场型基金	—
另类投资型基金	不属于传统的股票基金、混合基金、债券基金、货币基金
股票多空型基金	通过做空和做多投资于股票及股票衍生物获得收益，通常有至少 50%的资金投资于股票
事件驱动型基金	通过持有公司股票并参与公司各种交易，包括但不限于：并购、重组、财务危机、收购报价、股票回购、债务调换、证券发行，或其他资本结构调整
宏观策略型基金	关注经济指标的变动方向，投资于大宗商品等资产，国内主要投资于黄金
相对价值型基金	利用相关投资品种间定价误差获利，常见策略包括股票市场中性、可转换套利和固定收益套利
类 REITs	房地产信托基金，或主要投资于 REITs
商品型基金	主要投资于大宗商品及挂钩的衍生金融工具
国际（QDII）基金	主要投资于非本国的股票、债券、基金、货币、商品或其他衍生品，二级分类细则同上面国内的分类
国际（QDII）股票型基金	以股票投资为主
国际（QDII）债券型基金	以债券投资为主
国际（QDII）混合型基金	股票与债券资产的配置比例可视市场情况灵活配置
国际（QDII）另类投资基金	不属于传统的股票基金、混合基金、债券基金

续表

基金分类	分类标准
REITs	不动产投资信托基金，主要通过基础设施资产支持证券等特殊目的载体投资基础设施项目
REITs	—
FOF 基金	即基金中基金，主要投资于基金资产。ETF 联接基金不列入 FOF 基金分类
股票型 FOF 基金	以股票型基金份额投资为主，一般占比 80%以上
债券型 FOF 基金	以债券型基金份额投资为主，一般占比 80%以上
货币市场型 FOF 基金	以货币市场型基金份额投资为主，一般占比 80%以上，且剩余基金资产的投资范围和要求与货币市场型基金一致
混合型 FOF 基金	投资于股票型、债券型、货币市场型及其他基金份额，且不符合以上 FOF 基金类型；包括偏股混合型、平衡混合型、偏债混合型、目标日期型基金
另类投资 FOF 基金	不符合以上 FOF 基金定义，即 80%以上的基金资产投资于其他某一类型的基金

资料来源：万得数据库。

二、行业发展历程

依据管辖基金市场的主管机关转移和各项法规的出台，我国基金业的发展历程可分为以下四个阶段。

第一阶段：公募基金行业萌芽阶段（1991~1997 年）。在这一阶段，我国批准成立了第一批投资基金，由中国人民银行主管。自 1991 年上海证券交易所（以下简称“上交所”）和深圳证券交易所（以下简称“深交所”）的成立开始，我国证券市场开始蓬勃发展。中国人民银行珠海分行批准设立了“珠信基金”，中国人民银行武汉分行批准成立了“武汉证券投资基金”，标志着基金行业的初步发展。随后，各地开始了加速发行基金的步伐。为推动行业发展，1992 年 6 月，中国人民银行深圳经济特区分行颁布了《深圳市投资信托基金管理暂行规定》，为首个证券投资基金行业监管法规。该法规规定了基金开放式和封闭式的两种运作方式、证券投资的双 10%限制以及对关联交易层面的监管，对行业整体的发展起到了一定促进作用。然而，这部法规只适用于在深圳注册或在深交所上市的基金，缺乏全国性的证券投资基金法律与监管体系。

由于缺乏专门的监管部门和明确的法规监督，公募基金行业存在着监管不到位和运作不规范的问题。中国人民银行总行、省级分行以及各地政府都可以批准设立基金和基金管理公司，缺乏一致的监管标准。这导致基金的设立、管理、托管等环节缺乏明确的法规监督。同时，基金运作过程中为维护各地部门或个别企业的利益，不规范的行为普遍存在，无法保障投资者的权益。此外，还存在基金投资范围过于广泛、资产流动性和质量差的问题。

为整顿基金市场秩序，1993 年 5 月，中国人民银行总行发布了《关于立即制止不规范发行证券投资基金和信托受益债券做法的紧急通知》，收拢基金审批权力，并明确规定了基金的发行和上市、基金管理公司的设立以及中国金融机构在境外设立基金和基金管理公司等业务，统一由中国人民银行总行批准，任何部门不得越权审批。同时，对此前未经总行批准成立的基金进行全面清理整顿。1993 年 8 月，我国首只上市交易的基金——淄博基金在上交所公开上市。1994 年，部分地方性证券交易中心与上交所、深交所实现联网，形成了全国性的基金交易市场。然而，该阶段专业性基金管理公司数量较少，基金规模小且运作不规范。这一阶段发行的基金被称为“老基金”。

第二阶段：公募基金行业规范化发展阶段（1997~2004 年）。1997 年 11 月，国务院发布了首部规范证券投资基金运作的行政法规《证券投资基金管理暂行办法》，为公募基金奠定了“强制托管、信息披露、组合投资”的基础，并对基金的设立、募集、交易，以及基金托管人、管理人和持有人的权利义务等作出详细规定。在该法规的指引下发行的基金俗称“新基金”。《证券投资基金管理暂行办法》的发布标志着我国基金业进入了规范化发展的新阶段。由中国证券监督管理委员会（以下简称“证监会”）担任基金业的主管机关，并筹建了基金监管部门。1998 年 3 月，我国迎来了首批规范的“新基金”，包括封闭式基金“基金金泰”“基金开元”等，开启了基金试点的新阶段。在接下来的 1998~2000 年期间，新发行的基金享有了新股配售的特权。随后，1999 年 10 月，保险资金被批准以购买公募基金的方式进入证券市场；2001 年 12 月，社保基金获准投资上市流通的公募基金。这一系列新规的出台加速了公募基金行业的发展步伐，基金数量迅速增加，基金规模快速扩大，并取得了基金规范化监管方面的长足进步。

2000 年 10 月，证监会发布了《开放式证券投资基金试点办法》，开启了我国开放式基金的试点工作。2001 年 9 月，首只开放式基金“华安创新”成立，之后开放式基金的发行速度明显加快，基金市场规模不断扩张，基金产品种类也日益丰富，公募基金的创新层出不穷。自 2002 年起，封闭式基金的发行逐渐减少，并于该年 9 月后停止发行。此后，我国基金市场主要以开放式基金为主，并陆续推出了发达国家市场中的大多数基金产品类型。2002 年 6 月，我国加入世界贸易组织

（WTO）后，证监会发布了《外资参股基金管理公司设立规则》（已失效），外资基金管理公司开始进入我国公募基金市场。

通过这些重要的法规和政策的实施，我国的公募基金行业得到了规范化的法律监管，促进了基金市场的快速和多样化发展。

第三阶段：公募基金行业以法治业发展阶段（2004~2012 年）。2003 年 10 月，全国人民代表大会常务委员会通过了《中华人民共和国证券投资基金法》，这是中国基金业和资本市场发展史上的重要里程碑。该法于 2004 年 6 月 1 日正式实施，标志着我国基金业进入了以法治为基础的新阶段。《基金法》规定了基金市场主体的准入和约束机制，明确了基金当事人的法律责任和义务。它加强了对基金募集、运作和信息披露的管理，并对基金份额的交易、申购和赎回等作出明确规定，通过法律的形式对基金活动进行规范，确认了基金业的地位和作用，促进了基金和证券市场的健康发展。随后，证监会于 2005 年颁布了《证券投资基金运作管理办法》，明确了基金产品的定位和其他细则。这一办法进一步完善了基金市场的运作管理，为基金业提供了更具体的指导。

第四阶段：公募基金行业市场化发展阶段（2012 年至今）。2012 年，《基金法》经过修订并获通过，大幅放开公募基金市场准入、投资范围和业务运作等方面的规定，加强了基金管理公司的监管能力，推动了行业的市场化发展。在这一阶段，我国相继出台了一系列法律法规，其中“放松管制、加强监管”成为我国金融监管和证券市场改革的重要方针。这一政策导向有效促进了公募基金行业的健康发展。表 1-2 总结了 2012 年至今，我国监管部门在公募基金行业市场化发展阶段所发布的重要政策。

表 1-2　　公募基金行业市场化发展阶段重要政策

正式施行日期	监管政策名称
2012 年 11 月 1 日	《基金管理公司特定客户资产管理业务试点办法》
2012 年 11 月 1 日	《证券投资基金管理公司子公司管理暂行规定》
2013 年 1 月 25 日	《黄金交易型开放式证券投资基金暂行规定》
2013 年 4 月 2 日	《证券投资基金托管业务管理办法》
2013 年 6 月 1 日	《中华人民共和国证券投资基金法》
2013 年 6 月 1 日	《资产管理机构开展公募证券投资基金管理业务暂行规定》
2013 年 6 月 1 日	《证券投资基金销售管理办法》
2013 年 9 月 3 日	《公开募集证券投资基金参与国债期货交易指引》
2014 年 8 月 8 日	《公开募集证券投资基金运作管理办法》
2015 年 3 月 27 日	《公开募集证券投资基金参与沪港通交易指引》

续表

正式施行日期	监管政策名称
2016 年 2 月 1 日	《货币市场基金监督管理办法》
2016 年 9 月 11 日	《公开募集证券投资基金运作指引第 2 号——基金中基金指引》
2017 年 6 月 14 日	《通过港股通机制参与香港股票市场交易的公募基金注册审核指引》
2017 年 6 月 28 日	《基金募集机构投资者适当性管理实施指引（试行）》
2017 年 9 月 13 日	《证券投资基金管理公司合规管理规范》
2017 年 10 月 1 日	《公开募集开放式证券投资基金流动性风险管理规定》
2018 年 4 月 27 日	《关于规范金融机构资产管理业务的指导意见》
2018 年 6 月 1 日	《关于进一步规范货币市场基金互联网销售、赎回相关服务的指导意见》
2019 年 1 月 15 日	《公开募集证券投资基金投资信用衍生品指引》
2019 年 1 月 18 日	《证券投资基金投资信用衍生品估值指引（试行）》
2019 年 6 月 14 日	《公开募集证券投资基金参与转融通证券出借业务指引（试行）》
2019 年 8 月 16 日	《证券投资基金侧袋机制操作规范（征求意见稿）》
2019 年 9 月 1 日	《公开募集证券投资基金信息披露管理办法》
2020 年 3 月 12 日	《基金经营机构及其工作人员廉洁从业实施细则》
2020 年 3 月 20 日	《公开募集证券投资基金信息披露管理办法（2020 年修订）》
2020 年 4 月 17 日	《公开募集证券投资基金投资全国中小企业股份转让系统挂牌股票指引》
2020 年 5 月 1 日	《基金经理兼任私募资产管理计划投资经理工作指引（试行）》
2020 年 7 月 10 日	《证券投资基金托管业务管理办法》
2020 年 8 月 1 日	《公开募集证券投资基金侧袋机制指引（试行）》
2020 年 8 月 6 日	《公开募集基础设施证券投资基金指引（试行）》
2020 年 10 月 1 日	《公开募集证券投资基金销售机构监督管理办法》
2020 年 10 月 1 日	《公开募集证券投资基金宣传推介材料管理暂行规定》
2021 年 1 月 29 日	《公开募集基础设施证券投资基金网下投资者管理细则》
2021 年 2 月 1 日	《公开募集证券投资基金运作指引第 3 号——指数基金指引》
2021 年 2 月 8 日	《公募基础设施证券投资基金尽职调查工作指引（试行）》
2021 年 2 月 8 日	《公开募集基础设施证券投资基金运营操作指引（试行）》
2021 年 7 月 29 日	《关于深化“证照分离”改革进一步激发市场主体发展活力实施方案》
2021 年 8 月 11 日	《公开募集证券投资基金管理人及从业人员职业操守和道德规范指南》
2021 年 8 月 31 日	《公开募集证券投资基金投资顾问业务数据交换技术接口规范（试行）》
2021 年 12 月 30 日	《中国证券投资基金业协会投资基金纠纷调解规则》

续表

正式施行日期	监管政策名称
2021 年 12 月 30 日	《中国证券投资基金业协会投诉处理办法》
2022 年 1 月 14 日	《重要货币市场基金监管暂行规定（征求意见稿）》
2022 年 4 月 1 日	《证券基金经营机构董事、监事、高级管理人员及从业人员监督管理办法》
2022 年 4 月 26 日	《关于加快推进公募基金行业高质量发展的意见》
2022 年 5 月 10 日	《基金从业人员管理规则》及配套规则
2022 年 6 月 10 日	《基金管理公司绩效考核与薪酬管理指引》
2022 年 6 月 20 日	《公开募集证券投资基金管理人监督管理办法》
2022 年 6 月 24 日	《关于交易型开放式基金纳入互联互通相关安排的公告》
2022 年 11 月 4 日	《个人养老金投资公开募集证券投资基金业务管理暂行规定》
2023 年 1 月 4 日	《公开募集证券投资基金信息披露电子化规范》
2023 年 3 月 24 日	《关于进一步推进基础设施领域不动产投资信托基金（REITs）常态化发行相关工作的通知》
2023 年 5 月 16 日	《重要货币市场基金监管暂行规定》
2023 年 6 月 9 日	《公开募集证券投资基金投资顾问业务管理规定（征求意见稿）》
2023 年 7 月 7 日	《公募基金行业费率改革工作方案》
2023 年 10 月 20 日	《公开募集基础设施证券投资基金指引（试行）》
2023 年 12 月 6 日	《全国社会保障基金境内投资管理办法（征求意见稿）》
2023 年 12 月 8 日	《关于加强公开募集证券投资基金证券交易管理的规定》并公开征求意见

资料来源：中国证监会、中国证券投资基金业协会、中国证券业协会、中国人民银行、中华人民共和国财政部。

2012 年 11 月，证监会推出了《证券投资基金管理公司管理办法》，不仅降低了基金管理公司的市场准入标准，还强化了对其的监督管理。其中包括建立了一套风险控制指标的监控和监管综合评价体系。2013 年 6 月，修订后的《基金法》与《资产管理机构开展公募证券投资基金管理业务暂行规定》得以实施。立法机关对法律的调整范围、私募基金监管和公募基金规范等问题进行了补充、修改和完善。法规允许并引导符合规定的证券公司、保险资管公司、私募证券基金管理机构、具有资管经验和一定管理规模的机构，以及其他资管机构开展公募基金管理业务，为行业的规范化发展和有效监管提供了坚实的法律后盾。

一系列变革为公募基金行业的市场化改革构建了更为健全和规范的制度框架，同时也吸引了众多的机构竞争者进入市场。在此期间，证监会出台了多项规定，允许基金管理公司将投资范围扩展到除股市、债市、商品等二级市场外的实体经济领域，如股权、收益权等。2015 年 4 月，经再次修正的《基金法》得到了进一步的完善。自 2015 年起，在内地与香港基金互认的背景下，公募基金逐步参与沪港通、深港通交易。同时，分级基金、保本基金和委外定制型基金等基金品种的发行和运作也得到规范监管，标志着行业正在向全面市场化迈进。2016 年，《公开募集证券投资基金运作指引第 2 号——基金中基金指引》正式实施，吸引了众多基金管理公司积极参与 FOF 工作。首批公募 FOF 基金于 2017 年 9 月正式获批，是公募基金行业发展历程中的重要里程碑。

2017 年，我国公募基金资产管理规模突破 10 万亿元大关。同年，我国将“维护国家金融安全”列为经济平稳发展的核心任务，监管部门相继颁布多项政策法规，不仅针对金融风险的防控和金融行业的定位设定了更明确的标准，同时也致力于推动多种类型基金产品的发展。中国人民银行在为统一产品标准、消除监管套利、规范业务发展以防范系统性金融风险的背景下发布了《关于规范金融机构资产管理业务的指导意见（征求意见稿）》。

2018 年 2 月，证监会发布《养老目标证券投资基金指引（试行）》，养老型公募基金产品由此诞生。随后，中国人民银行、中国银行保险监督管理委员会（以下简称“银保监会”）、证监会、国家外汇管理局四部委于 2018 年 4 月联合发布了《关于规范金融机构资产管理业务的指导意见》（即“资管新规”），标志着我国资管行业进入了统一监管的新纪元。公募基金凭借其鲜明的特点，如低投资门槛、高度的专业性和相对完善的风控措施，在众多的资管产品中脱颖而出，赢得了市场的青睐。2018 年，受市场行情波动和监管环境调整的影响，指数基金，尤其是交易型开放式指数基金（ETF），经历了规模和份额的快速增长，迎来了前所未有的发展机遇。

2019 年，公募基金的高回报率为投资者带来了欣喜，“炒股不如买基金”的理念逐渐为大众所接受。该年，相关指引业务也相继出台，如公募基金投资信用衍生品、参与转融通证券出借业务等，进一步加强了公募基金行业业务规范性。2019 年 9 月，《公开募集证券投资基金信息披露管理办法》经修订后重新发布，为公募基金的信息披露设定了更高的标准，进一步保障了投资者的权益。同年 10 月，证监会启动了公募基金投资顾问业务试点。

2020 年 4 月，证监会发布了《公开募集证券投资基金投资全国中小企业股份转让系统挂牌股票指引》，允许公募基金参与投资新三板精选层。随后，证监会于 2020 年 8 月发布了《公开募集证券投资基金销售机构监督管理办法》（以下简称《管理办法》）及配套规则，此次修订涉及几项重大变革，旨在使监管能更好地适应市场环境的变化和基金行业的发展。修订后的《管理办法》致力于提升基金销售机构的专业服务能力和合规风控水平，积极引领和培育基金行业走向良性发展的轨道，构建稳健、可持续的生态体系。同年 9 月，证监会等三部门发布了《合格境外机构投资者和人民币合格境外机构投资者境内证券期货投资管理办法》，不仅降低了外资的准入门槛也扩大了其可投资范围，为外资进入我国市场提供了更大的便利。

2021 年 2 月，证监会实施《公开募集证券投资基金运作指引第 3 号——指数基金指引》，旨在规范公开募集指数证券投资基金的设立和运作等相关活动，以保护投资者的合法权益。2021 年 5 月，首批基础设施公募 REITs 产品获证监会注册批准，开始公开发售，标志着国内公募 REITs 的序幕正式拉开。证监会于 2021 年 7 月制定《关于深化"证照分离"改革进一步激发市场主体发展活力实施方案》，要求包括公募基金在内的各主体予以落实。同年 9 月，国内迎来了首只纯外资公募基金产品——贝莱德中国新视野混合型证券投资基金的诞生。2021 年 11 月，首批 8 只北交所基金获得批准。

2022 年，证监会有针对性地推出了一系列政策，以推动我国金融市场的健康发展。1 月 14 日，证监会就《重要货币市场基金监管暂行规定》向社会公开征求意见，以完善对重要货币市场基金的监管。随后，证监会于 2 月 18 日发布了《证券基金经营机构董事、监事、高级管理人员及从业人员监督管理办法》，以规范基金从业人员的任职和执业行为，促进经营机构的合规稳健运行。4 月 26 日，证监会发布了《关于加快推进公募基金行业高质量发展的意见》，提出了关于公募基金行业在服务资本市场改革发展、居民财富管理需求以及实体经济与国家战略能力方面的要求。紧接着，证监会于 6 月 20 日实施了《公开募集证券投资基金管理人监督管理办法》，作为公募基金行业发展的政策性规范与指导新规，进一步完善了对基金管理人的监管要求。为了贯彻上述文件要求，中基协于同月发布了《基金管理公司绩效考核与薪酬管理指引》，以健全公募基金行业的长效激励约束机制，开启了有史以来最大规模的薪酬改革。6 月 24 日，证监会发布《关于交易型开放式基金纳入互联互通相关安排的公告》，标志着两地交易所正式将符合条件的 ETF 纳入内地与香港股票市场交易互联互通机制。这一举措有利于吸引境外长期资金入市，完善市场结构与生态。国务院办公厅于 9 月 15 日印发《关于进一步优化营商环境降低市场主体制度性交易成本的意见》，其中明确要求重点规范金融服务收费，鼓励证券、基金等机构进一步降低服务收费，推动金融基础设施合理降低交易、托管、登记、清算等费用。该文件的目标在于降低市场交易成本、减少市场摩擦、增强市场活力。11 月 4 日，证监会正式发布《个人养老金投资公开募集证券投资基金业务管理暂行规定》，明确了个人养老金投资公募基金业务等具体规定，业务正式落地施行。

2023 年，证监会和中国人民银行于 1 月 4 日联合发布金融行业标准《公开募集证券投资基金信息披露电子化规范》，规定了基金信息披露电子化的一般要求，以保障公募基金运作公开透明。2 月 10 日，证监会同意中国证券结算有限责任公司（以下简称“中国结算”，CSDC）启动公募基金账户份额信息统一查询平台暨“基金 E 账户”公开试运行，为个人投资者提供公募基金账户及份额信息的“一站式”查询服务，解决了投资者分散查询的行业服务痛点，逐步为公募基金投资者提供更为便捷优质的服务。2 月 17 日，为强化重要货币市场基金监管，证监会联合中国人民银行共同发布了《重要货币市场基金监管暂行规定》，进一步完善货币市场基金监管规则。为加快推进基础设施 REITs 常态化发行的有关工作安排，证监会指导证券交易所制定的《保险资产管理公司开展资产证券化业务指引》于 3 月 3 日发布，该指引的发布有利于拓宽企业融资渠道，提高交易所债券市场服务实体经济质效；同月，证监会发布《关于进一步推进基础设施领域不动产投资信托基金（REITs）常态化发行相关工作的通知》，该通知的发布将逐步推进我国消费类基础设施公募 REITs 进入常态化快速发行阶段。5 月 12 日，证监会指导证券交易所修订 REITs 审核关注事项指引，指引内容突出以“管资产”为核心，进一步优化 REITs 审核关注事项，强化信息披露要求，明确产业园区、收费公路两大类资产的审核和信息披露标准，提高成熟类型资产的推荐审核透明度，加快发行上市节奏，推动 REITs 市场高质量发展。财政部和人力资源社会保障部于 12 月 6 日联合起草了《全国社会保障基金境内投资管理办法（征求意见稿）》，计划将公募 REITs 正式纳入社保基金的投资范围。此举有助于恢复公募 REITs 市场的信心，稳定投资者的预期，并引入长期稳定的资金，为市场注入活力。6 月 9 日，证监会就《公开募集证券投资基金投资顾问业务管理规定（征求意见稿）》公开征求意见，该规定旨在健全资本市场财富管理功能，深化投资端改革。我国公募基金市场在监管导向和市场推动的双重作用下，正朝着更完善的方向发展。12 月 8 日，证监会发布《关于加强公开募集证券投资基金证券交易管理的规定》并公开征求意见。这标志着公募基金行业第二阶段费率改革工作正式启动。公募基金费率改革的启动将让利于投资者，有利于推动公募基金行业的高质量发展。

三、2023 年行业发展动态

2023 年，海外银行风险事件频发，加之美欧货币政策急剧变化，全球通货膨胀压力未见明显改善，全球经济仍处于疫情后的复苏阶段。在这样的背景下，2023 年 10 月末，中央金融工作会议在北京召开。会议强调金融是国民经济的血脉，并提出了“加快建设金融强国”的目标。这一目标旨在活跃资本市场，对我国金融业的稳定发展具有深远影响。随着我国资本市场的逐步深化改革以及国家政策的积极引导，我国公募基金行业正在健康、有序地发展。特别是在个人养老金制度的推动下，公募基金将迎来更多长期稳定资金的涌入与历史性的发展机遇。

尽管年内A股市场出现了短暂的震荡，投资者情绪受到一定影响，但基金公司采取了降低费用、自购等方式来提振市场情绪。为此，证监会发布了公募基金费率改革等工作安排，其中包括推出更多浮动费率产品、降低主动权益类基金费率水平、规范公募基金销售环节收费、完善公募基金行业费率披露机制等具体举措。通过下调基金费率，能够让利于投资者，减少基金持有人成本，提升持有人的持有体验。与此同时，证监会全面推行股票发行注册制，将进一步优化中国股票市场的健康秩序。

2023年公募基金行业相关政策和新规的陆续出台，促进了我国资本市场和资产管理行业走向规范化、市场化和完善化。这些政策的实施得到了中央的引领和大力支持，进一步推动了我国资本市场的良性发展。以下将重点解读2023年公募基金行业的最新政策和相关动态。

（一）规范公募基金信息披露，提升透明度

随着公募基金市场的快速发展，公开披露的基金信息不断增加。证监会和中国人民银行为提高信息处理效率，确保公募基金的公开透明运作，于2023年1月4日联合发布金融行业标准《公开募集证券投资基金信息披露电子化规范》（以下简称《规范》）。

具体来看，《规范》规定了基金信息披露电子化的一般要求，包含要求、公告、分类标准和电子化过程；确立了基金信息披露电子化的内容实现方式；给出了一个基金信息统一、规范的描述方式，不涉及诸如加密、数据完整性等安全机制。

对于公募基金的信息披露电子公告文档，《规范》作出四点要求，分别为真实性、准确性、完整性、可用性。

（1）真实性指电子公告文档应与基金信息披露意图相符；

（2）准确性指电子公告文档应准确、充分地反映其所证明的基金业务活动、基金活动过程或基金事实，内容可信，并在后续的基金业务活动中仍可以其为依据；

（3）完整性指电子公告文档应覆盖基金信息披露的完整意图；

（4）可用性指电子公告文档应可被获取、展示、检索和理解，能表明电子公告文档与形成它的业务活动的直接关系。

同时，《规范》对公募基金的公告信息进行了划分，分为基金募集信息、基金运作信息和基金临时信息三大类，并对基金募集和运作信息披露公告以及基金临时信息披露公告的分类标准框架作出了不同规定。基金募集与运作公告分类标准包括财务信息类和非财务信息类两大类别。财务信息类别包括基金募集与运作公告财务信息类和监管财务信息类；非财务信息类别则包括基金募集与运作公告全局通用文档类、基本信息类、管理报告类、重大事件类和审计报告类。

此外，《规范》还特别提及了公告文档的电子化规定。电子化过程指的是基于分类标准将基金信息数据化、结构化和规范化，生成统一、规范的实例文档的过程。需要注意的是，这个过程并不包括将实例文档转换为其他格式的电子公告文档的过程。

在实例文档的基本要求方面，《规范》明确三点。

（1）实例文档应能在信息披露义务人、监管机构和最终使用者之间自由流转，可跨平台、跨操作系统交换基金信息；

（2）应由基金公告的发布者对实例文档进行生成和修改，监管机构、信息最终使用者可从正式发布的实例文档中获取数据；

（3）实例文档应是数据化的文件，所包含的数据信息内容应以约定的形式进行描述、组织，且这些数据信息内容应能方便且无歧义地被相关的计算机应用程序直接读取或应用。

《规范》利用信息技术手段，将披露的信息进行规范化、结构化和数据化处理，旨在构建基金信息披露义务人、基金监管机构和投资者之间的数据交换桥梁。通过这一规范，我们能够提升基金信息的生成、交换、校验和应用效率，为各方提供更高质量的数据支持。对于基金信息披露义务人而言，规范化的电子化流程能够帮助其更加便捷地履行披露义务；对于基金监管机构来说，电子化的披露信息有助于监管工作的开展和风险识别；而对于投资者而言，规范化的披露信息能够提供更清晰、准确的数据，增强他们的投资决策能力。

（二）基金投资顾问业务有序推进

2023 年 6 月 9 日，为健全资本市场财富管理功能，深化投资端改革，培育资本市场买方中介队伍，证监会起草《公开募集证券投资基金投资顾问业务管理规定》（以下简称《规定》），并向社会公开征求意见。

《规定》主要内容包括：

（1）沿用试点期间对“投资”活动的规范原则，加强对投资环节的监管，进一步明确对管理型业务的管控，优化投资分散度等监管要求。

（2）强化对“顾问”服务的监管，督促引导行业坚守“顾问”服务本源，持续丰富服务内涵，加强投资者适当性和服务匹配管理，规范宣传推介行为，强化信义义务落实和利益冲突防范。

（3）针对新问题、新情况补齐监管短板，促进业务合规有序开展。例如，加强对投资顾问机构之间及投资顾问与基金销售机构等其他机构合作展业的规范管理，明确对投资顾问机构配置公募基金之外的其他产品的规范性要求，豁免基金经理以外的基金从业人员投资本公司基金时锁定期的要求等。

2019 年 10 月，证监会启动了基金投资顾问业务试点。试点工作的开展情况显示，基金投资顾问业务运行平稳，获得了市场各方的广泛认可和支持，业务的适配性和发展前景也受到了肯定。试点工作取得了预期的成果，目前已经达到了基本转为常规的条件。相较于 2019 年《关于做好公开募集证券投资基金投资顾问业务试点工作的通知》,《规定》对基金投顾业务提出了更为详细的要求，这是监管层推动业务转为常规的重要举措，旨在进一步完善证券基金投资咨询业务的法规体系，明确基金投资顾问业务的具体规范和监管细则，为该业务的长期、规范和健康发展提供有力的法律保障。《规定》的实施对于培育专业买方中介力量、改善投资者服务和回报、优化资本市场的资金结构，以及促进基金行业的高质量发展都具有积极意义。《规定》不仅有助于提升基金投资顾问的专业水平，增加投资者的信心，并为投资者提供更好的服务，而且有助于引导资本市场的资金流向更加合理和高效，推动基金行业朝着更加健康和可持续的方向发展。

（三）强化重要货币市场基金监管

证监会、中国人民银行于 2023 年 2 月 17 日联合发布《重要货币市场基金监管暂行规定》（以下简称《暂行规定》），就重要货币市场基金的定义、评估、监管要求、风险防控和监督管理机制等作出了规定，自同年的 5 月 16 日起施行。

《暂行规定》共五章二十条，主要内容包括：

（1）明确重要货币市场基金的定义及评估条件、标准、程序，有效识别重要货币市场基金；

（2）明确重要货币市场基金的特别监管要求，增强基金管理人及产品抗风险能力；

（3）明确重要货币市场基金的风险防控和处置机制。

长期以来，货币市场基金一直作为现金管理工具，与其他类型的公募基金在投资范围、估值方法和收益分配方式等方面存在较大差异。货币市场基金具有资本安全性较高、流动性好和投资成本低等特点。从 2013 年下半年开始，互联网平台的介入和推广使得部分货币市场基金规模迅猛增长。然而，随之而来的是与互联网业务融合发展过程中出现的一系列问题，监管机构通过不断细化的政策法规逐步规范了货币市场基金存在的各类问题。《暂行规定》的正式实施要求监管机构的监管要求更加严格审慎，这有助于提升重要货币基金的安全性和流动性。

（四）公募基金费率改革工作有序进行

2023 年 7 月 7 日，证监会发布《公募基金行业费率改革工作方案》（以下简称

《方案》），以落实长期以来备受期待的公募基金降费计划。费率改革工作主要从四个方面展开，包括推出更多浮动费率产品、降低主动权益类基金的费率水平、规范公募基金销售环节的收费行为、完善公募基金行业的费率披露机制等。在接下来的两年内，《方案》计划将实施 15 项措施，全面优化公募基金费率模式，旨在稳步降低整个公募基金行业的费率水平。

2023 年 8 月 26 日，首批 20 只浮动费率产品集体获得批准，其中 8 只产品与业绩挂钩。浮动费率的收费模式有助于激励基金管理人和基金经理更加积极主动地应对及接受基民和基金市场的挑战与考验，从而实现“基金赚钱，基民也赚钱”的目标。

除了推出浮动费率产品以外，降低主动权益类基金产品费率的工作也在持续推进。费率相关调整情况显示，管理费率和托管费率分别不超过 1.2%和 0.2%。以易方达基金为例，该公司已下调 90 只产品的费率。其中 74 只主动权益类基金的管理费率从 1.5%降至 1.2%，89 只基金的托管费率降至 0.2%。虽然短期内费率降低将直接导致公募基金公司的收入减少，中小型基金公司在规模效应下的竞争环境也会更加严峻，但从长期来看，费率降低是最实质性的让利措施，一方面可以吸引更多市场资金，扩大公募基金的管理规模，以抵消费率降低对基金管理人收入的直接影响；另一方面，费率降低也迫使公募行业加速优化运营成本结构，是实现行业高质量发展的必经之路。

继 2023 年 7 月证监会发布首轮公募基金费率改革具体工作安排后，费改工作紧锣密鼓地进行，第一阶段费率改革工作卓见成效。2023 年 12 月 8 日，证监会趁热打铁，发布了《关于加强公开募集证券投资基金证券交易管理的规定》（以下简称《规定》）并公开征求意见，正式启动了第二阶段的费改工作。通过分阶段的改革，以让利投资者为目标，有利于更大程度地维护基金持有人的利益，促进公募行业长期持续稳定的高质量发展。

公募基金费率改革牵一发而动全身，如浮动费率产品的试点就是对整个行业实现高质量发展的积极探索。这些积极变化有助于建立基金管理人和投资者之间利益共享和风险共担的良好关系，进而能够吸引更多中长期资金源源不断地进入市场。

（五）REITs 常态化发行工作稳步有序推进

2023 年 3 月 3 日，证监会指导证券交易所发布了《保险资产管理公司开展资产证券化业务指引》（以下简称《业务指引》），旨在支持公司治理健全、内控管理规范、资产管理经验丰富的优质保险资产管理公司参与资产证券化（ABS）和不动产投资信托基金（REITs）业务。该指引的目标是进一步丰富参与机构形态，推动多层次 REITs 市场的高质量发展。

2023 年 3 月 24 日，证监会发布了《关于进一步推进基础设施领域不动产投资信托基金（REITs）常态化发行相关工作的通知》（以下简称《通知》）。《通知》的发布是为了贯彻党的二十大和中央经济工作会议的精神，按照国务院的工作部署，根据《国务院办公厅关于进一步盘活存量资产扩大有效投资的意见》的要求，进一步健全 REITs 市场功能，推进 REITs 常态化发行，完善基础制度和监管安排。《通知》的内容包括以下几个方面：

（1）加快推进市场体系建设，提升服务实体经济能力；

（2）完善审核注册机制，提高制度化规范化透明化水平；

（3）规范与发展并重，促进市场平稳运行；

（4）进一步凝聚各方合力，推动市场持续健康发展。

为进一步加强 REITs 审核和强化信息披露标准，2023 年 5 月 12 日，证监会指导证券交易所修订了 REITs 审核关注事项指引。此举旨在以“管资产”为核心，优化 REITs 审核关注事项，加强信息披露要求，推动 REITs 市场的高质量发展。修订后的指引明确了产业园区和收费公路两类资产的审核和信息披露标准，并提高了成熟类型资产的审核透明度，以促进发行上市的进程。

2023 年 9 月 8 日，证监会就修改《公开募集基础设施证券投资基金指引（试行)》第五十条公开征求意见，并于 10 月 20 日公布了第五十条的修改决定。该规定删除了“不含住宅和商业地产”的相关表述，将“百货商场、购物中心、农贸市场等消费基础设施”以及“保障性租赁住房、清洁能源”明确纳入基础设施范围，并强调基础设施项目应符合国家重大战略、发展规划、产业政策和投资管理法规等相关要求。拓展公募 REITs 试点资产类型至消费基础设施正当其时。此举有助于引入社会资本参与线下消费场景的投资，通过打造受消费者喜爱的线下消费空间来增加居民消费，为中国公募 REITs 市场注入新的活力。随着经济的稳步复苏，各类 REITs 的业绩将逐步修复。从长期来看，这些 REITs 具有较好的投资价值。

（六）证监会同意“基金 E 账户”APP 公开试运行

2023 年 2 月 10 日，证监会同意中国结算启动公募基金账户份额信息统一查询平台暨“基金 E 账户”的公开试运行。“基金 E 账户”APP 已在各大手机应用商店上架，试运行期间，投资者可以通过基金管理人获得邀请码进行注册和使用。

“基金 E 账户”旨在为个人投资者提供公募基金账户及份额信息的便捷查询服务，解决中小投资者在账户遗忘和查询繁琐等方面的困扰，致力于提升投资者的满意度。该平台是证监会贯彻落实党的二十大以人民为中心发展思想的具体举措，也是公募基金行业的重要基础设施和关注民生的重点工程。

这一举措的推出将极大地方便投资者查询基金账户和份额信息，提升其投资体验和参与度。同时，这也是证监会积极推动科技创新与金融服务深度融合的体现，有助于构建更加便捷、透明、安全的投资环境，促进公募基金行业的整体发展和健康成长。

（七）外资加码竞逐中国公募市场

中国不断深化资本市场改革，推进上市公司高质量发展，并全面实施股票发行注册制；同时致力于与国际接轨，不断提升市场规则和制度体系的国际化程度。在公募基金行业建设方面，中国逐步放宽外资准入限制，分别于 2018 年和 2020 年逐步对外资准入政策进行了调整，并于 2022 年进一步完善了公募基金管理人的监管要求。这为海外资产管理巨头加速布局中国市场创造了良好的环境，推动了外资机构参与度的持续加深。

2023 年 1 月 13 日，路博迈基金管理（中国）有限公司（Neuberger Berman）获得中国证监会颁发的公募基金业务许可证。自 2022 年 11 月底路博迈基金宣布进入中国市场以来，外商独资公募进入中国市场的步伐正在明显加快。一些外资巨头选择设立新的公募实体，深度参与中国市场。另外，还有一些合资公募通过股权转让提高外资机构的持股比例，直至比例达到 100%后正式成为外商独资公募。2023 年 2 月 3 日，证监会发布了《关于核准摩根士丹利华鑫基金管理有限公司变更实际控制人的批复》。摩根士丹利国际控股公司成功受让摩根士丹利华鑫基金 51%的股权，从而实现对摩根士丹利华鑫基金的 100%控股，成为国内第 7 家外商独资的公募基金管理人。

外商独资公募机构在中国市场的参与度不断增加。外资巨头积极进入中国市场，展示了它们对中国资本市场和财富管理行业长期发展的信心。这种趋势有望为中国资本市场带来更多的增量资金，提高市场的流动性，并推动市场投资风格的转变。同时，外商独资公募的进入也将提升中国金融市场的竞争力，促进市场机制的完善和良性发展，推动中国金融机构的成长从而提升核心竞争力。

四、发展现状

本书的研究范围为 1998～2023 年发行的所有公募证券投资基金，为了防止研究结果受到生存偏见（survivorship bias），即在筛选数据时只考虑目前还在运营的基金而忽略停止运营的基金的影响，本书所使用的数据包括目前正在运营和已经停止运营的全部公募基金的数据，所用数据均来自万得数据库。接下来我们将通过数据分析，从公募基金的数量、资产管理规模、基金分类以及基金费率等维度对公募基金行业的总体发展情况及现状进行研究和展示。

（一）基金数量

图 1-1 和表 1-3 展示的是 1998~2023 年我国每年新成立、停止运营以及继续运营的公募基金数量。截至 2023 年底，我国累计成立的公募基金总量为 23 263 只，其中，继续运营的基金为 20 005 只，停止运营的基金为 3 258 只。①

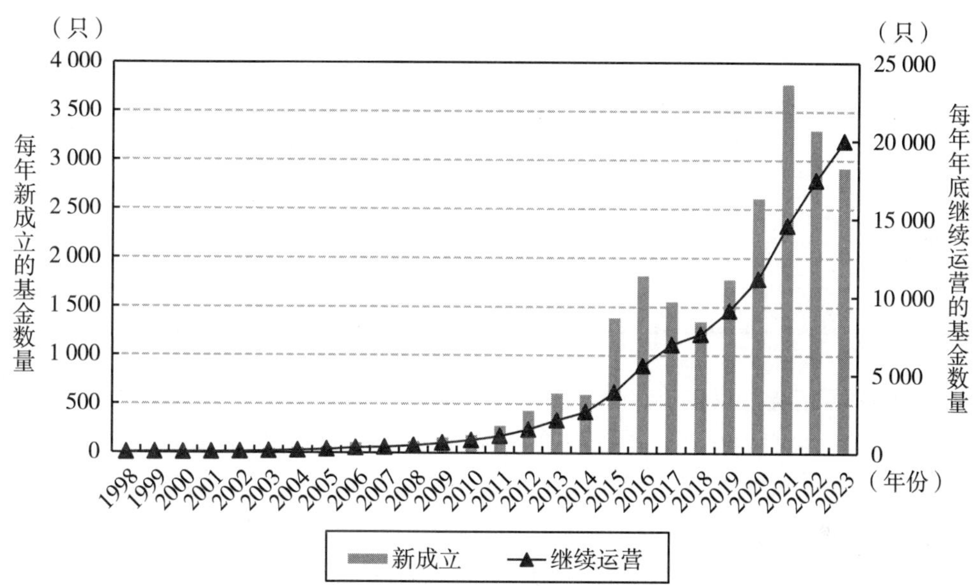

图 1-1　新成立及继续运营的公募基金数量：1998~2023 年

表 1-3　新成立、停止运营以及继续运营的公募基金数量：1991~2023 年　　单位：只

年份	新成立	停止运营	继续运营	年份	新成立	停止运营	继续运营
1991	1	0	1	1997	0	0	22
1992	18	0	19	1998	5	0	27
1993	2	0	21	1999	16	0	43
1994	1	0	22	2000	2	0	45
1995	0	0	22	2001	8	0	53
1996	0	0	22	2002	18	0	71

① 假设基金名称相同、后缀不同，如基金的后缀为 A、B 和 C，意味着 A 类、B 类和 C 类基金采用不同的收费方式。在本章基金数量的相关统计中，我们将每种收费类型的基金视作 1 只基金。例如，"前海开源新经济混合 A" 和 "前海开源新经济混合 C"，在本章我们视其为 2 只基金。在后续分析基金业绩的章节中，由于这些带有后缀的基金采用相同的投资策略，我们仅选择其中一只基金进行分析研究。

续表

年份	新成立	停止运营	继续运营	年份	新成立	停止运营	继续运营
2003	39	0	110	2014	599	69	2 631
2004	51	0	161	2015	1 386	132	3 885
2005	63	1	223	2016	1 815	110	5 590
2006	100	1	322	2017	1 552	210	6 932
2007	67	22	367	2018	1 348	675	7 605
2008	117	6	478	2019	1 779	249	9 135
2009	154	2	630	2020	2 611	578	11 168
2010	179	1	808	2021	3 778	376	14 570
2011	278	3	1 083	2022	3 310	383	17 497
2012	431	9	1 505	2023	2 923	415	20 005
2013	612	16	2 101				

我国公募基金行业在萌芽阶段（1991～1997 年）缺乏全国性的法律规章指导，发展不规范。经央行 1993 年《关于立即制止不规范发行证券投资基金和信托受益债券做法的紧急通知》整顿后，此阶段后期新基金发行低迷。自首部规范证券投资基金运作的行政法规发布后，我国公募基金行业于 1998 年开始进入规范化发展阶段，该年有 5 只新基金发行。2004 年，《中华人民共和国证券投资基金法》开始正式施行，对规范基金运作、保护基金投资者合法权益及促进基金业和证券市场的健康发展发挥了重要作用，这一年新成立的公募基金数量为 51 只，此后每年新成立的基金数量不断增加。自 2012 年行业进入市场化发展阶段后，基金发行数量稳步向上。到 2015 年，股市的上涨吸引投资者“借基入市”，新基金发行量实现倍增，达到 1 386 只。

随着我国资本市场制度的完善与居民资产配置意识的提高，近年新发行的公募基金数量一直维持在较高水平。2016 年，机构定制性基金发展迅速，全年新发行基金数量快速增长。2017 年和 2018 年，监管机构大力规范金融机构资产管理业务，整治金融行业乱象，防范系统性金融风险，加强了对公募基金行业的监管，进一步规范基金品种，股市走势低迷，这两年新发行基金数量持续回落。2019 年随着股市行情好转，新发行的基金数量有所回升。2020 年和 2021 年，股市表现优异，基金收益上涨，更多基民通过基金入市投资，新发行的基金数量分别为 2 611 只和 3 778 只，数量持续创新高。2022 年新成立的公募基金数量 3 310 只，受市场情绪低迷影响，新成立基金数量较上一年略有回落，但仍维持在高位。截至 2023 年底，继续运营的公募基金总数为 20 005 只，较 2022 年底继续运营的基金增加了 2 508 只。整体而言，随着我国资本市场的发展，公募基金行业市场化程度不断深化，基金品种日益丰富，并且投资者利用基金参与股票市场的观念持续加深，这些因素将继续助推公募基金数量不断增长，行业呈现良好发展趋势。

（二）基金资产管理规模

图 1-2 展示了 1998~2023 年我国公募基金行业历年的资产管理规模及其增长率。表 1-4 则具体展示了每年年底公募基金资产管理规模的数值及其对应的变化比例。在这 26 年的时间里，公募基金资产管理规模实现了飞跃式发展。1998~2002 年，公募基金完成资产管理规模由百亿元到千亿元的跨越；2002~2007 年，则实现由千亿元到万亿元的跨越；2007~2017 年，实现了由万亿元到十万亿元的跨越。近十年来，每年资产管理规模均创新高，2017 年底，资产管理规模首次突破 10 万亿元，仅三年后，2020 年底的资产管理规模高速增长，突破了 20 万亿元大关。2021 年底规模再创新高，达 24.7 万亿元，较 2020 年底再增长 22.0%。2022 年，受全球宏观经济负面影响，新发基金的数量和发行规模相对较小；同时，基金净值也受到市场波动的影响而下跌。截至年底，基金资产管理规模仅略为增长，为 25.7 万亿元，相较于 2021 年底仅增长了 4.3%。2023 年，全球经济显示出阶段性复苏的势头。新发基金的数量和发行规模呈现稳步上升的趋势。截至 2023 年底，基金资产管理规模相较于 2022 年底增长约 7%，达到 27.5 万亿元。长期资金在个人养老金制度的进一步推动下入市，为公募基金带来了更大规模的长期稳定资金并创造了历史性的发展机遇。

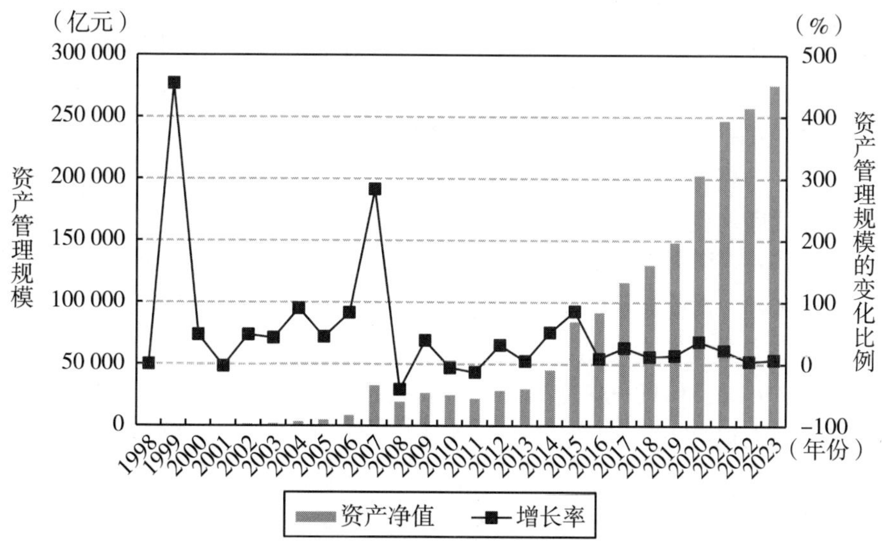

图 1-2　公募基金资产管理规模：1998~2023 年

注：图中资产规模为每年最后一个交易日的资产净值。

表 1-4　　每年年底公募基金资产管理规模及变化比例：1998~2023 年

年份	资产管理规模（亿元）	变化比例（%）	年份	资产管理规模（亿元）	变化比例（%）
1998	104	—	2011	21 918	-13.00
1999	576	452.19	2012	28 667	30.79
2000	870	50.88	2013	30 026	4.74
2001	818	-5.95	2014	45 400	51.20
2002	1 207	47.52	2015	84 080	85.20
2003	1 716	42.17	2016	91 741	9.11
2004	3 258	89.91	2017	116 155	26.61
2005	4 691	43.98	2018	130 047	11.96
2006	8 565	82.57	2019	148 393	14.11
2007	32 756	282.46	2020	202 659	36.57
2008	19 389	-40.81	2021	246 800	21.78
2009	26 761	38.02	2022	257 499	4.33
2010	25 194	-5.85	2023	275 546	7.01

图 1-3 展示了 2003~2023 年货币市场型基金和非货币市场型基金资产管理规模变化情况，其中非货币市场型基金为除货币市场型基金外的七类基金的总和。随着互联网金融的快速发展和“宝宝类”理财产品的兴起，2013 年货币市场型基金开始迅速发展。从 2014 年开始，货币市场型基金成为公募基金资产管理规模最大的一类基金，并对整个公募基金行业的规模增长起到了重要推动作用。2017 年底和 2018 年底，货币市场型基金的规模分别达到 7.1 万亿元和 8.2 万亿元，占据公募基金资产管理规模的 61.4%和 62.8%，领先于其他基金类别。然而，由于股票市场表现良好和投资者风险偏好的提升，2019 年的货币市场型基金规模略有回落，约为 7.4 万亿元，占比为 49.9%，与上一年相比下降了约 13 个百分点，非货币市场型基金的规模反超货币市场型基金。2020 年底，货币市场型基金规模超 8 万亿元，规模逐步回升，但增长速度远低于其他基金类别。随着大型资产管理行业的发展，投资者越来越渴望参与权益市场并重视基金管理人的主动管理能力，这推动了非货币市场型基金规模的快速增长。如图 1-3 所示，2016~2018 年，非货币市场型基金的管理规模相对稳定，保持在 4.4 万亿~4.9 万亿元的区间内，但在 2019~2021 年规模出现了较大的增长。2020~2022 年，非货币市场型基金的管理规模显著超过了货币市场型基金。2020 年和 2021 年，非货币市场型基金继续保持高速增

长，规模分别达 12.2 万亿元和 16.2 万亿元，占比约为 60.2%和 63.3%。2022 年，由于投资者担忧经济下行对市场的负面影响，对低风险资产偏好回升，年底货币市场型基金资产管理规模突破 10 万亿元，占比略有回升，达 40.1%，较上一年底提高 3.4 个百分点。2023 年，随着我国经济的逐步回暖，公募基金总规模有所上升，货币市场基金占公募基金资产管理规模的比重较上年有了 1.3 个百分点的提升，达 11.4 万亿元。

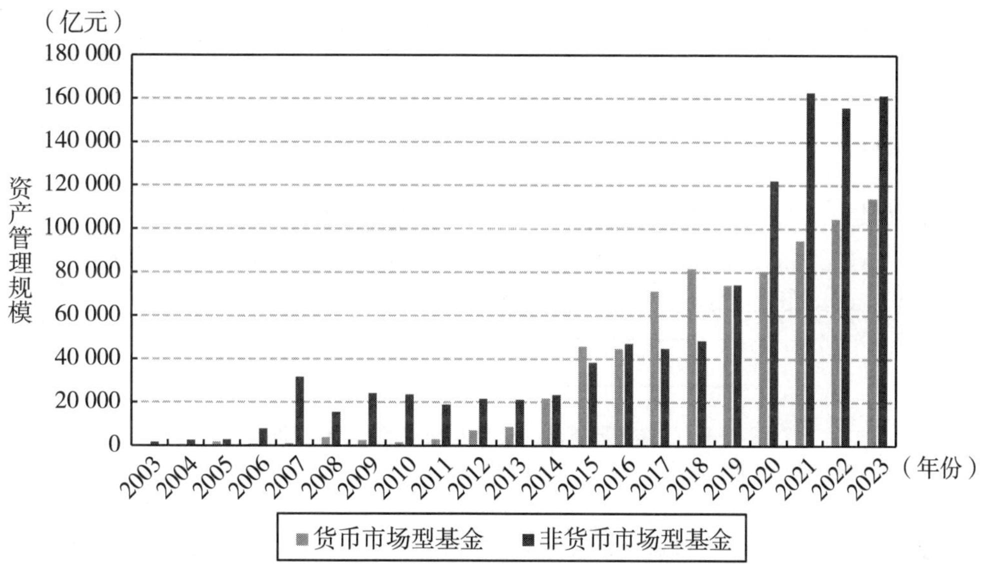

图 1-3　货币市场型基金和非货币市场型基金资产管理规模：2003~2023 年

注：图中资产规模为每年最后一个交易日的资产净值。

图 1-4 展示了 2003~2023 年股票型、混合型、债券型三类公募基金资产管理规模变化情况。2014 年以前，股票型基金为三类基金中占比最高的，而在 2015 年，混合型基金的资产管理规模后来居上。2015 年 8 月，新修订的《公开募集证券投资基金运作管理办法》正式实施，按照新规，股票型基金需要将原来规定的最低仓位线 60%以上的基金资产提升至 80%投资于股票，于是该年发生了基金史上最大规模的类别变更，有近 300 只股票型基金在新规正式实施前通过更名为混合型基金的简单方式变阵；同时，在 2015 年股市波动后，投资者偏好有所变动，青睐于持仓限制较小、表现占优，并且能够在市场行情表现不佳时采取持有较低股票仓位防御策略的混合型基金，由图 1-4 可见，2015~2017 年混合型基金占比在三类中最高。2020 年和 2021 年，在宽松的流动性环境的助力下，权益类资产价格大幅走高，股票型基金和混合型基金的资产管理规模均出现显著增长。2018 年之后，债券型基金规模则持续稳定上升，反超混合型基金，在三者中规模最高。2022~

2023 年，鉴于市场环境不确定性较高，经济仍处于疫情后的复苏阶段，投资者更青睐于投资低风险类产品，债券型基金规模在三类基金中仍处于首位，增长势头持续走高。2022 年股票型基金和混合型基金的规模有所下降，但在 2023 年，股票型基金的规模有所回升，混合型基金规模仍有所下降。

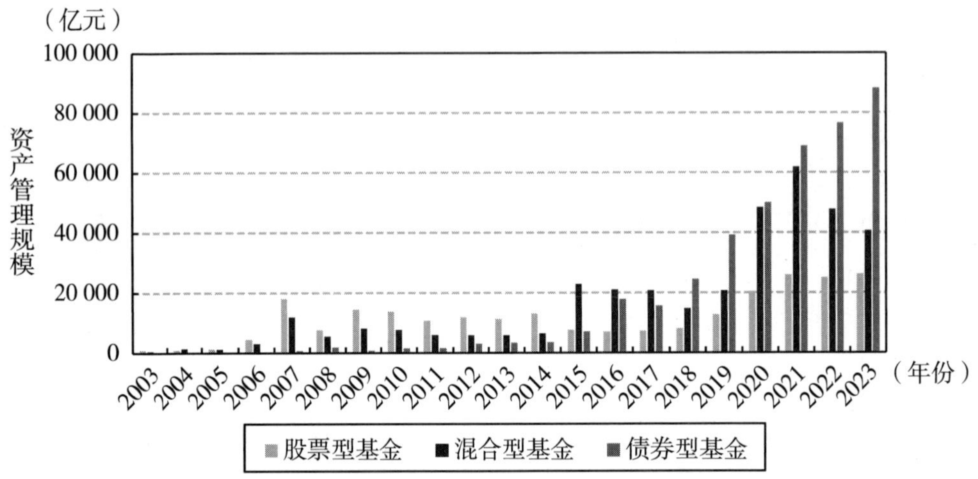

图 1-4　三类公募基金的资产管理规模：2003~2023 年

注：图中资产规模为每年最后一个交易日的资产净值。

图 1-5 展示了 2003~2023 年按照万得数据库对公募基金一级分类标准划分的不同类型的公募基金的资产管理规模。2023 年底，各类型基金资产管理规模最大的为货币市场型基金，其次分别为债券型、混合型、股票型、QDII、FOF、REITs、另类投资型，排序较 2022 年无变化。自 2014 年起，货币市场型基金在所有类别中占比最高，尤其在 2017 年和 2018 年占比均超过 60%，但在之后的年份中占比均有所回落，2020 年和 2021 年占比降到了 40%以下，数据结果反映出该时期我国较大比例的基金投资者风险偏好有所提升。债券型基金 2022 年底的规模占比为 29. 4%，仅次于货币型基金，近三年规模占比逐步上升。混合型基金的规模占比波动较大，2018~2021 年占比持续上升，但 2022 年占比回落，为 18. 4%。股票型基金的规模占比自 2015 年开始均徘徊在 10%或以下，2023 年底占比为 9. 5%。QDII 基金、另类投资基金、FOF 基金、REITs 的规模相比上述四类基金均较小，占比较低，随着全球资产配置、个人养老型 FOF 产品配置的观念深入投资者心中，QDII 型和 FOF 型基金近几年规模均增长较快。REITs 产品自 2021 年发展以来亦受到投资者青睐，2022~2023 年 REITs 扩募后规模较 2021 年有较大提升，特别是在 2023 年，规模达 2021 年的近 3 倍。2023 年，债券型、货币市场型以及 REITs 基金规模占比均有小幅度的提升，债券型基金规模占比达近五年来最高。

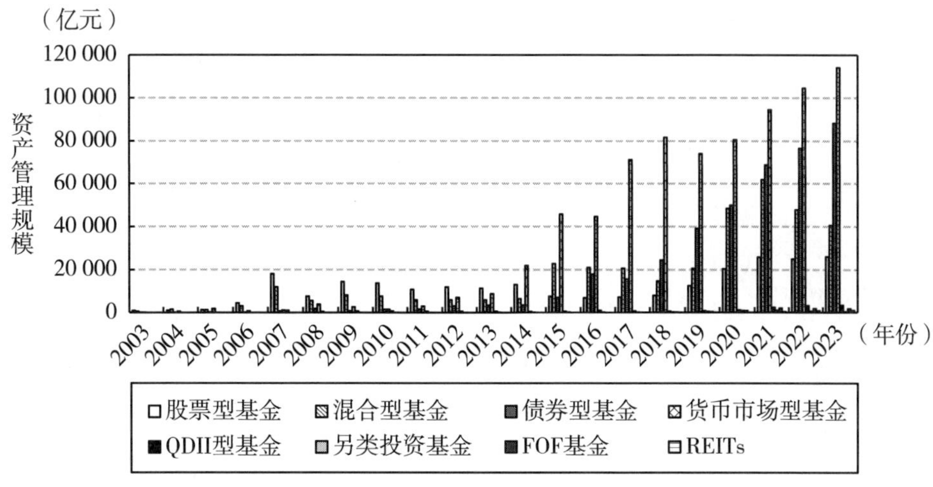

图 1-5　不同类型公募基金的资产管理规模：2003~2023 年

注：图中资产规模为每年最后一个交易日的资产净值。

（三）基金分类

我国公募基金行业产生之初，市场上发行的公募基金主要为契约型封闭式基金。2000 年，证监会发布《开放式证券投资基金试点办法》，2001 年首只契约型开放式基金出现，此后开放式基金逐渐占据了公募基金行业的主导地位。截至 2023 年 12 月 31 日，我国累计成立了 475 只契约型封闭式基金和 22 788 只契约型开放式基金，分别约占公募基金市场的 2. 04%和 97. 96%。

在公募基金行业的发展过程中，市场上开始推出侧重于各类投资标的和不同投资风格的基金产品，公募基金的品种日益丰富。根据万得数据库对公募基金的两级分类体系，表 1-5 列示出了截至 2023 年底，公募基金一级分类和二级分类下各类基金的发行总量和百分比。从一级分类的角度看，混合型基金累计发行数量最多，达到 9 137 只，占比 39. 3%；其次是债券型基金，有 7 016 只，占比 30. 2%；再次为股票型基金，有 4 357 只，占比 18. 7%；最后为货币市场型基金，有 1 072 只，占比 4. 6%。以上四种类型的基金数量占市场比例为 92. 8%，为公募基金市场中主要的基金类型。QDII 基金、FOF 基金、另类投资基金和 REITs 分别为 655 只、893 只、103 只、30 只，这四类基金的数量占市场比例为 7. 2%。相较 2022 年底，2023 年底股票型基金、QDII 基金、FOF 基金的数量占比均有所上升；债券型基金、混合型基金、货币市场型基金和另类投资基金的占比均略有下降；FOF 基金的数量占比则从 2022 年底的 3. 3%升至 2023 年底的 3. 8%，其发行数量较 2022 年增幅为 0. 5%。2023 年 REITs 发行基金数量较 2022 年增加 6 只，占比持平。

表 1-5 公募基金一级和二级分类累计发行总数量及百分比：截至 2023 年底

基金分类	一级分类基金数量（只）	一级分类百分比（%）	二级分类基金数量（只）	二级分类占一级分类的百分比（%）
股票型基金	4 357	18.7		
被动指数型基金			2 740	62.9
普通股票型基金			1 086	24.9
增强指数型基金			531	12.2
债券型基金	7 016	30.2		
中长期纯债型基金			3 401	48.5
短期纯债型基金			813	11.6
混合债券型一级基金			891	12.7
混合债券型二级基金			1 278	18.2
可转换债券型基金			73	1.0
被动指数型债券基金			552	7.9
增强指数型债券基金			8	0.1
混合型基金	9 137	39.3		
灵活配置型基金			2 958	32.4
偏股混合型基金			4 371	47.8
偏债混合型基金			1 753	19.2
平衡混合型基金			55	0.6
货币市场型基金	1 072	4.6		
货币市场型基金			1 072	100.0
国际（QDII）基金	655	2.8		
国际（QDII）股票型基金			375	57.3
国际（QDII）混合型基金			132	20.2
国际（QDII）债券型基金			103	15.7
国际（QDII）另类投资基金			45	6.9
FOF 基金	893	3.8		
股票型 FOF 基金			15	1.7
混合型 FOF 基金			847	94.8
债券型 FOF 基金			31	3.5

续表

基金分类	一级分类基金数量（只）	一级分类百分比（%）	二级分类基金数量（只）	二级分类占一级分类的百分比（%）
另类投资基金	103	0.4		
股票多空型基金			46	44.7
商品型基金			56	54.4
类 REITs			1	1.0
REITs	30	0.1		
REITs			30	100.0
总计	23 263	100.0	—	—

从二级分类的角度来看，从表 1-5 可见，股票型基金中数量最多的是被动指数型基金，达到 2 740 只，占比约 62.9%；主动管理的普通股票型基金达 1 086 只，占比约 24.9%；而数量最少的是增强指数型基金，仅为 531 只，占比为 12.2%。普通股票型基金是我国基金市场中最早产生的基金类型；而指数型基金在 2004 年末才开始出现，由于其具有交易费用低廉、不过度依赖基金经理、能够有效分散和防范风险等特点，基金数量增长迅速。在混合型基金中，偏股混合型基金数量最多，为 4 371 只，占比 47.8%；灵活配置型基金次之，为 2 958 只，占比 32.4%。在债券型基金中，中长期纯债型基金数量最多，有 3 401 只，占比 48.5%；其次为混合债券型二级基金和混合债券型一级基金，占比分别为 18.2%和 12.7%。在 QDII 基金中，QDII 股票型基金总发行 375 只，占比 57.3%。在 FOF 基金中数量最多的是混合型 FOF 基金，共计 847 只，占比近 95%。

表 1-6 展示的是截至 2023 年底公募基金一级和二级分类下各类基金资产管理规模的统计分析结果。从一级分类的角度来看，货币市场型基金的资产管理规模最大，超 11.4 万亿元，占比 41.4%；其次是债券型基金和混合型基金，债券型基金规模约为 8.8 万亿元，占比 32.0%，混合型基金的资产规模约为 4 万亿元，较上年下跌 0.7 万亿元，占比 14.7%，相较上年下降 3.7 个百分点；而股票型基金的资产管理规模约 2.6 万亿元，与 2022 年底相比增加 1 140 亿元。

2023 年，低风险、低波动类固收产品如债券型基金是新增规模的主力。债券型基金的资产管理规模较 2022 年底的 7.7 万亿元增长约 15%。在债券型基金中，中长期纯债型基金的累计发行数量和年末管理规模均最大，其资产管理规模超过 5.4 万亿元，占比 61.8%，远远大于规模次之占比为第二位的混合债券型二级基金。相反，主动权益基金募资相对较少，但其中的被动指数型基金的资产管理规模持续走高，为股票型基金整体规模上升的主力军，为17 839亿元，占比68.3%，较上年提高了2个百分点，普通股票型基金次之，为6 233亿元，占比23.9%，较上年下降了近3个百分点，增强指数型基金占比7.8%。

在混合型基金中，规模最大的是灵活配置型基金，约为2.5万亿元，占比约61%；平衡混合型基金规模接近1.2万亿元，占比28.3%。国际（QDII）基金中国际（QDII）股票型基金规模最大，为2 903亿元，占比为83.3%，规模和占比较上年均有所提升。

表1-6　　公募基金一级和二级分类资产管理规模及百分比：截至2023年底

基金分类	一级分类基金资产管理规模（亿元）	一级分类百分比（%）	二级分类基金资产管理规模（亿元）	二级分类占一级分类的百分比（%）
股票型基金	26 106	9.5		
被动指数型基金			17 839	68.3
普通股票型基金			6 233	23.9
增强指数型基金			2 034	7.8
债券型基金	88 196	32.0		
中长期纯债型基金			54 484	61.8
短期纯债型基金			9 187	10.4
混合债券型一级基金			7 071	8.0
混合债券型二级基金			10 205	11.6
可转换债券型基金			536	0.6
被动指数型债券基金			6 693	7.6
增强指数型债券基金			18	0.0
混合型基金	40 626	14.7		
灵活配置型基金			24 692	60.8
偏股混合型基金			379	0.9
偏债混合型基金			4 050	10.0
平衡混合型基金			11 506	28.3
货币市场型基金	114 034	41.4		
货币市场型基金			114 034	100.0
国际（QDII）基金	3 484	1.3		
国际（QDII）股票型基金			2 903	83.3
国际（QDII）混合型基金			438	12.6

续表

基金分类	一级分类基金资产管理规模（亿元）	一级分类百分比（%）	二级分类基金资产管理规模（亿元）	二级分类占一级分类的百分比（%）
国际（QDII）债券型基金			112	3.2
国际（QDII）另类投资基金			30	0.9
FOF 基金	1 690	0.6		
股票型 FOF 基金			11	0.6
混合型 FOF 基金			1 640	97.0
债券型 FOF 基金			40	2.4
另类投资基金	423	0.15		
股票多空型基金			77	18.2
商品型基金			316	74.5
类 REITs			31	7.3
REITs	987	0.4		
REITs			987	100.0
总计	275 546	100.0	—	—

本书在接下来对主动管理股票型公募基金的研究和讨论中，将万得数据库中公募基金二级分类的普通股票型基金和偏股混合型基金定义为“股票型基金”。原因如下：表 1-7 展示了万得数据库进行基金分类时，对股票型基金和混合型基金投资股票资产时定义的上下限比例。股票型基金持有股票的比例不得低于 80%；而混合型基金中每一类基金的投资比例要求各不相同，其中灵活配置型、偏债混合型和平衡混合型基金持有股票的下限均小于 50%，只有偏股混合型基金对持有股票的下限要求大于 50%，股票资产占比较大。因此，本书接下来讨论主动管理的股票型基金时，采用二级分类为普通股票型和偏股混合型的基金，以提高结论的针对性。表 1-7 中对各类基金持股比例的规定仅为一般情况，供读者参考，实际中各类资产比例可能视具体情况调整，并不一定严格遵守这一规定。

表 1-7　股票型基金与混合型基金投资股票资产的比例限制　单位：%

基金分类	持有股票的限制		
	下限	上限	备注
股票型基金	80	100	—
普通股票型基金	80	100	—

续表

基金分类	持有股票的限制		
	下限	上限	备注
混合型基金	—	—	—
灵活配置型基金	0~50	50~100	上下限之差≥50
偏股混合型基金	≥50	≥75	—
偏债混合型基金	<25	≤50	—
平衡混合型基金	25~50	50~75	—

（四）基金费率

公募基金的管理过程中产生的主要费用为基金管理费和基金托管费，这两项费用依照基金净值按比例提取。另外还须承担基金销售服务费用。销售服务费是从基金资产中扣除的第三方销售机构的佣金、基金的营销广告费等方面的费用，一般只有不存在申赎费用的货币市场型基金收取，故在此不作深入讨论。一般来说，基金管理费与基金的类型和规模密切相关：公募基金主动管理的难度越高、承担的风险越高，其管理费率越高。表 1-8 展示了截至 2023 年底股票型、债券型、混合型和货币市场型基金的管理费率的整体情况。其中，混合型基金的管理费率最高，平均费率为 1.04%；而费率最低的是货币市场型基金，平均费率仅为 0.26%；除货币市场型基金外，其余三种基金类型管理费率较 2022 年底都略有降低。股票型基金和债券型基金的管理费率介于前述二者之间，均值分别是 0.78%和 0.38%，两者较 2022 年底分别下降 0.08%和 0.01%。

表 1-8　　公募基金的管理费率：截至 2023 年底　　单位：%

项目	股票型基金	债券型基金	混合型基金	货币市场型基金
平均值	0.78	0.38	1.04	0.26
最大值	1.50	2.75	3.00	0.90
75%分位数	1.20	0.50	1.20	0.30
50%分位数	0.65	0.30	1.20	0.25
25%分位数	0.50	0.30	0.80	0.15
最小值	0.15	0.10	0.30	0.14

表 1-9 展示了截至 2023 年底股票型基金的二级分类基金的管理费率。从中可以看出，普通股票型基金管理费率的平均值最高，为 1.22%，该类基金的管理费率分布在 0.70%～1.50%；被动指数型基金收取的费率分布在 0.15%～1.20%，其平均管理费率是三者中最低的，为 0.57%；增强指数型基金收取的费率居中，收取的比率在 0.50%～1.25%，平均收取 0.93%，较 2022 年下降 0.01%。

表 1-9　　股票型公募基金的管理费率：截至 2023 年底　　单位：%

项目	被动指数型基金	增强指数型基金	普通股票型基金
平均值	0.57	0.93	1.22
最大值	1.20	1.25	1.50
75%分位数	0.50	1.00	1.20
50%分位数	0.50	1.00	1.20
25%分位数	0.50	0.80	1.20
最小值	0.15	0.50	0.70

基金的托管费率和基金的管理费率一样，与基金的类型和规模有一定关系。表 1-10 主要统计了截至 2023 年底，股票型、债券型、混合型和货币市场型基金这四种不同类型公募基金的托管费率，其中混合型基金托管费率最高，平均费率达到 0.18%，分布在 0.03%～0.35%；货币市场型基金的费率最低，平均费率仅为 0.06%，分布在 0.04%～0.10%；股票型基金和债券型基金介于前述二者之间，托管费率的均值分别为 0.14%和 0.11%。债券型基金的平均托管费率与 2022 年底持平，股票型基金、混合型基金和货币市场型的平均托管费率较 2022 年底分别下降了 0.02%、0.03%和 0.01%。

表 1-10　　公募基金的托管费率：截至 2023 年底　　单位：%

项目	股票型基金	债券型基金	混合型基金	货币市场型基金
平均值	0.14	0.11	0.18	0.06
最大值	0.28	0.25	0.35	0.10
75%分位数	0.20	0.10	0.20	0.08
50%分位数	0.10	0.10	0.20	0.05
25%分位数	0.10	0.08	0.20	0.05
最小值	0.05	0.03	0.03	0.04

公募基金费率下调，积极让利于投资者，是坚守普惠初心，有利于公募基金行

业在提升财富管理效应等方面发挥更大的功能效用，让现代化建设成果更多惠及投资者。

五、小结

我国公募基金行业的发展历程经历了一系列的挑战与变革。1991 年，随着我国资本市场的逐步发展，公募基金行业开始崭露头角。我国于 1997 年发布了首部规范证券投资基金运作的行政法规，标志着公募基金行业开始受到国家层面的规范和监管。2004 年，《基金法》正式实施，标志着我国基金业进入了一个以法律为基础的新阶段。《基金法》的实施为公募基金行业提供了明确的规范与指引。2013 年，新基金法开始施行，并相继颁布了配套措施，这极大地推动了我国公募基金行业的市场化发展。这一阶段的改革措施为公募基金行业的健康发展提供了强有力的支持。

本章介绍了公募基金的基本概念，从公募基金的定义、特点、分类和发展历程等多个维度介绍行业概况。同时，我们还研究分析了 2023 年我国公募基金行业的最新动态。公募基金信息披露日益规范化、披露透明度不断提升，基金投资顾问业务有序推进，重要货币市场基金强化监管，公募基金费率改革工作有序进行，公募 REITs 常态化工作稳步有序推进，以及外资加码进驻我国公募市场，为行业带来了新气象。

另外，本章从基金数量、资产管理规模、基金分类和费率四个方面对我国公募基金行业发展的总体情况进行了分析。从整体上看，我国公募基金行业的发展规模和成熟度与发达经济体相比仍有差距，但是公募基金行业伴随我国资本市场一路走来，无论从基金数量，还是从管理规模等多个维度，都已然成为我国资产管理行业不可忽视的专业化投资管理组成部分。中国 2023 年的金融市场情况呈现出积极向好的态势，市场规模持续增长，促进了资管行业和公募基金行业的持续发展，产品种类和数量增加，投资策略和风险管理机制得到完善，助力了中国金融市场和经济的增长。

本书接下来的几章将深入探讨我国公募基金行业的一些重要问题，如公募基金能否战胜大盘指数、基金经理是否具有选股能力和择时能力，以及公募基金的业绩是否具有持续性等。我们认为，将这些如行业基石般的问题探讨清楚，有利于投资者对我国公募基金的全貌进行系统化的了解。

股票型基金能否跑赢大盘指数

在基金投资中，投资者一直关注的一个重要的问题是主动管理的股票型基金能否跑赢被动管理的大盘指数基金？首先，了解主动管理的股票型基金能否跑赢大盘指数可以帮助投资者评估基金经理的能力和投资策略的有效性。如果一只基金的业绩能够连续多年超越大盘指数的业绩，意味着基金经理具备出色的选股能力和市场预测能力，他们能够捕捉到市场中的机会并获得超额收益。这样的基金值得投资者考虑，因为它们会为投资者带来超额收益。其次，对于投资者来说，选择主动管理的股票型基金还是被动管理的指数型基金也是一个需要权衡的问题。被动管理的指数型基金通过跟踪特定的市场指数来实现投资，其目标是与所跟踪的指数保持一致的表现。相比之下，主动管理的股票型基金由经验丰富的基金经理积极管理和调整投资组合，他们依靠自己的研究和判断力来获取超额收益，并收取更高的管理费用。因此，研究股票型基金是否能跑赢大盘指数，不仅有助于评估基金经理的能力和策略，还能为基金投资者提供更好的指导，帮助投资者在主动管理的股票型基金和被动管理的指数型基金之间作出明智的选择。

在美国市场，大多数主动管理的股票型公募基金无法击败大盘指数。根据 Jensen（1968）对美国资本市场 1945~1964 年的 115 只基金的研究，美国公募基金的平均收益无法超越市场的收益。此外，Bodie 等在《投资学》一书中的研究结果也显示，1971~2009 年，美国市场上的威尔希尔 5000 指数（Wilshire 5000 index）的年化收益率比同期主动管理的股票型基金高出 1 个百分点，并且在 23 个年份中，指数的表现都优于股票型基金的平均收益。美国资本市场较为成熟，其股票市场的有效程度相对较高，股票价格基本上反映了所有可获取的信息，很难找到长期被低估或高估的股票。因此，总体而言，美国基金经理只能获得市场平均回报，要战胜大盘指数十分困难。然而，在中国市场，主动管理的基金仍有机会跑赢大盘指数。作为一个新兴市场，我国的股票市场有效程度较低，股价对市场信息的反应速度和程度存在不足或过度的情况。因此，我国的基金经理有可能通过调研、解读和分析公开信息来获得超额回报。在这一章，我们将通过对比主动管理的股票型基金与大盘指数的业绩来初步评估主动管理的股票型基金是否能够战胜大盘指数。

我们选取万得全 A 综合指数（以下简称“万得全 A 指数”）作为比较基准的大盘指数。该指数包含了在深交所、上交所、北交所三个交易所上市的所有 A 股股票，体现的是个股股票自由流通的股本，因此能够较好地反映 A 股市场整体的收益和风险情况。

本章主要分为三个部分。首先，我们从年度收益率和累计收益率两个角度对比主动管理的股票型基金和万得全 A 指数之间的差异。其次，我们将风险因素加入业绩比较的考量中，并选用不同的风险调整后收益指标，对比主动管理的股票型基金和万得全 A 指数。最后，我们对主动管理的股票型基金的收益率、夏普比率（Sharpe ratio）和索丁诺比率（Sortino ratio）这三个指标进行相关性分析，以选择适当的指标来评估基金的业绩。研究结果显示，在绝对收益指标方面，我国主动管理的股票型基金在 2003~2023 年的多数年份中，平均收益率都高于万得全 A 指数的收益率。此外，在这段时间内，主动管理的股票型基金的累计收益率也远高于万得全 A 指数的累计收益率。在考虑了风险调整后的收益指标方面，近五年的数据显示，主动管理的股票型公募基金的夏普比率和索丁诺比率均优于万得全 A 指数的相应比率，但近三年万得全 A 指数的相应比率则相对更优。综合上述研究结果，我们可以得出结论：长期来说，我国主动管理的股票型基金的业绩普遍优于大盘指数。

一、绝对收益分析

在分析和评估主动管理的股票型公募基金时，我们将万得数据库中公募基金二级分类中的普通股票型和偏股混合型基金定义为“股票型基金”。基金中存在许多名称相同但带有不同后缀字母（如 A、B、C 等）的基金，我们分析发现，这些基金的净值走势几乎相同，只是费率结构上存在差异。

关于基金的字母后缀大致可分为两种情况。第一种情况为货币型公募基金 A 类和 B 类。二者的区别在于：（1）申购起始门槛不同。A 类的起购门槛较低，有些平台上的申购门槛低至 1 元，大部分投资者购买的就是此类货币基金；B 类的起购门槛通常在百万元级别，专为机构或高净值客户打造，但也有些基金公司为了吸引投资者购买而降低 B 类的购入门槛，如“南方天天利货币 B”的最低买入金额仅为 10 元。（2）销售服务费不同。投资门槛高的 B 类货币型基金的销售服务费较低，一般为年化 0.01%。由于 B 类货币型基金的销售服务费低于 A 类，B 类货币型基金年化收益率会略微高于 A 类货币基金。第二种情况为其他开放式基金 A 类、B 类和 C 类。尽管后缀不同，但它们实际上是同一只基金，运作模式完全一样，在计算基金规模时合并计算，其主要区别在于收费方式。后缀 A 代表前端收费，在购买基金份额时收取“申购费”；B 类代表后端收费，在购买基金份额时不收取“申购费”，这笔费用可以延迟至赎回时再收取，并且与赎回费一样，持有时间越长费用越低；① C 类一般不收取申购费，但根据持有基金的时间收取“销售服务费”。其他基金份额后缀如 D、E、F 等一般为新增份额，面向特定渠道发售，在此不再详述。因此，对于这些带有后缀的基金，我们仅选择相似产品中的一只进行分析研究。

（一）股票型基金与大盘指数年度收益率比较

在本节中，我们计算股票型基金每一年的收益指标时，首先计算该年有 12 个月完整净值的基金当年的累计收益率，然后把这些基金的收益率进行等权平均，计算结果作为该年股票型基金的整体收益率；我们在计算股票型基金每一年的波动率等风险指标时，首先利用每只基金在该年 12 个月度的收益率计算月度标准差，再进行年化处理，得到该基金在当年的年化波动率；其次把该年所有基金的年化波动率进行等权平均，获得股票型公募基金在该年的整体年化波动率。我们将 2003~2023 年每个年度的股票型基金收益率与大盘指数收益率进行对比，比较结果如图 2-1 所示。②

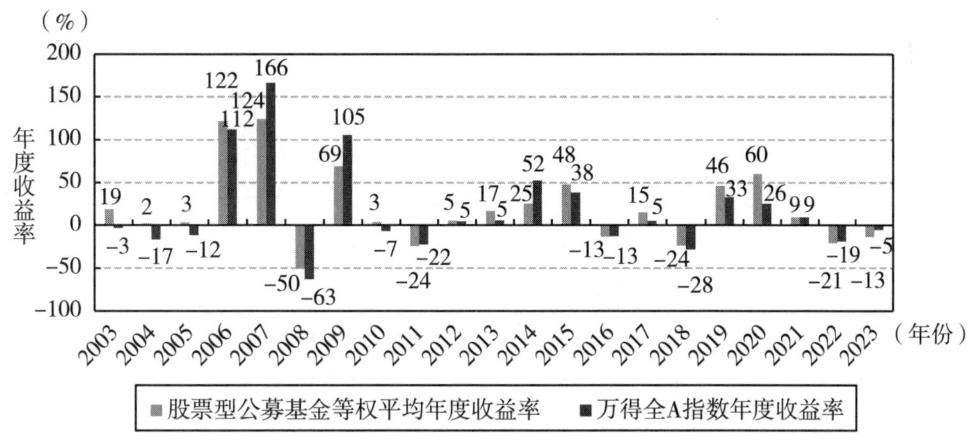

图 2-1　股票型基金与万得全 A 指数年度收益率的比较：2003~2023 年

① B 类收费模式已逐渐边缘化，近年来新发产品几乎不再设计此种模式。

② 我们也使用基金的加权平均业绩进行分析。在计算加权平均年度收益率时，我们采用每只基金的年初资产管理规模作为权重进行加权平均，以年度收益率作为评判业绩的标准。分析的结论与使用等权平均业绩得出的结论相差不大。考虑到后续章节要对比公募基金和私募基金的整体业绩，而许多私募基金不披露基金规模，我们汇报的结果以基金的等权平均业绩为主。

在此期间的 21 个年份里，股票型基金在 13 个年份中超越了大盘指数，且有 9 个年份超额收益率大于 10%。而在股票型基金跑输大盘指数的 8 个年份中，有 4 个年份（2011 年、2016 年、2022 和 2023 年）是大盘指数下跌的年份，股票型基金分别跑输 2.0%、0.4%、2.2%和 8.0%；有 4 个年份是大盘指数上涨的年份，其中有 1 个年份（2021 年）股票型基金仅跑输大盘指数 0.1%，剩余 3 个年份是大盘指数大幅上涨的年份，大盘在 2007 年、2009 年、2014 年分别上涨 166%、105%、52%，而股票型基金分别跑输了 42%、37%、27%，但也依然获得了高收益。大盘指数如此大幅上涨的机会并不多，在我国金融市场逐渐成熟的过程中，这种现象逐渐减少。我们还发现，股票型基金的抗跌能力要强于大盘指数，在 10 个万得全 A 指数下跌的年份（2003~2005 年、2008 年、2010 年、2011 年、2016 年、2018 年、2022 年、2023 年）中，股票型基金有 6 个年份的收益率高于指数，有 4 个年份取得了正收益。由此可见，除非是在极端的牛市环境下，大盘因取得了惊人的收益率而难以战胜外，股票型基金的收益率整体而言较大盘指数要高。

基于上述对年度收益率的直观分析，我们发现股票型基金的平均收益优于大盘指数。同时考虑到大盘指数在暴涨时涨幅更大，但在下跌时也会承受更大的跌幅，这可能导致大盘指数的波动率较股票型基金更加剧烈。而波动意味着风险，波动率是我们投资时需要考虑的重要指标之一，需同步分析。为了进一步分析股票型基金和大盘指数收益率波动情况，我们使用基金和指数的月度收益率来计算它们的年化波动率。年化波动率的大小反映了每个年度中收益率的平均波动幅度，也对应着相应的风险水平。较高的年化波动率意味着收益率在每年的波动范围较大，相应的风险也较高。

图 2-2 展示了 2003~2023 年股票型基金与大盘指数年化波动率的比较结果。整体而言，股票型基金的风险略低于大盘指数。在这 21 个年份中，有 11 个年份大盘指数波动率高于股票型基金，具体年份为 2003~2005 年、2007~2010 年、2012 年、2013 年、2016 年和 2019 年，其中有 2 个年份高出 10 个百分点。同时，在股票型基金波动率相对较高的多个年份中，股票型基金的波动率也仅略高于指数，在 2006 年、2011 年、2014 年、2015 年、2018 年，股票型基金的波动率仅高于指数 0~1.5 个百分点。整体而言，2003~2023 年股票型基金的整体风险要小于大盘指数。但值得注意的是，近五年（2019~2023 年）中，仅 2019 年股票型基金的波动率小于大盘指数的波动率，2020~2023 年股票型基金波动率相对更高。可能的原因有：一方面，由于多数主动管理的基金以某个主题或风格进行选股，而非在全市场选股，其波动较全市场波动更大；另一方面，主动管理的基金会暴露更大的风险去追求超额收益，而近几年市场大幅波动、宏观环境复杂以及投资风格快速轮换，对主动管理的股票型基金的波动率有更大的负面影响。

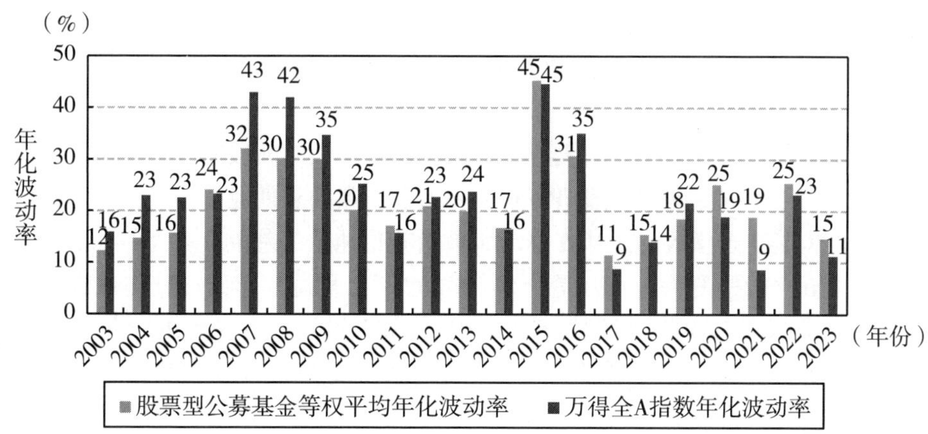

图 2-2 股票型基金和万得全 A 指数收益率的年化波动率比较：2003~2023 年

（二）跑赢大盘指数的股票型基金数量占比

从单个股票型基金的角度观察，各个年份中收益率可以战胜大盘指数的股票型基金的占比如图 2-3 所示。图 2-3 统计了 2003~2023 年股票型基金收益率超过万得全 A 指数收益率的基金数量占比。整体来看，在 2003~2023 年的大多数年份里，我国大部分主动管理的股票型基金都能够获得优于大盘指数的回报。在这 21 个年份中，有 12 个年份跑赢大盘指数的股票型基金数量占比超过 60%，其中 10 个年份占比超过 70%。在指数下跌的 10 个年份中，有 6 个年份股票型基金战胜市场的数量比例在 70%以上。我们也发现，在牛市年份里股票型基金业绩难以超越大盘指数，2007 年、2009 年、2014 年是大盘指数大幅上涨的年份，万得全 A 指数上涨的幅度分别为 166%、105%、52%，在这三年，股票型基金战胜大盘的数量占比仅为 4.8%、2.6%、5.9%，在这些大盘指数大幅上涨的年份，只有少数基金能够领先市场。

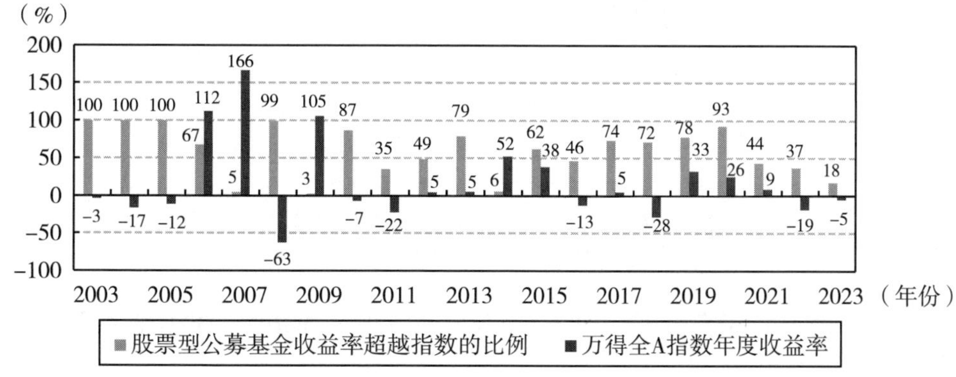

图 2-3 股票型基金收益率超越万得全 A 指数的比例：2003~2023 年

（三）股票型基金与大盘指数累计收益率比较

除了比较基金在各个年度的收益率之外，比较更长时间段内股票型基金和大盘指数的累计收益情况更能对比股票型基金和大盘指数的长期业绩。股票型基金的累计收益是否也能超越指数的累计收益？如果能够超越，其差距有多大？我们对过去三年和过去五年股票型基金和万得全 A 指数的年化收益率作出比较。在选取样本时，我们要求基金在 2021~2023 年或 2019~2023 年间具有完整的三年或五年基金复权净值数据，其中近三年基金的样本量为 1 492 只，近五年基金的样本量为 839 只。

图 2-4 给出过去三年（2021~2023 年）和过去五年（2019~2023 年）股票型基金与大盘指数的年化收益率。从中可以看出，近三年股票型基金的年化收益率为 -9.6%，低于万得全 A 指数的年化收益率（-5.6%）；近五年股票型基金的年化收益率为 12.0%，高于指数的年化收益率（7.1%）。整体而言，股票型基金五年期总收益率优于大盘指数的表现，但与往年分析结果相异的是，股票型基金三年期总收益率跑输大盘指数，且年化收益率差距达到 4%。[①] 2023 年，主动权益基金表现不佳，拖累股票型公募基金中长期业绩，股票型公募基金三年期年化收益率跑输大盘指数。主要原因是，2023 年股市行业轮动加快，结构性行情特征明显，而大多数往年表现亮眼的公募基金抱团的新能源、消费、医药板块在高位后大幅下挫，大盘股表现不及中小盘股，将公募基金产品业绩带下。

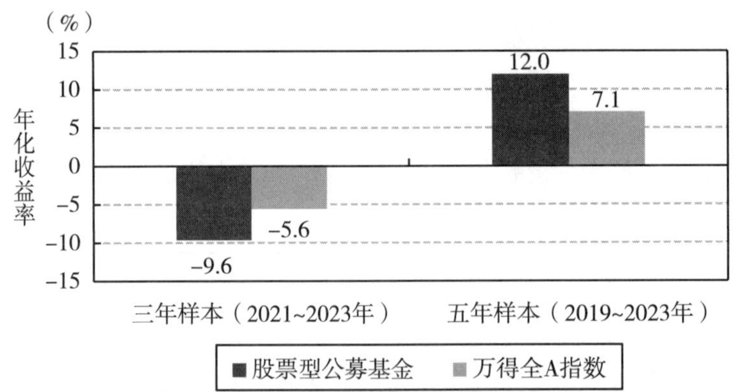

图 2-4 近三年（2021~2023 年）和近五年（2019~2023 年）股票型基金与万得全 A 指数的年化收益率比较

图 2-5 展示了 2003~2023 年股票型基金与万得全 A 指数的累计收益率比较，

① 附录一中总结汇报了近五年每一只股票型基金的年化收益率。

我们将 2002 年 12 月 31 日的股票型基金和万得全 A 指数的初始净值设为 100 元，以方便读者观察二者之间的走势差别。[①] 截至 2023 年底，万得全 A 指数的净值达到 475，即在过去的 21 年中，其累计收益率为 375%（年化收益率为 7.70%），而股票型基金截至 2023 年底的净值达到了 1 240，过去 21 年的累计收益率高达 1 140%（年化收益率为 12.74%）。因此，在不考虑风险因素的情况下，若在 2002 年 12 月 31 日开始同时投资，2003~2023 年投资于主动管理的股票型基金可以获取比投资于指数型基金更高的回报。

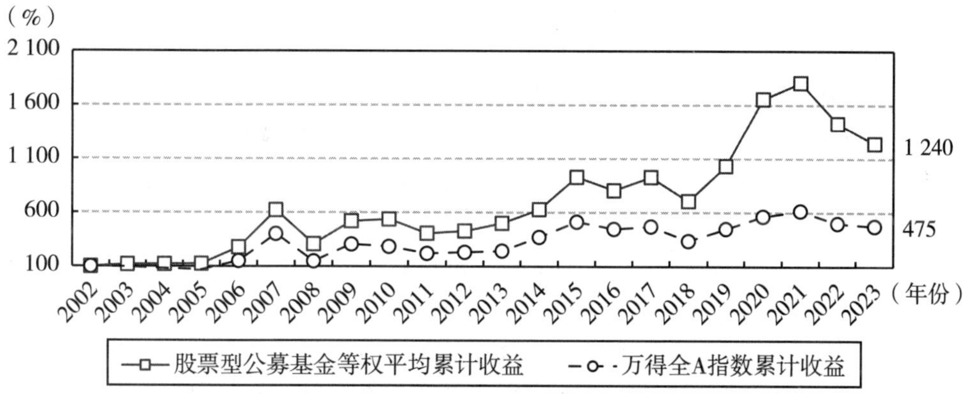

图 2-5 股票型基金与万得全 A 指数的累计收益率比较：2003~2023 年

二、风险调整后收益分析

现代投资组合的理论研究表明，风险的大小在决定投资组合的表现上具有重要作用。投资标的的预期收益与投资者所承担的风险成正比。理性的投资者在进行投资组合配置时，会选择在相同的风险下，追求最大收益；或在相同的预期收益下，追求最低风险。如果投资者只关注基金的绝对收益，而忽视其风险，可能会遭受巨大损失。举例来说，有些基金可能在大盘行情好的时候净值增长迅速，但在市场下跌时可能承受更大的跌幅。如果投资者在该基金净值较高时盲目根据历史绝对收益买入，可能面临巨大回撤，投资收益可能低于预期。收益和风险如同一枚硬币的两面，二者在投资活动中同时存在，必须综合考虑。因此，在评估基金业绩时，我们应该考虑为了获取收益所承担的风险大小。通过风险调整后的收益率，可以同时综合考虑收益和风险。由于不同的基金承担的风险不同，在考虑了风险调整后的收益

① 在此我们只讨论等权平均累计收益的结果。

指标后，我们可以比较在相同风险水平下基金之间的收益差异。我们选取夏普比率和索丁诺比率两个指标来对比基金和指数的风险调整后收益，以近三年（2021~2023 年）和近五年（2019~2023 年）作为样本期间，在选取基金样本时，同样要求基金具有完整三年和五年的基金复权净值，其中近三年基金的样本量为 1 492 只，近五年基金的样本量为 839 只。

（一）夏普比率

夏普比率（Sharpe ratio）是一种常用的基金绩效评价标准化指标。它通过将基金在某一时期内的平均超额收益率除以该时期超额收益率的标准差，来衡量基金在风险调整后的回报。夏普比率代表了在承担一单位风险的情况下，可以获得的额外收益。因此，夏普比率越高，表明基金在相同风险水平下能够实现更高的超额收益。其计算公式如下：

$$Sharpe_M = \frac{MAEX}{\sigma_{ex}} \tag{2.1}$$

$$Sharpe_A = Sharpe_M \times \sqrt{12} \tag{2.2}$$

其中，$Sharpe_M$ 代表月度夏普比率，$Sharpe_A$ 代表年化夏普比率，$MAEX$ 表示月度超额收益率的平均值（monthly average excess return），σ_{ex} 表示月度超额收益率的标准差（standard deviation）。基金的月度超额收益率为基金的月度收益率减去市场月度无风险收益率。市场的无风险收益率采用整存整取的一年期基准定期存款利率。

图 2-6 展示了过去三年（2021~2023 年）和过去五年（2019~2023 年），万得全 A 指数与股票型基金夏普比率的比较结果。① 在近三年和近五年的时间段中，股票型基金的年化夏普比率分别为-0. 50 和 0. 54。相比之下，大盘指数的年化夏普比率分别为-0. 39 和 0. 39。通过对比夏普比率，我们可以发现：在三年期时间段内，股票型基金的风险调整后收益不及万得全 A 指数，而在五年期时间段内，股票型基金的风险调整后收益超过了万得全 A 指数，这意味着近三年，在承担相同风险的情况下，股票型基金未能获得比大盘指数更高的收益，但在更长期来看，在承担相同风险的情况下，股票型基金能够获得比大盘指数更高的收益。这种差异仍然是由近三年主动权益性基金的业绩较差造成的。2019~2021 年，部分基金通过集中押注某一个细分赛道，如白酒、医药、新能源等，在赛道风口中实现了规模的跃迁，造就了资产管理规模上千亿元的基金，然而，随着近两年市场风格因经济环境、政策、行业竞争、流动性等影响因素在大/小盘和成长/价值风格间来回切换，市场热门板块快速轮动，押注单一板块的基金经历了快速的上涨后又经历了猛烈的

① 股票型基金夏普比率是所有股票型公募基金夏普比率的平均值。

下跌，且因为前两年业绩排名靠前吸引了更大资金量的百亿元、千亿元基金在布局原有赛道后更难掉头，在近两年面临了大幅度的亏损。

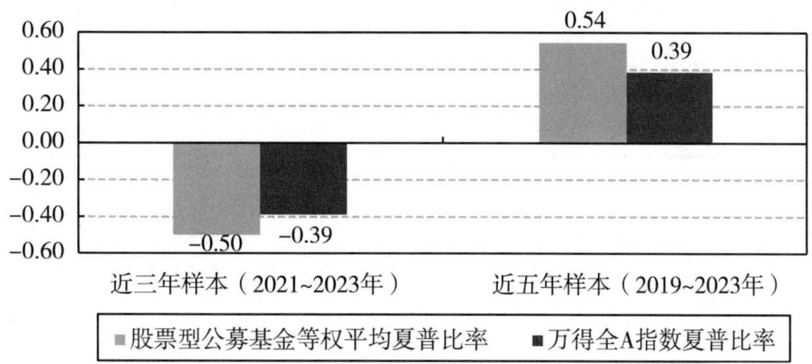

图 2-6　近三年（2021~2023 年）和近五年（2019~2023 年）股票型基金与万得全 A 指数的年化夏普比率

我们进一步从单个股票型基金的角度对股票型基金和大盘指数的夏普比率进行了更加深入和详细的对比。图 2-7 展示了股票型基金近五年（2019~2023 年）年化夏普比率的分布直方图。从中可以看出，股票型基金的夏普比率主要集中在区间［0.49，0.62）、［0.62，0.75）和［0.36，0.49），分别占总频数的 23%、20%和 19%，合计达到 62%。在 839 只基金中，近五年年化夏普比率的最大值为 1.30，最小值为-0.65，而中位数为 0.56。相比之下，万得全 A 指数在近五年的年化夏普比率为 0.39，有 78%的股票型基金的夏普比率超过了万得全 A 指数。

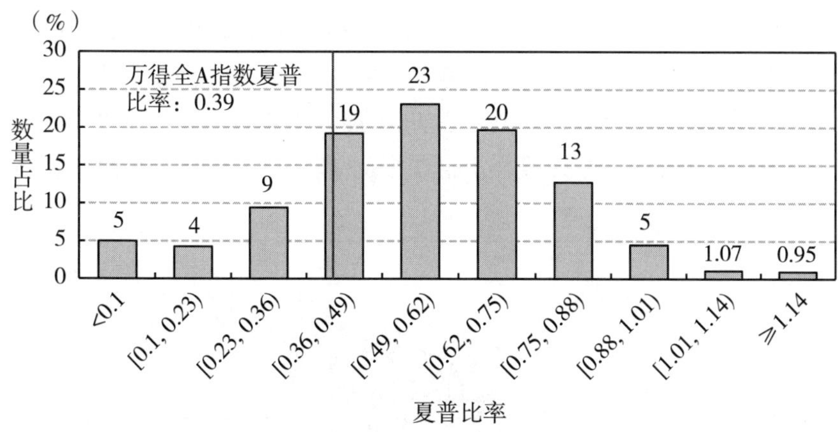

图 2-7　股票型基金近五年年化夏普比率分布直方图：2019~2023 年

图 2-8 展示了股票型基金近五年（2019~2023 年）夏普比率由高到低的排列。我们以万得全 A 指数的夏普比率（0.39）作为比较基准，在图 2-8 中以一条横线表示。根据夏普比率的定义，万得全 A 指数在承担单位百分比的风险时所对应的

年化超额收益为 0. 39%。在总共 839 只股票型基金中，有 656 只基金的夏普比率高于万得全 A 指数，占比为 78%。这意味着在近五年的时间段里，78%的股票型基金的风险调整后收益超过了万得全 A 指数。然而，还有 3. 1%的股票型基金（26 只）的夏普比率小于 0，这意味着这些基金的超额收益为负值，其年化收益率低于无风险的银行存款利率。

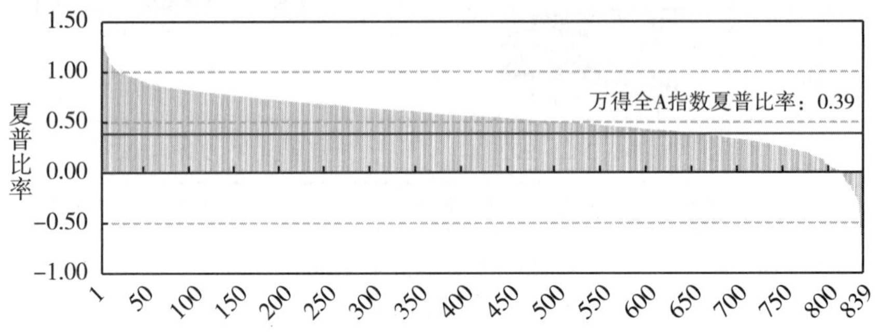

图 2-8　股票型基金近五年年化夏普比率排列：2019~2023 年

图 2-9（a）展示了 839 只股票型基金近五年（2019~2023 年）年化夏普比率的散点分布情况，横轴表示基金超额收益的年化标准差（风险），纵轴表示基金的年化超额收益率（超额收益），从原点到每一只基金所对应的由年化超额收益率和年化标准差（风险）所确定的点的斜率为夏普比率。近五年所有股票型基金的年化夏普比率均分布在斜率为-0. 65 和 1. 30（即股票型基金中的最小和最大夏普比率）这两条射线所夹的扇形区间内，大多数基金的年化夏普比率分布在这个扇形区间的中间偏右部分，基金的超额收益多集中在 0%~20%，而风险水平主要分布在 15%~30%。如果将基金的超额收益与风险因素综合考虑，年化超额收益率最高的基金其夏普比率不一定是最高的。因此，单纯考虑基金的超额收益或风险都无法完全评判基金的优劣，只有综合考量这两个因素，才能对基金的业绩有更深入和全面的了解。

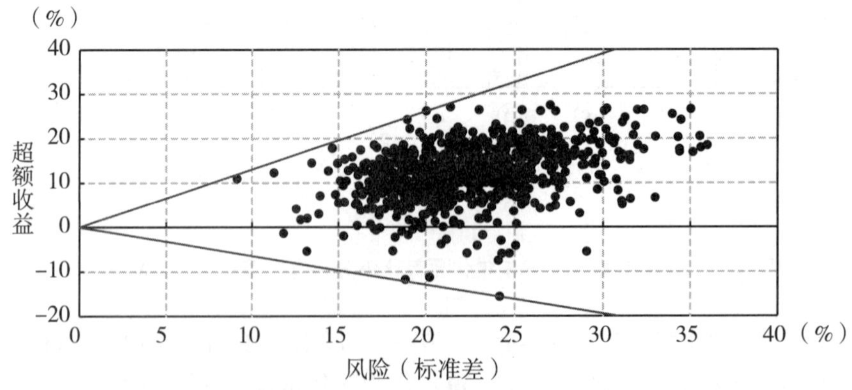

图 2-9（a）　股票型基金近五年年化夏普比率散点图：2019~2023 年

图 2-9（b）展示了近五年（2019~2023 年）股票型基金年化夏普比率排名前 10 位的基金名称及其年化夏普比率。通过观察前 10 名基金的超额收益和风险，我们可以发现，不同基金产生较高夏普比率的原因各不相同。例如，“景顺长城能源基建 A”基金和“景顺长城沪港深精选”基金能够将风险控制在相对较低的水平，其超额收益率分别为 10. 9%和 12. 3%，风险水平分别为 9. 1%和 11. 3%，对应的夏普比率分别为 1. 20 和 1. 09；而“交银趋势优先 A”基金凭借出色的超额收益在前 10 名中占据一席之地，其超额收益率为 27. 0%，风险水平为 21. 4%，对应的夏普比率为 1. 26，该基金在控制风险并保持基金资产良好流动性的前提下，力求实现基金资产的长期稳定增值，主要通过把握中国人口变化的重大趋势，精选受益其中的优势行业和个股，其他基金如“工银精选平衡”“招商量化精选 A”“融通内需驱动 AB”等，都是在较低的风险水平下获得较高的收益水平。优秀的基金应该在更低的波动率基础上获得更高的超额收益，综合考虑风险与收益能更好地评估基金的业绩。

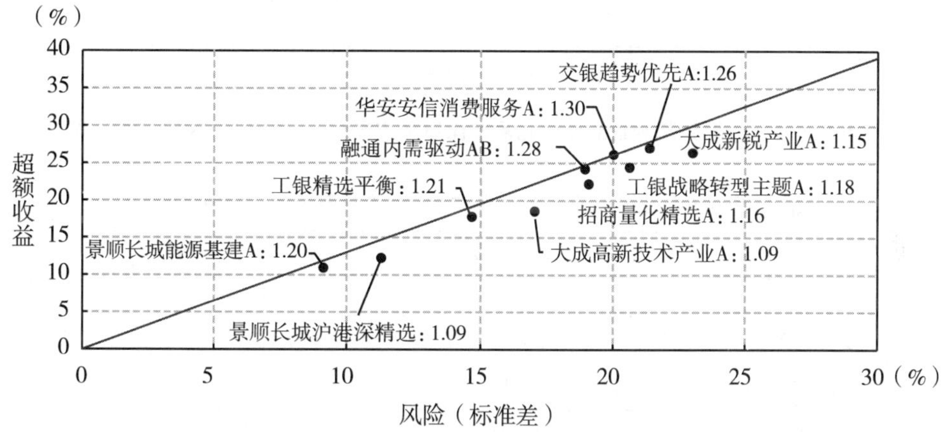

图 2-9（b） 股票型基金近五年年化夏普比率散点图（前 10 名）：2019~2023 年

图 2-9（c）展示了近五年（2019~2023 年）股票型基金年化夏普比率排名后 10 位的基金名称及其年化夏普比率。其中，“民生加银精选”基金的夏普比率为-0. 63，超额收益率为-11. 8%，风险水平为 18. 8%；“诺德优选 30”基金的夏普比率为-0. 65，超额收益率为-15. 6%，风险水平为 24. 2%。这些夏普比率排名较低的基金的超额收益率均为负值，表明基金经理所创造的收益低于银行无风险存款的利息。从中长期的角度来看，这些基金处于亏损状态，投资者应避免投资那些夏普比率小于 0 的基金。

为了更清晰地分析近五年（2019~2023 年）夏普比率排名前 5%和后 5%的基金，我们在表 2-1 和表 2-2 中列出了相关数据。表 2-1 展示了 2019~2023 年年化夏普比率排名前 5%的基金的情况。这些优秀基金的平均年化超额收益率标准差为

19. 53%。以万得全 A 指数作为比较基准，该指数近五年的夏普比率为 0. 39。假设指数的风险水平等同于这些优秀基金的平均年化超额收益率标准差，即 19. 53%，此情况下指数的年化超额收益率为 7. 61%（19. 5%×0. 39）。对比前 5%的基金与指数的业绩，我们可以发现，前 5%的股票型基金的平均年化夏普比率（1. 03）和平均年化超额收益率（20. 10%）远高于指数的夏普比率（0. 39）和承担同等风险条件下的年化超额收益率（7. 61%）。

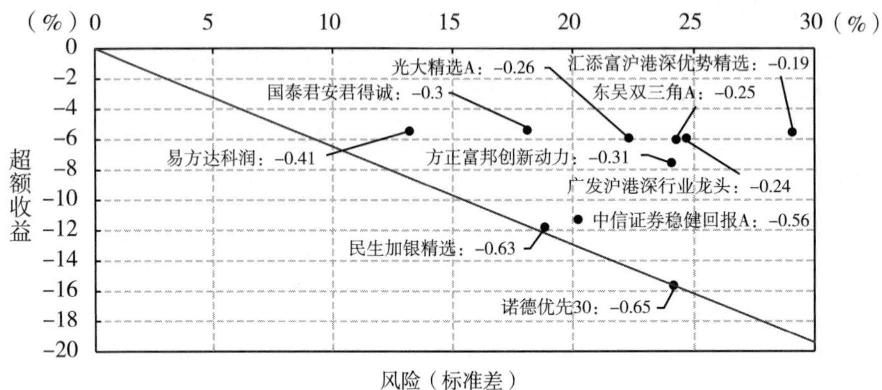

图 2-9（c） 股票型基金近五年年化夏普比率散点图（后 10 名）：2019~2023 年

表 2-1 近五年年化夏普比率排名在前 5%的股票型基金：2019~2023 年

编号	基金名称	年化超额收益率（%）	年化超额收益率标准差（%）	年化夏普比率
1	华安安信消费服务 A	26. 12	20. 03	1. 30
2	融通内需驱动 AB	24. 18	18. 94	1. 28
3	交银趋势优先 A	27. 01	21. 40	1. 26
4	工银精选平衡	17. 78	14. 67	1. 21
5	景顺长城能源基建 A	10. 92	9. 13	1. 20
6	工银战略转型主题 A	24. 39	20. 64	1. 18
7	招商量化精选 A	22. 17	19. 08	1. 16
8	大成新锐产业 A	26. 36	23. 01	1. 15
9	景顺长城沪港深精选	12. 27	11. 29	1. 09
10	大成高新技术产业 A	18. 52	17. 04	1. 09
11	景顺长城成长之星	21. 30	19. 65	1. 08
12	工银创新动力	14. 43	13. 48	1. 07
13	圆信永丰优悦生活	17. 37	16. 26	1. 07

续表

编号	基金名称	年化超额收益率（%）	年化超额收益率标准差（%）	年化夏普比率
14	圆信永丰优加生活	17.91	17.21	1.04
15	中信保诚周期轮动 A	26.35	25.41	1.04
16	中金新锐 A	22.47	21.83	1.03
17	招商稳健优选 A	27.40	27.01	1.01
18	工银物流产业 A	20.08	19.89	1.01
19	中银主题策略 A	20.86	20.77	1.00
20	诺安低碳经济 A	15.80	15.79	1.00
21	长盛量化红利策略 A	15.26	15.36	0.99
22	建信健康民生 A	21.45	21.62	0.99
23	建信大安全	18.56	18.71	0.99
24	金鹰科技创新 A	26.10	26.46	0.99
25	广发睿毅领先 A	18.45	18.74	0.98
26	大成消费主题 A	20.06	20.37	0.98
27	大成产业升级 A	21.49	22.08	0.97
28	华商盛世成长	17.70	18.18	0.97
29	申万菱信智能驱动 A	23.15	23.96	0.97
30	大成策略回报 A	14.38	14.95	0.96
31	长信金利趋势 A	17.02	17.71	0.96
32	建信核心精选	17.42	18.25	0.95
33	中银智能制造 A	26.07	27.31	0.95
34	国富深化价值 A	17.74	18.63	0.95
35	富国文体健康 A	20.29	21.34	0.95
36	华商上游产业 A	20.69	21.80	0.95
37	宏利行业精选 A	20.75	21.99	0.94
38	农银汇理行业轮动 A	21.35	22.66	0.94
39	中欧养老产业 A	20.13	21.38	0.94
40	英大国企改革主题	17.01	18.15	0.94
41	交银先进制造 A	18.93	20.24	0.94
42	富国周期优势 A	16.67	17.98	0.93
指标平均值		20.10	19.53	1.03

表 2-1 中的基金产生较高夏普比率的原因各不相同。其中，一些基金能够通过强大的风险控制能力实现高夏普比率，如“景顺长城能源基建 A”“景顺长城沪港深精选”“工银创新动力”基金，这些基金的风险水平只在 9%~14%，在夏普比率排名前 5%的基金中最低，但其超额收益率在 10%~15%，并不是最高的，因此其夏普比率排名无法在最前。基于卓越的管理能力产生高夏普比率的基金包括“交银趋势优先 A”“大成新锐产业 A”“中信保诚周期轮动 A”“招商稳健优选 A”基金，这几只基金实现了超过 26%的超额收益，在表 2-1 中收益排名前 4，但同时它们的风险分别为 21.40%、23.01%、25.41%和 27.01%，较高的风险也拉低了它们的夏普比率。

在对年化夏普比率排名前 5%的基金数据进行分析后，我们再来分析夏普比率排名在后 5%的基金表现。表 2-2 列出了 2019~2023 年按照年化夏普比率排名在后 5%的基金。从中可以看出，这些夏普比率最差的股票型基金的平均年化超额收益率标准差为 20.62%，略高于排名前 5%的基金。我们将其假设为万得全 A 指数的风险水平，可计算出万得全 A 指数在此风险水平下的年化超额收益率应为 8.03%（20.6%×0.39）。在后 5%的股票型基金中，“华宝绿色主题 A”基金的超额收益率最高（1.90%），但仍然低于万得全 A 指数在此后 5%基金平均风险水平下的年化超额收益（8.03%）。与此同时，我们还发现，夏普比率较差的这 42 只基金中，有 26 只基金的年化夏普比率和年化超额收益为负数，这些基金的表现不如指数的原因正如前文中所提到的：它们的超额收益率太低，基金经理所创造的收益低于银行无风险存款利率。例如，夏普比率最低的“诺德优选 30”基金，尽管其风险水平（24.16%）在表 2-2 中并不是最高的，但是其较低的年化超额收益率（-15.63%）使其夏普比率处于低位。

表 2-2　　近五年年化夏普比率排名在后 5%的股票型基金：2019~2023 年

编号	基金名称	年化超额收益（%）	年化超额收益标准差（%）	年化夏普比率
1	诺德优选 30	-15.63	24.16	-0.65
2	民生加银精选	-11.80	18.84	-0.63
3	中信证券稳健回报 A	-11.29	20.23	-0.56
4	易方达科润	-5.44	13.19	-0.41
5	方正富邦创新动力 A	-7.55	24.08	-0.31
6	国泰君安君得诚	-5.39	18.12	-0.30
7	光大精选 A	-5.91	22.32	-0.26
8	东吴双三角 A	-6.01	24.28	-0.25

续表

编号	基金名称	年化超额收益（%）	年化超额收益标准差（%）	年化夏普比率
9	广发沪港深行业龙头	-5.92	24.70	-0.24
10	汇添富沪港深优势精选	-5.54	29.07	-0.19
11	光大优势 A	-3.84	20.87	-0.18
12	工银沪港深 A	-4.14	22.91	-0.18
13	汇添富沪港深大盘价值 A	-4.22	25.06	-0.17
14	华夏港股通精选 A	-2.79	21.17	-0.13
15	人保优势产业 A	-1.99	15.30	-0.13
16	汇添富港股通专注成长	-3.07	24.25	-0.13
17	富国港股通量化精选 A	-2.29	18.25	-0.13
18	东方成长回报	-1.43	11.83	-0.12
19	摩根香港精选港股通 A	-1.75	19.00	-0.09
20	民生加银创新成长 A	-1.83	23.22	-0.08
21	大摩量化配置 A	-1.03	18.64	-0.06
22	前海开源股息率 50 强	-0.74	17.16	-0.04
23	鑫元核心资产 A	-0.52	19.25	-0.03
24	博时国企改革主题 A	-0.39	17.05	-0.02
25	华富量子生命力	-0.21	19.77	-0.01
26	中航混改精选 A	-0.16	17.38	-0.01
27	光大阳光智造 A	0.00	20.98	0.00
28	融通新蓝筹	0.34	16.07	0.02
29	嘉实金融精选 A	0.66	25.11	0.03
30	中邮核心优选	0.59	21.94	0.03
31	安信消费医药主题	0.60	19.71	0.03
32	汇添富沪港深新价值	0.88	24.03	0.04
33	广发资管平衡精选一年持有 A	0.64	16.83	0.04
34	凯石澜龙头经济一年持有	1.02	21.57	0.05
35	中邮核心成长	1.06	19.73	0.05
36	中信建投价值增长 A	1.14	19.39	0.06

续表

编号	基金名称	年化超额收益（%）	年化超额收益标准差（%）	年化夏普比率
37	工银精选金融地产 A	1.22	20.53	0.06
38	富国金融地产行业 A	1.43	21.58	0.07
39	广发沪港深新机遇	1.90	23.49	0.08
40	诺德中小盘	1.87	23.09	0.08
41	嘉实研究精选 A	1.58	19.05	0.08
42	华宝绿色主题 A	1.90	23.00	0.08
指标平均值		-2.24	20.62	-0.11

经过对夏普比率排名前 5%和后 5%的基金与指数表现的对比分析可知，年化夏普比率排名前5%的优秀基金（42 只）和后5%的较差基金（42 只）的年化超额收益率标准差（风险）的平均值仅相差 1.09%。然而，它们的年化超额收益率均值的差距却达到了 22.34%。这说明排名后 5%的基金经理在选股和择时能力方面表现较差。在承担相同风险的情况下，排名前 5%的基金经理比排名后 5%的基金经理获得的收益要高得多。此外，排名前 5%的基金都取得了超过万得全 A 指数的超额收益率，而排名后 5%的基金的收益率则低于万得全 A 指数的表现。这一结果表明，在相同的风险水平下，优秀的基金不仅能够实现超过同行的超额收益，还有可能超越整体市场指数，而夏普比率较差的基金则恰恰相反。有些读者比较关心基金在更短时间段内的夏普比率表现。在进一步的研究中，我们将样本时间缩短至近三年（2021~2023 年），用同样的方法比较股票型基金与万得全 A 指数的夏普比率后发现，结论与近五年的比较结果基本保持一致，此处不再赘述。

（二）索丁诺比率

索丁诺比率是另一个常用的风险调整后的收益指标，类似于夏普比率。它与夏普比率的不同之处在于索丁诺比率区分了收益波动的好坏，它在计算风险时不以整体偏移为标准，而是以下跌偏移为标准。索丁诺比率关注的是下行风险（以下行标准差衡量），即将大于 0 的超额收益设为 0，将小于 0 的超额收益保持原值，然后计算调整后的超额收益的标准差。使用索丁诺比率作为风险调整后收益指标的考量是，投资组合获得正回报是符合投资人需求的，因而在考虑风险时不应将正收益计入调整范围内，只需考虑下行风险。索丁诺比率越高，表明基金在承担相同单位下行风险情况下的超额收益率越高。其计算公式如下：

$$Sortino_M = \frac{MAEX}{D\sigma_{ex}} \tag{2.3}$$

$$Sortino_A = Sortino_M \times \sqrt{12} \tag{2.4}$$

其中，$Sortino_M$ 表示月度索丁诺比率，$Sortino_A$ 表示年化索丁诺比率，$MAEX$ 表示月度超额收益率的平均值，$D\sigma_{ex}$ 表示月度超额收益率的下行风险标准差（downside standard deviation）。基金的月度超额收益率为基金的月度收益率减去市场月度无风险收益率，市场无风险收益率采用整存整取的一年期基准定期存款利率。

图 2-10 展示了近三年（2021~2023 年）和近五年（2019~2023 年）股票型基金与万得全 A 指数的索丁诺比率的比较结果。[①] 近三年股票型基金的年化索丁诺比率为-0.80，低于大盘指数的-0.62，近五年股票型基金的年化索丁诺比率为 1.14，高于大盘指数的 0.77。从索丁诺比率的比较来看，与夏普比率的比较结果相似，在近三年的时间段内股票型基金风险调整后收益低于万得全 A 指数，在近五年的时间段内股票型基金风险调整后收益战胜了万得全 A 指数。

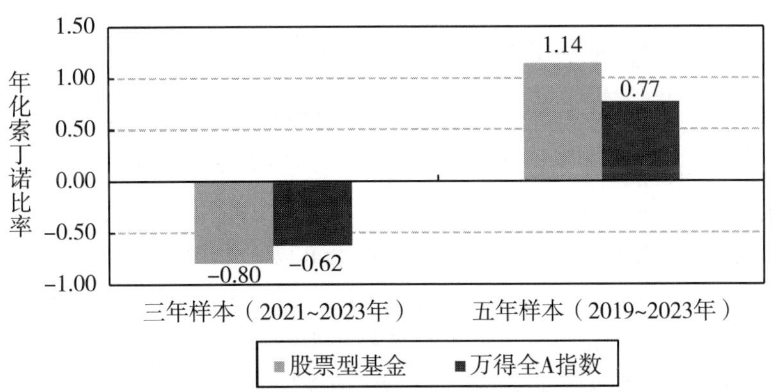

图 2-10　近三年（2021~2023 年）和近五年（2019~2023 年）股票型基金与万得全 A 指数的年化索丁诺比率

我们继续从单个股票型基金的角度对股票型基金和大盘指数的索丁诺比率进行更加深入和详细的对比。图 2-11 是近五年（2019~2023 年）股票型基金年化索丁诺比率的分布直方图，我们按照索丁诺比率的大小划分 10 个区间。可以观察到，股票型基金索丁诺比率的峰值出现在［1，1.25）这一区间，基金占比为 20%，其次索丁诺比率较为集中的区间是［0.75，1），基金占比 17%，索丁诺比率分布在这两个区间的基金合计占比为 37%。在五年样本中基金业绩较为优秀（索丁诺比率大于 1）的基金占比为 61%（513 只）。此外，万得全 A 指数年化索丁诺比率

① 股票型基金索丁诺比率是所有股票型公募基金索丁诺比率的平均值。

（0.77）出现在［0.75，1）区间内。在 839 只基金中，近五年基金年化索丁诺比率的最大值为 3.77，最小值为-1.01，而中位数值为 1.14，远高于万得全 A 指数的索丁诺比率（0.77）。

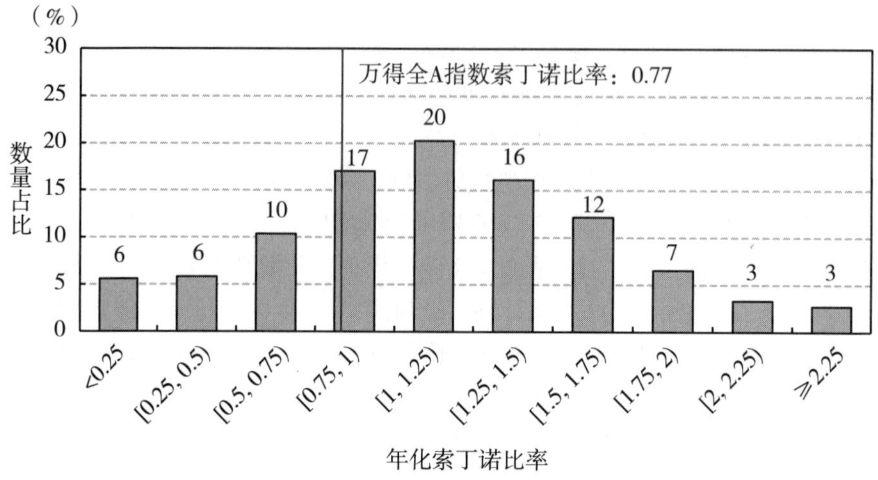

图 2-11　股票型基金近五年年化索丁诺比率分布：2019~2023 年

图 2-12 展示了近五年（2019~2023 年）股票型基金索丁诺比率由高到低的排列。我们选取万得全 A 指数的索丁诺比率（0.77）作为比较基准，以一条横线表示。具体含义为，在承担单位下行风险（由负收益的标准差计算）时，股指可以获得 0.77%的超额收益。在这 839 只基金中，有 77%（645 只）的股票型基金的年化索丁诺比率高于万得全 A 指数的年化索丁诺比率（0.77），表明这 645 只基金在承担相同年化下行风险的同时，可以获得高于万得全 A 指数的年化超额收益。可见，如果用索丁诺比率来衡量基金的业绩，有 77%的股票型基金的业绩超过了万得全 A 指数的业绩，该比例与用夏普比率衡量的业绩比较结果相似。同时，与夏普比率的情况相同，有 26 只（3.1%）基金近五年年化索丁诺比率小于 0。

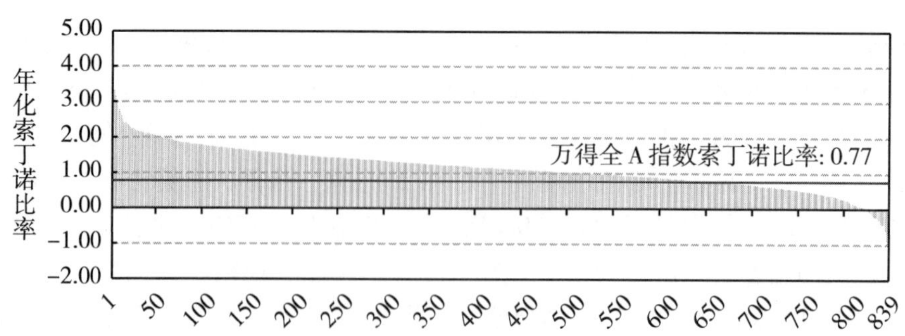

图 2-12　股票型基金近五年年化索丁诺比率分布：2019~2023 年

图2-13（a）展示了近五年（2019~2023年）股票型基金年化索丁诺比率的散点分布情况，横轴表示基金超额收益的年化下行标准差（风险），纵轴表示基金的年化超额收益率（超额收益）。索丁诺比率即为从原点到每一只基金对应的由超额收益和下行风险所确定的点的斜率。近五年所有股票型基金的年化索丁诺比率均分布在斜率为-1.01和3.77（即股票型基金的最小和最大索丁诺比率）这两条射线所夹的扇形区间内。大多数基金的年化索丁诺比率分布在图2-13（a）中间偏右部分，基金的超额收益率多位于0%~25%，风险水平聚集在8%~16%。

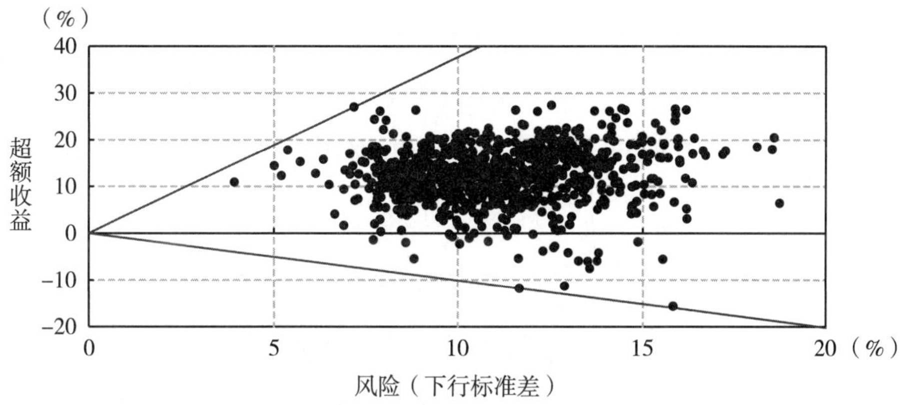

图2-13（a）　股票型基金近五年年化索丁诺比率散点图：2019~2023年

图2-13（b）展示了近五年（2019~2023年）索丁诺比率排名前10位的基金名称和其对应的索丁诺比率。索丁诺比率综合了基金的年化超额收益率和年化下行标准差来对基金的业绩进行考量。具有较高年化索丁诺比率的基金可能是因为其具有更高的年化超额收益率或更小的年化下行标准差，每只基金实现高年化索丁诺比率的原因各不相同。索丁诺比率排名前10位的基金中，"交银趋势优先A"基金拥有较低的下行风险和较高的超额收益率，而"景顺长城能源基建A""工银创新动力""工银精选平衡""长盛量化红利策略A"基金皆是因为把控下行风险能力较强而获得了较高的索丁诺比率，它们的年化下行风险均在6%以下，即使它们的年化超额收益仅在10%~18%；而"华安安信消费服务A"和"大成新锐产业A"基金则是凭借着较强的盈利能力获得了较高的年化索丁诺比率，它们的年化超额收益均在26%以上，相较而言它们的年化下行风险略大，均在7.8%以上。

图2-13（c）展示了索丁诺比率排名后10位的基金名称和其对应的索丁诺比率。这10只基金的年化超额收益均为负值，因此其年化索丁诺比率也为负值，其中"民生加银精选"基金的索丁诺比率最小（-1.01），"诺德优选30"的超额收益率最小（-15.63%）。这些基金在中长期时间段内的超额收益率为负值，意味着它们的收益率低于无风险收益率。尽管承担了风险，但并没有带来更高的收益。因此，这些基金的投资性价比较低。

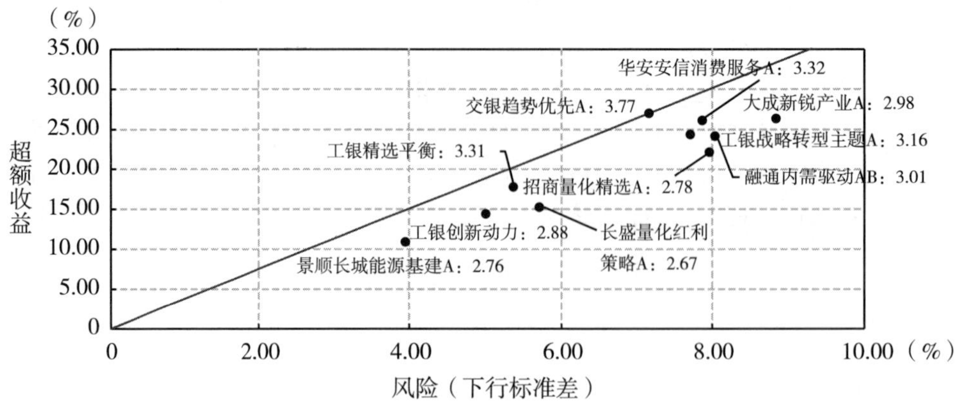

图 2-13（b） 股票型基金近五年年化索丁诺比率的散点图（前 10 名）：2019~2023 年

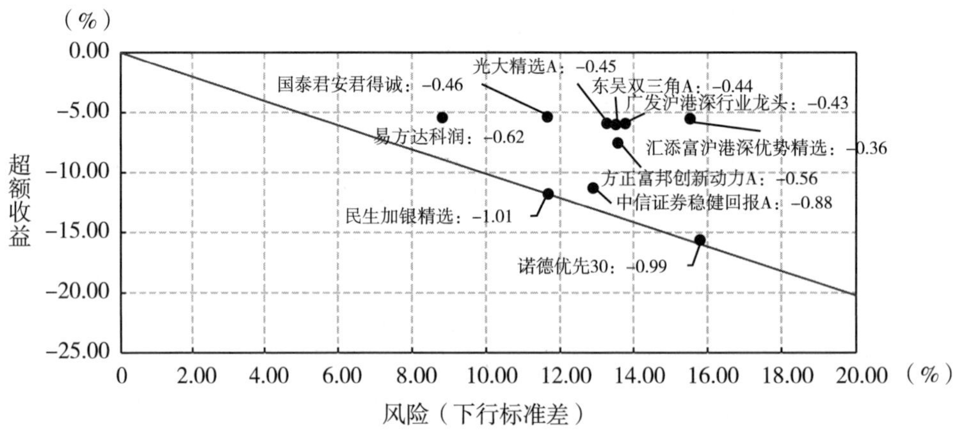

图 2-13（c） 股票型基金近五年年化索丁诺比率的散点图（后 10 名）：2019~2023 年

我们将近五年基金年化索丁诺比率排名位于前 5%和后 5%的基金单独挑出，分别与万得全 A 指数进行比较分析，进一步观察较优秀及较差的股票型基金与大盘指数在超额收益和下行风险综合作用下索丁诺业绩表现的差异，并在表 2-3 和表 2-4 中列示。表 2-3 展示了近五年（2019~2023 年）年化索丁诺比率排名前 5%的基金。前 5%基金的年化下行标准差均值为 8.29%，如果用万得全 A 指数作为比较基准，取其近五年的年化索丁诺比率（0.77），假设指数的下行风险（年化下行标准差）与排名前 5%基金的平均下行风险相同，为 8.29%，那么可以得到它的年化超额收益率应为 6.38%（8.29%×0.77）。前 5%基金的年化超额收益率均值为 19.83%，远高于以万得全 A 指数的索丁诺比率（0.77）和这前 5%基金的平均年化下行标准差（8.29%）计算而得的年化超额收益率（6.38%）。

表 2-3　　近五年年化索丁诺比率排名在前 5%的股票型基金：2019~2023 年

编号	基金名称	年化超额收益（%）	年化下行标准差（%）	年化索丁诺比率
1	交银趋势优先 A	27.01	7.16	3.77
2	华安安信消费服务 A	26.12	7.87	3.32
3	工银精选平衡	17.78	5.37	3.31
4	工银战略转型主题 A	24.39	7.72	3.16
5	融通内需驱动 AB	24.18	8.04	3.01
6	大成新锐产业 A	26.36	8.84	2.98
7	工银创新动力	14.43	5.01	2.88
8	招商量化精选 A	22.17	7.96	2.78
9	景顺长城能源基建 A	10.92	3.95	2.76
10	长盛量化红利策略 A	15.26	5.71	2.67
11	景顺长城成长之星	21.30	8.24	2.59
12	诺安低碳经济 A	15.80	6.34	2.49
13	建信大安全	18.56	7.66	2.42
14	英大国企改革主题	17.01	7.06	2.41
15	华商上游产业 A	20.69	8.59	2.41
16	大成高新技术产业 A	18.52	7.74	2.39
17	广发睿毅领先 A	18.45	7.79	2.37
18	景顺长城沪港深精选	12.27	5.20	2.36
19	建信核心精选	17.42	7.49	2.33
20	中信保诚周期轮动 A	26.35	11.57	2.28
21	国富深化价值 A	17.74	7.82	2.27
22	圆信永丰优悦生活	17.37	7.70	2.25
23	宏利行业精选 A	20.75	9.21	2.25
24	华商盛世成长	17.70	7.89	2.24
25	圆信永丰优加生活	17.91	8.05	2.22
26	长信金利趋势 A	17.02	7.68	2.22
27	招商稳健优选 A	27.40	12.53	2.19
28	招商中小盘精选	17.46	8.00	2.18

续表

编号	基金名称	年化超额收益（%）	年化下行标准差（%）	年化索丁诺比率
29	富国周期优势 A	16.67	7.64	2.18
30	华宝资源优选 A	20.19	9.31	2.17
31	嘉实资源精选 A	18.65	8.63	2.16
32	中银智能制造 A	26.07	12.15	2.14
33	华安研究精选 A	21.35	10.01	2.13
34	华夏创新前沿	20.08	9.44	2.13
35	富国价值优势	19.28	9.07	2.13
36	鹏华价值精选	21.75	10.28	2.11
37	华安逆向策略 A	18.96	9.00	2.11
38	富国文体健康 A	20.29	9.64	2.11
39	大成产业升级 A	21.49	10.22	2.10
40	大成消费主题 A	20.06	9.54	2.10
41	中银主题策略 A	20.86	9.94	2.10
42	交银先进制造 A	18.93	9.02	2.10
指标平均值		19.83	8.29	2.44

这些基金获得较高年化索丁诺比率的原因各不相同。其中一些基金通过出色的下行风险控制能力而获得较高的索丁诺比率，如“景顺长城能源基建 A”（下行风险：3.95%）和“工银创新动力”（下行风险：5.01%）等，尽管它们的年化超额收益率仅为 10.92%和 14.43%，但从风险控制角度来看，这些基金在中长期承担了较小的风险，“景顺长城能源基建 A”通过把握中国能源及基础设施建设需求带来的相关产业成长机会，实现长期资本增值；“工银创新动力”深入研究中国经济在“新常态”下的运行特征，寻找“新常态”下推动经济持续健康稳定发展的创新动力，并积极把握由此带来的投资机会，力争获取超越业绩比较基准的收益。一些基金由于出色的超额收益能力而产生了较高的索丁诺比率，如“交银趋势优先 A”基金（超额收益率：27.01%）和“招商稳健优选 A”基金（超额收益率：27.40%）等，同时它们的年化下行标准差控制在了相对较低的水平。

表 2-4 列出了近五年（2019~2023 年）年化索丁诺比率排名后 5%的基金。后 5%基金的超额收益率的年化下行标准差的平均值为 11.66%，高于前 5%基金超额收益率的年化下行标准差的平均值（8.29%）。如果用万得全 A 指数作为比较基

准，取其近五年的年化索丁诺比率（0.77），假设指数的下行风险（年化下行标准差）为后5%基金的平均年化下行标准差（11.66%），那么它的年化超额收益率应为8.98%（11.66%×0.77）。在年化索丁诺比率排名后5%的基金中，年化超额收益率最大的基金为“华宝绿色主题A”基金，其超额收益率仅为1.90%，远低于万得全A指数以年化索丁诺比率排名后5%基金的平均年化下行标准差计算的年化超额收益率（8.98%）。此外，后5%基金的年化超额收益率的平均值为-2.24%。总体来看，后5%的基金在承担更大的下行风险的同时，年化超额收益率普遍过低，它们的年化索丁诺比率也更低。

表2-4　近五年年化索丁诺比率排名在后5%的股票型基金：2019~2023年

编号	基金名称	年化超额收益（%）	年化下行标准差（%）	年化索丁诺比率
1	民生加银精选	-11.80	11.67	-1.01
2	诺德优选30	-15.63	15.80	-0.99
3	中信证券稳健回报A	-11.29	12.89	-0.88
4	易方达科润	-5.44	8.80	-0.62
5	方正富邦创新动力A	-7.55	13.57	-0.56
6	国泰君安君得诚	-5.39	11.65	-0.46
7	光大精选A	-5.91	13.26	-0.45
8	东吴双三角A	-6.01	13.52	-0.44
9	广发沪港深行业龙头	-5.92	13.77	-0.43
10	汇添富沪港深优势精选	-5.54	15.53	-0.36
11	工银沪港深A	-4.14	12.98	-0.32
12	光大优势A	-3.84	12.30	-0.31
13	汇添富沪港深大盘价值A	-4.22	13.82	-0.31
14	汇添富港股通专注成长	-3.07	12.60	-0.24
15	人保优势产业A	-1.99	8.58	-0.23
16	富国港股通量化精选A	-2.29	10.05	-0.23
17	华夏港股通精选A	-2.79	12.63	-0.22
18	东方成长回报	-1.43	7.69	-0.19
19	摩根香港精选港股通A	-1.75	10.83	-0.16
20	民生加银创新成长A	-1.83	14.87	-0.12
21	大摩量化配置A	-1.03	10.30	-0.10

续表

编号	基金名称	年化超额收益（%）	年化下行标准差（%）	年化索丁诺比率
22	前海开源股息率 50 强	-0. 74	9. 86	-0. 07
23	鑫元核心资产 A	-0. 52	11. 36	-0. 05
24	博时国企改革主题 A	-0. 39	9. 78	-0. 04
25	华富量子生命力	-0. 21	12. 04	-0. 02
26	中航混改精选 A	-0. 16	9. 76	-0. 02
27	光大阳光智造 A	0. 00	10. 44	0. 00
28	融通新蓝筹	0. 34	7. 90	0. 04
29	中邮核心优选	0. 59	12. 70	0. 05
30	嘉实金融精选 A	0. 66	12. 80	0. 05
31	安信消费医药主题	0. 60	11. 28	0. 05
32	汇添富沪港深新价值	0. 88	12. 64	0. 07
33	广发资管平衡精选一年持有 A	0. 64	8. 46	0. 08
34	凯石澜龙头经济一年持有	1. 02	11. 60	0. 09
35	中邮核心成长	1. 06	11. 53	0. 09
36	工银精选金融地产 A	1. 22	11. 07	0. 11
37	中信建投价值增长 A	1. 14	10. 20	0. 11
38	富国金融地产行业 A	1. 43	10. 65	0. 13
39	诺德中小盘	1. 87	13. 03	0. 14
40	华宝绿色主题 A	1. 90	13. 02	0. 15
41	广发沪港深新机遇	1. 90	12. 57	0. 15
42	嘉实研究精选 A	1. 58	10. 03	0. 16
指标平均值		-2. 24	11. 66	-0. 17

从上述索丁诺比率较优及较差基金与指数表现的对比分析可知，年化索丁诺比率排名在前 5%的优秀基金（42 只）和排名在后 5%的较差基金（42 只）的年化超额收益率的下行标准差（下行风险）均值相差约为 3. 40%，然而排名在前 5%和排名在后 5%基金的年化超额收益率均值的差距却达到 22. 07%。这说明排名在后 5%的基金经理的选股择时能力较差，在每承担一份下行风险的同时，他们获得的收益比排名前 5%的基金经理少更多。排名在前 5%的基金皆取得了超越相同的风险水

平下万得全 A 指数的超额收益率，而排名在后 5%基金的收益率均低于相同的风险水平下万得全 A 指数的业绩。这一结果表明，在相同的风险水平下，优秀的基金不仅可以取得超越同行的超额收益，还可能战胜大盘指数，而业绩较差的基金表现则相反。有些读者比较关心基金在更短时间段内的索丁诺比率表现。在进一步的研究中，我们将样本时间缩短至近三年（2021~2023 年），用同样的方法比较股票型基金与万得全 A 指数的索丁诺比率。我们发现结论与近五年的比较结果基本保持一致，此处不再赘述。

三、评估基金业绩的指标选择

下面我们研究以下问题：在基金的夏普比率和索丁诺比率两个风险调整后的收益指标中，选择哪个指标可以帮助我们更好地评估基金业绩。为了确定适当的指标，我们对股票型基金的收益率、夏普比率和索丁诺比率进行相关性分析。在 2007~2023 年的时间范围内，我们首先计算了每五年时间基金的三个收益指标的相关性系数，接着将考察的时期缩短至每三年，再次分析三者的相关性。所选样本需要满足在每三年或五年中都有完整的基金净值数据。表 2-5 显示了 2007~2023 年每五年的三个指标间的相关性结果。可以观察到，三个指标的相关性较高，而且收益率与夏普比率的相关性和收益率与索丁诺比率的相关性十分接近。除了 2013~2017 年外，三个指标间的相关性均在 89%以上。在 2013~2023 年的 11 年间，三个指标的相关性较高，均在 93%以上。整体而言，夏普比率与索丁诺比率的相关性明显高于同期二者分别与收益率的相关性，说明基金收益的波动性主要是由下行风险主导。2007~2023 年间每三年的三个指标间相关性对比结果与表 2-5 中的结果较接近，不再进行讨论。

表 2-5　　每五年中股票型基金的三个指标的相关性：2007~2023 年　　单位：%

年份	收益率—夏普比率	收益率—索丁诺比率	夏普比率—索丁诺比率
2007~2011	100	99	100
2008~2012	93	93	100
2009~2013	99	98	99
2010~2014	99	99	99
2011~2015	98	96	99
2012~2016	96	92	98
2013~2017	92	85	97

续表

年份	收益率—夏普比率	收益率—索丁诺比率	夏普比率—索丁诺比率
2014~2018	94	89	98
2015~2019	96	92	98
2016~2020	97	90	96
2017~2021	91	89	97
2018~2022	97	96	99
2019~2023	95	92	98
2013~2023	95	93	99

综上所述，由于收益率与两个风险调整后收益指标之间存在高度相关性，任何一个指标都能在一定程度上反映其他两个指标的变化。考虑到风险与收益在投资中相因相生的关系，我们认为风险调整后的收益指标能更好地反映基金的真实业绩。两个风险调整后的收益指标——夏普比率和索丁诺比率之间的相关系数较高，任选其中一个作为基金业绩的评估指标均可。考虑到夏普比率在业界使用更加广泛，投资者可以方便获取和比较，而且夏普比率的分母是整体风险，它能间接地把下行风险也考虑在内，综合而言，选择夏普比率作为风险调整后收益的代表指标更为恰当。

四、小结

通过公募基金投资股票市场的投资者常有的疑问是，基金的历史业绩是否能够帮助投资者选择在未来业绩好的基金？应该选择主动管理的股票型基金还是被动管理的指数型基金？本章从基金投资者的角度出发，对比主动管理的股票型基金和代表大盘指数的万得全 A 指数的中长期收益，进行基金绝对收益和风险调整后收益的分析，回答了孰优孰劣的问题。

在进行绝对收益比较时，以 2003~2023 年为研究期间，分别对股票型基金和万得全 A 指数就各年年度收益率比较、各年业绩超越指数的股票型基金数量比例和累计收益率这三个方面作了相应分析。研究发现，在 2003~2023 年的多数年份里，股票型基金的年度收益率高于万得全 A 指数的年度收益率，且大部分基金可以跑赢指数；这一期间内股票型基金的长期累计收益率也远高于万得全 A 指数的累计收益率。

在考虑风险因素的情况下，选取夏普比率、索丁诺比率两个风险调整后收益指标，将股票型基金和万得全 A 指数 2021～2023 年（近三年）和 2019～2023 年（近五年）的夏普比率和索丁诺比率进行了对比。研究发现，无论是从整体风险还是从下行风险的角度出发，当承担同样的风险时，近三年股票型公募基金并不能取得高于万得全 A 指数的风险调整回报，而近五年的时间段内，股票型公募基金能够取得高于万得全 A 指数的风险调整回报。同时，我们就近五年夏普比率和索丁诺比率从高到低排名，对排在前 5%的基金和排在后 5%的基金分别进行分析，并对影响夏普比率和索丁诺比率的因素进行讨论。我们同时研究了近三年的数据，结论与近五年的分析基本一致。以上分析表明，从长期数据来看，主动管理的股票型基金的业绩总体上看优于大盘指数，但在中期来看，情况已较往年发生了改变，股票型基金三年内的业绩表现并无法超越大盘指数。

在本章的最后，我们通过分析股票型基金的绝对收益率、夏普比率和索丁诺比率三个指标的相关性，研究各个指标之间的关系，以选取一个最适当的评价基金业绩的指标，最终选取夏普比率。夏普比率能够综合反映基金的收益与风险的关系，并和其他的指标保持较好的相关性，且在业界通用，投资者可以方便获取。

第三章

股票型基金的优秀业绩从何而来

随着公募基金品种的不断丰富以及投资者风险和收益偏好匹配度的优化，股票型基金作为重要的投资工具受到投资者关注，基金经理资产管理能力的截面差异性也备受投资者瞩目。投资者在选择基金产品时，已不再盲目地跟风，而是更加重视理性分析，并关注公募基金经理是否有选股能力和择时能力。近几年，在国际金融风险积聚和地缘政治危机多发的重重考验下，我国股票市场震荡，许多基金的业绩表现大起大落、缺乏持续性，真正穿越牛熊市的基金经理少之又少。因此，对于以主动管理的股票型公募基金为投资标的、追求超额收益的投资者而言，一个重要的命题是，如何基于基金产品的历史业绩来分析和推断基金经理的资产管理能力，并对其未来业绩走势进行预判？

分析历史业绩是评估基金经理能力的重要方式之一。通过研究基金经理在不同市场环境下的投资决策和表现，可以了解其投资风格、策略以及对不同资产类别的理解和把握能力。同时，还需要关注基金经理的长期绩效，而非仅仅关注短期的高收益。毕竟，持续稳定的业绩才是投资者真正需要的。然而，我国投资者可以借助的分析、判断工具依然相对稀缺。许多基金交易软件和订阅的基金评价报告会基于不同的时间区间对基金产品的历史业绩进行排名，然而，这些排名的前瞻性并不好：排名往往基于绝对收益率或夏普比率等单一指标，投资者能从中提取出的有用信息较少，与投资者的投资偏好“适配度”不足，难以真正起到投资决策的辅助作用。在市场动荡中，各种公募基金排行榜常常出现“冠军魔咒”——上一年的投资冠军，下一年往往会跌到后 1/4 去。因此，关键性的问题是，如何正确解读公募基金的业绩？如何通过历史业绩评价基金管理者的投资能力？如何判断基金经理的优秀业绩是来源于能力还是运气？进一步来说，如果是来源于能力，是来源于基金经理对潜力个股的选择（选股能力）还是对仓位调整时机的把控（择时能力）？这些问题将在本章中得到回答。同一只基金可能由一位或多位基金经理在不同的时间段管理，但在本章中，我们假设一只基金由一家基金管理公司的一支团队管理，因此，本章中的“基金经理”指的是“一支管理团队”。针对基金经理个体行为差异的分析将在本书的第五章中进行，该章将以基金经理为研究对象，评估其在任职、离职和职务变更期间的基金业绩。

在本书中，我们将主动管理的股票型基金的收益来源分为两部分：一部分来源于已知风险因子的溢价，这些风险因子包括市场系统性风险因子、股票规模因子、价值因子和动量因子；另一部分来源于基金经理的能力，包括选股能力和择时能力两个主要方面。其中，基金经理的选股能力体现在基金经理是否可以发掘出被市场低估的股票上，而择时能力则体现在基金经理对市场走势的预判上。如果基金经理具有择时能力，那么在市场上涨之前，他会将更多的资金投资于高风险资产（如股票），以获取因为市场上涨而带来的收益；在市场下跌前，他会提前降低高风险资产的比例，将更多的资金投资于低风险资产（如债券），回避市场的下跌风险。因此，如果基金经理能够有效地主动改变投资组合的风险暴露以适应市场的变化，并获得超额收益，则可以认为他（她）具有择时能力。

为了定量评估主动管理的股票型公募基金经理的选股能力和择时能力，在方法论上，我们选用基于 Carhart 模型改进后的 Treynor-Mazuy 四因子模型进行量化判断，并使用自助法（bootstrap）对基金业绩是源于基金经理的能力还是运气作出判断和验证。因为上述统计分析要求每只基金有足够长的历史业绩，我们的样本期选为过去五年（2019~2023 年）。另外，为了考察结果的稳健性，排除干扰因素的影响，我们也会对过去三年（2021~2023 年）和过去七年（2017~2023 年）样本的选股能力和择时能力进行分析和研判。

我们的研究结果显示，在 2019~2023 年的五年样本期内，在 839 只主动管理的股票型公募基金样本中，有 208 只基金（占比为 25%）的经理具有显著的选股能力，这一数值低于在 2017~2021 年的五年样本期中的该比例（55%）和 2018~2022 年的五年样本期中的该比例（44%）。经自助法检验我们发现，这 208 只具有显著的选股能力的基金中，有 130 只基金（占 839 只基金的 15%）的基金经理是靠自身能力（而非运气）展示了选股能力，其他基金经理所表现出来的选股能力是运气因素或者统计误差造成的。另一方面，我们发现，仅有 2%的基金经理表现出显著的择时能力。总体来看，2019~2023 年，在我国主动管理的股票型公募基金经理中，有 25%左右的基金经理表现出选股能力，但是几乎没有基金经理展示出显著的择时能力。

本章主要内容有五部分：第一部分，我们使用 Treynor-Mazuy 四因子模型对基金的选股能力进行考察；第二部分，使用 Treynor-Mazuy 四因子模型对基金经理的择时能力进行考察；第三部分，我们将分析的样本从五年扩展到三年和七年，对基金经理的选股能力和择时能力进行稳健性检验；第四部分，在上述回归结果的基础上，运用自助法验证那些显示出显著选股能力或择时能力的基金经理，区分这些表现优秀的基金产品的五年期业绩是来自基金经理的投资才能还是运气。

一、回归模型及样本

Carhart（1997）在 Fama-French 三因子模型基础上，加入一年期收益的动量因子，构建出四因子模型。Carhart 四因子模型综合考虑了系统风险、市值规模、账面市值比以及动量这四个因子对投资组合业绩的影响，并因其强大的解释力而得到国内外基金业界的广泛认可。例如，Cao、Simin 和 Wang（2013）等在分析相关问题时就使用了该模型。Carhart 四因子模型如下：

$$R_{it}-R_{ft}=\alpha_i+\beta_{im}\times(R_{mt}-R_{ft})+\beta_{ismb}\times SMB_t+\beta_{ihml}\times HML_t+\beta_{imom}\times MOM_t+\varepsilon_{it} \quad (3.1)$$

其中，$R_{it}-R_{ft}$为 t 月基金 i 的超额收益率；$R_{mt}-R_{ft}$为 t 月大盘指数（万得全 A 指数）的超额收益率；R_{ft}为 t 月无风险收益率；SMB_t 为规模因子，代表小盘股与大盘股之间的溢价，为 t 月小盘股的收益率与大盘股的收益率之差；HML_t 为价值因子，代表价值股与成长股之间的溢价，为 t 月价值股（高账面市值比公司）与成长股（低账面市值比公司）收益率之差；MOM_t 为动量因子，代表过去一年内收益率最高的股票与最低的股票之间的溢价，为过去一年（$t-1$ 月到 $t-11$ 月）收益率最高的 30%的股票与收益率最低的 30%的股票在 t 月的收益率之差。我们用 A 股所有上市公司的数据自行计算规模因子、价值因子和动量因子。α_i 代表基金经理因具有选股能力而给投资者带来的超额收益，它可以表示为：

$$\alpha_i\approx(\overline{R_{it}}-\overline{R_{ft}})-\widehat{\beta_{im}}\times(\overline{R_{mt}}-\overline{R_{ft}})-\widehat{\beta_{ismb}}\times\overline{SMB_t}-\widehat{\beta_{ihml}}\times\overline{HML_t}-\widehat{\beta_{imom}}\times\overline{MOM_t} \quad (3.2)$$

当α_i 显著大于 0 时，说明基金经理 i 为投资者带来了统计上显著的超额收益，表明该基金经理具有正向的选股能力；当α_i 显著小于 0 时，说明基金经理 i 为投资者带来的是负的超额收益，表明该基金经理具有错误的选股能力；当 α_i 接近于 0 时，表明基金经理 i 没有选股能力。

择时能力也可以给投资者带来超额收益。择时能力是指基金经理根据对市场的预测，主动调整基金对市场因子的风险暴露以谋求更高收益的能力。如果基金经理预测未来市场会上涨，那么他会加大对高风险资产的投资比例；相反，如果他预测未来市场会下跌，则会降低对高风险资产投资的比例。有关基金经理择时能力的研究，请参考 Henriksson（1984）、Bollen 和 Busse（2001）等的研究。

Treynor 和 Mazuy（1966）提出在传统的单因子 CAPM 模型中引入一个大盘指数超额收益的平方项，用来检验基金经理的择时能力。我们将 Treynor-Mazuy 模型里的平方项加入 Carhart 四因子模型中，构建出一个基于四因子模型的 Treynor-Mazuy 模型：

$$R_{it}-R_{ft}=\alpha_i+\beta_{im}\times(R_{mt}-R_{ft})+\gamma_i\times(R_{mt}-R_{ft})^2+\beta_{ismb}\times SMB_t+\beta_{ihml}\times HML_t+\beta_{imom}\times MOM_t+\varepsilon_{it} \quad (3.3)$$

其中，γ_i 代表基金经理 i 的择时能力，其他变量和式（3.1）中的定义一样。如果 γ_i 显著大于 0，说明基金经理 i 具有择时能力，具备择时能力的基金经理应当能随着市场的上涨（下跌）而提升（降低）其投资组合的系统风险。

我们使用基于 Carhart 四因子模型的 Treynor-Mazuy 四因子模型来评估基金经理的选股能力和择时能力。当前国内的开放式基金种类主要为普通股票型、混合型、债券型和货币市场型四类，我们定义万得数据库公募基金二级分类中的普通股票型公募基金和偏股混合型公募基金为主动管理的股票型公募基金（以下简称“股票型基金”），利用这些基金在过去五年（2019~2023 年）的月度数据进行分析。由于灵活配置型基金对于持有股票的下限没有固定标准，这类基金在股市行情不好的时候会大量持有债券，正是出于这个原因，我们在分析选股、择时能力时，使用的股票型基金样本中不包括灵活配置型基金。

出于统计意义显著性对样本量的需求，我们要求每只基金都有完整的复权净值数据。在本章，我们将一只基金与该只基金的经理等同对待，不考虑基金经理的更迭。我们用最小二乘法（OLS）估计基金经理的选股能力，模型中的 α 以月为单位。为方便讨论，以下汇报的 α 均为年化 α。我们以股票型基金的复权单位净值月度数据来计算基金的月度收益率。我们将全区间（2017~2023 年）划分为三个样本区间，分别为过去三年（2021~2023 年）、过去五年（2019~2023 年）和过去七年（2017~2023 年）。表 3-1 为各样本区间内的样本数量。

表 3-1　　样本区间内的样本数量　　单位：只

样本区间	基金数量
过去三年（2021~2023 年）	1 492
过去五年（2019~2023 年）	839
过去七年（2017~2023 年）	616

二、选股能力分析

表 3-2 展示了过去五年（2019~2023 年）股票型基金选股能力 α 的显著性的估计结果。图 3-1 展示了 839 只股票型基金 α 的 t 值（显著性）由大到小的排列。我们主要关心基金经理是否具有正向的选股能力，因此我们使用单边假设检验。据表 3-2 可知，在 5%的显著性水平下，有 208 只基金的 α 呈正显著性，其 t 值大于 1.64，说明这 208 只基金（占比为 25%）的基金经理表现出了显著的选股能力；

有 625 只基金（在基金总数中占比为 75%）α 的 t 值是不显著的；同时我们还看到，有 6 只基金（占比不足 1%）的 α 为负显著，其 t 值小于-1. 64，说明这 6 只基金的基金经理具有明显错误的选股能力。总体来看，在过去五年内，仅有不足 25%的主动管理的股票型基金的基金经理具备正确的选股能力。

表 3-2　　股票型基金的选股能力 α 显著性的估计结果：2019~2023 年

显著性	样本数量（只）	数量占比（%）
正显著	208	24. 8
不显著	625	74. 5
负显著	6	0. 7
总计	839	100. 0

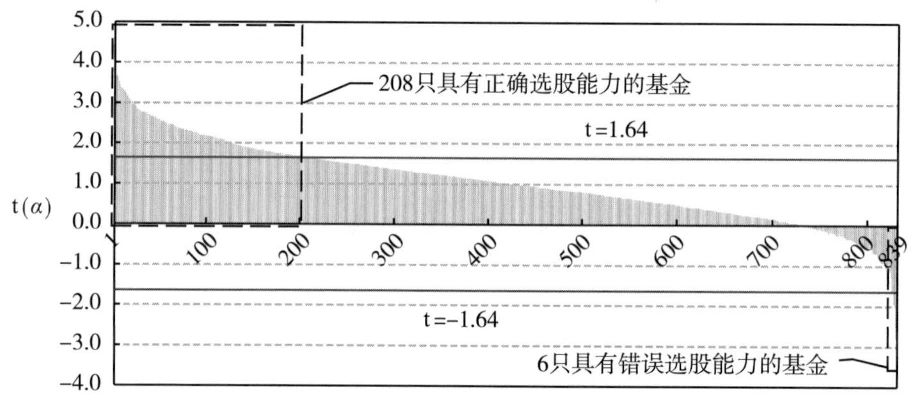

图 3-1　股票型基金的选股能力 α 的 t 值（显著性）排列：2019~2023 年

注：正确选股能力代表 $t(\alpha)>1.64$，错误选股能力代表 $t(\alpha)<-1.64$，未表现出选股能力代表 $-1.64\leq t(\alpha)\leq 1.64$。基金具有选股能力是指基金表现出正确的选股能力，基金不具有选股能力代表基金表现出错误的或未表现出选股能力。

在分析选股能力时，我们除了关注选股能力 α 的显著性以外，还需要观察 α 的估计值。我们采用 Treynor-Mazuy 模型对拥有五年历史业绩的 839 只股票型基金的选股能力进行讨论。表 3-3 和图 3-2 展现的是 Treynor-Mazuy 四因子模型的回归结果。我们按照选股能力 α 把基金等分为 10 组。第 1 组为 α 最高的组，第 10 组为 α 最低的组。表 3-3 汇报的是每组基金所对应的选股能力（α）、择时能力（γ）、市场因子（β_{mkt}）、规模因子（β_{smb}）、价值因子（β_{hml}）、动量因子（β_{mom}），以及反映模型拟合好坏的调整后 R^2 的平均值。

表 3-3 Treynor-Mazuy 四因子模型的回归结果（按选股能力 α 分组）：2019~2023 年

组别	年化 α（%）	γ	β_{mkt}	β_{smb}	β_{hml}	β_{mom}	调整后 R^2（%）
1（α 最高组）	19.68	-1.32	0.99	-0.30	-0.10	0.11	60
2	14.61	-0.86	0.91	-0.23	-0.18	0.15	64
3	12.15	-0.68	0.88	-0.17	-0.17	0.17	64
4	10.07	-0.59	0.87	-0.14	-0.28	0.16	65
5	8.56	-0.38	0.89	-0.14	-0.30	0.14	67
6	6.90	-0.32	0.85	-0.10	-0.32	0.16	67
7	5.28	-0.22	0.83	-0.08	-0.30	0.16	66
8	3.33	-0.08	0.86	-0.06	-0.31	0.18	66
9	0.80	0.22	0.82	0.00	-0.32	0.21	67
10（α 最低组）	-4.73	0.55	0.80	0.04	-0.45	0.19	65

注：此表汇报每一组基金对应的 α、γ、β_{mkt}、β_{smb}、β_{hml}、β_{mom}，以及调整后 R^2 的平均值。

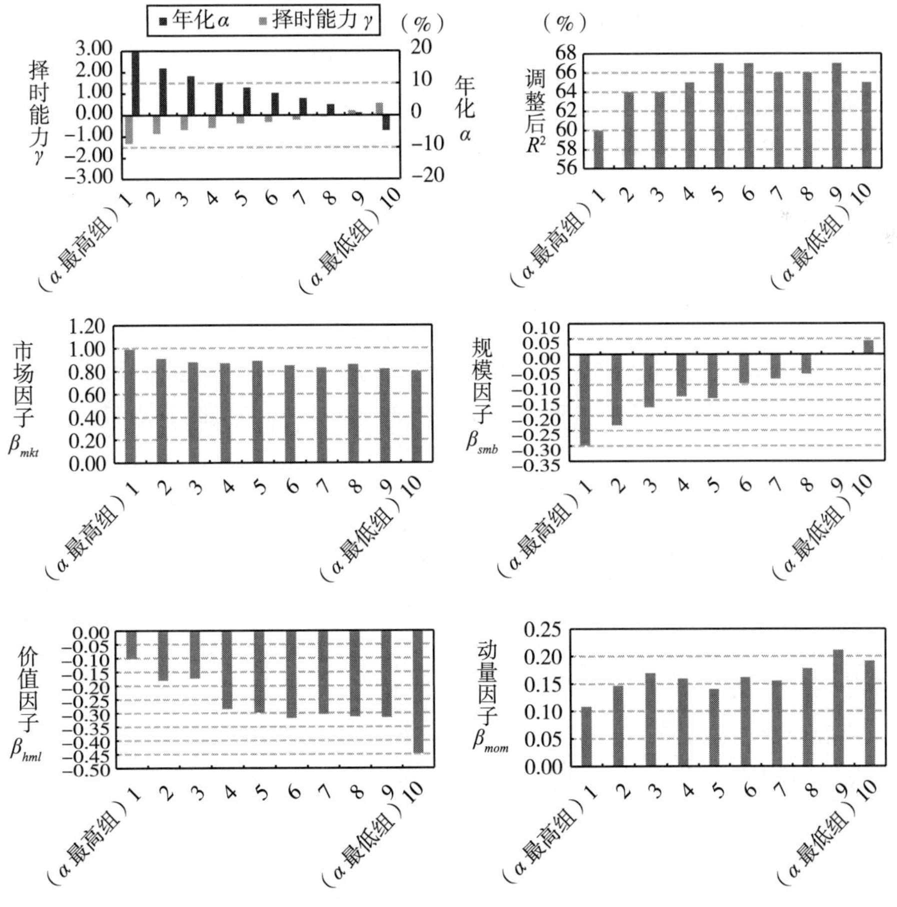

图 3-2 Treynor-Mazuy 四因子模型的回归结果（按选股能力 α 分组）：2019~2023 年

从表 3-3 可以看出，经过 Treynor-Mazuy 四因子模型回归的 10 组基金的年化 α 在-5%~20%，其中最后一组基金的平均选股能力为负数。无论年化 α 是高还是低，β_{mkt}都在 0.87 上下浮动，这意味着股票型基金对大盘指数的风险暴露水平都比较高。各组基金的规模因子对应的敏感系数 β_{smb} 在-0.30~0.04，并且随着每组基金经理选股能力的降低，规模因子风险暴露 β_{smb} 有小幅提高，这说明基金经理所持小盘股或大盘股股票的仓位与其选股能力大致呈反比例关系，那些具有较高年化 α 的基金往往重仓大盘股，而那些不具有选股能力、年化 α 较低的基金倾向于重仓小盘股。各组基金的价值因子对应的敏感系数 β_{hml} 的变化范围在-0.45~-0.10，都是负向的暴露，即基金经理的投资风格基本上是更多持仓成长股，并且随着每组基金经理选股能力的降低，价值因子风险暴露 β_{hml} 呈降低趋势，说明那些具有较低年化 α 的基金更激进地重仓了成长股。不同组别的基金对动量因子 β_{mom} 的风险暴露随着选股能力的降低而有略微升高趋势，说明那些选股能力更差、年化 α 较低的基金经理有追涨杀跌的行为。最后，可以看到不同组别的基金用四因子模型的拟合优度都在 60%以上，说明该模型可以较好地解释基金的超额收益的方差。

下面我们具体分析在过去五年中呈正显著选股能力的 208 只基金。表 3-4 展示了过去五年（2019~2023 年）在 Carhart 四因子模型中 α 为正显著的股票型基金的检验结果，同时我们也给出了这些基金在过去三年（2021~2023 年）选股能力的估计结果。通过观察表 3-4 中数据可以看出，这些基金对应的年化 α 在 5%~28%，其中有 18 只基金在过去三年和过去五年中都表现出显著的选股能力，占 208 只基金数的 8.7%。这些结果说明一只基金在短期（最近三年）和长期（最近五年）都能显示出选股能力，是非常难能可贵的。在本书的附录二中，我们给出过去五年（2019~2023 年）每只基金的选股能力、择时能力及各 β 的风险暴露程度，供读者参考。

表 3-4　在过去五年和过去三年中都具有选股能力的股票型基金

编号	基金名称	过去五年(2019~2023 年)		过去三年(2021~2023 年)		过去三年、五年都具有选股能力
		α(%)	t(α)	α(%)	t(α)	
1	诺安行业轮动 A	20.50	3.70	19.63	2.29	√
2	圆信永丰优悦生活	14.44	3.67	11.54	2.63	√
3	大成高新技术产业 A	19.95	3.67	11.56	1.39	
4	兴全商业模式优选	17.32	3.64	7.66	1.14	
5	中信保诚量化阿尔法 A	13.63	3.55	4.50	0.99	
6	诺安先进制造 A	19.66	3.45	20.03	2.32	√

续表

编号	基金名称	过去五年(2019~2023年)		过去三年(2021~2023年)		过去三年、五年都具有选股能力
		α(%)	t(α)	α(%)	t(α)	
7	圆信永丰优加生活	14.16	3.39	8.94	2.07	√
8	工银创新动力	15.75	3.38	13.84	2.12	√
9	易方达价值精选	20.74	3.36	10.64	1.15	
10	景顺长城沪港深精选	15.23	3.32	18.52	2.56	√
11	大成消费主题A	22.84	3.29	12.04	1.34	
12	嘉实价值精选	21.92	3.29	2.63	0.33	
13	工银新金融A	18.96	3.22	-0.04	0.00	
14	鹏华盛世创新A	15.36	3.19	10.77	1.81	√
15	景顺长城能源基建A	12.27	3.16	20.44	3.69	√
16	华安安信消费服务A	19.55	3.10	9.33	1.28	
17	金元顺安消费主题	19.33	3.10	4.83	0.55	
18	富国美丽中国A	16.29	3.08	3.94	0.55	
19	嘉实研究阿尔法A	10.30	3.03	0.01	0.00	
20	工银消费服务A	17.93	3.02	1.36	0.19	
21	交银股息优化	27.82	2.97	7.18	0.53	
22	富国天合稳健优选	14.64	2.96	4.84	0.68	
23	工银精选平衡	17.23	2.93	10.98	1.24	
24	富国周期优势A	16.34	2.93	4.17	0.63	
25	融通内需驱动AB	22.32	2.87	20.74	1.98	√
26	富国文体健康A	16.87	2.84	17.53	2.32	√
27	国富深化价值A	14.54	2.84	2.07	0.30	
28	富国城镇发展	13.60	2.83	3.96	0.71	
29	嘉实低价策略	17.37	2.83	5.13	0.66	
30	兴全合润	14.65	2.80	3.31	0.51	
31	大成核心双动力A	10.65	2.78	5.71	1.09	
32	建信大安全	19.02	2.78	-5.12	-0.60	
33	大成新锐产业A	23.29	2.77	26.46	2.22	√
34	国富中小盘A	13.99	2.77	3.32	0.44	
35	易方达国企改革	25.58	2.76	2.60	0.19	
36	泓德优选成长	12.74	2.75	7.18	1.04	

续表

编号	基金名称	过去五年(2019~2023 年)		过去三年(2021~2023 年)		过去三年、五年都具有选股能力
		α(%)	t(α)	α(%)	t(α)	
37	工银新蓝筹 A	13.65	2.75	2.35	0.36	
38	诺安低碳经济 A	12.97	2.73	10.76	1.51	
39	兴全绿色投资	13.21	2.70	8.67	1.13	
40	农银汇理量化智慧动力	14.67	2.70	4.60	0.61	
41	广发估值优势 A	22.88	2.70	-7.63	-0.73	
42	国联安主题驱动	13.71	2.68	0.83	0.14	
43	景顺长城公司治理	18.18	2.67	19.08	1.68	√
44	中银量化价值 A	10.95	2.66	-1.90	-0.39	
45	银华裕利	15.80	2.65	11.60	1.48	
46	国泰金鹿	18.64	2.65	8.96	0.82	
47	鹏华先进制造	18.23	2.65	-0.17	-0.02	
48	中欧时代智慧 A	21.70	2.62	0.64	0.06	
49	景顺长城环保优势	17.53	2.60	9.40	0.96	
50	中信保诚深度价值	12.15	2.59	4.90	0.78	
51	华润元大量化优选 A	13.75	2.59	15.57	2.17	√
52	交银消费新驱动	24.44	2.55	7.04	0.52	
53	华夏新兴消费 A	18.26	2.55	-7.80	-1.07	
54	泓德战略转型	17.00	2.54	-0.03	0.00	
55	安信企业价值优选	14.66	2.54	0.90	0.11	
56	交银品质升级 A	24.20	2.53	7.28	0.54	
57	诺安中小盘精选	12.85	2.52	12.52	1.60	
58	工银物流产业 A	19.10	2.52	15.97	1.80	√
59	嘉实资源精选 A	19.58	2.49	5.95	0.61	
60	中信保诚盛世蓝筹	8.42	2.48	1.00	0.25	
61	工银文体产业 A	13.97	2.48	-0.11	-0.02	
62	汇丰晋信价值先锋 A	14.64	2.47	16.33	1.94	√
63	博时量化多策略 A	8.05	2.47	3.10	0.66	
64	工银国企改革主题	14.43	2.47	-2.99	-0.43	
65	嘉实新消费	15.40	2.46	9.12	1.17	
66	景顺长城优选	14.09	2.43	7.19	0.89	

续表

编号	基金名称	过去五年（2019~2023年）		过去三年（2021~2023年）		过去三年、五年都具有选股能力
		α（%）	t（α）	α（%）	t（α）	
67	广发聚瑞A	19.11	2.43	12.43	1.15	
68	嘉实核心优势	19.11	2.42	-3.77	-0.32	
69	工银研究精选	19.77	2.42	3.37	0.29	
70	光大银发商机主题A	13.67	2.39	5.75	0.84	
71	景顺长城优势企业A	21.48	2.39	6.32	0.48	
72	中银主题策略A	18.14	2.37	9.61	0.81	
73	富国价值优势	13.51	2.37	-2.37	-0.31	
74	建信核心精选	16.32	2.37	-7.55	-0.89	
75	银华行业轮动	15.09	2.35	-3.59	-0.56	
76	工银量化策略A	13.09	2.35	2.01	0.27	
77	工银大盘蓝筹	11.29	2.34	1.99	0.33	
78	易方达蓝筹精选	26.57	2.34	-2.86	-0.17	
79	广发睿毅领先A	17.97	2.33	8.31	0.79	
80	浙商全景消费A	20.78	2.33	-5.23	-0.39	
81	中欧养老产业A	16.36	2.32	12.68	1.38	
82	天弘文化新兴产业A	22.27	2.30	8.96	0.66	
83	富国产业升级A	13.37	2.30	7.87	1.11	
84	光大行业轮动	20.36	2.30	7.44	0.66	
85	宏利行业精选A	15.16	2.30	1.88	0.26	
86	景顺长城核心竞争力A	11.92	2.29	-0.65	-0.08	
87	富荣福锦A	15.65	2.28	-1.23	-0.15	
88	嘉实物流产业A	13.23	2.28	3.35	0.40	
89	景顺长城支柱产业	12.16	2.28	10.24	1.12	
90	长信金利趋势A	9.73	2.27	3.10	0.45	
91	华夏研究精选	9.52	2.25	-5.41	-0.92	
92	南方盛元红利	12.51	2.25	-2.38	-0.33	
93	中欧互通精选A	8.28	2.22	0.10	0.02	
94	富国高端制造行业A	13.48	2.21	4.00	0.48	
95	兴全轻资产	10.34	2.20	5.70	0.87	
96	长信内需成长A	21.52	2.20	5.81	0.44	

续表

编号	基金名称	过去五年(2019~2023 年)		过去三年(2021~2023 年)		过去三年、五年都具有选股能力
		α(%)	t(α)	α(%)	t(α)	
97	建信健康民生 A	14. 79	2. 20	5. 27	0. 52	
98	易方达消费行业	22. 74	2. 20	-4. 97	-0. 34	
99	海富通风格优势	11. 56	2. 19	-2. 16	-0. 34	
100	工银新材料新能源行业	14. 94	2. 19	4. 64	0. 46	
101	新华优选消费	20. 79	2. 18	2. 34	0. 16	
102	嘉实先进制造	15. 34	2. 18	0. 68	0. 07	
103	前海开源股息率 100 强	10. 17	2. 18	12. 10	1. 77	√
104	东方核心动力 A	9. 21	2. 17	2. 89	0. 59	
105	华夏智胜价值成长 A	6. 72	2. 17	13. 43	2. 80	√
106	交银趋势优先 A	18. 27	2. 16	21. 77	1. 83	√
107	银华食品饮料 A	25. 67	2. 16	4. 89	0. 29	
108	国富弹性市值 A	12. 38	2. 16	0. 07	0. 01	
109	创金合信量化核心 A	8. 72	2. 15	-3. 27	-0. 61	
110	嘉实沪港深回报	13. 86	2. 14	-5. 50	-0. 61	
111	创金合信消费主题 A	23. 80	2. 14	3. 58	0. 26	
112	中金新锐 A	14. 40	2. 12	10. 51	0. 99	
113	国联安优势	15. 72	2. 11	-0. 95	-0. 09	
114	易方达行业领先	14. 28	2. 11	-5. 71	-0. 64	
115	嘉实优化红利 A	17. 32	2. 11	-2. 22	-0. 19	
116	长盛量化红利策略 A	10. 99	2. 11	9. 47	1. 27	
117	嘉实周期优选	13. 19	2. 10	3. 23	0. 36	
118	汇添富国企创新增长 A	13. 73	2. 09	-0. 31	-0. 04	
119	交银新成长	12. 29	2. 09	1. 24	0. 14	
120	方正富邦红利精选 A	14. 91	2. 09	1. 49	0. 14	
121	汇丰晋信大盘 A	9. 05	2. 05	2. 98	0. 46	
122	嘉合锦程价值精选 A	17. 83	2. 04	-7. 60	-0. 63	
123	景顺长城精选蓝筹	15. 73	2. 04	2. 09	0. 17	
124	国富研究精选 A	13. 18	2. 03	1. 19	0. 12	
125	银华积极成长 A	12. 58	2. 01	-5. 67	-0. 77	
126	华商盛世成长	14. 63	1. 99	9. 15	0. 78	

续表

编号	基金名称	过去五年（2019~2023年）		过去三年（2021~2023年）		过去三年、五年都具有选股能力
		α（%）	t（α）	α（%）	t（α）	
127	嘉实沪港深精选	11.97	1.99	-1.98	-0.26	
128	富国天博创新主题	12.40	1.99	1.98	0.25	
129	交银精选	11.11	1.98	-0.98	-0.12	
130	银华明择多策略	17.49	1.98	-1.16	-0.10	
131	广发核心精选	13.35	1.97	4.72	0.47	
132	中欧时代先锋A	11.37	1.96	-2.00	-0.26	
133	中银消费主题A	12.70	1.96	0.21	0.03	
134	安信价值精选	12.68	1.94	-7.33	-0.86	
135	诺德量化蓝筹增强A	6.30	1.94	3.04	0.71	
136	华泰保兴成长优选A	13.02	1.94	5.75	0.57	
137	广发沪港深新起点A	15.13	1.93	-1.18	-0.09	
138	华宝价值发现A	13.08	1.93	0.31	0.03	
139	国投瑞银成长优选	10.60	1.92	-4.53	-0.54	
140	汇丰晋信智造先锋A	22.13	1.91	-6.18	-0.60	
141	中信证券卓越成长两年持有A	14.00	1.91	-2.70	-0.24	
142	宏利市值优选	15.21	1.90	3.61	0.30	
143	嘉实稳健	8.75	1.90	-2.10	-0.30	
144	中欧新趋势A	9.26	1.90	-3.00	-0.44	
145	前海开源公用事业	26.39	1.89	20.66	0.99	
146	中信保诚优胜精选A	9.19	1.89	5.07	0.80	
147	摩根健康品质生活A	19.14	1.88	8.97	0.63	
148	诺德周期策略	15.91	1.88	-0.42	-0.04	
149	南方中小盘成长A	9.58	1.87	-1.10	-0.18	
150	合煦智远嘉选A	12.73	1.87	-3.04	-0.33	
151	申万菱信智能驱动A	16.27	1.87	3.21	0.24	
152	平安股息精选A	12.05	1.87	7.18	0.77	
153	工银信息产业A	12.53	1.87	-5.79	-0.86	
154	东方策略成长	13.93	1.86	1.62	0.17	
155	富国天惠精选成长A	8.39	1.86	-1.00	-0.21	

续表

编号	基金名称	过去五年（2019~2023 年）		过去三年（2021~2023 年）		过去三年、五年都具有选股能力
		α(%)	t(α)	α(%)	t(α)	
156	广发行业领先 A	10.53	1.83	5.97	0.70	
157	中信保诚精萃成长 A	10.16	1.83	4.47	0.56	
158	国联安精选	11.95	1.83	11.80	1.51	
159	中银智能制造 A	17.17	1.82	7.63	0.57	
160	博时丝路主题 A	10.50	1.82	0.13	0.02	
161	景顺长城鼎益 A	21.09	1.82	-0.19	-0.01	
162	汇添富消费行业	19.30	1.82	-1.67	-0.11	
163	华泰保兴吉年利	13.52	1.82	3.22	0.30	
164	富国转型机遇	9.35	1.81	-4.37	-0.78	
165	华夏能源革新 A	25.65	1.80	-3.27	-0.21	
166	易方达科翔	10.71	1.80	0.99	0.15	
167	华夏经典配置	13.02	1.79	4.07	0.35	
168	大成优选 A	9.87	1.79	1.34	0.19	
169	博时行业轮动	19.47	1.79	13.61	0.83	
170	泓德泓益	9.20	1.79	-3.52	-0.53	
171	农银汇理行业轮动 A	12.82	1.78	9.17	0.82	
172	国泰智能汽车 A	20.52	1.78	-8.25	-0.59	
173	中欧新动力 A	8.44	1.77	-2.25	-0.39	
174	富国大盘价值 A	6.90	1.77	-2.68	-0.46	
175	中银双息回报 A	9.45	1.77	-3.00	-0.42	
176	鹏华养老产业	16.56	1.76	-7.35	-0.59	
177	景顺长城内需增长贰号	19.89	1.76	-0.70	-0.05	
178	诺安价值增长	12.02	1.75	11.53	1.28	
179	中银金融地产 A	13.70	1.75	-2.81	-0.26	
180	金鹰科技创新 A	17.87	1.75	23.15	1.58	
181	景顺长城新兴成长 A	19.63	1.75	-1.01	-0.07	
182	嘉实价值优势 A	10.00	1.74	-5.47	-0.74	
183	国投瑞银研究精选	10.06	1.74	-4.47	-0.52	
184	创金合信工业周期精选 A	17.25	1.73	0.03	0.00	
185	农银汇理策略价值	9.92	1.73	-1.94	-0.32	

续表

编号	基金名称	过去五年（2019~2023年）		过去三年（2021~2023年）		过去三年、五年都具有选股能力
		α（%）	t（α）	α（%）	t（α）	
186	工银核心价值A	10.87	1.72	-9.54	-1.25	
187	汇添富消费升级A	18.51	1.72	-8.34	-0.56	
188	中银中小盘成长	11.63	1.72	3.30	0.38	
189	天弘周期策略A	15.13	1.72	-2.43	-0.19	
190	景顺长城成长之星	11.61	1.71	1.54	0.20	
191	广发轮动配置	15.21	1.71	-3.30	-0.25	
192	建信中国制造2025A	12.47	1.71	-6.72	-0.72	
193	景顺长城内需增长	19.30	1.71	-2.69	-0.18	
194	银华消费主题A	16.41	1.71	-9.86	-0.81	
195	光大阳光优选一年持有A	6.32	1.70	-4.01	-0.72	
196	博时卓越品牌A	14.70	1.70	3.76	0.30	
197	光大风格轮动A	5.80	1.70	6.33	1.27	
198	长信量化多策略A	8.39	1.70	-4.11	-0.56	
199	东方红启阳三年持有A	11.55	1.68	-6.18	-0.64	
200	中金精选A	9.77	1.68	-3.87	-0.47	
201	泰康均衡优选A	9.00	1.68	-2.94	-0.51	
202	海富通国策导向A	15.96	1.67	8.33	1.01	
203	国联安锐意成长	14.79	1.66	-5.85	-0.47	
204	国泰央企改革A	9.16	1.65	-5.12	-0.73	
205	博时量化价值A	5.62	1.65	3.45	0.69	
206	工银生态环境A	19.80	1.65	-2.04	-0.11	
207	中信保诚至远动力A	13.39	1.65	3.08	0.43	
208	诺德价值优势	14.36	1.65	-0.33	-0.03	

注：表中√代表在过去三年和过去五年都具有选股能力的股票型基金。

我们选取其中过去五年选股能力年化α为22.32%的“融通内需驱动AB”基金作为研究对象，分析其基金经理在近五年中的选股能力（见表3-5和图3-3）。在分析比较时，除了将万得全A指数作为比较标的以外，我们还将该基金的业绩比较基准［沪深300指数收益率×80%+中债综合全价（总值）指数收益率×20%］与该基金进行比较。该基金由融通基金管理有限公司管理，成立于2009年4月22

日，投资于由国内投资需求和消费需求所驱动的优势企业，以分享中国经济增长及增长方式转变所带来的收益，实现基金资产可持续的稳定增值。

表 3-5　　“融通内需驱动 AB”基金净值年度涨幅与阶段涨幅　　单位：%

名称	2019 年	2020 年	2021 年	2022 年	2023 年	近五年（2019~2023 年）
融通内需驱动 AB	61	49	32	-15	22	27
万得全 A 指数	33	26	9	-19	-5	7
融通内需驱动 AB 基金基准	29	22	-4	-17	-9	3

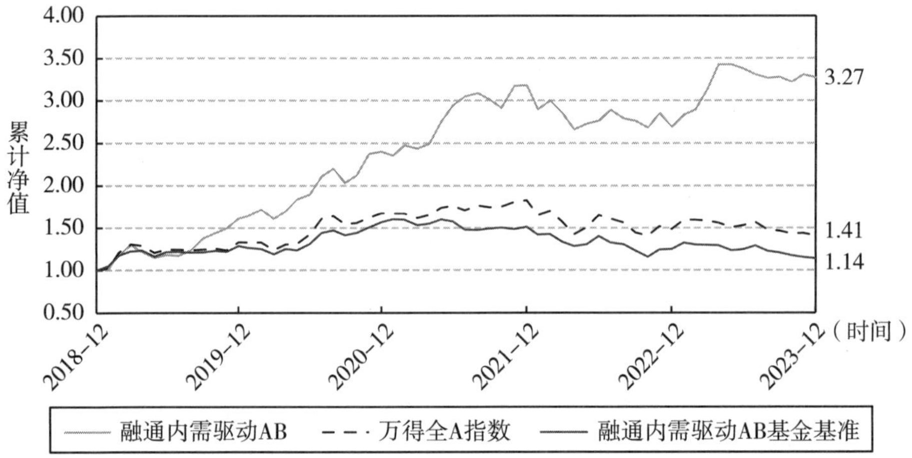

图 3-3　“融通内需驱动 AB”基金的累计收益：2019~2023 年

“融通内需驱动 AB”前后经历了多位基金经理的变更，近五年管理过该基金的基金经理为付伟琦（2017 年 2 月 17 日至 2020 年 2 月 5 日）和范琨（2020 年 2 月 5 日至今）。从历史业绩来看，自基金成立以后 11 年的时间内整体走势不及沪深 300 指数，但基金业绩从 2019 年中开始发力，并于 2021 年初开始大幅跑赢沪深 300。该基金近五年涨幅为 27%，同期万得全 A 指数上涨 7%，而与该基金对标的基准上涨 3%，相比而言，这只主动管理型公募基金的业绩远远超过了大盘及其基金基准。

该基金近五年均保持着优异的超额收益率和较稳定的绝对收益率。2019 年，该基金涨幅达到 61%，超过同期万得全 A 指数和基金基准涨幅（分别为 33% 和 29%）约两倍；2020 年，涨幅为 49%，依然远超同期万得全 A 指数和基金基准涨幅（分别为 26%和 22%）；2021 年，尽管该基金的表现有所回落，但涨幅依然高达 32%，是同期万得全 A 指数和基金基准涨幅（分别为 9%和-4%）的 3 倍以上；而进入 2022 年，在整个市场表现走弱的情况下，该基金也未能幸免于“滑铁卢”的困境，收益率跌至-15%，但仍超越了同期万得全 A 指数（-19%）和基金基准收益率（-17%）；2023 年，在万得全 A 指数（-5%）和基金基准收益率（-9%）下跌的同时，该基金保持了优秀的业绩，年收益率达到 22%。

从持仓分布来看，该基金广泛投资于各个行业。2019 年和 2020 年，该基金主要投资于信息技术、可选消费和工业行业；2021 年和 2022 年，该基金主要投资的行业范围变广，包括信息技术、日常消费、可选消费、材料、工业、医疗保健等领域；进入 2023 年，该基金逐渐加大了对公用事业领域的投资，减少了对可选消费领域的投资，并同时分散地投资于电信服务、信息技术、医疗保健、工业和材料等领域。

该基金换手率一直处于较高水平，重仓股前五名随着市场的变化也会做出调整。2019~2023 年，该基金换手率分别为 240%、1 022%、661%、306%和 260%。2022 年，全球疫情反复不断叠加多地爆发地缘冲突，导致全球经济下行压力不断增大，市场需求减弱，国内经济增长疲软，大盘指数表现不佳，导致该基金在 2022 年整体受到较大影响。进入 2023 年后，该基金自 2022 年开始布局的工业行业重仓股表现比较突出，三大重仓股大秦铁路上涨 15%、长江电力上涨 15%、唐山港上涨 35%，使得基金业绩在 2023 年可以逆势上涨。总体而言，该基金近五年的投资收益表现卓越，其基金经理在板块挑选、个股选择、个股仓位调整方面的能力较为突出，说明其具有相对良好的选股能力。

三、择时能力分析

表 3-6 展示了具有五年历史业绩的基金择时能力的统计分析结果。图 3-4 展示了采用 Treynor-Mazuy 四因子模型估计出来的股票型基金择时能力 γ 的 t 值，我们主要关心基金经理是否具有正的择时能力，因此我们使用单边假设检验。在 5%的显著性水平下，仅有 16 只基金（占比 1.9%）的 γ 呈正显著性，其 t 值大于 1.64，说明这 16 只基金的基金经理表现出了显著的择时能力；有 754 只基金（占比为 89.9%）γ 的 t 值是不显著的；我们还看到，有 69 只基金（占比为 8.2%）的 γ 为负显著，其 t 值小于-1.64，说明这些基金的基金经理具有明显错误的择时能力。总体来看，在过去五年（2019~2023 年）内，绝大部分（98%）的股票型基金的基金经理不具备择时能力。

表 3-6 股票型基金的择时能力 γ 显著性的估计结果：2019~2023 年

显著性	样本数量（只）	数量占比（%）
正显著	16	1.9
不显著	754	89.9
负显著	69	8.2
总计	839	100.0

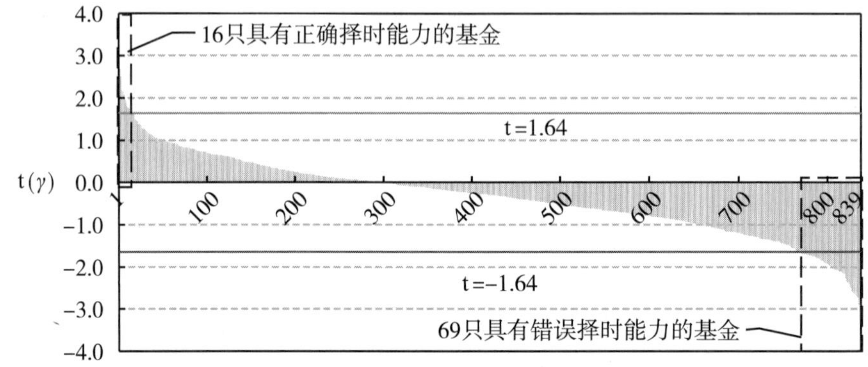

图 3-4 股票型基金的择时能力 γ 的 t 值（显著性）排列：2019~2023 年

注：正确择时能力代表 t(γ)>1.64，错误择时能力代表 t(γ)<-1.64，未表现出择时能力代表 -1.64≤t(γ)≤1.64。基金具有择时能力是指基金表现出正确的择时能力，基金不具有择时能力代表基金表现出错误的或未表现出择时能力。

表 3-7 给出在过去五年（2019~2023 年）Treynor-Mazuy 四因子模型中 γ 为正显著的基金，即具有择时能力的基金，同时也给出了这些基金在过去三年（2021~2023 年）择时能力的估计结果，这里我们主要关心反映择时能力的系数 γ 的显著性。从表 3-7 可以看出，“建信社会责任”“国联安红利”等 4 只基金在过去三年（2021~2023 年）和过去五年（2019~2023 年）都表现出正确的择时能力。然而，值得注意的是，相比于选股能力，总体来说公募基金经理在择时能力上依然是相对缺失的。

表 3-7 过去五年具有择时能力的股票型基金

编号	基金名称	过去五年(2019~2023 年)		过去三年(2021~2023 年)		过去三年、五年都具有择时能力
		γ	t(γ)	γ	t(γ)	
1	建信社会责任	3.00	2.87	3.97	1.93	√
2	国联安红利	2.42	2.68	2.86	1.67	√
3	工银战略转型主题 A	3.07	2.53	3.98	1.67	√
4	交银先锋 A	2.33	2.20	0.90	0.44	
5	华商主题精选	3.03	2.15	0.34	0.10	

续表

编号	基金名称	过去五年（2019~2023年）		过去三年（2021~2023年）		过去三年、五年都具有择时能力
		γ	t(γ)	γ	t(γ)	
6	招商行业精选	3.30	2.14	0.32	0.11	
7	招商优质成长	3.14	2.08	0.25	0.09	
8	东吴价值成长A	2.46	1.97	2.84	1.39	
9	招商先锋	1.84	1.91	1.62	0.95	
10	华宝动力组合A	2.88	1.79	8.65	2.35	√
11	前海开源再融资主题精选	2.25	1.76	1.82	0.58	
12	建信优选成长A	1.80	1.76	2.20	1.03	
13	南方高增长	2.06	1.73	-0.53	-0.28	
14	富国军工主题A	3.01	1.67	-1.56	-0.42	
15	易方达国防军工A	3.17	1.66	0.03	0.01	
16	景顺长城量化精选	0.93	1.66	0.45	0.35	

注：表中√代表在过去三年和过去五年都具有择时能力的股票型基金。

择时能力的缺乏是中国以及全球资管行业长期存在的现象。我国公募基金不尽如人意的择时能力，与宏观经济调控政策的变化、金融市场系统性风险积聚以及资管行业监管标准走向规范化、统一化的政策变革有关。同时，2022年和2023年，地缘政治局势险峻、美联储货币政策调整节奏和经济衰退担忧持续影响经济、贸易和金融市场，这对基金经理拥抱变化和“因时而变”的能力构成了极大的考验，造成基金经理的仓位调整滞后，与市场风格容易出现脱节，从而在变化的市场氛围中“乘势追击”的机会被明显削弱。如何在保持选股能力的同时培育良好的择时能力，是中国公募基金行业未来面对的一个重要考验。

四、选股能力与择时能力的稳健性检验

在本节中，我们针对前述基金经理的选股与择时能力展开稳健性检验。前面我们所用的样本为2019~2023年的五年期样本，在这里我们进一步改变样本区间段的长度，考察结论是否一致，探讨其背后的主因在于市场本身还是基金经理的个体特质。在稳健性检验中，我们使用三年样本（2021~2023年）和七年样本（2017~2023年）来对基金经理的选股能力和择时能力进行稳健性检验，并将分析结果与之前的

五年样本（2019~2023 年）的结果进行对比，从而判断样本时间选取的不同是否会影响基金经理的选股和择时能力。本部分的检验同样要求每只基金有完整的净值数据。各样本区间内包含的样本数量具体见表 3-1。时间跨度较长的样本区间内的基金与时间跨度较短的样本区间内的基金是部分重合的。例如，三年样本中的基金数量为 1 492 只，五年样本中的基金数量为 839 只，七年样本中的基金数量为 616 只。七年样本的 616 只基金都在三年和五年样本中，五年样本的 839 只基金也都在三年样本中。

图 3-5 展示了在不同时间长度的样本区间内具有选股能力的股票型基金的数量占比，我们仍以 5%的显著性水平进行分析。在三年样本（2021~2023 年）中，有 2%基金的基金经理具有显著的选股能力，在五年样本（2019~2023 年）中该比例大幅上升为 25%，而在七年样本（2017~2023 年）中该比例略微上升，达到 28%。可见，在不同的样本时期，具有显著选股能力的基金经理的比例还是有差异的，在三年（2021~2023 年）期间内，基金经理的选股能力也出现了滑坡，但以较长的时间区间来看，有约 1/4 的股票型基金的基金经理具备一定的选股能力。

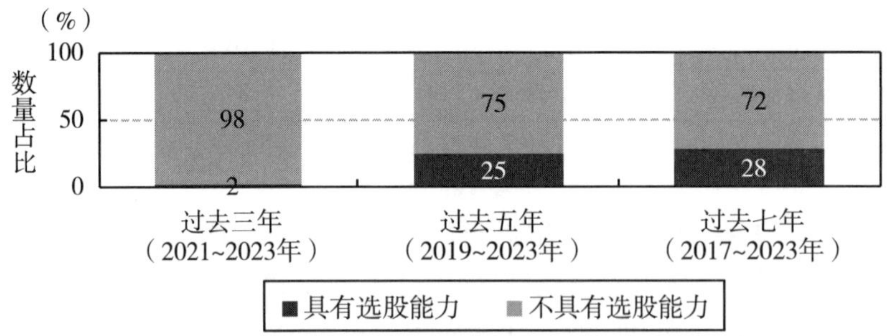

图 3-5　样本区间内具有选股能力的基金数量占比

表 3-8 给出了不同样本期间中选股能力 α 显著性估计的详细结果，还给出了不同样本时期中具有选股能力的基金经理的比例，以及选股能力分别为不显著、负显著的基金经理比例，同时给出了同期万得全 A 指数的累积涨幅作为基准。

表 3-8　样本区间内股票型公募基金的选股能力 α 显著性的估计结果

样本区间	正显著	不显著	负显著	基金数量（只）	万得全 A 涨幅（%）
过去三年（2021~2023 年）	29（1.9%）	1 350（90.5%）	113（7.6%）	1 492	-16
过去五年（2019~2023 年）	208（24.8%）	625（74.5%）	6（0.7%）	839	41
过去七年（2017~2023 年）	173（28.1%）	436（70.8%）	7（1.1%）	616	6

注：括号中的数字为相应的基金数量占比，显著性水平为 5%。

如表 3-8 所示，以万得全 A 指数来看，七年（2017~2023 年）仅上涨 6%，主要源于 2018 年、2022~2023 年股票市场随着经济环境表现不佳，造成指数涨幅较小。2020~2021 年市场在货币政策刺激下表现较好，且在 2018 年市场下跌后，过去五年（2019~2023 年）市场站在了一个较低的起点，因此在过去五年中，万得全 A 指数上涨了 41%。而同时，由于近两年市场的低迷，大盘在较短期内表现较差，过去三年（2021~2023 年）万得全 A 指数下跌 16%。在此时间区间（三年、五年和七年样本）中，与以往不同的是，以往在市场表现欠佳的年份，往往有更多基金经理能够获得超越大盘的收益以及表现出正显著的选股能力，但在近几年市场的反复波动中，三年内市场指数总体下跌 16%，而具有显著优越的选股能力的基金经理占比却仅为 2%，意味着接近 98%的基金经理不具备选股能力；而以五年的时间区间来看，大盘上涨 41%，具有显著选股能力的基金经理的比例为 25%；七年的时间区间中，大盘上涨 6%，具有显著选股能力的基金经理的比例为 28%。这些差异可能产生于两个维度：一方面，不同分析期的市场总体环境存在不同；另一方面，由于基金的新成立和停止运营，不同样本期所涵盖的基金总数、特征也存在差异，这也降低了其可比性。

为了更好地调整不同样本期内基金品种、数量不同造成的样本差异性，我们重新对比在不同样本期间内都具有数据的基金的选股能力。表 3-9 展现的是在七年样本（2017~2023 年）中的 616 只基金，在三年样本（2021~2023 年）和五年样本（2019~2023 年）中通过 Treynor-Mazuy 四因子模型估计出来的选股能力的表现。如果我们考察这 616 只基金的三年期业绩，有 18 只（占比 2.9%）基金的基金经理具有显著的选股能力，当考察期变为五年和七年后，分别有 152 只（占比 24.7%）和 173 只（占比 28.1%）基金的基金经理具有显著的选股能力。在这 616 只基金中，无论考察三年、五年还是七年的样本，每类样本中都有 72%以上的基金经理不具有选股能力，且具有正显著选股能力的基金占比与表 3-8 中的结果相近。

表 3-9　具有七年样本的股票型公募基金在三年、五年样本中选股能力 α 显著性的估计结果

样本区间	正显著	不显著	负显著	基金数量（只）	万得全 A 涨幅（%）
过去三年（2021~2023 年）	18（2.9%）	549（89.1%）	49（8.0%）	616	-16
过去五年（2019~2023 年）	152（24.7%）	458（74.4%）	6（1.0%）	616	41
过去七年（2017~2023 年）	173（28.1%）	436（70.8%）	7（1.1%）	616	6

注：括号中数字为相应的基金数量占比，显著性水平为 5%。

在此基础上，我们将样本限定为在三年样本和五年样本中都有数据的 839 只基金，考察基金经理的选股能力差异（见表 3-10）。在三年样本中，有 21 只基金（占比 2.5%）的基金经理具有显著的选股能力。在五年样本中，具有显著选股能力的基金为 208 只（占比 24.8%）。这一结果亦体现了与表 3-8 类似的特征，即较长时间区间的样本中，具有良好选股能力的基金经理比例相对较高。

表 3-10　具有五年样本的股票型公募基金在三年、五年样本中选股能力 α 显著性的估计结果

样本区间	正显著	不显著	负显著	基金数量（只）	万得全 A 涨幅（%）
过去三年（2020~2022 年）	21 （2.5%）	760 （90.6%）	58 （6.9%）	839	-16
过去五年（2018~2022 年）	208 （24.8%）	625 （74.5%）	6 （0.7%）	839	41

注：括号中数字为相应的基金数量占比，显著性水平为 5%。

上述分析的结论同样和之前分别使用三年或五年全部样本的结论近似（见表 3-8）。可见，并不是由于基金个体之间的不同导致在三年、五年、七年样本区间内具有选股能力的基金经理比例的差异。因为我们在选取相同的基金时，这个差异在三年、五年、七年样本区间内也是同样存在的。故而我们认为，是由于不同分析时间内我国股票市场环境的不同，导致使用最近三年、五年和七年样本的分析结果产生差异。

接下来，我们利用同样的方法来分析基金经理的择时能力。图 3-6 展示了在不同样本区间中具有显著择时能力的基金的比例，还是以 5%的显著性水平进行讨论。在三年样本（2021~2023 年）中，有 5%的基金经理具有显著的择时能力；在五年样本（2019~2023 年）中，该比例为 2%；在七年样本（2017~2023 年）中，该比例为 3%。可见，在不同的样本区间内，具有显著择时能力的基金经理的比例都非常低。

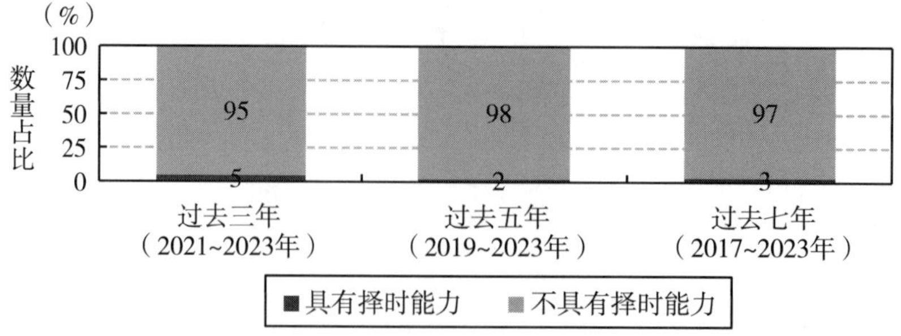

图 3-6　样本区间内具有正确择时能力的股票型基金的数量占比

我们给出不同样本期间中择时能力γ显著性估计的详细结果（见表3-11）。我们发现，无论是在三年、五年还是七年样本中，都至少有95%的基金经理不具备择时能力。这一结果也再次表明，整体而言，当前中国基金行业基金经理的择时能力较差，在波动的市场趋势和宏观不确定性环境下，对股票未来涨跌进行精准的预判是比较困难的。

表3-11　　三年、五年、七年样本的择时能力显著性的估计结果

样本区间	正显著	不显著	负显著	基金数量（只）	万得全A涨幅（%）
过去三年（2021~2023年）	68 （4.6%）	1 388 （93.0%）	36 （2.4%）	1 492	-16
过去五年（2019~2023年）	16 （1.9%）	754 （89.9%）	69 （8.2%）	839	41
过去七年（2017~2023年）	20 （3.2%）	555 （90.1%）	41 （6.7%）	616	6

注：括号中数字为相应的基金数量占比，显著性水平为5%。

五、基金经理的业绩表现来自能力还是运气

前述结果表明，近五年的时间内有接近25%的基金经理具有选股能力，极少部分基金经理具有择时能力。那么，基金经理的业绩表现究竟是来自其真实能力，还是运气所致呢？具体而言，基金的收益率并不是严格服从正态分布的，显著的回归结果尽管指向了基金经理的选股或择时能力，但依然可能来源于样本选择的影响，即运气的因素。那么，如何在这些统计上具有显著能力的基金经理中筛选出真正具有自身投资能力的个体呢？在这一部分中，我们运用Efron（1979）提出的自助法，在一定程度上解决这个问题。

自助法是对原始样本进行重复抽样以产生一系列“新”的样本的统计方法。图3-7展示了自助法的抽样原理。如图3-7所示，我们观察到的样本只有一个，如某只基金的历史收益数据，因此只能产生一个统计量（如基金经理的选股能力）。自助法的基本思想是对已有样本进行多次抽样，即把现有样本的观测值看成一个新的总体再进行有放回的随机抽样，这样在不需要增加额外的新样本的情况下，会获得多个统计量，即获得基金经理选股能力的多个估计值，通过对比这多个统计量所生成的统计分布和实际样本产生的统计量，就可以判断基金经理的能力是否来源于运气。在以下的检验中，我们对每只基金的样本进行1 000次抽样。我们

也使用 5 000 次抽样来区分基金经理的能力和运气，因为这些结果与使用 1 000 次抽样的结果十分类似，结论不再赘述。

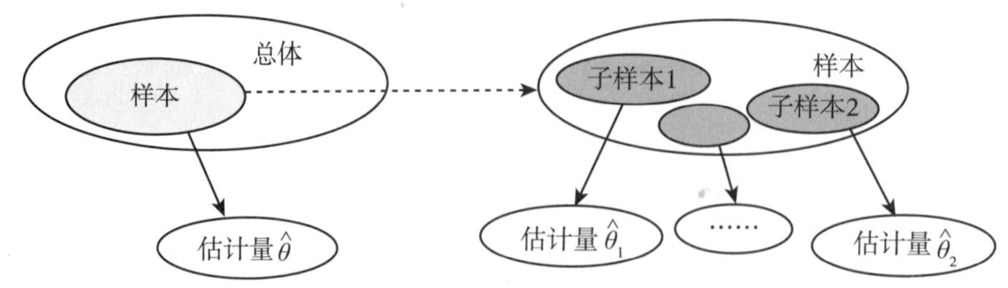

图 3-7　自助法抽样示意

我们以基金 i 的选股能力 α 进行自助法检验为例。通过 Treynor-Mazuy 四因子模型对基金 i 的月度净收益的时间序列进行普通最小二乘法（OLS）回归，估计模型的 $\widehat{\alpha}$、风险系数（$\widehat{\beta}_{mkt}$、$\widehat{\beta}_{smb}$、$\widehat{\beta}_{hml}$、$\widehat{\beta}_{mom}$）、残差序列，具体模型见式（3.3）。我们通过自助法过程对获得的残差序列进行 1 000 次抽样，根据每次抽样后的残差和之前估计出来的风险系数（$\widehat{\beta}_{mkt}$、$\widehat{\beta}_{smb}$、$\widehat{\beta}_{hml}$、$\widehat{\beta}_{mom}$）构造出 1 000 组不具备选股能力（$\widehat{\alpha}=0$）的基金的超额收益率，获得 1 000 个没有选股能力的基金的样本，每一个新生成的基金样本与基金 i 有同样的风险暴露。然后，我们对这 1 000 个样本再次进行 Treynor-Mazuy 四因子模型回归，就获得了 1 000 个选股能力 α 的估计值。由于这 1 000 个 α 是出自我们构造的没有选股能力的基金的收益率，在 5%的显著性水平下，如果这 1 000 个 α 中有多于 5%比例的（该比例为自助法的 P 值）α 大于通过 Treynor-Mazuy 四因子模型回归所得到的基金 i 的 $\widehat{\alpha}$（真实 α），则表明基金 i 的选股能力 α 并不是来自基金经理自身的能力，而是来自运气因素和统计误差。反之，如果这 1 000 个 α 中只有少于 5%的 α 大于基金 i 的 $\widehat{\alpha}$，则表明基金 i 的选股能力 α 并不是来自运气因素，而是来自基金经理的真实能力。Kosowski、Timmermann、White 和 Wermers（2006），Fama 和 French（2010），Cao、Simin、Wang（2013），Cao、Chen、Liang 和 Lo（2013）等利用该方法来研究美国基金经理所取得的业绩是来自他（她）们的能力还是运气。

在之前的分析中我们得到，在五年样本（2019～2023 年）的 839 只样本基金中，有 208 只基金（占比为 25%）表现出正确的选股能力，我们进一步对这些基金的选股能力进行自助法检验。图 3-8 展示了部分基金经理（10 位）通过自助法估计出来的 1 000 个选股能力 α 的分布和实际 α 的对比，图中的曲线为通过自助法获得的选股能力 α 的分布，垂直线为运用 Treynor-Mazuy 四因子模型估计出来的实际选股能力 α 的结果。例如，对于“交银股息优化”基金而言，通过自助法估计的选股能力 α 有 99.25%的比例小于通过 Treynor-Mazuy 四因子模型估计的真实 α

(27.82%)，即自助法的 P 值为 0.0075，从统计检验的角度讲，在 5%的显著性水平下，我们有 95%的信心确信该基金经理的选股能力来自其自身的投资才能。

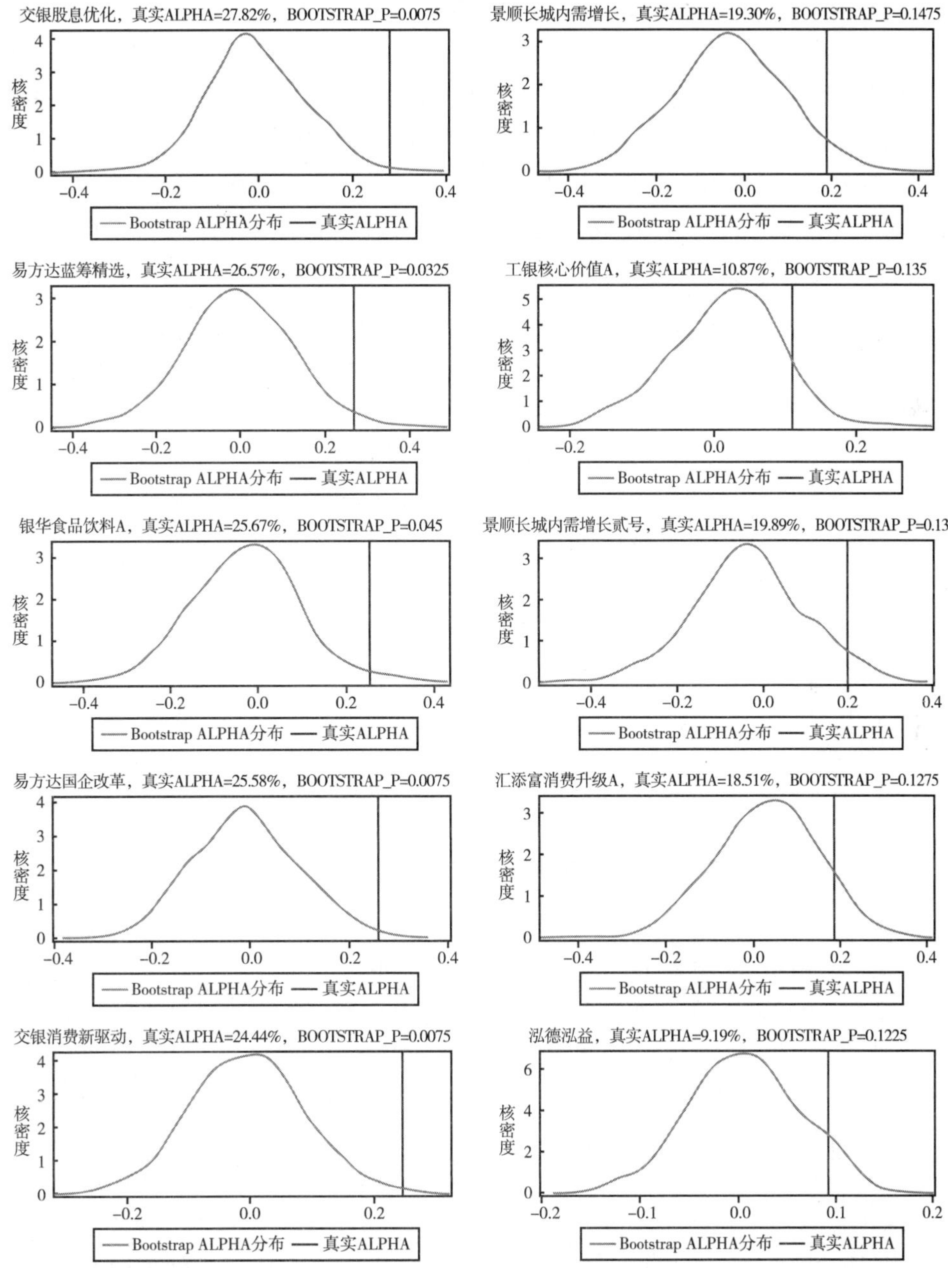

图 3-8　自助法估计的股票型基金的选股能力 α 的分布（部分）：2019~2023 年

注：曲线表示通过自助法获得的选股能力 α 的分布，垂直线表示运用 Treynor-Mazuy 四因子模型估计出来的实际选股能力 α。

表 3-12 为通过 Treynor-Mazuy 四因子模型估计出来的具有显著选股能力的 208 只股票型基金的自助法结果。在这 208 只基金中，有 130 只基金自助法的 P 值小于或等于 5%，如“交银股息优化”“易方达蓝筹精选”“银华食品饮料 A”基金等，这些基金在表 3-12 中用“ * ”标出；有 78 只基金自助法的 P 值大于 5%，如“前海开源公用事业”“华夏能源革新 A”“景顺长城鼎益 A”基金等。从统计学假设检验的角度讲，我们有 95%的信心得出以下结论：这 130 只基金（占 839 只基金的 15%）的基金经理的选股能力并不是来自运气，而是来自他们的选股能力；另外 78 只基金（占 839 只基金的 9%）的基金经理的选股能力并不是来自其自身的能力，而是来自运气和统计误差。

表 3-12　　具有选股能力的股票型基金的自助法检验结果：2019~2023 年

编号	基金名称	年化 α (%)	t(α)	自助法 P 值	编号	基金名称	年化 α (%)	t(α)	自助法 P 值
1	交银股息优化	27.82	2.97	0.008*	24	易方达价值精选	20.74	3.36	0.000*
2	易方达蓝筹精选	26.57	2.34	0.033*	25	国泰智能汽车 A	20.52	1.78	0.088
3	前海开源公用事业	26.39	1.89	0.085	26	诺安行业轮动 A	20.50	3.7	0.000*
4	银华食品饮料 A	25.67	2.16	0.045*	27	光大行业轮动	20.36	2.3	0.018*
5	华夏能源革新 A	25.65	1.8	0.088	28	大成高新技术产业 A	19.94	3.67	0.000*
6	易方达国企改革	25.58	2.76	0.008*	29	景顺长城内需增长贰号	19.89	1.76	0.130
7	交银消费新驱动	24.44	2.55	0.008*	30	工银生态环境 A	19.80	1.65	0.093
8	交银品质升级 A	24.20	2.53	0.018*	31	工银研究精选	19.77	2.42	0.010*
9	创金合信消费主题 A	23.80	2.14	0.045*	32	诺安先进制造 A	19.66	3.45	0.000*
10	大成新锐产业 A	23.29	2.77	0.010*	33	景顺长城新兴成长 A	19.63	1.75	0.103
11	广发估值优势 A	22.88	2.7	0.018*	34	嘉实资源精选 A	19.58	2.49	0.008*
12	大成消费主题 A	22.84	3.29	0.003*	35	华安安信消费服务 A	19.55	3.1	0.003*
13	易方达消费行业	22.74	2.2	0.038*	36	博时行业轮动	19.47	1.79	0.088
14	融通内需驱动 AB	22.32	2.87	0.010*	37	金元顺安消费主题	19.33	3.1	0.003*
15	天弘文化新兴产业 A	22.27	2.3	0.020*	38	景顺长城内需增长	19.30	1.71	0.148
16	汇丰晋信智造先锋 A	22.13	1.91	0.043*	39	汇添富消费行业	19.30	1.82	0.073
17	嘉实价值精选	21.92	3.29	0.008*	40	摩根健康品质生活 A	19.14	1.88	0.045*
18	中欧时代智慧 A	21.70	2.62	0.015*	41	广发聚瑞 A	19.11	2.43	0.018*
19	长信内需成长 A	21.52	2.2	0.038*	42	嘉实核心优势	19.10	2.42	0.025*
20	景顺长城优势企业 A	21.48	2.39	0.018*	43	工银物流产业 A	19.10	2.52	0.010*
21	景顺长城鼎益 A	21.09	1.82	0.110	44	建信大安全	19.02	2.78	0.008*
22	新华优选消费	20.79	2.18	0.040*	45	工银新金融 A	18.96	3.22	0.000*
23	浙商全景消费 A	20.78	2.33	0.025*	46	国泰金鹿	18.64	2.65	0.020*

续表

编号	基金名称	年化α（%）	t(α)	自助法P值	编号	基金名称	年化α（%）	t(α)	自助法P值
47	汇添富消费升级A	18.51	1.72	0.128	80	富荣福锦A	15.65	2.28	0.020*
48	交银趋势优先A	18.27	2.16	0.030*	81	嘉实新消费	15.39	2.46	0.013*
49	华夏新兴消费A	18.26	2.55	0.020*	82	鹏华盛世创新A	15.36	3.19	0.003*
50	鹏华先进制造	18.23	2.65	0.008*	83	嘉实先进制造	15.34	2.18	0.025*
51	景顺长城公司治理	18.18	2.67	0.013*	84	景顺长城沪港深精选	15.23	3.32	0.000*
52	中银主题策略A	18.14	2.37	0.020*	85	宏利市值优选	15.21	1.9	0.053
53	广发睿毅领先A	17.97	2.33	0.008*	86	广发轮动配置	15.21	1.71	0.120
54	工银消费服务A	17.93	3.02	0.008*	87	宏利行业精选A	15.16	2.3	0.040*
55	金鹰科技创新A	17.87	1.75	0.105	88	天弘周期策略A	15.13	1.72	0.120
56	嘉合锦程价值精选A	17.83	2.04	0.083	89	广发沪港深新起点A	15.13	1.93	0.073
57	景顺长城环保优势	17.53	2.6	0.010*	90	银华行业轮动	15.09	2.35	0.013*
58	银华明择多策略	17.49	1.98	0.068	91	工银新材料新能源行业	14.93	2.19	0.045*
59	嘉实低价策略	17.37	2.83	0.003*	92	方正富邦红利精选A	14.91	2.09	0.040*
60	嘉实优化红利A	17.32	2.11	0.048*	93	建信健康民生A	14.79	2.2	0.018*
61	兴全商业模式优选	17.32	3.64	0.000*	94	国联安锐意成长	14.79	1.66	0.095
62	创金合信工业周期精选A	17.24	1.73	0.073	95	博时卓越品牌A	14.70	1.7	0.100
63	工银精选平衡	17.23	2.93	0.000*	96	农银汇理量化智慧动力	14.67	2.7	0.018*
64	中银智能制造A	17.17	1.82	0.055	97	安信企业价值优选	14.66	2.54	0.010*
65	泓德战略转型	17.00	2.54	0.023*	98	兴全合润	14.65	2.8	0.013*
66	富国文体健康A	16.87	2.84	0.008*	99	汇丰晋信价值先锋A	14.64	2.47	0.030*
67	鹏华养老产业	16.56	1.76	0.108	100	富国天合稳健优选	14.64	2.96	0.005*
68	银华消费主题A	16.41	1.71	0.098	101	华商盛世成长	14.63	1.99	0.050*
69	中欧养老产业A	16.36	2.32	0.013*	102	国富深化价值A	14.54	2.84	0.008*
70	富国周期优势A	16.34	2.93	0.003*	103	圆信永丰优悦生活	14.44	3.67	0.000*
71	建信核心精选	16.32	2.37	0.023*	104	工银国企改革主题	14.43	2.47	0.040*
72	富国美丽中国A	16.29	3.08	0.008*	105	中金新锐A	14.40	2.12	0.030*
73	申万菱信智能驱动A	16.27	1.87	0.043*	106	诺德价值优势	14.36	1.65	0.095
74	海富通国策导向A	15.96	1.67	0.070	107	易方达行业领先	14.28	2.11	0.048*
75	诺德周期策略	15.91	1.88	0.083	108	圆信永丰优加生活	14.16	3.39	0.000*
76	银华裕利	15.80	2.65	0.005*	109	景顺长城优选	14.09	2.43	0.023*
77	工银创新动力	15.75	3.38	0.003*	110	中信证券卓越成长两年持有A	14.00	1.91	0.073
78	景顺长城精选蓝筹	15.73	2.04	0.043*					
79	国联安优势	15.72	2.11	0.025*	111	国富中小盘A	13.99	2.77	0.003*

续表

编号	基金名称	年化 α (%)	t(α)	自助法 P 值	编号	基金名称	年化 α (%)	t(α)	自助法 P 值
112	工银文体产业 A	13.97	2.48	0.018*	145	工银信息产业 A	12.53	1.87	0.093
113	东方策略成长	13.93	1.86	0.093	146	南方盛元红利	12.51	2.25	0.025*
114	嘉实沪港深回报	13.86	2.14	0.055	147	建信中国制造 2025A	12.47	1.71	0.050*
115	华润元大量化优选 A	13.75	2.59	0.025*	148	富国天博创新主题	12.40	1.99	0.033*
116	汇添富国企创新增长 A	13.72	2.09	0.040*	149	国富弹性市值 A	12.38	2.16	0.045*
117	国联安主题驱动	13.71	2.68	0.018*	150	交银新成长	12.29	2.09	0.030*
118	中银金融地产 A	13.70	1.75	0.080	151	景顺长城能源基建 A	12.27	3.16	0.008*
119	光大银发商机主题 A	13.67	2.39	0.008*	152	景顺长城支柱产业	12.16	2.28	0.038*
120	工银新蓝筹 A	13.65	2.75	0.010*	153	中信保诚深度价值	12.15	2.59	0.015*
121	中信保诚量化阿尔法 A	13.63	3.55	0.005*	154	平安股息精选 A	12.05	1.87	0.113
122	富国城镇发展	13.60	2.83	0.003*	155	诺安价值增长	12.02	1.75	0.085
123	华泰保兴吉年利	13.52	1.82	0.085	156	嘉实沪港深精选	11.97	1.99	0.050*
124	富国价值优势	13.51	2.37	0.005*	157	国联安精选	11.95	1.83	0.070
125	富国高端制造行业 A	13.48	2.21	0.015*	158	景顺长城核心竞争力 A	11.92	2.29	0.015*
126	中信保诚至远动力 A	13.39	1.65	0.110	159	中银中小盘成长	11.63	1.72	0.088
127	富国产业升级 A	13.37	2.3	0.018*	160	景顺长城成长之星	11.61	1.71	0.073
128	广发核心精选	13.35	1.97	0.045*	161	海富通风格优势	11.56	2.19	0.040*
129	嘉实物流产业 A	13.23	2.28	0.013*	162	东方红启阳三年持有 A	11.55	1.68	0.100
130	兴全绿色投资	13.21	2.7	0.003*	163	中欧时代先锋 A	11.36	1.96	0.053
131	嘉实周期优选	13.19	2.1	0.023*	164	工银大盘蓝筹	11.29	2.34	0.038*
132	国富研究精选 A	13.18	2.03	0.030*	165	交银精选	11.11	1.98	0.065
133	工银量化策略 A	13.09	2.35	0.018*	166	长盛量化红利策略 A	10.99	2.11	0.053
134	华宝价值发现 A	13.08	1.93	0.030*	167	中银量化价值 A	10.95	2.66	0.028*
135	华夏经典配置	13.02	1.79	0.108	168	工银核心价值 A	10.87	1.72	0.135
136	华泰保兴成长优选 A	13.02	1.94	0.085	169	易方达科翔	10.71	1.8	0.088
137	诺安低碳经济 A	12.97	2.73	0.008*	170	大成核心双动力 A	10.65	2.78	0.010*
138	诺安中小盘精选	12.85	2.52	0.063	171	国投瑞银成长优选	10.60	1.92	0.053
139	农银汇理行业轮动 A	12.82	1.78	0.053	172	广发行业领先 A	10.53	1.83	0.055
140	泓德优选成长	12.74	2.75	0.003*	173	博时丝路主题 A	10.50	1.82	0.088
141	合煦智远嘉选 A	12.73	1.87	0.120	174	兴全轻资产	10.34	2.2	0.053
142	中银消费主题 A	12.70	1.96	0.058	175	嘉实研究阿尔法 A	10.30	3.03	0.010*
143	安信价值精选	12.68	1.94	0.038*	176	前海开源股息率 100 强	10.17	2.18	0.040*
144	银华积极成长 A	12.58	2.01	0.058	177	中信保诚精萃成长 A	10.16	1.83	0.060

续表

编号	基金名称	年化 α (%)	t(α)	自助法 P 值	编号	基金名称	年化 α (%)	t(α)	自助法 P 值
178	国投瑞银研究精选	10.06	1.74	0.073	194	泰康均衡优选 A	9.00	1.68	0.095
179	嘉实价值优势 A	10.00	1.74	0.118	195	嘉实稳健	8.75	1.9	0.045*
180	农银汇理策略价值	9.92	1.73	0.090	196	创金合信量化核心 A	8.72	2.15	0.030*
181	大成优选 A	9.87	1.79	0.078	197	中欧新动力 A	8.44	1.77	0.063
182	中金精选 A	9.77	1.68	0.103	198	中信保诚盛世蓝筹	8.42	2.48	0.023*
183	长信金利趋势 A	9.72	2.27	0.003*	199	长信量化多策略 A	8.39	1.7	0.115
184	南方中小盘成长 A	9.58	1.87	0.065	200	富国天惠精选成长 A	8.39	1.86	0.065
185	华夏研究精选	9.52	2.25	0.038*	201	中欧互通精选 A	8.28	2.22	0.040*
186	中银双息回报 A	9.45	1.77	0.115	202	博时量化多策略 A	8.05	2.47	0.020*
187	富国转型机遇	9.35	1.81	0.045*	203	富国大盘价值 A	6.90	1.77	0.088
188	中欧新趋势 A	9.26	1.9	0.085	204	华夏智胜价值成长 A	6.72	2.17	0.063
189	东方核心动力 A	9.21	2.17	0.018*	205	光大阳光优选一年持有 A	6.32	1.7	0.108
190	泓德泓益	9.19	1.79	0.123					
191	中信保诚优胜精选 A	9.19	1.89	0.105	206	诺德量化蓝筹增强 A	6.30	1.94	0.093
192	国泰央企改革 A	9.16	1.65	0.088	207	光大风格轮动 A	5.80	1.7	0.070
193	汇丰晋信大盘 A	9.05	2.05	0.043*	208	博时量化价值 A	5.62	1.65	0.123

注：* 表示自助法 P 值小于 5%，即基金经理的选股能力不是源于运气和统计误差。

我们也对基金经理的择时能力进行自助法检验，仍选取 5%的显著性水平。我们要回答的问题是：在那些择时能力系数 γ 具有正显著性的基金中，哪些基金经理是因为运气好而显示出择时能力？哪些基金的经理是真正具有择时能力，而不是依靠运气？根据之前的 Treynor-Mazuy 四因子模型的估计结果，在 839 只基金中，有 16 只（占比 2%）基金的基金经理具有显著的择时能力。表 3-13 为通过 Treynor-Mazuy 四因子模型估计出来的具有显著择时能力的 16 只股票型基金的自助法结果。据表 3-16 可知，这 16 只基金中有 12 只基金的自助法 P 值小于 5%，占五年样本总数（839 只）的 1%，说明这 12 位基金经理的择时能力源于自身的投资才能。从统计学假设检验的角度而言，我们有 95%的信心得出以下结论：这 12 位基金经理的优秀业绩来自他们真实的投资能力，由于数量极少，在此我们不再展开分析。这一结果再次印证了我国最近五年（2019~2023 年）绝大部分主动管理的股票型公募基金经理不具备显著的择时能力。

表 3-13　　具有择时能力的股票型基金的自助法检验结果：2019~2023 年

编号	基金名称	γ	t(γ)	自助法 P 值	编号	基金名称	γ	t(γ)	自助法 P 值
1	招商行业精选	3.3	2.14	0.010*	9	东吴价值成长 A	2.46	1.97	0.002*
2	易方达国防军工 A	3.17	1.66	0.048*	10	国联安红利	2.42	2.68	0.000*
3	招商优质成长	3.14	2.08	0.004*	11	交银先锋 A	2.33	2.2	0.006*
4	工银战略转型主题 A	3.07	2.53	0.002*	12	前海开源再融资主题精选	2.25	1.76	0.032*
5	华商主题精选	3.03	2.15	0.006*	13	南方高增长	2.06	1.73	0.086
6	富国军工主题 A	3.01	1.67	0.022*	14	招商先锋	1.84	1.91	0.072
7	建信社会责任	3	2.87	0.002*	15	建信优选成长 A	1.8	1.76	0.052
8	华宝动力组合 A	2.88	1.79	0.032*	16	景顺长城量化精选	0.93	1.66	0.078

注：* 表示自助法 P 值小于 5%，即基金经理的择时能力不是源于运气和统计误差。

综上所述，通过自助法检验后我们得到，在过去五年（2019~2023 年）中，我国股票型公募基金市场中，有 15%的基金经理的选股能力来自自身的能力而非运气，仅 1%的基金经理具备择时能力。

在以上研究中，我们使用 Treynor-Mazyur 四因子模型评估基金经理的选股和择时能力。在估计模型时，我们使用万得全 A 指数作为大盘指数，这样做未必完美，因为每只股票型基金不一定以万得全 A 指数作为业绩基准。通过对比公募基金的基金合同可以发现，每只基金的投资范围各有不同，并且每只基金根据自身投资策略设定了符合各自投资理念的业绩比较基准。

为解决这一问题，在进一步的稳健性测试中，我们将基金自身业绩基准替代原 Treynor-Mazyur 四因子模型中的市场指数部分，分别评估三年样本（2021~2023 年）和五年样本（2019~2023 年）中基金经理的选股能力和择时能力。研究结果显示，在四因子模型中，无论是使用万得全 A 指数，还是使用每只基金自身业绩基准代表大盘指数，我们得出的有关基金经理的选股能力和择时能力的结论大致相同。

六、小结

本章从选股能力、择时能力这两个层面进行探索，考察股票型基金的优秀业绩从何而来，并对基金的选股能力和择时能力进行稳健性检验和自助法检验，且排除了运气因素。我们使用基于 Carhart 模型改进后的 Treynor-Mazuy 四因子模型，分别考察基金在三年样本（2021~2023 年）、五年样本（2019~2023 年）、七年样本（2017~2023 年）的选股和择时能力。在讨论中，我们重点针对五年样本（2019~2023 年）中基金经理的投资能力进行分析。结果显示，在这 839 只基金中，有 208 只基金（占比 25%）表现出正确的选股能力，有 16 只基金（占比 2%）表现出正确的择时能力。经自助法检验后发现，在 208 只具有选股能力的基金中，有 130 只基金的选股能力源于基金经理自身的投资能力，在 839 只基金中占比 15%；在 16 只具有择时能力的基金中，有 12 只基金的择时能力源于基金经理自身的投资能力而非运气，在 839 只基金中占比 1%。可见，经自助法检验，在 2019~2023 年的主动管理股票型公募基金中，有 15%的股票型公募基金经理自身具有选股能力，而不是靠运气，仅有 1%的股票型公募基金经理自身具有择时能力。我们采用同样的方法对三年样本（2021~2023 年）和七年样本（2017~2023 年）区间内的基金进行检验后得到类似的结论，不再赘述。总体而言，我国基金经理拥有一定的选股能力，但择时能力普遍欠缺。

第四章

公募基金业绩的持续性

每年年底，财经媒体、第三方财富管理公司等机构会通过公募基金业绩的评选对过去一段时期内表现优异的基金进行表彰，“中国基金业金牛奖”“中国基金业英华奖”等基金评选榜单及奖项都已持续了数年，吸引了众多投资者的注意。在这些评选中，基金的收益率是最为常见的评价指标之一，这主要是因为相较具体的投资策略、持仓股票等信息，收益率是最直观也是最容易获取的业绩指标。通常来说，过去一段时间收益较高的基金往往受到很多投资者的青睐，这是因为投资者们认为这些基金能够在未来继续获得较好的收益。然而，在筛选基金的过程中我们发现，许多在前一年占领榜首的公募基金，其后一年的业绩并不理想，甚至可能处于同类基金的后50%。那么，优秀的基金是否只是昙花一现？换言之，过去表现优异的公募基金，未来是否能够持续获得较好的业绩？

公募基金通常存续期较长，基金经理管理基金就像是一场马拉松，要持续跑在前列实属不易。在美国业界和学术界有影响力的几位学者的研究表明，相比于业绩优秀的基金，业绩欠佳基金的表现更有可能持续下去（Brown and Getzmann，1995；Carhart，1997）。也就是说，去年业绩好的基金，下一年并不一定业绩好，但是去年业绩差的基金下一年业绩还是很差的可能性极高。出现这种现象的原因在于找出导致基金业绩较差的原因相对容易，如高费率和高换手率所带来的更高的交易成本，或者是较频繁的换仓操作等，但是要解开基金经理成功识别上涨的股票或是恰当把握股票买卖时机的秘密就很难了。王向阳和袁定（2006）通过研究我国基金市场发现，基金的整体业绩在较长时间里未表现出持续性，市场上涨时基金业绩的持续性较强，市场下跌时基金业绩的持续性较弱，甚至出现反转。但是，事先预判出来市场在未来是上涨还是下跌是一件非常难的事情。同时，相比绝对收益，基金风险调整后的收益指标更具有持续性。李悦和黄温柔（2011）对2004年1月至2009年12月具有24个月完整历史业绩的股票型基金的业绩持续性进行检验，发现以6个月为排序期和检验期时，我国股票型基金具有显著的持续性，当排序期和检验期延长为12个月时，检验结果则不显著。张永冀等（2023）基于2005~2020

年我国权益类公募基金数据，研究“业绩—资金流量关系”对基金业绩持续性的影响，发现基金过去一年业绩越高，当季资金净流入越多，进而使得未来半年业绩下降；同时，在牛市期间，乐观的市场环境弱化了投资者对基金业绩的关注，在此期间“业绩—资金流量关系”对基金业绩持续性没有影响。这些检验结果在一定程度上能够帮助投资者选择具有价值的参考指标，并确定过去多久的业绩表现对未来是有意义的。

本章中，我们围绕基金的业绩是否具有持续性这一论题，通过不同的检验方法研究主动管理的股票型公募基金业绩排名的持续性，分析基金的业绩能否持续，从而判断基金历史业绩可否作为投资者决策时的参考依据。与前述章节一致，本章同样以主动管理的股票型公募基金为研究对象，具体包括万得数据库基金二级分类中的普通股票型基金、偏股混合型基金和灵活配置型基金，并要求样本基金在排序期和检验期都有完整的复权净值数据。在分析过程中，基金业绩被分为两个时间段：排序期（formation period）和检验期（holding period）。我们通过跟踪基金在排序期和检验期的排名变化，检验基金的业绩是否具有持续性。其中，排序期分别选择一年、三年或半年三个时间段，检验期设置为一年或半年。具体来说，当排序期为一年时，我们检验过去一年基金业绩的排名和次年排名的相关性；当排序期为三年时，我们检验过去三年基金业绩的排名和次年排名的相关性；当排序期为半年时，我们检验过去半年基金业绩的排名和未来半年排名的相关性。以上检验是一种每年都会进行的滚动检验。

本章内容主要分为四个部分。第一部分，采用 Spearman 相关性检验法对股票型公募基金收益率在排序期和检验期的排名相关性作出分析；第二部分，采用绩效二分法对股票型公募基金收益率的持续性进行检验；第三部分，将基金按收益率高低分为 4 组，通过描述性统计方法对股票型公募基金收益率的持续性进行检验，观察排序期和检验期基金组别的变化情况；第四部分，以风险调整后的夏普比率作为业绩衡量指标，同样采用描述统计检验的方式对基金业绩持续性进行分析。

一、收益率持续性的 Spearman 相关性检验

Spearman 相关性检验是最早用于检验基金业绩表现持续性的方法之一。在检验中，Spearman 相关系数对原始变量的分布不做要求，是衡量两个变量的相互关联性的非参数指标，它利用单调方程评价两个统计变量的相关性。当样本的分布不服从正态分布、总体分布类型未知时，使用 Spearman 相关性检验较为有效。Spearman 相关系数取值范围在−1~1，符号表示相关性的方向，绝对值越大表示相关性越强，如果 Spearman 相关系数为 1 或−1，表明两个变量完全正相关或完全负

相关。具体的检验方法如下。

我们选择股票型公募基金的历史收益率（过去一年、三年或半年的收益率）这一投资者能够较为方便地在公开渠道获取的数据作为基金业绩排名的指标，首先对过去 F 年的样本基金排名（即排序期为 F 年）进行记录，再追踪这些基金在未来 H 年的排名（即检验期为 H 年），之后计算基金排序期排名与检验期排名之间的 Spearman 相关系数。以排序期和检验期都为一年为例，Spearman 相关性检验统计量为：

$$\rho_t = 1 - \frac{6\sum_{i=1}^{n_t} d_{i,t}^2}{n_t(n_t^2 - 1)} \tag{4.1}$$

其中，$d_{i,t}=r_{i,t-1}-r_{i,t}$，$r_{i,t-1}$和 $r_{i,t}$分别为基金 i 在第 t-1 年和第 t 年的收益率，n_t 为第 t 年基金的数量。如果 Spearman 相关系数显著大于 0，表明基金的排名具有持续性；反之，表明基金的排名具有反转性；如果相关系数接近于 0，则表明基金收益率的排名在排序期和检验期并没有显著的相关性。

由于投资者关心的是过去一段时期内收益率高的基金是否可以在下一年继续获取较高的收益率，在 Spearman 相关性检验中，我们重点关注基金在排序期的排名与检验期的排名是否具有正相关性。当排序期和检验期都为一年时，2007~2023 年股票型公募基金业绩持续性的 Spearman 相关系数检验结果如表 4-1 所示。我们发现，在 5%的显著性水平下，在 16 次检验中只有 4 次检验的 Spearman 相关系数为正且显著、6 次检验为负显著、6 次检验不显著，这表明基金收益率排名在绝大多数年份都没有展现出持续性。具体来看，(2007) ~2008 年、(2008) ~2009 年、(2013) ~2014 年、(2014) ~2015 年、(2018) ~2019 年和 (2021) ~2022 年基金排名的 Spearman 相关系数均呈现负显著，基金的收益率排名出现了明显的反转，即前一年收益率排名靠前的基金在下一年的收益率排名靠后。2008 年，受全球金融危机影响，我国股票市场全线下跌，沪深 300 指数由年初的 5 338 点一度跌落至 1 607 点，跌幅达 70%。直至 2008 年 11 月，四万亿经济刺激计划的推出才使得股票市场有所回暖。2009 年，沪深 300 指数在小幅震荡中持续上涨，回归至 3 576 点，全年涨幅为 97%。在这样的市场行情下，2008 年股票仓位较高的基金往往损失惨重，而这些基金也能够在 2009 年上涨的行情下把握住机会，赚取收益，因此 2008 年收益率排名靠后的基金能够在 2009 年排名靠前。2014 年下半年，在资本市场改革不断深化的推动下，A 股市场牛市行情启动，至年末涨幅已领跑全球，沪深 300 指数全年涨幅达 53%。进入 2015 年，股票市场在经历千股涨停后又转入千股跌停的大幅震荡局面，沪深 300 指数全年小幅上涨，涨幅为 6%。在市场剧烈变化的这段时间里，公募基金的收益排名出现较大变化。

表 4-1　股票型基金业绩持续性的 Spearman 相关性检验（排序期为一年、检验期为一年）：2007~2023 年

（排序期）~检验期	Spearman 相关系数	T 检验 P 值
(2007)~2008	-0.288	0.008
(2008)~2009	-0.338	0.001
(2009)~2010	0.011	0.894
(2010)~2011	-0.117	0.099
(2011)~2012	0.288*	<0.001
(2012)~2013	0.015	0.793
(2013)~2014	-0.104	0.048
(2014)~2015	-0.135	0.007
(2015)~2016	-0.027	0.559
(2016)~2017	0.120*	0.004
(2017)~2018	0.051	0.202
(2018)~2019	-0.100	0.007
(2019)~2020	0.419*	<0.001
(2020)~2021	0.050	0.101
(2021)~2022	-0.064	0.013
(2022)~2023	0.088*	<0.001

注：* 表示在排序期和检验期，基金的业绩在 5%的显著性水平下具有持续性。

此外，股票型公募基金业绩在部分年间表现出持续性，如（2019）~2020 年期间，基金排名的 Spearman 相关系数为 41.9%且正显著，意味着在 2019 年收益率排名靠前的基金在 2020 年的排名也较为靠前。2019 年，股票市场结构性行情明显，消费、科技板块涨幅靠前，核心蓝筹股受到投资者欢迎，周期板块整体较弱。2020 年，大量白酒股、啤酒股涨幅接近翻倍，消费、医药、科技板块也大幅上涨。在这样的市场行情下，以食品饮料、消费、医药、科技股为核心投资标的的基金能够在 2019~2020 年延续其优秀的业绩表现。在最新的检验区间（2022）~2023 年中，Spearman 相关系数为 8.8%且呈现正显著，基金业绩在 2022~2023 年期间有所持续。但是，从总体上看，股票型公募基金的一年收益率排名并不具有持续性。

由于以一年为排序期时间相对较短，且基金一年的业绩波动性相对较高，我们又以三年作为排序期、一年作为检验期，考察股票型公募基金在前三年的总收益率排名是否与下一年的收益率排名显著相关。表 4-2 显示，在 14 次检验中，有 11 次检验显示，基金前三年的收益与下一年的收益没有显著的正相关关系，即基金业绩不具有持续性，如最新一个样本期（2020~2022）~2023 年期间，T 检验 P 值小于 0.05，Spearman 相关系数为-4.3%。在 5%的显著性水平下，只有（2010~2012）~2013 年、（2012~2014）~2015 年和（2017~2019）~2020 年 3 个时期，基金收益率排名为正相关且显著，表现出一定的持续性，相关系数分别为 15.1%、11.3%和 25.7%。我们发现，大多数样本期内基金排序期和检验期的收益率并不是显著正相关的，由此我们得出结论：以三年为排序期、一年为检验期，我国股票型公募基金的收益不具有持续性。

表 4-2　股票型基金业绩持续性的 Spearman 相关性检验（排序期为三年、检验期为一年）：2007~2023 年

（排序期）~检验期	Spearman 相关系数	T 检验 P 值
（2007~2009）~2010	-0.046	0.680
（2008~2010）~2011	0.143	0.117
（2009~2011）~2012	0.129	0.112
（2010~2012）~2013	0.151*	0.032
（2011~2013）~2014	-0.107	0.086
（2012~2014）~2015	0.113*	0.044
（2013~2015）~2016	-0.028	0.590
（2014~2016）~2017	-0.052	0.293
（2015~2017）~2018	0.042	0.374
（2016~2018）~2019	-0.093	0.027
（2017~2019）~2020	0.257*	<0.001
（2018~2020）~2021	-0.002	0.966
（2019~2021）~2022	-0.239	<0.001
（2020~2022）~2023	-0.043	<0.001

注：* 表示在排序期和检验期，基金的业绩在 5%的显著性水平下具有持续性。

许多投资者也会关注基金短期的业绩，本章同样对排序期和检验期为半年时收益率的持续性进行了检验。我们将时间缩短，检验当排序期和检验期较短时，公募基金的业绩持续性表现是否和排序期为一年和三年时保持一致。基金在过去 6 个月的收益排名与其未来 6 个月的收益排名的 Spearman 相关系数检验结果展示在表 4-3 中。由于该检验是以半年为周期进行的滚动检验，在排序期和检验期中，特别对各时间节点的月份进行了标注，如（2007/06）~（2007/12）代表的是排序期为 2007 年 1~6 月、检验期为 2007 年 7~12 月的样本期。

表 4-3　**股票型基金业绩持续性的 Spearman 相关性检验（排序期为半年、检验期为半年）：2007~2023 年**

(排序期)~检验期	Spearman 相关系数	T 检验 P 值
(2007/06)~(2007/12)	0.341*	0.002
(2007/12)~(2008/06)	-0.237	0.014
(2008/06)~(2008/12)	0.445*	<0.001
(2008/12)~(2009/06)	-0.373	<0.001
(2009/06)~(2009/12)	0.220*	0.006
(2009/12)~(2010/06)	0.114	0.132
(2010/06)~(2010/12)	0.201*	0.004
(2010/12)~(2011/06)	-0.171	0.009
(2011/06)~(2011/12)	0.017	0.789
(2011/12)~(2012/06)	0.107	0.073
(2012/06)~(2012/12)	0.204*	0.001
(2012/12)~(2013/06)	0.010	0.853
(2013/06)~(2013/12)	0.218*	<0.001
(2013/12)~(2014/06)	0.261*	<0.001
(2014/06)~(2014/12)	-0.100	0.045
(2014/12)~(2015/06)	-0.376	<0.001
(2015/06)~(2015/12)	0.021	0.651
(2015/12)~(2016/06)	0.242*	<0.001
(2016/06)~(2016/12)	0.447*	<0.001
(2016/12)~(2017/06)	0.121*	0.003
(2017/06)~(2017/12)	0.555*	<0.001
(2017/12)~(2018/06)	0.105*	0.006
(2018/06)~(2018/12)	-0.038	0.307
(2018/12)~(2019/06)	-0.261	<0.001
(2019/06)~(2019/12)	0.150*	<0.001
(2019/12)~(2020/06)	0.479*	<0.001
(2020/06)~(2020/12)	-0.101	0.001
(2020/12)~(2021/06)	0.018	0.515
(2021/06)~(2021/12)	0.132*	<0.001
(2021/12)~(2022/06)	0.029	0.211
(2022/06)~(2022/12)	0.063*	0.003
(2022/12)~(2023/06)	0.050*	0.014
(2023/06)~(2023/12)	-0.023	0.251

注：＊表示在排序期和检验期，基金的业绩在 5%的显著性水平下具有持续性。

结果显示，在 33 次滚动检验中，有 17 次检验的 Spearman 相关系数是显著大于 0 的，超过检验次数的一半，展示出业绩的持续性。具体来看，（2017/06）~（2017/12）期间业绩表现出持续性是因为蓝筹股上涨行情延续，以蓝筹股为重仓股的基金能够继续保持靠前的排名。（2019/06）~（2019/12）期间股票型基金业绩有所持续是由于 A 股市场迎来结构性牛市，科技、消费等行业股票涨幅靠前，在整体上涨的行情下，风格持续统一的股票型基金的业绩在 2019 年上下半年得以持续。（2021/06）~（2021/12）期间，受“双碳”目标影响，与此相关的新能源产业链表现突出，而家用电器、非银金融、食品饮料等行业跌幅较大，基金持仓在全年没有较大变化的前提下，业绩在上下半年表现出持续性。在最新两个样本期，（2022/12）~（2023/06）期间，Spearman 相关系数为 5%，且呈正显著；（2023/06）~（2023/12）期间，Spearman 相关系数不显著。基于多个样本期的检验结果，我们判断：排序期和检验期缩短至半年时，股票型公募基金的业绩在超过半数的时间段内表现出持续性，持续性有所增强。

上述检验显示，当排序期和检验期时间较长（排序期为一年和三年、检验期为一年）时，主动管理的股票型公募基金的业绩基本上没有持续性。换言之，在过去一年或过去三年里投资收益率排名靠前的基金，在下一年里的收益率排名并不一定靠前。但是，当排序期和检验期时间较短（排序期和检验期为半年）时，尽管部分时间段检验相关性较小，但是主动管理的股票型公募基金收益的持续性还是有所增强，也就是说，公募基金在过去半年的收益排名对投资者在未来半年选择基金时是具有参考价值的。但是，考虑到基金买入、卖出的前端和后端费用后，短期持有基金（6 个月）并频繁调整是否是可行的投资策略，值得进一步研究。

二、收益率持续性的绩效二分法检验

美国著名学者，分别来自纽约大学和耶鲁大学的 Brown 和 Goetzmann 教授（1995）使用绩效二分法检验了基金业绩的持续性，其原理是通过考察基金业绩在排序期和检验期的排名变动情况来检验基金整体业绩的持续性。肖奎喜和杨义群（2005）通过绩效二分法对截至 2003 年底市场上 55 只开放型基金的业绩持续性进行检验，结果显示，基金业绩仅在 1~3 个月的短期内出现了持续的现象，长期来看，基金很难持续取得好的投资收益。在本节，我们将绩效二分法应用到我国的基金市场，分析股票型公募基金收益率的排名能否持续。根据绩效二分法，我们在排序期和检验期将样本基金按照收益率从高到低排序，排名前 50%的基金定义为赢组（Winner），排名后 50%的基金定义为输组（Loser）。若基金在排序期和检验期均位于赢组，记为赢赢组（WW）。以此类推，根据基金在排序期和检验期的排名表现，可以把基金分成赢赢组（WW）、赢输组（WL）、输赢组（LW）和输输组（LL）4 个组，具体如表 4-4 所示。

表 4-4　　绩效二分法检验中的基金分组

排序期	检验期	
	赢组（Winner）	输组（Loser）
赢组（Winner）	WW	WL
输组（Loser）	LW	LL

在对基金进行分组后，我们采用交叉积比率指标（cross-product ratio，CPR），来检验股票型公募基金收益率的持续性。若基金收益率存在持续性，则基金在排序期和检验期的排名是相对稳定的，此时 4 组基金在样本中的占比应该是不均匀的。具体来说，排序期属于赢组的基金，在检验期有很大概率仍然属于赢组；排序期属于输组的基金，在检验期继续留在输组的概率也较高。反之，若基金收益率不存在持续性，在检验期的排序是随机的，那么排序期属于赢组与输组的基金在下一年位于赢组和输组的概率是均等的，即上述 4 种情况在全部样本基金中的比例应为 25%。由此，我们可以通过 *CPR* 这一综合了 4 个分组基金占比的指标，来检验基金业绩的持续性。*CPR* 指标的计算方法如下：

$$\widetilde{CPR}=\frac{N_{WW}\times N_{LL}}{N_{WL}\times N_{LW}} \tag{4.2}$$

其中，N_{WW}、N_{LL}、N_{WL}、N_{LW}分别代表属于每组基金的样本数量。如果基金的业绩不存在持续性，则 *CPR* 的值应该为 1，即 $\ln(\widetilde{CPR})=0$。$\ln(\widetilde{CPR})$ 服从正态分布，其标准差为：

$$\sigma_{\ln(\widetilde{CPR})}=\sqrt{1/N_{WW}+1/N_{WL}+1/N_{LW}+1/N_{LL}} \tag{4.3}$$

我们使用 Z 统计量来检验 $\ln(\widetilde{CPR})$ 是否等于 0。在观测值相互独立时，Z 统计量服从标准正态分布：

$$\tilde{Z}=\frac{\ln(\widetilde{CPR})}{\sigma_{\ln(\widetilde{CPR})}}\to \text{Norm}(0,1) \tag{4.4}$$

如果 Z 统计量显著大于 0，则对应的 *CPR* 指标显著大于 1，表明基金的收益率具有持续性；反之，如果 Z 统计量显著小于 0，则对应的 *CPR* 指标显著小于 1，表明基金的收益排名在检验期出现了反转；若 Z 统计量和 0 相差不大，那么对应的 *CPR* 指标接近于 1，此时可以推断，检验期中 4 组基金数量大致相等，也就是说基金收益率排名是随机的。通过上述方法，我们能够对公募基金的业绩持续性作出判断。

在这里，我们关心的问题是：过去一年收益率排名在前 50%的基金，下一年能否继续获得较高的收益？过去一年收益率排名在后 50%的基金，下一年的收益率是否仍旧较低？如果这两个问题的答案是肯定的，那么我们认为基金在过去一年的业绩对于投资者来说具有参考价值；如果答案是否定的，则意味着公募基金的收益率没有持续性。由于本章讨论的重点是基金的业绩是否具有持续性，我们关注基金在排序期和检验期组别的延续性，即属于赢赢组（WW）和输输组（LL）基金的比例是否明显高于 25%，并以此为依据进行判断。如果一只基金在检验期的业绩没有规律，那么它属于 4 个组别任意一组的概率为 25%。

图 4-1 显示了每组检验中属于赢赢组（WW）、赢输组（WL）、输赢组（LW）和输输组（LL）4 组基金的比例分布。在 16 组结果中，有基金占比明显低于 25%的时间段，如（2008）~2009 年期间只有 20.7%的基金属于 WW 组，也有基金占比明显高于 25%的时期，如（2019）~2020 年有 33.1%的基金属于 WW 组，同时，部分时期各组基金占比与 25%区别不大。整体来看，基金在检验期的组别分布较为随机。为了检验这些比例是否显著高于或低于随机分布下对应的概率 25%，我们对不同时间区间内公募基金所属组别分布的显著性进行了检验。

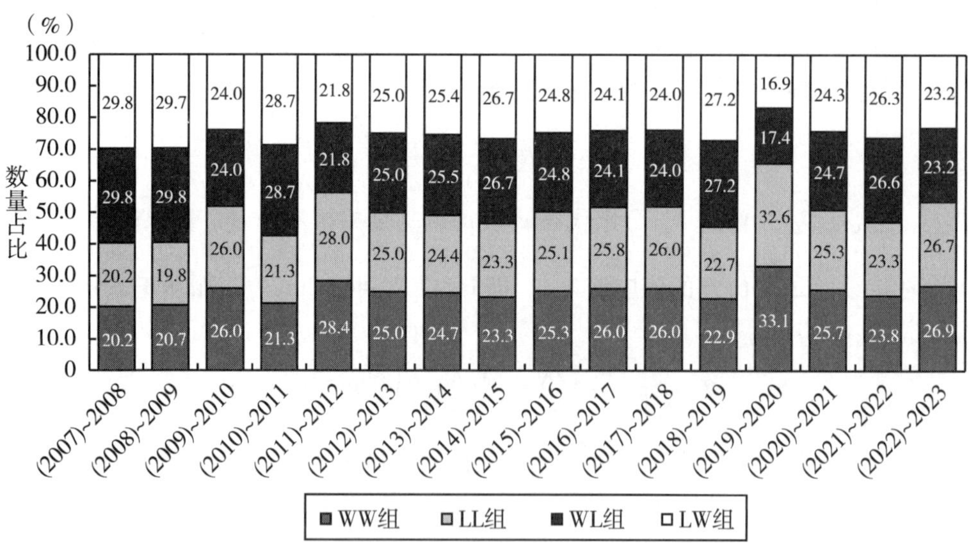

图 4-1　股票型基金业绩持续性绩效二分法检验各组比例
（排序期为一年、检验期为一年）：2007~2023 年

表 4-5 展示了公募基金在排序期和检验期的组别分布，以及 *CPR* 等统计指标的具体信息。我们发现，16 次检验中，在 5%的显著性水平下，只有（2011）~2012 年、（2019）~2020 年和（2022）~2023 年期间 *CPR* 值大于 1 且 P 值小于 0.05，基金的业绩显示出持续性。而在其他 13 个样本期，*CPR* 指标不显著或显著小于 1。例如，

在（2008）~2009 年、（2010）~2011 年、（2018）~2019 年和（2021）~2022 年期间，*CPR* 指标均显著小于 1，说明基金的业绩在后一年出现了反转。综合 16 个样本期的检验结果，我们认为检验期为一年时，公募基金的收益率不具有持续性。

表 4-5　　股票型基金业绩持续性的绩效二分法检验（排序期为一年、检验期为一年）：2007~2023 年

（排序期）~检验期	*CPR*	Z 统计量	P 值	WW 组比例（%）	LL 组比例（%）	WL 组比例（%）	LW 组比例（%）
（2007）~2008	0.46	−1.73	0.083	20.2	20.2	29.8	29.8
（2008）~2009	0.46	−2.08	0.038	20.7	19.8	29.8	29.7
（2009）~2010	1.17	0.48	0.629	26.0	26.0	24.0	24.0
（2010）~2011	0.55	−2.10	0.036	21.3	21.3	28.7	28.7
（2011）~2012	1.68*	2.05	0.040	28.4	28.0	21.8	21.8
（2012）~2013	1.00	0.00	1.000	25.0	25.0	25.0	25.0
（2013）~2014	0.93	−0.37	0.714	24.7	24.4	25.5	25.4
（2014）~2015	0.76	−1.39	0.164	23.3	23.3	26.7	26.7
（2015）~2016	1.03	0.14	0.889	25.3	25.1	24.8	24.8
（2016）~2017	1.16	0.88	0.379	26.0	25.8	24.1	24.1
（2017）~2018	1.17	0.96	0.339	26.0	26.0	24.0	24.0
（2018）~2019	0.70	−2.39	0.017	22.9	22.7	27.2	27.2
（2019）~2020	3.67*	9.13	<0.001	33.1	32.6	17.4	16.9
（2020）~2021	1.09	0.67	0.503	25.7	25.3	24.7	24.3
（2021）~2022	0.79	−2.27	0.023	23.8	23.3	26.6	26.3
（2022）~2023	1.33*	3.34	0.001	26.9	26.7	23.2	23.2

注：* 表示在排序期和检验期，基金的业绩在 5%的显著性水平下具有持续性。

接下来，我们以三年作为排序期、一年作为检验期，重新对股票型公募基金的收益持续性进行绩效二分法检验。图 4-2 显示，在大多数样本期内，属于 WW 组和 LL 组基金数量占比接近随机分布下的 25%，与基金业绩随机变化的结果相似。结合表 4-6 中 *CPR* 的具体指标可以发现，在 14 次检验中，只有 2 次检验的 *CPR* 指标是显著大于 1 的，基金的业绩显示出持续性，分别是（2010~2012）~2013 年和（2017~2019）~2020 年。这个结果表明，大多数情况下过去三年业绩较好的基金在下一年的业绩排名随机性较强。在最新的检验区间（2020~2022）~2023 年，P 值大于 0.05，检验结果不显著。总体而言，以三年为排序期所得出的结果与排序期为一年时一致，2007～2023 年期间主动管理的股票型公募基金的业绩不具有持续性。

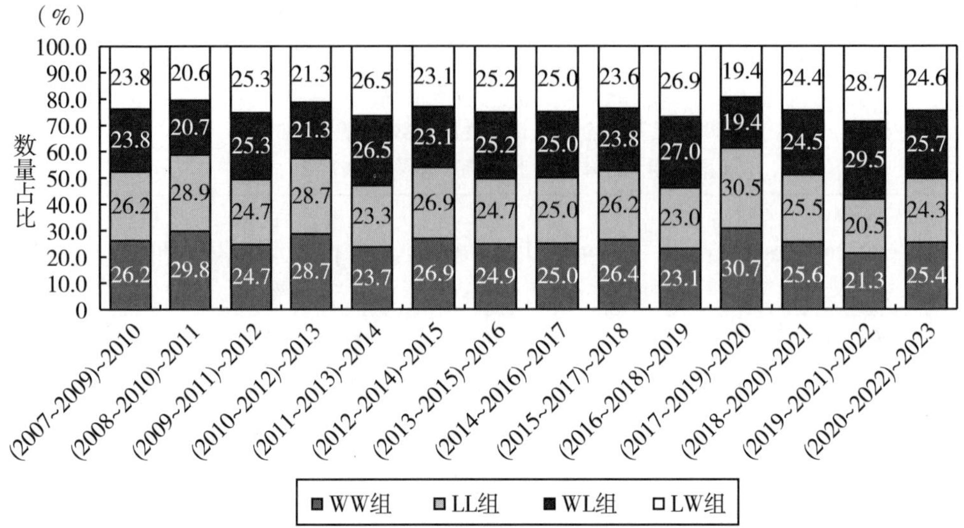

图 4-2　股票型基金业绩持续性绩效二分法检验各组比例
（排序期为三年、检验期为一年）：2007～2023 年

表 4-6　股票型基金业绩持续性的绩效二分法检验
（排序期为三年、检验期为一年）：2007～2023 年

（排序期）～检验期	*CPR*	Z 统计量	P 值	WW 组比例（%）	LL 组比例（%）	WL 组比例（%）	LW 组比例（%）
（2007～2009）～2010	1.21	0.44	0.663	26.2	26.2	23.8	23.8
（2008～2010）～2011	2.02	1.90	0.058	29.8	28.9	20.7	20.6
（2009～2011）～2012	0.95	-0.16	0.872	24.7	24.7	25.3	25.3
（2010～2012）～2013	1.82*	2.10	0.036	28.7	28.7	21.3	21.3
（2011～2013）～2014	0.79	-0.94	0.350	23.7	23.3	26.5	26.5
（2012～2014）～2015	1.36	1.35	0.177	26.9	26.9	23.1	23.1
（2013～2015）～2016	0.97	-0.16	0.875	24.9	24.7	25.2	25.2
（2014～2016）～2017	1.00	0.00	1.000	25.0	25.0	25.0	25.0
（2015～2017）～2018	1.23	1.12	0.263	26.4	26.2	23.8	23.6
（2016～2018）～2019	0.73	-1.85	0.065	23.1	23.0	27.0	26.9
（2017～2019）～2020	2.48*	5.52	<0.001	30.7	30.5	19.4	19.4
（2018～2020）～2021	1.09	0.59	0.553	25.6	25.5	24.5	24.4
（2019～2021）～2022	0.51	-4.80	<0.001	21.3	20.5	29.5	28.7
（2020～2022）～2023	0.97	-0.22	0.827	25.4	24.3	25.7	24.6

注：* 表示在排序期和检验期，基金的业绩在 5%的显著性水平下具有持续性。

在上述检验中，我们分别以一年和三年作为排序期、一年作为检验期，发现股票型公募基金的业绩不能持续。那么，当排序期和检验期较短时，如选为半年，以上结果是否仍然成立？绩效二分法的检验结果展示在图 4-3 和表 4-7 中。我们发现，33 次检验中有 13 次检验结果的 P 值小于 0.05，且 *CPR* 指标大于 1，显著区别于 25%。换言之，在这 13 个样本期内，在过去半年属于赢组的基金，在未来半年有很大比例也属于赢组，而在过去半年属于输组的基金，在未来半年也有很大比例仍属于输组，持续性较排序期为一年和三年时有明显提升。举例来看，(2019/12)~

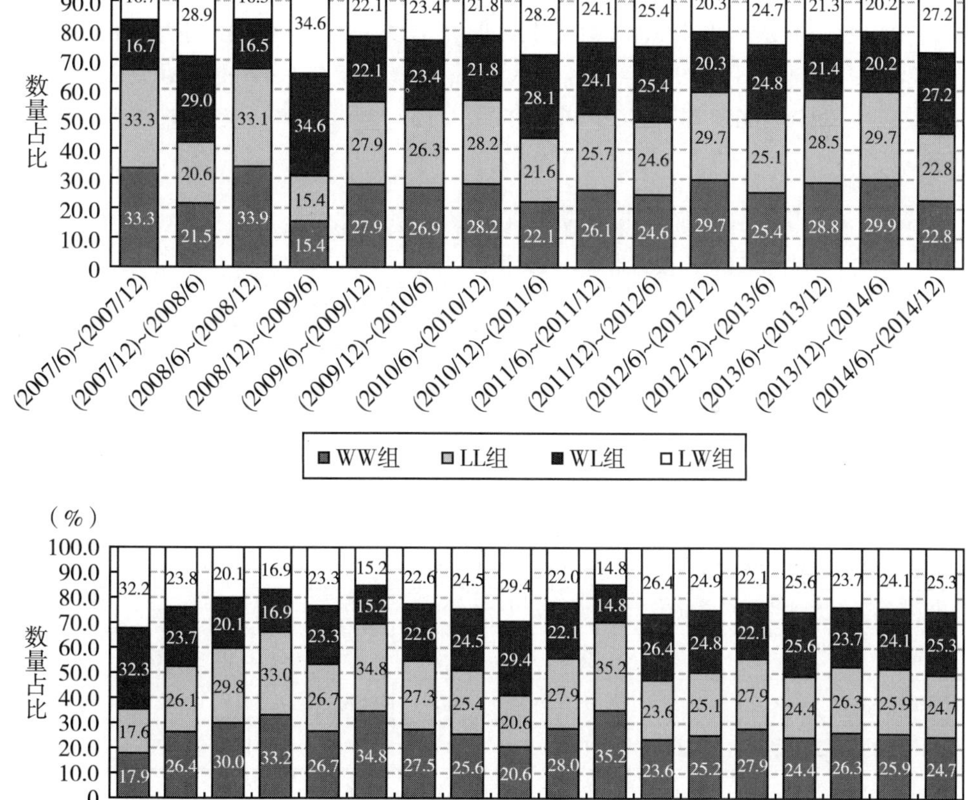

图 4-3　股票型基金业绩持续性绩效二分法检验各组比例
(排序期为半年、检验期为半年)：2007~2023 年

（2020/06）期间，*CPR*指标为5.61，显著大于1，属于赢赢组和输输组的基金占比均为35.2%，明显高于随机分布下对应的25%。2019年，A股市场迎来结构性牛市，万得全A指数全年上涨33%，深圳成指和创业板指的上涨幅度更是超过了40%，科技、消费等行业股票涨幅靠前。在整体上涨的行情下，风格持续统一的股票型基金的业绩在2019年上下半年得以持续。此外，我们发现部分年间排序期和检验期都属于赢组和输组的基金数量占比显著小于25%，如（2018/12）~（2019/06）期间，基金在排序和检验期都属于赢组和输组的基金占比均只有20.6%。2018年下半年，我国股票市场持续走低，沪深300指数创十年来最高年度跌幅。进入2019年上半年，股票市场总体呈现上涨态势，但市场分化显著，蓝筹股上涨幅度整体高于市场平均水平，而绩差股则明显下跌。因此，采用不同选股策略的基金在2018年下半年和2019年上半年的业绩表现出反转。在最新两个检验区间，（2022/12）~（2023/06）和（2023/06）~（2023/12）期间，T检验P值均大于0.05，检验结果不显著。

表4-7　股票型基金业绩持续性的绩效二分法检验（排序期为半年、检验期为半年）：2007~2023年

（排序期）~检验期	*CPR*	Z统计量	P值	WW组比例（%）	LL组比例（%）	WL组比例（%）	LW组比例（%）
（2007/06）~（2007/12）	4.00*	2.99	0.003	33.3	33.3	16.7	16.7
（2007/12）~（2008/06）	0.53	−1.64	0.102	21.5	20.6	29.0	28.9
（2008/06）~（2008/12）	4.10*	3.65	0.001	33.9	33.1	16.5	16.5
（2008/12）~（2009/06）	0.20	−4.34	<0.001	15.4	15.4	34.6	34.6
（2009/06）~（2009/12）	1.60	1.45	0.148	27.9	27.9	22.1	22.1
（2009/12）~（2010/06）	1.29	0.83	0.406	26.9	26.3	23.4	23.4
（2010/06）~（2010/12）	1.68	1.82	0.068	28.2	28.2	21.8	21.8
（2010/12）~（2011/06）	0.60	−1.90	0.057	22.1	21.6	28.1	28.2
（2011/06）~（2011/12）	1.15	0.56	0.575	26.1	25.7	24.1	24.1
（2011/12）~（2012/06）	0.95	−0.24	0.812	24.6	24.6	25.4	25.4
（2012/06）~（2012/12）	2.16*	3.35	0.001	29.7	29.7	20.3	20.3
（2012/12）~（2013/06）	1.04	0.16	0.872	25.4	25.1	24.8	24.7
（2013/06）~（2013/12）	1.79*	2.76	0.006	28.8	28.5	21.4	21.3
（2013/12）~（2014/06）	2.17*	3.77	0.001	29.9	29.7	20.2	20.2
（2014/06）~（2014/12）	0.70	−1.79	0.074	22.8	22.8	27.2	27.2
（2014/12）~（2015/06）	0.30	−5.93	<0.001	17.9	17.6	32.3	32.2

续表

(排序期)~检验期	*CPR*	Z 统计量	P 值	WW 组比例(%)	LL 组比例(%)	WL 组比例(%)	LW 组比例(%)
(2015/06)~(2015/12)	1.22	1.07	0.284	26.4	26.1	23.7	23.8
(2015/12)~(2016/06)	2.21*	4.50	<0.001	30.0	29.8	20.1	20.1
(2016/06)~(2016/12)	3.85*	7.61	<0.001	33.2	33.0	16.9	16.9
(2016/12)~(2017/06)	1.31	1.63	0.103	26.7	26.7	23.3	23.3
(2017/06)~(2017/12)	5.20*	9.53	<0.001	34.8	34.8	15.2	15.2
(2017/12)~(2018/06)	1.47*	2.49	0.013	27.5	27.3	22.6	22.6
(2018/06)~(2018/12)	1.08	0.55	0.582	25.6	25.4	24.5	24.5
(2018/12)~(2019/06)	0.49	-4.96	<0.001	20.6	20.6	29.4	29.4
(2019/06)~(2019/12)	1.60*	3.46	0.001	28.0	27.9	22.1	22.0
(2019/12)~(2020/06)	5.61*	12.49	<0.001	35.2	35.2	14.8	14.8
(2020/06)~(2020/12)	0.80	-1.85	0.065	23.6	23.6	26.4	26.4
(2020/12)~(2021/06)	1.03	0.25	0.801	25.2	25.1	24.8	24.9
(2021/06)~(2021/12)	1.58*	4.51	<0.001	27.9	27.9	22.1	22.1
(2021/12)~(2022/06)	0.91	-0.97	0.332	24.4	24.4	25.6	25.6
(2022/06)~(2022/12)	1.23*	2.46	0.014	26.3	26.3	23.7	23.7
(2022/12)~(2023/06)	1.16	1.78	0.076	25.9	25.9	24.1	24.1
(2023/06)~(2023/12)	0.96	-0.57	0.568	24.7	24.7	25.3	25.3

注：* 表示在排序期和检验期，基金的业绩在5%的显著性水平下具有持续性。

总体而言，绩效二分法检验与 Spearman 相关性检验所得出的结论基本一致，与排序期为一年和三年、检验期为一年的绩效二分法检验结果相比，排序期和检验期都为半年时，基金收益率的持续性有所增强。

三、收益率持续性的描述统计检验

从上述研究可知，Spearman 相关性检验和绩效二分法检验都是通过构造相应的统计量，来对基金收益率的持续性进行检验。在下面的内容中，我们采用更加直观的描述统计方法来进一步探究股票型公募基金的收益率是否具有持续性。

在本节，我们选取的检验期和排序期的时间区间与前两节一样。首先在排序期，根据收益率进行排序，从高至低将基金分为 4 组，将第 1 组定义为收益率最高的组（收益率排名在前 25%），以此类推，第 4 组定义为收益率最低的组（收益率排名在后 25%）。然后，我们观察每组基金在检验期的分组情况。如果基金的收益率具有持续性，那么在排序期属于第 1 组的基金，在检验期应该也有很高的比例属于第 1 组；反之，如果基金的收益率不具有持续性，则无论基金在排序期中处于什么组别，在检验期中的排名应该是随机分布的，也就是说排序期处于第 1 组的基金，检验期处于各组的比例应为 25%。由于本章讨论的重点是公募基金的收益率是否具有持续性，在这里我们主要关注基金在排序期和检验期所属组别的延续情况。

在 2007~2023 年期间，通过计算，我们得出 16 个在排序期收益率属于第 1 组的基金在检验期也属于第 1 组的比例，再计算这 16 个比例的平均值，可以获得 2007~2023 年收益率在排序期和检验期均属于第 1 组比例的均值。图 4-4 为一年排序期内属于第 1 组、第 2 组、第 3 组和第 4 组的基金在下一年检验期所属各组的比例。从中可见，排序期位于第 1 组的基金，在检验期有 25. 6%的比例仍处于第 1 组，与随机分布情况下对应的 25%区别不大；排序期位于第 4 组的基金，在检验期有 27. 2%的比例仍处于第 4 组，略高于随机分布情况下的 25%。接下来，我们采用 T 检验，进一步检查这两个比例是否在统计上显著区别于 25%。

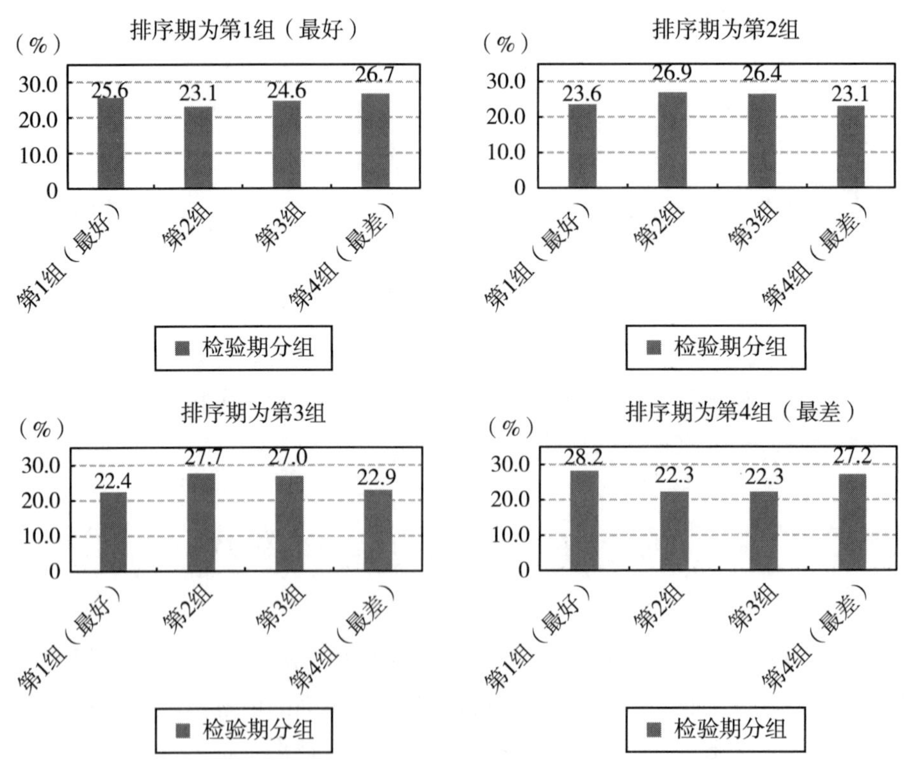

图 4-4　股票型基金收益率在检验期组别变化的分布
（排序期为一年、检验期为一年）：2007~2023 年

表 4-8 展示了排序期为一年、检验期为一年时，股票型公募基金收益率在检验期组别变化的 T 检验结果。我们发现，排序期和检验期均属于第 1 组、第 2 组、第 3 组和第 4 组的基金 T 检验的 P 值都要大于 0.05。也就是说，在 95%的置信条件下，上一年业绩好的基金在下一年也是业绩好的基金的概率和随机分布下对应的 25%没有区别；上一年业绩差的基金在下一年仍然是业绩差的基金的概率也接近随机分布下的 25%。

表 4-8　股票型基金收益率在检验期组别变化的 T 检验（排序期为一年、检验期为一年）：2007~2023 年

排序期组别	检验期组别	平均百分比（%）	t 值	T 检验 P 值
1（最好的基金组）	1	25.6	0.24	0.814
	2	23.1	-1.33	0.204
	3	24.6	-0.28	0.781
	4	26.7	0.76	0.457
2	1	23.5	-1.71	0.109
	2	26.9	1.54	0.146
	3	26.5	1.72	0.107
	4	23.1	-2.09	0.054
3	1	22.5	-2.34	0.033
	2	27.7	2.28	0.037
	3	27.0	1.14	0.274
	4	22.8	-1.37	0.190
4（最差的基金组）	1	28.1	1.37	0.190
	2	22.3	-2.56	0.022
	3	22.4	-2.28	0.038
	4	27.2	1.27	0.223

注：* 表示在排序期和检验期，基金的业绩在 5%的显著性水平下具有持续性。

为了更加直观地观察基金在排序期与检验期夏普比率排名的实际变动情况，我们分别选出 2007~2023 年排序期收益率位于前 5%和后 5%的基金与它们在检验期的排名进行对比，进一步分析业绩突出的基金和业绩垫底的基金的业绩能否持续。表 4-9 展示了排序期为一年时，收益率排名前 5%的基金在下一年仍然排名前 5%的基金数量和占比，平均有 7.6%的基金能够在检验期继续排到前 5%的位置，换言之，在过去一年收益率最高的基金，在下一年有 92.4%的概率不再是最优秀的基金。在（2007）~2008 年、（2010）~2011 年、（2015）~2016 年、（2017）~2018

年和（2019）~2020 年这 5 个样本期内，排序期位于前 5%的基金没有一只仍在检验期排名前 5%，占比为 0%。最新一个样本期（2022）~2023 年，有 20.6%的公募基金继续在检验期排名前 5%，占比较高。综合多个样本期的结果，我们认为当检验范围缩小至 5%时，基金业绩持续性表现没有显著改变，每年最优秀的公募基金在检验期的收益和排名变动都很大，对投资者而言没有参考价值。

表 4-9　收益率前 5%的股票型基金在检验期仍处于前 5%的比例（排序期为一年、检验期为一年）：2007~2023 年

排序期	检验期	排序期中前 5%的基金数量（只）	检验期中仍处于前 5%的基金数量（只）	检验期中仍处于前 5%的基金比例（%）
2007	2008	4	0	0.0
2008	2009	6	1	16.7
2009	2010	7	1	14.3
2010	2011	10	0	0.0
2011	2012	12	1	8.3
2012	2013	15	2	13.3
2013	2014	18	1	5.6
2014	2015	20	1	5.0
2015	2016	23	0	0.0
2016	2017	28	3	10.7
2017	2018	31	0	0.0
2018	2019	36	1	2.8
2019	2020	43	0	0.0
2020	2021	53	10	18.9
2021	2022	76	4	5.3
2022	2023	107	22	20.6
平均值		—	—	7.6

在附录三中，我们具体展示了排序期和检验期都为一年时，2020~2023 年在排序期排名前 30 位的基金在检验期的排名及对应的收益率指标，并用★标记出检验期中仍排名 30 位的基金。此外，在附录四中我们展示了当排序期为一年时，在排序期和检验期分别排名前 30 位的基金名单及收益率，同样用★标注出排序期和检验期都排名前 30 位的基金，以便读者参考。

表 4-10 展示了排序期为一年时，收益率排名位于后 5%的基金在检验期中仍处于后 5%的基金比例。据表 4-10 可知，16 次检验中，平均有 7.3%的基金在排序

期和检验期都排名后 5%，这一比例并不高，所以收益率垫底的基金业绩并没有显示出持续性。最新一个样本期（2022）~2023 年，有 4.7%的基金的收益率继续在检验期排名垫底。总体而言，2007~2023 年，基金业绩持续排名最差（后 5%）的基金中，能够在检验期延续其业绩的基金占比仍旧较低，因此收益率排名处于末位的股票型公募基金的业绩同样不具有持续性。

表 4-10　　收益率后 5%的股票型基金在检验期仍处于后 5%的比例（排序期为一年、检验期为一年）：2007~2023 年

排序期	检验期	排序期中后 5%的基金数量（只）	检验期中仍处于后 5%的基金数量（只）	检验期中仍处于后 5%的基金比例（%）
2007	2008	4	0	0.0
2008	2009	6	0	0.0
2009	2010	7	1	14.3
2010	2011	10	0	0.0
2011	2012	12	2	16.7
2012	2013	15	0	0.0
2013	2014	18	0	0.0
2014	2015	20	0	0.0
2015	2016	22	3	13.6
2016	2017	28	3	10.7
2017	2018	31	5	16.1
2018	2019	36	2	5.6
2019	2020	43	10	23.3
2020	2021	53	5	9.4
2021	2022	76	2	2.6
2022	2023	107	5	4.7
平均值		—	—	7.3

我们将排序期延长至三年，继续检验股票型公募基金业绩的持续性。通过滚动计算，我们能够得出 14 个排序期属于第 1 组的基金在检验期也属于第 1 组的比例，再计算这 14 个比例的平均值，可以获得 2007~2023 年排序期和检验期内基金收益率都属于第 1 组比例的均值。图 4-5 显示，当排序期为三年时，在排序期收益最高的属于第 1 组的基金有 25.9%在检验期中仍然属于收益最高的第 1 组，在排序期收益最低的属于第 4 组的基金有 25.0%在检验期中仍然属于收益最低的第 4 组。

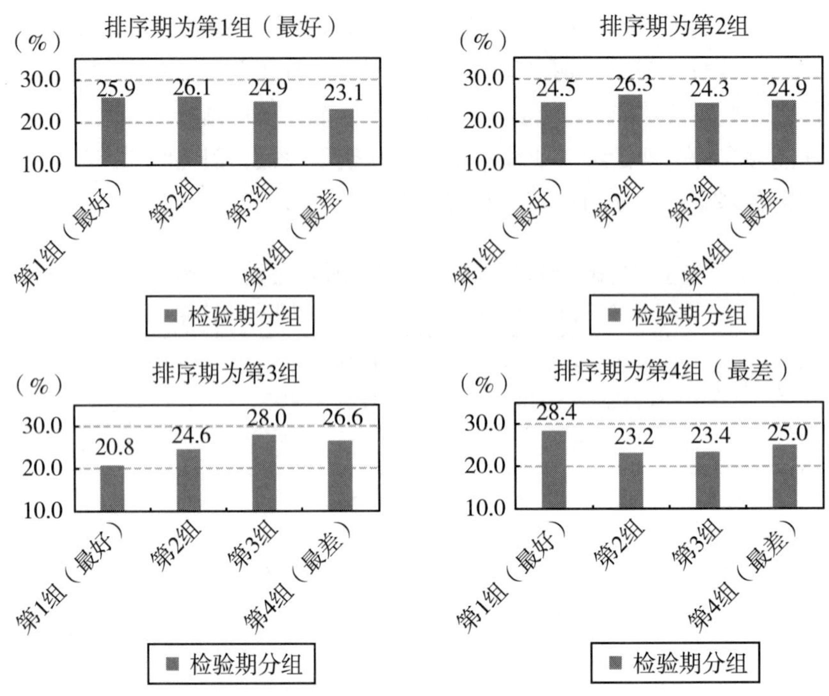

图 4-5　股票型基金收益率在检验期组别变化的分布
（排序期为三年、检验期为一年）：2007~2023 年

为了检验基金分布的占比是否在统计意义上显著不等于 25%，我们同样对 2007~2023 年公募基金收益率在检验期组别的变化情况进行了 T 检验，结果在表 4-11 中给出。结果显示，排序期和检验期都属于第 1 组、第 2 组和第 4 组中基金占比的 T 检验 P 值均大于 0.05，在 5%的显著性水平下，这几个比例并不显著区别于 25%；排序期和检验期都属于第 3 组的基金，T 检验 P 值小于 0.05，有 28.0%的基金继续在检验期位于第 3 组。大多数情况下，无论基金在排序期属于什么组别，其在检验期组别的分布都是随机的。因此，我们可以得出结论：排序期为三年时，公募基金的收益仍然没有显著的持续性，表明投资者无法根据基金在过去三年的收益排名来判断其在未来一年收益的高低。

表 4-11　股票型基金收益率在检验期组别变化的 T 检验
（排序期为三年、检验期为一年）：2007~2023 年

排序期组别	检验期组别	平均百分比（%）	t 值	T 检验 P 值
1（最好的基金组）	1	25.9	0.52	0.613
	2	26.1	0.66	0.521
	3	24.9	-0.09	0.929
	4	23.1	-1.03	0.320

续表

排序期组别	检验期组别	平均百分比（%）	t值	T检验P值
2	1	24.5	-0.26	0.796
	2	26.3	1.05	0.314
	3	24.3	-0.53	0.608
	4	24.9	-0.10	0.923
3	1	20.8	-2.74	0.017
	2	24.6	-0.26	0.796
	3	28.0*	2.95	0.011
	4	26.6	1.53	0.150
4 （最差的基金组）	1	28.4	1.78	0.099
	2	23.2	-1.33	0.206
	3	23.4	-1.27	0.225
	4	25.0	0.03	0.976

注：*表示在排序期和检验期，基金的业绩在5%的显著性水平下具有持续性。

表4-12展示了在排序期收益率非常靠前的属于前5%的基金在检验期仍排名前5%的基金数量及占比。14个样本期的检验结果显示，平均只有3.2%的基金在排序期和检验期的收益率均排名前5%，占比不高，且在（2007~2009）~2010年、（2008~2010）~2011年、（2009~2011）~2012年、（2011~2013）~2014年、（2014~2016）~2017年、（2015~2017）~2018年、（2016~2018）~2019年、（2017~2019）~2020年和（2020~2022）~2023年，没有一只过去三年排名靠前的基金在下一年延续了其优秀的业绩。其他样本期中，检验期仍排名前5%的基金占比的随机性也较强。因此，大多数前三年收益排名非常靠前的基金在检验期很难继续维持其之前的收益水平。

表4-12　　收益率前5%的股票型基金在检验期仍处于前5%的比例（排序期为三年、检验期为一年）：2007~2023年

排序期	检验期	排序期中前5%的基金数量（只）	检验期中仍处于前5%的基金数量（只）	检验期中仍处于前5%的基金比例（%）
2007~2009	2010	4	0	0.0
2008~2010	2011	6	0	0.0
2009~2011	2012	7	0	0.0
2010~2012	2013	10	2	20.0
2011~2013	2014	12	0	0.0
2012~2014	2015	15	1	6.7
2013~2015	2016	18	1	5.6

续表

排序期	检验期	排序期中前 5%的基金数量（只）	检验期中仍处于前 5%的基金数量（只）	检验期中仍处于前 5%的基金比例（%）
2014~2016	2017	20	0	0.0
2015~2017	2018	22	0	0.0
2016~2018	2019	28	0	0.0
2017~2019	2020	31	0	0.0
2018~2020	2021	36	3	8.3
2019~2021	2022	42	2	4.8
2020~2022	2023	51	0	0.0
平均值		—	—	3.2

表 4-13 展现的是排序期为三年时收益率排名后 5%的公募基金在检验期仍排名后 5%的基金数量和占比。从中可见，和收益率排名前 5%的基金相比，每年收益率保持排名后 5%的基金的比例有所提高，平均在 12.6%左右，但整体占比仍不高。其中，7 个样本期内检验期仍属于后 5%的基金占比小于 10%；同时，有 3 个样本期基金仍排在后 5%的基金占比超过了 20%，相对较高。在最新一个样本期(2020~2022)~2023 年，51 只在排序期排名后 5%的基金中有 4 只基金在检验期依旧排名后 5%，占比 7.8%。综合多个样本期的检验结果来看，排序期和检验期均位于后 5%的基金比例仍然不高，投资者无法根据过去一年收益率排名后 5%的基金判断其在下一年的排名。

表 4-13　　收益率后 5%的股票型基金在检验期仍处于后 5%的比例（排序期为三年、检验期为一年）：2007~2023 年

排序期	检验期	排序期中后 5%的基金数量（只）	检验期中仍处于后 5%的基金数量（只）	检验期中仍处于后 5%的基金比例（%）
2007~2009	2010	4	1	25.0
2008~2010	2011	6	1	16.7
2009~2011	2012	7	2	28.6
2010~2012	2013	10	0	0.0
2011~2013	2014	12	1	8.3
2012~2014	2015	15	3	20.0
2013~2015	2016	18	3	16.7
2014~2016	2017	20	1	5.0
2015~2017	2018	22	5	22.7

续表

排序期	检验期	排序期中后 5%的基金数量（只）	检验期中仍处于后 5%的基金数量（只）	检验期中仍处于后 5%的基金比例（%）
2016~2018	2019	28	0	0.0
2017~2019	2020	31	4	12.9
2018~2020	2021	36	1	2.8
2019~2021	2022	42	4	9.5
2020~2022	2023	51	4	7.8
平均值		—	—	12.6

Spearman 相关性检验和绩效二分法检验的结果显示，以半年为排序期和检验期时，基金的收益在部分时期表现出持续性，对投资者具有参考意义。那么，收益率持续性的描述统计检验是否能得出同样的结果？接下来，我们将排序期和检验期都缩短为半年，检验较短时期内公募基金收益率在排序期和检验期的变化情况。图 4-6 显示，过去半年属于收益最高的第 1 组的基金在下半年有 30.4%的比例仍

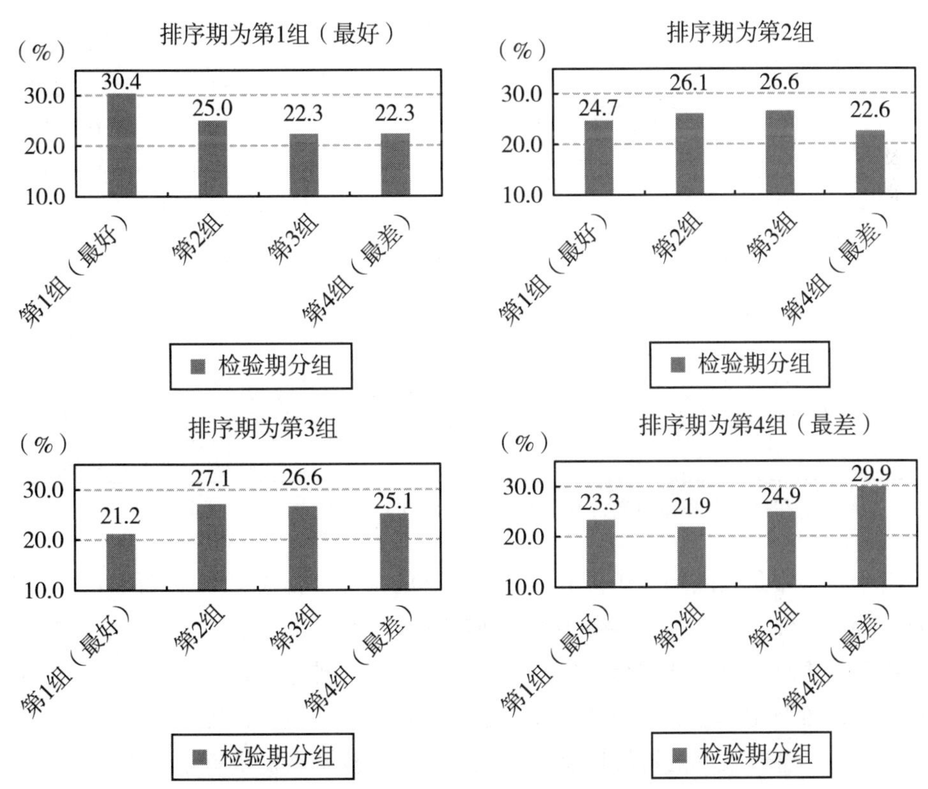

图 4-6　股票型基金收益率在检验期组别变化的分布
（排序期为半年、检验期为半年）：2007~2023 年

属于第 1 组，过去半年属于收益最低的第 4 组的基金在下半年有 29. 9%的比例仍属于第 4 组，均高于随机分布下对应的 25%。我们在表 4-14 中对这两个比例是否显著大于 25%进行了验证，结果显示，排序期和检验期都属于收益最高的第 1 组的基金 T 检验 P 值为 0. 003，排序期和检验期都属于收益最低的第 4 组的基金 T 检验 P 值为 0. 006，均小于 0. 05，说明这两个比例显著大于 25%。因此，当排序期和检验期为半年时，收益率排名靠前和靠后的基金业绩具有持续性，投资者在筛选基金时，可以以此作为参考依据。

表 4-14　股票型基金收益率在检验期组别变化的 T 检验（排序期为半年、检验期为半年）：2007~2023 年

排序期组别	检验期组别	平均百分比（%）	t 值	T 检验 P 值
1（最好的基金组）	1	30. 4*	3. 17	0. 003
	2	25. 0	0. 04	0. 969
	3	22. 3	-3. 32	0. 002
	4	22. 3	-1. 38	0. 178
2	1	24. 7	-0. 25	0. 808
	2	26. 1	1. 13	0. 266
	3	26. 6	1. 59	0. 122
	4	22. 6	-2. 91	0. 007
3	1	21. 2	-4. 18	0. 000
	2	27. 1	2. 41	0. 022
	3	26. 6*	2. 49	0. 018
	4	25. 1	0. 14	0. 893
4（最差的基金组）	1	23. 3	-0. 89	0. 381
	2	21. 9	-2. 80	0. 009
	3	24. 9	-0. 12	0. 902
	4	29. 9*	2. 94	0. 006

注：* 表示在排序期和检验期，基金的业绩在 5%的显著性水平下具有持续性。

由于收益率是反映基金历史业绩最为直观的指标，在前文中，我们分别采用了绩效二分法、Spearman 相关性检验以及描述统计检验的方法，对股票型公募基金的收益率是否具有持续性进行了检验。结果显示，当排序期是一年或三年、检验期为一年时，股票型基金的业绩基本没有展示出持续性。但是，排序期和检验期缩短为半年后，基金收益率的持续性有所增强，能够为投资者提供有效参考。需要注意的是，投资者应考虑到在不同基金之间频繁转换所产生的交易费用对投资业绩可能造成的影响。

四、夏普比率持续性的描述统计检验

投资者在进行基金投资时，除了关注基金能够赚取的收益以外，投资基金所承担的风险也十分重要。接下来，我们选取基金的夏普比率这一反映基金风险调整后收益的指标作为衡量基金业绩持续性的指标，对其是否具有持续性进行检验。我们同样选取一年和三年作为排序期、一年为检验期。在2007~2023年，当排序期为一年时，通过滚动计算，可以得出16个在排序期夏普比率属于第1组的基金在检验期也属于第1组的比例，再计算这16个比例的平均值，可以获得排序期和检验期夏普比率均属于第1组比例的均值。这里，我们重点关注的是基金在检验期是否能够延续其在排序期的组别。

表4-15具体展示了夏普比率在排序期属于第1组、第2组、第3组和第4组的基金在检验期所属各组的基金比例。结果显示，排序期夏普比率属于第1组的基金在检验期有29.8%的基金继续留在第1组，且T检验P值为0.026，显著大于随机分布下对应的25%，表明过去一年夏普比率排名前25%的基金在未来一年有29.8%的概率依旧排名靠前。同时，排序期夏普比率属于第4组的基金在检验期有30.8%的基金继续留在了第4组，其T检验P值为0.005，该比例显著大于25%，说明过去一年夏普比率排在后25%的基金在未来一年有30.8%的概率仍然排名靠后。因此，我们可以得出结论：过去一年夏普比率较高或较低的基金，在未来一年也有很大概率延续其过往优秀或不佳的业绩，投资者在筛选基金时能够以此为依据。

表4-15　　股票型基金夏普比率在检验期组别变化的T检验（排序期为一年、检验期为一年）：2007~2023年

排序期组别	检验期组别	平均百分比（%）	t值	T检验P值
1（最好的基金组）	1	29.8*	2.48	0.026
	2	26.9	1.62	0.127
	3	22.2	-2.53	0.023
	4	21.0	-2.56	0.022
2	1	27.2	2.12	0.051
	2	27.4*	2.26	0.039
	3	23.5	-1.33	0.204
	4	21.9	-4.22	0.001

续表

排序期组别	检验期组别	平均百分比（%）	t值	T检验P值
3	1	23.0	-1.31	0.210
	2	24.6	-0.29	0.773
	3	26.4	1.39	0.183
	4	26.0	0.88	0.391
4（最差的基金组）	1	19.7	-2.32	0.035
	2	21.1	-2.12	0.051
	3	28.4	2.18	0.046
	4	30.8*	3.32	0.005

注：*表示在排序期和检验期，基金的业绩在5%的显著性水平下具有持续性。

上述检验显示，夏普比率排名在前25%与后25%的股票型基金业绩具有持续性，那么，当这两个比例缩小至5%时，这个结论是否仍旧成立？表4-16展示了2007~2023年排序期为一年时，夏普比率排名前5%的基金在下一年仍然排名前5%的基金数量和占比。整体来看，有8.3%在排序期夏普比率排名前5%的基金在检验期仍然排名前5%，占比不高。（2022）~2023年，107只排序期排名前5%的基金中，有18只在检验期继续排名前5%，整体随机性强。所以，我们认为夏普比率排名非常靠前的基金不能在下一年持续稳定地获得高夏普比率。

表4-16　夏普比率前5%的股票型基金在检验期仍处于前5%的比例（排序期为一年、检验期为一年）：2007~2023年

排序期	检验期	排序期中前5%的基金数量（只）	检验期中仍处于前5%的基金数量（只）	检验期中仍处于前5%的基金比例（%）
2007	2008	4	0	0.0
2008	2009	6	1	16.7
2009	2010	7	0	0.0
2010	2011	10	0	0.0
2011	2012	12	2	16.7
2012	2013	15	1	6.7
2013	2014	18	0	0.0
2014	2015	20	4	20.0
2015	2016	23	1	4.3
2016	2017	28	3	10.7

续表

排序期	检验期	排序期中前5%的基金数量（只）	检验期中仍处于前5%的基金数量（只）	检验期中仍处于前5%的基金比例（%）
2017	2018	31	0	0.0
2018	2019	36	4	11.1
2019	2020	43	2	4.7
2020	2021	53	5	9.4
2021	2022	76	12	15.8
2022	2023	107	18	16.8
平均值		—	—	8.3

附录五具体展示了2020~2023年，以一年为排序期时股票型公募基金夏普比率排名前30位的基金在检验期的排名及其对应的夏普比率，并用★标记出检验期中仍排名前30位的基金，供读者对比参考。

类似地，我们对2007~2023年夏普比率排在最后5%的基金的业绩持续性进行了检验，结果展示在表4-17中。通过检验发现，16次检验中，平均有7.3%的基金在检验期继续留在后5%的位置，这一比例并不高。不同的样本区间内，夏普比率持续处于后5%的占比各不相同，只有1个样本期的基金占比超过了20%，且在（2007）~2008年、（2008）~2009年、（2010）~2011年、（2012）~2013年和（2013）~2014年，没有一只基金的夏普比率持续排名垫底。由此我们认为，当排序期为一年时，夏普比率排名后25%的基金业绩展现出了持续性，但排名缩小至后5%的范围时，这种持续的现象就没有显现了。

表4-17　　夏普比率后5%的股票型基金在检验期仍处于后5%的比例（排序期为一年、检验期为一年）：2007~2023年

排序期	检验期	排序期中后5%的基金数量（只）	检验期中仍处于后5%的基金数量（只）	检验期中仍处于后5%的基金比例（%）
2007	2008	4	0	0.0
2008	2009	6	0	0.0
2009	2010	7	1	14.3
2010	2011	10	0	0.0
2011	2012	12	1	8.3
2012	2013	15	0	0.0
2013	2014	18	0	0.0

续表

排序期	检验期	排序期中后 5%的基金数量（只）	检验期中仍处于后 5%的基金数量（只）	检验期中仍处于后 5%的基金比例（%）
2014	2015	20	1	5.0
2015	2016	22	4	18.2
2016	2017	28	2	7.1
2017	2018	31	4	12.9
2018	2019	36	1	2.8
2019	2020	43	10	23.3
2020	2021	53	7	13.2
2021	2022	76	5	6.6
2022	2023	107	5	4.7
平均值		—	—	7.3

接下来，我们将排序期延长为三年、检验期仍为排序期之后的一年，继续对股票型公募基金夏普比率的持续性进行考察，在这里，我们同样重点关注基金排序期组别在检验期的延续情况。表 4-18 展示了 2007~2023 年分别属于第 1 组、第 2 组、第 3 组和第 4 组的基金在下一年检验期所属各组的比例和 T 检验结果，可以发现，在 5%的显著性水平下，过去三年夏普比率属于业绩最好的第 1 组的基金和属于业绩最差的第 4 组的基金并不显著高于 25%。因此，过去三年的夏普比率在未来一年并不能持续，对投资者而言，没有太多的参考价值。

表 4-18　股票型基金夏普比率在检验期组别变化的 T 检验（排序期为三年、检验期为一年）：2007~2023 年

排序期组别	检验期组别	平均百分比（%）	t 值	T 检验 P 值
1（最好的基金组）	1	28.7	1.80	0.096
	2	26.5	1.18	0.258
	3	23.5	-0.83	0.419
	4	21.4	-2.38	0.034
2	1	25.5	0.42	0.684
	2	26.6	1.02	0.327
	3	24.9	-0.06	0.950
	4	23.0	-1.19	0.254

续表

排序期组别	检验期组别	平均百分比（%）	t 值	T 检验 P 值
3	1	22.0	−3.21	0.007
	2	25.5	0.54	0.601
	3	26.5	1.41	0.182
	4	26.0	0.63	0.542
4（最差的基金组）	1	23.5	−0.62	0.548
	2	21.5	−2.38	0.034
	3	25.7	0.43	0.673
	4	29.4	1.94	0.074

注：* 表示在排序期和检验期，基金的业绩在 5%的显著性水平下具有持续性。

从表 4-19 可以发现，排序期为三年时，夏普比率在排序期排名前 5%的基金中平均有 5.9%的基金在检验期仍排名前 5%，整体偏低。不同的样本区间内，夏普比率持续处于前 5%的比率各不相同，4 个样本期内，没有一只基金能够在检验期延续其优异的夏普比率业绩。在（2020~2022）~2023 年，51 只夏普比率排在前 5%的基金中只有 2 只继续在检验期表现优异。综合多个样本期中的基金占比，我们发现仅有很少一部分基金能够在检验期仍然排名前 5%，夏普比率排名非常靠前的公募基金业绩并没有展现出持续性。

表 4-19　夏普比率前 5%的股票型基金在检验期仍处于前 5%的比例（排序期为三年、检验期为一年）：2007~2023 年

排序期	检验期	排序期中前 5%的基金数量（只）	检验期中仍处于前 5%的基金数量（只）	检验期中仍处于前 5%的基金比例（%）
2007~2009	2010	4	0	0.0
2008~2010	2011	6	0	0.0
2009~2011	2012	7	0	0.0
2010~2012	2013	10	1	10.0
2011~2013	2014	12	1	8.3
2012~2014	2015	15	0	0.0
2013~2015	2016	18	2	11.1
2014~2016	2017	20	4	20.0
2015~2017	2018	22	2	9.1
2016~2018	2019	28	1	3.6

续表

排序期	检验期	排序期中前 5%的基金数量（只）	检验期中仍处于前 5%的基金数量（只）	检验期中仍处于前 5%的基金比例（%）
2017~2019	2020	31	1	3.2
2018~2020	2021	36	2	5.6
2019~2021	2022	42	3	7.1
2020~2022	2023	51	2	3.9
平均值		—	—	5.9

表 4-20 展示了排序期为三年时，基金夏普比率排名后 5%的基金在下一年仍然排名后 5%的基金数量和占比，在 14 次检验中，平均有 9.0%的基金在检验期仍只能获得很低的夏普比率，排名后 5%。其中，10 次检验期内的基金占比不超过 10%。在最新一个样本区间（2020~2022）~2023 年，只有 2.0%的基金的夏普比率继续在检验期排名垫底，占比偏低，夏普比率排名最差（后 5%）的基金中，能够在检验期延续其夏普比率的基金占比仍旧较低，不具有持续性。

表 4-20　夏普比率后 5%的股票型基金在检验期仍处于后 5%的比例（排序期为三年、检验期为一年）：2007~2023 年

排序期	检验期	排序期中后 5%的基金数量（只）	检验期中仍处于后 5%的基金数量（只）	检验期中仍处于后 5%的基金比例（%）
2007~2009	2010	4	1	25.0
2008~2010	2011	6	0	0.0
2009~2011	2012	7	2	28.6
2010~2012	2013	10	0	0.0
2011~2013	2014	12	1	8.3
2012~2014	2015	15	2	13.3
2013~2015	2016	18	1	5.6
2014~2016	2017	20	0	0.0
2015~2017	2018	22	1	4.5
2016~2018	2019	28	1	3.6
2017~2019	2020	31	6	19.4
2018~2020	2021	36	2	5.6
2019~2021	2022	42	4	9.5
2020~2022	2023	51	1	2.0
平均值		—	—	9.0

五、小结

投资者常常会关注各大媒体、金融机构定期发布的公募基金排名和评选榜单，来选择那些当年有“耀眼”业绩的产品进行投资。本章从这个问题出发，就投资者凭借业绩排名选择当年较好的股票型公募基金、排除当年较差的公募基金，以期在下一年获得较高回报的投资逻辑的有效性进行了分析，即检验公募基金业绩的持续性。在检验过程中，我们分别以一年、三年和半年作为排序期、一年和半年作为检验期，采用基金收益率的 Spearman 相关性检验、绩效二分法检验、描述统计检验和夏普比率的描述统计检验等方法，研究主动管理的股票型公募基金过往业绩与未来业绩的关系。

基金收益率持续性的检验结果显示，在 2007~2023 年，当排序期为一年和三年时，只在少部分年份的样本期中股票型公募基金的收益率表现出持续性，同时，在部分期间内，基金的收益率排名存在反转的现象。但是，当排序期和检验期缩短为半年时，具有持续性的检验区间明显增多，且基金收益率位于前 25%和后 25%位置的基金均表现出持续性，过去半年收益率较高的基金在未来半年有较大概率继续获得较好的收益，过去半年收益偏低的基金在未来半年有很大概率仍然收益不佳，这意味着基金的短期收益能够给投资者提供参考依据。

除此之外，通过对考虑基金风险因素的夏普比率的持续性进行检验后我们发现，当排序期为一年时，夏普比率属于靠前（靠后）位置的基金有很大概率在下一年的夏普比率排名依旧靠前（靠后），投资者可以重点关注和避免这类基金。而当排序期延长为三年时，夏普比率并没有在未来一年表现出持续性。

第五章

股票型基金经理的选股与择时能力

在公募基金的发展过程中，“人”的作用变得愈发重要。尤其是对于主动管理的公募基金而言，基金经理作为管理团队的核心和灵魂，其投资组合资产配置策略的选择是决定性的。近年来，随着基金中基金（FOF）的兴起，基金经理自身的特质受到了市场越来越多的关注，FOF投资的重要一环就是遴选优秀的基金经理。前述章节中，我们以“基金管理团队”为主线，在公募基金的维度上对其选股和择时能力进行分析判断。但是，在我国公募基金市场，一位基金经理管理多只基金或是一只基金由多位基金经理共同管理的现象十分普遍，投资者在选择基金时，常常会追随优秀的基金经理。根据中国证券投资基金业协会2021年11月发布的《全国公募基金市场投资者状况调查报告（2020年度）》，32%的投资者会因为基金经理发生变动而赎回基金。然而，明星基金经理是否具有独立于平台的获取超额收益的能力？这就需要我们在对单只基金进行评估的基础上，进一步从基金经理个体的层面上，对其管理能力和业绩持续性进行综合评估。本章以主动管理的股票型公募基金经理为研究对象，基于基金经理在任职期间所管理的所有基金的合并数据，分别对在职基金经理与离职基金经理的业绩进行研究。

我们将股票型公募基金经理分为在职和离职基金经理分别进行评估的原因主要有以下几点：首先，私募基金公司是公募基金经理离职后的一大去向，相对于公募基金，很多私募基金运营时间较短且信息披露较少，投资者很难利用基金经理管理私募基金时的短期业绩来评价基金经理的能力，而利用基金经理在公募基金任职期间的业绩评价其能力在一定程度上弥补了上述缺陷；其次，研究目前在职基金经理的主动管理能力能够为投资者在挑选基金和评估当前所持有的基金时提供有效的参考依据；最后，有些基金优秀的历史业绩是由已离职的基金经理取得的（如华夏大盘精选在2005~2012年给投资者带来了超过10倍的回报，但是明星基金经理王亚伟于2012年离职），如果投资者只关注某只基金的历史业绩，而不关注历史业绩是由已离职的还是在职的基金经理取得的，那么投资者也会蒙受损失。

在我国公募基金市场，基金经理离职现象较为普遍，且离职基金经理可能选择内部转岗、其他公募基金或是私募基金等多种职业道路，因此我们有必要将在职和离职的基金经理进行区分。由于评估基金经理的选股与择时能力需要较长的时间序列数据，我们使用的样本为在公募基金行业任职三年以上的在职基金经理以及在公募基金行业任职三年以上但已经离职的基金经理。需要注意的是，尽管有些基金经理不再管理公募基金产品，但仍会在公募基金公司任职，为特定客户管理专户型产品，这类产品的净值不对外公布，对于这种情形，我们同样将基金经理视为离职基金经理。

本章内容包括三个部分。第一部分，我们介绍基金经理的样本空间并具体说明基金经理合并收益序列的构造方法；第二部分，基于基金经理的合并收益序列，采用 Treynor-Mazuy 四因子模型评估在职和离职基金经理的选股能力；第三部分，采用 Treynor-Mazuy 四因子模型评估在职和离职基金经理的择时能力。在附录六至附录九中，我们具体展示了样本中每位基金经理合并收益序列后的业绩表现，以及选股能力和择时能力的分析结果，供读者参考。

一、样本空间

本章依据万得数据库中基金的二级分类标准，将管理过股票多空型基金、偏股混合型基金、灵活配置型基金、平衡混合型基金（股票基准比例≥50%）、普通股票型基金和增强指数型基金的基金经理定义为股票型基金经理，并采用合并后的基金经理收益对其任职期间的业绩进行研究，进而分析基金经理的选股和择时能力。本部分从公募基金经理人员数量、任职期限等角度介绍我国股票型公募基金经理群体的整体发展情况，并详细说明了构造股票型公募基金经理的合并收益序列的方法。我们使用的基金经理的数据所对应的时间为 1998 年 1 月至 2023 年 12 月，数据来源于万得、Resset 以及天天基金网等数据库。

（一）在职与离职基金经理数量

表 5-1 展示了 1998~2023 年新任和离职的股票型公募基金经理数量。1997 年，国务院颁布《证券投资基金管理暂行办法》，奠定了公募基金行业规范发展的基础。此后一年，我国首批基金管理公司国泰基金、南方基金、华夏基金、博时基金和鹏华基金相继成立，首批股票型公募基金经理登上历史舞台，初始数量仅为 6 人。随着我国公募基金市场的不断发展和股票市场的牛熊起伏，1998~2015 年，新任基金经理数量逐年上升，在 2015 年更是达到 429 人。2015 年上半年，股票市场持续上涨，公募基金市场规模和新发行的基金数量一路攀升，对基金经理的需求大

幅增加。而从 2016 年开始，新任基金经理数量增幅有所放缓，2018 年资管新规颁布后，我国资产管理市场向着更加规范的方向发展，公募基金行业也迎来内部的整合升级。离职基金经理层面，过去 26 年历年离职基金经理数量在波动中有所攀升，2014 年以前每年离职人数在 100 人以内，2023 年离职人数最多，达到 245 人，业绩不佳被迫离职、加入其他资管机构和转投私募基金是公募基金经理离职的主要原因。截至 2023 年底，在职和离职的股票型基金经理总人数分别为 2 029 人和 1 982 人，基金经理总数达 4 011 人。

表 5-1　　股票型基金经理新任、离职以及累计数量：1998~2023 年　　单位：人

年份	新任数量	离职数量	在职总人数	离职总人数	基金经理总数
1998	6	0	6	0	6
1999	15	0	21	0	21
2000	18	7	32	7	39
2001	23	7	48	14	62
2002	37	7	78	21	99
2003	40	17	101	38	139
2004	59	12	148	50	198
2005	66	27	187	77	264
2006	78	27	238	104	342
2007	104	52	290	156	446
2008	84	38	336	194	530
2009	93	49	380	243	623
2010	100	60	420	303	723
2011	105	59	466	362	828
2012	115	55	526	417	943
2013	128	87	567	504	1 071
2014	176	103	640	607	1 247
2015	429	142	927	749	1 676
2016	281	81	1 127	830	1 957
2017	268	89	1 306	919	2 225
2018	291	145	1 452	1 064	2 516
2019	255	172	1 535	1 236	2 771
2020	276	165	1 646	1 401	3 047
2021	358	174	1 830	1 575	3 405
2022	304	162	1 972	1 737	3 709
2023	302	245	2 029	1 982	4 011

（二）基金经理的任职期限

以 2023 年 12 月 31 日为界限，我们将所有股票型基金经理划分为两组，截至 2023 年底时仍然在管理公募基金产品的基金经理为在职基金经理；截至 2023 年底已经离职的基金经理为离职基金经理。

我国公募基金市场基金经理平均任职期较短，基金经理在同一时期管理多只基金产品与任职经历不连续等现象经常出现，因此，为了更好地分析基金经理在管理公募基金期间的业绩，我们首先对公募基金经理的任职年限进行界定，并采用月度数据进行度量。以华夏基金管理有限公司明星基金经理王亚伟的任职履历为例，王亚伟在公募基金任职期间，共管理过 4 只股票型基金产品，分别为“基金兴华”“华夏成长”“华夏大盘精选”“华夏策略精选”。从表 5-2 展示的王亚伟管理 4 只基金的起始和终止时间可以发现，在同一时间点，他曾管理着两只以上的基金产品。考虑到时间重叠因素，王亚伟任职期间管理股票型公募基金的时间为 1998 年 4 月 28 日到 2005 年 4 月 12 日以及 2005 年 12 月 31 日到 2012 年 5 月 4 日。我们将两段时间区间跨越的月份数目视为其管理公募基金产品的时间总长度，即公募基金经理的任职总期限。按照公募基金经理任职总期限的界定原则，王亚伟管理公募基金产品的时间长度为 163 个月。对于其他公募基金经理的任职期限，我们采取同样的处理方式。

表 5-2　　基金经理王亚伟在公募基金的任职履历

基金产品	基金类型	万得二级分类	起始时间	终止时间	任职时长（月）
基金兴华	股票型基金	普通股票型基金	1998/04/28	2002/01/08	44
华夏成长	股票型基金	偏股混合型基金	2001/12/18	2005/04/12	39
华夏大盘精选	股票型基金	偏股混合型基金	2005/12/31	2012/05/04	76
华夏策略精选	股票型基金	灵活配置型基金	2008/10/23	2012/05/04	42

基于上述界定方法，我们对股票型公募基金经理的任职时间进行统计，具体如表 5-3 所示。结果显示，在职基金经理平均任职时间为 50 个月，说明目前在职的大部分基金经理已经有了一定的任职经验。在所有在职的基金经理中，基金经理魏东任职期限最长，魏东目前就职于国联安基金管理有限公司，截至 2021 年底，他在公募基金行业已经工作 209 个月，累计管理 7 只基金产品。此外，离职基金经理平均任职时间为 46 个月。在所有已离职的基金经理中，管理公募基金时间最长的基金经理为易阳方，他作为基金经理在公募基金行业工作了 195 个月，累计管理 10 只公募基金，离职前一直就职于广发基金管理有限公司。由于公募基金的业绩在很大程度上依赖于基金经理的主动管理能力，基金经理的离职会导致其管理的基金产品的业绩出现波动，因此，研究基金经理的主动管理能力具有十分重要的意

义。同时，站在基金管理公司的视角，选聘、考核基金经理时，如何有效地评估其历史投资表现，客观认识、评价基金经理的管理能力也极为重要。

表 5-3　　股票型基金经理任职时间描述性统计量　　单位：月

基金经理	均值	标准差	最小值	25%分位数	中位数	75%分位数	最大值
在职	50	41	1	17	39	77	224
离职	46	32	1	22	38	63	222

（三）基金经理合并收益序列

在确定了基金经理的任职期限后，我们计算基金经理在任职期间管理的所有基金产品的加权平均收益，根据每只基金的资产规模确定其权重大小，将由此得到的该基金经理的收益时间序列定义为“合并收益序列”，并基于该收益序列数据对基金经理的主动管理能力进行评价。合并后的数据全面展示基金经理任职期间管理的所有产品的业绩表现，因此，基于该数据的评估结果是对基金经理投资能力的综合评估。

基金经理合并收益序列的构造方法如下：假设某一位基金经理在 t 月共管理 N 只基金，第 i 只基金当月收益率为 r_{it}，规模为AUM_{it}①，则该基金经理当月以资产管理规模为权重的加权平均收益为：

$$R_{it} = \sum_{i=1}^{N} \omega_{it} r_{it}，\text{其中 } \omega_{it} = \frac{AUM_{it-1}}{\sum_{i=1}^{N} AUM_{it-1}}$$

在合并收益序列的过程中我们发现，基金经理管理产品的履历类型主要包括 4 种（见表 5-4）。

表 5-4　　基金经理任职履历类型

类别	管理产品数量	履历类型	合并收益
情形 1	1 只		合并收益为管理的产品收益
情形 2	2 只（或多只）		合并收益为管理的产品收益，中间未管理产品，收益设置为零
情形 3	2 只（或多只）		管理一只产品时，合并收益为单只产品收益；重合区间为规模加权收益
情形 4	2 只（或多只）		管理一只产品时，合并收益为单只产品收益；重合区间为规模加权收益

① 本节我们采用的月度基金规模数据为基金净值乘以最近报告期的基金份额数据。

那么，在不同情形下，应如何合并基金经理的收益序列？我们以曾任职于华夏基金管理有限公司的基金经理王亚伟为例，介绍合并收益序列的计算方法。图 5-1 展示了王亚伟任职期间管理的 4 只产品所对应的时间段。表 5-5 具体展示了不同时间段合并收益序列的构成。从图 5-1 和表 5-5 可知，王亚伟在公募基金行业任职期间，在部分时间管理 1 只基金产品，如 2005 年 12 月至 2008 年 10 月，王亚伟仅管理“华夏大盘精选”1 只基金。按照基金经理合并收益序列计算方法，在该时间段基金经理的合并收益就应等于其管理的基金产品的收益。而在某些时间点，王亚伟同时管理两只基金产品。例如，在 2001 年 12 月至 2002 年 1 月，王亚伟同时管理“基金兴华”和“华夏成长”两只基金；在 2008 年 10 月到 2012 年 5 月，同时管理“华夏大盘精选”和“华夏策略精选”两只基金产品。在上述两个区间内，基金经理的合并收益序列等于两只产品收益按照上期规模的加权平均值。如果基金经理在同一时间段管理两只以上的基金产品，我们也采取同样的处理方法。由于基金经理任职初始月份与离职月份的当月工作时间不满 1 个月，在计算合并收益序列时剔除这两个月的收益。

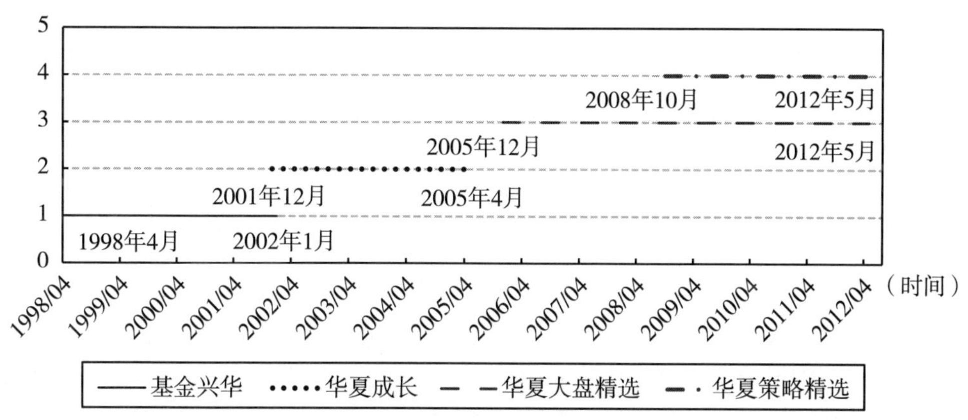

图 5-1　基金经理王亚伟的任职履历

表 5-5　基金经理王亚伟的合并收益序列

时间	基金兴华	华夏成长	华夏大盘精选	华夏策略精选	合并收益序列	备注
1998/04	$Ret_{基金兴华}$				0	初始管理基金兴华，管理不足 1 个月
1998/05～2001/11	$Ret_{基金兴华}$				$Ret_{基金兴华}$	
2001/12	$Ret_{基金兴华}$	$Ret_{华夏成长}$			$Ret_{基金兴华}$	初始管理华夏成长，管理不足 1 个月

续表

时间	基金兴华	华夏成长	华夏大盘精选	华夏策略精选	合并收益序列	备注
2002/01	$Ret_{基金兴华}$	$Ret_{华夏成长}$			$Ret_{华夏成长}$	退出基金兴华，管理不足 1 个月
2002/02~2005/03		$Ret_{华夏成长}$			$Ret_{华夏成长}$	
2005/04~2005/12					0	
2006/01~2008/10			$Ret_{华夏大盘精选}$		$Ret_{华夏大盘精选}$	
2008/11~2012/04			$Ret_{华夏大盘精选}$	$Ret_{华夏策略精选}$	$W_1 \times Ret_{华夏大盘精选} + W_2 \times Ret_{华夏策略精选}$	W_1、W_2 为两只基金上一期规模权重
2012/05			$Ret_{华夏大盘精选}$	$Ret_{华夏策略精选}$	0	退出华夏大盘精选与华夏策略精选，管理均不足 1 个月

在得到基金经理合并收益序列后，我们计算基金经理任职期间业绩的历史净值。图 5-2 为王亚伟管理的不同产品的净值曲线以及其任职期间内整体业绩的净值曲线图。基于基金经理合并收益序列以及任职期间的净值，我们可以得到每位基金经理任职期间的收益与风险指标。需要特别指出的是，因为任意两位基金经理的任职时间不是完全重叠的，所以比较两位基金经理的业绩（如收益、风险指标）是没有意义的，但是比较每位基金经理的业绩与同期万得全 A 指数的业绩是有意义的。附录六和附录七分别展示了在职和离职基金经理任职期间所管理的所有基金产品合并收益后的收益与风险指标，以及同期万得全 A 指数的收益与风险指标，供读者对比。

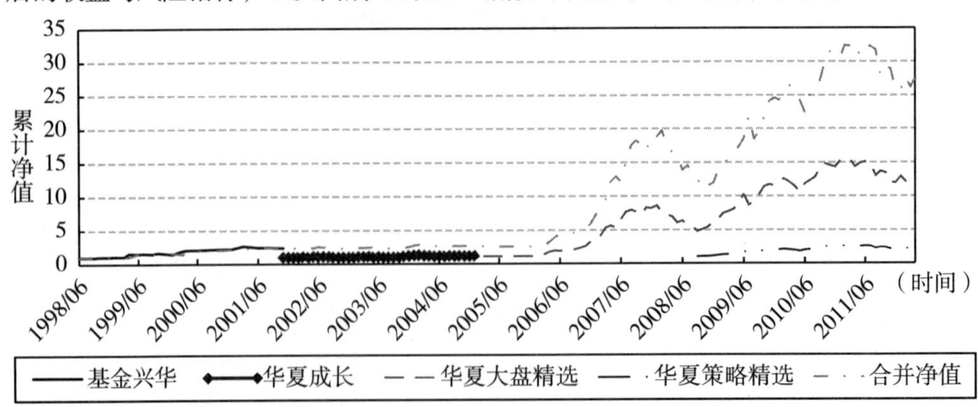

图 5-2　王亚伟管理的产品净值图以及合并收益历史净值图（第一天的净值设为 1 元）

二、基金经理的选股能力

在本章，我们继续采用 Treynor-Mazuy 四因子模型（模型构造方法请参考第三章）来研究基金经理的选股和择时能力，市场收益率采用万得全 A 综合指数的收益率。由于评估选股和择时能力需要较长的时间序列数据，我们要求基金经理具有三年以上的任职时间，对其合并月度收益数据进行研究。表 5-6 展示了在职以及离职的基金经理数量，截至 2023 年 12 月底，任职时间在三年以上的股票型基金经理共有 2 004 位，其中在职的基金经理数量为 1 172 位，已经离职的基金经理数量为 832 位。

表 5-6　　在职与离职股票型基金经理样本数量　　单位：位

时间	在职基金经理	离职基金经理	合计
1998~2023 年	1 172	832	2 004

（一）在职基金经理选股能力

表 5-7 展示了截至 2023 年 12 月底在职的股票型基金经理选股能力 α 的显著性估计结果。图 5-3 展示了 1 172 位基金经理所对应的 α 的 t 值（从高到低排列）。我们使用单边假设检验，研究基金经理是否具有正确的选股能力。在 5%的显著性水平下，在职的基金经理中，有 284 位（占比 24.2%）基金经理的 α 呈正显著性，其 t 值高于 1.64，说明他们具有正确的选股能力；有 873 位（占比 74.5%）基金经理所对应的 α 的 t 值是不显著的，说明他们不具有选股能力；此外，还有 15 位（占比 1.3%）基金经理的 α 呈负显著性，其 t 值低于-1.64，说明他们具有错误的选股能力。整体来看，24%的基金经理具备正确的选股能力，大部分在职基金经理不具备选股能力。

表 5-7　　在职基金经理的选股能力

项目	显著性	基金经理数量（位）	占比（%）
选股能力	正显著	284	24.2
	不显著	873	74.5
	负显著	15	1.3
总计		1 172	100.0

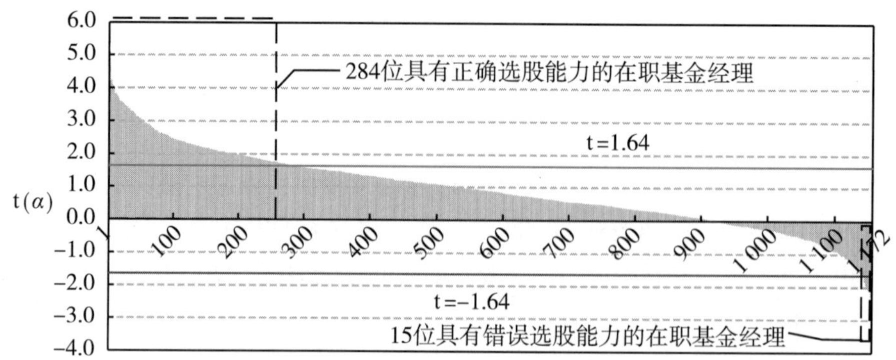

图 5-3 在职股票型基金经理 α 的 t 值（显著性）排列

注：正确选股能力代表 t（α）>1.64，错误选股能力代表 t（α）<-1.64，未表现出选股能力代表-1.64≤t（α）≤1.64。基金经理具有选股能力是指基金经理表现出正确的选股能力，基金经理不具有选股能力代表基金经理表现出错误的或未表现出选股能力。

表 5-8 和图 5-4 展示了在职基金经理 Treynor-Mazuy 四因子模型的回归结果。我们按照基金经理的选股能力年化 α 把基金等分为 10 组。第 1 组为 α 最高的组，第 10 组为 α 最低的组。表 5-8 和图 5-4 具体展示了每组基金经理所对应的 α、γ、β_{mkt}、β_{smb}、β_{hml}、β_{mom}，以及反映模型拟合好坏的调整后 R^2 的平均值，其中 α 为反映基金经理选股能力的系数，γ 为反映择时能力的系数。

表 5-8 在职基金经理 Treynor-Mazuy 模型回归结果（选股能力）

组别	年化 α（%）	γ	β_{mkt}	β_{smb}	β_{hml}	β_{mom}	调整后 R^2（%）
1（α 最高组）	15. 14	-0. 97	0. 86	-0. 13	-0. 31	0. 08	63
2	10. 07	-0. 33	0. 80	-0. 11	-0. 24	0. 08	67
3	7. 79	-0. 41	0. 77	-0. 12	-0. 28	0. 07	67
4	6. 06	-0. 22	0. 75	-0. 08	-0. 21	0. 11	69
5	4. 76	-0. 02	0. 65	-0. 07	-0. 22	0. 11	64
6	3. 65	0. 15	0. 64	-0. 06	-0. 23	0. 11	64
7	2. 40	0. 10	0. 58	-0. 02	-0. 24	0. 11	62
8	0. 91	0. 20	0. 69	-0. 03	-0. 25	0. 15	67
9	-1. 41	0. 62	0. 76	-0. 01	-0. 31	0. 13	68
10（α 最低组）	-7. 38	1. 15	0. 78	-0. 01	-0. 23	0. 17	65

注：此表汇报每一组基金经理对应的 α、γ、β_{mkt}、β_{smb}、β_{hml}、β_{mom}，以及调整后 R^2 的平均值。

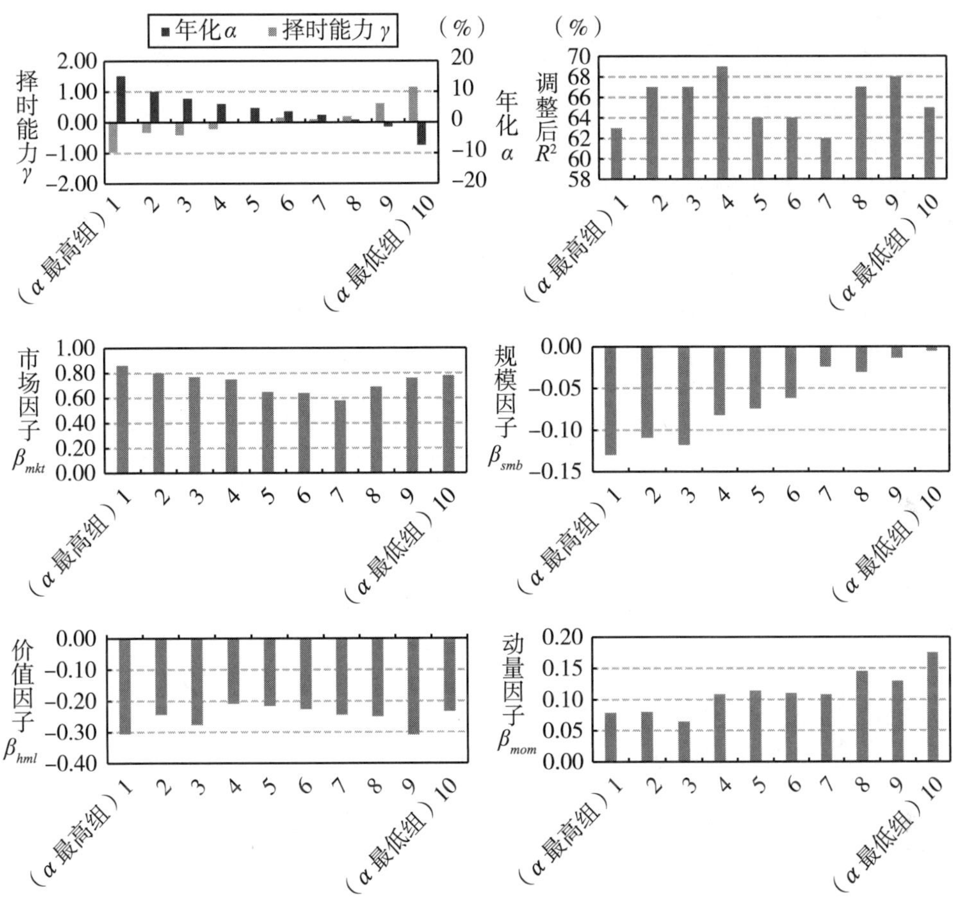

图 5-4　在职基金经理 Treynor-Mazuy 模型回归结果［按选股能力（年化 α）分组］

表 5-8 和图 5-4 显示，在职基金经理年化选股能力 α 在-7.38%～15.14%，平均约为 4.2%。其中，前 8 组基金经理的平均选股能力为正，另外 2 组基金经理的平均选股能力为负。在选股能力最高的第 1 组中，基金经理的平均年化 α 为 15.14%，而选股能力最低的第 10 组基金经理的平均年化 α 为-7.38%，两组相差超过 22 个百分点。有关选股能力（α）与择时能力（γ）的相关性我们在下一节讨论。此外，大盘指数收益对应的敏感系数 β_{mkt} 的值在 0.58～0.86，意味着多数基金经理对市场风险因子的暴露较高，跟随市场同涨同跌。规模因子对应的敏感度系数 β_{smb} 在-0.18～-0.01，随着每组基金经理年化 α 的减小，β_{smb} 的值呈现略增大趋势，说明具有较好选股能力的基金经理持有大盘股的仓位更高。价值因子对应的敏感度系数 β_{hml} 在-0.31～-0.21，随着每组基金经理选股能力的减小，β_{hml} 组别间的数值并没有显著的变化，说明基金经理在价值与成长股的仓位偏好与其选股能力无明显关系。趋势因子对应的敏感度系数 β_{mom} 在 0.07～0.17，总体数值不高，但随着每组

基金经理年化 α 的减小（选股能力的下降）而呈现略增大趋势，即追涨杀跌倾向增加，这一定程度上也意味着追涨杀跌行为对于基金经理的业绩表现而言具有负面效应。模型调整后的 R^2 在 66%左右，说明我们使用的模型可以较好地解释在职基金经理的超额收益。

接下来，我们具体分析具有显著选股能力的 284 位基金经理的情况。表 5-9 展示了 Treynor-Mazuy 四因子模型中 α 为正显著的基金经理名单、任职区间和选股能力 α 的估计值。这些基金经理对应的年化 α 在 2.03%～28.39%，平均任职 88 个月。附录八中，我们给出所有在职股票型基金经理的选股能力以及各 β 的风险暴露程度，供读者了解每一位在职基金经理的业绩。

表 5-9　具有选股能力的在职股票型公募基金经理（按年化 α 排序）：1998～2023 年

编号	基金经理	当前任职公司	任职区间	任职时间（月）	管理基金数量（只）	年化 α（%）	t(α)
1	郑巍山	银河基金	2019/05～2023/12	56	4	28.39	1.70
2	陆彬	汇丰晋信基金	2019/05～2023/12	56	7	24.86	2.01
3	王元春	易方达基金	2018/12～2023/12	61	4	24.30	2.44
4	韩创	大成基金	2019/01～2023/12	60	8	23.46	2.90
5	王鹏	广发基金	2019/09～2023/12	46	5	22.41	2.12
6	韩威俊	交银施罗德基金	2016/01～2023/12	96	7	20.15	3.15
7	周思越	东方基金	2020/08～2023/12	41	3	19.84	2.36
8	王阳	国泰基金	2018/11～2023/12	62	6	19.60	2.07
9	徐慕浩	泰信基金	2019/08～2023/12	53	2	19.57	2.64
10	郑泽鸿	华夏基金	2017/06～2023/12	79	6	19.48	1.91
11	苏文杰	嘉实基金	2018/10～2023/12	63	2	18.90	2.49
12	高楠	永赢基金	2017/11～2023/12	62	6	18.60	1.80
13	于洋	富国基金	2017/10～2023/12	58	7	18.46	2.20
14	刘畅畅	华安基金	2020/01～2023/12	48	4	18.45	2.38
15	杨思亮	宝盈基金	2018/03～2023/12	70	8	18.22	2.60
16	施红俊	鹏扬基金	2020/06～2023/12	43	3	18.11	1.83
17	李恒	国泰基金	2017/01～2023/12	84	6	18.10	2.61
18	姜诚	中泰证券	2014/08～2023/12	82	10	17.85	3.01
19	盛震山	工银瑞信基金	2015/09～2023/12	48	9	17.54	3.83
20	朱睿	鹏华基金	2019/04～2023/12	53	6	17.07	2.30
21	李锦文	南方基金	2018/12～2023/12	61	6	16.95	2.17

续表

编号	基金经理	当前任职公司	任职区间	任职时间（月）	管理基金数量（只）	年化 α（%）	t(α)
22	宋仁杰	泰康基金	2019/09~2023/12	52	2	16.74	2.29
23	何杰	平安基金	2018/04~2023/12	65	10	16.58	1.95
24	胡宜斌	华安基金	2015/11~2023/12	98	7	16.34	2.63
25	楼慧源	交银施罗德基金	2018/09~2023/12	64	3	16.29	1.88
26	胡宇飞	嘉实基金	2018/02~2023/12	71	4	16.28	2.43
27	胡昕炜	汇添富基金	2016/04~2023/12	93	6	16.22	2.39
28	丘栋荣	中庚基金	2014/09~2023/12	105	7	16.04	3.66
29	张燕	中信建投证券	2015/05~2023/12	85	10	15.87	2.60
30	钟赟	南方基金	2017/02~2023/12	80	7	15.68	2.11
31	黄珺	中银基金	2019/03~2023/12	58	5	15.37	1.93
32	农冰立	景顺长城基金	2018/06~2023/12	59	3	15.35	1.79
33	黄文倩	华夏基金	2016/02~2023/12	95	6	15.24	2.59
34	张金涛	嘉实基金	2016/05~2023/12	92	8	15.23	3.76
35	孙松	易方达基金	2018/12~2023/12	61	1	15.17	2.63
36	刘莉莉	富国基金	2018/07~2023/12	66	4	15.07	2.20
37	王斌	华安基金	2018/10~2023/12	63	6	14.90	2.02
38	范琨	融通基金	2016/02~2023/12	95	6	14.82	2.91
39	冯明远	信达澳亚基金	2016/10~2023/12	87	10	14.68	2.16
40	王丹	嘉实基金	2019/01~2023/12	60	3	14.67	2.08
41	冀楠	博时基金	2017/06~2023/12	76	9	14.58	2.25
42	张玮升	工银瑞信基金	2017/10~2023/12	75	5	14.23	2.03
43	袁蓓	建信基金	2004/08~2023/12	59	2	14.07	2.71
44	季新星	华夏基金	2017/01~2023/12	81	10	14.04	2.17
45	杨浩	交银施罗德基金	2015/08~2023/12	101	4	13.79	3.37
46	盛丰衍	西部利得基金	2019/03~2023/12	58	3	13.72	2.74
47	孟杰	宏利基金	2020/09~2023/12	40	2	13.39	1.73
48	张朋	汇添富基金	2018/06~2023/12	63	6	13.20	1.81
49	刘旭	大成基金	2015/07~2023/12	102	9	13.12	3.52
50	杨嘉文	易方达基金	2017/12~2023/12	73	6	13.11	3.62
51	张宇帆	工银瑞信基金	2016/03~2023/12	94	3	13.11	2.70

续表

编号	基金经理	当前任职公司	任职区间	任职时间（月）	管理基金数量（只）	年化 α（%）	t(α)
52	江峰	中信保诚基金	2020/04～2023/12	45	1	13.05	2.46
53	蔡宇滨	招商基金	2017/12～2023/12	67	5	12.98	3.30
54	杨仁眉	上海东方证券	2018/04～2023/12	57	5	12.98	1.76
55	田彧龙	交银施罗德基金	2019/05～2023/12	56	4	12.96	1.76
56	秦绪文	上海东方证券	2016/01～2023/12	96	6	12.94	3.14
57	林乐峰	南方基金	2017/12～2023/12	73	4	12.81	3.01
58	张烨	大成基金	2017/09～2023/12	76	4	12.75	2.09
59	黎莹	德邦基金	2015/06～2023/12	103	7	12.67	3.81
60	林庆	富国基金	2015/05～2023/12	104	3	12.66	3.14
61	詹杰	汇添富基金	2018/08～2023/12	61	5	12.65	1.89
62	谭丽	嘉实基金	2017/04～2023/12	81	11	12.63	3.04
63	罗成	鹏扬基金	2018/03～2023/12	70	2	12.59	2.52
64	林梦	工银瑞信基金	2017/10～2023/12	75	4	12.57	2.15
65	杨锐文	景顺长城基金	2014/10～2023/12	111	12	12.46	3.12
66	王睿	中银基金	2018/11～2023/12	62	7	12.43	2.64
67	李晓星	银华基金	2015/07～2023/12	102	15	12.42	2.85
68	尚烁徽	华泰保兴基金	2017/03～2023/12	82	9	12.42	2.09
69	王君正	华夏基金	2013/08～2023/12	118	11	12.33	3.79
70	聂世林	安信基金	2016/02～2023/12	95	6	12.25	2.92
71	王延飞	上海东方证券	2015/06～2023/12	103	5	12.22	2.58
72	缪玮彬	金元顺安基金	2016/12～2023/12	85	2	12.22	2.20
73	蒲世林	富国基金	2018/12～2023/12	61	5	12.16	2.64
74	赵枫	睿远基金	2001/09～2023/12	112	3	12.15	3.19
75	付伟	博时基金	2015/08～2023/12	82	9	12.03	2.32
76	蔡丞丰	嘉实基金	2017/07～2023/12	66	7	11.92	2.39
77	鲍无可	景顺长城基金	2014/06～2023/12	115	10	11.91	3.59
78	周云	上海东方证券	2015/09～2023/12	100	8	11.88	3.46
79	查晓磊	华泰证券	2016/03～2023/12	78	10	11.73	3.33
80	张竞	安信基金	2017/12～2023/12	73	5	11.68	2.17
81	冯汉杰	广发基金	2018/12～2023/12	54	5	11.62	2.52

续表

编号	基金经理	当前任职公司	任职区间	任职时间（月）	管理基金数量（只）	年化α（%）	t(α)
82	张坤	易方达基金	2015/11~2023/12	136	4	11.62	1.79
83	戴杰	鹏扬基金	2017/01~2023/12	79	16	11.61	2.19
84	乔迁	兴证全球基金	2017/07~2023/12	78	5	11.58	3.28
85	盛骅	华安基金	2018/02~2023/12	71	5	11.54	1.78
86	匡伟	兴证证券资产	2020/04~2023/12	45	4	11.53	1.82
87	余科苗	中欧基金	2017/12~2023/12	44	5	11.47	4.90
88	陆秋渊	华安基金	2017/06~2023/12	79	4	11.47	2.02
89	张玉坤	惠升基金	2016/08~2023/12	82	8	11.47	1.86
90	沙炜	博时基金	2015/05~2023/12	104	9	11.34	2.81
91	和玮	银华基金	2018/08~2023/12	65	4	11.17	1.69
92	陈俊华	交银施罗德基金	2016/11~2023/12	86	2	11.01	2.53
93	李耀柱	广发基金	2016/11~2023/12	86	9	10.96	2.29
94	孙彬	富国基金	2019/05~2023/12	56	11	10.93	2.03
95	徐成	国海富兰克林基金	2017/07~2023/12	78	3	10.83	2.22
96	徐彦	大成基金	2012/10~2023/12	121	12	10.80	3.27
97	杨鑫鑫	工银瑞信基金	2013/06~2023/12	124	6	10.78	4.24
98	刚登峰	泉果基金	2015/05~2023/12	94	9	10.67	2.45
99	高钥群	华安基金	2017/04~2023/12	81	4	10.59	2.45
100	孙蒙	华夏基金	2020/03~2023/12	46	3	10.58	2.38
101	田俊维	博时基金	2015/06~2023/12	98	7	10.54	2.35
102	李武群	华润元大基金	2019/10~2023/12	51	5	10.51	2.32
103	何帅	交银施罗德基金	2015/07~2023/12	102	4	10.45	2.76
104	高远	长信基金	2017/01~2023/12	84	4	10.42	3.09
105	胡松	国泰基金	2020/09~2023/12	40	1	10.20	1.77
106	刘鹏	交银施罗德基金	2018/05~2023/12	68	3	10.17	1.92
107	邹维	圆信永丰基金	2019/01~2023/12	60	4	10.09	2.88
108	是星涛	信达澳亚基金	2016/02~2023/12	89	6	9.97	2.64
109	陈宇	兴证全球基金	2017/09~2023/12	76	2	9.97	1.77
110	高源	万家基金	2015/07~2023/12	99	14	9.96	2.58
111	刘腾	中银基金	2017/09~2023/12	76	3	9.94	2.17

续表

编号	基金经理	当前任职公司	任职区间	任职时间（月）	管理基金数量（只）	年化 α（%）	t(α)
112	刘元海	东吴基金	2013/01～2023/12	137	9	9.92	1.98
113	童国林	西部利得基金	2004/05～2023/12	71	6	9.84	1.78
114	刘晓	国海富兰克林基金	2017/02～2023/12	83	6	9.83	3.44
115	刘彦春	景顺长城基金	2008/07～2023/12	177	10	9.82	2.04
116	罗世锋	诺德基金	2014/11～2023/12	110	6	9.82	1.93
117	祁禾	易方达基金	2017/12～2023/12	73	8	9.80	1.70
118	吴尚伟	汇安基金	2014/11～2023/12	101	10	9.76	2.13
119	何以广	兴证全球基金	2015/05～2023/12	95	11	9.72	2.11
120	韩冰	招商基金	2015/05～2023/12	104	4	9.69	1.79
121	杜洋	工银瑞信基金	2015/02～2023/12	107	10	9.66	2.33
122	庄波	山西证券	2015/03～2023/12	56	3	9.66	1.71
123	周海栋	华商基金	2014/05～2023/12	116	10	9.65	2.40
124	许文星	中欧基金	2018/04～2023/12	69	9	9.57	2.03
125	林念	工银瑞信基金	2016/09～2023/12	88	4	9.54	1.78
126	张明	安信基金	2017/05～2023/12	80	10	9.53	1.84
127	王崇	交银施罗德基金	2014/10～2023/12	111	3	9.52	2.32
128	徐晓杰	光大保德信基金	2015/05～2023/12	102	8	9.47	1.73
129	张媛	英大基金	2018/01～2023/12	72	5	9.38	2.04
130	汤志彦	鹏华基金	2017/07～2023/12	78	3	9.37	1.91
131	李博	大成基金	2015/04～2023/12	105	6	9.35	2.29
132	邵卓	建信基金	2015/03～2023/12	106	8	9.35	2.08
133	张峰	富国基金	2015/06～2023/12	103	6	9.29	1.90
134	张清华	易方达基金	2015/04～2023/12	105	13	9.29	1.83
135	王一兵	创金合信基金	2017/07～2023/12	49	2	9.24	3.38
136	栾江伟	中信建投基金	2015/07～2023/12	95	10	9.22	1.99
137	谢治宇	兴证全球基金	2013/01～2023/12	132	6	9.20	2.79
138	郑迎迎	南方基金	2015/08～2023/12	91	2	9.19	2.27
139	姚志鹏	嘉实基金	2016/05～2023/12	93	9	9.14	1.71
140	张峰	农银汇理基金	2015/09～2023/12	100	6	9.04	2.09
141	任相栋	兴证全球基金	2015/01～2023/12	93	4	9.00	2.31

续表

编号	基金经理	当前任职公司	任职区间	任职时间（月）	管理基金数量（只）	年化 α（%）	t(α)
142	蓝小康	中欧基金	2017/05～2023/12	80	4	8.95	1.79
143	王创练	诺安基金	2015/03～2023/12	106	7	8.91	1.98
144	常蓁	嘉实基金	2015/03～2023/12	106	7	8.91	1.91
145	刘玉	广发基金	2018/10～2023/12	63	3	8.90	1.74
146	林英睿	广发基金	2015/05～2023/12	99	9	8.80	2.01
147	秦毅	泓德基金	2017/06～2023/12	79	9	8.74	1.69
148	陈富权	农银汇理基金	2013/08～2023/12	125	10	8.70	2.25
149	曹名长	中欧基金	2006/07～2023/12	206	11	8.62	3.09
150	沈楠	交银施罗德基金	2015/05～2023/12	104	3	8.62	2.78
151	吴晖	长信基金	2019/04～2023/12	57	3	8.61	3.10
152	宋炳珅	工银瑞信基金	2014/01～2023/12	120	6	8.61	1.86
153	王金祥	海富通基金	2018/11～2023/12	62	2	8.58	1.90
154	肖觅	嘉实基金	2016/12～2023/12	85	10	8.53	2.39
155	杨晓斌	金鹰基金	2018/04～2023/12	69	6	8.52	2.27
156	胡中原	华商基金	2019/03～2023/12	58	2	8.52	2.01
157	王宁	长盛基金	2001/07～2023/12	204	15	8.38	3.39
158	马芳	国金基金	2020/09～2023/12	40	4	8.37	1.99
159	胡耀文	海富通基金	2015/06～2023/12	100	4	8.28	1.97
160	金宏伟	泰康基金	2017/08～2023/12	77	5	8.25	2.03
161	薄官辉	银华基金	2015/04～2023/12	105	8	8.22	2.24
162	杨栋	富国基金	2015/08～2023/12	101	9	8.21	2.56
163	董晗	景顺长城基金	2014/07～2023/12	104	10	8.15	2.19
164	范妍	圆信永丰基金	2015/10～2023/12	99	13	8.09	3.09
165	罗黎军	华润元大基金	2020/07～2023/12	42	1	8.06	1.85
166	徐幼华	富国基金	2018/05～2023/12	68	2	8.03	1.90
167	关山	融通基金	2016/06～2023/12	91	9	8.01	2.38
168	师婧	宏利基金	2017/12～2023/12	72	3	8.01	2.09
169	魏晓雪	路博迈基金	2012/11～2023/12	126	10	7.83	2.25
170	郭雪松	工银瑞信基金	2019/09～2023/12	52	1	7.81	2.05
171	倪超	金鹰基金	2015/06～2023/12	103	9	7.81	1.77

续表

编号	基金经理	当前任职公司	任职区间	任职时间（月）	管理基金数量（只）	年化α（%）	t(α)
172	詹成	景顺长城基金	2015/12～2023/12	97	10	7.78	2.01
173	张弘弢	华夏基金	2016/11～2023/12	86	1	7.75	2.71
174	陆奔	华安基金	2018/09～2023/12	64	4	7.67	2.89
175	袁争光	博道基金	2015/05～2023/12	88	6	7.67	2.13
176	戴军	大成基金	2015/05～2023/12	104	4	7.51	2.26
177	张一甫	惠升基金	2017/01～2023/12	81	5	7.40	1.68
178	张露	嘉实基金	2017/08～2023/12	77	4	7.19	2.41
179	徐荔蓉	国海富兰克林基金	2006/03～2023/12	163	5	6.99	2.25
180	吴培文	汇丰晋信基金	2015/09～2023/12	100	5	6.91	1.70
181	朱少醒	富国基金	2005/11～2023/12	218	2	6.88	2.29
182	贲兴振	银华基金	2013/02～2023/12	127	9	6.88	1.92
183	苏秉毅	大成基金	2014/01～2023/12	96	4	6.77	2.94
184	陈一峰	安信基金	2014/04～2023/12	117	9	6.77	1.88
185	谷琦彬	天弘基金	2018/05～2023/12	68	7	6.77	1.71
186	田汉卿	华泰柏瑞基金	2013/08～2023/12	125	11	6.75	3.43
187	余广	景顺长城基金	2010/05～2023/12	164	8	6.71	2.00
188	任慧娟	泰康基金	2016/05～2023/12	92	3	6.71	1.82
189	吴昊	中信保诚基金	2015/11～2023/12	98	9	6.67	2.56
190	骆帅	南方基金	2015/05～2023/12	104	11	6.67	2.03
191	张啸伟	富国基金	2015/08～2023/12	101	4	6.59	1.86
192	蔡滨	博时基金	2014/12～2023/12	109	12	6.51	2.42
193	姜锋	建信基金	2011/07～2023/12	150	8	6.44	1.97
194	鄢耀	工银瑞信基金	2013/08～2023/12	125	10	6.37	2.16
195	韩冬燕	诺安基金	2015/11～2023/12	98	5	6.37	1.95
196	刘怡敏	国海富兰克林基金	2019/01～2023/12	60	1	6.35	3.56
197	王颖	中信保诚基金	2017/02～2023/12	83	7	6.30	2.66
198	张靖	景顺长城基金	2011/05～2023/12	144	7	6.30	1.66
199	陈鹏扬	博时基金	2015/08～2023/12	101	11	6.27	1.90
200	周蔚文	中欧基金	2006/11～2023/12	203	11	6.23	2.48
201	苏昌景	泓德基金	2016/04～2023/12	93	10	6.19	1.94

续表

编号	基金经理	当前任职公司	任职区间	任职时间（月）	管理基金数量（只）	年化α（%）	t(α)
202	杨衡	长盛基金	2015/06~2023/12	103	21	6.14	1.99
203	伍旋	鹏华基金	2011/12~2023/12	145	8	6.10	2.52
204	毕天宇	富国基金	2005/12~2023/12	218	7	6.03	1.84
205	侯春燕	大成基金	2015/12~2023/12	97	8	6.02	2.03
206	魏东	国联安基金	2004/05~2023/12	233	7	5.99	2.04
207	叶乐天	建信基金	2016/08~2023/12	89	5	5.96	2.72
208	何肖颉	工银瑞信基金	2005/02~2023/12	160	7	5.90	1.77
209	龙悦芳	金鹰基金	2018/06~2023/12	67	1	5.86	4.06
210	赵健	华泰保兴基金	2018/06~2023/12	67	3	5.81	1.86
211	魏孛	中信证券资产	2017/03~2023/12	80	8	5.81	1.81
212	侯杰	招商基金	2018/10~2023/12	63	6	5.78	2.21
213	曲径	中欧基金	2016/01~2023/12	96	11	5.66	2.08
214	方旻	富国基金	2017/06~2023/12	54	4	5.62	1.71
215	李君	安信基金	2017/12~2023/12	73	4	5.61	4.07
216	黄春逢	南方基金	2015/12~2023/12	97	6	5.60	1.65
217	李一硕	易方达基金	2016/08~2023/12	89	4	5.52	5.07
218	徐觅	上海东方证券资产	2017/09~2023/12	76	1	5.51	4.24
219	黄瑞庆	博时基金	2011/12~2023/12	136	7	5.49	2.11
220	张芊	广发基金	2015/11~2023/12	98	7	5.48	3.30
221	杨明	华安基金	2013/06~2023/12	127	9	5.41	1.88
222	孙少锋	博时基金	2015/09~2023/12	100	2	5.40	2.22
223	周雪军	海富通基金	2012/06~2023/12	136	8	5.37	2.11
224	盛泽	东方基金	2018/08~2023/12	65	6	5.33	1.73
225	徐喻军	景顺长城基金	2017/01~2023/12	84	11	5.22	1.72
226	汪志健	华安证券	2020/07~2023/12	42	1	5.04	1.65
227	姚秋	广发基金	2015/01~2023/12	104	5	5.03	1.98
228	何秀红	工银瑞信基金	2015/10~2023/12	99	1	5.00	2.07
229	王涛	安信基金	2019/01~2023/12	55	2	4.99	1.90
230	吴剑毅	南方基金	2015/05~2023/12	104	8	4.98	2.83
231	王欢	国联安基金	2017/12~2023/12	73	3	4.91	2.48

续表

编号	基金经理	当前任职公司	任职区间	任职时间（月）	管理基金数量（只）	年化 α（%）	t(α)
232	纪文静	上海东方证券资产	2015/07~2023/12	102	2	4.90	4.01
233	提云涛	中信保诚基金	2016/09~2023/12	88	10	4.85	2.97
234	苗婷	中银基金	2016/08~2023/12	89	7	4.76	4.76
235	郑青	华泰柏瑞基金	2020/06~2023/12	43	4	4.64	2.92
236	孔令超	上海东方证券资产	2016/08~2023/12	89	1	4.63	4.09
237	杨谷	诺安基金	2006/02~2023/12	215	7	4.63	1.87
238	陈乐	南方基金	2017/12~2023/12	73	5	4.62	3.21
239	张惠	华富基金	2016/06~2023/12	91	6	4.59	3.62
240	胡永青	嘉实基金	2014/10~2023/12	111	10	4.59	3.58
241	涂海强	中银基金	2016/01~2023/12	96	6	4.59	2.64
242	郑煜	华夏基金	2006/08~2023/12	209	14	4.52	2.13
243	薛玲	建信基金	2017/05~2023/12	80	3	4.50	2.31
244	李建	中银基金	2012/09~2023/12	136	5	4.44	3.05
245	叶朝明	鹏华基金	2018/08~2023/12	52	4	4.39	3.54
246	林昊	华宝基金	2017/03~2023/12	82	5	4.32	3.30
247	王莉	国海富兰克林基金	2019/09~2023/12	52	1	4.30	2.43
248	赵旭照	华泰保兴基金	2018/01~2023/12	72	4	4.30	1.80
249	纪玲云	易方达基金	2018/07~2023/12	66	2	4.29	2.47
250	宋永安	农银汇理基金	2015/12~2023/12	97	2	4.26	2.07
251	杨永光	博时基金	2016/12~2023/12	85	5	4.19	2.93
252	周益鸣	华安基金	2019/12~2023/12	49	1	4.18	1.87
253	张翼飞	安信基金	2015/05~2023/12	104	3	4.16	3.83
254	邱世磊	广发基金	2016/01~2023/12	90	6	4.16	3.44
255	夏妍妍	海富通基金	2018/01~2023/12	72	2	4.09	3.47
256	王健	中欧基金	2009/10~2023/12	154	13	4.09	1.74
257	华李成	中欧基金	2018/03~2023/12	70	1	4.02	3.75
258	陈莹	景顺长城基金	2020/07~2023/12	42	3	4.00	2.72
259	李栋梁	华宝基金	2015/10~2023/12	99	8	4.00	2.30
260	杨康	易方达基金	2020/04~2023/12	45	21	3.93	2.15
261	石雨欣	华安基金	2016/02~2023/12	95	5	3.82	3.52
262	刘铭	银河基金	2017/05~2023/12	81	9	3.80	3.46

续表

编号	基金经理	当前任职公司	任职区间	任职时间（月）	管理基金数量（只）	年化 α（%）	t(α)
263	余芽芳	招商基金	2017/04～2023/12	81	7	3.71	2.40
264	姜晓丽	天弘基金	2014/03～2023/12	88	15	3.44	1.98
265	孙丹	大成基金	2017/05～2023/12	80	7	3.41	3.73
266	黄华	中欧基金	2018/12～2023/12	61	3	3.34	1.70
267	李君	鹏华基金	2015/05～2023/12	104	13	3.24	2.17
268	李晓博	广发基金	2020/07～2023/12	42	1	3.22	2.21
269	盛豪	华泰柏瑞基金	2015/10～2023/12	99	16	3.16	1.94
270	吴江宏	汇添富基金	2016/04～2023/12	93	3	3.15	3.32
271	杜晓海	海富通基金	2016/06～2023/12	91	9	3.10	2.01
272	樊利安	国泰基金	2014/10～2023/12	111	29	3.07	2.07
273	赖礼辉	嘉实基金	2020/12～2023/12	37	5	2.91	1.75
274	谈云飞	海富通基金	2015/04～2023/12	105	6	2.89	2.26
275	谭昌杰	广发基金	2015/01～2023/12	108	3	2.80	2.17
276	朱才敏	华安基金	2015/05～2023/12	104	6	2.66	2.90
277	赵楠楠	银华基金	2019/09～2023/12	52	5	2.66	1.91
278	谷丹青	万家基金	2020/11～2023/12	38	2	2.61	2.40
279	戴钢	鹏华基金	2012/06～2023/12	139	4	2.56	1.96
280	王艺伟	交银施罗德基金	2019/11～2023/12	50	7	2.53	1.77
281	洪阳场	国联安基金	2020/11～2023/12	38	3	2.33	1.73
282	王石千	鹏华基金	2018/11～2023/12	62	1	2.20	1.75
283	闫沛贤	中加基金	2015/12～2023/12	97	1	2.06	2.38
284	李振宇	华安基金	2017/05～2023/12	45	2	2.03	1.93

具体而言，我们选取几个具有代表性的基金经理，分析其选股能力和基金管理的投资逻辑。我们选取年化收益率 α 排名第二（24.86%）且远超大盘表现的汇丰晋信基金管理有限公司的基金经理陆彬作为研究对象，他于 2014 年加入汇丰晋信基金管理有限公司，2019 年 5 月任汇丰晋信基金经理，在管基金产品共 7 只，总规模为 168 亿元（2023 年 12 月 31 日数据），是该公司表现最为卓越的基金经理之一。陆彬研究经历丰富，具有 9 年研究和 5 年投资经历，在中游行业中有深厚积累，深厚的研究经验使得他更适应风格多元化的市场。陆彬经历过不同的市场环境，上涨行情下进攻能力强，震荡行情下守城能力强，相比较，下跌行情下防御能力较弱。随着管理基金规模的上升，陆彬管理基金的换手率逐步下降到公募平均水

平以下，维持在 1 倍左右。

在投资理念方面，陆彬专注于周期与成长，同时做到均衡。他被称为业内的“调研狂魔”，长年具有高强度的走访、调研习惯。他重视估值因子，力求选出高盈利下估值较低的投资标的，重点挖掘持续成长、特性突出的优质上市公司。在行业配置方面，陆彬坚持认可行业分散能够使组合更均衡。他主要偏好中游制造和周期板块，结合市场环境和基本面做适时的轮动，构建风格均衡的组合。

陆彬具有持续且显著的选股能力，注重个股的基本面和估值，力求挖掘出周期与成长二合一的个股。他管理的基金在机械、电力设备及新能源、汽车、基础化工等行业内具有独到的眼光，体现了卓越、独到的选股能力。图 5-5 展示了陆彬管理的基金与同期万得全 A 指数净值。陆彬敢于在 2019 年下半年市场低点布局新能源行业，2020 年旗下汇丰晋信低碳先锋凭借 134.41%的超高回报摘得了 2020 年股票型基金的桂冠。陆彬管理的基金跑赢市场（万得全 A 指数）的胜率高，尤其是 2020 年和 2021 年涨幅明显，总体来说业绩具有较好的持续性。2023 年，股票市场相对低迷，陆彬所管理的基金仓位保持在 90%以上，业绩出现回撤。

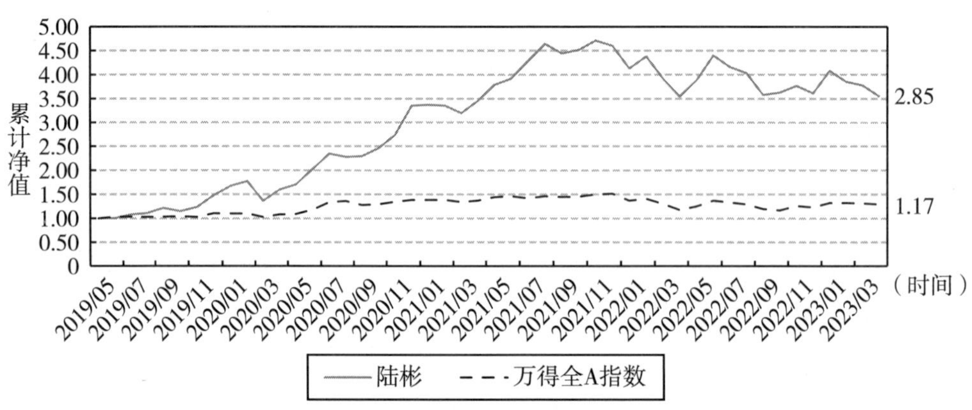

图 5-5　基金经理陆彬以及万得全 A 指数同期净值

我们进一步关注与陆彬的就职期间和管理基金数量都比较接近，且业绩卓越的基金经理韩创。他于 2015 年 6 月加入大成基金管理有限公司，2019 年 1 月任大成基金经理，2022 年获金牛奖及明星基金奖，基金资产总规模 173 亿元（2023 年 12 月 31 日数据），是大成基金具有代表性的中生代基金经理。韩创投资能力表现出色，2019~2023 年年化回报为 47%，显著高于同期大盘年化回报（7%），且具备较强的风控能力。例如，其管理业绩较为亮眼的“大成新锐产业”基金，管理年限超过 5 年，任职期间回报为 228%，业绩领跑同类基金。

韩创管理的基金的特点在于，强调“攻守兼备”的投资模型，秉承三条核心规则：一是行业景气度；二是公司竞争优势；三是合理的估值。他认为做投资要与时俱进，保持底层投资框架不轻易改变的同时，根据市场情况对三个因子的权重进行再平衡。他秉持自上而下和自下而上相结合的投资逻辑，一方面通过把握产业及行业基本面发展变化的脉络，自上而下发掘出具有投资价值且高景气的产业；另一方面通过基本面分析和估值分析相结合的方法，自下而上选出具有良好经营状况和估值水平且具有竞争优势的公司。他擅长挖掘高景气行业中估值相对安全的好公司，持仓较为分散，主要配置在地产、有色、化工、制造业、汽车等行业，配置相对比较均衡，通常维持高仓位运作，且每季度都会对持有的标的做权重的调整，调仓换股的频率较高，每年换手率在公募基金平均水平的 4 倍左右，仓位水平一般维持在八成以上。

作为一位选股能力卓越的基金经理，韩创认为选股比择时更重要。个股布局方面，他倾向于选择“灰马”股、大盘平衡股，即基本面相对稳健，但市场认知度较低的细分行业龙头股。他选股要求具备三个维度——行业贝塔、个股阿尔法、估值合理，基于此对公司价值作出准确评估，进而在市场中找到潜在的投资机会。韩创与选股能力同样十分卓越的陆彬的共同特点是，他优秀的业绩并非来源于抱团、盲目“追热点”，而是源于对石油、建材、化工、有色、黄金、农业、纺织服装、机械和电子等偏周期成长个股的成功挖掘。

图 5-6 展示了韩创管理的基金与同期万得全 A 指数净值。从中可以看到，韩创兼顾防守与进攻，任职期间最大回撤不超过 25%。自 2019 年初上任基金经理以来，韩创业绩非常出众，2021 年 4~5 月当其重仓的基础化工、建筑材料、有色金属行业出现大幅回调时，韩创管理的产品并没有出现大幅回撤。较之前年度业绩而言，2023 年韩创所管理的基金在年初有所上涨，自 5 月起受市场整体行情影响出现下跌。但总体而言，其表现依然远超万得全 A 指数，具备较强的穿越牛熊的能力。

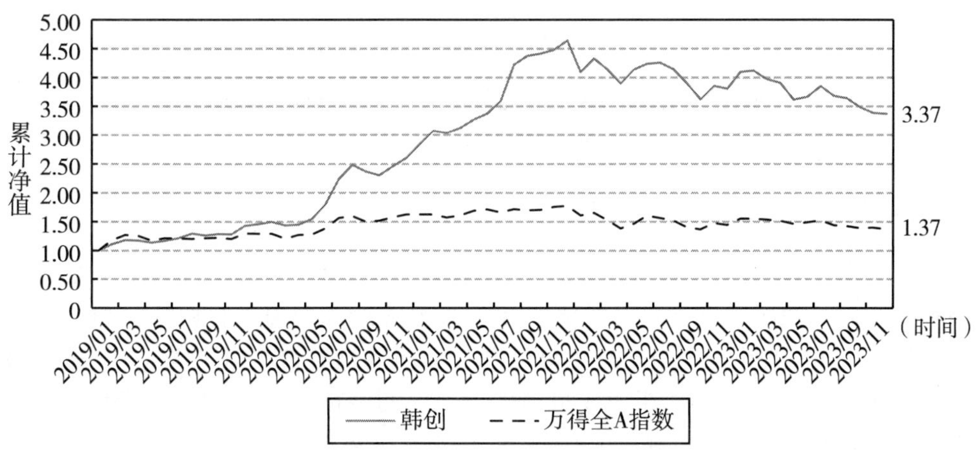

图 5-6　基金经理韩创以及万得全 A 指数同期净值

（二）离职基金经理选股能力

表5-10展示了832位截至2023年12月底已离职的股票型基金经理选股能力的结果统计。图5-7展示了基金经理选股能力所对应的 α 的t值（从高到低排列）。我们使用单边的假设检验，在5%的显著性水平下，有200位（占比24%）基金经理的 α 呈正显著性，其t值高于1.64，说明他们具有正确的选股能力；有585位（占比70.3%）基金经理的 α 不显著，说明他们不具有明显的选股能力；有47位（占比5.6%）基金经理的 α 呈负显著性，其t值低于-1.64，说明这些基金经理具有错误的选股能力。总体来看，24%已离职的基金经理具有选股能力，和在职基金经理具备选股能力的比例差不多。

表5-10　　离职基金经理选股能力结果

项目	显著性	基金经理数量（位）	占比（%）
选股能力	正显著	200	24.0
	不显著	585	70.3
	负显著	47	5.6
总计		832	100.0

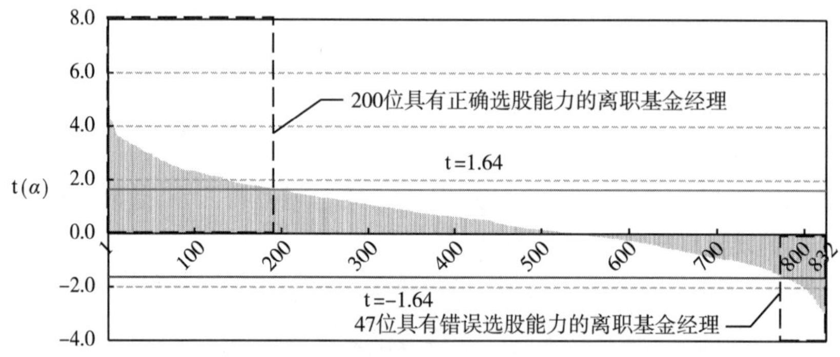

图5-7　离职股票型基金经理 α 的t值（显著性）排列

注：正确选股能力代表t(α)>1.64，错误选股能力代表t(α)<-1.64，未表现出选股能力代表-1.64≤t(α)≤1.64。基金经理具有选股能力是指基金经理表现出正确的选股能力，基金经理不具有选股能力代表基金经理表现出错误的或未表现出选股能力。

在分析选股能力时，需要评估衡量基金经理选股能力 α 的估计值。我们采用Treynor-Mazuy四因子模型对已经离职基金经理的选股能力进行回归分析，结果展示在表5-11和图5-8中。按照离职基金经理的选股能力（年化 α），可以将基金经理分为10组，第1组为 α 最高的组，以此类推，第10组为 α 最低的组。表5-11和图5-8具体列示出每一组基金经理所对应的 α、γ、β_{kt}、β_{smb}、β_{hml}、β_{mom}，以及反映模型拟合好坏的调整后 R^2 的平均值。

表 5-11　　离职基金经理 Treynor-Mazuy 模型回归结果（选股能力）

组别	年化 α（%）	γ	β_{mkt}	β_{smb}	β_{hml}	β_{mom}	调整后 R^2（%）
1（α 最高组）	16.66	-0.42	0.74	-0.18	-0.18	0.22	80
2	10.17	-0.30	0.73	-0.10	-0.20	0.21	76
3	7.60	-0.28	0.74	-0.07	-0.22	0.23	79
4	5.49	-0.13	0.65	-0.05	-0.19	0.18	75
5	3.54	0.08	0.65	-0.05	-0.16	0.16	74
6	1.87	-0.04	0.67	0.03	-0.21	0.17	73
7	0.10	0.12	0.72	0.02	-0.15	0.20	76
8	-1.98	0.14	0.74	0.04	-0.21	0.22	79
9	-4.72	0.34	0.75	0.08	-0.21	0.21	79
10（α 最低组）	-10.59	0.55	0.79	0.18	-0.14	0.26	80

注：此表汇报每一组基金经理对应的 α、γ、β_{mkt}、β_{smb}、β_{hml}、β_{mom}，以及调整后 R^2 的平均值。

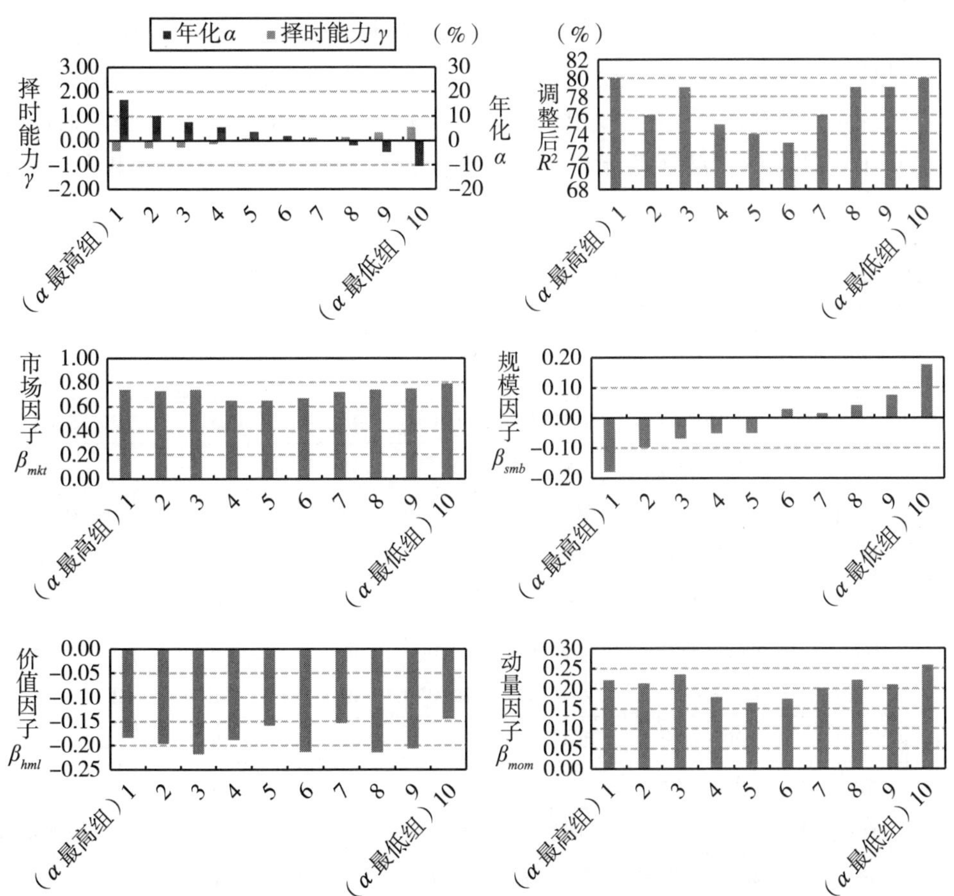

图 5-8　离职基金经理 Treynor-Mazuy 模型回归结果［按选股能力（年化 α）分组］

从表 5-11 和图 5-8 可以看出，离职基金经理的年化 α 在-10.59%~16.66%。大盘指数对应的敏感系数 β_{mkt} 在 0.65~0.79，每组基金经理在大盘指数上的风险暴露都较高，说明离职基金经理管理的产品与大盘具有较强的相关性。规模因子对应的敏感系数 β_{smb} 在-0.18~0.18，且随着每组基金经理平均年化 α 的下降，基金经理在规模因子上的风险暴露逐渐升高，这意味着在年化 α 较高的组别中，基金经理持有的投资组合偏重大盘股。价值因子对应的敏感度系数 β_{hml} 在-0.22~-0.14，随着年化 α 的下降，基金经理在价值因子上的风险暴露并无明显变化，说明基金经理持有价值股或成长股的仓位与其选股能力无明显关系。趋势因子对应的敏感系数 β_{mom} 在 0.16~0.26，整体而言，我们发现离职基金经理的追涨杀跌在各组之间有明显的差别。调整后的 R^2 在 77%左右，表明该模型很好地解释了离职基金经理的超额收益。有关选股能力（α）和择时能力（γ）的相关性，我们在下一节讨论。

表 5-12 列出了 Treynor-Mazuy 四因子模型中 α 为正显著，即具有正确选股能力的 200 位离职基金经理的名单，还展示了每位基金经理的任职时间及选股能力 α 的估计值。这些基金经理对应的年化 α 在 2.51%~26.29%，平均任职时间为 71 个月，管理 4 只基金产品。附录九具体给出了所有已经离职的股票型基金经理的选股能力年化 α 以及各 β 的风险暴露程度，供读者了解每一位已离职的基金经理的业绩。

表 5-12　具有选股能力的离职股票型公募基金经理（按年化 α 排序）：1998~2023 年

编号	基金经理	离职前任职公司	任职区间	任职时间（月）	管理基金数量（只）	年化 α（%）	t(α)
1	游海	招商基金	2007/01~2010/06	43	3	26.29	3.49
2	黄敬东	九泰基金	2006/09~2015/11	45	5	25.28	2.30
3	孙延群	摩根基金	2004/06~2009/06	58	3	24.70	3.92
4	李志嘉	景顺长城基金	2006/06~2010/04	48	2	24.44	3.27
5	吴域	中银基金	2007/08~2010/09	39	1	23.93	3.57
6	李学文	景顺长城基金	2003/08~2007/08	48	4	23.28	3.44
7	苏彦祝	南方基金	2006/11~2010/01	40	1	22.97	1.87
8	肖勇	南方基金	2015/07~2020/11	43	6	22.87	3.02
9	骆海涛	嘉合基金	2018/03~2021/04	39	4	22.18	2.36
10	张亮	华安基金	2018/10~2022/07	47	4	21.74	3.00
11	冉华	易方达基金	2004/02~2007/12	48	1	21.51	2.51
12	陈亮	博时基金	2007/01~2010/03	40	2	20.91	1.69

续表

编号	基金经理	离职前任职公司	任职区间	任职时间（月）	管理基金数量（只）	年化α（%）	t(α)
13	高阳	博时基金	2002/10~2008/01	65	3	20.22	3.47
14	葛秋石	易方达基金	2018/03~2022/08	55	2	19.93	3.20
15	盖婷婷	交银施罗德基金	2015/07~2018/08	39	3	19.28	3.38
16	刘博	富国基金	2018/07~2021/12	43	3	18.93	2.76
17	刘天君	嘉实基金	2006/08~2013/05	83	4	18.76	3.21
18	江湧	广发基金	2005/02~2009/08	56	2	18.74	2.55
19	岳爱民	中信保诚基金	2006/04~2009/06	40	2	18.58	2.24
20	张翎	工银瑞信基金	2005/05~2010/03	57	4	18.19	2.84
21	黄明仁	华泰柏瑞基金	2016/11~2019/12	39	1	18.16	2.34
22	张晖	汇添富基金	2002/11~2007/11	48	3	18.09	2.85
23	郑拓	交银施罗德基金	2005/04~2009/07	50	5	18.07	2.53
24	刘武	易方达基金	2018/12~2023/06	56	4	18.04	1.79
25	韩冬	上海东方证券资产	2016/01~2022/08	81	4	17.92	3.30
26	林鹏	上海东方证券资产	2014/09~2020/04	69	8	17.90	3.47
27	曲泉儒	诺安基金	2019/04~2022/09	43	4	17.52	2.17
28	李文忠	富国基金	2000/07~2008/10	82	3	17.48	2.84
29	何震	广发基金	2004/07~2008/01	44	2	17.20	2.48
30	郑中华	英大基金	2019/03~2023/01	48	2	17.05	2.38
31	孙伟	上海东方证券资产	2016/01~2023/05	90	4	16.96	3.40
32	邹志新	博时基金	2002/01~2010/10	107	4	16.84	4.26
33	曾昭雄	信达澳亚基金	2003/04~2008/12	55	7	16.58	2.53
34	王义克	易方达基金	2014/12~2018/02	40	1	16.31	2.31
35	周应波	中欧基金	2015/11~2022/02	77	8	16.28	3.69
36	刘欣	嘉实基金	2003/07~2006/09	40	3	16.13	3.32
37	陈鹏	建信基金	2004/12~2009/08	52	3	15.81	2.25
38	梁丰	华泰柏瑞基金	2004/03~2010/04	73	4	15.76	2.93
39	崔海峰	交银施罗德基金	2003/01~2010/05	86	7	15.65	3.30
40	江晖	工银瑞信基金	2002/01~2007/04	52	3	15.62	3.49
41	郝康	工银瑞信基金	2016/12~2020/03	41	3	15.62	2.86
42	温震宇	工银瑞信基金	2005/02~2009/08	50	3	15.49	2.33

续表

编号	基金经理	离职前任职公司	任职区间	任职时间（月）	管理基金数量（只）	年化 α（%）	t(α)
43	付伟琦	融通基金	2015/06~2020/01	57	5	15. 37	2. 72
44	张益驰	华夏基金	2004/09~2009/06	59	5	15. 32	2. 57
45	崔莹	华安基金	2015/06~2021/12	80	7	15. 31	3. 35
46	肖华	博时基金	2000/08~2006/11	73	3	15. 23	2. 11
47	芮崑	摩根基金	2006/04~2009/09	43	2	15. 23	1. 93
48	况群峰	银华基金	2006/09~2011/08	61	3	15. 10	2. 34
49	忻怡	嘉实基金	2006/12~2010/09	47	2	15. 10	1. 71
50	刘晓明	景顺长城基金	2014/11~2020/04	67	4	14. 94	2. 33
51	栾杰	农银汇理基金	2003/07~2011/03	84	5	14. 93	2. 99
52	孙建冬	华夏基金	2005/06~2010/01	57	2	14. 78	2. 48
53	张汉毅	国联安基金	2016/12~2021/07	57	3	14. 28	3. 21
54	康赛波	海富通基金	2003/04~2011/03	82	3	14. 27	3. 20
55	孔学峰	信达澳亚基金	2016/10~2020/09	48	1	13. 99	3. 09
56	郝继伦	融通基金	2001/09~2010/01	71	2	13. 97	2. 25
57	康晓云	国投瑞银基金	2006/04~2011/01	59	2	13. 76	2. 20
58	徐大成	富国基金	2002/11~2007/05	57	3	13. 65	3. 11
59	刘晓晨	中加基金	2018/01~2023/06	58	5	13. 60	3. 04
60	肖坚	易方达基金	2002/03~2007/12	71	3	13. 45	3. 34
61	李华	建信基金	2001/09~2007/09	48	2	13. 43	2. 35
62	颜媛	嘉实基金	2015/03~2021/07	71	4	13. 38	1. 96
63	吕俊	摩根基金	2002/05~2007/07	60	4	13. 33	3. 50
64	周力	博时基金	2005/02~2011/06	78	2	13. 30	2. 28
65	王美芹	鑫元基金	2017/12~2021/02	40	1	13. 08	1. 80
66	党开宇	嘉实基金	2005/01~2010/05	63	6	13. 06	1. 96
67	彭一博	泰康基金	2014/05~2017/11	40	5	12. 84	1. 70
68	庞飒	东方基金	2005/08~2013/02	86	3	12. 83	2. 34
69	汪沛	建信基金	2007/03~2011/04	51	1	12. 72	1. 99
70	陈志民	易方达基金	2001/06~2011/03	120	4	12. 65	3. 61
71	邓晓峰	博时基金	2007/03~2014/11	94	1	12. 53	3. 12
72	黄健斌	博时基金	2003/12~2009/11	60	2	12. 53	2. 70

续表

编号	基金经理	离职前任职公司	任职区间	任职时间（月）	管理基金数量（只）	年化 α（%）	t(α)
73	李欣	中欧基金	2016/01～2019/07	44	3	12.48	2.72
74	周鹏	弘毅远方基金	2018/10～2022/06	46	3	12.45	1.89
75	李明阳	圆信永丰基金	2017/12～2021/10	48	4	12.42	1.87
76	杨毅平	长城基金	2002/03～2013/05	123	5	12.37	2.98
77	董伟炜	光大保德信基金	2015/05～2020/10	67	4	12.35	3.27
78	陈小玲	国投瑞银基金	2014/01～2017/12	49	3	12.20	2.34
79	江作良	易方达基金	2001/06～2007/06	72	2	12.19	3.47
80	朱伟东	合煦智远基金	2018/09～2023/10	63	1	12.06	1.73
81	张航	国金基金	2019/04～2022/08	42	7	11.97	2.12
82	徐智麟	国泰基金	1998/03～2001/05	40	1	11.84	1.72
83	易万军	融通基金	2003/09～2007/02	43	1	11.81	2.30
84	李昇	银河基金	2002/09～2009/07	85	4	11.73	2.81
85	徐占杰	九泰基金	2016/09～2021/12	65	1	11.67	2.52
86	刘春雨	银华基金	2012/04～2015/04	38	1	11.19	1.76
87	吴刚	工银瑞信基金	2002/09～2008/01	59	5	11.17	2.59
88	程世杰	鹏华基金	2005/05～2015/06	123	5	11.08	3.28
89	胡军华	招商基金	2005/08～2008/12	41	2	11.03	1.88
90	王新艳	建信基金	2002/11～2013/11	117	6	10.91	3.53
91	史程	前海开源基金	2016/04～2021/03	61	12	10.85	1.67
92	陈丰	博时基金	2003/08～2008/11	66	2	10.81	2.73
93	张佳荣	国投瑞银基金	2015/12～2020/12	62	2	10.73	1.85
94	任竞辉	华夏基金	2010/10～2015/09	49	3	10.72	1.68
95	郁琦	中国人保资产	2018/11～2022/08	47	2	10.70	2.64
96	林森	易方达基金	2016/03～2022/04	75	6	10.68	3.74
97	王雄辉	中海基金	2001/06～2008/03	67	3	10.67	2.16
98	谢振东	华安基金	2015/03～2019/10	57	6	10.61	3.84
99	陈戈	富国基金	2005/04～2014/03	109	1	10.60	2.34
100	刘青山	宏利基金	2003/04～2013/01	119	2	10.57	2.55
101	袁芳	工银瑞信基金	2015/12～2022/10	84	6	10.55	2.15
102	许春茂	光大保德信基金	2006/06～2010/03	47	2	10.55	1.65

续表

编号	基金经理	离职前任职公司	任职区间	任职时间（月）	管理基金数量（只）	年化 α（%）	t(α)
103	李旭利	交银施罗德基金	2000/03～2009/05	104	4	10. 42	3. 08
104	赵若琼	益民基金	2017/02～2022/08	68	6	10. 37	2. 15
105	周炜炜	光大保德信基金	2005/08～2014/07	102	4	10. 34	2. 40
106	王国卫	华安基金	1998/06～2005/04	84	2	10. 27	2. 38
107	刘明	融通基金	2018/11～2023/06	57	1	10. 27	2. 15
108	厉叶淼	富国基金	2015/08～2023/10	99	5	10. 26	2. 14
109	刘新勇	华安基金	2003/09～2009/02	67	2	10. 25	1. 93
110	周伟锋	国泰基金	2013/06～2020/07	87	10	10. 20	1. 96
111	孙林	嘉实基金	2003/01～2007/03	52	2	10. 16	2. 12
112	黄中	鹏华基金	2001/09～2006/10	63	1	10. 12	2. 39
113	唐倩	交银施罗德基金	2011/04～2018/06	84	2	10. 07	1. 68
114	黄刚	国泰基金	2002/05～2008/04	47	3	10. 03	1. 76
115	王俊	博时基金	2015/01～2020/12	73	12	9. 97	3. 04
116	曹庆	中庚基金	2012/08～2022/08	87	8	9. 87	1. 81
117	罗泽萍	华夏基金	2005/04～2014/02	108	4	9. 77	1. 95
118	余昊	广发基金	2016/06～2021/04	60	4	9. 72	1. 80
119	胡建平	华夏基金	2006/03～2013/12	93	4	9. 63	2. 27
120	尚志民	华安基金	1999/06～2015/01	189	6	9. 61	3. 61
121	陈志龙	浙商基金	2007/08～2014/09	66	3	9. 53	1. 99
122	石波	华夏基金	2001/01～2007/07	80	4	9. 48	2. 34
123	许富强	融通基金	2018/05～2023/07	64	1	9. 46	2. 16
124	常昊	光大保德信基金	2002/11～2007/05	53	3	9. 39	2. 65
125	陈键	南方基金	2005/04～2015/12	130	6	9. 35	2. 90
126	冯刚	摩根基金	2006/06～2014/11	87	4	9. 32	2. 36
127	刘斌	国联安基金	2013/12～2023/06	116	9	9. 26	2. 16
128	肖林	易方达基金	2016/05～2019/08	41	2	9. 17	2. 66
129	王磊	兴银基金	2017/07～2020/12	43	3	9. 17	2. 15
130	詹凌蔚	嘉实基金	2002/09～2014/03	106	4	9. 10	2. 99
131	梁辉	宏利基金	2005/04～2015/03	121	10	8. 84	2. 18
132	张丹华	嘉实基金	2017/05～2023/01	70	12	8. 81	1. 66

续表

编号	基金经理	离职前任职公司	任职区间	任职时间（月）	管理基金数量（只）	年化α（%）	t(α)
133	冯士祯	信达澳亚基金	2015/05～2019/04	49	6	8.73	2.03
134	易海波	国联基金	2017/01～2020/02	39	4	8.69	2.11
135	王亚伟	华夏基金	1998/04～2012/04	163	4	8.68	2.83
136	金昉毅	光大保德信基金	2015/05～2021/10	66	13	8.67	2.23
137	梁裕宁	易方达基金	2016/01～2020/05	54	3	8.64	1.84
138	李振兴	南方基金	2014/04～2022/11	96	8	8.59	1.86
139	于军华	北信瑞丰基金	2014/12～2020/05	67	5	8.44	1.81
140	李权胜	博时基金	2012/08～2020/07	97	3	8.43	2.30
141	张冰	招商基金	2004/06～2011/06	86	3	8.38	1.83
142	杨军	工银瑞信基金	2003/10～2013/12	109	4	8.34	1.82
143	刘俊	中海基金	2014/05～2021/07	87	6	8.29	1.80
144	郭敏	汇丰晋信基金	2015/05～2020/05	61	2	8.27	2.38
145	任慧峰	中邮创业基金	2018/08～2023/05	59	4	8.22	2.01
146	佟巍	华夏基金	2015/02～2022/06	90	10	8.18	1.77
147	丁玥	鑫元基金	2017/09～2022/05	58	5	8.16	2.28
148	季侃乐	兴证全球基金	2014/11～2021/06	81	2	8.12	1.83
149	张堃	诺安基金	2015/08～2023/09	99	5	8.01	2.02
150	吕一凡	招商基金	2003/12～2014/12	72	7	7.96	1.81
151	郭党钰	中金基金	2015/06～2019/10	54	8	7.88	1.95
152	陈洪	海富通基金	2003/08～2014/05	131	5	7.79	2.99
153	赵雪芹	前海开源基金	2016/01～2020/06	55	5	7.52	2.19
154	王华	银华基金	2006/11～2017/07	130	5	7.52	2.11
155	何江旭	工银瑞信基金	2002/11～2014/06	138	7	7.46	2.70
156	徐轶	嘉实基金	2000/06～2006/11	79	3	7.44	2.19
157	翟琳琳	嘉实基金	2014/02～2017/10	46	5	7.39	1.85
158	姚爽	招商基金	2016/12～2021/06	50	2	7.35	3.00
159	肖强	长盛基金	2002/11～2010/02	78	5	7.34	1.81
160	张慧	华泰柏瑞基金	2013/09～2023/05	118	9	7.31	1.79
161	肖立强	前海开源基金	2018/10～2023/11	63	8	7.25	1.67
162	陈勤	嘉实基金	2006/10～2015/05	102	4	7.21	1.90

续表

编号	基金经理	离职前任职公司	任职区间	任职时间（月）	管理基金数量（只）	年化 α（%）	t(α)
163	李林益	大成基金	2015/07～2023/01	92	4	7.19	1.86
164	邓钟锋	国海富兰克林基金	2016/06～2019/09	41	7	7.10	4.14
165	邵健	嘉实基金	2004/04～2015/06	136	3	7.06	1.79
166	俞岱曦	中银基金	2008/04～2011/08	42	2	7.05	1.65
167	刘模林	融通基金	2004/03～2011/03	86	3	7.02	1.72
168	闵昱	长盛基金	2002/06～2006/04	47	5	6.99	1.64
169	田擎	建信基金	2004/02～2010/03	52	3	6.90	1.68
170	王航	国泰基金	2008/05～2016/05	98	7	6.86	1.64
171	于进杰	光大保德信基金	2009/10～2016/03	78	5	6.59	1.73
172	徐彬	大成基金	2002/01～2006/05	53	3	6.49	1.81
173	戴鹤忠	德邦基金	2016/06～2023/02	81	3	6.44	1.72
174	韩阅川	易方达基金	2019/06～2022/07	39	17	6.38	3.65
175	王筱苓	工银瑞信基金	2007/01～2023/10	160	11	6.37	2.44
176	王晓明	兴证全球基金	2005/11～2013/09	96	2	6.36	1.80
177	董承非	兴证全球基金	2007/02～2021/09	177	5	5.98	2.61
178	王茜	嘉实基金	2015/07～2020/09	64	3	5.95	2.03
179	石国武	大成基金	2013/04～2017/08	54	5	5.95	1.85
180	徐嶒	东吴基金	2015/05～2023/03	96	7	5.90	1.91
181	谢军	广发基金	2016/02～2021/03	63	11	5.87	6.69
182	余罗畅	中欧基金	2019/07～2022/07	38	2	5.73	4.16
183	吴欣荣	易方达基金	2004/02～2014/03	123	3	5.60	1.76
184	蒋征	海富通基金	2003/01～2013/12	127	8	5.58	2.21
185	曲扬	嘉实基金	2016/04～2020/11	58	11	5.53	3.96
186	张栓伟	鹏华基金	2016/08～2022/09	75	10	5.50	3.61
187	张一格	融通基金	2013/12～2023/07	109	6	5.43	2.70
188	高翰昆	万家基金	2015/05～2018/07	40	14	5.36	2.35
189	蒋雯文	中欧基金	2018/07～2022/06	49	3	5.31	1.90
190	徐昀君	东方基金	2013/12～2017/04	42	3	5.21	2.58
191	钟敬棣	建信基金	2013/09～2018/04	57	1	5.04	2.41
192	李娜	交银施罗德基金	2015/08～2020/11	65	13	4.98	4.78

续表

编号	基金经理	离职前任职公司	任职区间	任职时间（月）	管理基金数量（只）	年化 α（%）	t(α)
193	林彤彤	汇丰晋信基金	1998/06~2013/12	183	7	4.64	1.69
194	万梦	景顺长城基金	2015/07~2021/07	74	8	4.22	4.20
195	周薇	东方基金	2015/04~2020/04	62	5	3.57	2.13
196	苏玉平	华安基金	2014/04~2018/01	46	3	3.31	1.68
197	郑可成	华安基金	2013/05~2023/02	119	9	3.14	2.46
198	韩晶	银河基金	2015/04~2023/02	96	20	3.04	2.50
199	钟智伦	富国基金	2015/05~2019/02	47	7	2.89	2.12
200	张萌	中邮创业基金	2015/05~2019/03	48	1	2.51	1.92

我们选取一位任职经历比较丰富的离职基金经理代表——先后任职于长盛基金、招商基金、景顺长城基金、毅扬投资的基金经理李志嘉。他于 2006 年 6 月至 2010 年 5 月任景顺长城基金经理，现任深圳市嘉信远恒投资管理有限公司总经理、董事长。李志嘉投资生涯年化回报率为 24.42%，其中“景顺长城新兴成长”基金表现较为优异，管理年限近 4 年，其任职期间体现出显著优于大盘的管理能力。李志嘉的投资理念偏向于进行自下而上的基本面研究，基金配置风格偏大盘成长风格和大盘平衡风格。他认为基金持有的公司都应该亲自去调研，因此其管理的基金组合中的股票都较少，数量保持在三四十只，这也为夯实他的选股能力提供了坚实基础。

李志嘉认为，投资要根据市场阶段变化适当地调整，不能不坚持，但也不能死守不动。他的选股能力主要源于他对于成长性投资和资产价格估值的重视。他认为板块的轮动不创造价值，流动性推动市场普涨只是昙花一现，只有成长性投资才能把握主流经济和产业趋势，通过投资于估值合理或低估且主营业务收入具备持续增长能力的成长型公司，获取基金资产的长期稳定增值，创造更好的收益。具体而言，他重视行业配置均衡性，非常关注风险分散，2007 年起单一子行业持仓占比不超过两成。李志嘉对行业的配置主要集中于银行、食品饮料、石油石化、非银金融等行业，并根据市场阶段变化适当地调整。李志嘉持股集中度与同类基金相比较低，前十大重仓股仅占股票市值比三成左右。个股选择上，李志嘉注重公司的经营与管理能力，即主营业务的专业化、产品和市场的竞争力、销售网络、品牌和商誉等方面，同时还关注公司的创新能力和引进外部资源的能力。对于基本面研究和一手信息获取的坚守，以及对于资产合理估值的重视，是李志嘉良好的选股能力的重要根基。

三、基金经理的择时能力

（一）在职基金经理择时能力

在分析基金经理的择时能力时，我们同样采用 Treynor-Mazuy 四因子模型进行评估。表 5-13 展示了在职基金经理择时能力的估计结果。图 5-9 展示了模型估计出来的基金经理择时能力 γ 的 t 值排列。我们关心在职基金经理是否真正具有择时能力，因此我们使用单边的假设检验。可以发现，截至 2023 年 12 月还在任职的基金经理共有 1 172 人，在 5%的显著性水平下，有 114 位（占比 9.7%）基金经理的 γ 呈正显著，表明这些基金经理具有正确的择时能力；有 91 位（占比 7.8%）基金经理的 γ 呈负显著，说明他们具有错误的择时能力；有 967 位（占比 82.5%）基金经理的择时能力系数 γ 不显著，即不具有择时能力。总体来看，具有正确择时能力的在职基金经理占比很少，不到一成，绝大部分在职基金经理没有择时能力。

表 5-13　在职基金经理择时能力

项目	显著性	基金经理数量（位）	占比（%）
择时能力	正显著	114	9.7
	不显著	967	82.5
	负显著	91	7.8
总计		1 172	100.0

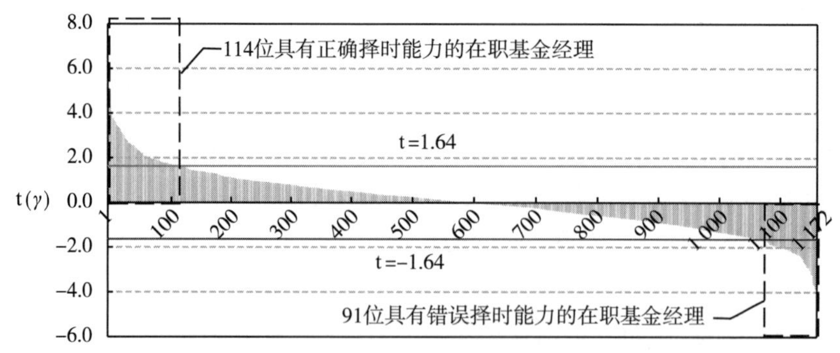

图 5-9　在职基金经理择时能力 γ 的 t 值（显著性）排列

注：正确择时能力代表 $t(\gamma)>1.64$，错误择时能力代表 $t(\gamma)<-1.64$，未表现出择时能力代表 $-1.64\leq t(\gamma)\leq 1.64$。基金经理具有择时能力是指基金经理表现出正确的择时能力，基金经理不具有择时能力代表基金经理表现出错误的或未表现出择时能力。

我们采用 Treynor-Mazuy 四因子模型对在职基金经理的择时能力进行回归分析，表 5-14 和图 5-10 展示了模型的回归结果。我们按照基金经理的择时能力 γ

把基金经理等分为 10 组，第 1 组为 γ 最高的组，以此类推，第 10 组为 γ 最低的组。表 5-14 具体列示了每一组基金经理所对应的择时能力系数 γ、选股能力年化 α、β_{mkt}、β_{smb}、β_{hml}、β_{mom}，以及反映模型拟合好坏的调整后 R^2 的平均值。

表 5-14　在职基金经理 Treynor-Mazuy 模型回归结果（择时能力）

组别	γ	年化 α（%）	β_{mkt}	β_{smb}	β_{hml}	β_{mom}	调整后 R^2（%）
1（γ 最高组）	2.32	-2.17	0.81	-0.07	-0.14	0.19	64
2	0.95	2.10	0.72	-0.08	-0.25	0.15	65
3	0.54	2.91	0.70	-0.03	-0.28	0.13	65
4	0.28	2.95	0.70	-0.05	-0.25	0.15	67
5	0.11	3.98	0.66	-0.05	-0.21	0.11	67
6	-0.06	4.57	0.72	-0.02	-0.29	0.12	68
7	-0.28	4.91	0.68	-0.05	-0.23	0.08	67
8	-0.52	6.86	0.74	-0.07	-0.27	0.09	66
9	-0.92	7.22	0.79	-0.11	-0.27	0.06	68
10（γ 最低组）	-2.13	8.68	0.78	-0.13	-0.32	0.02	60

注：此表汇报每一组基金经理对应的 α、γ、β_{mkt}、β_{smb}、β_{hml}、β_{mom}，以及调整后 R^2 的平均值。

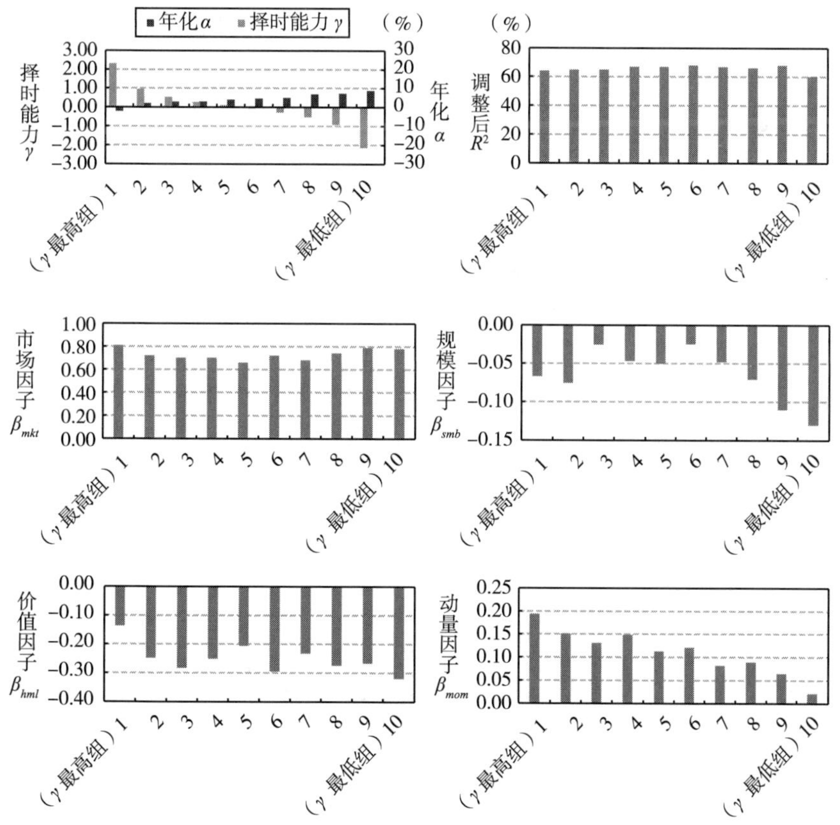

图 5-10　在职基金经理 Treynor-Mazuy 模型回归结果［按择时能力（γ）分组］

从表 5-14 和图 5-10 可以看出，在择时能力较高的组中，基金经理的选股能力较差，而在择时能力较低的组中，基金经理的选股能力相对较强，即在职基金经理的选股能力和择时能力呈现负相关关系。在基金经理择时能力最高的第 1 组，基金经理的年化 α 仅为-2.17%；在择时能力最低的第 10 组，基金经理的年化 α 为 8.68%，从图 5-10 中（第一个图）可以清楚地看到这种负相关关系。同时我们发现，基于择时能力 γ 分组后，10 组基金的 β_{mkt} 因子的系数均在 0.73 以上，说明不论基金经理的择时能力如何，他们的基金组合均与大盘指数有着较高的相关性。此外，每一组基金经理的投资组合在 β_{smb}、β_{hml}、β_{mom} 因子上的风险暴露不存在明显的规律性，调整后 R^2 在 66%左右，表明该模型能够较好地反映基金经理的风险暴露。

表 5-15 列出了 Treynor-Mazuy 四因子模型中 γ 为正显著的在职基金经理名录，即具有正确择时能力的在职基金经理。这些基金经理平均任职 85 个月，管理 7 只基金。这里我们主要关心反映择时能力的系数 γ 的显著性，不难发现，具有择时能力的在职基金经理数量占比不到一成。对于公募基金经理在择时能力上缺失的原因，一方面是在复杂的市场环境中，基金经理择时的正确率非常低，并且在过去几年，由于资管新规落地、医药改革、《中华人民共和国外商投资法》正式发布、科创板开市、注册制加速推进、人民币升值、内循环与外循环、中美贸易摩擦和新冠疫情等事件或政策的影响，市场风格剧烈变化，基金经理很难跟上市场的风格调整；另一方面，市场风格变化时，基金经理很难在短时间内通过交易的方式大幅调整仓位来获取收益。

表 5-15　具有择时能力的在职股票型基金经理［按照 t（γ）排序］：1998~2023 年

编号	基金经理	当前任职公司	任职区间	任职时间（月）	管理基金数量（只）	γ	$t(\gamma)$
1	李炳智	前海开源基金	2017/01~2023/12	84	4	2.54	7.17
2	于渤	富国基金	2019/07~2023/12	54	3	3.83	5.49
3	韩海平	中信保诚基金	2007/11~2023/12	58	2	2.19	5.16
4	褚艳辉	浦银安盛基金	2014/06~2023/12	115	6	0.72	4.41
5	王景	招商基金	2011/12~2023/12	144	16	1.24	4.36
6	罗博	银河基金	2016/12~2023/12	85	6	1.67	4.10
7	刘斌	嘉实基金	2009/11~2023/12	165	5	0.69	3.95
8	黄耀锋	汇添富基金	2019/04~2023/12	57	4	4.09	3.80
9	郭堃	长盛基金	2015/11~2023/12	93	11	1.16	3.77
10	李化松	平安基金	2015/12~2023/12	93	15	2.00	3.77

续表

编号	基金经理	当前任职公司	任职区间	任职时间（月）	管理基金数量（只）	γ	$t(\gamma)$
11	洪流	嘉实基金	2014/11～2023/12	103	13	1.00	3.73
12	蒋秋洁	南方基金	2014/12～2023/12	109	11	1.35	3.65
13	龙川	中航基金	2017/07～2023/12	60	4	1.90	3.64
14	吴敌	广发基金	2020/05～2023/12	44	3	2.64	3.58
15	范妍	圆信永丰基金	2015/10～2023/12	99	13	0.86	3.50
16	梁永强	汇泉基金	2008/09～2023/12	149	9	1.08	3.48
17	苏俊杰	鹏华基金	2018/09～2023/12	45	2	2.17	3.42
18	吴剑毅	南方基金	2015/05～2023/12	104	8	0.53	3.41
19	夏林锋	华宝基金	2014/10～2023/12	111	7	1.16	3.37
20	腊博	兴业基金	2015/05～2023/12	104	4	0.54	3.34
21	王琳	国泰基金	2017/01～2023/12	84	10	1.22	3.32
22	陈梁	中邮创业基金	2014/07～2023/12	114	8	1.37	3.28
23	李栋梁	华宝基金	2015/10～2023/12	99	8	0.52	3.18
24	滕祖光	渤海汇金证券	2014/04～2023/12	103	4	1.22	3.10
25	徐俊	国联安基金	2019/06～2023/12	55	1	3.85	3.10
26	周战海	摩根基金	2015/12～2023/12	97	3	1.69	3.07
27	陶敏	海富通基金	2018/04～2023/12	69	1	1.46	3.06
28	陈良栋	长城基金	2015/11～2023/12	98	11	1.40	2.99
29	戴计辉	国泰基金	2018/12～2023/12	61	6	1.08	2.94
30	郑青	华泰柏瑞基金	2020/06～2023/12	43	4	0.88	2.88
31	桂跃强	泰康基金	2011/06～2023/12	148	10	0.86	2.86
32	刘安坤	融通基金	2019/05～2023/12	56	5	3.18	2.83
33	卢玉珊	南方基金	2015/12～2023/12	97	7	0.84	2.81
34	赵晓东	国海富兰克林基金	2010/11～2023/12	158	6	0.73	2.78
35	杨扬	中航基金	2018/11～2023/12	43	2	1.47	2.67
36	戴钢	鹏华基金	2012/06～2023/12	139	4	0.28	2.65
37	晏青	永赢基金	2020/03～2023/12	46	3	4.05	2.65
38	倪权生	摩根基金	2015/03～2023/12	103	9	0.90	2.63

续表

编号	基金经理	当前任职公司	任职区间	任职时间（月）	管理基金数量（只）	γ	$t(\gamma)$
39	王东杰	建信基金	2015/05~2023/12	104	8	1.05	2.62
40	赵耀	红塔红土基金	2015/05~2023/12	104	11	0.77	2.60
41	张锋	上海东方证券	2008/06~2023/12	81	5	1.14	2.57
42	刘霄汉	民生加银基金	2010/05~2023/12	123	6	0.76	2.57
43	章椹元	国联安基金	2018/03~2023/12	41	3	1.50	2.55
44	谈云飞	海富通基金	2015/04~2023/12	105	6	0.27	2.55
45	苏谋东	万家基金	2015/05~2023/12	98	10	0.36	2.55
46	阳琨	华夏基金	2007/06~2023/12	199	9	0.54	2.51
47	李韵怡	鹏华基金	2015/07~2023/12	102	15	0.43	2.45
48	袁忠伟	瑞达基金	2015/05~2023/12	86	9	0.76	2.42
49	王克玉	泓德基金	2010/07~2023/12	158	12	0.52	2.41
50	左剑	汇添富基金	2015/05~2023/12	94	5	1.49	2.35
51	曲扬	前海开源基金	2015/04~2023/12	105	18	1.00	2.33
52	汪晖	德邦基金	2007/05~2023/12	133	6	0.72	2.33
53	杨成	中银基金	2015/09~2023/12	100	5	0.43	2.33
54	段涛	广发基金	2020/05~2023/12	44	5	2.79	2.31
55	杨景涵	华泰柏瑞基金	2015/04~2023/12	105	18	0.79	2.26
56	黄弢	创金合信基金	2020/05~2023/12	44	4	1.56	2.24
57	钱文成	国联基金	2013/01~2023/12	107	18	0.53	2.22
58	张洋	工银瑞信基金	2015/08~2023/12	101	1	0.34	2.22
59	梁辰	招商基金	2017/07~2023/12	68	7	2.10	2.21
60	史博	南方基金	2004/07~2023/12	190	14	0.42	2.21
61	郭斐	交银施罗德基金	2017/09~2023/12	76	4	2.32	2.14
62	谢屹	诺德基金	2015/07~2023/12	99	8	0.92	2.10
63	黄海	万家基金	2020/09~2023/12	40	4	9.36	2.08
64	薛小波	泰康基金	2015/02~2023/12	96	8	0.64	2.07
65	赵治烨	上银基金	2015/05~2023/12	104	8	0.76	2.07
66	曾国富	信达澳亚基金	2008/07~2023/12	175	12	0.70	2.04

续表

编号	基金经理	当前任职公司	任职区间	任职时间（月）	管理基金数量（只）	γ	$t(\gamma)$
67	贾成东	招商基金	2013/11～2023/12	107	9	2. 15	2. 03
68	邹新进	国联安基金	2010/03～2023/12	166	3	0. 43	2. 02
69	程涛	湘财基金	2010/04～2023/12	104	13	1. 76	2. 01
70	王莉	国海富兰克林基金	2019/09～2023/12	52	1	0. 71	2. 01
71	李骥	合煦智远基金	2010/02～2023/12	43	2	1. 17	2. 00
72	钟俊	财通基金	2019/09～2023/12	46	6	4. 37	1. 99
73	张文平	平安基金	2015/06～2023/12	84	6	0. 25	1. 98
74	笪篁	华泰柏瑞基金	2020/05～2023/12	44	3	2. 24	1. 96
75	杨梦	博道基金	2018/08～2023/12	65	8	0. 91	1. 94
76	雷俊	长城基金	2015/06～2023/12	86	7	0. 53	1. 93
77	王刚	招商基金	2017/07～2023/12	78	8	0. 64	1. 93
78	方纬	华泰柏瑞基金	2014/08～2023/12	107	13	0. 66	1. 92
79	左金保	长信基金	2015/03～2023/12	106	14	0. 51	1. 92
80	田瑀	中泰证券	2019/04～2023/12	57	4	2. 42	1. 92
81	徐雄晖	大成基金	2013/04～2023/12	50	5	1. 12	1. 91
82	蔡志文	汇添富基金	2019/12～2023/12	49	3	2. 48	1. 91
83	韩丽楠	华夏基金	2015/08～2023/12	98	10	0. 48	1. 90
84	张旭	东兴基金	2015/08～2023/12	95	8	0. 53	1. 88
85	何昕	九泰基金	2018/08～2023/12	65	4	1. 81	1. 88
86	张清华	易方达基金	2015/04～2023/12	105	13	0. 80	1. 87
87	王霞	前海开源基金	2014/12～2023/12	109	13	0. 63	1. 85
88	王鹏	国投瑞银基金	2015/04～2023/12	105	4	0. 58	1. 82
89	张跃鹏	中欧基金	2015/11～2023/12	98	16	0. 57	1. 81
90	何天翔	融通基金	2016/08～2023/12	89	1	1. 12	1. 81
91	刘文成	华夏基金	2020/12～2023/12	37	3	3. 27	1. 81
92	傅鹏博	睿远基金	2009/01～2023/12	169	3	0. 52	1. 80
93	曾刚	广发基金	2015/11～2023/12	66	7	0. 34	1. 80
94	陶星言	西部利得基金	2020/07～2023/12	42	2	5. 46	1. 79

续表

编号	基金经理	当前任职公司	任职区间	任职时间（月）	管理基金数量（只）	γ	$t(\gamma)$
95	赵楠	华泰柏瑞基金	2015/05~2023/12	93	5	0.83	1.78
96	韩文强	景顺长城基金	2019/10~2023/12	51	3	4.10	1.77
97	董梁	创金合信基金	2019/07~2023/12	54	8	1.52	1.77
98	徐婕	长江证券	2005/08~2023/12	55	3	1.63	1.77
99	邹欣	兴证全球基金	2015/12~2023/12	97	2	0.57	1.77
100	肖瑞瑾	博时基金	2017/01~2023/12	84	17	1.46	1.76
101	蒋丽丝	兴业基金	2020/12~2023/12	37	1	4.36	1.73
102	王艺伟	交银施罗德基金	2019/11~2023/12	50	7	0.47	1.72
103	吴德瑄	招商基金	2016/12~2023/12	58	3	2.39	1.72
104	张琦	国寿安保基金	2010/07~2023/12	159	16	0.42	1.71
105	代云锋	中欧基金	2017/10~2023/12	69	5	2.53	1.71
106	周雪军	海富通基金	2012/06~2023/12	136	8	0.39	1.71
107	吕越超	海富通基金	2014/11~2023/12	107	6	1.24	1.68
108	孙静佳	华泰保兴基金	2019/05~2023/12	56	2	2.31	1.68
109	袁宜	富国基金	2012/10~2023/12	135	4	0.47	1.67
110	杨宗昌	易方达基金	2019/04~2023/12	57	3	2.85	1.66
111	钱亚风云	中欧基金	2015/07~2023/12	95	12	0.79	1.66
112	许文波	东方基金	2015/08~2023/12	97	11	0.61	1.65
113	寇文红	国联基金	2019/05~2023/12	56	2	4.35	1.65
114	孙彬	富国基金	2019/05~2023/12	56	11	1.83	1.65

（二）离职基金经理择时能力

表 5-16 展示了使用 Treynor-Mazuy 四因子模型估计出的离职基金经理择时能力的统计结果。图 5-11 展示了基金经理择时能力 γ 的 t 值排列。在这里，我们使用单边假设检验。检验结果显示，离职基金经理共有 832 名，在 5%的显著性水平下，有 104 位（占比 12.5%）基金经理的 γ 的 t 值大于 1.64，呈正显著，说明他们具有正确择时的能力；此外，有 88 位（占比 10.6%）基金经理的 γ 呈负显著，说明他们具有错误的择时能力；还有 640 位（占比 76.9%）基金经理

的择时能力系数 γ 接近 0，表明他们不具有择时能力。综合来看，离职基金经理中只有一成左右的基金经理具备择时能力，绝大多数离职的股票型公募基金经理没有择时能力。

表 5-16　　离职基金经理择时能力

项目	显著性	基金经理数量（位）	占比（%）
择时能力	正显著	104	12.5
	不显著	640	76.9
	负显著	88	10.6
总计		832	100.0

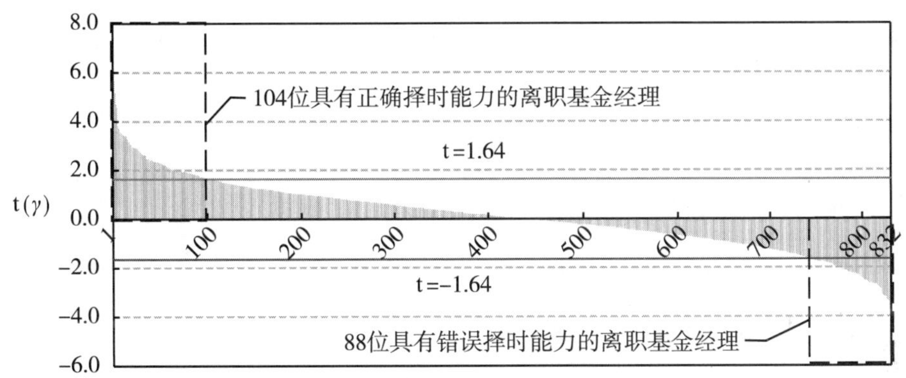

图 5-11　　离职基金经理择时能力 γ 的 t 值（显著性）排列

注：正确择时能力代表 $t(\gamma)>1.64$，错误择时能力代表 $t(\gamma)<-1.64$，未表现出择时能力代表 $-1.64\leq t(\gamma)\leq 1.64$。基金经理具有择时能力是指基金经理表现出正确的择时能力，基金经理不具有择时能力代表基金经理表现出错误的或未表现出择时能力。

我们按照基金经理的择时能力 γ 把基金经理等分为 10 组。第 1 组为 γ 最高的组，第 10 组为 γ 最低的组。表 5-17 和图 5-12 展示了每一组离职基金经理所对应的择时能力系数 γ、选股能力年化 α、β_{mkt}、β_{smb}、β_{hml}、β_{mom}，以及反映模型拟合好坏的调整后 R^2 的平均值。表 5-17 和图 5-12 结果显示，在择时能力较高的组中，基金经理的选股能力较低，而在择时能力较低的组中，基金经理的选股能力相对较高，即离职基金经理的选股能力和择时能力同样呈现负相关关系。具体来看，择时能力 γ 最高的第 1 组对应的年化 α 为-2.67%，择时能力 γ 最低的第 10 组对应的年化 α 为 6.95%，图 5-12 第一幅图展示了该结果。同时，各组基金经理的 β_{mkt} 均在 0.69 以上，表明离职基金经理的投资组合与大盘的相关性较高，而回归在 β_{smb}、β_{hml}、β_{mom} 因子的风险暴露方面不存在明显的规律性。

表 5-17　　离职基金经理 Treynor-Mazuy 模型回归结果（择时能力）

分组	γ	年化 α（%）	β_{mkt}	β_{smb}	β_{hml}	β_{mom}	调整后 R^2（%）
1（γ 最高组）	1. 35	-2. 67	0. 71	0. 04	-0. 12	0. 27	74
2	0. 60	-1. 08	0. 72	0. 03	-0. 16	0. 26	76
3	0. 35	1. 13	0. 73	0. 00	-0. 20	0. 27	80
4	0. 21	1. 28	0. 71	-0. 02	-0. 24	0. 23	79
5	0. 09	3. 27	0. 69	-0. 02	-0. 16	0. 22	79
6	-0. 02	4. 13	0. 75	-0. 01	-0. 21	0. 22	81
7	-0. 15	2. 90	0. 71	0. 01	-0. 20	0. 18	79
8	-0. 30	6. 38	0. 70	-0. 05	-0. 18	0. 20	80
9	-0. 59	5. 88	0. 73	-0. 01	-0. 18	0. 14	76
10（γ 最低组）	-1. 47	6. 95	0. 75	-0. 07	-0. 24	0. 09	69

注：此表汇报每一组基金经理对应的 α、γ、β_{mkt}、β_{smb}、β_{hml}、β_{mom}，以及调整后 R^2 的平均值。

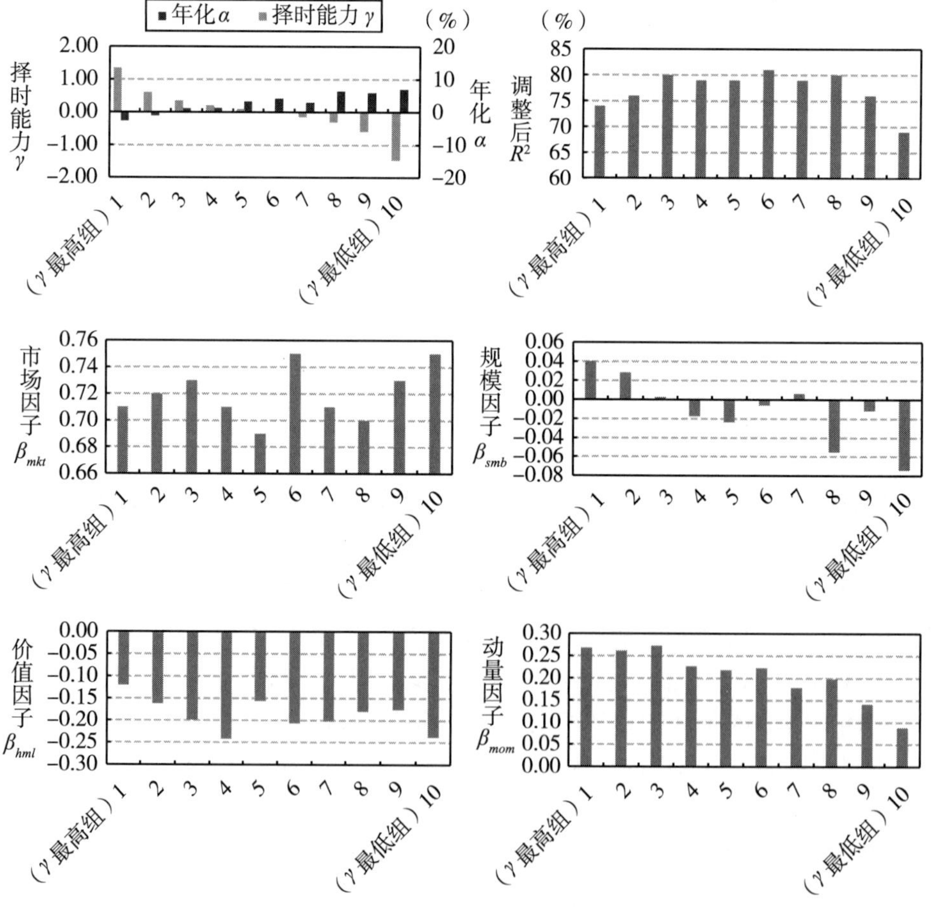

图 5-12　离职基金经理 Treynor-Mazuy 模型回归结果［按择时能力（γ）分组］

表 5-18 展示了 Treynor-Mazuy 四因子模型中 γ 为正显著的基金经理，即具有正确择时能力但已经离职的基金经理。104 位有择时能力的离职基金经理的平均任职期限为 74 个月，平均曾管理 4 只产品。

表 5-18 具有择时能力的离职股票型基金经理［按照 t（γ）排序］：1998~2023 年

编号	基金经理	离职前任职公司	任职区间	任职时间（月）	管理基金数量（只）	γ	t(γ)
1	王亚伟	华夏基金	1998/04~2012/04	163	4	0.88	6.01
2	李源海	南方基金	2008/07~2015/01	76	4	1.64	5.68
3	丁楹	华夏基金	1999/04~2006/10	86	4	1.05	5.16
4	王卫东	新华基金	2008/07~2013/12	67	3	1.76	4.72
5	徐立平	前海开源基金	2014/09~2018/02	43	3	2.17	4.56
6	刘建伟	博时基金	2010/12~2015/08	50	4	2.90	3.81
7	刘强	泰信基金	2007/02~2012/11	71	1	0.91	3.74
8	朱虹	建信基金	2015/10~2021/04	56	3	0.94	3.57
9	游凛峰	工银瑞信基金	2012/04~2022/03	121	5	1.04	3.53
10	杨凯玮	安信基金	2014/09~2020/03	58	3	1.44	3.51
11	钟光正	安信基金	2012/08~2022/05	102	6	0.52	3.45
12	王国卫	华安基金	1998/06~2005/04	84	2	0.94	3.42
13	王晓明	兴证全球基金	2005/11~2013/09	96	2	0.55	3.42
14	林彤彤	汇丰晋信基金	1998/06~2013/12	183	7	0.47	3.40
15	金涛	富国基金	1999/05~2002/10	42	1	0.89	3.36
16	蒋畅	新华基金	2001/02~2006/06	47	2	2.12	3.28
17	刘红辉	诺安基金	2008/05~2018/12	125	3	0.64	3.17
18	葛鹤军	银华基金	2014/10~2018/06	46	4	0.38	3.16
19	王战强	信达澳亚基金	2008/07~2015/07	86	3	1.06	3.06
20	姚昆	融通基金	2012/07~2015/07	38	1	1.11	3.06
21	董承非	兴证全球基金	2007/02~2021/09	177	5	0.37	2.96
22	彭一博	泰康基金	2014/05~2017/11	40	5	1.16	2.95
23	谭鹏万	中信保诚基金	2011/09~2015/05	45	3	2.13	2.93
24	贺庆	招商基金	2003/04~2006/12	46	2	1.20	2.92
25	游典宗	国都证券	2015/12~2020/03	53	2	1.11	2.91
26	谭琦	华夏基金	2007/09~2014/04	81	3	0.52	2.91

续表

编号	基金经理	离职前任职公司	任职区间	任职时间（月）	管理基金数量（只）	γ	t(γ)
27	吴鹏飞	民生加银基金	2013/12～2021/08	67	7	0.95	2.88
28	王梁	中加基金	2018/08～2023/04	58	3	1.67	2.80
29	邵秋涛	嘉实基金	2010/11～2020/05	116	4	0.79	2.79
30	王翔	华富基金	2014/11～2017/12	39	5	0.81	2.74
31	戴斌	东吴基金	2014/12～2020/03	77	6	1.16	2.73
32	刘晓龙	广发基金	2010/11～2017/02	77	3	0.73	2.67
33	司巍	摩根士丹利基金	2015/01～2018/11	48	3	1.45	2.65
34	潘峰	易方达基金	2007/04～2014/11	93	1	0.56	2.62
35	许雪梅	广发基金	2008/02～2013/01	61	3	0.78	2.59
36	魏欣	工银瑞信基金	2015/05～2021/06	75	2	0.73	2.48
37	易阳方	广发基金	2003/12～2020/01	195	10	0.44	2.47
38	张晓东	国海富兰克林基金	2006/06～2014/11	103	2	0.47	2.46
39	程广飞	国都证券	2015/12～2019/06	44	4	0.71	2.46
40	陈宇庭	广发基金	2020/05～2023/06	39	1	2.78	2.44
41	袁芳	工银瑞信基金	2015/12～2022/10	84	6	1.05	2.43
42	陈俏宇	华安基金	2007/03～2015/05	100	6	0.50	2.42
43	胡建平	华夏基金	2006/03～2013/12	93	4	0.52	2.39
44	程岽	海富通基金	2010/04～2013/11	44	2	2.22	2.35
45	汪澳	平安基金	2016/09～2020/07	48	3	1.66	2.35
46	冯天戈	国联安基金	2004/03～2010/04	65	5	0.50	2.35
47	张翔	西部利得基金	2015/07～2022/11	83	3	0.88	2.34
48	王汉博	嘉实基金	2014/09～2022/05	42	5	1.23	2.33
49	钱斌	摩根士丹利基金	2010/07～2014/08	47	4	2.81	2.31
50	姜文涛	天弘基金	2005/04～2016/10	82	6	0.50	2.31
51	戴益强	富国基金	2012/10～2018/01	65	5	0.94	2.31
52	黄万青	大成基金	2010/04～2022/11	129	14	0.77	2.28
53	李勇钢	益民基金	2011/09～2014/11	40	1	1.63	2.24
54	王炯	东吴基金	2006/12～2011/04	54	2	0.74	2.24
55	黄一明	民生加银基金	2013/08～2020/05	66	6	0.96	2.22

续表

编号	基金经理	离职前任职公司	任职区间	任职时间（月）	管理基金数量（只）	γ	t(γ)
56	曹剑飞	中欧基金	2008/08~2016/03	90	6	0.69	2.20
57	冯炬	兴业基金	2017/05~2022/02	59	5	1.39	2.16
58	刘小山	博时基金	1999/10~2002/12	55	3	2.24	2.15
59	张继荣	景顺长城基金	2004/07~2015/06	104	7	0.61	2.15
60	季侃乐	兴证全球基金	2014/11~2021/06	81	2	0.62	2.10
61	欧庆铃	申万菱信基金	2005/10~2015/08	106	6	0.49	2.08
62	刘文正	华富基金	2013/06~2017/02	46	3	0.62	2.05
63	黄祥斌	富荣基金	2013/12~2023/07	101	8	0.80	2.04
64	崔海鸿	泰信基金	2005/10~2009/12	47	3	1.08	2.04
65	黄健斌	博时基金	2003/12~2009/11	60	2	0.35	2.02
66	付琦	东吴基金	2013/08~2019/12	63	3	0.90	2.01
67	刘红兵	天治基金	2004/06~2008/06	49	2	0.44	2.00
68	吴潇	国投瑞银基金	2016/12~2023/05	79	8	1.07	2.00
69	欧阳沁春	汇添富基金	2007/06~2018/12	140	3	0.64	2.00
70	何震	广发基金	2004/07~2008/01	44	2	0.84	2.00
71	孙占军	博时基金	2008/02~2014/01	73	4	0.51	1.98
72	李华	建信基金	2001/09~2007/09	48	2	0.81	1.98
73	陈守红	工银瑞信基金	2005/03~2011/03	66	3	0.57	1.97
74	徐爽	申万菱信基金	2008/01~2015/05	90	3	0.43	1.95
75	尚鹏岳	富国基金	2008/01~2015/05	86	4	0.58	1.95
76	尹诚庸	万家基金	2019/03~2023/04	51	4	0.64	1.94
77	吴鹏	摩根基金	2006/09~2012/08	68	5	0.43	1.93
78	宫雪	国金基金	2014/08~2022/12	102	6	0.52	1.92
79	彭海平	中海基金	2016/04~2021/08	66	3	2.12	1.92
80	区伟良	华宝基金	2015/04~2018/06	40	3	0.87	1.91
81	孙绍冰	富安达基金	2015/05~2023/07	100	3	1.47	1.90
82	王颢	先锋基金	2017/06~2020/06	38	4	1.33	1.89
83	王超	易方达基金	2013/05~2021/04	98	7	0.64	1.88
84	王咏辉	信达澳亚基金	2018/06~2022/03	46	5	1.85	1.87

续表

编号	基金经理	离职前任职公司	任职区间	任职时间（月）	管理基金数量（只）	γ	t（γ）
85	张亮	华富基金	2015/02～2021/02	74	2	0.83	1.84
86	马少章	国投瑞银基金	2009/04～2014/11	69	4	0.67	1.84
87	魏博	中欧基金	2012/08～2022/11	125	5	0.63	1.84
88	乔敏	永赢基金	2019/10～2023/04	43	2	3.78	1.82
89	刘柯	工银瑞信基金	2014/11～2018/06	45	4	0.86	1.81
90	蒋宁	华宝基金	2010/07～2013/07	38	1	1.45	1.80
91	雷鸣	汇添富基金	2014/03～2022/01	96	5	0.69	1.80
92	周德昕	大成基金	2009/12～2017/11	61	3	0.66	1.78
93	郭鹏飞	华宝基金	2010/06～2015/03	59	2	1.35	1.78
94	姜培正	浙商基金	2011/05～2015/05	50	1	0.82	1.73
95	颜正华	平安基金	2007/07～2013/04	42	4	0.49	1.72
96	党开宇	嘉实基金	2005/01～2010/05	63	6	0.43	1.71
97	丁骏	前海开源基金	2006/12～2020/04	140	7	0.24	1.69
98	盛军锋	摩根士丹利基金	2009/07～2014/02	49	4	0.93	1.69
99	陶羽	嘉实基金	2009/03～2017/06	101	2	0.37	1.68
100	李志磊	中银基金	2008/04～2011/09	43	2	0.41	1.67
101	孔庆卿	南华基金	2013/08～2023/07	65	4	0.72	1.66
102	刘安田	大成基金	2010/04～2015/03	61	4	0.86	1.66
103	陆文俊	银华基金	2006/07～2013/08	83	4	0.33	1.65
104	蔡锋亮	民生加银基金	2011/04～2016/06	64	5	0.52	1.64

四、小结

投资者在选择基金时，除了关注基金产品本身，还会特别注意管理基金的基金经理。各家公司明星基金经理在发行产品时，往往很快能募集到大量资金。我国基金市场中，存在基金经理更迭较为频繁、基金经理任职期限较短的现象，在本章，我们收集整理了市场上股票型公募基金经理的数据，以 2023 年 12 月 31 日为界，将基金经理划分为在职基金经理和离职基金经理两组，并以基金经理管理所有产品的合并收益序列为主线，对其选股能力和择时能力进行研究。

本章的研究结果显示，截至 2023 年 12 月底，我国在职基金经理共有 2 029 人，累计已离职的基金经理有 1 982 人，基金经理总数达 4 011 人。其中，有三年以上任职数据的在职股票型公募基金经理有 1 172 人，离职股票型公募基金经理有 832 人，这些有三年以上业绩的基金经理是我们的研究对象。在选股能力层面，具有正确选股能力的在职基金经理占比为 24.2%，离职基金经理占比为 24.0%。择时能力方面，具有正确择时能力的在职基金经理占比为 9.7%，离职基金经理占比为 12.5%，均只有一成左右。长期来看，相较于选股能力，我国公募基金市场中具有择时能力的基金经理数量占比更少，择时能力更加难能可贵。同样值得注意的是，无论是在职还是离职的基金经理，他们的选股能力与择时能力呈现明显的负相关性，即具有最好选股能力的基金经理不具备择时能力，而具有最好择时能力的基金经理不具备选股能力，选股能力和择时能力难以兼得。

中国 ESG 公募基金发展概览

一、ESG 投资介绍

ESG 投资是提倡责任投资（responsible investment）和弘扬可持续发展（sustainable development）的一种投资原则，是将环境（environmental）、社会（social）、公司治理（governance）三个因素融入投资决策的投资方式，其主要目标是通过发掘与把握 ESG 机遇、分析与避免投资标的的 ESG 风险，从而帮助投资者获得有竞争力的投资回报。ESG 投资理念最早可追溯到 20 世纪 20 年代，源于宗教教会投资的伦理道德投资。20 世纪六七十年代，发达国家平等、环保、反种族隔离等运动的兴起，催生了资管行业中相应的投资理念，投资者在选择投资标的时开始强调与 ESG 理念相关的问题，其中包括劳工权益、商业道德、种族及性别平等以及环境保护等问题。

ESG 的概念最早由联合国全球契约组织在 2004 年提出。自 20 世纪 90 年代起，联合国大力倡导可持续发展理念，引起了国际社会对环境、社会和治理问题的日益关注。在此背景下，ESG 投资逐渐赢得了主流资产管理机构的青睐，从发达国家向全球范围内扩展。同时，ESG 原则也逐渐受到各国政府和监管部门的重视。许多政府和监管机构致力于推动 ESG 投资的发展，并制定了支持与规范该领域发展的相关政策与规定。例如，我国政府在 2020 年提出的“双碳”政策为 ESG 投资的兴起和繁荣提供了重要支持。

随着 ESG 投资在国内市场的持续升温，被投企业的可持续发展能力与前景成为广大投资者关注的热点，更多机构投资者将 ESG 因素作为投资考量，主要从环境、社会责任和公司治理三个维度来评估上市公司，从而衡量企业的可持续发展能力。环境维度主要考察企业对环境的影响，包括对自然资源的利用、温室气体排放、废物管理、能源使用、污染及环境治理等；社会责任维度是指评价上市公司对社会的影响，包括人力资本、劳动条件、健康安全、产品责任与质量、社会关系、社会责任与影响力等；公司治理维度是指评价上市公司的内部管理情况，包括公司治理架构、股东利益保护、内部控制、会计透明度、投资者关系等。

（一）ESG 投资具体原则

2006 年，联合国成立责任投资原则组织（UN PRI），正式提出 ESG 投资的六项基本原则，分别为：（1）将 ESG 问题纳入投资分析和决策过程；（2）成为积极的所有者，将 ESG 问题纳入所有权政策和实践；（3）寻求被投资实体对 ESG 相关问题进行合理披露；（4）推动投资行业广泛采纳并贯彻落实负责任的投资原则；（5）齐心协力提高负责任投资原则的实施效果；（6）报告负责任投资原则的实施情况和进展。在 UNPRI 的推动下，ESG 投资的理念逐步形成。

截至 2023 年 9 月 30 日，在联合国责任投资原则组织的季度财报中显示全球已有 5 337 家机构投资者签署联合国负责任投资原则，较 2022 年新增 200 余家。这些投资机构来自 88 个不同国家，其中包含 139 家中国投资机构。与 2022 年相比，中国新增了近 30 家机构，其中包括平安资产管理有限责任公司、淡水泉投资、富国基金和海投全球等。淡水泉投资作为中国首批签署该原则的私募证券投资基金管理公司之一，近年来一直致力于践行 ESG 投资理念，致力于将 ESG 投资理念融汇到投资和公司经营中，为低碳经济和更美好的世界贡献力量。在“双碳”目标下，我国金融机构近年来一直聚焦于可持续发展和责任投资，对于 ESG 的重视度与日俱增，加入联合国责任投资原则组织的机构也越来越多，我国已成为联合国负责任投资原则增长最快的市场之一。同时，世界上签署成员数量的增加也表明 ESG 投资理念在世界范围内的接纳和认可度在不断提升。

（二）ESG 投资生态

随着绿色环保、社会责任和规范管理等 ESG 投资理念的不断演进和深入发展，我国的 ESG 投资生态体系正步入全面蓬勃发展的阶段。政府和监管机构、资金方、资产管理机构和评级机构都是该体系内的重要参与方，建设完善的 ESG 投资生态体系离不开各方共同努力。

近年来，我国监管部门积极制定和实施了各项 ESG 投资监管政策，并制定了相关标准指引，以监督和约束企业实施 ESG 标准；构建激励机制和规范，以引导和鼓励上市公司自主披露 ESG 信息。同时，监管部门还大力开展 ESG 教育，以提升市场参与者对 ESG 议题的认知。在过去的 20 年中，我国上市公司在践行 ESG 理念方面取得了显著进展。截至 2023 年，A 股共有逾 1 800 家企业发布了 ESG 相关报告，企业的 ESG 信息披露意愿和水平相比 2022 年有了明显提升。公司高层开始重视 ESG 管理，并加大对 ESG 风险管理的重视，这有力地推动了企业 ESG 报告的发行，提升了参与绿色金融和社会责任投资的积极性。

资管机构在投资者日益提升的 ESG 投资意识下，积极响应投资者需求，推出与 ESG 相关的投资产品，在投资过程中开始将 ESG 因素纳入投资决策中，以提高投资回报和降低投资风险。另外，资产管理机构应充分利用自身的影响力，加强与被投资企业、监管机构、评级机构等相关方的合作与协调，共同促进整个 ESG 投资生态体系透明与有序的发展。

我国 ESG 评级机构的评级体系仍处于初步发展阶段，与 ESG 投资市场相对成熟的欧美发达国家相比，数据获取能力和行业规范的建设仍有待提高与完善。我们需朝着建立既符合中国特色又能够满足海外需求的评级体系的方向稳步前进，以提高评级的有效性和拓宽评级的适用范围。

（三）我国 ESG 公募基金发展

我国 ESG 公募基金行业发展起步于 21 世纪初。2004 年，我国第一只 ESG 基金“嘉实服务增值行业混合”成立；深交所在 2006 年颁布了《上市公司社会责任指引》，首次将社会责任机制引入上市公司，此举有利于推动企业逐渐增强社会责任感，推动各大企业积极履行应尽的社会责任。2008 年 4 月，中国第一只社会责任投资基金“兴全社会责任混合”成立，强调从经济责任、可持续发展责任、法律责任、创新责任、道德责任等多个维度评估和选择股票。ESG 基金开始在我国生根发芽。

2014 年《中华人民共和国环境保护法》及 2016 年《关于构建绿色金融体系的指导意见》的发布推动了绿色投资的发展，ESG 可持续投资的意识逐渐深入人心，我国 ESG 基金行业逐步进入规范化的发展阶段。

2018 年，ESG 基金行业迈入市场化发展阶段，展现出巨大的发展潜力和广阔的发展空间。证监会在该年修订了《上市公司治理准则》，其中第八章明确提出上市公司应积极践行绿色环保理念，将生态环保概念融入公司治理和发展过程。此外，同年 11 月，中国证券投资基金业协会发布了《中国上市公司 ESG 评价体系研究报告》和《绿色投资指引（试行）》，提出了评价企业 ESG 绩效的核心价值体系。这些政策的推动和实施为 ESG 基金的成长和发展提供了有力支持。

2020 年 9 月 22 日，我国在第七十五届联合国大会上提出了“碳达峰”和“碳中和”的“双碳”目标。具体而言，“碳达峰”意为我国将提高国家自主贡献力度，力争实现逐年减少二氧化碳的排放量，并致力于在 2030 年前达到排放峰值；2060 年实现“碳中和”目标，意为通过绿色手段如植树造林、节能减排等，抵消国家、企业或个人在生产活动中产生的二氧化碳和温室气体排放，实现二氧化碳

“零排放”。“双碳”目标的制定体现了我国引导和推动资本市场绿色金融发展以及责任投资的坚定决心。

2022 年 3 月 16 日，国务院国有资产监督管理委员会（以下简称“国资委”）成立社会责任局，在成立大会上强调并明确要积极推进企业“双碳”工作、安全环保和践行 ESG 理念的重要性，适应并引领国际规则标准的制定。2022 年 4 月 15 日，证监会发布《上市公司投资者关系管理工作指引》，于同年 5 月 15 日起实施，首次将 ESG 纳入投资者关系管理的沟通内容中，在贯彻落实可持续的绿色发展理念的同时保护投资者相关利益，提升投资者与上市公司交流与沟通的有效性。2022 年 5 月 27 日，国资委要求央企积极披露 ESG 专项报告，并提出实现 ESG 专项报告披露全面覆盖的目标。同年 7 月，我国首批跟踪中证上海环交所碳中和指数的 8 只 ETF 产品发行，反映了在沪深市场中对碳中和贡献较大的上市公司证券的整体表现。指数涵盖如能源储备、清洁能源、低碳固碳等多种技术领域，利于推动碳中和相关行业的发展。2022 年 9 月 2 日，中国保险资产管理业协会发布了《中国保险资产管理业 ESG 尽责管理倡议书》，提出了六个方面的 ESG 相关建议，旨在进一步贯彻中国银保监会发布的《银行业保险业绿色金融指引》，有利于促进保险业的高质量发展，积极推动绿色转型，充分发挥机构投资者的影响力，引导利益相关方共同努力构建绿色发展生态圈，为支持我国经济社会可持续发展和实现碳达峰碳中和目标贡献力量。

近年来，我国的 ESG 基金发行数量呈逐年上升趋势。截至 2023 年底，ESG 公募基金数量共达 638 只。我国 ESG 基金的发展，离不开各项政策的大力支持和引导（见表 6-1）。2023 年相关政策和指引的开展仍在稳步有序地进行，我国众多企业绿色经营的主观能动性有所提升，推动了 ESG 相关金融产品的诞生。后文将重点解读 2023 年 ESG 公募基金行业市场化发展阶段最新的重要事件、政策、相关指引及发布的特定报告。

表 6-1　　ESG 公募基金行业市场化发展阶段重要事件、政策及指引

正式施行日期	重要事件及监管政策
2006 年 9 月 25 日	深交所发布《上市公司社会责任指引》
2008 年 4 月 30 日	中国第一只可持续投资基金“兴全社会责任混合”成立
2018 年 9 月 30 日	中国证监会发布修订后的《上市公司治理准则》
2018 年 11 月 10 日	中国证券投资基金业协会发布《中国上市公司 ESG 评价体系研究报告》及《绿色投资指引（试行）》
2020 年 9 月 22 日	我国在第七十五届联合国大会上提出“双碳”目标
2022 年 3 月 16 日	国务院国有资产监督管理委员会成立社会责任局

续表

正式施行日期	重要事件及监管政策
2022 年 4 月 15 日	中国证监会发布《上市公司投资者关系管理工作指引》
2022 年 5 月 27 日	国务院国有资产监督管理委员会印发《提高央企控股上市公司质量工作方案》
2022 年 9 月 2 日	中国保险资产管理业协会发表《中国保险资产管理业 ESG 尽责管理倡议书》
2023 年 1 月 9 日	《上海银行业保险业"十四五"期间推动绿色金融发展服务碳达峰碳中和战略的行动方案》
2023 年 2 月 10 日	深交所修订《深圳证券交易所上市公司自律监管指引第 3 号——行业信息披露》
2023 年 3 月 13 日	《中国企业 ESG 报告评级标准（2023）》
2023 年 5 月 26 日	《中国第三方财富管理行业 ESG 蓝皮书》
2023 年 6 月 13 日	中国 ESG（企业社会责任）《年度 ESG 行动报告》发布

资料来源：中国证监会、国务院国有资产监督管理委员会、中国证券投资基金业协会、中国保险资产管理业协会、中国银保监会、上海银保监局、中国企业社会责任报告评级专家委员会、中国国家标准化管理委员会。

2023 年 1 月 9 日，上海银保监局、上海市发展和改革委员会、上海市经济和信息化委员会、上海市地方金融监督管理局等八部门联合印发《上海银行业保险业"十四五"期间推动绿色金融发展服务碳达峰碳中和战略的行动方案》（以下简称《方案》）。《方案》的重点任务为：（1）积极部署绿色金融发展战略；（2）加快完善绿色金融推进机制；（3）全力服务重点领域绿色发展；（4）主动深化绿色金融创新实践；（5）深入探索绿色金融合作模式；（6）持续健全绿色金融风险防控体系；（7）逐步推动绿色金融标准体系建设；（8）营造良好绿色金融发展外部环境。《方案》的推出有助于充分利用上海金融要素市场的集聚优势，培育高质量的绿色金融发展机构。同时，加强监管引导和规范标准，深入探索绿色金融改革创新，并提升绿色金融服务水平。积极展开绿色金融国际合作，加大对绿色、低碳、循环经济的支持，推动经济社会全面落实"双碳"目标，顺利实现绿色低碳转型。

2023 年 2 月 10 日，深交所发布了对《深圳证券交易所上市公司自律监管指引第 3 号——行业信息披露》的修订。本次修订对行业信息披露指引进行了适应性调整，修订内容主要包括：（1）回应市场关切，优化经营性信息披露要求；（2）突出行业特性，强化 ESG 信息披露要求；（3）强化规则协同，调整非行业信息披露要求。其中第二条修订内容强调了需强化 ESG 信息披露要求，结合一些特定行业的特点，如化工、电力等重污染行业需细化其重大环境污染事故信息披露要求，提升上市公司切实承担社会责任的意识。该修订旨在助力上市公司高质量发展，进一步提升行业信息披露的针对性、有效性，大力推动上市公司整体质量的提升。

2023 年 3 月 13 日，《中国企业 ESG 报告评级标准（2023）》由中国企业社会责任报告评级专家委员会（以下简称“评级专家委员会”）正式发布。评级专家委员会总结了国内外各大企业 ESG 报告的最新经验，同时与我国企业 ESG 的工作现状相结合，编制了该份具有针对性和权威性的评级标准。该评级标准旨在满足对非财务信息透明度的日益增长的需求，为企业提供更全面、准确的 ESG 报告。为确保我国企业 ESG 报告能够与国际接轨，该标准参考了众多在国际上有先进水平的 ESG 报告披露准则；同时，为了能够提升评估企业 ESG 绩效的准确度，该标准调整并优化了各项评级指标及其相应权重。该标准的颁布充分体现了评级专家委员会为推动企业可持续发展提供的重要指导和大力支持，助力我国企业在 ESG 方面能够获得更好的成绩。

2023 年 5 月 26 日，新华网与新湖财富旗下专业智库植信投资研究院联合发布了国内首份第三方财富管理行业 ESG 蓝皮书《中国第三方财富管理行业 ESG 蓝皮书》（以下简称《蓝皮书》）。结合本土化因素和行业特点，推出了首个中国第三方财富管理行业 ESG 评价体系，不仅填补了行业内机构对 ESG 理念实践的空白，也开启了行业践行 ESG 理念、高质量发展的新时代。《蓝皮书》对国内外 ESG 标准体系和监管政策进行了全面梳理，并深入分析了第三方财富管理行业和 ESG 业务的各种类型和特性。为确保可靠性，《蓝皮书》广泛参考了国内外权威评级机构的评价体系，并且使用了真实可靠的数据作为参考资料。在评价方法和指标体系的优化过程中，《蓝皮书》严格遵循科学性、实质性、可操作性和适用性的原则，结合国内外权威评级机构的评价体系，在筛选具有实质性影响变量的基础上，兼顾本土和行业因素，从多维度、多领域的视角进行了优化，以确保评价工作的真实可靠性。《蓝皮书》的发布有助于推动更多第三方财富管理机构共同践行 ESG 理念，对助力行业的高质量发展有重大意义。

中央广播电视总台联合国务院国资委、全国工商联、中国社科院经济研究所、中国企业改革与发展研究会等多部门对中国企业目前的 ESG 发展情况进行了深度研究，于 2023 年 6 月 13 日发布了首个权威性成果《年度 ESG 行动报告》（以下简称《报告》）。《报告》首次搭建了国内权威 ESG 评级体系，做到与国际接轨的同时，又结合国情考察有中国特色的 ESG 议题。《报告》的研究成果主要包括：在国家战略的引领下，中国企业已经步入崭新的发展阶段，积极响应 ESG 理念并全面提升自身的 ESG 水平；众多大型公司在 ESG 发展方面的整体水平和优秀企业的比例已与全球大企业旗鼓相当；此外，越来越多的中国企业开始重视 ESG 理念，均在逐步建立 ESG 管理体系，并将 ESG 管理要求融入经营管理中，这些企业及时发布 ESG 报告，积极响应国家战略，确保信息安全，促进科技创新，积极落实“双碳”目标，参与公益慈善活动，并保障员工权益，以厚重的责任感来推动可持续管理和价值创造。《报告》的发布是中国 ESG 发展历程中的重要里程碑，从官方的角度制定了未来 ESG 发展的方向并肯定了 ESG 发展势不可挡的趋势，也是国内市场与国际 ESG 发展接轨的重要一步。

二、ESG 公募基金发展现状

本部分对 ESG 基金的划分采用万得 ESG 投资分类体系，该分类体系于 2022 年 12 月由万得正式公布，目的为帮助投资者有效识别 ESG 基金产品并评价基金产品 ESG 表现。

如图 6-1 所示，ESG 投资基金可分为 ESG 主题基金和泛 ESG 主题基金两大类，其中 ESG 主题基金又进一步划分为纯 ESG 主题基金和 ESG 策略基金两种。纯 ESG 主题基金为在投资目标、投资范围、投资策略、投资重点、投资理念、决策依据、组合限制、业绩基准、风险揭示等项目中明确将 ESG 投资策略作为主要策略的基金；ESG 策略基金以非 ESG 相关概念或行业为投资主题，同时也将 ESG 投资策略作为选取个股和构建股票池时的辅助策略。泛 ESG 主题基金可分为环境保护基金、社会责任基金及公司治理基金，策略仅需要考虑环境保护、社会责任、公司治理三大主题之一即可。

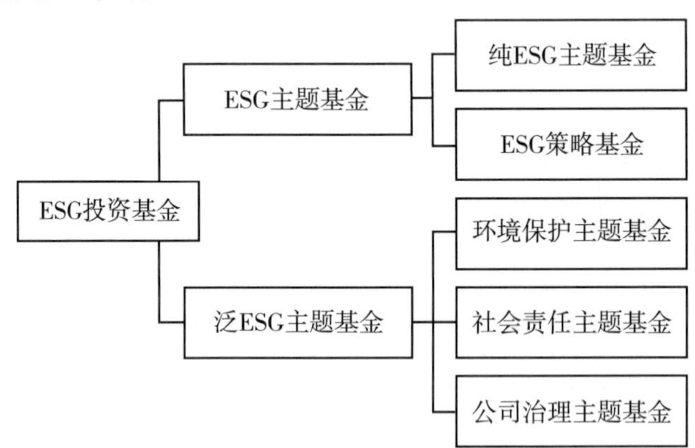

图 6-1　ESG 基金的分类

纯 ESG 主题基金的主要投资策略为 ESG 投资策略，我们以“易方达 ESG 责任投资股票发起式（007548. OF）”基金为例，基金将通过“负面筛选”和 ESG 评价体系两种方法，对企业的 ESG 表现进行评估。首先，基金将在全部股票中剔除不符合投资要求的股票（包括但不限于法律法规或公司制度明令禁止投资的股票等），同时剔除有重大 ESG 负面记录的股票；其次，基金将利用 ESG 评价体系，有针对性地对剩余股票进行分析，将企业的“社会价值”转化为定量可比的 ESG 质量评分，为投资决策提供明确的参考依据。基金将根据环境（E）、社会责任（S）和公司治理（G）三个方面的指标对上市公司社会价值进行综合评价打分，同时选择打分在前 80%的股票形成该基金的 ESG 股票备选库，并定期或不定期更新调整，基金非现金资产中不低于 80%的资产投资于该基金的 ESG 股票备选库。在 ESG 责任投资评估的基础上，该基金管理人通过充分了解与研究行业景气度、行业竞争格局、行业估值水平、公司管理、公司地位情况等，对公司商业价值进行全面分析并精选出可持续发展的优质企业，以分享上市公司创造价值的资本回报。

与纯 ESG 主题基金不同，ESG 策略基金在选股时将 ESG 投资策略作为辅助策略，我们以“汇添富数字生活六个月持有（010557. OF）”基金为例。该基金的投资策略为资产配置策略和个股精选策略，其中，在个股精选策略中有明确对数字生活主题上市公司的界定，在股票库的构建过程中先对 A 股市场所有股票进行初选剔除并构建初选股票库，然后分别对公司治理结构、管理层和财务状况进行评价，对企业竞争优势进行评估并分析行业背景和商业模式，再将 ESG 投资策略作为辅助策略进行 ESG 评价优选，从 ESG 投资理念中寻找真正能够为公司的可持续发展和绩效带来贡献的因素，从而构建符合投资预期的基金投资组合。

在泛 ESG 主题基金分类下，三个主题基金分别有各自的主题概念。环境保护主题基金的主题概念包括“低碳经济”“美丽中国”“能源革新”等，以“富国低碳环保混合（100056. OF）”基金为例。该基金对“低碳环保”主题进行了明确的界定，所筛选的股票需直接从事低碳环保主题或受益于低碳环保主题的相关行业，其中直接从事低碳环保主题的股票包括“清洁能源（清洁能源的研发、生产与运营，如太阳能）”“节能减排（与节能产品、节能服务与装备等相关）”；受益于低碳主题相关行业的股票包括在耗能及污染高的行业中，能够通过节能减排等治理措施改善污染、降低能耗，使产业升级的上市公司。

社会责任主题基金主题概念包括“新消费”“中国优势”“宏利复兴”“美丽长三角”“新丝路”等，基金范例为“易方达新丝路（001373. OF）”基金，该基金对“新丝路”主题概念的界定主要是指以“陆上丝绸之路经济带”和“海上丝绸之路经济带”为代表的一系列区域经济一体化战略和对外经济战略，旨在通过沿线各地进行包括基建、贸易、金融、科技、文化等多方面的深入合作，实现共同发展。

公司治理主题基金的主题概念包括“核心企业”“价值精选”“精粹成长”等，以“华宝核心优势 A（002152. OF）”基金为例，该基金对具有“核心优势”的上市公司需进行几项标准的综合考量：（1）公司具有竞争优势；（2）公司的财务状况和经营成果优秀；（3）公司治理健全规范；（4）公司具有行业领先地位；（5）公司具有垄断优势或资源的稀缺性；（6）有正面事件驱动。表 6-2 汇总了泛

ESG 主题基金的相关信息，供读者参考。

表 6-2　　泛 ESG 主题基金相关信息

泛 ESG 主题基金	主题概念	基金范例
环境保护主题基金	新经济、低碳经济、碳中和、节能环保、绿色领先、美丽城镇、美丽中国、生态环境、气候变化、健康生活、能源革新、清洁能源、新能源汽车、新能源新材料等	富国低碳环保混合（100056. OF）
社会责任主题基金	新消费、改革新思路、中国优势、宏利复兴、有机增长、区域发展、美丽长三角、“一带一路”、新丝路等	易方达新丝路（001373. OF）
公司治理主题基金	优质治理基金、核心企业、价值精选、精萃成长、远见成长等	华宝核心优势（002152. OF）

本部分对中国 ESG 基金的研究范围为 2004~2023 年发行过的 ESG 公募基金，为了防止研究结果受到生存偏见的影响，所使用的数据包括目前正在运营和已经停止运营的全部 ESG 基金的数据。同时，由于 ESG 策略基金未将 ESG 投资策略作为主要投资策略，我们剔除了 ESG 策略基金的相关数据，前述数据均来自万得数据库。接下来，我们将通过数据分析，从 ESG 基金的数量、资产管理规模以及 ESG 基金分类等多个层面来展示 ESG 基金发展的现状。

（一）ESG 基金数量及资产管理规模

图 6-2 和表 6-3 展示了 2004~2023 年我国每年新成立、继续运营的 ESG 基金数量以及资产管理规模。截至 2023 年底，我国累计成立 ESG 投资基金共计 638 只，继续运营的 ESG 投资基金为 630 只，停止运营的基金为 8 只。在 ESG 基金行业开始发展的前十年间，ESG 投资概念逐渐进入中国市场，市场认知度和接受度较低，投资者对 ESG 投资的兴趣也相对有限，ESG 基金新成立数量和资产规模相对较小。值得注意的是，2007 年 ESG 基金总数为 9 只，资产管理规模却实现了从百亿元到千亿元的突破，高达 1 032 亿元，缘于该年整体市场处于牛市行情较好，万得全 A 指数在该年的年度收益率高达 166. 21%，且基金行业规模呈爆发性增长。2008 年 ESG 基金新成立基金数量较 2007 年上升 2 只，资产管理规模有所回落。在随后的 6 年间，ESG 基金新成立数量有所回升，资产管理规模稳定在 650 亿~935 亿元。2015 年，股市的总体大涨带动了基金发行数量和整体资产管理规模的上涨，ESG 基金新成立数量达 33 只，资产管理规模再创新高，达 1 324 亿元。2016~2018 年 ESG 基金新成立数量及资产管理规模在 2015 年股市大涨后进入平台期，无较大

波动。得益于 2020 年“双碳”目标的提出，2019~2020 年 ESG 基金新成立数量有所回升，2020 年资产管理规模达到 3 261 亿元。

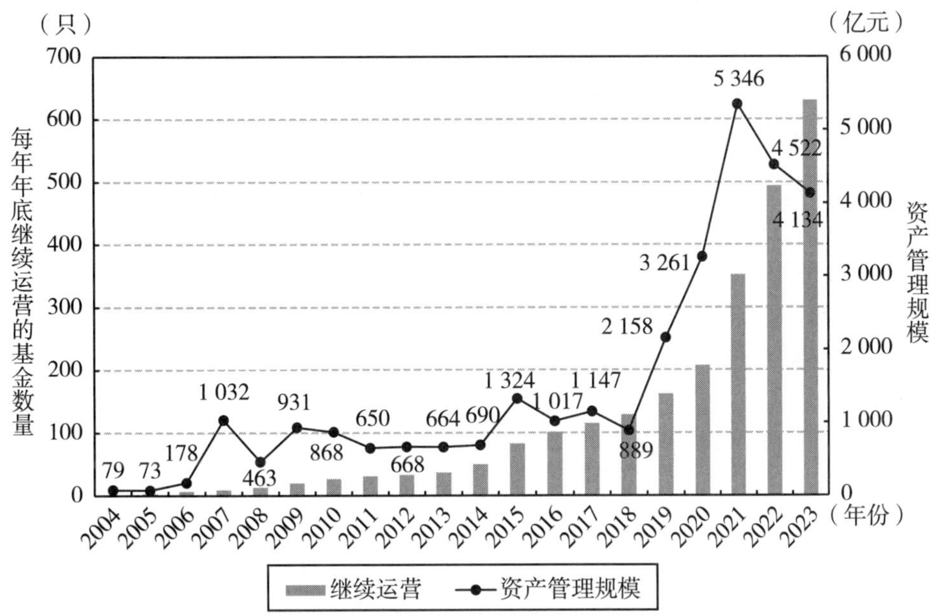

图 6-2　每年年底继续运营的 ESG 基金数量及资产管理规模：2004~2023 年

表 6-3　新成立与继续运营的 ESG 基金数量及资产管理规模：2004~2023 年

年份	新成立（只）	停止运营（只）	继续运营（只）	资产净值（亿元）	年份	新成立（只）	停止运营（只）	继续运营（只）	资产净值（亿元）
2004	1	0	1	79	2014	13	0	50	690
2005	2	0	3	73	2015	33	0	83	1 324
2006	4	0	7	178	2016	18	0	101	1 017
2007	2	0	9	1 032	2017	14	0	115	1 147
2008	4	0	13	463	2018	14	0	129	889
2009	7	0	20	931	2019	33	0	162	2 158
2010	7	0	27	868	2020	45	0	207	3 261
2011	4	0	31	650	2021	145	0	352	5 346
2012	2	0	33	668	2022	147	5	494	4 522
2013	4	0	37	664	2023	139	3	630	4 134

注：资产管理规模为每年最后一个交易日的资产净值。2023 年所收集的资产管理规模数据较 2022 年有差异，原因是万得数据库对一些 ESG 基金的定义、筛选条件和投资目标等标准有变。

近三年，国内 ESG 基金数量及资产管理规模迎来爆发性增长，投资者对 ESG 投资的认知度和接受度有了进一步提高，ESG 基金类型也开始多元化，不仅有股票型 ESG 基金，还有债券型、混合型等不同类型的 ESG 基金。同时，ESG 基金的管理水平和投资策略也在不断提高和优化，成为资产配置中的重要组成部分。2021~2022 年，新成立 ESG 基金数量创新高，两年间共新成立基金 292 只，2021 年国务院颁布的《2030 年前碳达峰行动方案》推动了我国资本市场 ESG 基金的发展。2022 年，相关政策和指导意见陆续出台，证监会发布《上市公司投资者关系管理工作指引》，首次将 ESG 纳入投资者关系管理的沟通内容中，鼓励并监督上市公司贯彻落实可持续发展理念，使得 2022 年新成立 ESG 基金数量仍保持高涨势头。2023 年，ESG 基金新成立数量为 139 只，较上年稍有回落，资产管理规模也有所回落，为 4 134 亿元。

（二）ESG 基金分类

表 6-4 展示了截至 2023 年底 ESG 基金一级和二级分类下基金发行总量、资产管理规模和百分比情况。截至 2023 年底，我国的 ESG 基金数量为 638 只，资产管理规模为 4 135 亿元。

表 6-4　　ESG 基金一级和二级分类发行总数量、资产管理规模及百分比：截至 2023 年底

基金分类	一级分类基金数量（只）及百分比（%）	一级分类基金资产管理规模（亿元）及百分比（%）	二级分类基金数量（只）及百分比（%）	二级分类基金资产管理规模（亿元）及百分比（%）
股票型基金	271（42.48）	1 601（38.73）		
被动指数型基金			180（66.42）	873（54.52）
普通股票型基金			83（30.63）	724（45.21）
增强指数型基金			8（2.95）	4（0.28）
债券型基金	40（6.27）	751（18.16）		
中长期纯债型基金			17（42.50）	167（22.29）
混合债券型二级基金			4（10.00）	2（0.23）
被动指数型债券基金			19（47.50）	582（77.48）
混合型基金	307（48.12）	1 695（40.99）		
偏股混合型基金			244（79.48）	1 142（67.42）
灵活配置型基金			63（20.52）	552（32.58）

续表

基金分类	一级分类基金数量（只）及百分比（%）	一级分类基金资产管理规模（亿元）及百分比（%）	二级分类基金数量（只）及百分比（%）	二级分类基金资产管理规模（亿元）及百分比（%）
国际（QDII）基金	10（1.57）	8（0.19）		
国际（QDII）股票型基金			10（100）	8（100）
FOF 基金	9（1.41）	1（0.01）		
混合型 FOF 基金			9（100）	1（100）
REITs	1（0.16）	79（1.92）		
REITs			1（100）	79（100）
总计	638（100）	4 135（100）	—	—

注：括号中的数字为百分比。

从一级分类角度来看，以下类型的 ESG 基金有产品使用 ESG 投资策略：股票型基金、债券型基金、混合型基金、国际（QDII）基金、FOF 基金以及 REITs。混合型基金共计 307 只，占比最大，高达 48.12%；其次是股票型基金，共 271 只，占比 42.48%。混合型基金的资产管理规模最大，为 1 695 亿元，占比为 40.99%；紧随其后的为股票型基金，资产管理规模略低于混合型基金，为 1 601 亿元，占比接近 40%。ESG 基金的产品种类非常集中，上述两类基金发行总量超过 90%，资产管理规模占比近 80%。债券型、国际（QDII）、FOF 和 REITs 4 类 ESG 基金数量及资产管理规模占比最小，基金数量共计 60 只，占比仅为 9.41%；资产管理规模共计 839 亿元，占比共计 20.28%。

从二级分类角度来看，以下类型的股票型基金有产品使用 ESG 投资策略，分别为：被动指数型基金、普通股票型基金和增强指数型基金。被动指数型基金数量高达 180 只，占比最大，为 66.42%，被动指数型基金对股票指数（如中证上海环交所碳中和指数、国证新能源指数、上证 180 公司治理指数等）进行完全复制，使用正面筛选、负面筛选等 ESG 投资策略，选取成分股中 ESG 表现领先的股票作为成分股，以反映 ESG 风险和机遇管理优秀的相关上市公司的整体表现，为市场提供优质 ESG 投资标的；其次为普通股票型基金，数量为 83 只，占比 30.63%；数量最少的为增强指数型基金，仅有 8 只，占比仅为 2.95%，增强指数型基金以追踪某一特定 ESG 指数为目标，通过对该指数进行优化和调整，以达到超越该指数表现的目的，在基本面分析的基础上融入 ESG 投资策略，通过选择优质 ESG 公司以及对其权重进行调整和管理，从而获得更好的业绩表现。

在混合型 ESG 基金分类下，有偏股混合型基金和灵活配置型基金的产品使用 ESG 投资策略，其中偏股混合型基金数量高达 244 只，资产管理规模高达 1 142 亿元；灵活配置型基金为 63 只，资产管理规模为 552 亿元。除 REITs 外，基金产品使用 ESG 投资策略最少类型的基金为债券型基金分类下的混合债券型二级基金，数量仅为 4 只，目前的资产管理规模仅有 2 亿元；中长期纯债型基金为 17 只，占比 42.50%，基金资产管理规模为 167 亿元；被动指数型债券基金数量最多，为 19 只，占比近 50%，资产管理规模超 500 亿元，占比高达 77.48%。基金通过负面、正面筛选和 ESG 整合等 ESG 投资策略对发债主体进行综合评价与选择。国际（QDII）ESG 基金分类下仅有国际（QDII）股票型基金，数量为 10 只，仅投资于境外的证券市场，基金选股的投资策略与其他投资类型基金相同，都使用 ESG 投资策略，目前的资产管理规模为 8 亿元。FOF 基金分类下的混合型 FOF 基金使用 ESG 投资策略，基金数量为 9 只，资产管理规模目前较小，仅为 1 亿元。REITs 共计 1 只基金使用 ESG 投资策略，处于起步阶段，资产管理规模为 79 亿元。

从上述数据中我们可以发现，无论是从一级分类角度还是从二级分类角度来看，目前使用 ESG 投资策略的基金中股票型基金和混合型基金的基金总数量及资产管理规模占比较大，其中以普通股票型和偏股混合型基金为主，而债券型基金数量较少，可能缘于目前我国股票市场相对较为活跃，投资者对于股票型基金的需求更高。然而，债券市场发行主体相关的 ESG 评价体系发展尚未成熟，与上市公司及企业的 ESG 评价体系相比不够完善。因此，ESG 投资策略现阶段在股票市场的投资中运用更为广泛。但随着 ESG 理念逐渐被市场广泛认可，债券型 ESG 基金的发展潜力也在逐渐被挖掘，未来或将迎来更多的发展机遇。

通过与第一章数据对比，我们发现 ESG 投资基金管理费与托管费费率与其他公募基金的费率无明显差异。

三、ESG 基金业绩总结——股票型 ESG 基金能否跑赢大盘指数

本节内容主要分为两个部分。第一部分，从年度收益率及累计收益率两个层面分别对比股票型 ESG 基金和万得全 A 指数的差异；第二部分，将风险因素纳入业绩比较的考量，选用夏普比率及索丁诺比率两种风险调整后收益指标，对股票型 ESG 基金和万得全 A 指数的收益进行分析。对比股票型 ESG 基金与万得全 A 大盘指数可以更全面地了解 ESG 投资的表现和风险，更好地评估 ESG 投资策略的效果。在分析、评估主动管理的股票型 ESG 基金时，我们将万得数据库中二级分类下的普通股票型及偏股混合型基金定义为“股票型 ESG 基金”。

（一）股票型 ESG 基金与万得全 A 指数绝对收益的比较

1. 年度收益率比较

图 6-3 展示了 2007~2023 年股票型 ESG 基金与万得全 A 指数年度收益率的比较结果。我们参考第二章中的计算方法对每只股票型 ESG 基金的年化收益率和每一年波动率等风险指标进行计算。

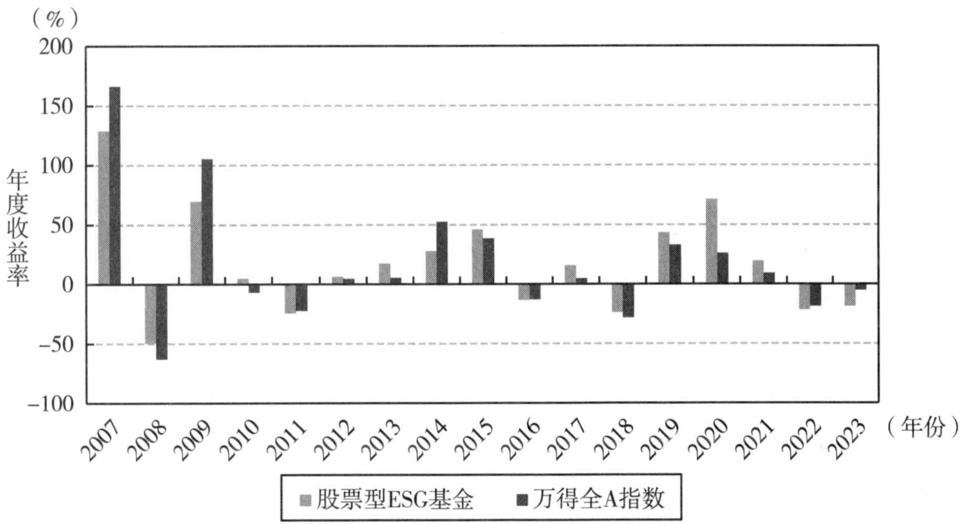

图 6-3 股票型 ESG 基金与万得全 A 指数的年度收益率比较：2007~2023 年

如图 6-3 所示，在 2007~2023 年的 17 年中，有 10 年股票型 ESG 基金的收益率超过了大盘指数。尤其值得注意的是，在近十年的时间里（2014~2023 年），有 6 年股票型 ESG 基金的收益率高于大盘指数，在近五年（2019~2023 年），股票型 ESG 基金收益率优于大盘指数的年份有 3 年，且 3 年收益率均高于指数收益率 10%以上，特别在 2020 年，股票型 ESG 基金年度收益率高达 71.5%，超出指数近 46 个百分点。这表明，ESG 投资策略在帮助投资者实现超额收益方面具有潜力，股票型 ESG 基金从中长期来看表现优异。与第二章数据对比，纵观 17 年（2007~2023 年），股票型 ESG 基金有 12 年的年度收益率高于股票型公募基金，在市场整体收益率不佳的 7 年，股票型公募基金有 5 年表现不及股票型 ESG 基金；在大盘指数呈明显涨势的 2009 年及 2014 年，股票型 ESG 基金的平均收益率均高于全部股票型公募基金的平均收益率。

图 6-4 展示了 2007~2023 年股票型 ESG 基金与万得全 A 指数收益率的年化波动率的比较。在共计 17 年的样本年份中，万得全 A 指数波动率高于股票型 ESG 基

金波动率的年份有 8 年，分别为 2007～2010 年、2012～2013 年、2016 年及 2019 年。近十年（2014～2023 年）中，股票型 ESG 基金年化波动率高于万得全 A 指数的年份有 8 年，近五年（2019～2023 年）期间股票型 ESG 基金年化波动率高于大盘指数的年份有 4 年，可能是受到行业轮动的影响，如果一只 ESG 基金的投资组合中包含多只处于同一行业的股票，当该行业受到影响时，基金的波动率会增加。举例而言，如果一只 ESG 基金投资了多家新能源行业上市公司，当新能源行业遭遇政策变化或市场调整时，该基金的净值会有较大的波动。2023 年，股票型 ESG 基金年化波动率较万得全 A 指数年化波动率高，可能与 2023 年新能源行业整体盈利增速呈下降趋势有关，一些在新能源产业链持重仓的基金表现相对落后。

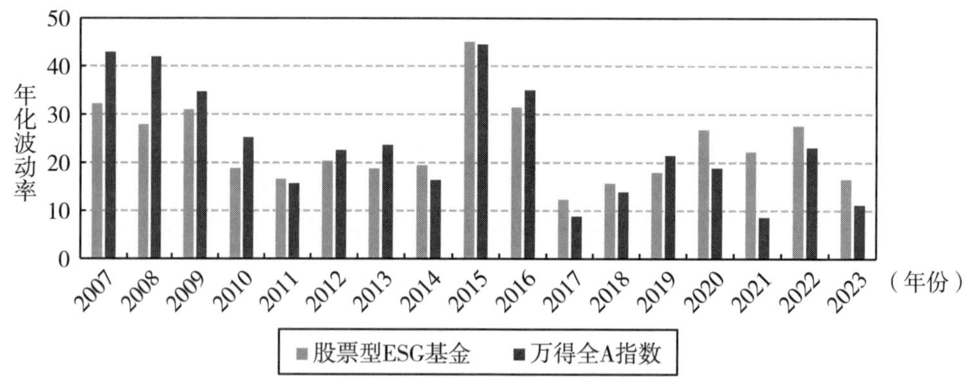

图 6-4　股票型 ESG 基金与万得全 A 指数收益率的年化波动率比较：2007～2023 年

2. ESG 基金超越大盘指数比例

图 6-5 详细统计了 2007～2023 年股票型 ESG 基金收益率超过万得全 A 指数收益率的比例。在 17 个年份中，有 8 个年份股票型 ESG 基金收益率超越万得全 A 指数收益率的比例在 60%以上，分别为 2008 年、2010 年、2013 年、2017～2021 年。在万得全 A 指数收益率为负的 7 年间有 3 年股票型 ESG 基金超越大盘的比例在 60%以上，还有 3 年在 30%～40%，2023 年为近 11.5%。尤其在 2008 年及 2018 年万得全 A 指数下跌比率较大的两年间，仍有超过 70%的股票型 ESG 基金收益率表现优于指数，由此可见在市场整体行情趋势趋于跌宕之时，股票型 ESG 基金能以较平稳的表现获得优于大盘指数的收益。然而，在大盘处于牛市的 2009 年和 2014 年，大盘收益率较高的年份，仅有不超过 15%的股票型 ESG 基金获取了高于大盘的收益率。原因在于，股票型 ESG 基金的投资理念强调环境、社会和治理等方面的因素，使其在行业配置上与传统的股票型基金有所不同。在这两个牛市期间，一些热门行业如科技、金融等取得了高收益，而股票型 ESG 基金未能及时准确地捕捉到行业动向，导致其业绩表现不如大盘指数。

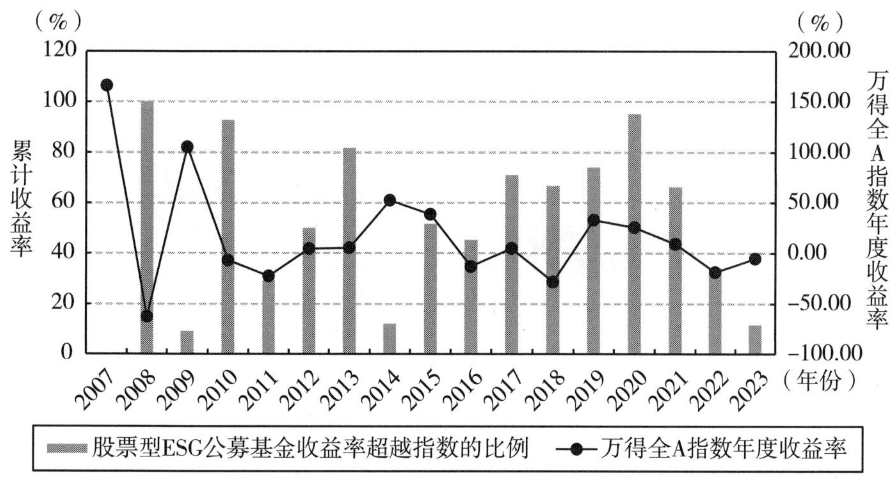

图 6-5 股票型 ESG 基金超越万得全 A 指数的比例：2007~2023 年

3. 近三年及近五年的累计收益率的比较

下面我们将进一步分析和比较股票型 ESG 基金和万得全 A 指数在近三年和近五年的年化收益率和累计收益率表现。在选取样本时，我们要求基金在 2021~2023 年或 2019~2023 年间具有完整的三年或五年基金复权净值数据，其中近三年基金的样本量为 71 只，近五年的样本量为 49 只。

图 6-6 展示了近三年（2021~2023 年）及近五年（2019~2023 年）股票型 ESG 基金及万得全 A 指数平均年化收益率情况。通过数据整体来看，股票型 ESG 基金近三年年化收益率表现不如大盘，近五年收益率表现优于大盘指数。近三年股票型 ESG 基金的年化收益率为-8.36%，低于表现也欠佳的万得全 A 指数近三年年化收益率-5.57%；近五年股票型 ESG 基金的年化收益率为 13.37%，超越了大盘的年化收益率 7.07%。总体来看，股票型 ESG 基金近五年收益率表现好于大盘指数的表现。但与 2022 年相比较，结果较为异常之处是近三年股票型 ESG 基金年化收益率表现差于万得全 A 指数，收益率相差近 3%。

图 6-7 展示了 2007~2023 年股票型 ESG 基金和万得全 A 指数的累计收益率，我们将 2006 年最后一天的股票型 ESG 基金与万得全 A 指数的初始值设为 100 元，以方便读者对两者进行比较。[①] 从中可以观察到，在过去的 17 年中，万得全 A 指数的累计收益率为 314.95%（年化收益率为 7%），而股票型 ESG 基金的累计收益率高达 513.4%（年化收益率为 10%），是万得全 A 指数累计收益率的 1.4 倍。因此，从长期且不考虑风险因素的角度来看，主动管理的股票型 ESG 基金能够获得比大盘指数更高的收益。同时，我们也看到二者之间的差距是从 2018 年起逐渐加大的。

① 在此我们只讨论等权平均累计收益的结果。

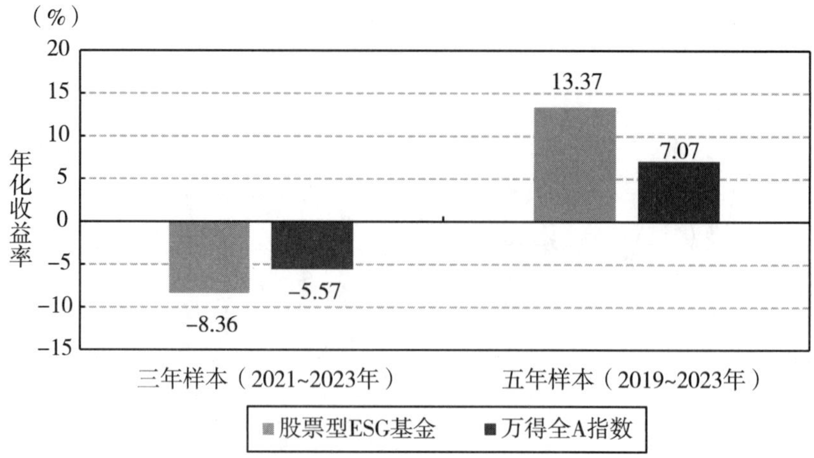

图 6-6　近三年（2021~2023 年）和近五年（2019~2023 年）股票型 ESG 基金和万得全 A 指数的年化收益率比较

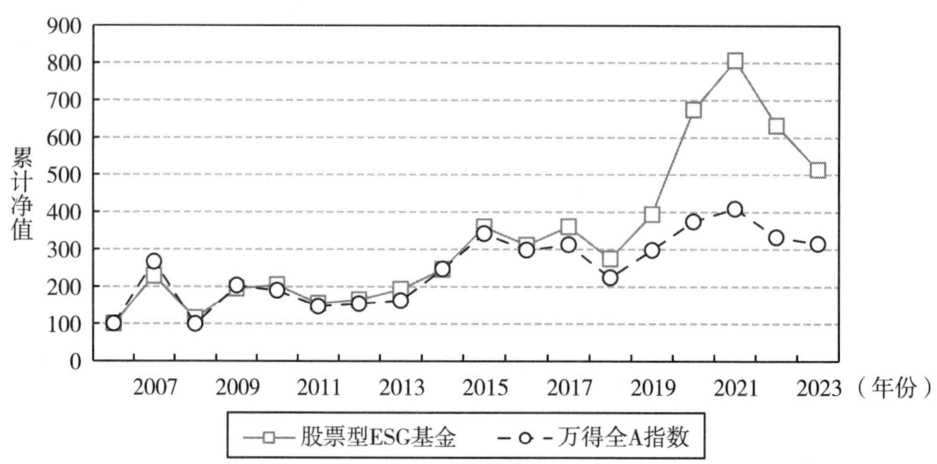

图 6-7　股票型 ESG 基金与万得全 A 指数的累计收益率比较：2007~2023 年

（二）风险调整后的收益分析

投资者将 ESG 因素纳入对上市公司的投资分析有助于揭示上市公司的潜在风险，ESG 因素对企业的盈利、风险和估值都会产生影响。例如，公司采取环保措施、重视员工福利和社会责任等举措，可能会提高企业的品牌知名度和声誉，增强消费者对其产品的信任度和忠诚度，从而提高企业的市场份额和销售额，进而带来利润的增长。在同业间，ESG 评分较好的上市公司自身盈利能力较强，从而能够进一步推动其股利水平的提升。有较高 ESG 评分的上市公司的风控能力普遍较强，能够降低企业潜在的环境污染治理和法律诉讼等风险，进而减少公司股价变动、回撤，以及声誉受损和治理失控等风险。ESG 因素对上市公司盈利和风险的传导机制进而会影响该企业股票的整体估值水平。通过改善企业的治理结构、提高员工满意度和减少环境污染等措施，可以增加企业的长期价值，提高其股票的估值；相反，如果企业在 ESG 方面的表现不佳，可能会降低其估值水平，导致投资者对其未来前景有所担忧。

综上所述，ESG 因素在投资决策中的作用日益重要，通过了解企业的 ESG 风险和机会，投资者可以更准确地评估企业的价值和风险，从而实现更加稳健的投资回报。

我们选取夏普比率和索丁诺比率两个指标来对比 ESG 基金和指数的风险调整后收益。在选取样本时，我们要求基金在 2021~2023 年或 2019~2023 年间具有完整的三年或五年基金复权净值数据，其中近三年基金的样本量为 71 只，近五年的样本量为 49 只。

1. 夏普比率

图 6-8 展示了近三年（2021~2023 年）和近五年（2019~2023 年）股票型 ESG 基金和万得全 A 指数的年化夏普比率的比较结果。如图 6-8 所示，股票型 ESG 基金近三年的夏普比率为-0.43，低于大盘指数的年化夏普比率（-0.39）。过去五年大盘指数的年化夏普比率为 0.39，低于股票型 ESG 基金在同期内的夏普比率（0.55）。从夏普比率的比较来看，最近三年的股票型 ESG 基金风险调整后收益表现弱于大盘指数，但最近五年股票型 ESG 基金风险调整后收益领先于大盘指数。

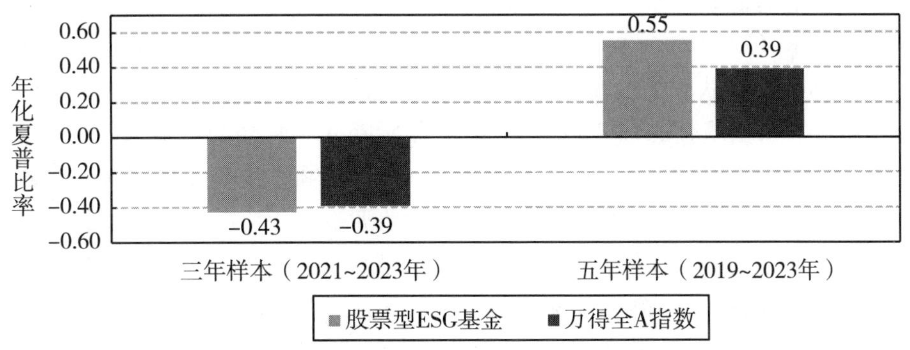

图 6-8　股票型 ESG 基金与万得全 A 指数的年化夏普比率：2019~2023 年

图 6-9 为 49 只股票型 ESG 基金近五年（2019~2023 年）的夏普比率散点图，图中横轴表示基金超额收益的年化标准差（风险），纵轴表示基金的年化超额收益

率（超额收益），散点均分布于上边界（“诺安低碳经济 A”）和下边界（“华宝绿色主题 A”）所围成的扇形间，边界可视为投资行为的天花板和地板。此外，图 6-9 绘制了一条经过原点且斜率为 0.39 的虚线，位于该虚线上的每一只基金的夏普比率与大盘指数相同。在 49 只股票型 ESG 基金中，位于虚线下方的基金为夏普比率低于大盘指数的基金，共计 12 只，占比约为 24.5%，这 12 只基金年化超额收益率在 1%~8%的区间内。有近 76%的股票型 ESG 基金在承担相同单位风险水平的情况下，获取了高于大盘指数的超额收益率。

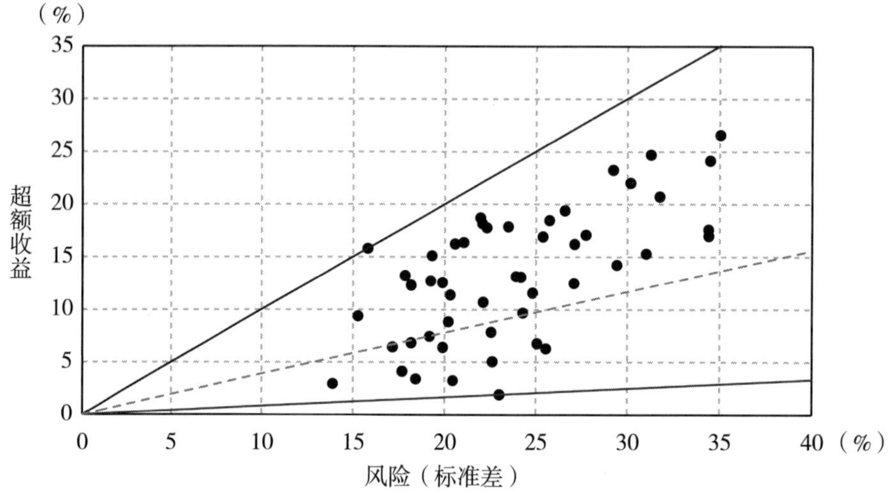

图 6-9 股票型 ESG 基金年化夏普比率散点图：2019~2023 年

表 6-5 展示了近五年（2019~2023 年）股票型 ESG 基金夏普比率排名及各基金在所有股票型基金中的位次。夏普比率最高的“诺安低碳经济 A”基金（1.00），其超额收益率（15.81%）虽不是排名前 10 位的基金中最高的，但却凭借较低的风险水平（标准差）获取了较高的夏普比率，且超过近 98%的全部股票型基金，位次位于所有股票型基金的前 3%；“工银生态环境 A”基金的风险水平（31.27%）在夏普比率排名前 10 位的基金当中是最高的，但其超额收益率（24.71%）排名第 1 位，夏普比率排名第 6 位，超过 85%的全部股票型基金，位次位于所有股票型基金的前 15%。在上述前 10 名的基金投资组合中，我们得知，一只基金业绩水平的高低需综合超额收益率和风险水平来进行分析与评估，两个因素都为投资决策中不可缺少的评估指标。在排名后 10 位的基金中，排名第 49 位的“华宝绿色主题 A”基金（超额收益率为 1.91%）为所有基金样本中唯一一只超额收益率低于 2%的基金，夏普比率仅为 0.08，近五年该只基金的业绩表现欠佳。近五年期间，共有占样本数 22%的股票型 ESG 基金的夏普比率位于所有股票型基金的前 20%，共有 4%的股票型 ESG 基金位于所有股票型基金的前 10%。

表 6-5　　股票型 ESG 基金年化夏普比率排名及在所有股票型基金中的次位：2019~2023 年

编号	基金名称	年化超额收益率（%）	年化超额收益率标准差（%）	年化夏普比率	基金在所有股票型基金中的位次（%）
1	诺安低碳经济 A	15.81	15.79	1.00	97.62
2	华宝生态中国 A	18.72	21.95	0.85	91.42
3	景顺长城公司治理	18.19	22.06	0.82	89.03
4	工银美丽城镇主题 A	17.79	22.31	0.80	86.53
5	景顺长城环保优势	23.26	29.23	0.80	86.17
6	工银生态环境 A	24.71	31.27	0.79	85.34
7	信澳新能源产业	16.25	20.56	0.79	85.22
8	富国美丽中国 A	15.12	19.28	0.78	84.74
9	中信保诚精萃成长 A	16.39	21.05	0.78	83.79
10	华夏能源革新 A	17.88	23.47	0.76	82.00
11	博时丝路主题 A	26.59	35.03	0.76	81.76
12	工银新材料新能源行业	13.22	17.80	0.74	79.62
13	汇丰晋信新动力	22.03	30.16	0.73	78.43
14	汇丰晋信低碳先锋 A	19.41	26.59	0.73	78.19
15	嘉实环保低碳	18.48	25.73	0.72	76.40
16	华夏节能环保 A	24.13	34.47	0.70	74.26
17	国投瑞银核心企业	12.32	18.13	0.68	70.92
18	中银美丽中国	16.93	25.38	0.67	68.53
19	富国低碳新经济 A	12.72	19.20	0.66	67.82
20	兴全绿色投资	20.74	31.74	0.65	66.51
21	工银新能源汽车 A	12.58	19.87	0.63	63.29
22	嘉实新能源新材料 A	17.09	27.74	0.62	59.95
23	华安生态优先 A	9.38	15.27	0.61	59.36
24	鹏华环保产业	16.23	27.12	0.60	57.45
25	中信保诚深度价值	11.38	20.31	0.56	50.89
26	鹏华优质治理 A	13.14	23.90	0.55	48.27
27	东方新能源汽车主题	13.09	24.17	0.54	46.72
28	华安新丝路主题 A	17.60	34.38	0.51	41.72

续表

编号	基金名称	年化超额收益率（%）	年化超额收益率标准差（%）	年化夏普比率	基金在所有股票型基金中的位次（%）
29	长信低碳环保行业量化A	17.00	34.39	0.49	38.26
30	创金合信新能源汽车A	15.31	31.02	0.49	38.14
31	银华新能源新材料量化A	10.70	22.12	0.48	36.59
32	中银持续增长A	14.24	29.42	0.48	36.35
33	汇添富环保行业	11.59	24.81	0.47	33.85
34	建信环保产业	12.50	27.09	0.46	32.90
35	交银蓝筹	8.84	20.21	0.44	29.20
36	新华钻石品质企业	9.68	24.27	0.40	23.60
37	中银健康生活	7.44	19.15	0.39	22.17
38	建信社会责任	6.84	18.14	0.38	20.50
39	汇丰晋信大盘A	6.44	17.13	0.38	20.38
40	光大一带一路A	7.85	22.55	0.35	17.76
41	财通可持续发展主题	6.40	19.89	0.32	15.49
42	银河美丽优萃A	6.78	25.07	0.27	11.80
43	兴全社会责任	6.28	25.56	0.25	9.89
44	中银优秀企业	4.13	17.65	0.23	9.42
45	金元顺安价值增长	5.06	22.61	0.22	8.82
46	汇添富价值精选A	2.95	13.88	0.21	8.22
47	富国低碳环保	3.41	18.39	0.19	6.67
48	汇添富社会责任A	3.25	20.45	0.16	6.20
49	华宝绿色主题A	1.91	23.00	0.08	4.65

2. 索丁诺比率

图6-10展示了2021~2023年及2019~2023年股票型ESG基金与万得全A指数的年化索丁诺比率。在三年样本数据中可见，股票型ESG基金的索丁诺比率为-0.72，低于大盘指数的索丁诺比率-0.62。在五年样本数据中，股票型ESG基金的索丁诺比率1.18高于万得全A指数的索丁诺比率（0.77）。从数据可看出，股票型ESG基金近三年的夏普比率和索丁诺比率均低于万得全A指数，近五年的表现均优于指数。

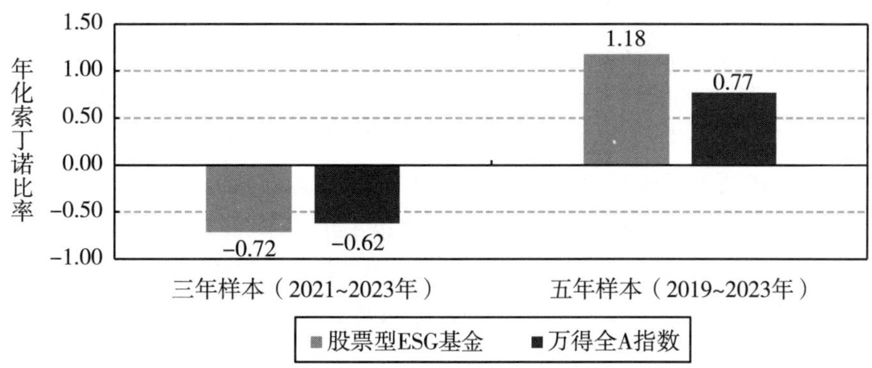

图 6-10 股票型 ESG 基金与万得全 A 指数的年化索丁诺比率：2019~2023 年

图 6-11 为 49 只股票型 ESG 基金近五年（2019~2023 年）的索丁诺比率散点图，横轴表示基金超额收益的年化下行标准差（风险），纵轴表示基金的年化超额收益率（超额收益），散点均分布于上边界（“诺安低碳经济 A”）和下边界（“华宝绿色主题 A”）所围成的扇形之间，此外，图 6-11 绘制了一条经过原点且斜率为 0.77 的虚线，位于该虚线上的每一只基金的索丁诺比率与大盘指数相同。在 49 只股票型 ESG 基金中，位于虚线下方的基金为低于大盘指数索丁诺比率的基金，共计 11 只，占比约为 22.4%，这 11 只基金收益率均偏低，其中“华宝绿色主题 A”基金的收益率低于 2%；有 37 只基金在承担相同单位下行风险时表现优于大盘指数，其中有 33 只基金的索丁诺比率高于 1，有较优秀的基金业绩。

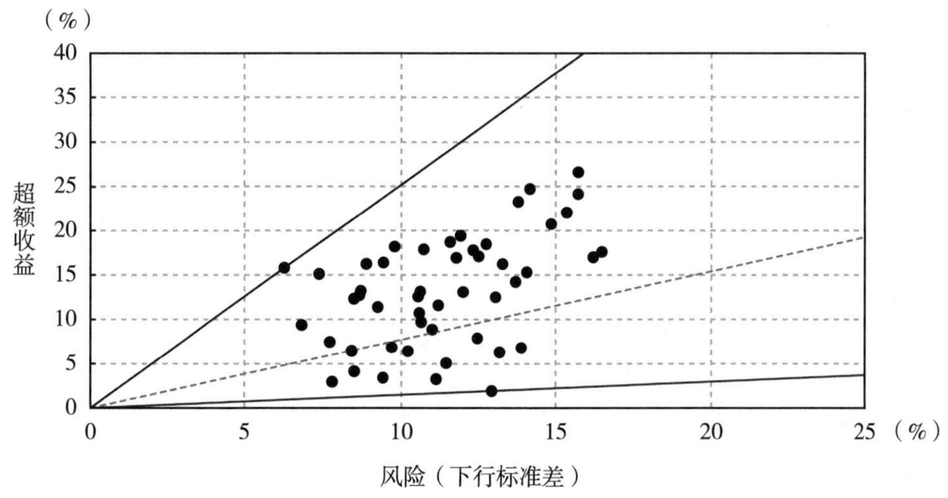

图 6-11 股票型 ESG 基金年化索丁诺比率散点图：2019~2023 年

表 6-6 展示了近五年（2019~2023 年）股票型 ESG 基金年化索丁诺比率排名及各基金在所有股票型基金中的位次。索丁诺比率排名最高的为“诺安低碳经济 A”基金，下行风险为 6. 28%，该基金经理有较强的下行风险控制能力，同时该基金在所有股票型基金中的位次很高，超过 98. 57%的全部股票型基金；“华夏能源革新 A”基金的下行风险较“诺安低碳经济 A”基金高，为 15. 72%，但却凭借较高的年化超额收益（26. 59%）获得了较高的索丁诺比率，这得益于该基金较强的管理能力，同时该基金超过了 84%的全部股票型基金，次位较高。表 6-6 显示，有 3 只股票型 ESG 基金位于所有股票型基金的前 10%，有 11 只基金位于所有股票型基金的前 20%。

表 6-6　　股票型 ESG 基金年化索丁诺比率排名及在所有股票型基金中的次位：2019~2023 年

编号	基金名称	年化超额收益率（%）	年化下行标准差（%）	年化索丁诺比率	基金在所有股票型基金中的位次（%）
1	诺安低碳经济 A	15. 81	6. 28	2. 52	98. 57
2	工银美丽城镇主题 A	15. 12	7. 39	2. 05	94. 16
3	华宝生态中国 A	18. 19	9. 78	1. 86	90. 35
4	博时丝路主题 A	16. 25	8. 88	1. 83	89. 27
5	工银生态环境 A	24. 71	14. 16	1. 74	86. 41
6	中信保诚精萃成长 A	16. 39	9. 43	1. 74	86. 29
7	华夏能源革新 A	26. 59	15. 72	1. 69	84. 15
8	工银新材料新能源行业	23. 26	13. 78	1. 69	84. 03
9	信澳新能源产业	17. 88	10. 72	1. 67	83. 19
10	景顺长城公司治理	19. 41	11. 90	1. 63	81. 76
11	汇丰晋信新动力	18. 72	11. 57	1. 62	81. 05
12	富国美丽中国 A	24. 13	15. 71	1. 54	76. 76
13	汇丰晋信低碳先锋 A	13. 22	8. 70	1. 52	75. 80
14	嘉实环保低碳	12. 72	8. 66	1. 47	73. 54
15	中银美丽中国	18. 48	12. 73	1. 45	72. 23
16	国投瑞银核心企业	12. 32	8. 49	1. 45	72. 11
17	景顺长城环保优势	17. 79	12. 31	1. 45	71. 16
18	工银新能源汽车 A	16. 93	11. 76	1. 44	70. 56
19	华夏节能环保 A	22. 03	15. 35	1. 43	69. 96
20	富国低碳新经济 A	20. 74	14. 85	1. 40	67. 46

续表

编号	基金名称	年化超额收益率（%）	年化下行标准差（%）	年化索丁诺比率	基金在所有股票型基金中的位次（%）
21	中信保诚深度价值	9.38	6.84	1.37	65.67
22	鹏华环保产业	17.09	12.49	1.37	65.55
23	嘉实新能源新材料 A	13.14	10.61	1.24	57.45
24	兴全绿色投资	11.38	9.25	1.23	56.97
25	华安生态优先 A	16.23	13.26	1.22	56.14
26	鹏华优质治理 A	12.58	10.54	1.19	53.87
27	华安新丝路主题 A	13.09	11.98	1.09	45.89
28	长信低碳环保行业量化 A	15.31	14.06	1.09	45.29
29	东方新能源汽车主题	17.60	16.48	1.07	43.74
30	银华新能源新材料量化 A	17.00	16.19	1.05	42.55
31	创金合信新能源汽车 A	14.24	13.69	1.04	41.60
32	建信环保产业	11.59	11.19	1.04	41.12
33	中银持续增长 A	10.70	10.58	1.01	38.86
34	汇添富环保行业	7.44	7.73	0.96	34.92
35	建信社会责任	12.50	13.03	0.96	34.68
36	交银蓝筹	9.68	10.64	0.91	30.63
37	中银健康生活	8.84	10.99	0.80	25.15
38	财通可持续发展主题	6.44	8.41	0.77	22.29
39	新华钻石品质企业	6.84	9.70	0.71	19.07
40	汇丰晋信大盘 A	7.85	12.44	0.63	16.09
41	光大一带一路 A	6.40	10.21	0.63	15.85
42	银河美丽优萃 A	6.78	13.88	0.49	10.73
43	中银优秀企业	4.13	8.50	0.49	10.61
44	兴全社会责任	6.28	13.17	0.48	10.13
45	金元顺安价值增长	5.06	11.44	0.44	9.06
46	汇添富价值精选 A	2.95	7.80	0.38	7.63
47	富国低碳环保	3.41	9.41	0.36	6.91
48	汇添富社会责任 A	3.25	11.12	0.29	6.20
49	华宝绿色主题 A	1.91	12.91	0.15	4.53

（三）ESG 基金的优秀业绩从何而来

接下来，我们对股票型 ESG 基金的选股能力及择时能力进行分析。我们选取过去三年（2021~2023 年）和过去五年（2019~2023 年）内有完整净值数据的股票型 ESG 基金进行分析，包括近三年的 71 只基金样本和近五年的 49 只基金样本。

1. 选股能力分析

表 6-7 展示了股票型 ESG 基金近五年（2019~2023 年）选股能力 α 显著性的统计结果。我们运用 Carhart-Treynor-Mazuy 模型评估过去五年内（2019~2023 年）股票型 ESG 基金的选股能力，包括具备正确选股能力、错误选股能力、与无选股能力的基金数量与占比情况。在 5%的显著性水平下，有 12 只股票型 ESG 基金的基金经理具有显著的选股能力，占总样本数的 24%；有 37 只基金 α 的 t 值为不显著，占比 76%。纵观过去 5 年，仅有近 25%的股票型 ESG 基金的基金经理具备选股能力优势。

表 6-7　　股票型 ESG 基金的选股能力 α 显著性的估计结果：2019~2023 年

显著性	样本数量（只）	数量占比（%）
正显著	12	24
不显著	37	76
总计	49	100

下面我们具体分析在过去 5 年中 α 呈正显著、具有选股能力的 12 只股票型 ESG 基金。表 6-8 展示了过去五年（2019~2023 年）在四因子模型中具备选股能力的股票型 ESG 基金（按照 α 从大到小排序）；同时，我们也统计了这些基金在过去三年（2021~2023 年）的选股能力以及在过去三年、五年是否都具有选股能力的情况。在过去五年间，具有选股能力的 12 只股票型 ESG 基金的年化 α 在 9%~26%，其中仅有“景顺长城公司治理”1 只基金在过去三年及五年的区间内都有正显著 α，占 12 只基金的比例为 8.3%。

表 6-8　　过去五年具有选股能力的股票型 ESG 基金（按五年选股能力 α 排序）

编号	基金名称	过去五年（2019~2023 年）		过去三年（2021~2023 年）		过去三年、五年都具有选股能力
		年化 α(%)	t(α)	年化 α(%)	t(α)	
1	华夏能源革新 A	25.65	1.8	-3.25	-0.21	
2	工银生态环境 A	19.82	1.65	-2.01	-0.11	
3	景顺长城公司治理	18.17	2.67	19.08	1.68	√
4	景顺长城环保优势	17.54	2.6	9.41	0.96	
5	富国美丽中国 A	16.3	3.08	3.95	0.55	
6	工银新材料新能源行业	14.94	2.19	4.64	0.46	
7	兴全绿色投资	13.21	2.7	8.66	1.13	
8	诺安低碳经济 A	12.98	2.74	10.76	1.51	
9	中信保诚深度价值	12.15	2.59	4.91	0.78	
10	博时丝路主题 A	10.5	1.82	0.14	0.02	
11	中信保诚精萃成长 A	10.16	1.83	4.48	0.57	
12	汇丰晋信大盘 A	9.04	2.05	2.98	0.46	

注：表中√代表在过去三年和过去五年都具有选股能力的股票型 ESG 基金。

2. 择时能力分析

表 6-9 展示了在 Treynor-Mazuy 四因子模型下近五年（2019~2023 年）股票型 ESG 基金择时能力 γ 的显著性结果。结果显示，仅有 1 只基金 γ 的值为正显著，占比仅为 2.04%；共计 45 只股票型 ESG 基金的基金经理未表现出择时能力，占比高达近 92%；有 3 只基金的基金经理有错误的择时能力，占比为 6.12%。

表 6-9　　股票型 ESG 基金的择时能力 γ 显著性的估计结果：2019~2023 年

显著性	样本数量（只）	数量占比（%）
正显著	1	2.04
不显著	45	91.84
负显著	3	6.12
总计	49	100.00

表 6-10 展示了过去 5 年具有择时能力、γ 为正显著的股票型 ESG 基金。在 49 只样本基金中，仅有“建信社会责任”1 只基金在过去五年具备择时能力，但在近三年内不具备择时能力，基金的主题为社会责任。整体来看，几乎没有 ESG 基金

经理展示出择时能力。

表 6-10　　过去五年具有择时能力的股票型 ESG 基金（按五年择时能力 γ 排序）

编号	基金名称	过去五年（2019~2023 年）		过去三年（2021~2023 年）		过去三年、五年都具有选股能力
		γ	t（γ）	γ	t（γ）	
1	建信社会责任	3	2.87	3.97	1.93	

注：表中√代表在过去三年和过去五年都具有择时能力的股票型 ESG 基金。

四、我国 ESG 公募基金投资面临的挑战与发展新趋势

近年来，我国 ESG 公募基金发展速度较快，但同时也面临着不少挑战。第一，我国缺乏统一的 ESG 信息披露框架。目前，中国企业在 ESG 信息披露方面缺乏强制性要求，导致信息披露率较低，缺乏统一的披露标准也影响了信息披露的质量和可比性，使得投资者难以进行有效的比较和评估。此外，中国 ESG 公募基金市场还存在“漂绿”（greenwashing）风险。大部分基金在披露中，定性类的描述占据较大比例，如仅对 ESG 理念和 ESG 投资策略的相关信息进行了披露，对具体的 ESG 成分构成变化以及对环境保护、低碳和社会贡献定量类的描述较少，这造成了可比性的不足，投资者无法根据具体的标准进行比较。换言之，基金的“含绿量”不透明，增加了市场的“漂绿”风险。因此，建立统一的 ESG 信息披露框架和披露标准，加强基金信息的透明度和真实性，都是推动中国 ESG 公募基金市场发展道路上的重点任务。

第二，我国缺乏适用于本土企业的完善的 ESG 评价体系。目前，国内外尚未形成统一的 ESG 评级原则，不同评级机构对同一上市公司的 ESG 评价结果存在较大差异，这给投资组合的资产配置比例带来了不确定性，对资产组合构建产生了不利影响。尽管国际上已经建立了相对成熟和规范的 ESG 评价体系，但由于中国企业的文化背景、市场发展状况以及监管关注重点的差异，国际评价体系无法直接适用于中国本土企业。因此，我们需要加快推动市场参与方建立相对统一的本土化 ESG 评价体系，以积极促进中国 ESG 公募基金市场的发展。

第三，我国 ESG 信息传递存在穿透性和及时性不足的问题，导致相关的 ESG 风险提示无法及时传递给投资者。同时，大多数企业在信息披露中偏向披露正面信息，如对环保贡献的宏观描述，而忽略了实际存在的运营风险。这使得投资者无法获得真实的运营风险信息，增加了投资决策的风险。此外，偏底层的风险也会被隐藏。

挑战与发展机遇并存。2023 年，全球范围内的监管机构和政府组织在 ESG 信息披露政策和制度的制定方面采取了相应措施。这一趋势将促使中国的 ESG 信息披露标准逐步完善，披露的必要性也将从最初的鼓励逐渐转变为强制。最终，中国将找到适用于本土企业的 ESG 信息披露体系和评价标准，实现 ESG 信息披露的标准化和体系化。2023 年 2 月 10 日，深交所发布《深圳证券交易所上市公司自律监管指引第 3 号——行业信息披露（2023 年修订）》，对行业信息披露指引进行了适应性调整，其中第二条修订内容强调了需强化 ESG 信息披露要求，对一些特定行业如化工、电力等重污染行业需加强细化其重大环境污染事故信息披露要求，提升上市公司切实承担社会责任的意识。2023 年 3 月，《中国企业 ESG 报告评级标准（2023）》由中国企业社会责任报告评级专家委员会正式发布，该评级标准将我国企业 ESG 的工作现状与国内外各大企业的 ESG 报告经验相结合，调整并优化了各项评级指标及其相应权重，为提升评估我国企业 ESG 绩效的准确度贡献了一份力量。

随着 ESG 投资理念在全球范围内的普及和受重视程度的提升，中国 ESG 公募基金市场也面临着一些新的发展趋势。例如，监管机构和政府组织逐渐推动 ESG 信息披露的规范化和强制性要求，助力中国 ESG 信息披露标准的完善。此外，随着社会对气候变化和环境问题的关注不断增强，企业为了稳健和可持续的资本收益，将更加重视 ESG 治理。在可预见的未来，我国 ESG 基金的数量和规模将继续增长，在 ESG 基金相关政策和规则的正向引导下，存量资金和增量资金都将调整其投向，从过去的无所不投、只追求利益的模式转移到有益社会、有益环境和有益治理的方向上去。

附录一　股票型公募基金近五年业绩描述统计表（按年化收益率排序）：2019~2023年

本表展示的是近五年主动管理的股票型公募基金的收益和风险指标。其中，收益指标包括年化收益率、夏普比率及索丁诺比率，风险指标包括年化波动率、年化下行风险及最大回撤率。在评估基金的收益和风险时，我们选取万得全A指数作为评估标准，并在表中第0行给出相关指标的结果。

编号	基金名称	年化收益率(%)	年化波动率(%)	年化下行风险(%)	最大回撤率(%)	年化夏普比率	年化索丁诺比率
0	万得全A指数	7.07	17.84	8.94	22.95	0.39	0.77
1	交银趋势优先A	29.84	21.40	7.16	15.23	1.26	3.77
2	华安安信消费服务A	28.99	20.03	7.87	22.87	1.30	3.32
3	大成新锐产业A	28.57	23.01	8.84	29.45	1.15	2.98
4	招商稳健优选A	28.57	27.01	12.53	36.36	1.01	2.19
5	中信保诚周期轮动A	27.77	25.41	11.57	38.46	1.04	2.28
6	金鹰科技创新A	26.99	26.46	14.11	35.25	0.99	1.85
7	中银智能制造A	26.83	27.31	12.15	32.98	0.95	2.14
8	融通内需驱动AB	26.77	18.94	8.04	16.27	1.28	3.01
9	工银战略转型主题A	26.70	20.64	7.72	20.83	1.18	3.16
10	中信保诚中小盘A	26.54	30.22	14.44	43.32	0.88	1.85
11	广发电子信息传媒产业精选A	25.99	30.07	13.70	33.05	0.87	1.91
12	金鹰信息产业A	25.57	31.98	14.53	37.35	0.82	1.81
13	汇丰晋信智造先锋A	25.35	32.35	16.15	47.75	0.82	1.64
14	华夏能源革新A	24.71	35.03	15.85	42.06	0.76	1.68
15	招商量化精选A	24.29	19.08	7.96	13.97	1.16	2.78

续表

编号	基金名称	年化收益率（%）	年化波动率（%）	年化下行风险（%）	最大回撤率（%）	年化夏普比率	年化索丁诺比率
16	申万菱信智能驱动 A	24.17	23.96	11.80	36.26	0.97	1.96
17	建信中小盘 A	24.05	25.28	11.74	27.96	0.92	1.99
18	中金新锐 A	23.94	21.83	10.83	28.45	1.03	2.08
19	工银生态环境 A	23.80	31.27	14.28	49.62	0.79	1.73
20	宏利转型机遇 A	23.63	33.97	15.87	56.85	0.75	1.60
21	景顺长城成长之星	23.10	19.65	8.24	17.98	1.08	2.59
22	工银中小盘成长	23.00	29.75	14.60	43.62	0.80	1.62
23	建信健康民生 A	22.75	21.62	10.46	30.31	0.99	2.05
24	国联竞争优势	22.74	24.27	11.40	30.47	0.91	1.93
25	信澳新能源产业	22.73	29.23	13.90	42.17	0.80	1.67
26	大成产业升级 A	22.71	22.08	10.22	32.82	0.97	2.10
27	鹏华价值精选	22.63	23.78	10.28	29.61	0.91	2.11
28	国泰智能汽车 A	22.39	31.11	15.33	43.60	0.76	1.54
29	万家臻选	22.39	25.85	12.55	32.40	0.85	1.76
30	农银汇理行业轮动 A	22.39	22.66	10.78	28.89	0.94	1.98
31	中银主题策略 A	22.26	20.77	9.94	23.06	1.00	2.10
32	工银前沿医疗 A	22.22	26.57	12.47	38.78	0.83	1.78
33	万家智造优势 A	22.16	27.80	13.29	33.80	0.81	1.69
34	华安研究精选 A	22.11	23.84	10.01	40.77	0.90	2.13
35	创金合信资源主题 A	22.08	28.69	12.93	32.60	0.78	1.74

续表

编号	基金名称	年化收益率(%)	年化波动率(%)	年化下行风险(%)	最大回撤率(%)	年化夏普比率	年化索丁诺比率
36	华夏行业景气	22.08	26.18	12.17	34.73	0.84	1.80
37	鹏华医药科技 A	21.92	24.88	11.56	37.52	0.86	1.85
38	华商上游产业 A	21.89	21.80	8.59	16.06	0.95	2.41
39	宏利行业精选 A	21.88	21.99	9.21	27.70	0.94	2.25
40	汇丰晋信低碳先锋 A	21.85	34.47	15.85	47.03	0.70	1.52
41	广发制造业精选 A	21.78	27.08	13.18	37.91	0.81	1.66
42	华宝创新优选	21.64	28.74	12.68	37.69	0.77	1.75
43	国泰事件驱动 A	21.61	25.64	12.36	37.74	0.83	1.73
44	建信潜力新蓝筹 A	21.59	23.84	10.89	27.05	0.88	1.92
45	工银物流产业 A	21.53	19.89	10.21	27.35	1.01	1.97
46	富国文体健康 A	21.52	21.34	9.64	27.50	0.95	2.11
47	大成消费主题 A	21.41	20.37	9.54	22.52	0.98	2.10
48	华安制造先锋 A	21.27	31.87	14.16	43.83	0.71	1.61
49	中欧养老产业 A	21.24	21.38	10.65	23.24	0.94	1.89
50	浦银安盛红利精选 A	21.24	26.07	12.87	35.27	0.81	1.65
51	华夏节能环保 A	20.88	30.17	15.48	36.16	0.73	1.42
52	金鹰中小盘精选 A	20.85	21.75	11.10	31.66	0.91	1.79
53	华夏创新前沿	20.78	23.21	9.44	28.63	0.87	2.13
54	华宝资源优选 A	20.65	24.36	9.31	26.66	0.83	2.17
55	易方达国企改革	20.58	24.42	12.57	31.72	0.83	1.61

续表

编号	基金名称	年化收益率(%)	年化波动率(%)	年化下行风险(%)	最大回撤率(%)	年化夏普比率	年化索丁诺比率
56	华泰柏瑞医疗健康 A	20.56	27.11	13.28	40.66	0.77	1.57
57	富国中小盘精选 A	20.51	24.56	10.81	33.54	0.82	1.87
58	国泰智能装备 A	20.37	29.49	14.17	38.40	0.73	1.51
59	大成高新技术产业 A	20.29	17.04	7.74	23.10	1.09	2.39
60	交银成长 30	20.23	25.04	11.10	29.52	0.80	1.80
61	工银信息产业 A	20.18	22.81	10.10	37.13	0.86	1.93
62	富国价值优势	20.14	21.98	9.07	39.44	0.88	2.13
63	国泰大健康 A	20.12	25.09	10.75	26.58	0.80	1.86
64	交银先进制造 A	20.12	20.24	9.02	35.26	0.94	2.10
65	招商行业精选	20.08	23.27	9.92	34.97	0.84	1.96
66	建信大安全	20.01	18.71	7.66	21.97	0.99	2.42
67	华安逆向策略 A	20.01	20.91	9.00	36.81	0.91	2.11
68	工银研究精选	19.93	22.20	9.59	31.88	0.86	2.00
69	博时特许价值 A	19.92	27.46	12.19	37.92	0.74	1.67
70	交银股息优化	19.92	24.25	12.64	32.15	0.81	1.56
71	宝盈医疗健康沪港深 A	19.91	27.08	14.05	43.41	0.75	1.45
72	广发睿毅领先 A	19.90	18.74	7.79	21.76	0.98	2.37
73	富国消费主题 A	19.86	24.41	10.60	30.59	0.80	1.85
74	工银精选平衡	19.86	14.67	5.37	10.67	1.21	3.31
75	诺安新经济	19.86	24.33	10.36	25.95	0.80	1.89

续表

编号	基金名称	年化收益率(%)	年化波动率(%)	年化下行风险(%)	最大回撤率(%)	年化夏普比率	年化索丁诺比率
76	工银新金融 A	19.82	21.32	9.23	39.64	0.89	2.05
77	海富通国策导向 A	19.72	24.70	11.55	23.62	0.79	1.69
78	交银医药创新 A	19.69	25.35	12.23	43.00	0.78	1.61
79	华安智能装备主题 A	19.68	25.60	13.03	38.72	0.77	1.52
80	建信信息产业 A	19.65	24.52	12.24	36.30	0.79	1.59
81	工银养老产业 A	19.55	23.49	11.21	37.98	0.82	1.71
82	圆信永丰优加生活	19.54	17.21	8.05	22.65	1.04	2.22
83	工银医药健康 A	19.49	26.00	12.59	41.60	0.76	1.56
84	金鹰核心资源 A	19.48	24.67	12.95	35.99	0.79	1.50
85	易方达医疗保健 A	19.48	26.22	14.20	42.86	0.76	1.40
86	嘉实资源精选 A	19.46	21.73	8.63	24.66	0.86	2.16
87	大成景恒 A	19.45	20.02	9.23	18.85	0.92	1.99
88	长城优化升级 A	19.44	25.11	11.36	37.36	0.77	1.71
89	新华行业周期轮换 A	19.43	27.14	12.58	36.17	0.73	1.58
90	光大行业轮动	19.41	24.86	12.08	38.71	0.78	1.60
91	景顺长城公司治理	19.38	21.95	11.67	32.56	0.85	1.60
92	富国高端制造行业 A	19.31	21.59	9.82	30.20	0.86	1.89
93	摩根健康品质生活 A	19.24	25.33	13.39	34.13	0.76	1.45
94	创金合信工业周期精选 A	19.21	28.80	12.46	51.37	0.70	1.62
95	富国通胀通缩主题 A	19.13	23.38	11.07	32.56	0.80	1.70

续表

编号	基金名称	年化收益率（%）	年化波动率（%）	年化下行风险（%）	最大回撤率（%）	年化夏普比率	年化索丁诺比率
96	建信创新中国	19.12	22.59	11.06	31.60	0.82	1.68
97	华商盛世成长	19.10	18.18	7.89	16.06	0.97	2.24
98	圆信永丰优悦生活	19.09	16.26	7.70	21.92	1.07	2.25
99	国富深化价值 A	19.08	18.63	7.82	29.24	0.95	2.27
100	汇丰晋信新动力	19.04	26.59	12.00	31.08	0.73	1.62
101	前海开源公用事业	18.98	28.82	12.77	36.82	0.69	1.56
102	宏利首选企业 A	18.89	24.83	10.76	35.73	0.76	1.75
103	易方达科翔	18.85	22.05	10.10	29.86	0.83	1.80
104	工银新能源汽车 A	18.82	31.75	14.98	51.81	0.65	1.38
105	中欧先进制造 A	18.79	30.36	13.71	52.56	0.67	1.48
106	华宝生态中国 A	18.79	22.06	9.87	28.01	0.82	1.84
107	中银中小盘成长	18.78	21.51	10.83	30.75	0.84	1.67
108	建信核心精选	18.78	18.25	7.49	23.31	0.95	2.33
109	建信改革红利 A	18.77	25.46	11.83	49.22	0.74	1.60
110	工银医疗保健行业	18.74	25.18	12.24	38.93	0.75	1.54
111	中欧电子信息产业 A	18.58	28.43	12.77	39.96	0.69	1.53
112	农银汇理量化智慧动力	18.54	19.26	9.23	25.88	0.90	1.89
113	南方国策动力	18.49	21.32	9.67	29.40	0.83	1.84
114	华夏经典配置	18.47	21.38	9.91	21.51	0.83	1.79
115	华泰保兴吉年丰 A	18.46	25.93	13.10	42.16	0.73	1.44

续表

编号	基金名称	年化收益率(%)	年化波动率(%)	年化下行风险(%)	最大回撤率(%)	年化夏普比率	年化索丁诺比率
116	招商中小盘精选	18.44	20.07	8.00	34.19	0.87	2.18
117	银华消费主题 A	18.43	26.14	12.17	36.56	0.72	1.54
118	万家瑞隆 A	18.42	21.91	10.83	30.21	0.82	1.65
119	广发聚瑞 A	18.41	24.27	12.52	39.29	0.76	1.47
120	万家行业优选	18.41	29.46	14.23	49.63	0.67	1.38
121	长信金利趋势 A	18.41	17.71	7.68	21.78	0.96	2.22
122	嘉实先进制造	18.36	24.21	12.09	39.39	0.76	1.52
123	工银高端制造行业	18.36	29.29	14.95	44.40	0.67	1.31
124	英大国企改革主题	18.33	18.15	7.06	16.69	0.94	2.41
125	鹏华精选成长 A	18.32	22.91	11.11	26.53	0.78	1.62
126	富国产业升级 A	18.31	21.43	9.01	29.83	0.82	1.95
127	银华内需精选	18.28	26.77	11.86	32.15	0.70	1.58
128	汇添富国企创新增长 A	18.27	20.34	8.47	31.86	0.85	2.05
129	汇丰晋信珠三角区域	18.24	22.92	9.64	24.48	0.78	1.85
130	摩根新兴动力 A	18.24	28.61	12.96	46.12	0.67	1.49
131	景顺长城环保优势	18.16	22.31	12.41	35.73	0.80	1.43
132	招商优质成长	18.15	22.86	10.14	34.35	0.78	1.75
133	富国低碳新经济 A	18.13	25.73	12.84	41.49	0.72	1.44
134	泰信中小盘精选	18.13	30.70	15.92	49.16	0.65	1.25
135	工银新材料新能源行业	18.07	23.47	10.81	37.76	0.76	1.65

续表

编号	基金名称	年化收益率（%）	年化波动率（%）	年化下行风险（%）	最大回撤率（%）	年化夏普比率	年化索丁诺比率
136	工银国家战略主题	18.07	26.80	11.86	29.88	0.70	1.57
137	工银主题策略 A	18.07	30.38	15.23	48.88	0.65	1.29
138	银华食品饮料 A	17.96	27.63	14.83	33.70	0.68	1.27
139	富国周期优势 A	17.96	17.98	7.64	28.05	0.93	2.18
140	南方高增长	17.95	19.99	8.65	18.70	0.85	1.97
141	红土创新新科技	17.89	33.00	16.37	56.59	0.62	1.24
142	招商体育文化休闲 A	17.86	30.45	14.98	38.92	0.64	1.30
143	创金合信科技成长 A	17.84	27.65	13.53	37.43	0.68	1.38
144	嘉实低价策略	17.82	18.96	8.59	22.58	0.88	1.95
145	汇丰晋信中小盘	17.71	21.81	9.83	23.93	0.79	1.75
146	华商主题精选	17.71	24.16	10.38	33.52	0.73	1.70
147	国联安远见成长	17.70	26.33	12.17	35.42	0.69	1.50
148	易方达价值精选	17.70	19.35	9.76	26.66	0.86	1.72
149	华宝服务优选	17.68	27.19	12.27	34.98	0.68	1.50
150	华富成长趋势 A	17.66	23.70	10.98	28.64	0.74	1.60
151	新华中小市值优选	17.60	21.41	8.55	30.08	0.79	1.99
152	华宝医药生物 A	17.57	25.33	12.55	40.36	0.71	1.43
153	新华优选成长	17.54	22.96	10.40	36.19	0.75	1.66
154	富国产业驱动 A	17.54	21.35	9.39	38.43	0.79	1.80
155	华夏盛世精选	17.52	22.47	9.96	29.28	0.76	1.72

续表

编号	基金名称	年化收益率(%)	年化波动率(%)	年化下行风险(%)	最大回撤率(%)	年化夏普比率	年化索丁诺比率
156	摩根卓越制造 A	17. 50	23. 90	9. 84	45. 67	0. 73	1. 77
157	富国天博创新主题	17. 49	21. 27	9. 31	32. 90	0. 79	1. 81
158	华安幸福生活 A	17. 48	25. 77	13. 23	51. 91	0. 70	1. 36
159	广发高端制造 A	17. 43	29. 82	14. 67	56. 83	0. 64	1. 29
160	中信保诚新兴产业 A	17. 41	34. 30	15. 93	62. 14	0. 59	1. 27
161	诺安低碳经济 A	17. 35	15. 79	6. 34	14. 19	1. 00	2. 49
162	金鹰行业优势 A	17. 35	26. 37	12. 77	51. 32	0. 68	1. 41
163	诺安先锋 A	17. 35	18. 26	8. 93	24. 76	0. 89	1. 82
164	申万菱信行业轮动 A	17. 33	30. 61	15. 56	39. 15	0. 62	1. 23
165	前海开源中药研究精选 A	17. 28	24. 25	11. 53	21. 99	0. 72	1. 51
166	交银品质升级 A	17. 28	24. 51	12. 79	32. 96	0. 71	1. 37
167	景顺长城中小创 A	17. 27	22. 80	12. 70	32. 32	0. 75	1. 35
168	天弘医疗健康 A	17. 26	25. 79	11. 78	36. 87	0. 69	1. 50
169	交银消费新驱动	17. 22	24. 36	12. 69	32. 65	0. 71	1. 37
170	兴全商业模式优选	17. 20	19. 36	10. 24	30. 77	0. 84	1. 59
171	融通医疗保健行业 A	17. 18	27. 81	12. 95	46. 55	0. 65	1. 40
172	诺德周期策略	17. 18	24. 00	11. 04	39. 47	0. 72	1. 56
173	易方达国防军工 A	17. 10	29. 81	13. 53	36. 35	0. 62	1. 37
174	中银战略新兴产业 A	17. 08	22. 91	10. 72	42. 57	0. 74	1. 58
175	华润元大信息传媒科技 A	17. 04	30. 62	15. 56	39. 95	0. 62	1. 21

续表

编号	基金名称	年化收益率（%）	年化波动率（%）	年化下行风险（%）	最大回撤率（%）	年化夏普比率	年化索丁诺比率
176	银河创新成长 A	17.01	35.56	18.56	52.56	0.58	1.10
177	华泰保兴成长优选 A	16.95	22.47	12.17	39.13	0.74	1.37
178	中信保诚精萃成长 A	16.94	21.05	9.51	33.80	0.78	1.72
179	中庚价值领航	16.91	20.05	9.08	18.52	0.81	1.78
180	博时丝路主题 A	16.91	20.56	8.96	30.19	0.79	1.81
181	易方达信息产业 A	16.89	27.73	13.50	34.18	0.65	1.33
182	汇丰晋信价值先锋 A	16.88	18.68	8.53	23.23	0.85	1.86
183	鹏华优势企业	16.85	22.05	9.58	34.87	0.75	1.72
184	诺安研究精选	16.84	22.82	9.98	33.60	0.73	1.67
185	长盛量化红利策略 A	16.83	15.36	5.71	13.80	0.99	2.67
186	国寿安保智慧生活	16.83	22.06	11.71	28.35	0.75	1.41
187	富国转型机遇	16.82	19.03	7.82	30.92	0.83	2.03
188	华宝动力组合 A	16.78	24.32	11.94	30.93	0.70	1.42
189	银华农业产业 A	16.69	23.74	12.48	35.57	0.71	1.34
190	摩根智选 30A	16.64	23.66	9.57	43.99	0.70	1.74
191	银华盛利 A	16.62	24.46	11.92	46.98	0.69	1.42
192	富荣福锦 A	16.57	20.99	8.85	26.31	0.76	1.81
193	富国城镇发展	16.52	17.37	7.39	25.25	0.88	2.07
194	创金合信消费主题 A	16.48	26.31	13.91	36.28	0.66	1.24
195	博时医疗保健行业 A	16.46	26.74	13.14	46.91	0.65	1.32

续表

编号	基金名称	年化收益率(%)	年化波动率(%)	年化下行风险(%)	最大回撤率(%)	年化夏普比率	年化索丁诺比率
196	嘉实环保低碳	16.45	25.38	11.86	48.16	0.67	1.43
197	华商改革创新 A	16.44	22.45	10.08	23.57	0.72	1.61
198	南华瑞盈 A	16.41	24.01	11.82	30.43	0.69	1.40
199	农银汇理低估值高增长	16.40	25.96	12.89	37.33	0.66	1.32
200	海富通中小盘	16.35	27.67	12.30	44.78	0.63	1.41
201	华夏新兴消费 A	16.33	23.57	10.65	39.09	0.69	1.54
202	新华优选消费	16.32	23.59	12.95	34.02	0.70	1.27
203	富国研究量化精选 A	16.27	22.11	10.74	38.13	0.72	1.49
204	工银文体产业 A	16.25	19.89	9.15	33.75	0.78	1.70
205	鹏华先进制造	16.24	21.08	10.47	35.15	0.75	1.51
206	汇添富民营新动力	16.16	21.48	11.03	29.52	0.74	1.43
207	长城医疗保健 A	16.15	25.08	12.65	44.31	0.66	1.31
208	工银创新动力	16.15	13.48	5.01	9.39	1.07	2.88
209	华宝高端制造	16.12	22.28	11.10	30.45	0.72	1.44
210	海富通电子信息传媒产业 A	16.12	32.00	15.94	44.05	0.58	1.16
211	光大风格轮动 A	16.09	17.66	8.18	19.56	0.85	1.84
212	嘉实价值精选	16.08	18.61	8.29	24.59	0.81	1.83
213	宝盈人工智能 A	16.04	28.42	14.04	47.39	0.61	1.24
214	国金量化多因子 A	16.04	17.62	7.89	14.12	0.85	1.89
215	鹏华环保产业	15.95	27.74	12.59	53.17	0.62	1.36

续表

编号	基金名称	年化收益率（%）	年化波动率（%）	年化下行风险（%）	最大回撤率（%）	年化夏普比率	年化索丁诺比率
216	易方达改革红利	15.95	23.60	10.68	29.24	0.68	1.50
217	工银美丽城镇主题 A	15.91	19.30	7.46	36.02	0.78	2.03
218	招商医药健康产业	15.86	27.60	12.44	48.40	0.61	1.36
219	大成策略回报 A	15.85	14.95	7.14	11.95	0.96	2.01
220	景顺长城优势企业 A	15.83	23.67	11.69	34.27	0.68	1.37
221	中欧明睿新常态 A	15.81	26.92	12.73	50.03	0.62	1.32
222	创金合信医疗保健行业 A	15.78	26.61	13.30	49.52	0.63	1.25
223	大摩品质生活精选 A	15.66	23.09	12.30	33.73	0.68	1.28
224	金鹰主题优势	15.64	25.40	11.31	36.26	0.64	1.43
225	国投瑞银成长优选	15.63	18.66	8.71	34.65	0.79	1.70
226	华夏智胜价值成长 A	15.61	16.60	8.39	18.82	0.87	1.72
227	银华中国梦 30	15.59	23.38	10.64	34.72	0.67	1.47
228	中欧时代智慧 A	15.56	24.41	11.94	39.01	0.65	1.33
229	国富研究精选 A	15.52	21.32	9.53	33.23	0.71	1.59
230	建信恒久价值	15.45	25.47	11.75	50.70	0.63	1.37
231	华泰柏瑞行业领先	15.44	25.90	12.51	40.27	0.62	1.29
232	中信保诚至远动力 A	15.43	21.16	8.89	33.65	0.71	1.69
233	银河量化优选 A	15.42	18.02	7.97	20.25	0.80	1.82
234	长信银利精选 A	15.37	18.85	9.00	31.87	0.77	1.62
235	鹏华养老产业	15.36	24.37	11.38	41.38	0.65	1.38

续表

编号	基金名称	年化收益率(%)	年化波动率(%)	年化下行风险(%)	最大回撤率(%)	年化夏普比率	年化索丁诺比率
236	景顺长城鼎益 A	15.33	28.03	13.37	41.84	0.59	1.24
237	景顺长城内需增长贰号	15.31	27.53	13.13	42.20	0.60	1.25
238	工银国企改革主题	15.28	20.20	9.24	31.27	0.73	1.60
239	诺安行业轮动 A	15.27	16.46	8.26	28.00	0.86	1.71
240	国联安主题驱动	15.25	18.37	8.22	29.08	0.78	1.75
241	长盛医疗行业 A	15.24	29.18	14.98	49.90	0.58	1.13
242	工银消费服务 A	15.22	16.96	8.01	27.39	0.83	1.77
243	广发中小盘精选 A	15.21	26.95	13.55	35.73	0.60	1.20
244	嘉实新消费	15.14	16.57	7.73	26.59	0.84	1.81
245	南方人工智能主题	15.12	20.92	9.40	29.72	0.71	1.57
246	嘉实新能源新材料 A	15.11	27.12	13.38	55.92	0.60	1.21
247	鹏华医疗保健	15.11	25.64	13.40	39.03	0.62	1.18
248	嘉实文体娱乐 A	15.08	25.50	13.09	35.58	0.62	1.20
249	建信优势动力	15.06	21.43	10.42	38.15	0.69	1.42
250	银华明择多策略	15.05	22.70	11.56	35.12	0.66	1.31
251	诺安先进制造 A	15.04	17.37	8.52	29.08	0.81	1.65
252	景顺长城优选	15.01	18.68	10.31	31.54	0.77	1.39
253	华泰柏瑞积极优选 A	14.99	22.26	11.40	28.78	0.67	1.31
254	兴全合润	14.98	19.34	10.27	34.63	0.74	1.40
255	国富中小盘 A	14.97	17.99	7.80	21.39	0.78	1.81

续表

编号	基金名称	年化收益率（%）	年化波动率（%）	年化下行风险（%）	最大回撤率（%）	年化夏普比率	年化索丁诺比率
256	天弘文化新兴产业 A	14.93	24.62	13.38	38.29	0.63	1.16
257	嘉实量化精选	14.93	18.67	8.43	17.52	0.76	1.68
258	诺德价值优势	14.93	24.17	10.99	40.54	0.63	1.39
259	招商移动互联网 A	14.91	32.34	17.24	42.67	0.54	1.02
260	工银农业产业	14.87	21.46	10.13	33.79	0.68	1.45
261	泓德战略转型	14.86	21.90	10.43	39.63	0.67	1.41
262	银河康乐 A	14.84	21.72	11.69	34.96	0.68	1.26
263	南方高端装备 A	14.81	26.29	13.62	49.06	0.60	1.16
264	银华中小盘精选	14.80	23.33	11.42	35.31	0.64	1.31
265	嘉实医药健康 A	14.77	25.17	13.28	45.22	0.61	1.16
266	建信中国制造 2025A	14.75	19.41	8.90	43.78	0.73	1.59
267	国泰优势行业 A	14.74	30.91	15.20	36.38	0.55	1.11
268	景顺长城内需增长	14.74	27.51	12.87	43.41	0.58	1.24
269	光大银发商机主题 A	14.72	19.80	9.15	28.60	0.72	1.55
270	大摩健康产业 A	14.71	27.37	13.88	49.26	0.58	1.15
271	长信量化中小盘	14.71	21.18	9.64	28.30	0.68	1.50
272	建信高端医疗 A	14.68	24.74	12.09	35.82	0.62	1.26
273	景顺长城新兴成长 A	14.68	27.27	13.01	42.21	0.58	1.22
274	银华裕利	14.66	18.86	8.64	27.73	0.74	1.62
275	嘉实物流产业 A	14.64	15.84	6.93	26.28	0.85	1.94

续表

编号	基金名称	年化收益率（%）	年化波动率（%）	年化下行风险（%）	最大回撤率（%）	年化夏普比率	年化索丁诺比率
276	汇添富中国高端制造A	14.63	19.58	8.80	27.07	0.72	1.60
277	大成中小盘A	14.63	20.32	9.18	27.39	0.70	1.55
278	广发双擎升级A	14.61	28.82	14.32	52.62	0.56	1.13
279	南方产业智选	14.58	29.97	16.69	43.12	0.56	1.00
280	中欧医疗健康A	14.57	28.35	13.18	54.13	0.57	1.22
281	海富通股票	14.55	35.98	18.09	43.24	0.51	1.02
282	易方达行业领先	14.55	20.71	9.90	35.97	0.69	1.44
283	博时新兴成长	14.55	27.63	13.13	39.15	0.57	1.20
284	招商大盘蓝筹	14.54	20.07	8.18	36.50	0.70	1.72
285	万家精选A	14.52	25.21	13.35	26.20	0.61	1.14
286	长城久富A	14.47	23.85	10.33	34.53	0.62	1.43
287	银河蓝筹精选A	14.47	26.94	12.61	46.13	0.58	1.23
288	北信瑞丰产业升级	14.45	28.87	13.95	52.93	0.56	1.15
289	国海证券量化优选一年持有A	14.42	17.67	8.31	16.70	0.77	1.63
290	金鹰稳健成长	14.42	22.48	10.10	40.34	0.64	1.43
291	广发小盘成长A	14.40	28.84	13.83	46.29	0.56	1.16
292	创金合信量化多因子A	14.36	20.32	9.80	24.98	0.69	1.43
293	华宝品质生活	14.36	22.43	10.64	33.66	0.64	1.35
294	易方达科讯	14.34	23.28	11.20	35.03	0.63	1.30
295	工银聚焦30	14.34	20.73	9.07	40.70	0.68	1.55

续表

编号	基金名称	年化收益率（%）	年化波动率（%）	年化下行风险（%）	最大回撤率（%）	年化夏普比率	年化索丁诺比率
296	广发医疗保健 A	14.33	28.95	14.69	57.46	0.55	1.09
297	农银汇理策略价值	14.33	18.78	8.30	37.63	0.73	1.65
298	光大新增长 A	14.29	23.06	11.35	37.05	0.63	1.28
299	华泰柏瑞战略新兴产业 A	14.27	20.94	10.36	39.50	0.67	1.35
300	东方新能源汽车主题	14.26	34.38	16.62	58.87	0.51	1.06
301	博时军工主题 A	14.25	31.09	13.97	40.82	0.53	1.18
302	华安中小盘成长	14.24	24.04	12.46	38.06	0.61	1.18
303	大成行业轮动 A	14.23	21.99	10.77	38.25	0.65	1.32
304	安信企业价值优选	14.22	17.08	8.15	19.51	0.78	1.63
305	中欧新动力 A	14.22	18.87	8.73	30.10	0.72	1.55
306	浙商聚潮产业成长 A	14.21	22.05	9.28	28.73	0.64	1.53
307	银华积极成长 A	14.19	20.73	9.51	33.25	0.67	1.46
308	国富潜力组合 A 人民币	14.18	21.12	9.34	33.28	0.66	1.50
309	华安宏利 A	14.17	22.54	10.37	46.46	0.63	1.37
310	博时逆向投资 A	14.16	18.63	8.55	32.67	0.72	1.58
311	景顺长城品质投资 A	14.12	18.83	8.88	31.12	0.72	1.52
312	诺安成长	14.10	35.61	18.50	53.16	0.50	0.97
313	工银智能制造	14.10	23.34	11.33	44.39	0.62	1.27
314	嘉实农业产业 A	14.10	23.40	12.40	32.54	0.62	1.16
315	易方达消费行业	14.07	26.10	13.96	39.06	0.58	1.08

续表

编号	基金名称	年化收益率(%)	年化波动率(%)	年化下行风险(%)	最大回撤率(%)	年化夏普比率	年化索丁诺比率
316	宏利市值优选	14. 01	22. 32	10. 88	39. 96	0. 63	1. 29
317	富国美丽中国 A	14. 00	17. 80	8. 78	31. 34	0. 74	1. 50
318	景顺长城沪港深精选	13. 98	11. 29	5. 20	7. 13	1. 09	2. 36
319	华安大国新经济 A	13. 98	22. 21	11. 31	37. 35	0. 63	1. 24
320	国泰区位优势 A	13. 97	20. 37	10. 02	30. 55	0. 67	1. 36
321	大成积极成长 A	13. 97	21. 68	10. 82	39. 31	0. 64	1. 29
322	工银量化策略 A	13. 97	18. 83	8. 94	40. 07	0. 71	1. 49
323	长盛成长价值 A	13. 96	14. 44	7. 29	11. 43	0. 88	1. 74
324	华安物联网主题 A	13. 95	22. 27	11. 31	35. 23	0. 63	1. 24
325	国泰金鹿	13. 94	19. 73	9. 64	28. 58	0. 68	1. 40
326	汇添富消费行业	13. 93	26. 18	13. 64	43. 46	0. 57	1. 10
327	华泰柏瑞价值增长 A	13. 92	22. 25	9. 35	48. 86	0. 63	1. 49
328	前海开源股息率 100 强	13. 91	15. 57	6. 13	14. 44	0. 82	2. 08
329	大成景阳领先 A	13. 86	21. 29	9. 56	20. 48	0. 64	1. 44
330	海富通风格优势	13. 80	19. 99	9. 38	30. 78	0. 67	1. 43
331	民生加银内需增长	13. 77	20. 65	8. 98	42. 05	0. 65	1. 50
332	摩根核心优选 A	13. 76	23. 82	12. 13	53. 65	0. 60	1. 17
333	长信内需成长 A	13. 75	23. 94	12. 28	42. 59	0. 59	1. 16
334	景顺长城量化小盘	13. 72	21. 02	10. 31	23. 89	0. 64	1. 31
335	信澳产业升级	13. 72	31. 54	15. 44	60. 34	0. 51	1. 05

续表

编号	基金名称	年化收益率(%)	年化波动率(%)	年化下行风险(%)	最大回撤率(%)	年化夏普比率	年化索丁诺比率
336	南方盛元红利	13.67	17.75	7.77	28.52	0.73	1.66
337	工银新蓝筹 A	13.66	16.20	7.06	25.41	0.78	1.79
338	信澳中小盘	13.64	31.49	15.50	59.31	0.51	1.04
339	创金合信新能源汽车 A	13.63	34.39	16.33	57.93	0.49	1.04
340	鹏扬景泰成长 A	13.62	27.31	13.18	53.49	0.55	1.13
341	国联安锐意成长	13.61	21.23	11.04	31.08	0.64	1.23
342	国联安优选行业	13.61	31.42	15.67	54.07	0.51	1.03
343	国投瑞银研究精选	13.59	17.57	8.12	34.81	0.73	1.58
344	嘉实智能汽车	13.57	27.30	13.42	56.26	0.55	1.11
345	鹏华盛世创新 A	13.55	16.51	7.95	21.91	0.76	1.58
346	嘉实周期优选	13.54	18.73	8.99	25.25	0.69	1.44
347	富国医疗保健行业 A	13.52	27.03	13.64	50.08	0.55	1.08
348	合煦智远嘉选 A	13.32	18.98	9.26	27.30	0.68	1.38
349	交银新成长	13.31	18.99	8.54	31.78	0.67	1.50
350	农银汇理医疗保健主题	13.31	29.58	15.12	55.31	0.52	1.01
351	广发品牌消费 A	13.30	26.00	13.46	45.43	0.55	1.06
352	广发多元新兴	13.27	27.97	13.92	49.04	0.53	1.06
353	中欧新趋势 A	13.21	19.08	8.74	30.35	0.67	1.46
354	工银互联网加	13.21	21.15	10.28	36.87	0.62	1.28
355	大成健康产业 A	13.20	25.96	12.94	50.53	0.55	1.10

续表

编号	基金名称	年化收益率(%)	年化波动率(%)	年化下行风险(%)	最大回撤率(%)	年化夏普比率	年化索丁诺比率
356	华泰保兴吉年利	13.19	22.67	12.77	46.15	0.59	1.06
357	中银美丽中国	13.17	19.20	8.74	35.93	0.66	1.46
358	工银红利	13.17	23.10	11.97	37.99	0.59	1.13
359	恒越研究精选 A	13.16	25.41	12.25	46.09	0.55	1.14
360	金鹰策略配置	13.15	35.16	17.16	58.38	0.48	0.98
361	富国新兴产业 A	13.06	24.41	11.78	33.00	0.56	1.16
362	汇添富逆向投资 A	13.06	22.32	10.66	42.56	0.59	1.24
363	鹏华量化先锋	13.05	16.92	8.54	17.57	0.72	1.43
364	景顺长城中小盘 A	13.01	22.40	12.77	34.21	0.59	1.04
365	华夏产业升级 A	12.99	31.54	15.97	35.12	0.49	0.98
366	中欧时代先锋 A	12.97	22.68	11.75	39.80	0.58	1.13
367	国泰金牛创新成长	12.96	20.06	10.58	37.05	0.63	1.20
368	海富通内需热点	12.96	24.74	12.16	36.90	0.55	1.13
369	长信低碳环保行业量化 A	12.93	31.02	14.18	55.89	0.49	1.08
370	国投瑞银核心企业	12.93	18.13	8.56	32.68	0.68	1.44
371	大成内需增长 A	12.93	21.22	10.14	30.74	0.61	1.27
372	益民红利成长	12.92	23.34	10.48	32.33	0.57	1.27
373	鹏华消费优选	12.89	23.62	10.71	43.25	0.57	1.25
374	兴全绿色投资	12.84	19.87	10.63	42.01	0.63	1.18
375	泰康均衡优选 A	12.81	18.66	8.77	36.89	0.66	1.40

续表

编号	基金名称	年化收益率(%)	年化波动率(%)	年化下行风险(%)	最大回撤率(%)	年化夏普比率	年化索丁诺比率
376	富国天合稳健优选	12.75	17.42	8.75	30.04	0.69	1.38
377	交银先锋 A	12.73	22.54	9.41	38.60	0.57	1.37
378	西部利得事件驱动	12.72	23.05	11.51	34.01	0.57	1.14
379	圆信永丰汇利	12.71	20.40	8.92	35.87	0.61	1.40
380	景顺长城能源基建 A	12.70	9.13	3.95	5.75	1.20	2.76
381	华宝先进成长	12.69	21.14	10.85	41.21	0.60	1.17
382	银华行业轮动	12.69	18.51	8.41	33.18	0.66	1.45
383	嘉实主题新动力	12.68	26.74	13.80	48.59	0.52	1.01
384	嘉实新兴产业	12.65	22.75	11.24	47.21	0.57	1.15
385	大成优选 A	12.61	16.13	8.22	23.75	0.73	1.42
386	汇添富医药保健 A	12.61	25.92	12.73	51.08	0.53	1.07
387	建信优选成长 A	12.60	20.61	8.55	30.60	0.60	1.45
388	华安新丝路主题 A	12.59	23.89	10.70	50.67	0.55	1.23
389	易方达蓝筹精选	12.59	27.77	14.66	48.80	0.51	0.97
390	广发行业领先 A	12.57	18.11	7.91	25.21	0.66	1.51
391	交银精选	12.56	18.54	8.27	33.62	0.65	1.46
392	国泰中小盘成长	12.55	25.60	12.58	41.29	0.53	1.08
393	摩根行业轮动 A	12.54	25.15	12.68	56.19	0.53	1.06
394	万家消费成长	12.54	20.14	9.82	28.23	0.61	1.26
395	汇添富民营活力 A	12.53	20.79	10.25	32.24	0.60	1.22

续表

编号	基金名称	年化收益率(%)	年化波动率(%)	年化下行风险(%)	最大回撤率(%)	年化夏普比率	年化索丁诺比率
396	嘉实逆向策略	12.52	26.82	13.99	48.41	0.52	0.99
397	天弘周期策略 A	12.52	23.44	10.06	36.33	0.55	1.29
398	泓德泓益	12.50	19.63	9.89	40.24	0.62	1.23
399	中海消费主题精选 A	12.49	27.17	13.50	49.50	0.51	1.03
400	申万菱信消费增长 A	12.48	24.25	12.66	47.30	0.54	1.04
401	泓德优选成长	12.48	17.86	8.96	21.48	0.66	1.32
402	宝盈国家安全战略沪港深 A	12.48	23.24	12.41	37.47	0.56	1.04
403	国联安行业领先	12.46	22.03	10.89	31.18	0.57	1.16
404	中信保诚优胜精选 A	12.46	19.54	9.46	32.49	0.62	1.28
405	南方潜力新蓝筹 A	12.46	23.21	12.04	31.55	0.56	1.07
406	安信量化优选 A	12.44	19.69	10.24	30.89	0.62	1.19
407	东吴行业轮动 A	12.44	22.67	11.28	41.40	0.56	1.13
408	长城中小盘成长 A	12.44	21.10	9.71	45.09	0.59	1.28
409	汇添富策略回报	12.43	22.24	10.56	45.00	0.57	1.20
410	嘉实企业变革	12.42	22.74	11.24	35.11	0.56	1.14
411	国联安科技动力	12.40	31.55	15.98	54.23	0.48	0.94
412	华安生态优先 A	12.40	24.17	12.09	50.87	0.54	1.08
413	诺安策略精选	12.37	17.06	8.11	24.96	0.68	1.43
414	国联安价值优选	12.36	18.74	7.52	17.10	0.63	1.58
415	华安行业轮动	12.35	20.42	8.83	40.55	0.60	1.38

续表

编号	基金名称	年化收益率（%）	年化波动率（%）	年化下行风险（%）	最大回撤率（%）	年化夏普比率	年化索丁诺比率
416	诺安价值增长	12.33	20.83	10.69	27.20	0.59	1.15
417	海富通量化前锋A	12.28	17.52	8.92	30.92	0.66	1.30
418	嘉实优化红利A	12.28	22.15	10.47	36.21	0.56	1.19
419	嘉实研究阿尔法A	12.27	17.77	8.17	27.86	0.66	1.43
420	嘉合锦程价值精选A	12.24	21.40	10.15	40.08	0.57	1.21
421	华安核心优选A	12.23	23.86	10.47	39.45	0.54	1.22
422	银华新能源新材料量化A	12.21	29.42	13.81	52.70	0.48	1.03
423	富国军工主题A	12.21	28.96	13.71	46.19	0.48	1.02
424	申万菱信竞争优势A	12.21	29.55	14.11	50.50	0.48	1.01
425	景顺长城资源垄断	12.20	22.21	10.74	26.71	0.56	1.16
426	银河主题策略A	12.20	27.23	12.46	51.13	0.50	1.09
427	富国天惠精选成长A	12.17	20.14	9.05	35.55	0.59	1.32
428	华宝国策导向A	12.15	18.25	8.27	25.53	0.64	1.41
429	银华富裕主题A	12.15	27.15	14.49	53.40	0.50	0.94
430	中信保诚幸福消费	12.14	21.28	11.65	33.20	0.57	1.05
431	兴全全球视野	12.10	18.03	8.99	31.28	0.64	1.28
432	嘉实增长	12.09	18.10	8.59	36.82	0.64	1.34
433	大成竞争优势A	12.06	18.18	8.88	25.91	0.63	1.30
434	华夏复兴A	12.03	28.83	14.79	45.55	0.48	0.94
435	新华策略精选	12.01	23.57	11.23	39.83	0.53	1.12

续表

编号	基金名称	年化收益率(%)	年化波动率(%)	年化下行风险(%)	最大回撤率(%)	年化夏普比率	年化索丁诺比率
436	富安达优势成长	12.01	18.13	8.70	27.32	0.63	1.32
437	中信证券卓越成长两年持有 A	12.00	21.49	10.48	37.90	0.56	1.15
438	泰信蓝筹精选	11.97	21.81	10.08	29.04	0.56	1.20
439	汇添富新兴消费 A	11.96	23.34	11.14	36.73	0.53	1.12
440	华安升级主题 A	11.94	21.02	9.20	40.63	0.57	1.30
441	东吴新产业精选 A	11.94	21.04	9.91	40.56	0.57	1.21
442	富国国家安全主题 A	11.89	22.59	10.94	37.79	0.54	1.12
443	国联安精选	11.87	23.24	11.84	34.05	0.53	1.05
444	景顺长城核心竞争力 A	11.87	18.72	9.39	30.88	0.61	1.22
445	摩根新兴服务 A	11.85	21.59	10.34	46.17	0.56	1.16
446	建信互联网+产业升级	11.85	21.54	10.18	37.67	0.56	1.18
447	富国高新技术产业	11.82	24.85	12.83	54.90	0.51	0.99
448	国联安优势	11.81	20.53	10.31	27.53	0.57	1.14
449	广发估值优势 A	11.80	22.64	11.85	45.49	0.54	1.03
450	泰康睿利量化多策略 A	11.79	21.30	10.45	38.75	0.56	1.14
451	安信新常态沪港深精选 A	11.77	21.83	10.79	26.22	0.55	1.11
452	建信龙头企业	11.77	19.82	8.66	41.09	0.58	1.34
453	建信现代服务业	11.75	20.75	8.11	35.25	0.56	1.44
454	银河研究精选 A	11.70	22.57	10.91	41.07	0.53	1.11
455	汇添富外延增长主题 A	11.70	18.69	7.98	28.07	0.60	1.41

续表

编号	基金名称	年化收益率(%)	年化波动率(%)	年化下行风险(%)	最大回撤率(%)	年化夏普比率	年化索丁诺比率
456	申万菱信新动力	11.64	20.11	9.51	44.10	0.57	1.21
457	中欧明睿新起点	11.61	30.16	14.74	56.59	0.46	0.94
458	农银汇理中小盘	11.61	20.66	9.59	42.26	0.56	1.21
459	兴全精选	11.58	22.32	11.17	41.90	0.53	1.07
460	汇添富移动互联 A	11.56	24.53	12.54	36.33	0.51	0.99
461	宏利蓝筹价值	11.55	24.39	11.45	45.80	0.51	1.08
462	鹏华优质治理 A	11.47	20.31	9.33	38.18	0.56	1.22
463	东方红启阳三年持有 A	11.47	20.92	10.70	33.08	0.55	1.08
464	国寿安保成长优选 A	11.46	23.75	13.43	33.82	0.51	0.91
465	博道启航 A	11.46	17.46	8.01	22.70	0.62	1.35
466	华安科技动力 A	11.46	23.09	12.45	37.51	0.52	0.96
467	银河稳健	11.44	19.82	9.26	38.70	0.57	1.22
468	摩根安全战略 A	11.41	22.86	10.42	53.27	0.52	1.14
469	圆信永丰医药健康	11.40	22.74	12.59	39.11	0.52	0.94
470	华夏经济转型	11.37	23.03	11.50	32.48	0.52	1.03
471	博时量化多策略 A	11.37	15.12	7.20	18.10	0.69	1.45
472	银河竞争优势成长	11.35	22.38	10.63	40.48	0.52	1.10
473	广发轮动配置	11.33	24.13	12.21	43.99	0.50	0.99
474	国泰大农业 A	11.31	19.46	9.99	37.94	0.57	1.11
475	摩根医疗健康 A	11.30	23.27	11.62	52.91	0.51	1.02

续表

编号	基金名称	年化收益率(%)	年化波动率(%)	年化下行风险(%)	最大回撤率(%)	年化夏普比率	年化索丁诺比率
476	博道卓远 A	11.30	19.74	9.81	28.32	0.56	1.14
477	工银大盘蓝筹	11.29	15.46	6.49	22.82	0.67	1.60
478	中欧盛世成长 A	11.27	25.94	13.80	47.33	0.48	0.91
479	招商中国机遇	11.25	25.18	12.83	53.26	0.49	0.96
480	汇添富创新医药	11.21	24.78	12.50	53.28	0.49	0.97
481	中信保诚量化阿尔法 A	11.17	17.41	8.28	25.60	0.61	1.28
482	广发核心精选	11.15	19.75	9.06	32.69	0.56	1.21
483	嘉实前沿科技 A	11.07	24.65	13.28	38.92	0.49	0.91
484	大摩多因子策略	11.06	20.97	10.99	34.97	0.53	1.02
485	中银新动力 A	11.02	23.31	10.87	45.48	0.50	1.07
486	博时工业 4.0	11.00	21.40	10.77	41.27	0.52	1.04
487	汇添富环保行业	10.99	27.09	13.15	52.04	0.46	0.95
488	汇添富文体娱乐主题 A	10.96	23.08	12.60	46.38	0.50	0.92
489	金元顺安消费主题	10.95	20.15	10.13	32.20	0.54	1.08
490	财通多策略福瑞 A	10.91	20.39	7.65	31.77	0.53	1.42
491	农银汇理消费主题 A	10.91	21.69	11.38	44.03	0.52	0.98
492	中邮战略新兴产业	10.89	25.53	14.20	49.48	0.47	0.85
493	南方中小盘成长 A	10.87	19.51	9.65	25.63	0.55	1.11
494	财通福盛多策略 A	10.87	21.56	10.34	26.40	0.51	1.07
495	嘉实价值优势 A	10.86	16.74	7.85	32.40	0.61	1.30

续表

编号	基金名称	年化收益率（%）	年化波动率（%）	年化下行风险（%）	最大回撤率（%）	年化夏普比率	年化索丁诺比率
496	华夏优势增长	10.83	22.44	11.38	39.13	0.50	0.99
497	民生加银稳健成长	10.81	22.99	11.95	46.23	0.49	0.95
498	景顺长城沪港深领先科技	10.72	18.99	9.71	38.27	0.55	1.08
499	建信环保产业	10.64	24.81	11.29	49.92	0.47	1.03
500	申万菱信量化小盘 A	10.60	17.74	8.71	23.99	0.57	1.16
501	广发资源优选 A	10.60	27.87	14.22	54.26	0.44	0.87
502	鹏华价值优势	10.56	19.80	9.56	33.98	0.53	1.10
503	银华医疗健康量化 A	10.56	23.61	12.26	42.49	0.48	0.92
504	南方新兴消费 A	10.56	23.11	12.15	46.69	0.48	0.92
505	嘉实量化阿尔法	10.51	18.21	8.28	29.31	0.56	1.22
506	摩根大盘蓝筹 A	10.51	18.35	8.80	42.95	0.55	1.15
507	中欧永裕 A	10.43	25.54	13.50	44.82	0.46	0.86
508	中欧价值发现 A	10.41	19.01	8.44	19.21	0.54	1.21
509	恒越核心精选 A	10.41	24.53	11.56	45.47	0.46	0.98
510	交银阿尔法 A	10.40	19.50	9.26	34.49	0.53	1.11
511	大成核心双动力 A	10.33	16.78	8.31	23.13	0.58	1.17
512	华泰柏瑞量化先行 A	10.32	16.88	8.08	19.56	0.58	1.21
513	大摩领先优势	10.30	21.87	12.27	33.42	0.49	0.87
514	中银持续增长 A	10.30	22.12	10.67	44.37	0.48	1.00
515	创金合信量化核心 A	10.30	18.30	8.65	21.55	0.54	1.15

续表

编号	基金名称	年化收益率(%)	年化波动率(%)	年化下行风险(%)	最大回撤率(%)	年化夏普比率	年化索丁诺比率
516	交银持续成长 A	10.29	20.27	9.99	37.28	0.51	1.03
517	华宝大盘精选	10.25	23.20	10.95	54.24	0.47	0.99
518	中欧行业成长 A	10.20	20.47	10.15	46.02	0.50	1.01
519	中信保诚深度价值	10.19	15.27	6.89	27.25	0.61	1.36
520	中海量化策略	10.18	25.50	9.92	41.14	0.44	1.14
521	摩根阿尔法 A	10.17	20.42	10.28	39.10	0.50	1.00
522	诺安高端制造 A	10.15	24.29	11.70	33.92	0.45	0.94
523	华宝价值发现 A	10.14	18.72	8.43	19.43	0.53	1.17
524	嘉实医疗保健	10.11	25.22	13.23	47.63	0.45	0.85
525	平安行业先锋	10.07	17.16	7.57	33.09	0.56	1.26
526	光大红利 A	10.06	18.46	8.92	33.22	0.53	1.09
527	摩根民生需求 A	10.02	22.33	10.89	47.64	0.47	0.96
528	农银汇理信息传媒 A	10.00	22.87	11.86	32.06	0.46	0.89
529	海富通精选 2 号	9.98	21.34	10.33	31.03	0.48	0.99
530	中金金泽 A	9.98	17.54	7.95	22.11	0.54	1.20
531	诺安中小盘精选	9.97	16.19	8.60	27.22	0.58	1.08
532	中银消费主题 A	9.94	18.51	9.17	28.74	0.52	1.05
533	大摩主题优选	9.93	20.60	9.90	43.26	0.49	1.02
534	博时卓越品牌 A	9.93	21.53	10.93	41.86	0.48	0.94
535	交银创新成长	9.92	20.67	9.86	40.21	0.49	1.02

续表

编号	基金名称	年化收益率（%）	年化波动率（%）	年化下行风险（%）	最大回撤率（%）	年化夏普比率	年化索丁诺比率
536	光大创业板量化优选 A	9.89	23.01	10.17	42.84	0.45	1.03
537	长信量化价值驱动 A	9.88	19.25	8.14	27.54	0.50	1.19
538	工银核心价值 A	9.87	20.15	9.73	39.96	0.49	1.02
539	国泰金鑫 A	9.87	21.69	11.55	44.03	0.47	0.89
540	海富通领先成长	9.85	21.80	10.69	44.72	0.47	0.96
541	中欧互通精选 A	9.84	16.85	8.54	30.51	0.55	1.09
542	恒生前海沪港深新兴	9.77	25.56	13.32	48.52	0.43	0.83
543	招商行业领先 A	9.72	23.20	13.43	43.98	0.45	0.78
544	华泰柏瑞盛世中国	9.71	25.85	11.68	50.10	0.42	0.94
545	圆信永丰多策略精选	9.70	22.29	10.65	42.79	0.46	0.96
546	前海开源再融资主题精选	9.67	21.97	9.59	28.20	0.46	1.05
547	光大中小盘 A	9.64	24.03	11.84	37.20	0.44	0.89
548	易方达中盘成长	9.63	22.56	11.61	51.53	0.45	0.88
549	银河行业优选 A	9.62	27.41	12.33	49.54	0.41	0.92
550	国富弹性市值 A	9.61	18.90	8.93	32.00	0.50	1.05
551	华商未来主题	9.60	20.96	10.48	24.00	0.47	0.94
552	华宝宝康消费品	9.59	18.93	8.42	33.29	0.50	1.12
553	融通动力先锋 AB	9.59	18.78	8.22	29.93	0.50	1.14
554	华夏研究精选	9.58	18.91	9.24	36.69	0.50	1.02
555	天弘永定成长 A	9.57	23.57	12.50	39.01	0.44	0.83

续表

编号	基金名称	年化收益率(%)	年化波动率(%)	年化下行风险(%)	最大回撤率(%)	年化夏普比率	年化索丁诺比率
556	泰康泉林量化价值精选 A	9.55	18.87	9.30	36.70	0.50	1.01
557	景顺长城支柱产业	9.53	18.34	9.61	28.91	0.51	0.96
558	民生加银优选	9.51	21.78	10.51	44.02	0.45	0.94
559	国泰君安君得明	9.51	17.82	8.87	31.05	0.51	1.03
560	中欧量化驱动	9.51	17.98	8.60	32.10	0.51	1.07
561	东方策略成长	9.50	21.05	10.08	38.86	0.46	0.96
562	中海医疗保健 A	9.49	25.56	13.57	47.55	0.42	0.79
563	信澳红利回报	9.48	25.02	13.02	51.39	0.42	0.82
564	华商产业升级	9.48	22.33	11.09	44.68	0.45	0.90
565	汇添富消费升级 A	9.45	25.06	14.26	46.68	0.43	0.75
566	摩根核心成长 A	9.44	20.23	10.37	36.66	0.47	0.92
567	国泰估值优势 A	9.42	26.58	13.42	44.38	0.41	0.81
568	鹏华改革红利	9.40	19.68	9.92	31.74	0.48	0.95
569	中金消费升级	9.39	23.68	13.55	47.27	0.43	0.76
570	大摩进取优选	9.39	24.28	11.04	43.77	0.42	0.93
571	汇添富价值创造	9.38	24.26	13.18	48.86	0.43	0.79
572	长城品牌优选 A	9.35	26.11	13.04	47.86	0.41	0.83
573	浦银安盛价值成长 A	9.34	27.61	13.57	49.67	0.40	0.82
574	兴业安保优选 A	9.32	24.54	13.43	49.68	0.42	0.77
575	汇丰晋信消费红利	9.30	20.84	11.48	39.38	0.46	0.83

续表

编号	基金名称	年化收益率（%）	年化波动率（%）	年化下行风险（%）	最大回撤率（%）	年化夏普比率	年化索丁诺比率
576	宝盈策略增长	9.28	25.67	13.43	41.19	0.41	0.79
577	华宝新兴产业	9.27	23.40	11.27	46.41	0.43	0.89
578	嘉实沪港深精选	9.25	20.17	10.28	29.50	0.46	0.91
579	汇安裕阳三年定期开放	9.25	29.91	15.28	48.20	0.39	0.76
580	国泰互联网+	9.25	29.85	15.23	43.98	0.39	0.77
581	博时行业轮动	9.25	27.26	15.40	46.04	0.41	0.72
582	金鹰医疗健康产业 A	9.21	29.78	16.13	57.07	0.39	0.72
583	南方天元新产业	9.21	18.48	8.87	37.99	0.49	1.01
584	安信价值精选	9.16	20.46	10.01	33.68	0.46	0.93
585	东方核心动力 A	9.16	16.92	7.79	23.57	0.51	1.11
586	西部利得个股精选 A	9.11	17.14	7.84	33.82	0.50	1.10
587	前海开源强势共识 100 强	9.11	18.41	9.82	33.80	0.48	0.91
588	银华估值优势	9.08	21.27	9.77	48.38	0.44	0.96
589	工银稳健成长 A	9.03	17.89	8.55	36.27	0.49	1.02
590	中欧消费主题 A	9.02	23.76	12.28	49.46	0.42	0.81
591	银河消费驱动 A	9.00	23.77	13.24	44.87	0.42	0.75
592	南方绩优成长 A	9.00	18.15	9.05	35.84	0.48	0.97
593	富国沪港深业绩驱动 A	8.94	18.85	9.76	36.89	0.47	0.90
594	鹏华新兴产业	8.93	19.86	9.72	39.14	0.45	0.92
595	长信量化多策略 A	8.90	19.33	9.23	34.35	0.46	0.96

续表

编号	基金名称	年化收益率（%）	年化波动率（%）	年化下行风险（%）	最大回撤率（%）	年化夏普比率	年化索丁诺比率
596	宏利红利先锋 A	8.87	18.94	10.31	30.27	0.46	0.85
597	北信瑞丰研究精选	8.83	21.55	11.21	43.51	0.43	0.83
598	易方达资源行业	8.83	29.07	14.35	40.29	0.38	0.77
599	融通领先成长 A	8.82	19.32	8.68	44.08	0.45	1.01
600	摩根成长先锋 A	8.81	20.38	10.73	47.90	0.44	0.84
601	浙商全景消费 A	8.75	23.04	12.93	41.79	0.41	0.74
602	嘉实核心优势	8.73	22.51	12.07	45.26	0.42	0.78
603	财通可持续发展主题	8.73	24.28	10.74	49.34	0.40	0.90
604	中银量化价值 A	8.73	16.61	8.25	29.50	0.50	1.00
605	中信证券成长动力 A	8.71	19.45	9.89	37.88	0.45	0.88
606	新华趋势领航	8.71	24.59	12.33	55.10	0.40	0.80
607	人保研究精选 A	8.67	17.91	9.48	34.61	0.47	0.89
608	信澳消费优选	8.65	24.69	13.27	38.84	0.40	0.74
609	交银蓝筹	8.65	20.21	11.09	38.59	0.44	0.80
610	招商国企改革	8.63	24.26	12.47	43.42	0.40	0.77
611	宏利逆向策略	8.63	19.99	9.70	38.16	0.44	0.90
612	中欧恒利三年定开	8.61	20.44	9.08	23.02	0.43	0.97
613	国投瑞银创新动力	8.59	19.20	9.04	43.92	0.44	0.94
614	长信恒利优势	8.58	21.15	11.29	43.60	0.42	0.79
615	景顺长城量化新动力	8.57	18.06	8.57	31.98	0.46	0.97

续表

编号	基金名称	年化收益率（%）	年化波动率（%）	年化下行风险（%）	最大回撤率（%）	年化夏普比率	年化索丁诺比率
616	交银成长 A	8.56	20.09	11.08	39.21	0.43	0.79
617	长信消费精选行业量化 A	8.55	27.21	15.03	48.82	0.38	0.69
618	德邦量化优选 A	8.54	16.94	8.37	29.77	0.48	0.97
619	景顺长城优质成长	8.54	18.71	9.67	31.33	0.45	0.87
620	摩根中小盘 A	8.52	27.71	13.90	53.95	0.38	0.75
621	华夏收入	8.46	20.56	9.49	30.81	0.42	0.91
622	广发新经济 A	8.46	25.51	12.43	54.69	0.38	0.79
623	兴全轻资产	8.38	17.50	10.04	36.40	0.46	0.81
624	南方优选价值 A	8.37	19.89	9.41	40.09	0.43	0.90
625	博时新兴消费主题 A	8.33	21.24	10.98	40.29	0.41	0.79
626	景顺长城精选蓝筹	8.32	20.75	11.87	36.38	0.42	0.73
627	嘉实事件驱动	8.29	19.30	9.04	41.41	0.43	0.92
628	南华丰淳 A	8.29	24.17	11.57	45.90	0.38	0.80
629	民生加银景气行业 A	8.28	20.41	9.01	47.72	0.41	0.94
630	银华优质增长	8.28	18.38	8.75	36.90	0.44	0.93
631	海通品质升级一年持有 A	8.27	21.54	10.36	40.04	0.40	0.84
632	富国新兴成长量化精选 A	8.24	19.01	9.20	31.26	0.43	0.89
633	大摩卓越成长	8.23	21.62	11.09	43.37	0.40	0.78
634	景顺长城量化精选	8.20	17.94	8.44	26.39	0.44	0.94
635	宝盈泛沿海增长	8.20	25.12	13.44	44.58	0.38	0.71

续表

编号	基金名称	年化收益率（%）	年化波动率（%）	年化下行风险（%）	最大回撤率（%）	年化夏普比率	年化索丁诺比率
636	建信内生动力 A	8.18	19.89	9.25	45.57	0.42	0.90
637	财通集成电路产业 A	8.17	26.82	14.72	39.99	0.37	0.67
638	建信多因子量化	8.16	17.43	9.35	25.06	0.45	0.84
639	富国创新科技 A	8.10	27.44	14.41	54.24	0.36	0.69
640	博时量化价值 A	8.07	14.84	7.27	19.05	0.50	1.01
641	华商价值精选	8.03	22.72	11.44	45.46	0.39	0.76
642	摩根内需动力 A	8.02	26.59	12.83	57.22	0.36	0.75
643	农银汇理行业成长 A	8.00	21.61	10.45	38.04	0.39	0.81
644	中金精选 A	7.98	17.23	9.08	31.38	0.44	0.84
645	诺安主题精选	7.97	21.28	10.90	45.10	0.39	0.77
646	诺安优化配置 A	7.94	19.24	11.08	32.13	0.42	0.72
647	泰信发展主题	7.94	30.77	16.32	58.35	0.35	0.66
648	银华沪港深增长 A	7.91	21.47	11.14	42.43	0.39	0.75
649	华润元大量化优选 A	7.89	16.00	8.68	26.40	0.46	0.85
650	南方隆元产业主题	7.87	17.52	8.38	36.32	0.43	0.90
651	中银双息回报 A	7.86	13.98	7.20	32.81	0.50	0.98
652	招商安泰	7.84	18.69	8.67	33.86	0.41	0.89
653	富国改革动力	7.82	18.85	8.90	35.75	0.41	0.87
654	长城消费增值 A	7.82	19.97	10.68	39.16	0.40	0.75
655	鹏华创新驱动	7.80	25.19	13.90	42.09	0.36	0.66

续表

编号	基金名称	年化收益率(%)	年化波动率(%)	年化下行风险(%)	最大回撤率(%)	年化夏普比率	年化索丁诺比率
656	光大阳光优选一年持有 A	7.78	16.38	8.40	28.58	0.45	0.87
657	华宝多策略 A	7.76	18.76	7.90	21.28	0.41	0.97
658	方正富邦红利精选 A	7.74	20.44	10.61	32.52	0.39	0.76
659	华宝事件驱动 A	7.72	20.87	9.62	32.82	0.39	0.84
660	海富通精选	7.71	21.12	10.38	33.63	0.38	0.78
661	国联医疗健康精选 A	7.68	24.64	14.12	44.90	0.36	0.63
662	光大阳光启明星创新驱动 A	7.66	20.80	11.30	42.09	0.39	0.71
663	南方产业活力	7.66	18.02	8.94	36.68	0.41	0.84
664	万家经济新动能 A	7.65	30.07	14.81	49.62	0.34	0.69
665	鹏华沪深港互联网	7.62	22.57	12.17	45.28	0.37	0.69
666	长盛同德	7.62	18.72	8.56	32.24	0.40	0.88
667	汇添富创新活力 A	7.59	20.99	10.96	38.32	0.38	0.73
668	鹏华研究驱动	7.56	20.58	10.09	39.92	0.38	0.78
669	国泰央企改革 A	7.50	19.53	9.94	46.77	0.39	0.77
670	光大核心 A	7.48	16.98	8.39	30.74	0.42	0.85
671	招商先锋	7.48	18.05	8.56	42.36	0.40	0.85
672	建信社会责任	7.47	19.15	7.80	34.61	0.39	0.96
673	富国大盘价值 A	7.44	17.05	8.31	32.51	0.42	0.85
674	汇添富美丽 30A	7.31	21.19	10.56	36.91	0.37	0.73
675	农银汇理行业领先	7.23	18.11	9.25	42.27	0.39	0.77

续表

编号	基金名称	年化收益率(%)	年化波动率(%)	年化下行风险(%)	最大回撤率(%)	年化夏普比率	年化索丁诺比率
676	汇丰晋信龙腾 A	7.17	21.04	10.94	28.25	0.36	0.69
677	民生加银新兴成长	7.17	21.18	11.17	49.59	0.36	0.68
678	中欧品质消费 A	7.14	25.81	13.39	53.23	0.34	0.65
679	华夏潜龙精选	7.09	20.62	10.04	50.90	0.36	0.74
680	新华钻石品质企业	7.07	22.55	12.55	43.52	0.35	0.62
681	农银汇理策略精选	7.06	18.17	9.27	43.45	0.38	0.75
682	银华领先策略	7.03	21.56	10.66	47.21	0.35	0.71
683	前海开源优势蓝筹 A	6.99	19.82	8.73	37.11	0.36	0.82
684	东吴价值成长 A	6.99	24.71	11.78	51.35	0.33	0.69
685	华夏行业精选	6.95	24.48	13.15	48.07	0.33	0.62
686	汇丰晋信大盘 A	6.94	18.14	9.78	36.00	0.38	0.70
687	大摩量化多策略	6.92	18.77	9.78	38.81	0.37	0.71
688	华商消费行业	6.89	24.03	12.73	42.88	0.33	0.63
689	国富健康优质生活	6.84	21.71	10.95	40.58	0.34	0.68
690	长城双动力 A	6.83	25.48	15.04	29.04	0.33	0.56
691	广发科技动力	6.79	23.11	12.55	49.52	0.33	0.61
692	中邮核心主题	6.78	24.65	11.62	56.69	0.32	0.69
693	摩根智慧互联 A	6.78	27.53	14.39	54.98	0.32	0.61
694	诺安多策略	6.76	18.17	9.91	34.70	0.37	0.67
695	南方策略优化	6.73	20.40	10.52	34.09	0.35	0.67

续表

编号	基金名称	年化收益率(%)	年化波动率(%)	年化下行风险(%)	最大回撤率(%)	年化夏普比率	年化索丁诺比率
696	中银健康生活	6.70	17.13	8.49	38.27	0.38	0.76
697	国富沪港深成长精选 A	6.70	20.05	9.92	52.90	0.35	0.70
698	中银金融地产 A	6.69	21.98	10.01	36.66	0.33	0.73
699	汇添富均衡增长	6.65	21.48	10.96	45.58	0.33	0.65
700	国联安红利	6.60	18.81	7.78	17.09	0.35	0.85
701	鹏华文化传媒娱乐	6.58	21.20	11.50	28.88	0.33	0.61
702	广发资管核心精选一年持有 A	6.55	22.57	11.95	43.32	0.33	0.61
703	泰康弘实 3 个月定开	6.54	19.70	10.16	37.63	0.34	0.66
704	宝盈资源优选	6.33	24.43	12.93	49.21	0.31	0.58
705	嘉实沪港深回报	6.33	19.35	10.36	47.60	0.34	0.63
706	华宝行业精选	6.28	21.26	12.33	43.06	0.32	0.55
707	诺安鸿鑫 A	6.28	16.87	9.12	33.32	0.35	0.66
708	嘉实领先成长	6.27	23.23	11.92	41.69	0.31	0.60
709	国联智选红利 A	6.21	22.42	12.13	43.09	0.31	0.58
710	光大国企改革主题 A	6.17	21.57	11.60	41.96	0.31	0.58
711	光大一带一路 A	6.13	19.89	10.29	42.69	0.32	0.62
712	长信双利优选 A	6.12	21.61	12.56	44.61	0.31	0.54
713	南方量化成长	6.11	23.67	11.77	37.63	0.30	0.61
714	银河量化稳进	6.10	15.35	7.85	20.74	0.36	0.71
715	广发新动力	6.03	22.37	11.03	39.82	0.30	0.61

续表

编号	基金名称	年化收益率(%)	年化波动率(%)	年化下行风险(%)	最大回撤率(%)	年化夏普比率	年化索丁诺比率
716	嘉实稳健	6.00	15.02	8.03	29.32	0.36	0.68
717	国寿安保健康科学 A	5.95	21.94	11.50	45.58	0.30	0.58
718	信澳转型创新 A	5.92	24.83	13.50	43.62	0.29	0.54
719	汇丰晋信科技先锋	5.92	29.69	15.46	50.16	0.29	0.55
720	华泰柏瑞量化增强 A	5.87	16.04	7.71	24.52	0.34	0.71
721	东海核心价值	5.85	22.39	11.63	42.12	0.30	0.57
722	华夏领先	5.82	24.19	12.08	38.86	0.29	0.58
723	平安股息精选 A	5.81	18.78	9.30	36.75	0.31	0.63
724	中信证券红利价值一年持有 A	5.80	18.90	9.29	46.41	0.31	0.63
725	国泰量化策略收益 A	5.80	17.79	8.56	33.58	0.32	0.66
726	中银动态策略 A	5.76	23.74	12.11	50.63	0.29	0.56
727	国泰成长优选	5.75	19.39	10.38	46.62	0.31	0.57
728	汇安趋势动力 A	5.74	25.31	13.95	40.80	0.29	0.52
729	富荣福康 A	5.65	21.36	11.17	28.16	0.29	0.56
730	泰信优质生活	5.63	21.49	11.04	51.00	0.29	0.56
731	光大阳光 A	5.61	19.51	10.75	45.27	0.30	0.54
732	诺安平衡	5.50	15.98	8.67	22.84	0.32	0.59
733	中航军民融合精选 A	5.42	20.95	10.88	40.42	0.28	0.54
734	汇添富行业整合主题 A	5.41	19.90	9.66	50.45	0.29	0.59
735	农银汇理大盘蓝筹	5.36	16.12	8.35	34.66	0.31	0.60

续表

编号	基金名称	年化收益率(%)	年化波动率(%)	年化下行风险(%)	最大回撤率(%)	年化夏普比率	年化索丁诺比率
736	泰信现代服务业	5.32	30.87	15.23	54.36	0.27	0.54
737	金元顺安价值增长	5.31	25.07	13.99	50.41	0.27	0.48
738	广发消费品精选 A	5.25	21.03	11.68	45.45	0.28	0.50
739	弘毅远方国企转型 A	5.20	18.39	9.95	39.25	0.28	0.53
740	信澳领先增长 A	5.19	23.83	13.86	39.10	0.27	0.46
741	长盛电子信息产业 A	5.10	25.66	13.43	51.84	0.26	0.50
742	华夏行业龙头	5.09	23.29	11.87	46.93	0.26	0.51
743	长信量化先锋 A	5.07	20.79	10.32	37.83	0.27	0.54
744	嘉实优质企业	5.04	23.95	12.06	57.13	0.26	0.51
745	嘉合睿金 A	5.00	21.53	12.00	51.90	0.26	0.47
746	华安策略优选 A	4.95	17.91	8.80	42.78	0.27	0.56
747	汇丰晋信大盘波动精选 A	4.94	12.57	6.65	13.94	0.33	0.62
748	国泰君安君得鑫两年持有 A	4.89	18.90	10.17	43.26	0.27	0.49
749	长信增利策略	4.80	20.37	11.29	37.99	0.26	0.46
750	东方红内需增长 A	4.79	22.91	11.46	44.44	0.25	0.50
751	中信证券臻选价值成长 A	4.73	17.99	9.55	44.93	0.26	0.49
752	银河美丽优萃 A	4.72	25.56	13.28	54.57	0.25	0.47
753	长安宏观策略 A	4.71	27.30	14.84	33.97	0.25	0.46
754	汇添富经典成长	4.44	25.38	13.99	58.04	0.24	0.43
755	博时创业成长 A	4.37	16.65	8.46	41.67	0.25	0.49
756	华商新动力 A	4.37	23.18	11.71	39.23	0.23	0.46

续表

编号	基金名称	年化收益率(%)	年化波动率(%)	年化下行风险(%)	最大回撤率(%)	年化夏普比率	年化索丁诺比率
757	宏利效率优选	4.32	17.01	10.51	44.93	0.25	0.40
758	博时主题行业	4.32	16.96	8.65	37.79	0.24	0.48
759	汇添富成长焦点	4.31	20.81	10.14	51.89	0.23	0.48
760	中银优秀企业	4.20	17.64	8.57	33.74	0.23	0.48
761	工银金融地产 A	4.18	20.83	10.71	28.16	0.23	0.44
762	兴全社会责任	4.15	22.62	11.54	51.08	0.22	0.44
763	汇添富智能制造 A	4.11	25.59	12.67	54.48	0.22	0.45
764	中信保诚盛世蓝筹	4.11	16.28	8.60	36.58	0.24	0.44
765	诺安积极配置 A	4.04	21.35	11.44	44.15	0.22	0.41
766	国富成长动力	4.00	20.86	10.70	49.73	0.22	0.42
767	景顺长城研究精选 A	4.00	19.14	11.45	38.83	0.22	0.37
768	平安消费精选 A	3.97	17.43	9.77	39.78	0.22	0.40
769	申万菱信盛利精选	3.81	21.18	10.42	58.07	0.21	0.42
770	南方成份精选 A	3.65	20.28	10.72	48.92	0.20	0.38
771	银华核心价值优选	3.62	20.54	10.52	46.67	0.20	0.39
772	东方人工智能主题 A	3.61	26.14	14.71	42.76	0.21	0.37
773	富国低碳环保	3.56	13.89	7.87	29.08	0.21	0.38
774	华安红利精选 A	3.51	18.68	9.57	46.36	0.20	0.38
775	天治核心成长	3.48	25.40	13.78	52.00	0.20	0.37
776	广发聚丰 A	3.39	23.72	12.28	58.34	0.19	0.37
777	中海信息产业精选 A	3.39	28.16	15.29	49.37	0.20	0.37

续表

编号	基金名称	年化收益率（%）	年化波动率（%）	年化下行风险（%）	最大回撤率（%）	年化夏普比率	年化索丁诺比率
778	汇添富价值精选 A	3. 30	18. 39	9. 49	46. 13	0. 18	0. 36
779	西部利得策略优选 A	3. 12	33. 00	15. 83	48. 60	0. 20	0. 42
780	长盛城镇化主题 A	2. 96	31. 58	18. 71	49. 42	0. 20	0. 34
781	广发沪港深新起点 A	2. 94	21. 87	12. 55	52. 17	0. 17	0. 30
782	汇丰晋信沪港深 A	2. 81	27. 30	14. 74	53. 28	0. 18	0. 33
783	中信保诚新机遇	2. 77	17. 32	9. 60	42. 16	0. 16	0. 28
784	银河和美生活 A	2. 76	31. 08	14. 72	51. 36	0. 19	0. 40
785	汇添富社会责任 A	2. 73	20. 45	11. 22	53. 40	0. 16	0. 29
786	诺德成长优势	2. 65	13. 22	7. 72	35. 85	0. 15	0. 26
787	金鹰先进制造 A	2. 43	20. 01	10. 56	38. 95	0. 14	0. 27
788	诺德量化蓝筹增强 A	2. 41	12. 82	6. 89	21. 65	0. 13	0. 24
789	嘉实成长收益 A	2. 40	19. 85	9. 97	47. 77	0. 14	0. 28
790	摩根核心精选 A	2. 30	27. 01	14. 83	68. 60	0. 16	0. 29
791	长信创新驱动	2. 28	26. 45	14. 70	52. 15	0. 16	0. 29
792	光大阳光价值 30 个月持有 A	2. 19	21. 10	11. 32	45. 08	0. 13	0. 25
793	博时第三产业成长	2. 15	18. 32	9. 98	43. 73	0. 12	0. 23
794	宏利领先中小盘	2. 07	24. 95	13. 08	54. 20	0. 14	0. 27
795	东吴新经济 A	2. 04	31. 12	16. 16	64. 22	0. 17	0. 32
796	前海开源价值策略	1. 88	23. 44	12. 74	57. 36	0. 13	0. 24
797	嘉实研究精选 A	1. 32	19. 05	10. 03	51. 83	0. 08	0. 16
798	中信建投价值增长 A	0. 83	19. 39	10. 20	49. 65	0. 06	0. 11

续表

编号	基金名称	年化收益率(%)	年化波动率(%)	年化下行风险(%)	最大回撤率(%)	年化夏普比率	年化索丁诺比率
799	华宝绿色主题 A	0.82	23.00	13.02	52.99	0.08	0.15
800	广发资管平衡精选一年持有 A	0.78	16.83	8.46	36.71	0.04	0.08
801	诺德中小盘	0.74	23.09	13.03	56.11	0.08	0.14
802	广发沪港深新机遇	0.73	23.49	12.57	53.11	0.08	0.15
803	富国金融地产行业 A	0.69	21.58	10.65	33.07	0.07	0.13
804	工银精选金融地产 A	0.69	20.53	11.07	34.65	0.06	0.11
805	中邮核心成长	0.65	19.73	11.53	51.19	0.05	0.09
806	融通新蓝筹	0.60	16.07	7.90	43.95	0.02	0.04
807	华夏优势精选	0.56	28.68	16.17	63.50	0.11	0.19
808	凯石澜龙头经济一年持有	0.25	21.57	11.60	54.35	0.05	0.09
809	安信消费医药主题	0.19	19.71	11.28	46.37	0.03	0.05
810	中航混改精选 A	-0.13	17.38	9.76	42.27	-0.01	-0.02
811	中邮核心优选	-0.27	21.94	12.70	56.92	0.03	0.05
812	博时国企改革主题 A	-0.32	17.05	9.78	41.85	-0.02	-0.04
813	汇添富沪港深新价值	-0.40	24.03	12.64	52.10	0.04	0.07
814	光大阳光智造 A	-0.61	20.98	10.44	56.35	0.00	0.00
815	东方成长回报	-0.62	11.83	7.69	36.43	-0.12	-0.19
816	华富量子生命力	-0.65	19.77	12.04	46.26	-0.01	-0.02
817	前海开源股息率 50 强	-0.67	17.16	9.86	27.73	-0.04	-0.07
818	嘉实金融精选 A	-0.82	25.11	12.80	42.51	0.03	0.05
819	鑫元核心资产 A	-0.84	19.25	11.36	48.09	-0.03	-0.05

续表

编号	基金名称	年化收益率(%)	年化波动率(%)	年化下行风险(%)	最大回撤率(%)	年化夏普比率	年化索丁诺比率
820	大摩量化配置 A	-1.21	18.64	10.30	50.23	-0.06	-0.10
821	人保优势产业 A	-1.62	15.30	8.58	44.96	-0.13	-0.23
822	摩根香港精选港股通 A	-2.00	19.00	10.83	46.11	-0.09	-0.16
823	富国港股通量化精选 A	-2.35	18.25	10.05	41.26	-0.13	-0.23
824	民生加银创新成长 A	-2.99	23.22	14.87	64.69	-0.08	-0.12
825	华夏港股通精选 A	-3.43	21.17	12.63	53.54	-0.13	-0.22
826	汇添富港股通专注成长	-4.27	24.25	12.60	52.27	-0.13	-0.24
827	光大优势 A	-4.40	20.87	12.30	44.77	-0.18	-0.31
828	易方达科润	-4.69	13.19	8.80	31.62	-0.41	-0.62
829	工银沪港深 A	-5.08	22.91	12.98	52.39	-0.18	-0.32
830	国泰君安君得诚	-5.37	18.12	11.65	50.97	-0.30	-0.46
831	汇添富沪港深大盘价值 A	-5.55	25.06	13.82	58.04	-0.17	-0.31
832	光大精选 A	-6.63	22.32	13.26	58.13	-0.26	-0.45
833	广发沪港深行业龙头	-7.12	24.70	13.77	58.36	-0.24	-0.43
834	东吴双三角 A	-7.13	24.28	13.52	63.45	-0.25	-0.44
835	汇添富沪港深优势精选	-7.70	29.07	15.53	65.07	-0.19	-0.36
836	方正富邦创新动力 A	-8.52	24.08	13.57	63.57	-0.31	-0.56
837	中信证券稳健回报 A	-11.20	20.23	12.89	61.63	-0.56	-0.88
838	民生加银精选	-11.40	18.84	11.67	53.54	-0.63	-1.01
839	诺德优选 30	-15.79	24.16	15.80	73.12	-0.65	-0.99
指标平均值		**11.96**	**22.45**	**11.06**	**38.39**	**0.54**	**1.14**

附录二 股票型公募基金经理的选股能力和择时能力（按年化 α 排序）：2019~2023 年

本表展示的是基于 Carhart 四因子模型改进得到的 Treynor-Mazuy 四因子模型对过去五年的股票型公募基金进行回归拟合所得结果，所用模型为：

$$R_{i,t}-R_{f,t}=\alpha_i+\beta_{i,mkt}\times(R_{mkt,t}-R_{f,t})+\gamma_i\times(R_{mkt,t}-R_{f,t})^2+\beta_{i,smb}\times SMB_t+\beta_{i,hml}\times HML_t+\beta_{i,mom}\times MOM_t+\varepsilon_{i,t}$$

其中，$R_{i,t}-R_{f,t}$ 为 t 月基金 i 的超额收益率；$R_{mkt,t}-R_{f,t}$ 为 t 月大盘指数（万得全 A 指数）的超额收益率，$R_{f,t}$ 为 t 月无风险收益率。SMB_t 为规模因子，代表小盘股与大盘股之间的溢价，是第 t 月小公司的收益率与大公司的收益率之差；HML_t 为价值因子，代表价值股与成长股之间的溢价，是第 t 月价值股（高账面市值比公司）与成长股（低账面市值比公司）收益率之差；MOM_t 为动量因子，代表过去一年收益率最高的股票与收益率最低的股票之间的溢价，是过去一年（t-1 个月到 t-11 个月）收益率最高的（前 30%）股票与收益率最低的（后 30%）股票第 t 月收益率之差。我们用 A 股所有上市公司的数据自行计算规模因子、价值因子和动量因子。α_i 代表基金经理的选股能力给投资者带来的超额收益，γ_i 代表基金经理的择时能力。* 表示在 5%的显著水平下具有选股能力或择时能力的基金。另外，本表还展示了这些股票型公募基金的年化收益率、年化波动率、年化夏普比率及最大回撤率，供读者查阅。

编号	基金名称	年化 α(%)	t(α)	γ	t(γ)	β_{mkt}	β_{smb}	β_{hml}	β_{mom}	年化收益率(%)	年化波动率(%)	年化夏普比率	最大回撤率(%)	调整后 R^2(%)
1	交银股息优化	27.82	2.97*	-2.00	-1.33	1.09	-0.52	0.21	0.02	19.92	24.25	0.81	32.15	58
2	易方达蓝筹精选	26.57	2.34*	-2.47	-1.36	1.19	-0.68	0.41	0.01	12.59	27.77	0.51	48.80	53
3	前海开源公用事业	26.39	1.89*	-4.27	-1.92	0.85	-0.04	-0.56	-0.03	18.98	28.82	0.69	36.82	34
4	银华食品饮料 A	25.67	2.16*	-1.48	-0.78	1.13	-0.53	0.32	0.02	17.96	27.63	0.68	33.70	48
5	华夏能源革新 A	25.65	1.80*	-2.36	-1.04	1.37	-0.17	-0.57	-0.03	24.71	35.03	0.76	42.06	53
6	易方达国企改革	25.58	2.76*	-0.90	-0.61	1.07	-0.54	0.48	0.21	20.58	24.42	0.83	31.72	59
7	交银消费新驱动	24.44	2.55*	-1.82	-1.19	1.09	-0.49	0.21	0.02	17.22	24.36	0.71	32.65	56
8	交银品质升级 A	24.20	2.53*	-1.69	-1.10	1.09	-0.50	0.22	0.03	17.28	24.51	0.71	32.96	57

续表

编号	基金名称	年化α(%)	t(α)	γ	t(γ)	β_{mkt}	β_{smb}	β_{hml}	β_{mom}	年化收益率(%)	年化波动率(%)	年化夏普比率	最大回撤率(%)	调整后R^2(%)
9	创金合信消费主题A	23.80	2.14*	-1.53	-0.86	1.06	-0.54	0.24	0.17	16.48	26.31	0.66	36.28	49
10	大成新锐产业A	23.29	2.77*	-1.02	-0.76	1.01	-0.12	0.26	0.51	28.57	23.01	1.15	29.45	62
11	广发估值优势A	22.88	2.70*	-3.20	-2.36	1.07	-0.46	-0.02	-0.05	11.80	22.64	0.54	45.49	60
12	大成消费主题A	22.84	3.29*	-2.18	-1.97	1.01	-0.18	0.04	0.09	21.41	20.37	0.98	22.52	67
13	易方达消费行业	22.74	2.20*	-1.71	-1.04	1.15	-0.55	0.43	0.10	14.07	26.10	0.58	39.06	56
14	融通内需驱动AB	22.32	2.87*	-0.95	-0.77	0.78	-0.08	0.09	0.23	26.77	18.94	1.28	16.27	52
15	天弘文化新兴产业A	22.27	2.30*	-1.19	-0.77	1.08	-0.54	0.40	-0.01	14.93	24.62	0.63	38.29	56
16	汇丰晋信智造先锋A	22.13	1.91*	-2.45	-1.33	1.29	0.01	-0.66	0.15	25.35	32.35	0.82	47.75	64
17	嘉实价值精选	21.92	3.29*	-1.83	-1.72	0.86	-0.43	0.15	0.19	16.08	18.61	0.81	24.59	64
18	中欧时代智慧A	21.70	2.62*	-1.55	-1.17	1.12	-0.54	-0.06	0.06	15.56	24.41	0.65	39.01	67
19	长信内需成长A	21.52	2.20*	-2.64	-1.70	0.97	-0.43	0.11	0.44	13.75	23.94	0.59	42.59	53
20	景顺长城优势企业A	21.48	2.39*	-1.10	-0.76	1.02	-0.54	0.15	0.12	15.83	23.67	0.68	34.27	59
21	景顺长城鼎益A	21.09	1.82*	-0.19	-0.10	1.07	-0.66	0.40	0.28	15.33	28.03	0.59	41.84	52
22	新华优选消费	20.79	2.18*	-2.46	-1.62	1.10	-0.21	0.27	0.09	16.32	23.59	0.70	34.02	54
23	浙商全景消费A	20.78	2.33*	-3.07	-2.16	1.11	-0.43	0.22	-0.26	8.75	23.04	0.41	41.79	58
24	易方达价值精选	20.74	3.36*	-1.69	-1.72	0.94	-0.34	-0.08	0.06	17.70	19.35	0.86	26.66	71
25	国泰智能汽车A	20.52	1.78*	-2.30	-1.25	1.14	0.00	-1.01	-0.23	22.39	31.11	0.76	43.60	61
26	诺安行业轮动A	20.50	3.70*	-2.55	-2.88	0.82	-0.27	0.02	0.12	15.27	16.46	0.86	28.00	68

续表

编号	基金名称	年化 α(%)	t(α)	γ	t(γ)	β_{mkt}	β_{smb}	β_{hml}	β_{mom}	年化收益率(%)	年化波动率(%)	年化夏普比率	最大回撤率(%)	调整后 R^2(%)
27	光大行业轮动	20.36	2.30*	-0.63	-0.44	1.10	-0.44	0.15	0.27	19.41	24.86	0.78	38.71	64
28	大成高新技术产业 A	19.94	3.67*	-2.02	-2.33	0.90	-0.07	0.23	0.17	20.29	17.04	1.09	23.10	71
29	景顺长城内需增长贰号	19.89	1.76*	-0.01	0.00	1.05	-0.64	0.38	0.28	15.31	27.53	0.60	42.20	52
30	工银生态环境 A	19.80	1.65*	-1.78	-0.93	0.99	-0.03	-1.00	0.17	23.80	31.27	0.79	49.62	58
31	工银研究精选	19.77	2.42*	-0.81	-0.62	1.02	-0.30	0.32	0.22	19.93	22.20	0.86	31.88	62
32	银河创新成长 A	19.75	1.25	-1.79	-0.71	0.91	-0.25	-1.27	-0.03	17.01	35.56	0.58	52.56	44
33	诺安先进制造 A	19.66	3.45*	-2.33	-2.57	0.86	-0.28	-0.03	0.10	15.04	17.37	0.81	29.08	70
34	景顺长城新兴成长 A	19.63	1.75*	-0.18	-0.10	1.05	-0.62	0.38	0.27	14.68	27.27	0.58	42.21	52
35	嘉实资源精选 A	19.58	2.49*	-0.93	-0.74	0.90	-0.35	-0.23	0.18	19.46	21.73	0.86	24.66	63
36	华安安信消费服务 A	19.55	3.10*	-0.25	-0.24	0.98	0.03	0.28	0.22	28.99	20.03	1.30	22.87	72
37	博时行业轮动	19.47	1.79*	-4.26	-2.46	1.15	-0.27	-0.21	0.22	9.25	27.26	0.41	46.04	55
38	东方新能源汽车主题	19.47	1.37	-3.35	-1.48	1.27	-0.16	-0.69	0.07	14.26	34.38	0.51	58.87	52
39	金元顺安消费主题	19.33	3.10*	-1.73	-1.74	1.03	-0.51	0.44	-0.02	10.95	20.15	0.54	32.20	73
40	汇添富消费行业	19.30	1.82*	-1.07	-0.63	1.11	-0.49	0.29	0.11	13.93	26.18	0.57	43.46	54
41	景顺长城内需增长	19.30	1.71*	-0.04	-0.02	1.05	-0.63	0.30	0.24	14.74	27.51	0.58	43.41	52
42	摩根健康品质生活 A	19.14	1.88*	-1.37	-0.85	1.09	-0.18	-0.10	-0.06	19.24	25.33	0.76	34.13	54
43	广发聚瑞 A	19.11	2.43*	-1.29	-1.03	0.97	-0.31	-0.80	-0.20	18.41	24.27	0.76	39.29	70
44	工银物流产业 A	19.10	2.52*	-0.49	-0.41	0.80	-0.23	-0.31	-0.06	21.53	19.89	1.01	27.35	59

续表

编号	基金名称	年化 α(%)	t(α)	γ	t(γ)	β_{mkt}	β_{smb}	β_{hml}	β_{mom}	年化收益率(%)	年化波动率(%)	年化夏普比率	最大回撤率(%)	调整后 R^2(%)
45	嘉实核心优势	19.10	2.42*	-2.22	-1.76	1.08	-0.55	0.16	-0.08	8.73	22.51	0.42	45.26	65
46	建信大安全	19.02	2.78*	-0.16	-0.15	0.84	-0.32	0.21	0.08	20.01	18.71	0.99	21.97	62
47	工银新金融 A	18.96	3.22*	-0.85	-0.91	0.99	-0.36	-0.15	0.29	19.82	21.32	0.89	39.64	78
48	银华富裕主题 A	18.89	1.54	-1.64	-0.83	0.99	-0.46	0.20	0.33	12.15	27.15	0.50	53.40	42
49	国泰金鹿	18.64	2.65*	-0.79	-0.70	0.91	-0.46	0.35	-0.03	13.94	19.73	0.68	28.58	64
50	汇添富消费升级 A	18.51	1.72*	-2.35	-1.37	1.00	-0.48	0.16	0.28	9.45	25.06	0.43	46.68	48
51	交银趋势优先 A	18.27	2.16*	0.06	0.05	0.85	0.09	0.21	0.42	29.84	21.40	1.26	15.23	56
52	华夏新兴消费 A	18.26	2.55*	-1.95	-1.71	1.22	-0.24	0.06	0.04	16.33	23.57	0.69	39.09	74
53	鹏华先进制造	18.23	2.65*	-0.61	-0.56	0.99	-0.43	0.09	0.03	16.24	21.08	0.75	35.15	70
54	景顺长城公司治理	18.18	2.67*	-2.07	-1.90	0.89	-0.04	-0.83	-0.29	19.38	21.95	0.85	32.56	73
55	中银主题策略 A	18.14	2.37*	-0.97	-0.80	0.77	-0.10	-0.52	0.09	22.26	20.77	1.00	23.06	62
56	汇丰晋信低碳先锋 A	18.07	1.39	-0.96	-0.46	1.33	-0.17	-0.61	0.14	21.85	34.47	0.70	47.03	60
57	广发睿毅领先 A	17.97	2.33*	0.34	0.27	0.74	-0.31	0.39	0.17	19.90	18.74	0.98	21.76	52
58	工银消费服务 A	17.93	3.02*	-1.27	-1.34	0.81	-0.32	0.10	0.08	15.22	16.96	0.83	27.39	65
59	金鹰科技创新 A	17.87	1.75*	-1.97	-1.21	0.96	0.33	-0.42	0.19	26.99	26.46	0.99	35.25	58
60	嘉合锦程价值精选 A	17.83	2.04*	-2.90	-2.08	0.59	-0.22	-0.82	0.07	12.24	21.40	0.57	40.08	53
61	长信消费精选行业量化 A	17.70	1.56	-1.46	-0.81	1.11	-0.59	0.17	0.03	8.55	27.21	0.38	48.82	51
62	鹏华医药科技 A	17.58	1.55	0.00	0.00	0.79	-0.20	-0.25	0.19	21.92	24.88	0.86	37.52	41

续表

编号	基金名称	年化 α(%)	t(α)	γ	t(γ)	β_{mkt}	β_{smb}	β_{hml}	β_{mom}	年化收益率(%)	年化波动率(%)	年化夏普比率	最大回撤率(%)	调整后 R^2(%)
63	景顺长城环保优势	17.53	2.60*	-2.19	-2.03	0.86	-0.04	-0.95	-0.31	18.16	22.31	0.80	35.73	74
64	中信保诚中小盘 A	17.53	1.49	-0.61	-0.33	0.90	0.04	-0.95	0.19	26.54	30.22	0.88	43.32	57
65	银华明择多策略	17.49	1.98*	-0.58	-0.41	0.95	-0.44	0.09	0.13	15.05	22.70	0.66	35.12	57
66	嘉实低价策略	17.37	2.83*	-0.33	-0.33	0.89	-0.36	0.30	0.28	17.82	18.96	0.88	22.58	70
67	招商体育文化休闲 A	17.32	1.23	-0.69	-0.30	1.05	-0.24	-0.06	0.18	17.86	30.45	0.64	38.92	39
68	嘉实优化红利 A	17.32	2.11*	-1.15	-0.88	0.99	-0.47	0.20	0.13	12.28	22.15	0.56	36.21	61
69	兴全商业模式优选	17.32	3.64*	-1.72	-2.26	1.01	-0.19	-0.18	0.02	17.20	19.36	0.84	30.77	83
70	创金合信工业周期精选 A	17.24	1.73*	-0.34	-0.22	0.97	-0.43	-0.77	0.37	19.21	28.80	0.70	51.37	66
71	工银精选平衡	17.23	2.93*	-0.10	-0.11	0.58	-0.22	0.14	0.24	19.86	14.67	1.21	10.67	55
72	中银智能制造 A	17.17	1.82*	0.30	0.20	0.81	-0.15	-0.94	0.34	26.83	27.31	0.95	32.98	66
73	泓德战略转型	17.00	2.54*	-1.10	-1.03	0.95	-0.43	-0.38	0.11	14.86	21.90	0.67	39.63	73
74	富国文体健康 A	16.87	2.84*	-0.21	-0.23	0.97	-0.27	-0.12	0.33	21.52	21.34	0.95	27.50	78
75	工银新能源汽车 A	16.85	1.28	-1.54	-0.73	1.11	-0.08	-0.71	0.00	18.82	31.75	0.65	51.81	51
76	金鹰信息产业 A	16.65	1.45	-0.52	-0.29	1.19	0.03	-0.83	-0.04	25.57	31.98	0.82	37.35	63
77	鹏华养老产业	16.56	1.76*	-0.91	-0.61	1.05	-0.35	0.15	0.25	15.36	24.37	0.65	41.38	58
78	招商稳健优选 A	16.54	1.52	0.47	0.27	0.77	0.00	-0.66	0.39	28.57	27.01	1.01	36.36	54
79	广发电子信息传媒产业精选 A	16.43	1.26	-0.16	-0.08	0.76	0.11	-1.10	-0.13	25.99	30.07	0.87	33.05	47
80	银华消费主题 A	16.41	1.71*	0.15	0.10	1.16	-0.33	0.16	-0.01	18.43	26.14	0.72	36.56	62

续表

编号	基金名称	年化 α(%)	t(α)	γ	t(γ)	β_{mkt}	β_{smb}	β_{hml}	β_{mom}	年化收益率(%)	年化波动率(%)	年化夏普比率	最大回撤率(%)	调整后 R^2(%)
81	中欧养老产业 A	16.36	2.32*	-0.70	-0.62	1.03	-0.02	-0.07	-0.23	21.24	21.38	0.94	23.24	69
82	富国周期优势 A	16.34	2.93*	-0.85	-0.95	0.81	-0.23	-0.20	0.14	17.96	17.98	0.93	28.05	73
83	建信核心精选	16.32	2.37*	0.14	0.12	0.78	-0.28	0.19	0.15	18.78	18.25	0.95	23.31	60
84	富国美丽中国 A	16.29	3.08*	-1.14	-1.35	0.83	-0.38	-0.14	0.13	14.00	17.80	0.74	31.34	75
85	申万菱信智能驱动 A	16.27	1.87*	-1.14	-0.83	0.82	0.11	-0.68	0.14	24.17	23.96	0.97	36.26	63
86	中信保诚周期轮动 A	16.04	1.49	0.88	0.51	0.77	-0.05	-0.22	0.52	27.77	25.41	1.04	38.46	49
87	海富通国策导向 A	15.96	1.67*	-0.64	-0.42	0.98	-0.19	-0.11	0.35	19.72	24.70	0.79	23.62	58
88	新华行业周期轮换 A	15.96	1.56	-0.97	-0.59	0.96	-0.14	-0.78	-0.01	19.43	27.14	0.73	36.17	60
89	嘉实智能汽车	15.94	1.53	-2.41	-1.45	1.12	-0.16	-0.53	-0.05	13.57	27.30	0.55	56.26	59
90	诺德周期策略	15.91	1.88*	-0.13	-0.10	0.91	-0.44	-0.11	0.53	17.18	24.00	0.72	39.47	65
91	银华裕利	15.80	2.65*	-1.33	-1.40	0.91	-0.24	-0.21	-0.12	14.66	18.86	0.74	27.73	72
92	工银创新动力	15.75	3.38*	-0.87	-1.17	0.69	-0.13	0.39	0.07	16.15	13.48	1.07	9.39	66
93	景顺长城精选蓝筹	15.73	2.04*	-1.71	-1.38	0.96	-0.46	0.14	-0.05	8.32	20.75	0.42	36.38	61
94	国联安优势	15.72	2.11*	-0.66	-0.55	0.92	-0.46	0.25	0.06	11.81	20.53	0.57	27.53	63
95	富荣福锦 A	15.65	2.28*	0.08	0.07	0.91	-0.43	0.12	0.32	16.57	20.99	0.76	26.31	70
96	嘉实新能源新材料 A	15.55	1.60	-1.67	-1.08	1.08	-0.23	-0.59	0.08	15.11	27.12	0.60	55.92	64
97	华宝资源优选 A	15.41	1.54	0.21	0.13	0.89	-0.23	-0.02	0.39	20.65	24.36	0.83	26.66	52
98	嘉实新消费	15.39	2.46*	-0.62	-0.62	0.71	-0.29	0.05	0.13	15.14	16.57	0.84	26.59	60

续表

编号	基金名称	年化 α(%)	t(α)	γ	t(γ)	β_{mkt}	β_{smb}	β_{hml}	β_{mom}	年化收益率(%)	年化波动率(%)	年化夏普比率	最大回撤率(%)	调整后 R^2(%)
99	鹏华盛世创新 A	15.36	3.19*	-1.50	-1.95	0.90	-0.19	0.23	-0.06	13.55	16.51	0.76	21.91	76
100	中欧先进制造 A	15.35	1.31	-0.72	-0.38	1.02	-0.20	-0.83	0.13	18.79	30.36	0.67	52.56	58
101	嘉实先进制造	15.34	2.18*	-1.32	-1.18	1.08	-0.14	-0.50	0.05	18.36	24.21	0.76	39.39	76
102	景顺长城沪港深精选	15.23	3.32*	-1.23	-1.69	0.51	-0.14	0.34	0.21	13.98	11.29	1.09	7.13	53
103	广发轮动配置	15.21	1.71*	-1.22	-0.86	1.08	-0.42	0.09	0.16	11.33	24.13	0.50	43.99	62
104	宏利市值优选	15.21	1.90*	-0.39	-0.31	0.96	-0.43	0.06	0.20	14.01	22.32	0.63	39.96	64
105	长城品牌优选 A	15.18	1.57	-0.77	-0.50	1.13	-0.59	0.39	0.30	9.35	26.11	0.41	47.86	61
106	宏利转型机遇 A	15.17	1.05	0.13	0.06	0.96	-0.05	-0.96	0.16	23.63	33.97	0.75	56.85	49
107	宏利行业精选 A	15.16	2.30*	-0.46	-0.43	0.96	-0.09	-0.33	0.18	21.88	21.99	0.94	27.70	74
108	广发沪港深新起点 A	15.13	1.93*	-3.31	-2.65	1.07	-0.47	0.00	-0.07	2.94	21.87	0.17	52.17	64
109	天弘周期策略 A	15.13	1.72*	-1.84	-1.30	1.13	-0.19	0.17	-0.07	12.52	23.44	0.55	36.33	60
110	创金合信资源主题 A	15.10	1.27	0.76	0.40	0.88	-0.29	-0.27	0.61	22.08	28.69	0.78	32.60	51
111	银华行业轮动	15.09	2.35*	-1.44	-1.41	0.86	-0.29	-0.05	0.09	12.69	18.51	0.66	33.18	66
112	汇添富文体娱乐主题 A	15.08	1.63	-1.09	-0.74	0.96	-0.43	0.12	0.21	10.96	23.08	0.50	46.38	54
113	万家臻选	14.94	1.23	0.41	0.21	0.73	-0.09	-0.26	0.33	22.39	25.85	0.85	32.40	38
114	工银新材料新能源行业	14.93	2.19*	-0.81	-0.75	0.94	-0.25	-0.53	0.31	18.07	23.47	0.76	37.76	76
115	方正富邦红利精选 A	14.91	2.09*	-1.64	-1.44	0.99	-0.46	0.27	0.00	7.74	20.44	0.39	32.52	65
116	工银国家战略主题	14.89	1.30	0.50	0.27	1.04	-0.26	0.54	0.28	18.07	26.80	0.70	29.88	48

续表

编号	基金名称	年化 α(%)	t(α)	γ	t(γ)	β_{mkt}	β_{smb}	β_{hml}	β_{mom}	年化收益率(%)	年化波动率(%)	年化夏普比率	最大回撤率(%)	调整后 R^2(%)
117	建信健康民生 A	14.79	2.20*	-1.00	-0.93	0.90	0.08	-0.39	0.18	22.75	21.62	0.99	30.31	73
118	国联安锐意成长	14.79	1.66*	-1.04	-0.73	0.86	-0.26	0.02	0.12	13.61	21.23	0.64	31.08	50
119	汇添富价值创造	14.74	1.49	-1.58	-1.00	1.04	-0.39	0.20	0.15	9.38	24.26	0.43	48.86	53
120	博时卓越品牌 A	14.70	1.70*	-1.35	-0.98	0.90	-0.42	0.08	0.19	9.93	21.53	0.48	41.86	54
121	农银汇理量化智慧动力	14.67	2.70*	-1.05	-1.21	0.85	-0.09	-0.45	0.05	18.54	19.26	0.90	25.88	77
122	安信企业价值优选	14.66	2.54*	-0.23	-0.25	0.80	-0.32	0.49	0.17	14.22	17.08	0.78	19.51	68
123	兴全合润	14.65	2.80*	-1.40	-1.68	0.98	-0.20	-0.16	0.04	14.98	19.34	0.74	34.63	79
124	汇丰晋信价值先锋 A	14.64	2.47*	-1.17	-1.23	0.97	-0.08	0.24	0.09	16.88	18.68	0.85	23.23	72
125	富国天合稳健优选	14.64	2.96*	-0.95	-1.20	0.83	-0.37	-0.16	0.06	12.75	17.42	0.69	30.04	77
126	华商盛世成长	14.63	1.99*	-0.55	-0.47	0.77	-0.03	0.01	0.00	19.10	18.18	0.97	16.06	54
127	华夏节能环保 A	14.62	1.44	-1.78	-1.10	1.12	0.08	-0.74	0.31	20.88	30.17	0.73	36.16	68
128	富国高新技术产业	14.56	1.62	-1.50	-1.04	0.99	-0.38	-0.42	0.20	11.82	24.85	0.51	54.90	63
129	华安宏利 A	14.55	1.39	-1.01	-0.61	0.69	-0.20	-0.46	-0.02	14.17	22.54	0.63	46.46	39
130	国富深化价值 A	14.54	2.84*	-0.11	-0.14	0.82	-0.25	-0.16	0.32	19.08	18.63	0.95	29.24	79
131	圆信永丰优悦生活	14.44	3.67*	-0.73	-1.17	0.74	-0.11	-0.24	0.24	19.09	16.26	1.07	21.92	83
132	工银国企改革主题	14.43	2.47*	-1.67	-1.79	0.92	-0.17	-0.21	0.31	15.28	20.20	0.73	31.27	76
133	广发医疗保健 A	14.41	1.07	-0.91	-0.42	0.89	-0.26	-0.18	0.44	14.33	28.95	0.55	57.46	39
134	中金新锐 A	14.40	2.12*	-1.10	-1.01	0.87	0.23	-0.58	-0.05	23.94	21.83	1.03	28.45	72

续表

编号	基金名称	年化 α(%)	t(α)	γ	t(γ)	β_{mkt}	β_{smb}	β_{hml}	β_{mom}	年化收益率(%)	年化波动率(%)	年化夏普比率	最大回撤率(%)	调整后 R^2(%)
135	诺德价值优势	14.36	1.65*	-0.28	-0.20	0.92	-0.43	-0.13	0.48	14.93	24.17	0.63	40.54	63
136	易方达行业领先	14.28	2.11*	-0.91	-0.84	0.93	-0.29	-0.16	0.16	14.55	20.71	0.69	35.97	70
137	创金合信新能源汽车 A	14.21	0.99	-2.20	-0.96	1.10	-0.07	-1.03	-0.06	13.63	34.39	0.49	57.93	50
138	宝盈医疗健康沪港深 A	14.20	1.10	0.05	0.02	0.79	-0.09	-0.18	0.31	19.91	27.08	0.75	43.41	35
139	嘉实文体娱乐 A	14.18	1.29	-1.09	-0.62	0.87	-0.15	-0.60	-0.11	15.08	25.50	0.62	35.58	48
140	圆信永丰优加生活	14.16	3.39*	-0.58	-0.87	0.78	-0.11	-0.25	0.24	19.54	17.21	1.04	22.65	83
141	嘉实环保低碳	14.15	1.57	-1.03	-0.72	1.04	-0.18	-0.45	0.08	16.45	25.38	0.67	48.16	64
142	景顺长城优选	14.09	2.43*	-1.71	-1.85	0.72	-0.05	-0.79	-0.28	15.01	18.68	0.77	31.54	73
143	中金消费升级	14.04	1.62	-0.78	-0.56	1.04	-0.50	0.09	0.05	9.39	23.68	0.43	47.27	62
144	中信证券卓越成长两年持有 A	14.00	1.91*	-1.62	-1.38	1.08	-0.18	0.08	-0.19	12.00	21.49	0.56	37.90	67
145	国富中小盘 A	13.99	2.77*	-0.51	-0.63	0.91	-0.28	0.17	0.15	14.97	17.99	0.78	21.39	78
146	华泰保兴吉年丰 A	13.98	1.41	-0.78	-0.49	0.72	-0.12	-0.91	0.27	18.46	25.93	0.73	42.16	59
147	工银文体产业 A	13.97	2.48*	-0.57	-0.63	0.92	-0.25	-0.29	0.05	16.25	19.89	0.78	33.75	77
148	益民红利成长	13.94	1.44	-1.47	-0.95	0.90	-0.24	-0.01	0.39	12.92	23.34	0.57	32.33	52
149	东方策略成长	13.93	1.86*	-1.61	-1.35	0.93	-0.40	-0.08	0.19	9.50	21.05	0.46	38.86	64
150	嘉实沪港深回报	13.86	2.14*	-2.15	-2.08	0.85	-0.45	-0.33	0.00	6.33	19.35	0.34	47.60	68
151	易方达改革红利	13.81	1.49	-0.53	-0.36	0.98	-0.23	0.06	0.28	15.95	23.60	0.68	29.24	57
152	华润元大量化优选 A	13.75	2.59*	-1.78	-2.11	0.83	-0.28	0.13	-0.29	7.89	16.00	0.46	26.40	69

续表

编号	基金名称	年化α(%)	t(α)	γ	t(γ)	β_{mkt}	β_{smb}	β_{hml}	β_{mom}	年化收益率(%)	年化波动率(%)	年化夏普比率	最大回撤率(%)	调整后R^2(%)
153	汇添富国企创新增长 A	13.72	2.09*	0.08	0.08	0.78	-0.25	-0.50	0.10	18.27	20.34	0.85	31.86	71
154	国联安主题驱动	13.71	2.68*	-0.69	-0.84	0.84	-0.27	-0.22	0.19	15.25	18.37	0.78	29.08	78
155	中银金融地产 A	13.70	1.75*	-1.25	-1.00	1.05	-0.45	0.60	0.00	6.69	21.98	0.33	36.66	64
156	中银新动力 A	13.68	1.55	-0.95	-0.67	0.89	-0.43	-0.39	0.12	11.02	23.31	0.50	45.48	59
157	国泰智能装备 A	13.68	1.35	-1.10	-0.68	0.97	0.05	-1.19	-0.11	20.37	29.49	0.73	38.40	67
158	光大银发商机主题 A	13.67	2.39*	-0.37	-0.40	0.93	-0.33	-0.16	0.03	14.72	19.80	0.72	28.60	76
159	工银新蓝筹 A	13.65	2.75*	-0.60	-0.76	0.78	-0.30	0.19	0.26	13.66	16.20	0.78	25.41	73
160	中信保诚量化阿尔法 A	13.63	3.55*	-1.29	-2.10	0.96	-0.33	0.14	0.09	11.17	17.41	0.61	25.60	86
161	富国城镇发展	13.60	2.83*	-0.65	-0.85	0.84	-0.17	-0.09	0.12	16.52	17.37	0.88	25.25	78
162	富国消费主题 A	13.58	1.57	1.55	1.13	1.02	-0.35	0.22	0.14	19.86	24.41	0.80	30.59	65
163	万家瑞隆 A	13.57	1.43	-0.73	-0.48	0.74	0.00	-0.39	0.03	18.42	21.91	0.82	30.21	47
164	交银医药创新 A	13.53	1.18	0.23	0.13	0.75	-0.15	-0.17	0.48	19.69	25.35	0.78	43.00	43
165	华泰保兴吉年利	13.52	1.82*	-1.93	-1.63	0.86	-0.17	-0.71	0.12	13.19	22.67	0.59	46.15	69
166	富国价值优势	13.51	2.37*	0.60	0.66	0.99	-0.28	-0.17	0.25	20.14	21.98	0.88	39.44	81
167	富国高端制造行业 A	13.48	2.21*	-0.45	-0.46	0.95	-0.13	-0.34	0.20	19.31	21.59	0.86	30.20	77
168	华安研究精选 A	13.45	1.43	0.53	0.36	0.80	-0.13	-0.34	0.36	22.11	23.84	0.90	40.77	56
169	中信保诚至远动力 A	13.39	1.65*	-1.35	-1.04	0.69	-0.13	-0.47	0.36	15.43	21.16	0.71	33.65	58
170	富国产业升级 A	13.37	2.30*	0.87	0.93	0.87	-0.40	-0.39	0.16	18.31	21.43	0.82	29.83	79

续表

编号	基金名称	年化 α(%)	t(α)	γ	t(γ)	β_{mkt}	β_{smb}	β_{hml}	β_{mom}	年化收益率(%)	年化波动率(%)	年化夏普比率	最大回撤率(%)	调整后 R^2(%)
171	广发核心精选	13.35	1.97*	-0.32	-0.30	0.89	-0.43	0.06	-0.01	11.15	19.75	0.56	32.69	67
172	嘉实物流产业 A	13.23	2.28*	-0.45	-0.48	0.76	-0.15	0.46	0.11	14.64	15.84	0.85	26.28	62
173	兴全绿色投资	13.21	2.70*	-1.27	-1.62	1.02	-0.27	-0.05	0.14	12.84	19.87	0.63	42.01	83
174	嘉实周期优选	13.19	2.10*	-0.40	-0.40	0.90	-0.28	0.38	0.19	13.54	18.73	0.69	25.25	68
175	国富研究精选 A	13.18	2.03*	-0.11	-0.11	0.98	-0.32	-0.07	0.16	15.52	21.32	0.71	33.23	74
176	工银量化策略 A	13.09	2.35*	-0.73	-0.82	0.79	-0.29	-0.41	0.13	13.97	18.83	0.71	40.07	75
177	华宝价值发现 A	13.08	1.93*	-0.61	-0.56	0.88	-0.31	0.53	-0.05	10.14	18.72	0.53	19.43	63
178	华泰保兴成长优选 A	13.02	1.94*	-0.96	-0.89	0.81	-0.16	-0.69	0.31	16.95	22.47	0.74	39.13	75
179	华夏经典配置	13.02	1.79*	-0.35	-0.30	0.90	-0.13	0.52	0.81	18.47	21.38	0.83	21.51	67
180	大摩进取优选	13.00	1.54	-1.34	-1.00	1.01	-0.42	-0.47	0.01	9.39	24.28	0.42	43.77	66
181	诺安低碳经济 A	12.97	2.73*	-0.54	-0.71	0.81	-0.05	0.17	0.08	17.35	15.79	1.00	14.19	74
182	广发品牌消费 A	12.95	1.23	-0.36	-0.21	1.06	-0.33	0.24	0.33	13.30	26.00	0.55	45.43	54
183	华宝服务优选	12.91	1.41	-0.70	-0.48	1.10	-0.15	-0.53	0.17	17.68	27.19	0.68	34.98	68
184	工银前沿医疗 A	12.85	1.01	0.64	0.31	0.70	-0.02	-0.07	0.54	22.22	26.57	0.83	38.78	35
185	诺安中小盘精选	12.85	2.52*	-2.14	-2.64	0.82	-0.18	0.01	0.14	9.97	16.19	0.58	27.22	72
186	招商中小盘精选	12.84	1.61	0.05	0.04	0.69	-0.16	-0.19	0.40	18.44	20.07	0.87	34.19	55
187	农银汇理行业轮动 A	12.82	1.78*	-0.33	-0.29	0.81	0.05	-0.67	0.17	22.39	22.66	0.94	28.89	71
188	泓德优选成长	12.74	2.75*	-0.95	-1.28	0.86	-0.27	-0.33	-0.08	12.48	17.86	0.66	21.48	81

续表

编号	基金名称	年化α(%)	t(α)	γ	t(γ)	β_{mkt}	β_{smb}	β_{hml}	β_{mom}	年化收益率(%)	年化波动率(%)	年化夏普比率	最大回撤率(%)	调整后R^2(%)
189	合煦智远嘉选A	12.73	1.87*	-1.95	-1.79	0.86	-0.03	-0.19	0.03	13.32	18.98	0.68	27.30	64
190	中银消费主题A	12.70	1.96*	-1.34	-1.30	0.84	-0.31	-0.12	0.06	9.94	18.51	0.52	28.74	65
191	工银智能制造	12.69	1.51	-1.39	-1.04	0.92	-0.15	-0.47	0.14	14.10	23.34	0.62	44.39	63
192	安信价值精选	12.68	1.94*	-1.45	-1.39	1.04	-0.33	0.26	0.10	9.16	20.46	0.46	33.68	71
193	万家行业优选	12.67	1.07	-0.90	-0.48	0.93	0.05	-1.01	-0.21	18.41	29.46	0.67	49.63	54
194	银华积极成长A	12.58	2.01*	-0.48	-0.48	0.92	-0.31	-0.18	0.26	14.19	20.73	0.67	33.25	74
195	工银信息产业A	12.53	1.87*	0.30	0.28	0.90	-0.18	-0.52	0.21	20.18	22.81	0.86	37.13	76
196	中欧医疗健康A	12.53	0.94	0.06	0.03	0.85	-0.29	-0.11	0.42	14.57	28.35	0.57	54.13	38
197	南方盛元红利	12.51	2.25*	-0.53	-0.60	0.87	-0.24	0.14	0.12	13.67	17.75	0.73	28.52	72
198	建信中国制造2025A	12.47	1.71*	0.28	0.24	0.75	-0.34	-0.11	0.18	14.75	19.41	0.73	43.78	60
199	富国天博创新主题	12.40	1.99*	-0.22	-0.22	0.95	-0.18	-0.25	0.19	17.49	21.27	0.79	32.90	76
200	国富弹性市值A	12.38	2.16*	-0.81	-0.89	0.94	-0.39	0.22	0.08	9.61	18.90	0.50	32.00	74
201	工银医疗保健行业	12.32	1.01	0.14	0.07	0.69	-0.05	-0.08	0.42	18.74	25.18	0.75	38.93	33
202	鹏华消费优选	12.31	1.39	-0.23	-0.16	1.02	-0.35	0.20	0.27	12.89	23.62	0.57	43.25	60
203	交银新成长	12.29	2.09*	-0.63	-0.67	0.82	-0.26	-0.41	-0.05	13.31	18.99	0.67	31.78	73
204	景顺长城能源基建A	12.27	3.16*	-0.81	-1.31	0.40	-0.06	0.34	0.17	12.70	9.13	1.20	5.75	49
205	富国沪港深业绩驱动A	12.24	1.48	-1.83	-1.38	0.75	-0.21	0.04	0.18	8.94	18.85	0.47	36.89	46
206	华安制造先锋A	12.24	0.98	-1.22	-0.61	1.03	0.25	-0.96	-0.05	21.27	31.87	0.71	43.83	57

续表

编号	基金名称	年化 α(%)	t(α)	γ	t(γ)	β_{mkt}	β_{smb}	β_{hml}	β_{mom}	年化收益率(%)	年化波动率(%)	年化夏普比率	最大回撤率(%)	调整后 R^2(%)
207	景顺长城支柱产业	12.16	2.28*	-1.57	-1.84	0.97	-0.26	0.16	0.07	9.53	18.34	0.51	28.91	76
208	中信保诚深度价值	12.15	2.59*	-0.65	-0.87	0.74	-0.34	0.05	0.00	10.19	15.27	0.61	27.25	73
209	工银战略转型主题 A	12.10	1.59	3.07	2.53*	0.73	-0.17	0.43	0.40	26.70	20.64	1.18	20.83	62
210	平安股息精选 A	12.05	1.87*	-2.12	-2.06	0.93	-0.35	0.44	0.34	5.81	18.78	0.31	36.75	67
211	南方新兴消费 A	12.05	1.34	-0.46	-0.32	0.94	-0.41	-0.02	0.19	10.56	23.11	0.48	46.69	57
212	农银汇理低估值高增长	12.02	1.09	-1.09	-0.62	0.78	0.01	-0.75	0.07	16.40	25.96	0.66	37.33	49
213	诺安价值增长	12.02	1.75*	-1.23	-1.12	1.05	-0.17	0.23	0.13	12.33	20.83	0.59	27.20	69
214	嘉实沪港深精选	11.97	1.99*	-1.64	-1.71	1.02	-0.28	-0.03	0.03	9.25	20.17	0.46	29.50	75
215	诺安新经济	11.95	1.35	0.92	0.65	1.01	-0.19	0.11	0.28	19.86	24.33	0.80	25.95	63
216	国联安精选	11.95	1.83*	-1.41	-1.35	1.05	-0.25	-0.53	0.01	11.87	23.24	0.53	34.05	78
217	景顺长城核心竞争力 A	11.92	2.29*	-1.59	-1.91	0.94	-0.12	-0.27	-0.19	11.87	18.72	0.61	30.88	78
218	中海消费主题精选 A	11.92	1.11	-0.95	-0.55	0.99	-0.29	-0.24	0.47	12.49	27.17	0.51	49.50	56
219	工银医药健康 A	11.83	0.96	0.77	0.39	0.75	-0.10	-0.11	0.33	19.49	26.00	0.76	41.60	36
220	建信中小盘 A	11.82	1.55	-0.41	-0.34	1.09	0.17	-0.14	0.44	24.05	25.28	0.92	27.96	74
221	华夏行业景气	11.82	1.18	-1.29	-0.81	0.90	0.32	-0.53	0.20	22.08	26.18	0.84	34.73	59
222	景顺长城中小创 A	11.78	1.57	-2.26	-1.89	0.93	0.26	-0.52	-0.01	17.27	22.80	0.75	32.32	69
223	易方达中盘成长	11.78	1.60	-1.50	-1.27	1.04	-0.31	-0.22	0.09	9.63	22.56	0.45	51.53	70
224	华安核心优选 A	11.77	1.64*	0.05	0.04	1.04	-0.45	-0.31	0.03	12.23	23.86	0.54	39.45	74

续表

编号	基金名称	年化 α(%)	t(α)	γ	t(γ)	β_{mkt}	β_{smb}	β_{hml}	β_{mom}	年化收益率(%)	年化波动率(%)	年化夏普比率	最大回撤率(%)	调整后 R^2(%)
225	银华中国梦 30	11.76	1.49	0.49	0.39	0.95	-0.31	-0.45	-0.15	15.59	23.38	0.67	34.72	68
226	中银战略新兴产业 A	11.74	1.41	-0.95	-0.71	0.80	-0.03	-0.53	0.30	17.08	22.91	0.74	42.57	63
227	安信新常态沪港深精选 A	11.72	1.36	-0.02	-0.02	0.93	-0.22	0.90	0.15	11.77	21.83	0.55	26.22	56
228	圆信永丰医药健康	11.69	1.16	-2.37	-1.47	0.77	0.05	-0.44	-0.01	11.40	22.74	0.52	39.11	44
229	大成内需增长 A	11.69	1.50	0.33	0.26	0.88	-0.39	0.03	0.14	12.93	21.22	0.61	30.74	62
230	诺安优化配置 A	11.63	1.23	-1.92	-1.27	0.63	-0.15	-0.06	0.09	7.94	19.24	0.42	32.13	31
231	中银中小盘成长	11.63	1.72*	-0.84	-0.78	0.76	0.03	-0.66	0.24	18.78	21.51	0.84	30.75	72
232	景顺长城成长之星	11.61	1.71*	0.67	0.62	0.70	0.01	-0.33	0.31	23.10	19.65	1.08	17.98	66
233	中信保诚新兴产业 A	11.60	0.78	-0.76	-0.32	1.04	-0.01	-0.67	0.37	17.41	34.30	0.59	62.14	47
234	海富通风格优势	11.56	2.19*	-0.69	-0.82	0.93	-0.24	-0.30	0.12	13.80	19.99	0.67	30.78	80
235	东方红启阳三年持有 A	11.55	1.68*	-1.37	-1.25	0.96	-0.20	-0.22	0.07	11.47	20.92	0.55	33.08	70
236	鹏扬景泰成长 A	11.50	1.12	-1.44	-0.88	1.02	-0.11	-0.61	0.15	13.62	27.31	0.55	53.49	60
237	银华沪港深增长 A	11.49	1.59	-2.24	-1.95	1.06	-0.23	0.10	0.19	7.91	21.47	0.39	42.43	68
238	英大国企改革主题	11.48	1.33	0.72	0.52	0.53	0.00	0.77	0.51	18.33	18.15	0.94	16.69	36
239	华安新丝路主题 A	11.47	1.26	-0.10	-0.07	0.91	-0.38	-0.09	0.39	12.59	23.89	0.55	50.67	59
240	中欧明睿新常态 A	11.38	1.35	-0.78	-0.58	1.04	-0.13	-0.87	-0.06	15.81	26.92	0.62	50.03	72
241	嘉实前沿科技 A	11.37	1.32	-2.38	-1.73	1.08	-0.02	-0.48	-0.12	11.07	24.65	0.49	38.92	65
242	中欧时代先锋 A	11.36	1.96*	-1.28	-1.38	1.03	-0.19	-0.56	0.02	12.97	22.68	0.58	39.80	81

续表

编号	基金名称	年化 α(%)	t(α)	γ	t(γ)	β_{mkt}	β_{smb}	β_{hml}	β_{mom}	年化收益率(%)	年化波动率(%)	年化夏普比率	最大回撤率(%)	调整后 R^2(%)
243	工银大盘蓝筹	11.29	2.34*	-0.59	-0.77	0.74	-0.27	0.14	0.20	11.29	15.46	0.67	22.82	72
244	建信创新中国	11.27	1.37	-0.81	-0.62	0.81	0.10	-0.49	0.21	19.12	22.59	0.82	31.60	62
245	信澳红利回报	11.23	1.20	0.94	0.63	0.96	-0.62	0.15	0.17	9.48	25.02	0.42	51.39	60
246	华泰柏瑞医疗健康 A	11.13	0.92	0.17	0.09	0.83	0.05	-0.27	0.37	20.56	27.11	0.77	40.66	44
247	银河消费驱动 A	11.13	1.15	-2.38	-1.54	1.08	-0.07	0.39	0.33	9.00	23.77	0.42	44.87	53
248	鹏华优势企业	11.12	1.43	-0.13	-0.11	0.86	-0.14	-0.35	0.21	16.85	22.05	0.75	34.87	65
249	交银精选	11.11	1.98*	-0.48	-0.54	0.80	-0.26	-0.39	-0.01	12.56	18.54	0.65	33.62	74
250	浦银安盛红利精选 A	11.06	1.24	-0.31	-0.22	0.91	0.11	-0.82	0.03	21.24	26.07	0.81	35.27	67
251	工银聚焦 30	11.02	1.61	-0.87	-0.80	0.81	-0.16	-0.35	0.36	14.34	20.73	0.68	40.70	69
252	富国通胀通缩主题 A	11.01	1.26	0.13	0.09	0.75	-0.06	-0.64	0.20	19.13	23.38	0.80	32.56	60
253	长盛量化红利策略 A	10.99	2.11*	0.05	0.07	0.69	-0.04	0.62	0.49	16.83	15.36	0.99	13.80	67
254	泰康弘实 3 个月定开	10.97	1.60	-1.47	-1.35	0.88	-0.37	-0.28	-0.10	6.54	19.70	0.34	37.63	66
255	中银量化价值 A	10.95	2.66*	-1.31	-1.99	0.87	-0.30	0.00	0.09	8.73	16.61	0.50	29.50	83
256	广发高端制造 A	10.95	0.95	-0.24	-0.13	1.01	-0.13	-0.48	0.52	17.43	29.82	0.64	56.83	58
257	华商上游产业 A	10.90	1.34	0.66	0.51	0.80	0.02	-0.28	0.20	21.89	21.80	0.95	16.06	60
258	工银养老产业 A	10.87	0.98	0.19	0.11	0.68	0.06	-0.15	0.33	19.55	23.49	0.82	37.98	37
259	工银核心价值 A	10.87	1.72*	-1.77	-1.76	0.87	-0.21	-0.40	0.17	9.87	20.15	0.49	39.96	72
260	天弘永定成长 A	10.83	1.15	0.13	0.09	0.97	-0.41	0.24	0.03	9.57	23.57	0.44	39.01	55

续表

编号	基金名称	年化 α(%)	t(α)	γ	t(γ)	β_{mkt}	β_{smb}	β_{hml}	β_{mom}	年化收益率(%)	年化波动率(%)	年化夏普比率	最大回撤率(%)	调整后 R^2(%)
261	农银汇理信息传媒 A	10.80	1.17	-1.00	-0.67	0.89	-0.26	-0.33	-0.01	10.00	22.87	0.46	32.06	54
262	新华优选成长	10.79	1.26	0.16	0.12	0.63	-0.09	-1.00	-0.06	17.54	22.96	0.75	36.19	60
263	金鹰中小盘精选 A	10.78	1.20	-1.47	-1.03	0.72	0.50	-0.33	-0.13	20.85	21.75	0.91	31.66	52
264	中信保诚幸福消费	10.77	1.42	-0.81	-0.67	1.02	-0.13	0.15	-0.06	12.14	21.28	0.57	33.20	64
265	易方达科翔	10.71	1.80*	-0.24	-0.25	0.97	-0.02	-0.43	0.09	18.85	22.05	0.83	29.86	79
266	汇添富创新活力 A	10.69	1.36	-2.00	-1.60	0.61	-0.22	-0.93	-0.02	7.59	20.99	0.38	38.32	61
267	大成核心双动力 A	10.65	2.78*	-1.13	-1.85	0.94	-0.18	0.12	-0.10	10.33	16.78	0.58	23.13	85
268	富国产业驱动 A	10.63	1.45	-0.51	-0.44	0.68	-0.02	-0.66	0.30	17.54	21.35	0.79	38.43	67
269	国投瑞银成长优选	10.60	1.92*	0.11	0.12	0.81	-0.21	-0.15	0.26	15.63	18.66	0.79	34.65	75
270	建信改革红利 A	10.57	1.15	-0.27	-0.18	0.92	0.00	-0.56	0.22	18.77	25.46	0.74	49.22	63
271	华宝生态中国 A	10.57	1.62	0.27	0.26	1.00	-0.05	-0.28	-0.06	18.79	22.06	0.82	28.01	75
272	华富成长趋势 A	10.57	1.33	-0.58	-0.46	0.91	0.03	-0.69	-0.06	17.66	23.70	0.74	28.64	68
273	广发行业领先 A	10.53	1.83*	-0.37	-0.41	0.83	-0.21	-0.21	-0.07	12.57	18.11	0.66	25.21	71
274	博时丝路主题 A	10.50	1.82*	0.39	0.43	0.78	-0.24	-0.50	0.29	16.91	20.56	0.79	30.19	78
275	前海开源股息率 50 强	10.50	1.49	-3.04	-2.70	0.81	-0.30	0.59	-0.04	-0.67	17.16	-0.04	27.73	52
276	华宝品质生活	10.47	1.34	0.23	0.19	0.94	-0.26	-0.21	0.08	14.36	22.43	0.64	33.66	66
277	华商改革创新 A	10.45	1.38	-0.63	-0.52	0.91	-0.02	-0.48	0.05	16.44	22.45	0.72	23.57	68
278	国联安行业领先	10.35	1.30	-2.58	-2.03	0.74	0.13	-0.63	0.22	12.46	22.03	0.57	31.18	63

续表

编号	基金名称	年化 α(%)	t(α)	γ	t(γ)	β_{mkt}	β_{smb}	β_{hml}	β_{mom}	年化收益率(%)	年化波动率(%)	年化夏普比率	最大回撤率(%)	调整后 R^2(%)
279	兴全轻资产	10. 34	2. 20*	-2. 28	-3. 04	0. 84	-0. 16	-0. 20	0. 24	8. 38	17. 50	0. 46	36. 40	80
280	工银中小盘成长	10. 32	0. 99	0. 08	0. 05	1. 00	0. 13	-0. 76	0. 30	23. 00	29. 75	0. 80	43. 62	65
281	嘉实研究阿尔法 A	10. 30	3. 03*	-0. 75	-1. 38	0. 93	-0. 22	0. 01	0. 22	12. 27	17. 77	0. 66	27. 86	90
282	银华盛利 A	10. 27	1. 07	-1. 23	-0. 80	0. 82	0. 13	-0. 60	0. 14	16. 62	24. 46	0. 69	46. 98	56
283	华宝大盘精选	10. 27	1. 47	-0. 91	-0. 81	1. 01	-0. 33	-0. 39	0. 16	10. 25	23. 20	0. 47	54. 24	74
284	长信双利优选 A	10. 26	1. 32	-1. 33	-1. 07	0. 99	-0. 38	0. 01	0. 05	6. 12	21. 61	0. 31	44. 61	63
285	汇添富新兴消费 A	10. 24	1. 20	-0. 55	-0. 41	0. 95	-0. 24	-0. 34	0. 07	11. 96	23. 34	0. 53	36. 73	62
286	国联安远见成长	10. 20	1. 13	-0. 64	-0. 44	1. 08	0. 00	-0. 28	0. 35	17. 70	26. 33	0. 69	35. 42	67
287	信澳消费优选	10. 19	1. 11	0. 03	0. 02	1. 06	-0. 46	0. 27	0. 20	8. 65	24. 69	0. 40	38. 84	61
288	农银汇理消费主题 A	10. 19	1. 15	-0. 09	-0. 06	0. 82	-0. 32	-0. 10	0. 15	10. 91	21. 69	0. 52	44. 03	53
289	汇添富环保行业	10. 18	1. 06	-1. 31	-0. 85	1. 00	-0. 17	-0. 90	-0. 16	10. 99	27. 09	0. 46	52. 04	64
290	前海开源股息率 100 强	10. 17	2. 18*	-0. 13	-0. 18	0. 79	-0. 08	0. 67	0. 29	13. 91	15. 57	0. 82	14. 44	75
291	中信保诚精萃成长 A	10. 16	1. 83*	-0. 24	-0. 27	0. 90	-0. 06	-0. 58	-0. 07	16. 94	21. 05	0. 78	33. 80	80
292	诺安成长	10. 11	0. 67	0. 40	0. 17	0. 95	-0. 26	-1. 22	0. 00	14. 10	35. 61	0. 50	53. 16	49
293	银河美丽优萃 A	10. 09	1. 02	-1. 71	-1. 09	1. 10	-0. 42	0. 19	0. 37	4. 72	25. 56	0. 25	54. 57	58
294	国投瑞银研究精选	10. 06	1. 74*	-0. 25	-0. 27	0. 77	-0. 18	-0. 13	0. 16	13. 59	17. 57	0. 73	34. 81	69
295	富国医疗保健行业 A	10. 04	0. 80	0. 24	0. 12	0. 75	-0. 24	-0. 21	0. 47	13. 52	27. 03	0. 55	50. 08	38
296	嘉实价值优势 A	10. 00	1. 74*	-0. 32	-0. 35	0. 71	-0. 29	-0. 08	0. 20	10. 86	16. 74	0. 61	32. 40	67

续表

编号	基金名称	年化 α(%)	t(α)	γ	t(γ)	β_{mkt}	β_{smb}	β_{hml}	β_{mom}	年化收益率(%)	年化波动率(%)	年化夏普比率	最大回撤率(%)	调整后 R^2(%)
297	华宝医药生物 A	9.98	0.89	0.04	0.02	0.80	-0.03	-0.05	0.57	17.57	25.33	0.71	40.36	45
298	农银汇理策略价值	9.92	1.73*	-0.28	-0.30	0.74	-0.18	-0.38	0.26	14.33	18.78	0.73	37.63	74
299	诺安鸿鑫 A	9.91	1.62	-1.95	-2.00	0.61	-0.26	-0.44	0.18	6.28	16.87	0.35	33.32	63
300	华夏创新前沿	9.88	1.28	1.06	0.86	0.81	-0.09	-0.63	0.14	20.78	23.21	0.87	28.63	69
301	大成优选 A	9.87	1.79*	-0.50	-0.57	0.70	-0.15	-0.12	0.16	12.61	16.13	0.73	23.75	67
302	大成健康产业 A	9.86	0.88	-0.85	-0.48	0.84	-0.10	-0.24	0.49	13.20	25.96	0.55	50.53	47
303	海富通股票	9.83	0.58	-0.53	-0.20	0.96	0.00	-0.67	0.27	14.55	35.98	0.51	43.24	37
304	中金精选 A	9.77	1.68*	-1.06	-1.14	0.82	-0.26	-0.10	-0.09	7.98	17.23	0.44	31.38	68
305	交银先进制造 A	9.75	1.64*	0.60	0.63	0.83	-0.01	-0.41	0.09	20.12	20.24	0.94	35.26	75
306	恒越核心精选 A	9.73	1.00	-1.31	-0.85	0.79	-0.20	-0.52	0.40	10.41	24.53	0.46	45.47	56
307	易方达医疗保健 A	9.73	0.84	0.57	0.31	0.77	0.00	-0.25	0.48	19.48	26.22	0.76	42.86	45
308	长信金利趋势 A	9.72	2.27*	-0.05	-0.07	0.79	0.05	-0.42	-0.08	18.41	17.71	0.96	21.78	83
309	财通集成电路产业 A	9.71	0.82	-2.88	-1.53	0.71	0.03	-0.70	0.32	8.17	26.82	0.37	39.99	45
310	鹏华精选成长 A	9.70	1.44	-0.46	-0.43	1.03	0.06	-0.28	0.15	18.32	22.91	0.78	26.53	76
311	景顺长城优质成长	9.66	1.62	-0.42	-0.44	0.91	-0.34	0.21	0.05	8.54	18.71	0.45	31.33	71
312	中银动态策略 A	9.66	1.28	-1.73	-1.44	1.14	-0.37	-0.01	0.21	5.76	23.74	0.29	50.63	71
313	华安智能装备主题 A	9.65	1.08	-0.10	-0.07	0.84	0.08	-0.87	0.05	19.68	25.60	0.77	38.72	66
314	大摩卓越成长	9.65	1.32	-1.21	-1.04	1.03	-0.26	-0.05	-0.01	8.23	21.62	0.40	43.37	68

续表

编号	基金名称	年化 α(%)	t(α)	γ	t(γ)	β_{mkt}	β_{smb}	β_{hml}	β_{mom}	年化收益率(%)	年化波动率(%)	年化夏普比率	最大回撤率(%)	调整后 R^2(%)
315	海通品质升级一年持有 A	9.61	1.49	-0.32	-0.31	1.02	-0.43	-0.04	0.01	8.27	21.54	0.40	40.04	75
316	南华瑞盈 A	9.60	1.05	-0.51	-0.35	0.81	-0.03	-0.40	0.46	16.41	24.01	0.69	30.43	59
317	南方中小盘成长 A	9.58	1.87*	-1.92	-2.36	1.00	-0.03	-0.15	0.07	10.87	19.51	0.55	25.63	81
318	建信信息产业 A	9.56	1.14	-0.24	-0.18	0.91	0.08	-0.48	0.31	19.65	24.52	0.79	36.30	67
319	国富潜力组合 A 人民币	9.55	1.57	0.63	0.64	0.94	-0.31	-0.12	0.17	14.18	21.12	0.66	33.28	76
320	汇丰晋信中小盘	9.55	1.12	0.14	0.10	0.82	0.01	-0.29	0.08	17.71	21.81	0.79	23.93	57
321	圆信永丰汇利	9.54	1.62	-0.26	-0.28	0.85	-0.27	-0.38	0.24	12.71	20.40	0.61	35.87	76
322	华夏研究精选	9.52	2.25*	-1.15	-1.70	0.99	-0.24	-0.04	0.14	9.58	18.91	0.50	36.69	86
323	申万菱信新动力	9.52	1.50	-0.66	-0.66	0.83	-0.23	-0.41	0.17	11.64	20.11	0.57	44.10	72
324	工银美丽城镇主题 A	9.46	1.45	0.87	0.83	0.80	-0.22	0.06	0.30	15.91	19.30	0.78	36.02	68
325	中银双息回报 A	9.45	1.77*	-1.49	-1.74	0.47	-0.18	-0.33	0.20	7.86	13.98	0.50	32.81	58
326	大成行业轮动 A	9.45	1.59	-0.43	-0.45	0.97	-0.17	-0.36	0.21	14.23	21.99	0.65	38.25	79
327	华夏行业龙头	9.43	1.11	-1.74	-1.28	1.05	-0.36	0.06	0.25	5.09	23.29	0.26	46.93	62
328	工银红利	9.42	1.21	-1.43	-1.16	0.82	-0.02	-0.69	0.21	13.17	23.10	0.59	37.99	68
329	万家智造优势 A	9.41	1.04	-0.46	-0.32	1.11	0.25	-0.44	0.27	22.16	27.80	0.81	33.80	70
330	长盛医疗行业 A	9.39	0.62	-0.01	0.00	0.68	0.03	-0.04	0.50	15.24	29.18	0.58	49.90	25
331	富国转型机遇	9.35	1.81*	0.08	0.10	0.84	-0.09	-0.16	0.31	16.82	19.03	0.83	30.92	79
332	汇丰晋信消费红利	9.35	1.36	-0.61	-0.55	0.99	-0.27	-0.03	-0.08	9.30	20.84	0.46	39.38	69

续表

编号	基金名称	年化 α(%)	t(α)	γ	t(γ)	β_{mkt}	β_{smb}	β_{hml}	β_{mom}	年化收益率(%)	年化波动率(%)	年化夏普比率	最大回撤率(%)	调整后 R^2(%)
333	银河竞争优势成长	9.34	1.52	-0.80	-0.82	0.94	-0.23	-0.67	-0.02	11.35	22.38	0.52	40.48	79
334	金鹰稳健成长	9.31	1.13	-0.24	-0.18	0.82	-0.10	-0.64	-0.07	14.42	22.48	0.64	40.34	62
335	浙商聚潮产业成长 A	9.31	1.22	0.41	0.33	1.03	-0.16	0.37	0.09	14.21	22.05	0.64	28.73	66
336	鹏华环保产业	9.29	0.84	-0.12	-0.07	0.83	-0.07	-0.83	0.17	15.95	27.74	0.62	53.17	55
337	汇丰晋信珠三角区域	9.28	1.01	-0.03	-0.02	0.84	0.09	-0.29	0.10	18.24	22.92	0.78	24.48	54
338	建信龙头企业	9.28	1.22	0.58	0.48	0.77	-0.33	-0.05	0.12	11.77	19.82	0.58	41.09	58
339	前海开源中药研究精选 A	9.28	0.85	-0.18	-0.10	0.92	0.18	0.31	0.10	17.28	24.25	0.72	21.99	43
340	华安行业轮动	9.27	1.50	0.85	0.86	0.90	-0.39	-0.01	0.11	12.35	20.42	0.60	40.55	74
341	中欧新趋势 A	9.26	1.90*	-0.08	-0.10	0.91	-0.21	-0.20	0.06	13.21	19.08	0.67	30.35	81
342	大摩健康产业 A	9.21	0.72	-0.13	-0.06	0.87	-0.02	-0.10	0.26	14.71	27.37	0.58	49.26	38
343	东方核心动力 A	9.21	2.17*	-0.82	-1.21	0.90	-0.25	0.19	0.16	9.16	16.92	0.51	23.57	82
344	泓德泓益	9.19	1.79*	-0.71	-0.87	0.87	-0.17	-0.38	0.20	12.50	19.63	0.62	40.24	81
345	中信保诚优胜精选 A	9.19	1.89*	-0.97	-1.24	0.91	-0.10	-0.45	-0.03	12.46	19.54	0.62	32.49	82
346	国泰事件驱动 A	9.18	0.92	0.54	0.34	0.83	0.13	-0.63	0.09	21.61	25.64	0.83	37.74	57
347	国泰央企改革 A	9.16	1.65*	-0.80	-0.90	0.85	-0.38	-0.44	-0.01	7.50	19.53	0.39	46.77	77
348	华安逆向策略 A	9.16	1.31	0.86	0.77	0.70	-0.05	-0.51	0.30	20.01	20.91	0.91	36.81	69
349	华商消费行业	9.15	1.06	-0.45	-0.32	1.07	-0.42	0.02	-0.01	6.89	24.03	0.33	42.88	63
350	景顺长城资源垄断	9.13	0.91	1.16	0.73	0.75	-0.25	0.69	0.23	12.20	22.21	0.56	26.71	43

续表

编号	基金名称	年化 α(%)	t(α)	γ	t(γ)	β_{mkt}	β_{smb}	β_{hml}	β_{mom}	年化收益率(%)	年化波动率(%)	年化夏普比率	最大回撤率(%)	调整后 R^2(%)
351	中欧行业成长 A	9.12	1.40	-1.13	-1.09	0.89	-0.20	-0.26	0.24	10.20	20.47	0.50	46.02	71
352	申万菱信行业轮动 A	9.10	0.87	-0.48	-0.29	1.01	0.01	-1.04	0.18	17.33	30.61	0.62	39.15	67
353	汇丰晋信大盘 A	9.05	2.05*	-0.83	-1.18	0.93	-0.37	-0.07	-0.01	6.94	18.14	0.38	36.00	83
354	交银成长 30	9.04	1.08	1.36	1.02	0.98	-0.14	-0.23	0.35	20.23	25.04	0.80	29.52	68
355	泰康均衡优选 A	9.00	1.68*	-0.50	-0.59	0.79	-0.14	-0.46	0.05	12.81	18.66	0.66	36.89	77
356	创金合信科技成长 A	9.00	0.82	-0.35	-0.20	0.75	0.15	-1.09	-0.12	17.84	27.65	0.68	37.43	55
357	海富通电子信息传媒产业 A	9.00	0.63	-0.58	-0.25	0.63	0.11	-1.11	0.29	16.12	32.00	0.58	44.05	43
358	大成积极成长 A	8.98	1.43	-0.40	-0.40	0.95	-0.16	-0.21	0.34	13.97	21.68	0.64	39.31	76
359	银华估值优势	8.97	1.33	-0.51	-0.48	0.97	-0.33	-0.12	0.10	9.08	21.27	0.44	48.38	71
360	汇添富经典成长	8.97	0.84	-1.99	-1.17	1.06	-0.28	0.23	0.33	4.44	25.38	0.24	58.04	50
361	建信优势动力	8.96	1.48	-0.36	-0.38	0.89	-0.11	-0.41	0.28	15.06	21.43	0.69	38.15	77
362	中欧明睿新起点	8.94	0.77	-0.58	-0.32	1.00	-0.23	-0.80	0.22	11.61	30.16	0.46	56.59	58
363	银华优质增长	8.90	1.52	-0.54	-0.58	0.86	-0.33	0.00	0.10	8.28	18.38	0.44	36.90	71
364	摩根卓越制造 A	8.84	1.04	0.73	0.54	0.84	-0.16	-0.41	0.37	17.50	23.90	0.73	45.67	64
365	汇添富沪港深新价值	8.80	0.82	-2.87	-1.68	0.97	-0.35	0.20	0.22	-0.40	24.03	0.04	52.10	44
366	华安升级主题 A	8.77	1.36	0.97	0.94	0.92	-0.40	0.00	0.12	11.94	21.02	0.57	40.63	73
367	嘉实稳健	8.75	1.90*	-0.62	-0.85	0.74	-0.35	0.26	0.07	6.00	15.02	0.36	29.32	73
368	创金合信量化核心 A	8.72	2.15*	-1.01	-1.56	0.99	-0.16	0.04	0.08	10.30	18.30	0.54	21.55	86

续表

编号	基金名称	年化 α(%)	t(α)	γ	t(γ)	β_{mkt}	β_{smb}	β_{hml}	β_{mom}	年化收益率(%)	年化波动率(%)	年化夏普比率	最大回撤率(%)	调整后 R^2(%)
369	中邮战略新兴产业	8.72	0.85	-1.16	-0.71	0.82	-0.04	-0.91	-0.24	10.89	25.53	0.47	49.48	54
370	光大阳光启明星创新驱动 A	8.68	1.14	-2.51	-2.06	0.71	-0.03	-0.64	0.16	7.66	20.80	0.39	42.09	62
371	华安生态优先 A	8.67	0.88	0.86	0.55	0.91	-0.32	0.11	0.26	12.40	24.17	0.54	50.87	53
372	诺安主题精选	8.65	0.96	-0.37	-0.26	0.70	-0.36	-0.33	0.19	7.97	21.28	0.39	45.10	50
373	宝盈人工智能 A	8.63	0.82	-0.29	-0.17	0.97	-0.02	-0.80	0.13	16.04	28.42	0.61	47.39	62
374	广发制造业精选 A	8.62	1.01	0.06	0.05	0.86	0.18	-1.00	0.15	21.78	27.08	0.81	37.91	72
375	嘉实医药健康 A	8.61	0.78	0.23	0.13	0.83	-0.10	-0.11	0.38	14.77	25.17	0.61	45.22	45
376	鹏华沪深港互联网	8.60	0.95	-2.99	-2.08	0.90	0.08	-0.23	0.20	7.62	22.57	0.37	45.28	55
377	景顺长城品质投资 A	8.57	1.53	0.04	0.05	0.78	-0.15	-0.37	0.14	14.12	18.83	0.72	31.12	75
378	信澳新能源产业	8.54	0.91	0.30	0.20	1.02	0.21	-0.98	-0.05	22.73	29.23	0.80	42.17	71
379	工银互联网加	8.53	1.31	-0.17	-0.17	0.81	-0.19	-0.56	0.19	13.21	21.15	0.62	36.87	73
380	南方国策动力	8.51	1.50	0.18	0.19	0.85	-0.01	-0.49	0.28	18.49	21.32	0.83	29.40	80
381	嘉实新兴产业	8.48	1.03	-0.30	-0.23	0.88	-0.16	-0.39	0.14	12.65	22.75	0.57	47.21	63
382	西部利得事件驱动	8.47	1.10	-0.50	-0.41	0.95	-0.12	-0.50	-0.01	12.72	23.05	0.57	34.01	68
383	中欧新动力 A	8.44	1.77*	0.41	0.54	0.85	-0.19	-0.36	-0.03	14.22	18.87	0.72	30.10	82
384	国富沪港深成长精选 A	8.43	1.42	-1.20	-1.27	0.94	-0.33	-0.17	0.16	6.70	20.05	0.35	52.90	75
385	中欧电子信息产业 A	8.43	0.70	0.17	0.09	0.72	0.17	-1.11	-0.26	18.58	28.43	0.69	39.96	49
386	中信保诚盛世蓝筹	8.42	2.48*	-1.44	-2.67	0.87	-0.37	-0.09	-0.02	4.11	16.28	0.24	36.58	88

续表

编号	基金名称	年化 α(%)	t(α)	γ	t(γ)	β_{mkt}	β_{smb}	β_{hml}	β_{mom}	年化收益率(%)	年化波动率(%)	年化夏普比率	最大回撤率(%)	调整后 R^2(%)
387	光大阳光价值 30 个月持有 A	8.40	1.14	-1.38	-1.18	1.01	-0.46	0.25	0.08	2.19	21.10	0.13	45.08	66
388	富国天惠精选成长 A	8.39	1.86*	0.33	0.46	0.98	-0.31	-0.09	0.13	12.17	20.14	0.59	35.55	86
389	长信量化多策略 A	8.39	1.70*	-0.93	-1.18	0.99	-0.24	-0.01	0.14	8.90	19.33	0.46	34.35	82
390	鹏华价值精选	8.38	1.10	0.87	0.72	0.79	0.07	-0.56	0.44	22.63	23.78	0.91	29.61	71
391	国联竞争优势	8.37	1.15	0.71	0.61	0.93	0.11	-0.42	0.37	22.74	24.27	0.91	30.47	75
392	新华钻石品质企业	8.36	1.03	-1.17	-0.90	1.05	-0.26	0.12	0.16	7.07	22.55	0.35	43.52	63
393	国富健康优质生活	8.35	1.21	-0.80	-0.72	1.04	-0.36	0.15	0.19	6.84	21.71	0.34	40.58	71
394	中金金泽 A	8.33	1.25	-0.63	-0.60	0.74	-0.17	-0.02	0.19	9.98	17.54	0.54	22.11	59
395	金鹰核心资源 A	8.29	0.86	-1.72	-1.12	0.82	0.60	-0.47	-0.14	19.48	24.67	0.79	35.99	57
396	中欧互通精选 A	8.28	2.22*	-1.01	-1.69	0.88	-0.16	-0.08	0.12	9.84	16.85	0.55	30.51	86
397	国泰区位优势 A	8.20	1.24	-0.40	-0.38	0.78	-0.04	-0.62	-0.02	13.97	20.37	0.67	30.55	70
398	兴全精选	8.19	1.19	-0.74	-0.67	0.88	-0.16	-0.60	0.15	11.58	22.32	0.53	41.90	73
399	工银主题策略 A	8.18	0.70	0.38	0.20	0.95	-0.02	-0.79	0.30	18.07	30.38	0.65	48.88	58
400	宏利首选企业 A	8.17	1.16	0.43	0.38	1.01	0.00	-0.60	0.07	18.89	24.83	0.76	35.73	77
401	国寿安保智慧生活	8.15	1.29	-0.54	-0.53	0.87	0.10	-0.64	0.06	16.83	22.06	0.75	28.35	77
402	恒越研究精选 A	8.15	0.86	-0.57	-0.37	0.85	-0.11	-0.57	0.37	13.16	25.41	0.55	46.09	60
403	万家消费成长	8.14	1.42	0.22	0.24	0.99	-0.21	0.29	0.26	12.54	20.14	0.61	28.23	77
404	建信优选成长 A	8.14	1.27	1.80	1.76*	0.83	-0.46	0.17	0.24	12.60	20.61	0.60	30.60	73

续表

编号	基金名称	年化α(%)	t(α)	γ	t(γ)	β_{mkt}	β_{smb}	β_{hml}	β_{mom}	年化收益率(%)	年化波动率(%)	年化夏普比率	最大回撤率(%)	调整后R^2(%)
405	红土创新新科技	8.09	0.62	-0.30	-0.14	0.95	0.12	-0.98	0.29	17.89	33.00	0.62	56.59	55
406	博时量化多策略 A	8.05	2.47*	-0.75	-1.45	0.84	-0.05	0.16	0.10	11.37	15.12	0.69	18.10	87
407	广发资管核心精选一年持有 A	8.03	1.03	-0.63	-0.50	0.95	-0.41	-0.12	0.27	6.55	22.57	0.33	43.32	66
408	长信低碳环保行业量化 A	8.00	0.66	-1.10	-0.56	1.13	0.03	-0.66	0.05	12.93	31.02	0.49	55.89	56
409	工银金融地产 A	7.99	1.05	-0.25	-0.20	0.92	-0.39	0.73	0.05	4.18	20.83	0.23	28.16	62
410	华宝创新优选	7.97	0.81	1.61	1.02	0.94	-0.07	-0.80	0.22	21.64	28.74	0.77	37.69	66
411	金鹰策略配置	7.92	0.55	-0.96	-0.42	1.06	-0.01	-0.91	0.36	13.15	35.16	0.48	58.38	53
412	国投瑞银核心企业	7.90	1.45	-0.28	-0.33	0.78	-0.11	-0.23	0.23	12.93	18.13	0.68	32.68	74
413	农银汇理行业领先	7.85	1.28	-0.56	-0.58	0.63	-0.33	-0.63	0.00	7.23	18.11	0.39	42.27	68
414	博时新兴消费主题 A	7.81	1.13	-0.10	-0.09	1.00	-0.33	0.12	0.05	8.33	21.24	0.41	40.29	70
415	华夏港股通精选 A	7.81	0.82	-3.24	-2.14	0.89	-0.35	0.08	-0.08	-3.43	21.17	-0.13	53.54	43
416	广发消费品精选 A	7.81	0.97	-0.77	-0.60	0.92	-0.35	0.03	-0.01	5.25	21.03	0.28	45.45	58
417	汇丰晋信新动力	7.77	0.97	0.75	0.59	1.12	0.00	-0.53	-0.08	19.04	26.59	0.73	31.08	74
418	农银汇理策略精选	7.77	1.24	-0.63	-0.63	0.63	-0.32	-0.63	0.01	7.06	18.17	0.38	43.45	66
419	兴业安保优选 A	7.72	0.89	-1.76	-1.27	0.89	-0.08	-0.56	0.36	9.32	24.54	0.42	49.68	64
420	中庚价值领航	7.72	0.97	0.53	0.42	0.86	0.12	0.56	0.19	16.91	20.05	0.81	18.52	56
421	摩根新兴动力 A	7.70	0.79	0.24	0.15	1.03	0.00	-0.66	0.30	18.24	28.61	0.67	46.12	67
422	民生加银新兴成长	7.66	0.95	-1.51	-1.17	0.71	-0.19	-0.56	0.23	7.17	21.18	0.36	49.59	59

续表

编号	基金名称	年化 α(%)	t(α)	γ	t(γ)	β_{mkt}	β_{smb}	β_{hml}	β_{mom}	年化收益率(%)	年化波动率(%)	年化夏普比率	最大回撤率(%)	调整后 R^2(%)
423	诺安策略精选	7.66	1.27	-0.25	-0.26	0.80	-0.03	0.10	0.00	12.37	17.06	0.68	24.96	65
424	弘毅远方国企转型 A	7.62	1.40	-2.26	-2.61	0.79	-0.16	-0.53	0.02	5.20	18.39	0.28	39.25	75
425	广发中小盘精选 A	7.59	0.80	-1.26	-0.83	0.85	0.17	-0.90	0.20	15.21	26.95	0.60	35.73	65
426	华宝国策导向 A	7.58	1.52	-0.36	-0.46	0.84	-0.09	-0.35	-0.05	12.15	18.25	0.64	25.53	79
427	嘉实增长	7.57	1.09	-0.24	-0.22	0.67	-0.09	-0.30	0.14	12.09	18.10	0.64	36.82	58
428	南方高端装备 A	7.55	0.90	-0.19	-0.14	0.86	-0.08	-0.97	0.19	14.81	26.29	0.60	49.06	71
429	建信恒久价值	7.55	0.83	-0.13	-0.09	0.89	-0.03	-0.62	0.25	15.45	25.47	0.63	50.70	64
430	富国研究量化精选 A	7.49	1.22	-0.27	-0.28	0.90	0.02	-0.44	0.30	16.27	22.11	0.72	38.13	78
431	华安策略优选 A	7.45	1.42	-1.25	-1.50	0.90	-0.31	0.11	0.17	4.95	17.91	0.27	42.78	76
432	国泰君安君得明	7.44	1.55	-0.31	-0.40	0.90	-0.20	0.00	-0.04	9.51	17.82	0.51	31.05	80
433	汇丰晋信沪港深 A	7.41	0.74	-2.15	-1.35	1.28	-0.26	-0.10	-0.13	2.81	27.30	0.18	53.28	62
434	汇添富民营新动力	7.40	1.50	-0.54	-0.69	0.89	0.10	-0.72	-0.03	16.16	21.48	0.74	29.52	85
435	农银汇理医疗保健主题	7.38	0.57	0.01	0.01	0.91	-0.11	-0.27	0.54	13.31	29.58	0.52	55.31	46
436	摩根核心优选 A	7.36	0.90	-0.37	-0.28	0.82	-0.07	-0.65	0.28	13.76	23.82	0.60	53.65	67
437	汇添富移动互联 A	7.33	0.83	-0.28	-0.20	0.87	-0.16	-0.70	0.06	11.56	24.53	0.51	36.33	63
438	汇添富策略回报	7.32	1.20	-0.08	-0.08	1.00	-0.19	-0.23	0.24	12.43	22.24	0.57	45.00	79
439	南方人工智能主题	7.30	0.94	0.25	0.21	0.68	-0.05	-0.56	0.17	15.12	20.92	0.71	29.72	61
440	大摩品质生活精选 A	7.29	1.26	-0.98	-1.06	1.03	0.19	-0.61	-0.18	15.66	23.09	0.68	33.73	82

续表

编号	基金名称	年化α(%)	t(α)	γ	t(γ)	β_{mkt}	β_{smb}	β_{hml}	β_{mom}	年化收益率(%)	年化波动率(%)	年化夏普比率	最大回撤率(%)	调整后R^2(%)
441	富国新兴产业 A	7.27	0.71	-0.61	-0.37	0.72	-0.01	-0.44	0.45	13.06	24.41	0.56	33.00	50
442	银华中小盘精选	7.27	0.78	0.28	0.19	0.73	-0.01	-0.75	-0.13	14.80	23.33	0.64	35.31	55
443	银河主题策略 A	7.27	0.81	-0.39	-0.27	0.85	-0.17	-1.04	0.22	12.20	27.23	0.50	51.13	69
444	中信证券成长动力 A	7.25	1.36	-1.01	-1.18	0.91	-0.17	-0.37	-0.03	8.71	19.45	0.45	37.88	79
445	汇添富创新医药	7.22	0.64	0.04	0.02	0.74	-0.18	-0.13	0.50	11.21	24.78	0.49	53.28	42
446	建信互联网+产业升级	7.21	1.28	-0.06	-0.07	0.91	-0.23	-0.51	0.16	11.85	21.54	0.56	37.67	81
447	富国港股通量化精选 A	7.20	0.96	-3.11	-2.59	0.88	-0.25	0.41	-0.04	-2.35	18.25	-0.13	41.26	52
448	银华新能源新材料量化 A	7.15	0.66	-0.91	-0.53	1.06	-0.05	-0.68	0.25	12.21	29.42	0.48	52.70	62
449	金鹰医疗健康产业 A	7.08	0.49	-0.90	-0.39	0.87	-0.05	-0.22	0.34	9.21	29.78	0.39	57.07	34
450	易方达科讯	7.08	1.18	-0.51	-0.53	1.05	0.01	-0.51	-0.02	14.34	23.28	0.63	35.03	81
451	海富通内需热点	7.08	0.75	-0.44	-0.30	0.92	-0.03	-0.48	0.12	12.96	24.74	0.55	36.90	59
452	建信现代服务业	7.05	0.82	1.20	0.87	0.71	-0.29	-0.19	0.03	11.75	20.75	0.56	35.25	52
453	中信保诚新机遇	7.05	1.51	-1.61	-2.15	0.88	-0.35	-0.11	0.01	2.77	17.32	0.16	42.16	79
454	中信证券臻选价值成长 A	7.02	1.23	-1.42	-1.55	0.85	-0.24	-0.28	-0.15	4.73	17.99	0.26	44.93	71
455	华安红利精选 A	6.96	1.26	-1.61	-1.83	0.95	-0.31	0.02	0.09	3.51	18.68	0.20	46.36	75
456	大成策略回报 A	6.96	1.47	0.18	0.24	0.72	0.14	0.24	0.08	15.85	14.95	0.96	11.95	72
457	汇添富价值精选 A	6.96	1.35	-0.83	-1.02	0.88	-0.45	-0.04	0.10	3.30	18.39	0.18	46.13	78
458	东吴新产业精选 A	6.95	1.08	-0.38	-0.37	0.88	-0.11	-0.41	0.13	11.94	21.04	0.57	40.56	73

续表

编号	基金名称	年化 α(%)	t(α)	γ	t(γ)	β_{mkt}	β_{smb}	β_{hml}	β_{mom}	年化收益率(%)	年化波动率(%)	年化夏普比率	最大回撤率(%)	调整后 R^2(%)
459	广发资源优选 A	6.94	0.67	-0.32	-0.20	0.81	-0.24	-0.89	0.39	10.60	27.87	0.44	54.26	61
460	银河蓝筹精选 A	6.94	0.88	0.50	0.40	0.97	-0.20	-0.92	0.12	14.47	26.94	0.58	46.13	76
461	金鹰行业优势 A	6.92	0.67	-0.03	-0.02	0.86	0.15	-0.66	0.09	17.35	26.37	0.68	51.32	56
462	中银美丽中国	6.91	0.98	0.11	0.10	0.66	-0.11	-0.33	0.33	13.17	19.20	0.66	35.93	62
463	富国大盘价值 A	6.90	1.77*	-0.70	-1.12	0.93	-0.23	0.25	0.15	7.44	17.05	0.42	32.51	85
464	万家精选 A	6.90	0.56	1.64	0.83	0.63	0.00	1.12	0.62	14.52	25.21	0.61	26.20	31
465	国泰量化策略收益 A	6.87	1.59	-1.11	-1.61	0.95	-0.26	0.04	0.06	5.80	17.79	0.32	33.58	83
466	工银农业产业	6.87	0.82	1.10	0.82	0.77	-0.16	-0.17	0.25	14.87	21.46	0.68	33.79	57
467	光大核心 A	6.84	1.49	-1.07	-1.46	0.88	-0.15	-0.07	0.00	7.48	16.98	0.42	30.74	79
468	华夏盛世精选	6.83	0.99	0.22	0.20	0.94	0.06	-0.30	0.25	17.52	22.47	0.76	29.28	74
469	建信潜力新蓝筹 A	6.81	1.03	0.88	0.84	1.00	0.11	-0.16	0.45	21.59	23.84	0.88	27.05	78
470	招商行业精选	6.79	0.70	3.30	2.14*	0.65	-0.25	-0.15	0.32	20.08	23.27	0.84	34.97	51
471	诺安平衡	6.79	1.11	-1.29	-1.32	0.74	-0.16	0.04	0.02	5.50	15.98	0.32	22.84	58
472	工银稳健成长 A	6.77	1.34	0.13	0.16	0.85	-0.29	-0.01	0.09	9.03	17.89	0.49	36.27	78
473	华夏智胜价值成长 A	6.72	2.17*	-0.53	-1.06	0.87	0.18	0.02	0.11	15.61	16.60	0.87	18.82	90
474	长信银利精选 A	6.71	0.85	0.74	0.59	0.61	-0.04	-0.10	0.35	15.37	18.85	0.77	31.87	50
475	长盛成长价值 A	6.65	1.44	0.44	0.59	0.56	-0.06	-0.19	0.23	13.96	14.44	0.88	11.43	71
476	中银持续增长 A	6.64	0.81	-0.98	-0.75	0.77	-0.07	-0.51	0.27	10.30	22.12	0.48	44.37	61

续表

编号	基金名称	年化α(%)	t(α)	γ	t(γ)	β_{mkt}	β_{smb}	β_{hml}	β_{mom}	年化收益率(%)	年化波动率(%)	年化夏普比率	最大回撤率(%)	调整后R^2(%)
477	富国中小盘精选 A	6.63	0.72	1.55	1.05	0.73	0.01	-0.62	0.28	20.51	24.56	0.82	33.54	60
478	光大新增长 A	6.63	0.90	0.01	0.01	0.87	-0.04	-0.68	0.03	14.29	23.06	0.63	37.05	71
479	光大阳光 A	6.63	1.18	-1.49	-1.66	0.92	-0.21	-0.37	-0.06	5.61	19.51	0.30	45.27	77
480	富国创新科技 A	6.59	0.61	-0.78	-0.45	0.91	-0.21	-0.72	0.14	8.10	27.44	0.36	54.24	56
481	华宝先进成长	6.58	1.23	-0.37	-0.43	0.93	-0.08	-0.43	0.17	12.69	21.14	0.60	41.21	82
482	招商量化精选 A	6.55	1.35	1.14	1.47	0.87	0.33	0.10	0.20	24.29	19.08	1.16	13.97	82
483	工银高端制造行业	6.51	0.63	0.54	0.32	0.94	0.04	-0.82	0.31	18.36	29.29	0.67	44.40	64
484	华宝宝康消费品	6.49	0.91	0.38	0.33	0.76	-0.26	-0.04	0.13	9.59	18.93	0.50	33.29	60
485	汇添富医药保健 A	6.46	0.55	0.56	0.30	0.71	-0.17	-0.21	0.57	12.61	25.92	0.53	51.08	42
486	创金合信医疗保健行业 A	6.45	0.52	0.12	0.06	0.77	0.14	-0.26	0.29	15.78	26.61	0.63	49.52	39
487	摩根医疗健康 A	6.42	0.61	-0.28	-0.17	0.70	-0.05	-0.34	0.27	11.30	23.27	0.51	52.91	43
488	景顺长城量化新动力	6.42	1.60	-0.48	-0.75	0.96	-0.21	0.19	0.23	8.57	18.06	0.46	31.98	86
489	景顺长城沪港深领先科技	6.38	0.99	-0.32	-0.31	0.72	-0.12	-0.46	0.11	10.72	18.99	0.55	38.27	68
490	华安幸福生活 A	6.37	0.74	0.02	0.02	0.87	0.09	-0.67	0.36	17.48	25.77	0.70	51.91	69
491	鹏华优质治理 A	6.33	0.82	0.37	0.30	0.73	-0.21	-0.17	0.38	11.47	20.31	0.56	38.18	59
492	银河稳健	6.32	0.92	-0.27	-0.25	0.64	-0.07	-0.78	-0.02	11.44	19.82	0.57	38.70	66
493	光大阳光优选一年持有 A	6.32	1.70*	-0.65	-1.09	0.80	-0.20	-0.28	-0.02	7.78	16.38	0.45	28.58	85
494	民生加银内需增长	6.31	1.02	0.52	0.52	0.94	-0.12	0.05	0.29	13.77	20.65	0.65	42.05	75

续表

编号	基金名称	年化 α(%)	t(α)	γ	t(γ)	β_{mkt}	β_{smb}	β_{hml}	β_{mom}	年化收益率(%)	年化波动率(%)	年化夏普比率	最大回撤率(%)	调整后 R^2(%)
495	诺德量化蓝筹增强 A	6.30	1.94*	-1.82	-3.50	0.73	-0.20	0.09	-0.07	2.41	12.82	0.13	21.65	82
496	中信建投价值增长 A	6.30	0.91	-1.96	-1.78	0.81	-0.37	-0.31	0.13	0.83	19.39	0.06	49.65	64
497	景顺长城中小盘 A	6.29	0.85	-1.56	-1.33	0.96	0.27	-0.42	-0.12	13.01	22.40	0.59	34.21	69
498	泰信中小盘精选	6.29	0.52	-0.44	-0.23	0.85	0.29	-0.92	0.25	18.13	30.70	0.65	49.16	56
499	富国国家安全主题 A	6.28	0.83	0.56	0.47	0.89	-0.24	-0.34	0.18	11.89	22.59	0.54	37.79	68
500	海富通量化前锋 A	6.26	1.46	-0.85	-1.24	0.84	0.06	-0.24	0.09	12.28	17.52	0.66	30.92	83
501	汇添富民营活力 A	6.26	1.13	-0.61	-0.69	0.88	-0.01	-0.54	0.09	12.53	20.79	0.60	32.24	80
502	长信恒利优势	6.24	0.75	0.36	0.27	0.85	-0.28	-0.01	0.08	8.58	21.15	0.42	43.60	57
503	景顺长城研究精选 A	6.22	0.95	-0.92	-0.88	0.88	-0.34	0.06	0.15	4.00	19.14	0.22	38.83	67
504	国泰大健康 A	6.22	0.75	0.62	0.47	1.05	0.18	-0.12	0.26	20.12	25.09	0.80	26.58	69
505	大摩主题优选	6.14	1.00	-0.49	-0.50	0.90	-0.13	-0.45	-0.01	9.93	20.60	0.49	43.26	75
506	华安大国新经济 A	6.08	1.16	-0.33	-0.39	1.03	0.02	-0.45	-0.01	13.98	22.21	0.63	37.35	84
507	诺安积极配置 A	6.08	0.67	-0.68	-0.47	0.78	-0.34	-0.19	0.09	4.04	21.35	0.22	44.15	48
508	招商国企改革	6.05	0.66	-0.35	-0.24	1.00	-0.22	0.00	0.33	8.63	24.26	0.40	43.42	60
509	建信环保产业	6.04	0.64	-0.41	-0.27	0.86	-0.12	-0.60	0.19	10.64	24.81	0.47	49.92	59
510	宏利效率优选	6.02	0.74	-1.65	-1.28	0.52	-0.11	-0.06	0.32	4.32	17.01	0.25	44.93	36
511	招商大盘蓝筹	6.02	1.08	0.63	0.70	0.89	-0.09	-0.21	0.14	14.54	20.07	0.70	36.50	78
512	南方产业活力	6.00	1.20	-0.81	-1.01	0.80	-0.20	-0.32	0.15	7.66	18.02	0.41	36.68	78

续表

编号	基金名称	年化 α(%)	t(α)	γ	t(γ)	β_{mkt}	β_{smb}	β_{hml}	β_{mom}	年化收益率(%)	年化波动率(%)	年化夏普比率	最大回撤率(%)	调整后 R^2(%)
513	华安物联网主题 A	5.90	1.14	-0.25	-0.31	1.03	0.01	-0.45	0.03	13.95	22.27	0.63	35.23	85
514	嘉实量化阿尔法	5.90	1.63	0.26	0.46	0.94	-0.20	0.06	0.11	10.51	18.21	0.56	29.31	89
515	摩根智选 30A	5.90	0.71	1.68	1.27	0.83	-0.18	-0.39	0.29	16.64	23.66	0.70	43.99	65
516	华夏优势增长	5.86	0.88	-0.45	-0.42	0.89	-0.12	-0.62	0.12	10.83	22.44	0.50	39.13	75
517	南方成份精选 A	5.86	1.19	-0.52	-0.66	0.92	-0.46	-0.48	-0.09	3.65	20.28	0.20	48.92	83
518	嘉实优质企业	5.85	0.64	-1.36	-0.93	0.91	-0.26	-0.31	0.36	5.04	23.95	0.26	57.13	59
519	招商优质成长	5.85	0.62	3.14	2.08*	0.65	-0.26	-0.15	0.27	18.15	22.86	0.78	34.35	52
520	易方达信息产业 A	5.84	0.53	0.84	0.48	0.69	0.04	-1.09	0.04	16.89	27.73	0.65	34.18	55
521	博时逆向投资 A	5.84	1.06	0.29	0.34	0.64	-0.05	-0.59	0.23	14.16	18.63	0.72	32.67	75
522	鹏华价值优势	5.83	1.01	-0.47	-0.51	0.88	-0.09	-0.30	0.13	10.56	19.80	0.53	33.98	76
523	富国低碳新经济 A	5.80	0.82	0.89	0.78	0.99	-0.04	-0.50	0.44	18.13	25.73	0.72	41.49	79
524	光大风格轮动 A	5.80	1.70*	0.04	0.07	0.91	0.15	0.03	0.10	16.09	17.66	0.85	19.56	89
525	中银健康生活	5.77	0.83	-0.87	-0.78	0.56	-0.16	-0.42	0.16	6.70	17.13	0.38	38.27	53
526	博时医疗保健行业 A	5.77	0.48	1.24	0.65	0.73	-0.04	-0.23	0.52	16.46	26.74	0.65	46.91	42
527	富国低碳环保	5.76	1.19	-2.08	-2.70	0.64	-0.07	-0.24	-0.05	3.56	13.89	0.21	29.08	66
528	银华领先策略	5.76	0.87	-0.72	-0.68	1.02	-0.25	0.06	0.30	7.03	21.56	0.35	47.21	73
529	国联安优选行业	5.69	0.42	0.66	0.31	0.77	-0.11	-0.88	0.40	13.61	31.42	0.51	54.07	47
530	万家经济新动能 A	5.68	0.43	-1.99	-0.94	0.86	0.16	-0.96	-0.25	7.65	30.07	0.34	49.62	45

续表

编号	基金名称	年化 α(%)	t(α)	γ	t(γ)	β_{mkt}	β_{smb}	β_{hml}	β_{mom}	年化收益率(%)	年化波动率(%)	年化夏普比率	最大回撤率(%)	调整后 R^2(%)
531	平安行业先锋	5.64	1.00	0.21	0.23	0.80	-0.15	0.29	0.27	10.07	17.16	0.56	33.09	69
532	博时量化价值 A	5.62	1.65*	-0.89	-1.64	0.85	-0.02	0.26	-0.01	8.07	14.84	0.50	19.05	85
533	长城消费增值 A	5.61	0.68	-0.94	-0.72	0.78	-0.08	-0.02	0.29	7.82	19.97	0.40	39.16	52
534	交银阿尔法 A	5.60	1.06	-0.04	-0.04	0.86	-0.11	-0.54	-0.26	10.40	19.50	0.53	34.49	79
535	摩根阿尔法 A	5.58	0.86	0.15	0.15	0.96	-0.15	-0.01	0.00	10.17	20.42	0.50	39.10	71
536	南方产业智选	5.55	0.45	-0.07	-0.04	0.87	0.09	-0.81	0.22	14.58	29.97	0.56	43.12	52
537	鹏华改革红利	5.54	0.85	-0.98	-0.95	0.81	-0.02	-0.42	0.07	9.40	19.68	0.48	31.74	69
538	诺安研究精选	5.54	0.98	0.27	0.29	1.08	0.11	-0.21	0.06	16.84	22.82	0.73	33.60	82
539	诺安先锋 A	5.49	0.87	0.37	0.37	0.62	0.20	-0.48	0.05	17.35	18.26	0.89	24.76	66
540	宏利红利先锋 A	5.47	0.81	-0.57	-0.53	0.77	-0.09	-0.33	0.03	8.87	18.94	0.46	30.27	64
541	大摩量化多策略	5.46	1.25	-0.96	-1.38	0.94	-0.20	-0.11	0.22	6.92	18.77	0.37	38.81	85
542	建信内生动力 A	5.46	0.68	-0.24	-0.19	0.78	-0.17	0.02	0.25	8.18	19.89	0.42	45.57	53
543	嘉实金融精选 A	5.45	0.53	-1.25	-0.77	1.11	-0.33	0.76	-0.06	-0.82	25.11	0.03	42.51	53
544	摩根核心成长 A	5.43	0.81	-0.11	-0.11	0.94	-0.13	-0.03	-0.01	9.44	20.23	0.47	36.66	69
545	南方天元新产业	5.43	1.04	-0.09	-0.11	0.79	-0.20	-0.37	0.10	9.21	18.48	0.49	37.99	77
546	大成产业升级 A	5.40	0.79	0.88	0.80	0.75	0.34	-0.58	0.11	22.71	22.08	0.97	32.82	73
547	招商移动互联网 A	5.35	0.38	0.48	0.21	0.55	0.06	-1.31	0.29	14.91	32.34	0.54	42.67	46
548	华宝事件驱动 A	5.29	0.77	-0.68	-0.62	0.97	-0.15	-0.08	0.09	7.72	20.87	0.39	32.82	69

续表

编号	基金名称	年化α（%）	t（α）	γ	t（γ）	β_{mkt}	β_{smb}	β_{hml}	β_{mom}	年化收益率（%）	年化波动率（%）	年化夏普比率	最大回撤率（%）	调整后R^2（%）
549	长城医疗保健 A	5.26	0.49	0.28	0.16	0.85	0.15	-0.01	0.48	16.15	25.08	0.66	44.31	49
550	华宝高端制造	5.26	0.86	0.17	0.17	0.93	0.08	-0.43	0.19	16.12	22.28	0.72	30.45	79
551	交银持续成长 A	5.26	0.91	-0.04	-0.04	0.89	-0.10	-0.52	-0.26	10.29	20.27	0.51	37.28	77
552	汇添富中国高端制造 A	5.21	0.69	0.78	0.64	0.51	-0.03	-0.60	0.28	14.63	19.58	0.72	27.07	58
553	摩根香港精选港股通 A	5.21	0.74	-2.36	-2.10	0.86	-0.36	-0.12	0.03	-2.00	19.00	-0.09	46.11	61
554	海富通中小盘	5.20	0.54	0.61	0.40	0.87	0.01	-0.89	0.20	16.35	27.67	0.63	44.78	65
555	人保研究精选 A	5.17	1.24	-0.64	-0.96	0.84	-0.13	-0.33	0.12	8.67	17.91	0.47	34.61	85
556	博道卓远 A	5.10	1.04	-0.48	-0.62	0.90	0.03	-0.51	-0.19	11.30	19.74	0.56	28.32	82
557	长城优化升级 A	5.08	0.60	0.18	0.14	0.78	0.27	-0.71	0.33	19.44	25.11	0.77	37.36	68
558	南方绩优成长 A	5.06	0.95	-0.30	-0.35	0.78	-0.15	-0.30	0.18	9.00	18.15	0.48	35.84	76
559	大成景阳领先 A	5.06	0.58	0.76	0.55	0.80	-0.01	-0.01	0.20	13.86	21.29	0.64	20.48	52
560	汇丰晋信大盘波动精选 A	5.05	1.41	-1.02	-1.79	0.70	-0.10	0.29	0.03	4.94	12.57	0.33	13.94	77
561	银河康乐 A	5.03	0.66	-0.64	-0.53	0.84	0.22	-0.22	0.35	14.84	21.72	0.68	34.96	65
562	兴全全球视野	5.02	1.07	-0.01	-0.02	0.80	-0.03	-0.34	0.10	12.10	18.03	0.64	31.28	81
563	广发沪港深新机遇	4.98	0.55	-1.61	-1.11	0.99	-0.36	-0.10	0.18	0.73	23.49	0.08	53.11	58
564	广发新经济 A	4.97	0.46	-0.94	-0.55	0.76	-0.04	-0.72	0.15	8.46	25.51	0.38	54.69	50
565	鹏华量化先锋	4.93	1.52	-0.69	-1.33	0.87	0.16	0.00	0.19	13.05	16.92	0.72	17.57	90
566	圆信永丰多策略精选	4.91	0.68	-0.76	-0.66	0.87	-0.07	-0.43	0.32	9.70	22.29	0.46	42.79	70

续表

编号	基金名称	年化 α(%)	t(α)	γ	t(γ)	β_{mkt}	β_{smb}	β_{hml}	β_{mom}	年化收益率(%)	年化波动率(%)	年化夏普比率	最大回撤率(%)	调整后 R^2(%)
567	平安消费精选 A	4.90	0.76	-0.31	-0.30	0.75	-0.32	-0.03	-0.01	3.97	17.43	0.22	39.78	61
568	摩根大盘蓝筹 A	4.89	0.80	0.39	0.40	0.72	-0.16	-0.30	0.17	10.51	18.35	0.55	42.95	69
569	兴全社会责任	4.87	0.68	-1.46	-1.28	1.00	-0.23	-0.44	0.03	4.15	22.62	0.22	51.08	72
570	西部利得个股精选 A	4.79	0.99	0.48	0.62	0.78	-0.21	-0.17	-0.01	9.11	17.14	0.50	33.82	77
571	安信消费医药主题	4.66	0.71	-1.97	-1.87	1.00	-0.25	0.05	-0.07	0.19	19.71	0.03	46.37	68
572	汇添富外延增长主题 A	4.65	0.83	0.75	0.84	0.70	-0.19	-0.33	0.33	11.70	18.69	0.60	28.07	75
573	国泰大农业 A	4.56	0.61	0.73	0.61	0.75	-0.13	0.03	0.29	11.31	19.46	0.57	37.94	58
574	前海开源强势共识 100 强	4.55	1.39	-0.92	-1.75	1.00	-0.01	-0.05	0.09	9.11	18.41	0.48	33.80	91
575	银河行业优选 A	4.55	0.44	-0.32	-0.20	0.87	-0.17	-0.52	0.60	9.62	27.41	0.41	49.54	60
576	国联安科技动力	4.53	0.33	0.55	0.25	0.78	-0.08	-0.87	0.37	12.40	31.55	0.48	54.23	47
577	融通医疗保健行业 A	4.52	0.37	1.33	0.68	0.83	0.06	-0.18	0.48	17.18	27.81	0.65	46.55	45
578	嘉合睿金 A	4.51	0.51	-0.95	-0.68	0.50	-0.19	-0.87	0.18	5.00	21.53	0.26	51.90	53
579	前海开源优势蓝筹 A	4.48	0.56	0.91	0.72	0.75	-0.34	0.14	0.15	6.99	19.82	0.36	37.11	54
580	宏利蓝筹价值	4.47	0.53	0.15	0.11	0.97	-0.10	-0.26	0.32	11.55	24.39	0.51	45.80	66
581	中海医疗保健 A	4.47	0.42	0.00	0.00	0.95	-0.11	0.08	0.43	9.49	25.56	0.42	47.55	50
582	中海信息产业精选 A	4.43	0.34	-1.77	-0.85	0.76	-0.09	-0.67	0.17	3.39	28.16	0.20	49.37	39
583	华安中小盘成长	4.43	0.55	0.13	0.10	0.84	0.06	-0.71	0.13	14.24	24.04	0.61	38.06	68
584	中欧价值发现 A	4.43	0.71	-0.69	-0.70	0.97	0.16	0.49	0.08	10.41	19.01	0.54	19.21	70

续表

编号	基金名称	年化 α(%)	t(α)	γ	t(γ)	β_{mkt}	β_{smb}	β_{hml}	β_{mom}	年化收益率(%)	年化波动率(%)	年化夏普比率	最大回撤率(%)	调整后 R^2(%)
585	恒生前海沪港深新兴	4.36	0.52	-0.82	-0.61	0.89	0.01	-0.99	-0.09	9.77	25.56	0.43	48.52	69
586	中欧恒利三年定开	4.35	0.65	-0.97	-0.91	1.06	0.12	0.47	-0.04	8.61	20.44	0.43	23.02	70
587	汇添富逆向投资 A	4.35	0.68	1.18	1.15	0.81	-0.17	-0.80	-0.09	13.06	22.32	0.59	42.56	76
588	鹏华医疗保健	4.30	0.38	0.24	0.13	0.78	0.15	0.02	0.66	15.11	25.64	0.62	39.03	45
589	金鹰主题优势	4.30	0.45	1.52	0.99	0.81	-0.02	-0.80	-0.24	15.64	25.40	0.64	36.26	60
590	嘉实农业产业 A	4.29	0.39	1.15	0.66	0.70	0.01	0.07	0.39	14.10	23.40	0.62	32.54	39
591	东方红内需增长 A	4.29	0.57	-1.17	-0.97	0.96	-0.20	-0.49	0.05	4.79	22.91	0.25	44.44	69
592	嘉实企业变革	4.28	0.69	-0.25	-0.25	1.00	0.05	-0.47	0.00	12.42	22.74	0.56	35.11	79
593	汇添富港股通专注成长	4.24	0.39	-2.57	-1.50	0.98	-0.36	0.11	0.11	-4.27	24.25	-0.13	52.27	44
594	工银沪港深 A	4.23	0.48	-3.34	-2.39	1.10	-0.29	-0.04	-0.15	-5.08	22.91	-0.18	52.39	59
595	银华农业产业 A	4.22	0.42	0.78	0.48	0.83	0.19	0.09	0.33	16.69	23.74	0.71	35.57	48
596	华泰柏瑞战略新兴产业 A	4.22	0.58	0.23	0.20	0.79	0.09	-0.37	0.18	14.27	20.94	0.67	39.50	66
597	申万菱信消费增长 A	4.22	0.43	1.04	0.66	0.87	-0.13	-0.03	0.37	12.48	24.25	0.54	47.30	54
598	华夏复兴 A	4.18	0.49	-0.64	-0.47	1.18	0.05	-0.75	0.05	12.03	28.83	0.48	45.55	75
599	中航混改精选 A	4.18	0.72	-1.34	-1.44	0.87	-0.30	0.11	-0.15	-0.13	17.38	-0.01	42.27	68
600	银华医疗健康量化 A	4.18	0.39	0.35	0.21	0.78	-0.06	-0.07	0.30	10.56	23.61	0.48	42.49	43
601	银河量化优选 A	4.12	0.95	0.66	0.94	0.86	0.09	0.06	0.25	15.42	18.02	0.80	20.25	83
602	嘉实量化精选	4.08	1.25	0.43	0.83	0.94	0.09	-0.09	0.09	14.93	18.67	0.76	17.52	91

续表

编号	基金名称	年化 α(%)	t(α)	γ	t(γ)	β_{mkt}	β_{smb}	β_{hml}	β_{mom}	年化收益率(%)	年化波动率(%)	年化夏普比率	最大回撤率(%)	调整后 R^2(%)
603	工银精选金融地产 A	4.06	0.53	-0.15	-0.12	0.90	-0.37	0.69	0.02	0.69	20.53	0.06	34.65	61
604	汇添富行业整合主题 A	4.04	0.58	-0.93	-0.84	0.76	-0.18	-0.48	0.14	5.41	19.90	0.29	50.45	66
605	长盛同德	4.03	0.77	-0.07	-0.08	0.80	-0.22	-0.37	0.12	7.62	18.72	0.40	32.24	78
606	国联安价值优选	4.00	0.69	1.01	1.09	0.89	-0.04	0.41	0.13	12.36	18.74	0.63	17.10	73
607	摩根内需动力 A	3.96	0.39	0.05	0.03	0.87	-0.24	-0.63	0.31	8.02	26.59	0.36	57.22	59
608	诺德成长优势	3.94	0.91	-0.80	-1.16	0.64	-0.24	0.07	0.10	2.65	13.22	0.15	35.85	70
609	农银汇理大盘蓝筹	3.92	1.28	-0.66	-1.35	0.85	-0.20	-0.05	0.10	5.36	16.12	0.31	34.66	90
610	博时特许价值 A	3.91	0.45	1.93	1.39	0.89	0.03	-0.87	0.15	19.92	27.46	0.74	37.92	71
611	银河研究精选 A	3.91	0.62	-0.10	-0.10	0.96	-0.01	-0.52	0.05	11.70	22.57	0.53	41.07	78
612	南方策略优化	3.76	0.54	-1.29	-1.17	0.92	-0.02	-0.04	0.29	6.73	20.40	0.35	34.09	67
613	西部利得策略优选 A	3.76	0.26	-1.34	-0.59	1.37	0.05	1.38	0.37	3.12	33.00	0.20	48.60	47
614	新华中小市值优选	3.73	0.47	1.19	0.93	0.83	0.17	-0.02	0.21	17.60	21.41	0.79	30.08	60
615	博时工业 4.0	3.72	0.57	-0.09	-0.08	0.76	-0.04	-0.70	0.16	11.00	21.40	0.52	41.27	74
616	东吴行业轮动 A	3.72	0.43	0.91	0.66	0.62	-0.10	-0.72	0.23	12.44	22.67	0.56	41.40	58
617	南方高增长	3.68	0.49	2.06	1.73*	0.52	0.01	-0.59	0.23	17.95	19.99	0.85	18.70	61
618	北信瑞丰产业升级	3.66	0.34	0.00	0.00	0.99	0.12	-0.56	0.36	14.45	28.87	0.56	52.93	61
619	光大中小盘 A	3.66	0.45	0.20	0.15	0.90	-0.14	-0.62	0.02	9.64	24.03	0.44	37.20	67
620	海富通领先成长	3.66	0.54	0.03	0.03	0.90	-0.13	-0.30	0.30	9.85	21.80	0.47	44.72	73

续表

编号	基金名称	年化 α（%）	t（α）	γ	t（γ）	β_{mkt}	β_{smb}	β_{hml}	β_{mom}	年化收益率（%）	年化波动率（%）	年化夏普比率	最大回撤率（%）	调整后 R^2（%）
621	易方达资源行业	3.61	0.28	-0.53	-0.26	0.96	0.02	-0.28	0.27	8.83	29.07	0.38	40.29	43
622	国泰中小盘成长	3.61	0.38	0.10	0.06	0.78	0.04	-0.81	0.17	12.55	25.60	0.53	41.29	61
623	大成中小盘 A	3.56	0.55	0.74	0.72	0.74	0.01	-0.24	0.49	14.63	20.32	0.70	27.39	72
624	国寿安保成长优选 A	3.54	0.52	-1.16	-1.08	0.96	0.18	-0.60	0.14	11.46	23.75	0.51	33.82	77
625	银华核心价值优选	3.54	0.57	-0.73	-0.74	0.98	-0.29	-0.01	0.22	3.62	20.54	0.20	46.67	74
626	光大红利 A	3.52	0.59	0.27	0.28	0.80	-0.10	0.03	0.36	10.06	18.46	0.53	33.22	71
627	建信高端医疗 A	3.49	0.32	0.61	0.36	0.79	0.13	0.02	0.52	14.68	24.74	0.62	35.82	46
628	银华内需精选	3.47	0.30	2.95	1.61	0.77	-0.09	-0.30	0.23	18.28	26.77	0.70	32.15	48
629	华安科技动力 A	3.46	0.43	-0.60	-0.47	0.78	0.12	-0.70	0.14	11.46	23.09	0.52	37.51	66
630	中欧永裕 A	3.42	0.43	-0.58	-0.46	0.98	0.02	-0.72	0.11	10.43	25.54	0.46	44.82	73
631	广发科技动力	3.41	0.45	-0.99	-0.81	0.94	-0.07	-0.56	0.03	6.79	23.11	0.33	49.52	69
632	中信证券红利价值一年持有 A	3.41	0.62	-0.49	-0.57	0.76	-0.22	-0.45	0.20	5.80	18.90	0.31	46.41	76
633	长信量化价值驱动 A	3.35	0.71	0.79	1.05	0.93	-0.19	0.09	0.20	9.88	19.25	0.50	27.54	83
634	广发沪港深行业龙头	3.34	0.33	-2.54	-1.55	1.03	-0.51	0.01	0.05	-7.12	24.70	-0.24	58.36	51
635	华商产业升级	3.33	0.41	-0.28	-0.22	0.74	-0.04	-0.64	0.19	9.48	22.33	0.45	44.68	63
636	诺安多策略	3.32	0.52	-0.69	-0.68	0.85	-0.02	0.01	0.01	6.76	18.17	0.37	34.70	65
637	民生加银优选	3.27	0.43	0.43	0.35	0.76	-0.17	-0.52	0.22	9.51	21.78	0.45	44.02	65
638	南方隆元产业主题	3.23	0.70	0.18	0.25	0.76	-0.19	-0.31	0.13	7.87	17.52	0.43	36.32	80

续表

编号	基金名称	年化α(%)	t(α)	γ	t(γ)	β_{mkt}	β_{smb}	β_{hml}	β_{mom}	年化收益率(%)	年化波动率(%)	年化夏普比率	最大回撤率(%)	调整后R^2(%)
639	大摩领先优势	3.22	0.59	-1.03	-1.19	0.99	0.17	-0.58	-0.20	10.30	21.87	0.49	33.42	82
640	易方达科润	3.21	0.55	-2.32	-2.49	0.52	-0.27	-0.17	-0.22	-4.69	13.19	-0.41	31.62	45
641	国海证券量化优选一年持有A	3.10	0.65	-0.30	-0.40	0.81	0.28	0.04	0.28	14.42	17.67	0.77	16.70	80
642	交银创新成长	3.00	0.50	0.17	0.18	0.83	-0.09	-0.52	0.09	9.92	20.67	0.49	40.21	76
643	中欧盛世成长A	3.00	0.36	-0.34	-0.25	0.94	0.05	-0.77	0.14	11.27	25.94	0.48	47.33	70
644	民生加银稳健成长	2.93	0.41	0.09	0.08	0.78	-0.05	-0.77	0.20	10.81	22.99	0.49	46.23	73
645	长城久富A	2.92	0.37	-0.12	-0.10	0.89	0.20	-0.46	0.28	14.47	23.85	0.62	34.53	70
646	广发双擎升级A	2.81	0.32	1.03	0.73	0.86	-0.07	-1.05	0.40	14.61	28.82	0.56	52.62	73
647	人保优势产业A	2.79	0.54	-1.76	-2.13	0.58	-0.30	-0.50	0.02	-1.62	15.30	-0.13	44.96	68
648	前海开源价值策略	2.76	0.34	-1.15	-0.90	0.85	-0.32	-0.57	0.30	1.88	23.44	0.13	57.36	66
649	华泰柏瑞价值增长A	2.75	0.32	1.33	0.96	0.70	-0.05	-0.27	0.44	13.92	22.25	0.63	48.86	57
650	南方潜力新蓝筹A	2.73	0.41	-0.14	-0.13	1.04	0.14	-0.34	0.00	12.46	23.21	0.56	31.55	77
651	农银汇理行业成长A	2.73	0.33	-0.19	-0.15	0.79	-0.10	-0.27	0.35	8.00	21.61	0.39	38.04	60
652	天弘医疗健康A	2.72	0.27	1.63	1.01	0.85	0.06	-0.04	0.63	17.26	25.79	0.69	36.87	56
653	银河和美生活A	2.71	0.22	-1.50	-0.78	0.89	-0.15	-1.31	-0.08	2.76	31.08	0.19	51.36	57
654	诺安高端制造A	2.69	0.44	-0.07	-0.07	1.20	0.03	-0.26	-0.24	10.15	24.29	0.45	33.92	82
655	国联医疗健康精选A	2.68	0.23	-0.59	-0.32	0.73	0.07	-0.35	0.17	7.68	24.64	0.36	44.90	39
656	汇添富成长焦点	2.65	0.33	-0.12	-0.09	0.84	-0.26	0.01	0.26	4.31	20.81	0.23	51.89	58

续表

编号	基金名称	年化 α(%)	t(α)	γ	t(γ)	β_{mkt}	β_{smb}	β_{hml}	β_{mom}	年化收益率(%)	年化波动率(%)	年化夏普比率	最大回撤率(%)	调整后 R^2(%)
657	汇安裕阳三年定期开放	2.63	0.22	-1.37	-0.72	0.70	0.16	-0.92	0.59	9.25	29.91	0.39	48.20	55
658	民生加银景气行业 A	2.62	0.43	1.13	1.16	0.84	-0.31	-0.19	0.21	8.28	20.41	0.41	47.72	75
659	华夏潜龙精选	2.59	0.34	-0.27	-0.23	0.64	-0.13	-0.49	0.39	7.09	20.62	0.36	50.90	62
660	信澳中小盘	2.57	0.21	-0.43	-0.22	1.03	0.25	-0.70	0.28	13.64	31.49	0.51	59.31	58
661	农银汇理中小盘	2.52	0.38	0.86	0.82	0.69	-0.11	-0.52	0.34	11.61	20.66	0.56	42.26	71
662	富国金融地产行业 A	2.49	0.30	0.04	0.03	0.94	-0.34	0.68	0.07	0.69	21.58	0.07	33.07	59
663	博时新兴成长	2.49	0.28	0.60	0.42	1.02	0.07	-0.71	0.15	14.55	27.63	0.57	39.15	71
664	海富通精选 2 号	2.45	0.31	0.46	0.37	0.77	-0.06	-0.45	0.08	9.98	21.34	0.48	31.03	62
665	华泰柏瑞量化增强 A	2.43	0.85	-0.46	-1.00	0.89	-0.09	0.11	0.07	5.87	16.04	0.34	24.52	91
666	招商行业领先 A	2.42	0.24	0.73	0.46	0.55	-0.13	-0.45	0.56	9.72	23.20	0.45	43.98	48
667	摩根行业轮动 A	2.31	0.25	0.44	0.30	0.77	0.01	-0.59	0.49	12.54	25.15	0.53	56.19	63
668	泰信发展主题	2.30	0.21	-0.94	-0.53	1.12	0.05	-0.89	-0.02	7.94	30.77	0.35	58.35	64
669	泰信蓝筹精选	2.27	0.37	0.72	0.74	1.02	0.02	-0.12	-0.04	11.97	21.81	0.56	29.04	78
670	南方优选价值 A	2.25	0.33	0.50	0.46	0.64	-0.17	-0.60	0.21	8.37	19.89	0.43	40.09	67
671	嘉实领先成长	2.16	0.27	-0.72	-0.56	0.99	-0.06	-0.26	0.13	6.27	23.23	0.31	41.69	66
672	华宝多策略 A	2.13	0.32	1.47	1.39	0.80	-0.20	0.49	0.08	7.76	18.76	0.41	21.28	65
673	国联智选红利 A	2.12	0.30	-1.66	-1.50	0.98	0.14	-0.54	-0.17	6.21	22.42	0.31	43.09	73
674	财通可持续发展主题	2.02	0.23	1.32	0.94	0.91	-0.29	-0.08	0.40	8.73	24.28	0.40	49.34	63

续表

编号	基金名称	年化 α(%)	t(α)	γ	t(γ)	β_{mkt}	β_{smb}	β_{hml}	β_{mom}	年化收益率(%)	年化波动率(%)	年化夏普比率	最大回撤率(%)	调整后 R^2(%)
675	嘉实医疗保健	2.00	0.18	1.00	0.58	0.86	-0.08	-0.03	0.31	10.11	25.22	0.45	47.63	47
676	广发聚丰 A	1.97	0.20	-1.41	-0.89	0.77	-0.05	-0.58	0.11	3.39	23.72	0.19	58.34	50
677	中欧消费主题 A	1.96	0.22	-0.28	-0.19	0.99	0.07	-0.19	0.03	9.02	23.76	0.42	49.46	60
678	招商中国机遇	1.93	0.21	0.61	0.41	0.75	-0.04	-0.70	0.33	11.25	25.18	0.49	53.26	61
679	新华趋势领航	1.93	0.22	-0.02	-0.01	0.70	0.00	-1.12	-0.17	8.71	24.59	0.40	55.10	63
680	泰康睿利量化多策略 A	1.91	0.31	0.00	0.00	0.81	0.11	-0.59	0.12	11.79	21.30	0.56	38.75	76
681	国泰金鑫 A	1.91	0.25	0.23	0.19	0.77	0.00	-0.53	0.11	9.87	21.69	0.47	44.03	63
682	富国改革动力	1.87	0.37	0.61	0.76	0.82	-0.21	-0.20	0.23	7.82	18.85	0.41	35.75	80
683	信澳产业升级	1.87	0.15	0.16	0.08	0.94	0.17	-0.77	0.42	13.72	31.54	0.51	60.34	57
684	国寿安保健康科学 A	1.77	0.19	-0.99	-0.67	0.77	0.03	-0.06	0.43	5.95	21.94	0.30	45.58	49
685	汇添富沪港深大盘价值 A	1.76	0.15	-2.20	-1.19	1.02	-0.25	0.57	0.04	-5.55	25.06	-0.17	58.04	39
686	汇添富美丽 30A	1.72	0.24	0.06	0.05	0.88	-0.12	-0.18	0.24	7.31	21.19	0.37	36.91	67
687	华商未来主题	1.70	0.25	-0.15	-0.13	0.79	0.07	-0.59	0.00	9.60	20.96	0.47	24.00	69
688	大成景恒 A	1.66	0.27	1.11	1.11	0.84	0.54	0.20	-0.21	19.45	20.02	0.92	18.85	72
689	光大一带一路 A	1.61	0.23	-0.87	-0.79	0.72	-0.02	-0.41	0.34	6.13	19.89	0.32	42.69	66
690	汇添富均衡增长	1.60	0.32	-0.01	-0.01	0.99	-0.20	-0.21	0.32	6.65	21.48	0.33	45.58	85
691	摩根安全战略 A	1.56	0.17	0.86	0.59	0.72	-0.03	-0.28	0.47	11.41	22.86	0.52	53.27	56
692	财通多策略福瑞 A	1.54	0.20	2.03	1.61	0.66	-0.22	-0.02	0.45	10.91	20.39	0.53	31.77	57

续表

编号	基金名称	年化α(%)	t(α)	γ	t(γ)	β_{mkt}	β_{smb}	β_{hml}	β_{mom}	年化收益率(%)	年化波动率(%)	年化夏普比率	最大回撤率(%)	调整后R^2(%)
693	国投瑞银创新动力	1.52	0.22	1.02	0.93	0.72	-0.18	-0.18	0.27	8.59	19.20	0.44	43.92	64
694	德邦量化优选 A	1.48	0.36	0.14	0.21	0.81	-0.01	-0.17	0.04	8.54	16.94	0.48	29.77	83
695	国泰君安君得鑫两年持有 A	1.48	0.27	-0.52	-0.60	0.93	-0.10	-0.08	0.03	4.89	18.90	0.27	43.26	76
696	大成竞争优势 A	1.47	0.20	1.16	1.01	0.73	0.14	0.29	0.01	12.06	18.18	0.63	25.91	55
697	财通福盛多策略 A	1.43	0.17	-0.30	-0.22	0.73	0.19	-0.19	0.38	10.87	21.56	0.51	26.40	55
698	富安达优势成长	1.39	0.24	1.36	1.48	0.70	-0.06	-0.08	0.36	12.01	18.13	0.63	27.32	72
699	华宝新兴产业	1.38	0.19	-0.10	-0.09	0.91	-0.02	-0.39	0.37	9.27	23.40	0.43	46.41	72
700	国泰优势行业 A	1.35	0.11	1.42	0.74	0.91	0.01	-0.65	0.52	14.74	30.91	0.55	36.38	57
701	泰信优质生活	1.30	0.16	0.09	0.07	0.70	-0.16	-0.71	0.00	5.63	21.49	0.29	51.00	61
702	嘉实成长收益 A	1.27	0.16	-0.54	-0.43	0.75	-0.22	-0.19	0.21	2.40	19.85	0.14	47.77	55
703	华夏产业升级 A	1.24	0.10	-0.17	-0.09	0.94	0.20	-0.65	0.61	12.99	31.54	0.49	35.12	59
704	摩根成长先锋 A	1.23	0.20	-0.57	-0.59	0.79	0.07	-0.42	0.31	8.81	20.38	0.44	47.90	75
705	大摩多因子策略	1.22	0.21	0.12	0.12	0.88	0.09	-0.40	0.14	11.06	20.97	0.53	34.97	78
706	博道启航 A	1.18	0.39	0.59	1.24	0.86	0.04	-0.03	0.23	11.46	17.46	0.62	22.70	92
707	泰康泉林量化价值精选 A	1.17	0.25	0.12	0.17	0.82	0.01	-0.34	0.18	9.55	18.87	0.50	36.70	83
708	中欧品质消费 A	1.13	0.12	-0.42	-0.28	1.12	0.04	-0.16	-0.03	7.14	25.81	0.34	53.23	62
709	华商价值精选	1.10	0.14	-0.21	-0.16	0.76	-0.01	-0.63	0.23	8.03	22.72	0.39	45.46	64
710	摩根新兴服务 A	1.07	0.14	1.05	0.85	0.72	-0.02	-0.40	0.35	11.85	21.59	0.56	46.17	64

续表

编号	基金名称	年化α(%)	t(α)	γ	t(γ)	β_{mkt}	β_{smb}	β_{hml}	β_{mom}	年化收益率(%)	年化波动率(%)	年化夏普比率	最大回撤率(%)	调整后R^2(%)
711	国金量化多因子A	1.03	0.21	0.95	1.20	0.78	0.35	-0.02	-0.06	16.04	17.62	0.85	14.12	78
712	宝盈资源优选	0.96	0.10	0.31	0.20	0.86	-0.15	-0.37	0.21	6.33	24.43	0.31	49.21	55
713	招商医药健康产业	0.85	0.07	2.43	1.24	0.74	0.02	-0.10	0.60	15.86	27.60	0.61	48.40	44
714	摩根民生需求A	0.76	0.10	0.75	0.62	0.75	-0.07	-0.50	0.38	10.02	22.33	0.47	47.64	68
715	鹏华研究驱动	0.75	0.13	-0.73	-0.79	0.95	0.07	-0.15	0.26	7.56	20.58	0.38	39.92	78
716	中欧量化驱动	0.74	0.16	0.76	1.05	0.86	-0.01	-0.10	-0.02	9.51	17.98	0.51	32.10	82
717	汇添富沪港深优势精选	0.68	0.05	-2.57	-1.23	1.21	-0.30	0.37	-0.01	-7.70	29.07	-0.19	65.07	43
718	中邮核心主题	0.64	0.06	1.24	0.71	0.69	-0.25	-0.11	0.53	6.78	24.65	0.32	56.69	44
719	广发多元新兴	0.63	0.07	0.90	0.66	0.84	0.00	-0.84	0.58	13.27	27.97	0.53	49.04	73
720	嘉实事件驱动	0.62	0.10	0.62	0.64	0.75	-0.11	-0.23	0.36	8.29	19.30	0.43	41.41	72
721	华宝行业精选	0.62	0.09	-0.01	-0.01	0.80	-0.09	-0.59	0.05	6.28	21.26	0.32	43.06	69
722	创金合信量化多因子A	0.52	0.17	0.46	0.96	1.02	0.27	-0.13	0.03	14.36	20.32	0.69	24.98	94
723	申万菱信竞争优势A	0.49	0.05	0.65	0.37	1.05	0.10	-0.61	0.16	12.21	29.55	0.48	50.50	62
724	融通领先成长A	0.47	0.10	0.90	1.19	0.82	-0.15	-0.17	0.39	8.82	19.32	0.45	44.08	83
725	融通动力先锋AB	0.41	0.08	1.16	1.48	0.87	-0.08	-0.03	0.11	9.59	18.78	0.50	29.93	81
726	华泰柏瑞盛世中国	0.41	0.04	0.14	0.09	0.85	0.05	-0.47	0.40	9.71	25.85	0.42	50.10	58
727	招商安泰	0.37	0.06	0.61	0.59	0.67	-0.09	-0.36	0.25	7.84	18.69	0.41	33.86	67
728	海富通精选	0.37	0.05	0.47	0.38	0.76	-0.05	-0.45	0.06	7.71	21.12	0.38	33.63	61

续表

编号	基金名称	年化 α(%)	t(α)	γ	t(γ)	β_{mkt}	β_{smb}	β_{hml}	β_{mom}	年化收益率(%)	年化波动率(%)	年化夏普比率	最大回撤率(%)	调整后 R^2(%)
729	新华策略精选	0.36	0.05	0.34	0.27	0.84	0.13	-0.48	0.31	12.01	23.57	0.53	39.83	69
730	南华丰淳 A	0.31	0.04	0.53	0.45	0.97	-0.11	-0.47	0.19	8.29	24.17	0.38	45.90	74
731	华夏经济转型	0.29	0.04	1.14	0.91	0.75	-0.03	-0.62	0.25	11.37	23.03	0.52	32.48	67
732	华泰柏瑞量化先行 A	0.29	0.10	0.26	0.55	0.87	0.14	0.02	0.10	10.32	16.88	0.58	19.56	91
733	华润元大信息传媒科技 A	0.28	0.02	1.94	0.90	0.65	0.19	-0.76	0.46	17.04	30.62	0.62	39.95	45
734	博时主题行业	0.25	0.06	0.07	0.10	0.75	-0.20	-0.29	0.17	4.32	16.96	0.24	37.79	84
735	光大阳光智造 A	0.20	0.02	-1.18	-0.88	0.82	-0.22	-0.24	0.14	-0.61	20.98	0.00	56.35	55
736	东海核心价值	0.15	0.02	-0.97	-0.69	0.69	0.09	-0.53	0.32	5.85	22.39	0.30	42.12	56
737	长城中小盘成长 A	0.14	0.02	0.82	0.79	0.61	0.06	-0.57	0.56	12.44	21.10	0.59	45.09	74
738	华夏收入	0.05	0.01	0.05	0.06	0.99	0.01	-0.14	0.22	8.46	20.56	0.42	30.81	85
739	国泰金牛创新成长	0.04	0.01	-0.15	-0.15	0.80	0.36	-0.29	0.12	12.96	20.06	0.63	37.05	74
740	鹏华文化传媒娱乐	0.02	0.00	0.16	0.13	0.90	-0.01	-0.07	0.05	6.58	21.20	0.33	28.88	61
741	国联安红利	-0.04	-0.01	2.42	2.68*	0.78	-0.29	0.51	0.04	6.60	18.81	0.35	17.09	74
742	华泰柏瑞积极优选 A	-0.08	-0.01	0.89	0.72	0.65	0.30	-0.76	0.03	14.99	22.26	0.67	28.78	66
743	国富成长动力	-0.08	-0.01	-0.38	-0.37	0.90	-0.13	-0.32	0.14	4.00	20.86	0.22	49.73	73
744	国泰成长优选	-0.23	-0.04	-0.57	-0.69	0.85	0.02	-0.41	0.09	5.75	19.39	0.31	46.62	80
745	银河量化稳进	-0.31	-0.07	-0.19	-0.28	0.72	0.02	-0.03	0.25	6.10	15.35	0.36	20.74	79
746	申万菱信量化小盘 A	-0.32	-0.09	0.25	0.44	0.87	0.17	-0.09	0.13	10.60	17.74	0.57	23.99	89

续表

编号	基金名称	年化 α(%)	t(α)	γ	t(γ)	β_{mkt}	β_{smb}	β_{hml}	β_{mom}	年化收益率(%)	年化波动率(%)	年化夏普比率	最大回撤率(%)	调整后 R^2(%)
747	摩根核心精选 A	-0.34	-0.03	-1.18	-0.62	0.68	0.01	-0.90	0.08	2.30	27.01	0.16	68.60	45
748	民生加银创新成长 A	-0.36	-0.04	-2.38	-1.44	0.54	-0.10	-0.46	0.55	-2.99	23.22	-0.08	64.69	43
749	华夏优势精选	-0.40	-0.03	-1.38	-0.72	0.86	-0.10	-0.84	0.15	0.56	28.68	0.11	63.50	50
750	安信量化优选 A	-0.42	-0.10	0.74	1.06	0.93	0.19	-0.18	0.04	12.44	19.69	0.62	30.89	86
751	建信多因子量化	-0.46	-0.12	-0.60	-0.97	0.87	0.21	-0.04	0.12	8.16	17.43	0.45	25.06	86
752	华宝动力组合 A	-0.53	-0.05	2.88	1.79*	0.78	0.09	0.11	0.40	16.78	24.32	0.70	30.93	51
753	广发小盘成长 A	-0.56	-0.06	1.37	0.96	0.87	0.06	-0.94	0.42	14.40	28.84	0.56	46.29	72
754	博时第三产业成长	-0.59	-0.09	0.13	0.13	0.79	-0.22	-0.11	0.04	2.15	18.32	0.12	43.73	67
755	宝盈泛沿海增长	-0.59	-0.08	-0.88	-0.71	0.91	0.25	-0.94	-0.19	8.20	25.12	0.38	44.58	73
756	宏利逆向策略	-0.71	-0.14	0.48	0.60	0.88	-0.02	-0.17	0.33	8.63	19.99	0.44	38.16	82
757	鑫元核心资产 A	-0.79	-0.10	-1.60	-1.27	0.74	-0.08	-0.19	0.20	-0.84	19.25	-0.03	48.09	53
758	交银成长 A	-0.87	-0.13	0.00	0.00	0.69	0.12	-0.61	0.14	8.56	20.09	0.43	39.21	71
759	光大创业板量化优选 A	-0.95	-0.14	1.06	0.96	0.90	-0.01	-0.56	0.02	9.89	23.01	0.45	42.84	74
760	广发新动力	-0.97	-0.14	-0.10	-0.09	0.85	-0.03	-0.62	0.13	6.03	22.37	0.30	39.82	73
761	中海量化策略	-1.01	-0.11	1.86	1.27	1.09	-0.04	0.40	0.21	10.18	25.50	0.44	41.14	63
762	鹏华创新驱动	-1.07	-0.10	0.07	0.04	0.71	0.06	-0.45	0.54	7.80	25.19	0.36	42.09	53
763	国泰估值优势 A	-1.15	-0.13	0.50	0.34	0.82	0.04	-0.88	0.24	9.42	26.58	0.41	44.38	67
764	交银蓝筹	-1.21	-0.18	0.13	0.12	0.69	0.13	-0.61	0.14	8.65	20.21	0.44	38.59	70

续表

编号	基金名称	年化 α(%)	t(α)	γ	t(γ)	β_{mkt}	β_{smb}	β_{hml}	β_{mom}	年化收益率(%)	年化波动率(%)	年化夏普比率	最大回撤率(%)	调整后 R^2(%)
765	嘉实研究精选 A	-1.23	-0.24	-0.56	-0.67	0.88	-0.18	-0.24	0.17	1.32	19.05	0.08	51.83	79
766	北信瑞丰研究精选	-1.25	-0.21	0.19	0.20	0.84	0.08	-0.53	0.21	8.83	21.55	0.43	43.51	78
767	富荣福康 A	-1.27	-0.19	-0.53	-0.49	0.91	0.07	-0.33	0.12	5.65	21.36	0.29	28.16	71
768	长盛电子信息产业 A	-1.28	-0.14	0.01	0.01	0.75	-0.06	-1.01	0.05	5.10	25.66	0.26	51.84	62
769	宝盈策略增长	-1.31	-0.18	-1.07	-0.93	0.93	0.35	-0.86	0.02	9.28	25.67	0.41	41.19	77
770	博时创业成长 A	-1.33	-0.22	0.90	0.93	0.63	-0.14	-0.29	-0.08	4.37	16.65	0.25	41.67	62
771	华夏行业精选	-1.40	-0.19	-0.92	-0.79	1.03	0.17	-0.40	0.26	6.95	24.48	0.33	48.07	75
772	华商主题精选	-1.53	-0.17	3.03	2.15*	0.64	0.10	-0.66	0.27	17.71	24.16	0.73	33.52	62
773	摩根中小盘 A	-1.62	-0.17	1.03	0.69	0.99	-0.07	-0.73	0.11	8.52	27.71	0.38	53.95	68
774	中银优秀企业	-1.63	-0.26	0.06	0.07	0.65	-0.03	-0.46	-0.01	4.20	17.64	0.23	33.74	65
775	交银先锋 A	-1.64	-0.25	2.33	2.20*	0.85	-0.05	-0.38	0.19	12.73	22.54	0.57	38.60	76
776	华富量子生命力	-1.77	-0.27	-1.79	-1.72	0.83	-0.05	-0.14	0.43	-0.65	19.77	-0.01	46.26	69
777	汇添富社会责任 A	-1.96	-0.27	-0.11	-0.10	0.73	-0.11	-0.60	0.04	2.73	20.45	0.16	53.40	65
778	华宝绿色主题 A	-1.99	-0.25	-0.87	-0.68	0.77	-0.09	-0.90	-0.07	0.82	23.00	0.08	52.99	65
779	汇安趋势动力 A	-2.04	-0.19	-0.07	-0.04	0.66	0.10	-0.76	0.12	5.74	25.31	0.29	40.80	48
780	长信量化中小盘	-2.13	-0.34	0.99	0.99	0.82	0.35	-0.21	0.29	14.71	21.18	0.68	28.30	75
781	景顺长城量化小盘	-2.24	-0.57	0.74	1.18	1.01	0.35	-0.09	0.08	13.72	21.02	0.64	23.89	90
782	汇丰晋信龙腾 A	-2.36	-0.34	0.86	0.77	0.73	0.00	-0.65	-0.01	7.17	21.04	0.36	28.25	69

续表

编号	基金名称	年化 α(%)	t(α)	γ	t(γ)	β_{mkt}	β_{smb}	β_{hml}	β_{mom}	年化收益率(%)	年化波动率(%)	年化夏普比率	最大回撤率(%)	调整后 R^2(%)
783	摩根智慧互联 A	-2.51	-0.26	1.06	0.70	0.98	-0.10	-0.70	0.10	6.78	27.53	0.32	54.98	66
784	博时国企改革主题 A	-2.55	-0.58	-0.67	-0.95	0.84	-0.13	-0.19	0.02	-0.32	17.05	-0.02	41.85	81
785	前海开源再融资主题精选	-2.76	-0.34	2.25	1.76*	0.90	0.04	0.41	0.05	9.67	21.97	0.46	28.20	62
786	长城双动力 A	-2.88	-0.29	-0.18	-0.12	0.90	0.23	-0.53	-0.01	6.83	25.48	0.33	29.04	57
787	诺德中小盘	-2.91	-0.30	-0.39	-0.25	0.75	-0.09	-0.48	0.15	0.74	23.09	0.08	56.11	49
788	中邮核心优选	-2.96	-0.33	0.22	0.15	0.84	-0.23	-0.01	0.20	-0.27	21.94	0.03	56.92	52
789	汇添富智能制造 A	-2.98	-0.34	-0.22	-0.16	0.73	0.01	-1.10	0.08	4.11	25.59	0.22	54.48	67
790	富国新兴成长量化精选 A	-3.01	-0.77	0.52	0.83	0.93	0.15	-0.10	0.09	8.24	19.01	0.43	31.26	88
791	大摩量化配置 A	-3.04	-0.70	-0.73	-1.06	0.90	-0.20	-0.26	0.11	-1.21	18.64	-0.06	50.23	85
792	申万菱信盛利精选	-3.05	-0.39	0.99	0.80	0.74	-0.19	-0.33	0.27	3.81	21.18	0.21	58.07	62
793	华泰柏瑞行业领先	-3.10	-0.38	1.30	1.00	0.96	0.31	0.05	0.81	15.44	25.90	0.62	40.27	72
794	东方人工智能主题 A	-3.14	-0.25	0.38	0.19	0.62	0.00	-0.53	0.27	3.61	26.14	0.21	42.76	37
795	长盛城镇化主题 A	-3.21	-0.25	-1.50	-0.73	1.07	0.21	-0.46	0.42	2.96	31.58	0.20	49.42	53
796	中邮核心成长	-3.22	-0.51	-0.19	-0.19	0.82	-0.16	-0.30	0.20	0.65	19.73	0.05	51.19	71
797	建信社会责任	-3.58	-0.55	3.00	2.87*	0.66	-0.24	-0.08	0.14	7.47	19.15	0.39	34.61	67
798	嘉实逆向策略	-3.63	-0.47	1.40	1.13	0.91	0.18	-0.83	0.19	12.52	26.82	0.52	48.41	76
799	东方成长回报	-3.64	-0.67	-0.27	-0.31	0.37	-0.04	0.01	0.26	-0.62	11.83	-0.12	36.43	40
800	中航军民融合精选 A	-3.79	-0.45	0.84	0.63	0.61	0.01	-0.55	0.18	5.42	20.95	0.28	40.42	55
801	鹏华新兴产业	-3.79	-0.56	0.70	0.65	0.67	0.19	-0.32	0.36	8.93	19.86	0.45	39.14	67

续表

编号	基金名称	年化 α(%)	t(α)	γ	t(γ)	β_{mkt}	β_{smb}	β_{hml}	β_{mom}	年化收益率(%)	年化波动率(%)	年化夏普比率	最大回撤率(%)	调整后 R^2(%)
802	嘉实主题新动力	-3.89	-0.50	1.43	1.15	0.91	0.21	-0.82	0.17	12.68	26.74	0.52	48.59	76
803	景顺长城量化精选	-4.02	-1.14	0.93	1.66*	0.90	0.16	0.13	0.14	8.20	17.94	0.44	26.39	89
804	金元顺安价值增长	-4.04	-0.44	-0.04	-0.03	0.94	0.12	-0.35	0.26	5.31	25.07	0.27	50.41	62
805	光大国企改革主题 A	-4.08	-0.54	0.65	0.54	0.73	0.04	-0.39	0.40	6.17	21.57	0.31	41.96	66
806	东吴价值成长 A	-4.12	-0.53	2.46	1.97*	0.84	-0.26	-0.56	0.23	6.99	24.71	0.33	51.35	72
807	国泰互联网+	-4.15	-0.37	1.48	0.84	0.89	0.01	-0.61	0.58	9.25	29.85	0.39	43.98	61
808	招商先锋	-4.16	-0.69	1.84	1.91*	0.61	-0.05	-0.30	0.26	7.48	18.05	0.40	42.36	68
809	富国军工主题 A	-4.32	-0.38	3.01	1.67*	0.68	-0.07	-0.67	0.65	12.21	28.96	0.48	46.19	57
810	华夏领先	-4.43	-0.54	0.09	0.07	0.84	0.15	-0.70	0.11	5.82	24.19	0.29	38.86	67
811	汇丰晋信科技先锋	-4.61	-0.43	0.66	0.38	1.07	0.06	-0.66	0.10	5.92	29.69	0.29	50.16	63
812	长信创新驱动	-4.65	-0.45	-0.27	-0.17	0.78	0.03	-0.81	0.23	2.28	26.45	0.16	52.15	57
813	易方达国防军工 A	-4.90	-0.41	3.17	1.66*	0.67	0.22	-0.62	0.67	17.10	29.81	0.62	36.35	54
814	国泰君安君得诚	-5.01	-0.67	-2.45	-2.06	0.70	0.10	-0.27	0.01	-5.37	18.12	-0.30	50.97	52
815	天治核心成长	-5.15	-0.53	-0.32	-0.21	0.85	0.12	-0.48	0.36	3.48	25.40	0.20	52.00	59
816	融通新蓝筹	-5.27	-1.12	0.60	0.80	0.64	-0.16	-0.20	0.29	0.60	16.07	0.02	43.95	76
817	信澳领先增长 A	-5.52	-0.78	-0.16	-0.14	0.97	0.22	-0.52	0.06	5.19	23.83	0.27	39.10	75
818	南方量化成长	-5.85	-0.91	1.30	1.27	1.00	0.00	-0.37	0.14	6.11	23.67	0.30	37.63	79
819	博时军工主题 A	-5.85	-0.47	2.65	1.35	0.73	0.19	-0.59	0.78	14.25	31.09	0.53	40.82	55
820	长信量化先锋 A	-5.85	-1.03	0.05	0.06	0.94	0.19	-0.09	0.28	5.07	20.79	0.27	37.83	79

续表

编号	基金名称	年化 α(%)	t(α)	γ	t(γ)	β_{mkt}	β_{smb}	β_{hml}	β_{mom}	年化收益率（%）	年化波动率（%）	年化夏普比率	最大回撤率（%）	调整后 R^2(%)
821	凯石澜龙头经济一年持有	-6.53	-0.69	0.99	0.65	0.62	-0.13	-0.29	0.28	0.25	21.57	0.05	54.35	45
822	宝盈国家安全战略沪港深 A	-6.64	-0.89	1.54	1.29	0.67	0.40	-0.68	0.24	12.48	23.24	0.56	37.47	71
823	长信增利策略	-6.65	-1.08	0.49	0.50	0.84	0.17	-0.23	0.21	4.80	20.37	0.26	37.99	74
824	广发资管平衡精选一年持有 A	-6.78	-1.04	0.71	0.68	0.68	0.05	-0.03	-0.11	0.78	16.83	0.04	36.71	58
825	长安宏观策略 A	-6.81	-0.59	0.97	0.52	0.59	0.13	-0.91	0.25	4.71	27.30	0.25	33.97	49
826	泰信现代服务业	-6.92	-0.54	0.00	0.00	0.96	0.37	-0.63	0.04	5.32	30.87	0.27	54.36	51
827	金鹰先进制造 A	-7.03	-0.94	0.86	0.72	0.65	0.01	-0.44	0.22	2.43	20.01	0.14	38.95	61
828	华商新动力 A	-7.79	-0.91	1.41	1.03	0.66	0.05	-0.75	0.14	4.37	23.18	0.23	39.23	61
829	信澳转型创新 A	-7.80	-0.99	0.58	0.47	0.80	0.25	-0.79	0.20	5.92	24.83	0.29	43.62	72
830	浦银安盛价值成长 A	-8.12	-0.92	1.44	1.03	1.00	0.28	-0.51	0.30	9.34	27.61	0.40	49.67	71
831	宏利领先中小盘	-8.23	-0.86	2.22	1.45	0.79	-0.18	-0.55	0.09	2.07	24.95	0.14	54.20	58
832	东吴新经济 A	-10.59	-0.95	0.08	0.05	1.03	0.29	-0.83	0.17	2.04	31.12	0.17	64.22	63
833	光大优势 A	-12.61	-1.97	-0.11	-0.11	0.90	0.14	-0.44	-0.22	-4.40	20.87	-0.18	44.77	73
834	光大精选 A	-13.06	-1.93	0.26	0.24	1.06	-0.05	-0.08	-0.11	-6.63	22.32	-0.26	58.13	74
835	东吴双三角 A	-13.82	-1.28	1.39	0.81	0.73	-0.20	-0.30	0.16	-7.13	24.28	-0.25	63.45	44
836	中信证券稳健回报 A	-15.36	-1.67	-0.33	-0.23	0.53	-0.09	-0.11	0.59	-11.20	20.23	-0.56	61.63	42
837	诺德优选 30	-17.54	-1.66	-0.45	-0.27	0.73	-0.25	-0.55	0.11	-15.79	24.16	-0.65	73.12	46
838	民生加银精选	-20.44	-2.87	0.54	0.47	0.70	0.08	-0.34	-0.10	-11.40	18.84	-0.63	53.54	60
839	方正富邦创新动力 A	-22.61	-2.79	1.76	1.36	0.77	0.09	-0.77	0.00	-8.52	24.08	-0.31	63.57	68

附录三　收益率在排序期排名前 30 位的基金在检验期的排名（排序期为一年、检验期为一年）：2020～2023 年

本表展示的是排序期为一年、检验期为一年时，排序期收益率排名前 30 位的基金在检验期的收益率排名及基金在排序期和检验期的收益率。样本量为在排序期和检验期都存在的基金数量。★表示在检验期仍排名前 30 位的基金。

基金名称	排序期	排序期排名	排序期收益率（%）	检验期	检验期排名	检验期收益率（%）	样本量（只）
农银汇理海棠三年定开	2020	1	137. 5	2021	36	46. 5	1 076
工银中小盘成长	2020	2	134. 7	2021	370	15. 5	1 076
汇丰晋信低碳先锋 A	2020	3	134. 4	2021	58	42. 1	1 076
广发高端制造 A	2020	4	133. 8	2021	195	26. 1	1 076
诺德价值优势	2020	5	132. 6	2021	577	6. 0	1 076
创金合信工业周期精选 A	2020	6	132. 2	2021	229	23. 8	1 076
工银主题策略 A	2020	7	129. 6	2021	623	4. 5	1 076
诺德周期策略	2020	8	129. 1	2021	645	3. 7	1 076
工银高端制造行业	2020	9	128. 8	2021	615	4. 7	1 076
汇丰晋信智造先锋 A	2020	10	128. 6	2021	55	42. 9	1 076
中欧先进制造 A	2020	11	125. 7	2021	119	32. 0	1 076
工银生态环境 A	2020	12	122. 5	2021	19★	56. 7	1 076
工银战略新兴产业 A	2020	13	120. 8	2021	625	4. 3	1 076
华夏能源革新 A	2020	14	120. 7	2021	50	43. 7	1 076
工银信息产业 A	2020	15	120. 6	2021	497	9. 6	1 076
鹏华环保产业	2020	16	116. 7	2021	66	39. 5	1 076

续表

基金名称	排序期	排序期排名	排序期收益率（%）	检验期	检验期排名	检验期收益率（%）	样本量（只）
东方新能源汽车主题	2020	17	116.3	2021	27★	52.1	1 076
华夏节能环保 A	2020	18	114.7	2021	177	26.7	1 076
嘉实环保低碳	2020	19	113.7	2021	304	19.2	1 076
国泰智能汽车 A	2020	20	112.4	2021	88	35.5	1 076
摩根动力精选 A	2020	21	112.1	2021	76	37.1	1 076
红土创新新科技	2020	22	111.4	2021	143	29.7	1 076
中信保诚周期轮动 A	2020	23	111.3	2021	110	32.6	1 076
中信保诚至远动力 A	2020	24	110.4	2021	152	28.8	1 076
中银智能制造 A	2020	25	109.1	2021	57	42.2	1 076
嘉实新能源新材料 A	2020	26	108.0	2021	178	26.7	1 076
工银战略转型主题 A	2020	27	107.0	2021	167	27.5	1 076
长城核心优势 A	2020	28	106.2	2021	966	-8.6	1 076
北信瑞丰产业升级	2020	29	106.0	2021	141	29.9	1 076
农银汇理消费主题 A	2020	30	105.7	2021	1 004	-11.0	1 076
前海开源公用事业	2021	1	119.4	2022	1 085	-26.0	1 531
大成新锐产业 A	2021	2	88.2	2022	582	-19.4	1 531
华夏行业景气	2021	3	84.1	2022	749	-21.4	1 531
交银趋势优先 A	2021	4	81.4	2022	54	-6.0	1 531
中信保诚新兴产业 A	2021	5	76.7	2022	1 365	-31.0	1 531
信澳周期动力 A	2021	6	72.8	2022	597	-19.6	1 531

续表

基金名称	排序期	排序期排名	排序期收益率（%）	检验期	检验期排名	检验期收益率（%）	样本量（只）
华夏磐利一年定开 A	2021	7	67.9	2022	267	-14.3	1 531
建信中小盘 A	2021	8	67.3	2022	159	-11.4	1 531
华安制造先锋 A	2021	9	66.4	2022	1 175	-27.2	1 531
招商稳健优选 A	2021	10	66.1	2022	1 350	-30.5	1 531
中庚小盘价值	2021	11	65.2	2022	35	-3.2	1 531
华安创业板两年定开	2021	12	65.2	2022	1 118	-26.4	1 531
宝盈国家安全战略沪港深 A	2021	13	64.8	2022	1 348	-30.4	1 531
国投瑞银新能源 A	2021	14	63.0	2022	1 220	-27.9	1 531
中信保诚中小盘 A	2021	15	62.0	2022	1 158	-26.9	1 531
长城优化升级 A	2021	16	61.4	2022	420	-17.0	1 531
国投瑞银先进制造	2021	17	60.0	2022	1 209	-27.7	1 531
东方阿尔法优势产业 A	2021	18	58.9	2022	823	-22.3	1 531
建信新能源 A	2021	19	58.7	2022	1 178	-27.2	1 531
万家瑞隆 A	2021	20	58.1	2022	617	-19.8	1 531
易方达科融	2021	21	58.0	2022	778	-21.8	1 531
汇安行业龙头	2021	22	57.9	2022	1 376	-31.4	1 531
金鹰行业优势 A	2021	23	56.9	2022	1 372	-31.3	1 531
工银生态环境 A	2021	24	56.7	2022	1 191	-27.4	1 531
汇安裕阳三年定期开放	2021	25	56.5	2022	1 465	-34.8	1 531
万家汽车新趋势 A	2021	26	56.3	2022	447	-17.4	1 531

续表

基金名称	排序期	排序期排名	排序期收益率（%）	检验期	检验期排名	检验期收益率（%）	样本量（只）
工银新能源汽车 A	2021	27	56.1	2022	1 378	-31.4	1 531
建信潜力新蓝筹 A	2021	28	55.0	2022	97	-8.4	1 531
中信保诚成长动力 A	2021	29	54.8	2022	714	-21.0	1 531
信澳科技创新一年定开 A	2021	30	54.8	2022	1 361	-30.9	1 531
万家精选 A	2022	1	35.5	2023	15★	21.3	2 151
英大国企改革主题	2022	2	31.5	2023	389	-5.3	2 151
华商甄选回报 A	2022	3	20.1	2023	220	-1.2	2 151
易方达先锋成长 A	2022	4	15.9	2023	1 436	-17.1	2 151
广发鑫睿一年持有 A	2022	5	13.5	2023	1 965	-25.3	2 151
建信医疗健康行业 A	2022	6	12.2	2023	243	-2.0	2 151
国金量化多因子 A	2022	7	12.2	2023	31	13.7	2 151
国联研发创新 A	2022	8	11.8	2023	541	-7.9	2 151
广发睿毅领先 A	2022	9	11.2	2023	1 782	-21.8	2 151
中信建投低碳成长 A	2022	10	10.9	2023	2 150	-44.8	2 151
浙商智选价值 A	2022	11	9.4	2023	1 396	-16.6	2 151
中银证券优势制造 A	2022	12	9.3	2023	819	-11.2	2 151
广发价值领先 A	2022	13	8.9	2023	1 715	-20.7	2 151
中庚价值品质一年持有	2022	14	8.8	2023	411	-5.7	2 151
融通鑫新成长 A	2022	15	8.3	2023	172	0.8	2 151
景顺长城价值领航两年持有期	2022	16	7.8	2023	25★	15.3	2 151

续表

基金名称	排序期	排序期排名	排序期收益率（%）	检验期	检验期排名	检验期收益率（%）	样本量（只）
金信消费升级 A	2022	17	7.8	2023	1 958	-25.1	2 151
华宝动力组合 A	2022	18	6.4	2023	1 722	-20.8	2 151
华商盛世成长	2022	19	6.4	2023	91	5.4	2 151
交银启诚 A	2022	20	6.1	2023	430	-6.0	2 151
中庚价值领航	2022	21	4.9	2023	320	-3.8	2 151
中泰兴诚价值一年持有 A	2022	22	4.6	2023	820	-11.3	2 151
前海开源中药研究精选 A	2022	23	4.3	2023	215	-1.1	2 151
财通资管健康产业 A	2022	24	3.8	2023	232	-1.7	2 151
大成致远优势一年持有 A	2022	25	2.4	2023	84	5.9	2 151
景顺长城沪港深精选	2022	26	2.2	2023	22★	16.3	2 151
嘉实物流产业 A	2022	27	1.9	2023	1 900	-23.5	2 151
红土创新医疗保健	2022	28	1.9	2023	62	8.0	2 151
信澳医药健康	2022	29	1.8	2023	1 386	-16.6	2 151
华安产业精选 A	2022	30	1.6	2023	1 524	-18.1	2 151

附录四　收益率在排序期和检验期分别排名前 30 位的基金（排序期为一年、检验期为一年）：2020~2023 年

本表展示的是排序期为一年、检验期为一年时，排序期和检验期分别排名前 30 位的基金及基金的收益率。样本量为在排序期和检验期都存在的基金数量。★表示在检验期仍排名前 30 位的基金。

基金名称	排序期	排序期排名	排序期收益率（%）	基金名称	检验期	检验期排名	检验期收益率（%）	样本量（只）
农银汇理海棠三年定开	2020	1	137.5	前海开源公用事业	2021	1	119.4	1 076
工银中小盘成长	2020	2	134.7	大成新锐产业 A	2021	2	88.2	1 076
汇丰晋信低碳先锋 A	2020	3	134.4	华夏行业景气	2021	3	84.1	1 076
广发高端制造 A	2020	4	133.8	交银趋势优先 A	2021	4	81.4	1 076
诺德价值优势	2020	5	132.6	中信保诚新兴产业 A	2021	5	76.7	1 076
创金合信工业周期精选 A	2020	6	132.2	建信中小盘 A	2021	6	67.3	1 076
工银主题策略 A	2020	7	129.6	华安制造先锋 A	2021	7	66.4	1 076
诺德周期策略	2020	8	129.1	招商稳健优选 A	2021	8	66.1	1 076
工银高端制造行业	2020	9	128.8	中庚小盘价值	2021	9	65.2	1 076
汇丰晋信智造先锋 A	2020	10	128.6	宝盈国家安全战略沪港深 A	2021	10	64.8	1 076
中欧先进制造 A	2020	11	125.7	国投瑞银新能源 A	2021	11	63.0	1 076
工银生态环境 A	2020	12	122.5	中信保诚中小盘 A	2021	12	62.0	1 076
工银战略新兴产业 A	2020	13	120.8	长城优化升级 A	2021	13	61.4	1 076
华夏能源革新 A	2020	14	120.7	国投瑞银先进制造	2021	14	60.0	1 076

续表

基金名称	排序期	排序期排名	排序期收益率(%)	基金名称	检验期	检验期排名	检验期收益率(%)	样本量(只)
工银信息产业 A	2020	15	120.6	万家瑞隆 A	2021	15	58.1	1 076
鹏华环保产业	2020	16	116.7	易方达科融	2021	16	58.0	1 076
东方新能源汽车主题	2020	17	116.3	汇安行业龙头	2021	17	57.9	1 076
华夏节能环保 A	2020	18	114.7	金鹰行业优势 A	2021	18	56.9	1 076
嘉实环保低碳	2020	19	113.7	工银生态环境 A★	2021	19	56.7	1 076
国泰智能汽车 A	2020	20	112.4	汇安裕阳三年定期开放	2021	20	56.5	1 076
摩根动力精选 A	2020	21	112.1	万家汽车新趋势 A	2021	21	56.3	1 076
红土创新新科技	2020	22	111.4	工银新能源汽车 A	2021	22	56.1	1 076
中信保诚周期轮动 A	2020	23	111.3	建信潜力新蓝筹 A	2021	23	55.0	1 076
中信保诚至远动力 A	2020	24	110.4	创金合信新能源汽车 A	2021	24	54.6	1 076
中银智能制造 A	2020	25	109.1	申万菱信智能驱动 A	2021	25	53.5	1 076
嘉实新能源新材料 A	2020	26	108.0	海富通电子信息传媒产业 A	2021	26	52.5	1 076
工银战略转型主题 A	2020	27	107.0	东方新能源汽车主题★	2021	27	52.1	1 076
长城核心优势 A	2020	28	106.2	广发科技创新 A	2021	28	52.0	1 076
北信瑞丰产业升级	2020	29	106.0	宏利转型机遇 A	2021	29	51.9	1 076
农银汇理消费主题 A	2020	30	105.7	华夏盛世精选	2021	30	51.4	1 076
前海开源公用事业	2021	1	119.4	万家精选 A	2022	1	35.5	1 531
大成新锐产业 A	2021	2	88.2	英大国企改革主题	2022	2	31.5	1 531

续表

基金名称	排序期	排序期排名	排序期收益率（%）	基金名称	检验期	检验期排名	检验期收益率（%）	样本量（只）
华夏行业景气	2021	3	84.1	国金量化多因子 A	2022	3	12.2	1 531
交银趋势优先 A	2021	4	81.4	广发睿毅领先 A	2022	4	11.2	1 531
中信保诚新兴产业 A	2021	5	76.7	广发价值领先 A	2022	5	8.9	1 531
信澳周期动力 A	2021	6	72.8	景顺长城价值领航两年持有期	2022	6	7.8	1 531
华夏磐利一年定开 A	2021	7	67.9	金信消费升级 A	2022	7	7.8	1 531
建信中小盘 A	2021	8	67.3	华宝动力组合 A	2022	8	6.4	1 531
华安制造先锋 A	2021	9	66.4	华商盛世成长	2022	9	6.4	1 531
招商稳健优选 A	2021	10	66.1	中庚价值领航	2022	10	4.9	1 531
中庚小盘价值	2021	11	65.2	前海开源中药研究精选 A	2022	11	4.3	1 531
华安创业板两年定开	2021	12	65.2	景顺长城沪港深精选	2022	12	2.2	1 531
宝盈国家安全战略沪港深 A	2021	13	64.8	嘉实物流产业 A	2022	13	1.9	1 531
国投瑞银新能源 A	2021	14	63.0	红土创新医疗保健	2022	14	1.9	1 531
中信保诚中小盘 A	2021	15	62.0	景顺长城能源基建 A	2022	15	1.1	1 531
长城优化升级 A	2021	16	61.4	诺安策略精选	2022	16	1.0	1 531
国投瑞银先进制造	2021	17	60.0	大成睿享 A	2022	17	0.9	1 531
东方阿尔法优势产业 A	2021	18	58.9	圆信永丰医药健康	2022	18	0.4	1 531
建信新能源 A	2021	19	58.7	诺安低碳经济 A	2022	19	0.3	1 531
万家瑞隆 A	2021	20	58.1	汇丰晋信龙腾 A	2022	20	0.1	1 531

续表

基金名称	排序期	排序期排名	排序期收益率（%）	基金名称	检验期	检验期排名	检验期收益率（%）	样本量（只）
易方达科融	2021	21	58.0	泰康蓝筹优势	2022	21	-0.2	1 531
汇安行业龙头	2021	22	57.9	景顺长城资源垄断	2022	22	-0.4	1 531
金鹰行业优势 A	2021	23	56.9	浙商聚潮产业成长 A	2022	23	-0.6	1 531
工银生态环境 A	2021	24	56.7	招商量化精选 A	2022	24	-1.1	1 531
汇安裕阳三年定期开放	2021	25	56.5	大成竞争优势 A	2022	25	-1.1	1 531
万家汽车新趋势 A	2021	26	56.3	大成优选升级一年持有期 A	2022	26	-1.9	1 531
工银新能源汽车 A	2021	27	56.1	景顺长城量化港股通 A	2022	27	-1.9	1 531
建信潜力新蓝筹 A	2021	28	55.0	嘉实资源精选 A	2022	28	-2.2	1 531
中信保诚成长动力 A	2021	29	54.8	九泰天奕量化价值 A	2022	29	-2.6	1 531
信澳科技创新一年定开 A	2021	30	54.8	德邦大消费 A	2022	30	-2.7	1 531
万家精选 A	2022	1	35.5	华夏北交所创新中小企业精选两年定开	2023	1	58.5	2 151
英大国企改革主题	2022	2	31.5	金鹰科技创新 A	2023	2	37.7	2 151
华商甄选回报 A	2022	3	20.1	金鹰核心资源 A	2023	3	37.3	2 151
易方达先锋成长 A	2022	4	15.9	广发北交所精选两年定开 A	2023	4	36.0	2 151
广发鑫睿一年持有 A	2022	5	13.5	万家北交所慧选两年定开 A	2023	5	31.8	2 151

续表

基金名称	排序期	排序期排名	排序期收益率（%）	基金名称	检验期	检验期排名	检验期收益率（%）	样本量（只）
建信医疗健康行业 A	2022	6	12.2	金鹰中小盘精选 A	2023	6	31.6	2 151
国金量化多因子 A	2022	7	12.2	汇添富北交所创新精选两年定开 A	2023	7	28.4	2 151
国联研发创新 A	2022	8	11.8	宝盈基础产业 A	2023	8	26.7	2 151
广发睿毅领先 A	2022	9	11.2	广发电子信息传媒产业精选 A	2023	9	26.1	2 151
中信建投低碳成长 A	2022	10	10.9	南方北交所精选两年定开	2023	10	24.2	2 151
浙商智选价值 A	2022	11	9.4	宝盈智慧生活 A	2023	11	23.4	2 151
中银证券优势制造 A	2022	12	9.3	德邦半导体产业 A	2023	12	22.2	2 151
广发价值领先 A	2022	13	8.9	渤海汇金新动能	2023	13	21.9	2 151
中庚价值品质一年持有	2022	14	8.8	融通内需驱动 AB	2023	14	21.7	2 151
融通鑫新成长 A	2022	15	8.3	万家精选 A★	2023	15	21.3	2 151
景顺长城价值领航两年持有期	2022	16	7.8	东方人工智能主题 A	2023	16	20.3	2 151
金信消费升级 A	2022	17	7.8	大成景恒 A	2023	17	19.2	2 151
华宝动力组合 A	2022	18	6.4	中邮未来成长 A	2023	18	18.9	2 151
华商盛世成长	2022	19	6.4	景顺长城电子信息产业 A	2023	19	18.2	2 151
交银启诚 A	2022	20	6.1	华润元大信息传媒科技 A	2023	20	17.7	2 151
中庚价值领航	2022	21	4.9	中邮战略新兴产业	2023	21	16.9	2 151

续表

基金名称	排序期	排序期排名	排序期收益率（%）	基金名称	检验期	检验期排名	检验期收益率（%）	样本量（只）
中泰兴诚价值一年持有A	2022	22	4.6	景顺长城沪港深精选★	2023	22	16.3	2 151
前海开源中药研究精选A	2022	23	4.3	景顺长城能源基建A	2023	23	15.9	2 151
财通资管健康产业A	2022	24	3.8	诺安优化配置A	2023	24	15.4	2 151
大成致远优势一年持有A	2022	25	2.4	景顺长城价值领航两年持有期★	2023	25	15.3	2 151
景顺长城沪港深精选	2022	26	2.2	汇丰晋信中小盘	2023	26	14.9	2 151
嘉实物流产业A	2022	27	1.9	嘉实文体娱乐A	2023	27	14.1	2 151
红土创新医疗保健	2022	28	1.9	渤海汇金量化成长	2023	28	13.8	2 151
信澳医药健康	2022	29	1.8	兴银科技增长1个月滚动持有A	2023	29	13.7	2 151
华安产业精选A	2022	30	1.6	招商体育文化休闲A	2023	30	13.7	2 151

附录五　夏普比率在排序期排名前 30 位的基金在检验期的排名（排序期为一年、检验期为一年）：2020~2023 年

本表展示的是排序期为一年、检验期为一年时，排序期夏普比率排名前 30 位的基金在检验期的夏普比率排名及基金在排序期和检验期的夏普比率。样本量为在排序期和检验期都存在的基金数量。★表示在检验期仍排名前 30 位的基金。

基金名称	排序期	排序期排名	排序期夏普比率	检验期	检验期排名	检验期夏普比率	样本量（只）
工银战略新兴产业 A	2020	1	3.60	2021	620	0.25	1 076
新华优选消费	2020	2	3.31	2021	492	0.54	1 076
圆信永丰优悦生活	2020	3	3.27	2021	46	1.94	1 076
华安安信消费服务 A	2020	4	3.27	2021	36	2.11	1 076
圆信永丰优加生活	2020	5	3.26	2021	119	1.48	1 076
嘉合锦程价值精选 A	2020	6	3.25	2021	440	0.66	1 076
诺德价值优势	2020	7	3.21	2021	600	0.30	1 076
圆信永丰致优 A	2020	8	3.14	2021	57	1.83	1 076
诺德周期策略	2020	9	3.14	2021	650	0.20	1 076
富国沪港深业绩驱动 A	2020	10	3.11	2021	918	-0.37	1 076
兴全合润	2020	11	3.08	2021	546	0.43	1 076
鹏华先进制造	2020	12	3.08	2021	717	0.03	1 076
农银汇理消费主题 A	2020	13	3.08	2021	1 005	-0.70	1 076
工银战略转型主题 A	2020	14	3.07	2021	30★	2.21	1 076
农银汇理海棠三年定开	2020	15	3.06	2021	69	1.73	1 076
工银信息产业 A	2020	16	3.04	2021	479	0.56	1 076

续表

基金名称	排序期	排序期排名	排序期夏普比率	检验期	检验期排名	检验期夏普比率	样本量（只）
汇添富文体娱乐主题 A	2020	17	3.04	2021	1 009	−0.71	1 076
长信恒利优势	2020	18	3.03	2021	944	−0.43	1 076
富国民裕沪港深精选 A	2020	19	3.03	2021	824	−0.15	1 076
招商大盘蓝筹	2020	20	3.01	2021	894	−0.31	1 076
中金新锐 A	2020	21	2.99	2021	9★	2.72	1 076
中信证券臻选价值成长 A	2020	22	2.99	2021	948	−0.44	1 076
中欧永裕 A	2020	23	2.99	2021	833	−0.17	1 076
华夏新兴消费 A	2020	24	2.99	2021	946	−0.44	1 076
中欧盛世成长 A	2020	25	2.98	2021	845	−0.21	1 076
景顺长城环保优势	2020	26	2.98	2021	282	1.02	1 076
金鹰行业优势 A	2020	27	2.98	2021	97	1.56	1 076
易方达蓝筹精选	2020	28	2.97	2021	914	−0.36	1 076
汇添富环保行业	2020	29	2.97	2021	270	1.04	1 076
工银新金融 A	2020	30	2.97	2021	72	1.71	1 076
工银物流产业 A	2021	1	4.19	2022	1 302	−1.42	1 531
工银新兴制造 A	2021	2	4.19	2022	1 314	−1.43	1 531
大成新锐产业 A	2021	3	3.42	2022	870	−0.98	1 531
华安智能生活 A	2021	4	3.18	2022	476	−0.70	1 531
华安成长创新 A	2021	5	3.13	2022	380	−0.61	1 531

续表

基金名称	排序期	排序期排名	排序期夏普比率	检验期	检验期排名	检验期夏普比率	样本量（只）
交银趋势优先A	2021	6	3.11	2022	166	−0.37	1 531
中欧量化驱动	2021	7	3.07	2022	1 017	−1.10	1 531
华夏磐利一年定开A	2021	8	2.93	2022	281	−0.51	1 531
银河量化优选A	2021	9	2.93	2022	818	−0.94	1 531
中欧养老产业A	2021	10	2.74	2022	235	−0.46	1 531
中金新锐A	2021	11	2.72	2022	33	−0.08	1 531
信澳周期动力A	2021	12	2.66	2022	550	−0.76	1 531
建信中国制造2025A	2021	13	2.60	2022	1 483	−1.99	1 531
兴全绿色投资	2021	14	2.58	2022	1 327	−1.45	1 531
宝盈国家安全战略沪港深A	2021	15	2.58	2022	1 127	−1.19	1 531
光大风格轮动A	2021	16	2.44	2022	917	−1.02	1 531
中庚小盘价值	2021	17	2.41	2022	39	−0.10	1 531
东兴兴晟A	2021	18	2.40	2022	306	−0.54	1 531
诺安先锋A	2021	19	2.38	2022	576	−0.78	1 531
长信金利趋势A	2021	20	2.38	2022	475	−0.70	1 531
泰信蓝筹精选	2021	21	2.34	2022	180	−0.38	1 531
华夏行业景气	2021	22	2.33	2022	345	−0.57	1 531
诺安策略精选	2021	23	2.31	2022	18★	0.06	1 531
交银启明A	2021	24	2.30	2022	435	−0.66	1 531

续表

基金名称	排序期	排序期排名	排序期夏普比率	检验期	检验期排名	检验期夏普比率	样本量（只）
景顺长城量化小盘	2021	25	2.28	2022	406	-0.64	1 531
诺安行业轮动 A	2021	26	2.28	2022	957	-1.05	1 531
建信中小盘 A	2021	27	2.27	2022	92	-0.25	1 531
交银先进制造 A	2021	28	2.27	2022	508	-0.73	1 531
诺安低碳经济 A	2021	29	2.27	2022	23★	0.02	1 531
招商稳健优选 A	2021	30	2.26	2022	1 180	-1.25	1 531
英大国企改革主题	2022	1	1.20	2023	419	-0.47	2 151
华商甄选回报 A	2022	2	1.20	2023	255	-0.19	2 151
万家精选 A	2022	3	1.12	2023	23★	0.94	2 151
广发鑫睿一年持有 A	2022	4	0.70	2023	1 918	-1.94	2 151
国联研发创新 A	2022	5	0.69	2023	475	-0.54	2 151
广发睿毅领先 A	2022	6	0.59	2023	1 774	-1.74	2 151
易方达先锋成长 A	2022	7	0.55	2023	861	-0.91	2 151
建信医疗健康行业 A	2022	8	0.55	2023	248	-0.19	2 151
国金量化多因子 A	2022	9	0.50	2023	15★	1.17	2 151
广发价值领先 A	2022	10	0.48	2023	1 495	-1.47	2 151
中银证券优势制造 A	2022	11	0.47	2023	559	-0.62	2 151
景顺长城价值领航两年持有期	2022	12	0.45	2023	7★	1.40	2 151
浙商智选价值 A	2022	13	0.43	2023	1 351	-1.33	2 151

续表

基金名称	排序期	排序期排名	排序期夏普比率	检验期	检验期排名	检验期夏普比率	样本量（只）
中信建投低碳成长 A	2022	14	0. 40	2023	1 987	-2. 10	2 151
中庚价值品质一年持有	2022	15	0. 39	2023	316	-0. 30	2 151
交银启诚 A	2022	16	0. 39	2023	697	-0. 78	2 151
融通鑫新成长 A	2022	17	0. 35	2023	170	0. 02	2 151
金信消费升级 A	2022	18	0. 34	2023	1 708	-1. 67	2 151
华商盛世成长	2022	19	0. 33	2023	86	0. 36	2 151
华宝动力组合 A	2022	20	0. 30	2023	1 311	-1. 30	2 151
中庚价值领航	2022	21	0. 24	2023	252	-0. 19	2 151
前海开源中药研究精选 A	2022	22	0. 23	2023	186	-0. 03	2 151
中泰兴诚价值一年持有 A	2022	23	0. 23	2023	712	-0. 79	2 151
红土创新医疗保健	2022	24	0. 21	2023	87	0. 36	2 151
财通资管健康产业 A	2022	25	0. 20	2023	201	-0. 07	2 151
信澳医药健康	2022	26	0. 14	2023	1 511	-1. 48	2 151
易方达远见成长 A	2022	27	0. 14	2023	871	-0. 91	2 151
大成致远优势一年持有 A	2022	28	0. 13	2023	73	0. 44	2 151
景顺长城沪港深精选	2022	29	0. 11	2023	9★	1. 37	2 151
华安产业精选 A	2022	30	0. 11	2023	1 771	-1. 74	2 151

附录六　在职基金经理与同期万得全 A 指数业绩对比表（按当前任职公司排序）：1998～2023 年

本表展示在职基金经理与同期万得全 A 指数的收益和风险指标。其中，收益指标包括年化收益率、夏普比率，风险指标包括年化波动率、最大回撤。表中展示的指数收益和风险指标基于基金经理任职履历对应的同期指数数据计算得出，如果某月基金经理未管理基金产品，指数的收益不计算。本表中的基金经理仅包括管理以下类型基金的经理：股票多空型、偏股混合型、灵活配置型、平衡混合型、普通股票型和增强指数型的主动管理的基金，并且基金经理有三年以上任职时长，共 1 172 位在职基金经理。每位基金经理的业绩是该基金经理管理的所有基金按照管理规模加权平均后的业绩。表中“当前任职公司”指的是截至 2023 年 12 月 31 日时在职基金经理任职的公司。

编号	基金经理	当前任职公司	任职区间	任职时间（月）	管理基金数量（只）	年化收益率（%）	指数年化收益率（%）	年化波动率（%）	指数年化波动率（%）	最大回撤（%）	指数最大回撤（%）	年化夏普比率	指数年化夏普比率
1	陈鹏	安信基金	2011/01～2023/12	181	9	5. 94	8. 38	24. 04	22. 80	-49. 17	-44. 57	0. 16	0. 28
2	陈一峰	安信基金	2014/04～2023/12	117	9	13. 29	10. 13	19. 99	23. 63	-30. 42	-48. 44	0. 58	0. 36
3	陈振宇	安信基金	2012/06～2023/12	90	4	6. 77	3. 23	15. 82	19. 12	-26. 05	-25. 85	0. 32	0. 08
4	李君	安信基金	2017/12～2023/12	73	4	5. 14	1. 68	3. 38	17. 72	-3. 48	-29. 52	1. 07	0. 01
5	聂世林	安信基金	2016/02～2023/12	95	6	11. 29	4. 86	15. 80	17. 16	-24. 02	-30. 56	0. 62	0. 20
6	谭珏娜	安信基金	2017/12～2023/12	72	7	7. 28	2. 53	22. 98	17. 65	-43. 45	-29. 52	0. 26	0. 15
7	王涛	安信基金	2019/01～2023/12	55	2	6. 93	12. 66	5. 14	16. 97	-3. 97	-22. 15	1. 08	0. 54
8	袁玮	安信基金	2016/04～2023/12	93	8	10. 69	3. 06	18. 91	16. 31	-24. 99	-30. 56	0. 49	0. 10
9	张竞	安信基金	2017/12～2023/12	73	5	11. 14	1. 68	17. 09	17. 72	-27. 87	-29. 52	0. 56	0. 01
10	张明	安信基金	2017/05～2023/12	80	10	6. 48	2. 84	17. 57	17. 10	-32. 78	-30. 56	0. 28	0. 08
11	张翼飞	安信基金	2015/05～2023/12	104	3	5. 52	-1. 29	3. 19	21. 83	-3. 77	-48. 44	1. 25	-0. 13
12	黄艺明	百嘉基金	2019/01～2023/12	51	3	21. 11	12. 30	19. 83	17. 56	-29. 72	-20. 24	1. 01	0. 49

续表

编号	基金经理	当前任职公司	任职区间	任职时间（月）	管理基金数量（只）	年化收益率（%）	指数年化收益率（%）	年化波动率（%）	指数年化波动率（%）	最大回撤（%）	指数最大回撤（%）	年化夏普比率	指数年化夏普比率
13	杨思亮	宝盈基金	2018/03～2023/12	70	8	13.61	2.30	20.07	17.97	-26.34	-25.85	0.60	0.04
14	赵国进	宝盈基金	2020/11～2023/12	38	5	-2.70	-3.41	26.04	15.48	-47.94	-22.95	-0.16	-0.32
15	朱建明	宝盈基金	2017/01～2023/12	84	7	7.53	2.24	24.27	16.80	-41.58	-30.56	0.25	0.04
16	程敏	北信瑞丰基金	2018/03～2023/12	70	4	6.68	2.30	18.17	17.97	-40.27	-25.85	0.29	0.04
17	庞文杰	北信瑞丰基金	2020/06～2023/12	43	5	1.28	1.03	21.80	16.66	-39.24	-22.95	-0.01	-0.03
18	神玉飞	贝莱德基金	2012/12～2023/12	122	6	13.99	10.60	22.05	23.32	-42.94	-48.44	0.56	0.38
19	史伟	博道基金	2005/11～2023/12	117	4	17.06	21.74	24.57	26.92	-40.86	-51.55	0.61	0.70
20	孙文龙	博道基金	2015/01～2023/12	96	9	13.44	8.33	18.81	23.88	-23.74	-48.44	0.64	0.25
21	杨梦	博道基金	2018/08～2023/12	65	8	9.57	5.88	16.99	17.96	-23.36	-22.95	0.47	0.24
22	袁争光	博道基金	2015/05～2023/12	88	6	7.66	1.31	21.63	23.07	-31.05	-48.44	0.29	-0.02
23	张迎军	博道基金	2009/01～2023/12	128	9	10.19	15.88	18.22	23.49	-36.96	-36.08	0.44	0.55
24	蔡滨	博时基金	2014/12～2023/12	109	12	9.70	5.55	16.79	23.71	-28.24	-48.44	0.48	0.17
25	曾豪	博时基金	2017/12～2023/12	67	8	13.14	3.16	16.47	16.66	-19.71	-29.52	0.72	0.13
26	曾鹏	博时基金	2013/01～2023/12	132	12	9.14	8.88	23.89	23.27	-48.71	-48.44	0.31	0.30
27	陈雷	博时基金	2014/08～2023/12	113	7	8.65	8.78	21.85	23.89	-40.42	-48.44	0.32	0.30
28	陈鹏扬	博时基金	2015/08～2023/12	101	11	8.56	3.67	19.18	20.45	-34.18	-34.44	0.37	0.11
29	陈伟	博时基金	2019/10～2023/12	51	2	14.59	4.09	19.57	16.73	-29.73	-22.95	0.67	0.15
30	陈曦	博时基金	2020/10～2023/12	39	4	0.99	-2.06	17.64	15.46	-30.93	-22.95	-0.03	-0.23
31	程卓	博时基金	2020/06～2023/12	43	1	4.95	1.03	7.47	16.66	-9.54	-22.95	0.46	-0.03

续表

编号	基金经理	当前任职公司	任职区间	任职时间（月）	管理基金数量（只）	年化收益率（%）	指数年化收益率（%）	年化波动率（%）	指数年化波动率（%）	最大回撤（%）	指数最大回撤（%）	年化夏普比率	指数年化夏普比率
32	付伟	博时基金	2015/08~2023/12	82	9	14.35	6.00	22.45	20.81	-32.60	-34.44	0.58	0.24
33	郭晓林	博时基金	2016/07~2023/12	90	9	8.31	2.69	21.02	16.54	-39.67	-30.56	0.32	0.07
34	过钧	博时基金	2016/03~2023/12	95	9	8.88	2.79	15.42	16.24	-33.64	-30.56	0.48	0.08
35	黄继晨	博时基金	2020/11~2023/12	38	2	-2.57	-3.41	24.82	15.48	-41.33	-22.95	-0.16	-0.32
36	黄瑞庆	博时基金	2011/12~2023/12	136	7	5.19	5.54	16.85	23.55	-33.63	-48.44	0.21	0.14
37	冀楠	博时基金	2017/06~2023/12	76	9	11.72	2.42	20.67	17.51	-39.68	-30.56	0.50	0.01
38	金晟哲	博时基金	2016/10~2023/12	87	9	3.78	1.93	14.40	16.69	-36.35	-30.56	0.16	0.03
39	金耀	博时基金	2017/12~2023/12	66	6	12.89	1.85	22.44	18.25	-36.40	-29.52	0.52	0.03
40	李洋	博时基金	2019/06~2023/12	55	2	4.01	3.95	17.46	16.10	-33.51	-22.95	0.14	0.15
41	李喆	博时基金	2020/10~2023/12	39	5	-7.12	-2.06	14.30	15.46	-35.96	-22.95	-0.60	-0.23
42	刘阳	博时基金	2015/07~2023/12	102	3	0.93	1.81	25.20	21.05	-50.48	-34.44	-0.02	0.01
43	刘钊	博时基金	2012/07~2023/12	64	5	18.25	14.78	25.06	24.69	-36.98	-27.54	0.65	0.49
44	沙炜	博时基金	2015/05~2023/12	104	9	9.14	-1.29	23.26	21.83	-36.40	-48.44	0.33	-0.13
45	孙少锋	博时基金	2015/09~2023/12	100	2	8.00	4.42	16.39	20.43	-27.02	-34.44	0.40	0.14
46	田俊维	博时基金	2015/06~2023/12	98	7	9.93	-0.82	18.80	22.18	-30.50	-42.38	0.45	-0.12
47	王诗瑶	博时基金	2017/06~2023/12	79	4	4.68	2.14	19.36	17.11	-50.08	-30.56	0.16	0.04
48	吴鹏	博时基金	2020/10~2023/12	39	2	-8.04	-2.06	19.56	15.46	-38.59	-22.95	-0.49	-0.23
49	吴渭	博时基金	2013/12~2023/12	96	8	10.34	8.24	16.36	17.24	-34.55	-30.56	0.53	0.41
50	肖瑞瑾	博时基金	2017/01~2023/12	84	17	7.15	2.24	20.44	16.80	-38.11	-30.56	0.28	0.04

续表

编号	基金经理	当前任职公司	任职区间	任职时间（月）	管理基金数量（只）	年化收益率（%）	指数年化收益率（%）	年化波动率（%）	指数年化波动率（%）	最大回撤（%）	指数最大回撤（%）	年化夏普比率	指数年化夏普比率
51	杨永光	博时基金	2016/12～2023/12	85	5	4.58	2.18	4.40	16.70	-9.29	-30.56	0.70	0.04
52	姚爽	博时基金	2016/12～2023/12	81	3	4.87	2.00	22.34	17.12	-49.59	-30.56	0.15	-0.02
53	于玥	博时基金	2018/06～2023/12	51	5	9.84	5.75	20.33	19.43	-27.44	-17.23	0.42	0.19
54	张锦	博时基金	2018/08～2023/12	65	3	6.02	5.88	17.12	17.96	-39.35	-22.95	0.26	0.24
55	赵易	博时基金	2020/11～2023/12	38	4	-1.00	-3.41	19.35	15.48	-33.08	-22.95	-0.13	-0.32
56	何翔	渤海汇金证券资产	2018/07～2023/12	66	3	7.13	4.62	17.58	18.06	-32.47	-22.95	0.32	0.17
57	滕祖光	渤海汇金证券资产	2014/04～2023/12	103	4	8.35	8.23	19.72	24.56	-45.62	-48.44	0.34	0.25
58	金梓才	财通基金	2014/11～2023/12	110	12	14.76	6.73	31.12	23.87	-51.41	-48.44	0.42	0.22
59	夏钦	财通基金	2016/05～2023/12	92	8	1.90	3.16	19.31	16.40	-51.29	-30.56	0.02	0.10
60	钟俊	财通基金	2019/09～2023/12	46	6	3.19	2.63	22.13	17.47	-47.25	-22.95	0.08	0.02
61	朱海东	财通基金	2019/07～2023/12	54	2	2.42	4.05	18.97	16.26	-30.77	-22.95	0.05	0.16
62	姜永明	财通证券资产	2019/04～2023/12	57	6	12.82	3.17	21.30	16.18	-39.12	-22.95	0.53	0.10
63	易小金	财通证券资产	2018/05～2023/12	51	4	10.79	-3.26	21.45	18.79	-24.44	-22.95	0.44	-0.30
64	于洋	财通证券资产	2018/09～2023/12	64	5	11.76	5.72	23.98	18.10	-43.21	-22.95	0.43	0.23
65	曹春林	创金合信基金	2017/07～2023/12	78	12	1.52	1.91	24.43	17.22	-56.87	-30.56	0.00	0.02
66	陈建军	创金合信基金	2019/05～2023/12	56	1	11.11	4.62	25.78	16.02	-36.27	-22.95	0.37	0.19
67	董梁	创金合信基金	2019/07～2023/12	54	8	5.04	4.05	16.46	16.26	-27.33	-22.95	0.22	0.16

续表

编号	基金经理	当前任职公司	任职区间	任职时间（月）	管理基金数量（只）	年化收益率（%）	指数年化收益率（%）	年化波动率（%）	指数年化波动率（%）	最大回撤（%）	指数最大回撤（%）	年化夏普比率	指数年化夏普比率
68	黄弢	创金合信基金	2020/05～2023/12	44	4	8.87	3.35	9.68	17.04	-5.70	-22.95	0.76	0.11
69	李龑	创金合信基金	2018/10～2023/12	63	5	1.49	7.58	19.71	17.73	-41.03	-22.95	0.00	0.34
70	李晗	创金合信基金	2015/08～2023/12	85	6	3.11	0.23	19.63	20.87	-28.06	-34.44	0.08	-0.08
71	李游	创金合信基金	2016/11～2023/12	86	7	8.82	1.39	25.42	16.73	-47.88	-30.56	0.29	-0.01
72	皮劲松	创金合信基金	2018/10～2023/12	63	5	9.23	7.58	24.24	17.73	-47.80	-22.95	0.32	0.34
73	王妍	创金合信基金	2019/12～2023/12	49	6	2.18	2.75	21.73	16.66	-43.03	-22.95	0.03	0.08
74	王一兵	创金合信基金	2017/07～2023/12	49	2	1.21	-6.27	6.84	17.91	-13.45	-30.56	-0.04	-0.49
75	周志敏	创金合信基金	2017/12～2023/12	73	5	10.19	1.68	25.17	17.72	-34.38	-29.52	0.35	0.01
76	陈文	淳厚基金	2020/05～2023/12	44	3	13.88	3.35	20.03	17.04	-21.47	-22.95	0.62	0.11
77	翟羽佳	淳厚基金	2019/12～2023/12	39	2	13.14	0.57	28.73	18.39	-31.65	-17.23	0.42	0.12
78	薛莉丽	淳厚基金	2019/08～2023/12	53	7	12.64	4.30	17.94	16.41	-24.03	-22.95	0.62	0.17
79	戴军	大成基金	2015/05～2023/12	104	4	5.18	-1.29	18.41	21.83	-35.34	-48.44	0.20	-0.13
80	韩创	大成基金	2019/01～2023/12	60	8	27.30	7.96	22.35	17.97	-27.38	-22.95	1.15	0.36
81	侯春燕	大成基金	2015/12～2023/12	97	8	6.89	0.98	18.53	19.67	-25.68	-34.44	0.29	-0.03
82	李博	大成基金	2015/04～2023/12	105	6	5.17	5.55	23.41	23.71	-47.03	-48.44	0.15	0.17
83	刘旭	大成基金	2015/07～2023/12	102	9	12.91	1.81	19.23	21.05	-28.23	-34.44	0.59	0.01
84	齐炜中	大成基金	2020/02～2023/12	47	7	13.19	2.94	18.93	17.03	-23.85	-22.95	0.62	0.08
85	苏秉毅	大成基金	2014/01～2023/12	96	4	8.30	4.86	14.71	17.16	-25.02	-30.56	0.47	0.08
86	孙丹	大成基金	2017/05～2023/12	80	7	4.86	2.84	2.50	17.10	-1.87	-30.56	1.34	0.08

续表

编号	基金经理	当前任职公司	任职区间	任职时间（月）	管理基金数量（只）	年化收益率（%）	指数年化收益率（%）	年化波动率（%）	指数年化波动率（%）	最大回撤（%）	指数最大回撤（%）	年化夏普比率	指数年化夏普比率
87	王磊	大成基金	2013/07～2023/12	126	7	8.64	10.03	13.11	23.03	-34.46	-48.44	0.53	0.36
88	魏庆国	大成基金	2015/04～2023/12	105	11	7.36	0.46	23.94	22.33	-44.39	-48.44	0.24	-0.05
89	夏高	大成基金	2017/03～2023/12	77	3	7.83	0.51	13.19	17.06	-29.10	-30.56	0.49	-0.04
90	徐雄晖	大成基金	2013/04～2023/12	50	5	18.01	24.05	14.87	20.75	-8.32	-23.99	1.11	1.20
91	徐彦	大成基金	2012/10～2023/12	121	12	16.48	9.91	18.13	23.83	-30.39	-44.57	0.81	0.31
92	杨挺	大成基金	2014/06～2023/12	115	6	6.73	9.82	25.89	23.83	-57.23	-48.44	0.20	0.34
93	张烨	大成基金	2017/09～2023/12	76	4	8.98	1.27	19.57	17.40	-29.06	-30.56	0.38	-0.01
94	郭成东	德邦基金	2018/05～2023/12	61	4	-1.25	-2.30	24.75	17.56	-42.32	-22.95	-0.11	-0.26
95	黎莹	德邦基金	2015/06～2023/12	103	7	8.05	-0.07	20.81	21.64	-28.54	-42.38	0.31	-0.07
96	汪晖	德邦基金	2007/05～2023/12	133	6	8.52	5.52	23.40	26.42	-36.12	-68.61	0.26	0.09
97	刘明	东方阿尔法基金	2004/10～2023/12	183	7	11.66	10.90	25.97	27.93	-61.06	-68.61	0.36	0.32
98	唐雷	东方阿尔法基金	2016/07～2023/12	83	6	5.87	2.09	25.63	16.79	-53.48	-30.56	0.17	-0.04
99	周谧	东方阿尔法基金	2018/03～2023/12	64	8	6.02	2.53	20.38	17.94	-31.47	-25.85	0.23	0.07
100	房建威	东方基金	2018/07～2023/12	51	7	5.95	5.85	15.46	17.95	-25.07	-16.20	0.30	0.29
101	李瑞	东方基金	2017/12～2023/12	73	7	5.41	1.68	26.46	17.72	-58.78	-29.52	0.15	0.01
102	曲华锋	东方基金	2020/04～2023/12	45	4	12.22	3.43	28.00	16.84	-35.75	-22.95	0.38	0.11

续表

编号	基金经理	当前任职公司	任职区间	任职时间（月）	管理基金数量（只）	年化收益率（%）	指数年化收益率（%）	年化波动率（%）	指数年化波动率（%）	最大回撤（%）	指数最大回撤（%）	年化夏普比率	指数年化夏普比率
103	盛泽	东方基金	2018/08～2023/12	65	6	7.88	5.88	15.66	17.96	-22.86	-22.95	0.41	0.24
104	王然	东方基金	2015/05～2023/12	104	9	-1.55	-1.29	24.35	21.83	-51.63	-48.44	-0.13	-0.13
105	许文波	东方基金	2015/08～2023/12	97	11	4.39	5.36	13.87	20.70	-36.15	-34.44	0.21	0.23
106	严凯	东方基金	2020/04～2023/12	45	5	3.71	3.43	21.04	16.84	-30.37	-22.95	0.11	0.11
107	张博	东方基金	2018/04～2023/12	51	2	10.29	7.13	16.50	17.36	-17.14	-22.99	0.55	0.41
108	周思越	东方基金	2020/08～2023/12	41	3	7.38	-3.43	17.42	15.40	-25.79	-22.95	0.34	-0.32
109	刘瑞	东吴基金	2018/11～2023/12	70	7	-1.81	-3.43	17.66	15.40	-31.69	-22.95	-0.19	-0.32
110	刘元海	东吴基金	2013/01～2023/12	137	9	18.72	12.86	21.82	19.43	-33.04	-48.44	0.78	0.58
111	赵梅玲	东吴基金	2016/05～2023/12	92	9	6.33	3.16	15.32	16.40	-35.74	-30.56	0.32	0.10
112	周健	东吴基金	2012/10～2023/12	123	9	11.22	13.42	17.35	19.78	-28.05	-46.95	0.55	0.64
113	李兵伟	东兴基金	2016/06～2023/12	91	7	2.90	2.73	12.62	16.45	-26.10	-30.56	0.11	0.07
114	李晨辉	东兴基金	2016/06～2023/12	91	6	1.50	2.73	12.86	16.45	-31.33	-30.56	0.00	0.07
115	孙继青	东兴基金	2015/09～2023/12	100	6	-0.94	4.42	15.72	20.43	-41.79	-34.44	-0.16	0.14
116	张旭	东兴基金	2015/08～2023/12	95	8	4.87	3.26	10.10	20.82	-15.67	-34.44	0.34	0.08
117	崔建波	方正富邦基金	2010/03～2023/12	162	24	7.23	4.91	18.25	22.82	-35.16	-48.44	0.28	0.12
118	李朝昱	方正富邦基金	2020/11～2023/12	38	1	-21.12	-3.41	21.07	15.48	-62.20	-22.95	-1.07	-0.32
119	乔培涛	方正富邦基金	2016/08～2023/12	79	13	9.76	2.59	17.12	15.85	-24.22	-30.56	0.49	0.10
120	吴昊	方正富邦基金	2019/05～2023/12	56	9	7.39	1.03	32.07	16.66	-52.41	-22.95	0.18	-0.03
121	纪青	富安达基金	2016/12～2023/12	79	3	11.13	1.08	20.79	16.87	-35.69	-30.56	0.47	0.01

续表

编号	基金经理	当前任职公司	任职区间	任职时间（月）	管理基金数量（只）	年化收益率（%）	指数年化收益率（%）	年化波动率（%）	指数年化波动率（%）	最大回撤（%）	指数最大回撤（%）	年化夏普比率	指数年化夏普比率
122	李守峰	富安达基金	2015/12～2023/12	97	9	3. 30	0. 98	16. 56	19. 67	-40. 64	-34. 44	0. 11	-0. 03
123	申坤	富安达基金	2015/06～2023/12	98	5	5. 96	0. 49	22. 91	22. 19	-43. 78	-42. 38	0. 20	-0. 03
124	杨红	富安达基金	2019/06～2023/12	50	8	9. 43	2. 01	22. 65	16. 15	-38. 69	-22. 88	0. 36	0. 06
125	白冰洋	富国基金	2016/04～2023/12	65	6	7. 69	0. 68	18. 80	17. 53	-25. 57	-28. 75	0. 35	0. 05
126	毕天宇	富国基金	2005/12～2023/12	218	7	14. 94	14. 68	27. 24	28. 53	-59. 31	-68. 61	0. 47	0. 44
127	蔡卡尔	富国基金	2018/05～2023/12	68	1	-2. 45	3. 04	17. 89	18. 16	-41. 26	-22. 95	-0. 22	0. 09
128	曹晋	富国基金	2013/04～2023/12	126	8	14. 06	7. 64	26. 87	23. 52	-39. 24	-48. 44	0. 46	0. 25
129	曹文俊	富国基金	2013/08～2023/12	116	10	14. 57	9. 73	22. 50	23. 89	-35. 19	-48. 44	0. 57	0. 35
130	曾新杰	富国基金	2020/05～2023/12	44	2	6. 62	3. 35	27. 16	17. 04	-36. 31	-22. 95	0. 19	0. 11
131	方旻	富国基金	2017/06～2023/12	54	4	11. 18	6. 07	15. 03	17. 35	-15. 89	-30. 56	0. 66	0. 16
132	侯梧	富国基金	2014/11～2023/12	83	5	14. 46	9. 07	19. 45	24. 05	-34. 85	-48. 44	0. 67	0. 34
133	李元博	富国基金	2014/06～2023/12	112	7	13. 20	12. 36	30. 59	22. 24	-53. 39	-48. 44	0. 38	0. 46
134	林庆	富国基金	2015/05～2023/12	104	3	9. 65	-1. 29	24. 95	21. 83	-43. 26	-48. 44	0. 33	-0. 13
135	刘莉莉	富国基金	2018/07～2023/12	66	4	18. 75	4. 62	22. 38	18. 06	-19. 57	-22. 95	0. 77	0. 17
136	宁君	富国基金	2018/09～2023/12	64	1	9. 09	5. 72	18. 58	18. 10	-36. 89	-22. 95	0. 41	0. 23
137	蒲世林	富国基金	2018/12～2023/12	61	5	14. 60	8. 38	16. 34	17. 84	-26. 80	-22. 95	0. 80	0. 39
138	孙彬	富国基金	2019/05～2023/12	56	11	16. 48	4. 62	19. 33	16. 02	-33. 01	-22. 95	0. 78	0. 19
139	孙笑悦	富国基金	2020/04～2023/12	45	3	0. 67	3. 43	28. 75	16. 84	-51. 34	-22. 95	-0. 03	0. 11
140	唐颐恒	富国基金	2019/07～2023/12	54	1	6. 53	4. 05	25. 00	16. 26	-52. 49	-22. 95	0. 20	0. 16

续表

编号	基金经理	当前任职公司	任职区间	任职时间(月)	管理基金数量(只)	年化收益率(%)	指数年化收益率(%)	年化波动率(%)	指数年化波动率(%)	最大回撤(%)	指数最大回撤(%)	年化夏普比率	指数年化夏普比率
141	汪孟海	富国基金	2015/10~2023/12	99	6	5.74	2.37	17.00	19.67	-45.37	-34.44	0.25	0.04
142	王保合	富国基金	2020/09~2023/12	40	4	0.60	-1.68	16.12	15.27	-24.13	-22.95	-0.06	-0.21
143	王园园	富国基金	2017/06~2023/12	79	7	13.42	2.14	23.35	17.11	-31.74	-30.56	0.51	0.04
144	吴畏	富国基金	2018/10~2023/12	63	3	15.36	7.58	18.55	17.73	-29.22	-22.95	0.75	0.34
145	肖威兵	富国基金	2018/09~2023/12	64	11	8.02	5.72	18.40	18.10	-34.28	-22.95	0.35	0.23
146	徐斌	富国基金	2019/08~2023/12	53	2	4.83	4.30	18.07	16.41	-35.33	-22.95	0.18	0.17
147	徐幼华	富国基金	2018/05~2023/12	68	2	4.41	3.04	15.64	18.16	-33.71	-22.95	0.19	0.09
148	许炎	富国基金	2016/08~2023/12	89	5	16.41	2.08	24.16	16.55	-38.41	-30.56	0.62	0.03
149	杨栋	富国基金	2015/08~2023/12	101	9	13.37	3.67	21.40	20.45	-36.53	-34.44	0.55	0.11
150	易智泉	富国基金	2017/10~2023/12	75	5	7.82	1.11	15.64	17.52	-34.03	-30.56	0.40	-0.02
151	于渤	富国基金	2019/07~2023/12	54	3	9.43	4.05	10.81	16.26	-11.42	-22.95	0.73	0.16
152	于鹏	富国基金	2017/11~2023/12	74	4	3.18	1.61	18.80	17.59	-36.86	-29.52	0.09	0.01
153	于洋	富国基金	2017/10~2023/12	58	7	11.76	5.72	23.98	18.10	-43.21	-22.95	0.43	0.23
154	袁宜	富国基金	2012/10~2023/12	135	4	11.30	9.95	20.22	23.53	-39.16	-48.44	0.47	0.34
155	张峰	富国基金	2015/06~2023/12	103	6	7.30	-0.07	16.79	21.64	-38.92	-42.38	0.35	-0.07
156	张富盛	富国基金	2018/03~2023/12	67	6	13.96	3.36	26.39	17.85	-37.52	-25.85	0.48	0.08
157	张慕禹	富国基金	2020/08~2023/12	41	1	-5.82	-3.43	18.11	15.40	-40.75	-22.95	-0.40	-0.32
158	张啸伟	富国基金	2015/08~2023/12	101	4	7.18	3.67	20.40	20.45	-39.33	-34.44	0.28	0.11
159	章旭峰	富国基金	2011/08~2023/12	145	5	11.95	5.49	24.16	21.13	-45.40	-34.44	0.42	0.23

续表

编号	基金经理	当前任职公司	任职区间	任职时间（月）	管理基金数量（只）	年化收益率（%）	指数年化收益率（%）	年化波动率（%）	指数年化波动率（%）	最大回撤（%）	指数最大回撤（%）	年化夏普比率	指数年化夏普比率
160	赵年珅	富国基金	2020/08～2023/12	41	2	-6. 36	-3. 43	25. 21	15. 40	-48. 59	-22. 95	-0. 31	-0. 32
161	赵伟	富国基金	2017/06～2023/12	76	7	13. 57	1. 34	27. 36	17. 38	-47. 05	-30. 56	0. 45	0. 02
162	朱少醒	富国基金	2005/11～2023/12	218	2	17. 92	14. 87	25. 22	28. 48	-55. 78	-68. 61	0. 62	0. 44
163	邓宇翔	富荣基金	2018/03～2023/12	70	6	0. 43	2. 30	14. 43	17. 97	-29. 29	-25. 85	-0. 07	0. 04
164	郎骋成	富荣基金	2020/10～2023/12	39	4	-0. 62	-2. 06	19. 93	15. 46	-33. 85	-22. 95	-0. 11	-0. 23
165	李黄海	富荣基金	2015/11～2023/12	42	6	-1. 70	-0. 31	9. 47	22. 05	-15. 45	-29. 50	-0. 34	-0. 22
166	王丹	富荣基金	2020/05～2023/12	44	2	9. 47	7. 96	20. 11	17. 97	-45. 85	-22. 95	0. 40	0. 36
167	李会忠	格林基金	2014/12～2023/12	102	12	15. 48	5. 29	26. 04	24. 34	-30. 55	-48. 44	0. 54	0. 11
168	刘冬	格林基金	2015/06～2023/12	52	5	-8. 29	-7. 08	21. 80	25. 54	-38. 83	-38. 05	-0. 46	-0. 37
169	陈丹琳	工银瑞信基金	2014/01～2023/12	93	4	0. 29	7. 33	24. 13	25. 55	-61. 59	-48. 44	-0. 06	0. 22
170	陈小鹭	工银瑞信基金	2016/09～2023/12	88	6	6. 99	2. 34	22. 50	16. 63	-36. 27	-30. 56	0. 24	0. 05
171	单文	工银瑞信基金	2016/06～2023/12	91	7	6. 25	2. 73	20. 66	16. 45	-44. 79	-30. 56	0. 23	0. 07
172	杜洋	工银瑞信基金	2015/02～2023/12	107	10	10. 95	4. 72	23. 30	23. 85	-45. 14	-48. 44	0. 40	0. 13
173	郭雪松	工银瑞信基金	2019/09～2023/12	52	1	6. 62	4. 20	11. 64	16. 57	-16. 93	-22. 95	0. 44	0. 16
174	何肖颉	工银瑞信基金	2005/02～2023/12	160	7	17. 07	16. 49	24. 52	28. 03	-42. 75	-48. 44	0. 63	0. 53
175	何秀红	工银瑞信基金	2015/10～2023/12	99	1	5. 59	2. 37	8. 65	19. 67	-16. 93	-34. 44	0. 47	0. 04
176	胡志利	工银瑞信基金	2016/10～2023/12	87	13	7. 08	1. 93	18. 66	16. 69	-41. 77	-30. 56	0. 30	0. 03
177	孔令兵	工银瑞信基金	2020/12～2023/12	37	2	-18. 09	-4. 54	26. 39	15. 57	-52. 60	-22. 95	-0. 74	-0. 39
178	李劭钊	工银瑞信基金	2016/09～2023/12	46	3	-21. 38	-1. 60	13. 79	15. 92	-57. 40	-30. 56	-1. 70	-0. 15

续表

编号	基金经理	当前任职公司	任职区间	任职时间（月）	管理基金数量（只）	年化收益率（%）	指数年化收益率（%）	年化波动率（%）	指数年化波动率（%）	最大回撤（%）	指数最大回撤（%）	年化夏普比率	指数年化夏普比率
179	李昱	工银瑞信基金	2018/01～2023/12	72	6	6.05	1.40	15.77	17.83	-35.98	-29.52	0.29	-0.01
180	林梦	工银瑞信基金	2017/10～2023/12	75	4	10.50	1.11	20.43	17.52	-35.55	-30.56	0.44	-0.02
181	林念	工银瑞信基金	2016/09～2023/12	88	4	9.38	2.34	20.66	16.63	-34.52	-30.56	0.38	0.05
182	盛震山	工银瑞信基金	2015/09～2023/12	48	9	8.01	-3.11	18.61	22.37	-26.10	-34.44	0.36	-0.23
183	宋炳珅	工银瑞信基金	2014/01～2023/12	120	6	14.73	9.60	25.06	23.36	-49.77	-48.44	0.52	0.34
184	谭冬寒	工银瑞信基金	2016/09～2023/12	88	5	11.41	2.34	22.82	16.63	-40.90	-30.56	0.43	0.05
185	夏雨	工银瑞信基金	2019/09～2023/12	52	3	10.98	4.20	20.69	16.57	-43.24	-22.95	0.46	0.16
186	修世宇	工银瑞信基金	2014/10～2023/12	68	5	-2.36	2.92	34.45	26.63	-70.39	-48.44	-0.12	0.07
187	鄢耀	工银瑞信基金	2013/08～2023/12	125	10	10.50	9.48	17.56	23.05	-34.22	-48.44	0.50	0.34
188	杨柯	工银瑞信基金	2013/04～2023/12	129	6	10.68	9.66	26.26	23.45	-56.58	-48.44	0.34	0.34
189	杨鑫鑫	工银瑞信基金	2013/06～2023/12	124	6	13.39	10.56	13.60	23.16	-16.04	-46.95	0.86	0.31
190	张剑峰	工银瑞信基金	2016/09～2023/12	88	3	9.26	2.34	21.48	16.63	-36.38	-30.56	0.36	0.05
191	张玮升	工银瑞信基金	2017/10～2023/12	75	5	8.75	1.11	22.52	17.52	-43.72	-30.56	0.32	-0.02
192	张洋	工银瑞信基金	2015/08～2023/12	101	1	4.74	3.67	5.58	20.45	-8.67	-34.44	0.58	0.11
193	张宇帆	工银瑞信基金	2016/03～2023/12	94	3	14.66	2.79	17.30	16.24	-28.34	-30.56	0.76	0.08
194	赵蓓	工银瑞信基金	2014/11～2023/12	110	6	14.95	6.73	29.10	23.87	-52.68	-48.44	0.46	0.22
195	陈栋	光大保德信基金	2015/04～2023/12	105	6	5.18	0.46	21.25	22.33	-41.88	-48.44	0.17	-0.05
196	崔书田	光大保德信基金	2020/07～2023/12	42	4	4.31	-2.77	23.06	15.26	-39.82	-22.95	0.12	-0.28

续表

编号	基金经理	当前任职公司	任职区间	任职时间（月）	管理基金数量（只）	年化收益率（%）	指数年化收益率（%）	年化波动率（%）	指数年化波动率（%）	最大回撤（%）	指数最大回撤（%）	年化夏普比率	指数年化夏普比率
197	房雷	光大保德信基金	2016/12～2023/12	85	9	5.46	2.18	12.26	16.70	−26.28	−30.56	0.32	0.04
198	黄波	光大保德信基金	2019/10～2023/12	51	3	6.90	4.09	7.59	16.73	−6.98	−22.95	0.71	0.15
199	林晓凤	光大保德信基金	2018/10～2023/12	63	6	7.98	7.58	18.49	17.73	−32.97	−22.95	0.35	0.34
200	马鹏飞	光大保德信基金	2020/04～2023/12	45	3	0.01	3.43	20.78	16.84	−37.12	−22.95	−0.07	0.11
201	王卫林	光大保德信基金	2019/12～2023/12	44	3	1.12	3.59	20.52	17.65	−34.95	−22.95	−0.02	0.22
202	徐晓杰	光大保德信基金	2015/05～2023/12	102	8	7.63	−0.84	21.76	21.95	−40.16	−48.44	0.28	−0.11
203	詹佳	光大保德信基金	2018/06～2023/12	67	9	8.51	4.60	18.78	17.92	−34.64	−22.95	0.37	0.17
204	曾刚	广发基金	2015/11～2023/12	66	7	6.82	3.39	5.95	21.22	−9.48	−34.44	0.91	0.08
205	陈少平	广发基金	2006/12～2023/12	199	8	10.72	8.20	24.95	28.42	−55.71	−68.61	0.34	0.19
206	陈樱子	广发基金	2020/08～2023/12	41	1	−7.36	−3.43	25.00	15.40	−45.43	−22.95	−0.35	−0.32
207	程琨	广发基金	2013/02～2023/12	131	9	12.06	8.83	18.01	23.36	−30.66	−48.44	0.57	0.30
208	段涛	广发基金	2020/05～2023/12	44	5	3.83	3.35	21.56	17.04	−34.16	−22.95	0.11	0.11
209	费逸	广发基金	2017/07～2023/12	78	9	13.11	1.91	22.16	17.22	−37.37	−30.56	0.52	0.02

续表

编号	基金经理	当前任职公司	任职区间	任职时间（月）	管理基金数量（只）	年化收益率（%）	指数年化收益率（%）	年化波动率（%）	指数年化波动率（%）	最大回撤（%）	指数最大回撤（%）	年化夏普比率	指数年化夏普比率
210	冯骋	广发基金	2020/08～2023/12	41	1	8.75	-3.43	27.92	15.40	-33.05	-22.95	0.26	-0.32
211	冯汉杰	广发基金	2018/12～2023/12	54	5	20.79	12.06	13.14	18.68	-9.09	-22.95	1.50	0.57
212	傅友兴	广发基金	2013/02～2023/12	131	8	9.57	8.83	17.31	23.36	-34.25	-48.44	0.45	0.30
213	观富钦	广发基金	2018/02～2023/12	71	7	10.42	2.25	22.98	17.84	-33.38	-25.93	0.39	0.04
214	蒋科	广发基金	2020/04～2023/12	45	3	12.49	3.43	21.36	16.84	-24.97	-22.95	0.51	0.11
215	李琛	广发基金	2007/06～2023/12	199	11	5.27	6.86	20.69	27.25	-60.33	-68.61	0.15	0.17
216	李巍	广发基金	2011/09～2023/12	148	13	10.79	8.23	25.38	23.05	-50.85	-48.44	0.35	0.27
217	李晓博	广发基金	2020/07～2023/12	42	1	3.94	-2.77	3.44	15.26	-3.30	-22.95	0.71	-0.28
218	李耀柱	广发基金	2016/11～2023/12	86	9	5.66	1.39	18.81	16.73	-46.03	-30.56	0.22	-0.01
219	林英睿	广发基金	2015/05～2023/12	99	9	5.72	-3.11	18.10	22.32	-22.02	-48.44	0.24	-0.18
220	刘彬	广发基金	2019/02～2023/12	52	7	17.52	3.92	26.73	16.58	-33.04	-22.88	0.61	0.13
221	刘格菘	广发基金	2013/08～2023/12	120	15	11.73	8.24	31.65	23.33	-63.64	-48.44	0.32	0.21
222	刘玉	广发基金	2018/10～2023/12	63	3	13.52	7.58	17.25	17.73	-29.28	-22.95	0.70	0.34
223	罗洋	广发基金	2019/05～2023/12	56	3	10.78	4.62	20.18	16.02	-34.06	-22.95	0.46	0.19
224	邱璟旻	广发基金	2016/04～2023/12	93	8	0.60	3.06	20.86	16.31	-58.54	-30.56	-0.04	0.10
225	邱世磊	广发基金	2016/01～2023/12	90	6	7.05	4.18	3.74	17.54	-1.66	-30.56	1.51	0.15
226	孙迪	广发基金	2017/12～2023/12	73	7	10.54	1.68	23.52	17.72	-44.33	-29.52	0.38	0.01
227	谭昌杰	广发基金	2015/01～2023/12	108	3	4.65	5.38	3.83	23.82	-3.20	-48.44	0.81	0.16
228	唐晓斌	广发基金	2014/12～2023/12	109	8	11.42	5.55	29.16	23.71	-57.38	-48.44	0.34	0.17

续表

编号	基金经理	当前任职公司	任职区间	任职时间（月）	管理基金数量（只）	年化收益率（%）	指数年化收益率（%）	年化波动率（%）	指数年化波动率（%）	最大回撤（%）	指数最大回撤（%）	年化夏普比率	指数年化夏普比率
229	田文舟	广发基金	2019/06～2023/12	55	3	1.88	3.95	21.91	16.10	-48.59	-22.95	0.02	0.15
230	王海涛	广发基金	2010/05～2023/12	47	6	-14.16	-7.40	14.14	18.65	-49.03	-26.37	-1.18	-0.54
231	王明旭	广发基金	2018/10～2023/12	63	8	16.06	7.58	19.50	17.73	-25.75	-22.95	0.75	0.34
232	王鹏	广发基金	2019/09～2023/12	46	5	16.71	1.61	31.16	17.59	-54.60	-29.52	0.49	0.01
233	王瑞冬	广发基金	2020/05～2023/12	44	4	8.87	3.35	15.86	17.04	-17.21	-22.95	0.46	0.11
234	王颂	广发基金	2014/12～2023/12	94	6	11.33	8.40	23.21	24.07	-45.77	-44.57	0.43	0.24
235	吴敌	广发基金	2020/05～2023/12	44	3	8.64	3.35	8.29	17.04	-3.75	-22.95	0.86	0.11
236	吴兴武	广发基金	2015/02～2023/12	107	10	8.87	4.72	29.77	23.85	-56.23	-48.44	0.25	0.13
237	吴远怡	广发基金	2020/09～2023/12	40	5	-5.43	-1.68	24.14	15.27	-43.99	-22.95	-0.29	-0.21
238	武幼辉	广发基金	2020/10～2023/12	39	1	-8.32	-2.06	19.45	15.46	-45.16	-22.95	-0.50	-0.23
239	杨定光	广发基金	2020/08～2023/12	41	2	-5.07	-3.43	19.41	15.40	-35.41	-22.95	-0.34	-0.32
240	姚秋	广发基金	2015/01～2023/12	104	5	6.76	8.31	8.65	23.72	-17.37	-48.44	0.61	0.26
241	张东一	广发基金	2016/07～2023/12	90	13	2.33	2.69	18.54	16.54	-52.13	-30.56	0.04	0.07
242	张芊	广发基金	2015/11～2023/12	98	7	6.16	1.63	5.67	19.66	-11.08	-34.44	0.82	0.01
243	郑澄然	广发基金	2020/05～2023/12	44	8	7.73	3.35	30.17	17.04	-53.33	-22.95	0.21	0.11
244	廖晓东	国都证券	2020/05～2023/12	44	3	-18.72	3.35	16.78	17.04	-59.36	-22.95	-1.20	0.11
245	张晓磊	国都证券	2018/12～2023/12	58	4	-0.57	7.71	18.05	18.00	-52.86	-22.95	-0.12	0.36
246	杜飞	国海富兰克林基金	2015/07～2023/12	102	3	3.62	1.81	19.70	21.05	-34.79	-34.44	0.11	0.01

续表

编号	基金经理	当前任职公司	任职区间	任职时间（月）	管理基金数量（只）	年化收益率（%）	指数年化收益率（%）	年化波动率（%）	指数年化波动率（%）	最大回撤（%）	指数最大回撤（%）	年化夏普比率	指数年化夏普比率
247	刘晓	国海富兰克林基金	2017/02~2023/12	83	6	4.68	1.80	10.69	16.87	-23.10	-30.56	0.30	0.02
248	刘怡敏	国海富兰克林基金	2019/01~2023/12	60	1	7.37	7.96	4.44	17.97	-3.55	-22.95	1.32	0.36
249	沈竹熙	国海富兰克林基金	2018/09~2023/12	64	1	1.92	5.72	4.14	18.10	-10.00	-22.95	0.10	0.23
250	王莉	国海富兰克林基金	2019/09~2023/12	52	1	7.25	4.20	4.57	16.57	-2.61	-22.95	1.26	0.16
251	王晓宁	国海富兰克林基金	2013/07~2023/12	126	2	9.84	10.03	22.29	23.03	-45.94	-48.44	0.36	0.36
252	徐成	国海富兰克林基金	2017/07~2023/12	78	3	7.56	1.91	19.08	17.22	-51.28	-30.56	0.32	0.02
253	徐荔蓉	国海富兰克林基金	2006/03~2023/12	163	5	20.17	20.53	24.35	26.64	-42.67	-51.55	0.75	0.70
254	赵晓东	国海富兰克林基金	2010/11~2023/12	158	6	11.25	6.42	17.39	22.65	-26.18	-48.44	0.53	0.19
255	赵宇烨	国海富兰克林基金	2018/09~2023/12	64	1	0.62	5.72	18.28	18.10	-31.08	-22.95	-0.05	0.23
256	吕伟	国金基金	2015/06~2023/12	100	8	3.49	0.00	27.73	22.03	-42.89	-42.38	0.07	-0.09

续表

编号	基金经理	当前任职公司	任职区间	任职时间（月）	管理基金数量（只）	年化收益率（%）	指数年化收益率（%）	年化波动率（%）	指数年化波动率（%）	最大回撤（%）	指数最大回撤（%）	年化夏普比率	指数年化夏普比率
257	马芳	国金基金	2020/09～2023/12	40	4	13. 09	-1. 68	14. 02	15. 27	-12. 59	-22. 95	0. 83	-0. 21
258	孙欣炎	国金基金	2019/11～2023/12	44	6	13. 11	3. 64	23. 64	17. 67	-31. 76	-22. 95	0. 50	0. 22
259	高诗	国联安基金	2019/09～2023/12	52	1	11. 59	4. 20	21. 52	16. 57	-33. 42	-22. 95	0. 47	0. 16
260	洪阳炀	国联安基金	2020/11～2023/12	38	3	1. 97	-3. 41	4. 13	15. 48	-5. 04	-22. 95	0. 11	-0. 32
261	呼荣权	国联安基金	2020/07～2023/12	42	3	-3. 57	-2. 77	20. 28	15. 26	-30. 34	-22. 95	-0. 25	-0. 28
262	潘明	国联安基金	2014/02～2023/12	119	7	11. 92	9. 59	35. 43	23. 46	-64. 10	-48. 44	0. 29	0. 34
263	王欢	国联安基金	2017/12～2023/12	73	3	5. 22	1. 68	6. 16	17. 72	-13. 05	-29. 52	0. 60	0. 01
264	韦明亮	国联安基金	2010/12～2023/12	69	6	3. 78	9. 46	17. 32	20. 36	-23. 18	-31. 71	0. 06	0. 41
265	魏东	国联安基金	2004/05～2023/12	233	7	13. 33	11. 67	22. 15	27. 53	-56. 78	-68. 61	0. 50	0. 33
266	徐俊	国联安基金	2019/06～2023/12	55	1	4. 09	3. 95	16. 70	16. 10	-15. 17	-22. 95	0. 16	0. 15
267	薛琳	国联安基金	2015/06～2023/12	103	5	4. 89	-0. 07	7. 30	21. 64	-20. 50	-42. 38	0. 46	-0. 07
268	杨子江	国联安基金	2017/12～2023/12	73	4	1. 39	1. 68	8. 87	17. 72	-20. 95	-29. 52	-0. 01	0. 01
269	章椹元	国联安基金	2018/03～2023/12	41	3	-3. 74	-5. 94	14. 58	19. 74	-22. 82	-25. 85	-0. 37	-0. 39
270	邹新进	国联安基金	2010/03～2023/12	166	3	9. 32	6. 08	19. 14	22. 90	-29. 23	-48. 44	0. 38	0. 18
271	陈荔	国联基金	2020/08～2023/12	41	9	-7. 14	-3. 43	13. 45	15. 40	-30. 23	-22. 95	-0. 64	-0. 32
272	陈薪羽	国联基金	2020/03～2023/12	46	3	1. 55	4. 75	22. 98	16. 84	-44. 50	-22. 95	0. 00	0. 19
273	冯琪	国联基金	2019/11～2023/12	50	6	2. 04	4. 54	27. 34	16. 88	-37. 75	-22. 95	0. 02	0. 18
274	甘传琦	国联基金	2017/06～2023/12	79	13	9. 78	2. 14	21. 34	17. 11	-37. 31	-30. 56	0. 39	0. 04
275	柯海东	国联基金	2016/07～2023/12	86	13	12. 37	5. 26	18. 48	16. 32	-30. 78	-28. 66	0. 60	0. 21

续表

编号	基金经理	当前任职公司	任职区间	任职时间（月）	管理基金数量（只）	年化收益率（%）	指数年化收益率（%）	年化波动率（%）	指数年化波动率（%）	最大回撤（%）	指数最大回撤（%）	年化夏普比率	指数年化夏普比率
276	寇文红	国联基金	2019/05~2023/12	56	2	-1.94	4.62	32.68	16.02	-61.77	-22.95	-0.11	0.19
277	骆尖	国联基金	2020/12~2023/12	37	3	-10.92	-4.54	25.04	15.57	-58.42	-22.95	-0.50	-0.39
278	钱文成	国联基金	2013/01~2023/12	107	18	4.95	8.33	11.15	24.32	-25.10	-48.44	0.28	0.28
279	吴刚	国联基金	2017/11~2023/12	73	7	7.04	2.44	16.01	17.60	-33.68	-27.59	0.35	0.03
280	赵菲	国联基金	2016/12~2023/12	72	5	-4.22	1.12	22.65	17.11	-48.63	-30.56	-0.26	-0.03
281	李丹	国寿安保基金	2016/02~2023/12	95	2	3.67	4.86	17.18	17.16	-37.82	-30.56	0.13	0.20
282	李捷	国寿安保基金	2016/09~2023/12	88	3	5.89	2.34	17.57	16.63	-35.78	-30.56	0.25	0.05
283	刘志军	国寿安保基金	2018/04~2023/12	69	2	3.62	2.99	21.32	18.02	-46.84	-22.99	0.10	0.08
284	吴坚	国寿安保基金	2015/09~2023/12	100	7	7.34	4.42	19.03	20.43	-49.61	-34.44	0.31	0.14
285	张标	国寿安保基金	2018/04~2023/12	69	2	1.58	2.99	21.09	18.02	-47.01	-22.99	0.00	0.08
286	张琦	国寿安保基金	2010/07~2023/12	159	16	13.22	10.40	19.83	21.71	-28.59	-48.44	0.57	0.41
287	程洲	国泰基金	2008/04~2023/12	189	15	5.95	6.29	19.76	26.10	-53.88	-57.51	0.19	0.16
288	戴计辉	国泰基金	2018/12~2023/12	61	6	7.88	8.38	7.04	17.84	-7.77	-22.95	0.91	0.39
289	邓时锋	国泰基金	2008/04~2023/12	148	5	6.78	5.43	22.91	27.97	-48.68	-57.51	0.20	0.12
290	杜沛	国泰基金	2020/05~2023/12	44	1	8.00	3.35	26.18	17.04	-46.51	-22.95	0.25	0.11
291	樊利安	国泰基金	2014/10~2023/12	111	29	5.67	7.66	5.41	23.92	-11.38	-48.44	0.75	0.25
292	高崇南	国泰基金	2018/09~2023/12	64	3	4.55	5.72	17.12	18.10	-33.56	-22.95	0.18	0.23
293	胡松	国泰基金	2020/09~2023/12	40	1	5.75	-1.68	16.68	15.27	-24.57	-22.95	0.25	-0.21
294	姜英	国泰基金	2020/12~2023/12	37	3	-4.94	-4.54	16.69	15.57	-28.96	-22.95	-0.39	-0.39

续表

编号	基金经理	当前任职公司	任职区间	任职时间（月）	管理基金数量（只）	年化收益率（%）	指数年化收益率（%）	年化波动率（%）	指数年化波动率（%）	最大回撤（%）	指数最大回撤（%）	年化夏普比率	指数年化夏普比率
295	李海	国泰基金	2016/06～2023/12	91	5	6.70	2.73	17.29	16.45	-28.44	-30.56	0.30	0.07
296	李恒	国泰基金	2017/01～2023/12	84	6	12.10	2.24	22.59	16.80	-39.47	-30.56	0.47	0.04
297	梁杏	国泰基金	2018/07～2023/12	66	1	-0.64	4.62	11.92	18.06	-31.90	-22.95	-0.18	0.17
298	林小聪	国泰基金	2017/06～2023/12	79	3	11.27	2.14	23.62	17.11	-38.97	-30.56	0.41	0.04
299	彭凌志	国泰基金	2015/12～2023/12	97	7	8.69	0.98	26.81	19.67	-39.10	-34.44	0.27	-0.03
300	饶玉涵	国泰基金	2015/09～2023/12	100	5	6.05	4.42	20.58	20.43	-46.25	-34.44	0.22	0.14
301	王琳	国泰基金	2017/01～2023/12	84	10	6.65	2.24	7.99	16.80	-8.92	-30.56	0.64	0.04
302	王阳	国泰基金	2018/11～2023/12	62	6	22.18	7.29	27.96	17.86	-40.37	-22.95	0.74	0.32
303	徐治彪	国泰基金	2015/08～2023/12	98	9	10.84	2.48	25.10	20.78	-47.24	-34.44	0.38	0.04
304	郑有为	国泰基金	2019/06～2023/12	55	5	15.58	3.95	20.31	16.10	-35.07	-22.95	0.69	0.15
305	吉莉	国投瑞银基金	2017/06～2023/12	79	8	10.01	2.14	15.04	17.11	-26.84	-30.56	0.57	0.04
306	敬夏玺	国投瑞银基金	2018/09～2023/12	37	3	1.17	3.48	2.34	19.38	-2.50	-14.84	-0.13	0.28
307	李轩	国投瑞银基金	2015/12～2023/12	97	2	5.64	0.98	29.26	19.67	-41.85	-34.44	0.14	-0.03
308	刘扬	国投瑞银基金	2020/03～2023/12	46	2	-3.83	4.75	21.61	16.84	-42.24	-22.95	-0.25	0.19
309	綦缚鹏	国投瑞银基金	2010/04～2023/12	165	13	9.17	6.68	17.21	22.86	-34.53	-48.44	0.41	0.20
310	桑俊	国投瑞银基金	2014/12～2023/12	109	14	6.94	5.55	11.66	23.71	-24.39	-48.44	0.46	0.17
311	施成	国投瑞银基金	2019/03～2023/12	58	7	22.48	2.81	37.32	16.05	-57.89	-22.95	0.56	0.08
312	王鹏	国投瑞银基金	2015/04～2023/12	105	4	16.71	1.61	31.16	17.59	-54.60	-29.52	0.49	0.01
313	吴默村	国投瑞银基金	2020/12～2023/12	37	4	-10.07	-4.54	19.60	15.57	-37.85	-22.95	-0.59	-0.39

续表

编号	基金经理	当前任职公司	任职区间	任职时间（月）	管理基金数量（只）	年化收益率（%）	指数年化收益率（%）	年化波动率（%）	指数年化波动率（%）	最大回撤（%）	指数最大回撤（%）	年化夏普比率	指数年化夏普比率
314	殷瑞飞	国投瑞银基金	2015/11～2023/12	47	4	-1.60	-6.54	4.81	19.96	-17.06	-29.50	-0.65	-0.38
315	黄诺楠	国新国证基金	2017/04～2023/12	53	4	-2.83	-5.06	7.62	17.63	-17.89	-30.56	-0.58	-0.42
316	杜晓海	海富通基金	2016/06～2023/12	91	9	3.13	2.73	7.26	16.45	-20.69	-30.56	0.22	0.07
317	范庭芳	海富通基金	2019/08～2023/12	53	5	8.19	4.30	25.99	16.41	-44.15	-22.95	0.26	0.17
318	高峥	海富通基金	2017/08～2023/12	77	1	2.01	1.46	19.28	17.29	-38.88	-30.56	0.03	0.00
319	胡耀文	海富通基金	2015/06～2023/12	100	4	7.92	0.06	23.22	22.04	-39.70	-42.38	0.28	-0.09
320	黄峰	海富通基金	2014/12～2023/12	109	9	9.29	5.55	26.17	23.71	-54.32	-48.44	0.30	0.17
321	李志	海富通基金	2017/05～2023/12	80	3	4.16	2.84	19.37	17.10	-44.71	-30.56	0.14	0.08
322	陆怡雯	海富通基金	2020/09～2023/12	40	1	-3.03	-1.68	16.71	15.27	-30.78	-22.95	-0.27	-0.21
323	吕越超	海富通基金	2014/11～2023/12	107	6	15.31	6.23	30.86	24.25	-43.91	-48.44	0.45	0.18
324	谈云飞	海富通基金	2015/04～2023/12	105	6	4.71	0.46	4.56	22.33	-5.93	-48.44	0.70	-0.05
325	陶敏	海富通基金	2018/04～2023/12	69	1	4.86	2.99	8.16	18.02	-10.19	-22.99	0.41	0.08
326	王金祥	海富通基金	2018/11～2023/12	62	2	13.21	7.29	20.45	17.86	-33.48	-22.95	0.57	0.32
327	夏妍妍	海富通基金	2018/01～2023/12	72	2	4.27	1.40	4.09	17.83	-8.76	-29.52	0.68	-0.01
328	周雪军	海富通基金	2012/06～2023/12	136	8	10.76	4.08	18.82	21.82	-31.33	-42.38	0.48	0.15
329	朱斌全	海富通基金	2019/10～2023/12	51	5	4.15	4.09	5.88	16.73	-8.39	-22.95	0.45	0.15
330	李骥	合煦智远基金	2010/02～2023/12	43	2	-1.07	-6.55	17.12	19.68	-19.92	-33.01	-0.23	-0.51
331	叶佳	恒越基金	2020/08～2023/12	41	3	-8.73	-3.43	30.56	15.40	-64.67	-22.95	-0.33	-0.32
332	赵耀	红塔红土基金	2015/05～2023/12	104	11	2.41	-1.29	11.98	21.83	-35.38	-48.44	0.08	-0.13

续表

编号	基金经理	当前任职公司	任职区间	任职时间（月）	管理基金数量（只）	年化收益率（%）	指数年化收益率（%）	年化波动率（%）	指数年化波动率（%）	最大回撤（%）	指数最大回撤（%）	年化夏普比率	指数年化夏普比率
333	盖俊龙	红土创新基金	2014/05～2023/12	105	10	15.08	14.41	29.46	24.36	-49.60	-48.44	0.46	0.55
334	刘欣	宏利基金	2014/01～2023/12	120	10	10.39	9.60	18.30	23.36	-41.29	-48.44	0.48	0.34
335	孟杰	宏利基金	2020/09～2023/12	40	2	11.83	-1.68	19.51	15.27	-26.14	-22.95	0.53	-0.21
336	师婧	宏利基金	2017/12～2023/12	72	3	0.78	0.42	10.13	17.57	-18.91	-29.52	-0.07	-0.06
337	王鹏	宏利基金	2017/11～2023/12	74	7	16.71	1.61	31.16	17.59	-54.60	-29.52	0.49	0.01
338	吴华	宏利基金	2014/03～2023/12	118	6	7.42	9.96	22.55	23.53	-46.05	-48.44	0.25	0.35
339	张勋	宏利基金	2014/11～2023/12	110	10	9.75	6.73	28.41	23.87	-64.47	-48.44	0.29	0.22
340	庄腾飞	宏利基金	2015/05～2023/12	104	10	-0.09	-1.29	23.39	21.83	-55.23	-48.44	-0.07	-0.13
341	秦毅	泓德基金	2017/06～2023/12	79	9	7.56	2.14	19.05	17.11	-45.16	-30.56	0.32	0.04
342	苏昌景	泓德基金	2016/04～2023/12	93	10	8.37	3.06	16.33	16.31	-37.52	-30.56	0.42	0.10
343	王克玉	泓德基金	2010/07～2023/12	158	12	13.22	9.84	17.85	21.41	-33.53	-40.69	0.63	0.30
344	于浩成	泓德基金	2018/01～2023/12	66	5	-2.45	-3.25	21.18	17.14	-43.35	-29.52	-0.19	-0.28
345	陈媛	华安基金	2018/02～2023/12	71	6	4.19	2.25	20.18	17.84	-48.10	-25.93	0.13	0.04
346	高钥群	华安基金	2017/04～2023/12	81	4	11.17	2.38	16.33	17.03	-38.63	-30.56	0.59	0.05
347	贺涛	华安基金	2015/05～2023/12	104	7	2.18	-1.29	6.87	21.83	-19.13	-48.44	0.10	-0.13
348	胡宜斌	华安基金	2015/11～2023/12	98	7	14.30	1.63	25.31	19.66	-28.06	-34.44	0.51	0.01
349	蒋璆	华安基金	2015/06～2023/12	103	14	8.51	-0.07	22.30	21.64	-42.22	-42.38	0.31	-0.07
350	金拓	华安基金	2019/01～2023/12	54	5	27.29	10.93	24.56	18.72	-22.46	-22.95	1.07	0.54
351	李欣	华安基金	2015/07～2023/12	102	7	2.65	2.30	18.15	17.97	-33.30	-25.85	0.06	0.04

续表

编号	基金经理	当前任职公司	任职区间	任职时间（月）	管理基金数量（只）	年化收益率（%）	指数年化收益率（%）	年化波动率（%）	指数年化波动率（%）	最大回撤（%）	指数最大回撤（%）	年化夏普比率	指数年化夏普比率
352	李振宇	华安基金	2017/05～2023/12	45	2	2.35	-2.07	1.86	17.72	-2.14	-30.56	0.49	-0.36
353	刘畅畅	华安基金	2020/01～2023/12	48	4	24.53	2.88	22.23	16.84	-25.79	-22.95	1.04	0.08
354	刘潇	华安基金	2018/06～2023/12	61	5	18.55	7.92	21.59	17.22	-32.39	-20.26	0.80	0.26
355	陆奔	华安基金	2018/09～2023/12	64	4	8.65	5.72	6.44	18.10	-6.29	-22.95	1.11	0.23
356	陆秋渊	华安基金	2017/06～2023/12	79	4	8.78	2.14	21.06	17.11	-47.74	-30.56	0.35	0.04
357	马丁	华安基金	2019/03～2023/12	58	4	4.64	2.81	17.33	16.05	-28.82	-22.95	0.18	0.08
358	饶晓鹏	华安基金	2013/12～2023/12	117	9	14.84	10.61	24.34	20.96	-47.26	-34.44	0.55	0.46
359	盛骅	华安基金	2018/02～2023/12	71	5	5.04	2.25	23.52	17.84	-48.15	-25.93	0.15	0.04
360	石雨欣	华安基金	2016/02～2023/12	95	5	4.77	4.86	3.81	17.16	-5.84	-30.56	0.86	0.20
361	舒灏	华安基金	2018/07～2023/12	66	6	4.58	4.62	7.38	18.06	-16.66	-22.95	0.42	0.17
362	万建军	华安基金	2018/03～2023/12	70	7	15.45	2.30	22.49	17.97	-38.46	-25.85	0.62	0.04
363	王斌	华安基金	2018/10～2023/12	63	6	26.55	7.58	21.01	17.73	-22.36	-22.95	1.19	0.34
364	王春	华安基金	2007/04～2023/12	164	11	12.91	10.81	23.59	27.69	-51.18	-68.61	0.46	0.29
365	翁启森	华安基金	2014/03～2023/12	118	6	9.57	9.96	24.03	23.53	-51.19	-48.44	0.33	0.35
366	杨明	华安基金	2013/06～2023/12	127	9	11.06	10.31	19.09	22.96	-41.83	-48.44	0.49	0.37
367	张序	华安基金	2020/05～2023/12	44	2	14.81	3.35	28.41	17.04	-35.88	-22.95	0.47	0.11
368	周益鸣	华安基金	2019/12～2023/12	49	1	5.72	2.75	5.50	16.66	-6.33	-22.95	0.77	0.08
369	朱才敏	华安基金	2015/05～2023/12	104	6	4.29	-1.29	3.11	21.83	-4.60	-48.44	0.89	-0.13
370	樊艳	华安证券	2020/10～2023/12	39	1	5.53	-2.06	4.77	15.46	-5.53	-22.95	0.85	-0.23

续表

编号	基金经理	当前任职公司	任职区间	任职时间（月）	管理基金数量（只）	年化收益率（%）	指数年化收益率（%）	年化波动率（%）	指数年化波动率（%）	最大回撤（%）	指数最大回撤（%）	年化夏普比率	指数年化夏普比率
371	汪志健	华安证券	2020/07～2023/12	42	1	5.46	-2.77	4.59	15.26	-5.53	-22.95	0.86	-0.28
372	蔡目荣	华宝基金	2012/08～2023/12	137	7	9.05	9.93	18.70	23.36	-35.63	-48.44	0.38	0.35
373	丁靖斐	华宝基金	2019/09～2023/12	52	5	17.44	4.20	22.97	16.57	-29.31	-22.95	0.69	0.16
374	贺喆	华宝基金	2018/07～2023/12	66	5	11.19	4.62	19.70	18.06	-27.09	-22.95	0.49	0.17
375	李栋梁	华宝基金	2015/10～2023/12	99	8	6.81	2.37	6.75	19.67	-11.56	-34.44	0.79	0.04
376	林昊	华宝基金	2017/03～2023/12	82	5	6.19	1.91	4.43	16.97	-5.07	-30.56	1.06	0.02
377	刘自强	华宝基金	2008/03～2023/12	190	7	9.59	6.42	25.79	26.04	-47.94	-57.51	0.29	0.16
378	毛文博	华宝基金	2015/04～2023/12	105	3	2.30	0.46	21.15	22.33	-43.47	-48.44	0.04	-0.05
379	汤慧	华宝基金	2019/09～2023/12	52	8	6.99	4.20	19.06	16.57	-27.67	-22.95	0.29	0.16
380	夏林锋	华宝基金	2014/10～2023/12	111	7	13.24	7.66	22.40	23.92	-34.89	-48.44	0.52	0.25
381	徐林明	华宝基金	2015/04～2023/12	105	4	-4.76	0.46	26.28	22.33	-57.82	-48.44	-0.24	-0.05
382	闫旭	华宝基金	2007/06～2023/12	186	11	5.11	6.01	23.73	27.92	-55.99	-68.61	0.13	0.12
383	张金涛	华宝基金	2015/10～2023/12	52	4	10.89	3.16	18.03	16.40	-31.94	-30.56	0.52	0.10
384	陈奇	华富基金	2019/10～2023/12	51	7	14.10	4.09	26.56	16.73	-33.20	-22.95	0.47	0.15
385	陈启明	华富基金	2014/09～2023/12	112	10	13.28	7.81	26.11	23.82	-47.15	-48.44	0.45	0.26
386	高靖瑜	华富基金	2014/12～2023/12	109	4	3.54	5.55	25.56	23.71	-59.73	-48.44	0.08	0.17
387	郜哲	华富基金	2018/02～2023/12	65	3	-2.11	0.37	19.27	18.48	-29.61	-25.93	-0.19	-0.08
388	张惠	华富基金	2016/06～2023/12	91	6	5.23	2.73	3.84	16.45	-6.11	-30.56	0.97	0.07
389	张娅	华富基金	2018/01～2023/12	66	3	-2.08	-0.55	19.12	18.46	-29.61	-29.52	-0.19	-0.13

续表

编号	基金经理	当前任职公司	任职区间	任职时间(月)	管理基金数量(只)	年化收益率(%)	指数年化收益率(%)	年化波动率(%)	指数年化波动率(%)	最大回撤(%)	指数最大回撤(%)	年化夏普比率	指数年化夏普比率
390	李武群	华润元大基金	2019/10~2023/12	51	5	2.82	4.09	13.76	16.73	-23.42	-22.95	0.10	0.15
391	刘宏毅	华润元大基金	2018/01~2023/12	72	5	6.47	1.40	25.51	17.83	-37.69	-29.52	0.20	-0.01
392	罗黎军	华润元大基金	2020/07~2023/12	42	1	0.66	-2.77	10.05	15.26	-15.93	-22.95	-0.08	-0.28
393	艾定飞	华商基金	2018/11~2023/12	62	6	7.41	7.29	20.34	17.86	-30.97	-22.95	0.29	0.32
394	陈恒	华商基金	2017/07~2023/12	78	6	1.48	1.91	22.06	17.22	-44.63	-30.56	0.00	0.02
395	邓默	华商基金	2015/09~2023/12	100	9	6.33	4.42	20.69	20.43	-45.54	-34.44	0.23	0.14
396	高兵	华商基金	2015/04~2023/12	97	11	2.58	-2.19	30.87	22.04	-66.82	-46.95	0.03	-0.17
397	何奇峰	华商基金	2015/01~2023/12	108	7	5.80	5.38	26.78	23.82	-52.22	-48.44	0.16	0.16
398	胡中原	华商基金	2019/03~2023/12	58	2	12.72	2.81	9.52	16.05	-10.90	-22.95	1.18	0.08
399	彭欣杨	华商基金	2016/04~2023/12	93	5	2.72	3.06	19.35	16.31	-44.60	-30.56	0.06	0.10
400	童立	华商基金	2016/04~2023/12	93	11	6.12	3.06	20.63	16.31	-34.93	-30.56	0.22	0.10
401	王毅文	华商基金	2020/05~2023/12	44	2	12.33	3.35	19.75	17.04	-28.38	-22.95	0.55	0.11
402	吴昊	华商基金	2017/07~2023/12	78	6	7.39	1.03	32.07	16.66	-52.41	-22.95	0.18	-0.03
403	伍文友	华商基金	2015/08~2023/12	98	7	7.35	3.89	23.02	20.81	-38.99	-34.44	0.26	0.10
404	周海栋	华商基金	2014/05~2023/12	116	10	16.07	10.06	20.90	23.73	-38.99	-48.44	0.69	0.35
405	笪篁	华泰柏瑞基金	2020/05~2023/12	44	3	6.33	3.35	20.16	17.04	-26.44	-22.95	0.24	0.11
406	董辰	华泰柏瑞基金	2020/07~2023/12	42	8	7.19	-2.77	10.13	15.26	-11.35	-22.95	0.56	-0.28
407	方纬	华泰柏瑞基金	2014/08~2023/12	107	13	12.22	8.73	18.41	23.82	-38.72	-48.44	0.59	0.25
408	何琦	华泰柏瑞基金	2017/07~2023/12	78	2	2.61	1.91	29.17	17.22	-57.61	-30.56	0.04	0.02

续表

编号	基金经理	当前任职公司	任职区间	任职时间（月）	管理基金数量（只）	年化收益率（%）	指数年化收益率（%）	年化波动率（%）	指数年化波动率（%）	最大回撤（%）	指数最大回撤（%）	年化夏普比率	指数年化夏普比率
409	李晓西	华泰柏瑞基金	2020/02～2023/12	47	5	-7.70	2.94	23.21	17.03	-57.55	-22.95	-0.40	0.08
410	陆从珍	华泰柏瑞基金	2010/04～2023/12	105	5	5.94	12.34	17.07	21.52	-34.24	-33.01	0.21	0.40
411	吕慧建	华泰柏瑞基金	2009/11～2023/12	170	6	10.64	5.94	25.49	22.78	-44.32	-48.44	0.34	0.17
412	牛勇	华泰柏瑞基金	2016/12～2023/12	82	7	3.93	3.32	23.06	16.92	-53.10	-30.56	0.11	0.11
413	沈雪峰	华泰柏瑞基金	2007/05～2023/12	134	12	10.50	15.22	23.23	27.10	-51.18	-68.61	0.36	0.54
414	盛豪	华泰柏瑞基金	2015/10～2023/12	99	16	5.85	2.37	16.35	19.67	-22.99	-34.44	0.27	0.04
415	田汉卿	华泰柏瑞基金	2013/08～2023/12	125	11	11.40	9.48	19.36	23.05	-31.19	-48.44	0.50	0.34
416	吴邦栋	华泰柏瑞基金	2018/03～2023/12	70	11	5.83	2.30	11.51	17.97	-27.25	-25.85	0.38	0.04
417	杨景涵	华泰柏瑞基金	2015/04～2023/12	105	18	3.59	0.46	13.93	22.33	-19.55	-48.44	0.15	-0.05
418	赵楠	华泰柏瑞基金	2015/05～2023/12	93	5	6.13	-1.28	22.18	22.62	-37.09	-48.44	0.22	-0.09
419	郑青	华泰柏瑞基金	2020/06～2023/12	43	4	8.17	1.03	3.99	16.66	-1.69	-22.95	1.67	-0.03
420	尚烁徽	华泰保兴基金	2017/03～2023/12	82	9	12.60	1.91	21.34	16.97	-41.48	-30.56	0.52	0.02
421	孙静佳	华泰保兴基金	2019/05～2023/12	56	2	7.38	4.62	15.54	16.02	-29.36	-22.95	0.39	0.19
422	赵健	华泰保兴基金	2018/06～2023/12	67	3	5.12	4.60	9.82	17.92	-24.25	-22.95	0.37	0.17
423	赵旭照	华泰保兴基金	2018/01～2023/12	72	4	3.63	1.40	6.64	17.83	-13.91	-29.52	0.32	-0.01
424	查晓磊	华泰证券资产	2016/03～2023/12	78	10	16.17	5.98	15.29	15.08	-19.02	-30.56	0.97	0.29
425	刘瑞	华泰证券资产	2020/08～2023/12	41	2	-1.81	-3.43	17.66	15.40	-31.69	-22.95	-0.19	-0.32
426	李本刚	华西基金	2012/09～2023/12	91	10	17.71	13.14	26.10	26.20	-40.50	-48.44	0.62	0.43
427	李健伟	华西基金	2017/01～2023/12	62	6	19.61	7.10	23.93	16.12	-27.28	-30.56	0.78	0.35

续表

编号	基金经理	当前任职公司	任职区间	任职时间（月）	管理基金数量（只）	年化收益率（%）	指数年化收益率（%）	年化波动率（%）	指数年化波动率（%）	最大回撤（%）	指数最大回撤（%）	年化夏普比率	指数年化夏普比率
428	吴文庆	华西基金	2013/12～2023/12	41	9	13. 54	24. 50	16. 06	32. 59	-16. 81	-44. 57	0. 73	0. 73
429	陈伟彦	华夏基金	2015/11～2023/12	98	16	3. 84	1. 63	17. 21	19. 66	-33. 54	-34. 44	0. 14	0. 01
430	代瑞亮	华夏基金	2015/03～2023/12	106	5	3. 43	2. 62	26. 90	23. 13	-54. 55	-48. 44	0. 07	0. 05
431	顾鑫峰	华夏基金	2020/06～2023/12	43	2	4. 36	1. 03	23. 61	16. 66	-40. 98	-22. 95	0. 12	-0. 03
432	韩丽楠	华夏基金	2015/08～2023/12	98	10	6. 56	4. 44	9. 15	20. 56	-16. 38	-34. 44	0. 56	0. 13
433	黄芳	华夏基金	2018/01～2023/12	72	1	-6. 16	1. 40	20. 67	17. 83	-53. 54	-29. 52	-0. 37	-0. 01
434	黄文倩	华夏基金	2016/02～2023/12	95	6	10. 66	4. 86	19. 97	17. 16	-43. 83	-30. 56	0. 46	0. 20
435	季新星	华夏基金	2017/01～2023/12	81	10	10. 64	0. 82	19. 31	16. 27	-39. 13	-30. 56	0. 48	-0. 08
436	李铧汶	华夏基金	2014/03～2023/12	69	4	-2. 01	12. 25	24. 31	27. 45	-63. 43	-44. 57	-0. 16	0. 41
437	李湘杰	华夏基金	2013/09～2023/12	111	4	3. 91	8. 34	24. 19	20. 98	-57. 18	-48. 44	0. 09	0. 30
438	李彦	华夏基金	2020/06～2023/12	43	4	12. 97	1. 03	23. 58	16. 66	-37. 41	-22. 95	0. 49	-0. 03
439	林晶	华夏基金	2017/03～2023/12	82	11	4. 55	1. 91	17. 54	16. 97	-39. 66	-30. 56	0. 17	0. 02
440	林青泽	华夏基金	2019/08～2023/12	53	3	2. 85	4. 30	21. 96	16. 41	-44. 45	-22. 95	0. 06	0. 17
441	刘平	华夏基金	2015/11～2023/12	98	3	-1. 33	1. 63	22. 49	19. 66	-49. 37	-34. 44	-0. 13	0. 01
442	刘文成	华夏基金	2020/12～2023/12	37	3	-11. 05	-4. 54	19. 92	15. 57	-39. 55	-22. 95	-0. 63	-0. 39
443	刘心任	华夏基金	2016/11～2023/12	80	4	9. 24	1. 50	17. 21	16. 59	-23. 34	-30. 56	0. 46	0. 01
444	罗皓亮	华夏基金	2018/10～2023/12	63	5	2. 75	7. 58	18. 60	17. 73	-44. 45	-22. 95	0. 07	0. 34
445	吕佳玮	华夏基金	2017/08～2023/12	77	4	13. 05	1. 46	27. 92	17. 29	-36. 08	-30. 56	0. 41	0. 00
446	马生华	华夏基金	2020/12～2023/12	37	2	-15. 70	-4. 54	16. 21	15. 57	-44. 07	-22. 95	-1. 09	-0. 39

续表

编号	基金经理	当前任职公司	任职区间	任职时间（月）	管理基金数量（只）	年化收益率（%）	指数年化收益率（%）	年化波动率（%）	指数年化波动率（%）	最大回撤（%）	指数最大回撤（%）	年化夏普比率	指数年化夏普比率
447	潘中宁	华夏基金	2018/09～2023/12	64	4	8.84	5.72	20.69	18.10	-42.17	-22.95	0.35	0.23
448	彭海伟	华夏基金	2014/01～2023/12	120	4	12.26	9.60	25.00	23.36	-42.31	-48.44	0.42	0.34
449	孙蒙	华夏基金	2020/03～2023/12	46	3	17.23	4.75	17.23	16.84	-19.48	-22.95	0.91	0.19
450	孙轶佳	华夏基金	2015/11～2023/12	98	10	5.27	1.63	21.17	19.66	-39.09	-34.44	0.18	0.01
451	屠环宇	华夏基金	2020/03～2023/12	46	7	9.73	4.75	22.11	16.84	-30.56	-22.95	0.37	0.19
452	万方方	华夏基金	2020/08～2023/12	41	3	3.06	-3.43	31.65	15.40	-36.26	-22.95	0.05	-0.32
453	王劲松	华夏基金	2007/01～2023/12	69	5	15.55	14.81	27.56	26.66	-47.20	-28.04	0.50	0.50
454	王君正	华夏基金	2013/08～2023/12	118	11	16.89	10.05	18.83	23.42	-23.96	-48.44	0.81	0.37
455	王睿智	华夏基金	2019/08～2023/12	53	1	1.96	4.30	20.56	16.41	-50.90	-22.95	0.02	0.17
456	王晓李	华夏基金	2015/09～2023/12	100	7	6.14	4.42	28.46	20.43	-52.72	-34.44	0.17	0.14
457	王泽实	华夏基金	2020/08～2023/12	41	5	-9.85	-3.43	21.89	15.40	-45.37	-22.95	-0.52	-0.32
458	吴昊	华夏基金	2020/06～2023/12	43	2	7.39	1.03	32.07	16.66	-52.41	-22.95	0.18	-0.03
459	阳琨	华夏基金	2007/06～2023/12	199	9	7.86	6.86	23.51	27.25	-47.40	-68.61	0.24	0.17
460	袁英杰	华夏基金	2017/09～2023/12	57	4	-5.21	-6.89	16.35	17.89	-28.45	-30.56	-0.42	-0.49
461	张城源	华夏基金	2017/05～2023/12	80	7	0.63	2.84	12.23	17.10	-23.79	-30.56	-0.07	0.08
462	张帆	华夏基金	2017/01～2023/12	84	5	10.17	2.24	20.41	16.80	-34.90	-30.56	0.42	0.04
463	张弘弢	华夏基金	2016/11～2023/12	86	1	3.81	1.39	15.22	16.73	-26.11	-30.56	0.15	-0.01
464	郑晓辉	华夏基金	2006/12～2023/12	146	4	12.44	15.65	24.74	27.37	-47.30	-48.70	0.43	0.47
465	郑煜	华夏基金	2006/08～2023/12	209	14	13.10	12.55	22.55	28.51	-48.12	-68.61	0.48	0.36

续表

编号	基金经理	当前任职公司	任职区间	任职时间（月）	管理基金数量（只）	年化收益率（%）	指数年化收益率（%）	年化波动率（%）	指数年化波动率（%）	最大回撤（%）	指数最大回撤（%）	年化夏普比率	指数年化夏普比率
466	郑泽鸿	华夏基金	2017/06~2023/12	79	6	19.49	2.14	30.27	17.11	-37.98	-30.56	0.59	0.04
467	钟帅	华夏基金	2020/07~2023/12	42	2	15.51	-2.77	29.23	15.26	-34.53	-22.95	0.48	-0.28
468	周克平	华夏基金	2019/01~2023/12	60	7	13.87	7.96	28.43	17.97	-44.93	-22.95	0.44	0.36
469	陈欣	汇安基金	2018/03~2023/12	70	5	1.64	2.30	18.55	17.97	-37.80	-25.85	0.01	0.04
470	刘田	汇安基金	2015/12~2023/12	94	9	-5.96	0.02	21.83	19.63	-48.56	-34.44	-0.34	-0.16
471	柳预才	汇安基金	2020/12~2023/12	37	5	-3.48	-4.54	15.42	15.57	-24.97	-22.95	-0.32	-0.39
472	陆丰	汇安基金	2020/05~2023/12	44	6	-3.22	3.35	19.97	17.04	-40.27	-22.95	-0.24	0.11
473	吴尚伟	汇安基金	2014/11~2023/12	101	10	13.76	8.17	22.17	24.05	-39.79	-48.44	0.56	0.29
474	邹唯	汇安基金	2006/08~2023/12	187	12	14.07	14.21	28.20	29.28	-60.62	-68.61	0.43	0.43
475	陈平	汇丰晋信基金	2015/07~2023/12	102	3	3.53	1.81	28.30	21.05	-45.81	-34.44	0.07	0.01
476	方磊	汇丰晋信基金	2016/03~2023/12	94	2	4.30	2.79	12.68	16.24	-19.75	-30.56	0.22	0.08
477	陆彬	汇丰晋信基金	2019/05~2023/12	56	7	27.69	4.62	30.83	16.02	-39.43	-22.95	0.85	0.19
478	吴培文	汇丰晋信基金	2015/09~2023/12	100	5	8.16	4.42	19.31	20.43	-23.74	-34.44	0.34	0.14
479	许廷全	汇丰晋信基金	2019/08~2023/12	53	1	-5.15	4.30	22.93	16.41	-45.91	-22.95	-0.29	0.17
480	梁永强	汇泉基金	2008/09~2023/12	149	9	8.96	8.54	28.15	26.60	-75.25	-44.57	0.24	0.25
481	蔡志文	汇添富基金	2019/12~2023/12	49	3	8.18	2.75	19.02	16.66	-27.67	-22.95	0.35	0.08
482	陈健玮	汇添富基金	2018/02~2023/12	71	3	-5.50	2.25	23.26	17.84	-56.82	-25.93	-0.30	0.04
483	董超	汇添富基金	2020/06~2023/12	43	5	3.22	1.03	24.67	16.66	-48.35	-22.95	0.07	-0.03
484	樊勇	汇添富基金	2018/10~2023/12	60	7	26.45	8.41	27.18	16.66	-40.12	-22.95	0.94	0.46

续表

编号	基金经理	当前任职公司	任职区间	任职时间（月）	管理基金数量（只）	年化收益率（%）	指数年化收益率（%）	年化波动率（%）	指数年化波动率（%）	最大回撤（%）	指数最大回撤（%）	年化夏普比率	指数年化夏普比率
485	顾耀强	汇添富基金	2009/12～2023/12	169	6	8.67	5.76	24.64	22.84	-48.30	-48.44	0.27	0.16
486	胡昕炜	汇添富基金	2016/04～2023/12	93	6	14.26	3.06	22.47	16.31	-44.81	-30.56	0.57	0.10
487	胡奕	汇添富基金	2020/07～2023/12	42	4	-4.28	-2.77	14.00	15.26	-28.05	-22.95	-0.41	-0.28
488	黄耀锋	汇添富基金	2019/04～2023/12	57	4	6.18	3.17	19.40	16.18	-40.27	-22.95	0.24	0.10
489	赖中立	汇添富基金	2017/05～2023/12	80	1	8.35	2.84	25.80	17.10	-44.14	-30.56	0.27	0.08
490	劳杰男	汇添富基金	2015/07～2023/12	102	8	4.58	1.81	18.41	21.05	-47.55	-34.44	0.17	0.01
491	李威	汇添富基金	2015/01～2023/12	108	5	10.39	5.38	30.74	23.82	-63.35	-48.44	0.29	0.16
492	李云鑫	汇添富基金	2020/05～2023/12	44	5	-2.71	3.35	26.48	17.04	-53.05	-22.95	-0.16	0.11
493	刘伟林	汇添富基金	2015/12～2023/12	97	5	-3.24	0.98	15.41	19.67	-45.81	-34.44	-0.31	-0.03
494	马翔	汇添富基金	2016/03～2023/12	94	9	6.02	2.79	18.87	16.24	-37.33	-30.56	0.24	0.08
495	王栩	汇添富基金	2010/02～2023/12	167	6	9.82	6.23	24.06	22.84	-46.19	-48.44	0.32	0.18
496	王志华	汇添富基金	2001/11～2023/12	71	5	21.38	22.91	24.93	28.26	-24.70	-40.05	0.80	0.79
497	温宇峰	汇添富基金	2010/10～2023/12	59	4	-2.60	-4.31	14.66	17.47	-21.18	-33.01	-0.37	-0.38
498	吴江宏	汇添富基金	2016/04～2023/12	93	3	4.14	3.06	2.84	16.31	-2.62	-30.56	0.93	0.10
499	谢昌旭	汇添富基金	2018/10～2023/12	60	10	9.93	8.41	20.15	16.66	-51.26	-22.95	0.43	0.46
500	徐志华	汇添富基金	2019/11～2023/12	45	4	18.86	4.34	27.47	16.54	-35.26	-22.88	0.65	0.19
501	杨瑨	汇添富基金	2018/06～2023/12	67	8	-1.25	4.60	13.14	17.92	-45.17	-22.95	-0.21	0.17
502	詹杰	汇添富基金	2018/08～2023/12	61	5	19.74	8.41	21.58	17.70	-29.01	-20.26	0.86	0.51
503	张朋	汇添富基金	2018/06～2023/12	63	6	8.97	2.21	20.00	17.43	-38.90	-22.95	0.38	0.01

续表

编号	基金经理	当前任职公司	任职区间	任职时间（月）	管理基金数量（只）	年化收益率（%）	指数年化收益率（%）	年化波动率（%）	指数年化波动率（%）	最大回撤（%）	指数最大回撤（%）	年化夏普比率	指数年化夏普比率
504	赵剑	汇添富基金	2020/05～2023/12	44	4	10.51	3.35	29.36	17.04	-50.44	-22.95	0.31	0.11
505	赵鹏程	汇添富基金	2016/07～2023/12	90	7	3.20	2.69	17.97	16.54	-51.70	-30.56	0.09	0.07
506	赵鹏飞	汇添富基金	2016/06～2023/12	91	6	8.18	2.73	15.18	16.45	-26.39	-30.56	0.44	0.07
507	郑慧莲	汇添富基金	2018/04～2023/12	69	10	4.41	2.99	18.45	18.02	-41.70	-22.99	0.16	0.08
508	郑磊	汇添富基金	2014/12～2023/12	101	8	14.18	8.25	27.19	24.42	-50.40	-48.44	0.47	0.31
509	左剑	汇添富基金	2015/05～2023/12	94	5	18.35	-1.64	23.72	22.52	-34.15	-48.44	0.75	-0.11
510	孙庆	惠升基金	2019/12～2023/12	49	9	-3.26	2.75	16.37	16.66	-44.69	-22.95	-0.29	0.08
511	张一甫	惠升基金	2017/01～2023/12	81	5	5.97	2.45	15.83	17.21	-34.46	-30.56	0.29	-0.01
512	张玉坤	惠升基金	2016/08～2023/12	82	8	6.50	2.67	17.78	16.47	-24.52	-30.56	0.29	0.08
513	李国林	嘉合基金	2019/01～2023/12	60	9	9.75	7.96	18.32	17.97	-37.25	-22.95	0.45	0.36
514	王东旋	嘉合基金	2015/09～2023/12	96	5	8.87	6.93	19.96	20.04	-33.26	-34.44	0.37	0.21
515	杨彦喆	嘉合基金	2019/06～2023/12	55	5	3.71	3.95	17.70	16.10	-38.21	-22.95	0.13	0.15
516	蔡丞丰	嘉实基金	2017/07～2023/12	66	7	14.37	1.81	17.20	18.02	-26.27	-30.56	0.76	0.10
517	常蓁	嘉实基金	2015/03～2023/12	106	7	6.58	2.62	21.89	23.13	-39.20	-48.44	0.23	0.05
518	陈涛	嘉实基金	2020/08～2023/12	41	2	-1.70	-3.43	21.34	15.40	-35.56	-22.95	-0.15	-0.32
519	董福焱	嘉实基金	2019/08～2023/12	53	3	0.79	4.30	19.34	16.41	-46.99	-22.95	-0.04	0.17
520	方晗	嘉实基金	2017/10～2023/12	70	4	-2.27	0.78	15.68	18.25	-38.12	-30.56	-0.24	-0.13
521	归凯	嘉实基金	2016/03～2023/12	94	9	7.56	2.79	18.47	16.24	-46.18	-30.56	0.33	0.08
522	郝淼	嘉实基金	2019/01～2023/12	57	6	14.84	7.31	25.43	18.40	-45.53	-22.95	0.54	0.36

续表

编号	基金经理	当前任职公司	任职区间	任职时间（月）	管理基金数量（只）	年化收益率（%）	指数年化收益率（%）	年化波动率（%）	指数年化波动率（%）	最大回撤（%）	指数最大回撤（%）	年化夏普比率	指数年化夏普比率
523	洪流	嘉实基金	2014/11～2023/12	103	13	9.53	4.78	21.11	23.65	-51.83	-48.44	0.38	0.13
524	胡涛	嘉实基金	2009/06～2023/12	171	8	9.70	6.53	24.15	24.00	-53.02	-48.44	0.32	0.18
525	胡永青	嘉实基金	2014/10～2023/12	111	10	6.35	7.66	3.83	23.92	-3.49	-48.44	1.24	0.25
526	胡宇飞	嘉实基金	2018/02～2023/12	71	4	7.13	2.25	20.73	17.84	-38.93	-25.93	0.27	0.04
527	金猛	嘉实基金	2018/09～2023/12	64	2	9.14	5.72	18.46	18.10	-28.06	-22.95	0.41	0.23
528	赖礼辉	嘉实基金	2020/12～2023/12	37	5	2.60	-4.54	2.93	15.57	-3.49	-22.95	0.38	-0.39
529	李欣	嘉实基金	2018/03～2023/12	70	2	2.65	2.30	18.15	17.97	-33.30	-25.85	0.06	0.04
530	刘斌	嘉实基金	2009/11～2023/12	165	5	9.57	6.35	19.42	23.11	-34.27	-48.44	0.39	0.18
531	刘美玲	嘉实基金	2013/12～2023/12	108	6	4.60	9.65	25.57	24.49	-57.78	-48.44	0.11	0.33
532	龙昌伦	嘉实基金	2017/06～2023/12	79	2	6.81	2.14	17.55	17.11	-30.16	-30.56	0.30	0.04
533	栾峰	嘉实基金	2020/08～2023/12	41	2	-4.80	-3.43	13.85	15.40	-28.50	-22.95	-0.45	-0.32
534	孟夏	嘉实基金	2020/07～2023/12	42	4	3.46	-2.77	19.47	15.26	-26.22	-22.95	0.10	-0.28
535	曲盛伟	嘉实基金	2017/12～2023/12	73	4	9.79	1.68	25.56	17.72	-47.13	-29.52	0.32	0.01
536	苏文杰	嘉实基金	2018/10～2023/12	63	2	19.14	7.58	21.21	17.73	-24.66	-22.95	0.83	0.34
537	谭丽	嘉实基金	2017/04～2023/12	81	11	6.74	2.38	14.44	17.03	-26.42	-30.56	0.36	0.05
538	王丹	嘉实基金	2019/01～2023/12	60	3	9.47	7.96	20.11	17.97	-45.85	-22.95	0.40	0.36
539	王贵重	嘉实基金	2019/05～2023/12	56	7	14.98	4.62	23.99	16.02	-34.19	-22.95	0.56	0.19
540	王凯	嘉实基金	2016/09～2023/12	88	2	1.15	2.34	21.83	16.63	-55.44	-30.56	-0.02	0.05
541	王鑫晨	嘉实基金	2019/05～2023/12	56	3	-7.17	4.62	24.36	16.02	-49.04	-22.95	-0.36	0.19

续表

编号	基金经理	当前任职公司	任职区间	任职时间（月）	管理基金数量（只）	年化收益率（%）	指数年化收益率（%）	年化波动率（%）	指数年化波动率（%）	最大回撤（%）	指数最大回撤（%）	年化夏普比率	指数年化夏普比率
542	王雪松	嘉实基金	2009/08～2023/12	54	3	-7.93	-5.78	16.33	19.88	-48.47	-27.75	-0.63	-0.29
543	吴悠	嘉实基金	2020/01～2023/12	48	3	11.78	2.88	17.59	16.84	-20.92	-22.95	0.58	0.08
544	吴越	嘉实基金	2019/04～2023/12	53	6	0.68	0.16	18.66	15.31	-34.24	-22.95	-0.04	-0.14
545	肖觅	嘉实基金	2016/12～2023/12	85	10	6.04	2.18	14.38	16.70	-33.29	-30.56	0.32	0.04
546	颜伟鹏	嘉实基金	2015/03～2023/12	100	6	15.18	2.23	26.46	23.78	-42.58	-48.44	0.52	0.03
547	杨欢	嘉实基金	2015/06～2023/12	88	15	2.04	-0.24	24.44	22.21	-42.39	-42.38	0.02	-0.06
548	姚志鹏	嘉实基金	2016/05～2023/12	93	9	8.08	3.16	22.23	16.40	-48.80	-30.56	0.30	0.10
549	张金涛	嘉实基金	2016/05～2023/12	92	8	10.89	3.16	18.03	16.40	-31.94	-30.56	0.52	0.10
550	张露	嘉实基金	2017/08～2023/12	77	4	5.11	1.46	17.26	17.29	-34.30	-30.56	0.21	0.00
551	何珅华	建信基金	2015/04～2023/12	105	5	4.46	0.46	18.80	22.33	-38.83	-48.44	0.16	-0.05
552	姜锋	建信基金	2011/07～2023/12	150	8	7.27	7.04	20.24	23.10	-44.09	-48.44	0.26	0.22
553	刘克飞	建信基金	2018/03～2023/12	70	5	8.84	2.30	18.92	17.97	-35.71	-25.85	0.39	0.04
554	牛兴华	建信基金	2015/04～2023/12	105	11	5.23	0.46	6.15	22.33	-15.52	-48.44	0.60	-0.05
555	潘龙玲	建信基金	2016/03～2023/12	94	4	9.03	2.79	21.08	16.24	-31.12	-30.56	0.36	0.08
556	邱宇航	建信基金	2011/07～2023/12	150	4	5.41	7.04	19.47	23.10	-39.95	-48.44	0.18	0.22
557	邵卓	建信基金	2015/03～2023/12	106	8	12.15	2.62	23.01	23.13	-32.70	-48.44	0.46	0.05
558	孙晟	建信基金	2016/03～2023/12	94	6	8.98	2.79	17.05	16.24	-38.71	-30.56	0.44	0.08
559	陶灿	建信基金	2011/07～2023/12	150	11	11.16	7.04	22.19	23.10	-46.42	-48.44	0.41	0.22
560	田元泉	建信基金	2020/06～2023/12	43	2	17.01	1.03	33.21	16.66	-50.06	-22.95	0.47	-0.03

续表

编号	基金经理	当前任职公司	任职区间	任职时间（月）	管理基金数量（只）	年化收益率（%）	指数年化收益率（%）	年化波动率（%）	指数年化波动率（%）	最大回撤（%）	指数最大回撤（%）	年化夏普比率	指数年化夏普比率
561	王东杰	建信基金	2015/05~2023/12	104	8	10.46	-1.29	15.16	21.83	-25.86	-48.44	0.59	-0.13
562	薛玲	建信基金	2017/05~2023/12	80	3	6.69	2.84	9.71	17.10	-20.58	-30.56	0.53	0.08
563	姚锦	建信基金	2009/12~2023/12	161	8	12.35	7.81	20.74	23.03	-32.13	-48.44	0.50	0.23
564	叶乐天	建信基金	2016/08~2023/12	89	5	5.62	2.08	11.94	16.55	-20.98	-30.56	0.35	0.03
565	袁蓓	建信基金	2004/08~2023/12	59	2	32.70	31.46	21.46	31.45	-20.55	-28.04	1.44	0.89
566	周智硕	建信基金	2020/09~2023/12	40	4	14.73	-1.68	24.95	15.27	-27.40	-22.95	0.53	-0.21
567	高鹏飞	江信基金	2020/10~2023/12	39	2	-6.11	-2.06	19.43	15.46	-44.47	-22.95	-0.39	-0.23
568	陈俊华	交银施罗德基金	2016/11~2023/12	86	2	7.61	1.39	14.99	16.73	-34.51	-30.56	0.41	-0.01
569	陈孜铎	交银施罗德基金	2014/10~2023/12	111	2	7.87	7.66	20.81	23.92	-37.00	-48.44	0.30	0.25
570	封晴	交银施罗德基金	2020/07~2023/12	42	3	-4.05	-2.77	17.80	15.26	-41.74	-22.95	-0.31	-0.28
571	郭斐	交银施罗德基金	2017/09~2023/12	76	4	14.72	1.27	22.83	17.40	-29.71	-30.56	0.58	-0.01
572	韩威俊	交银施罗德基金	2016/01~2023/12	96	7	15.91	4.47	22.19	17.10	-33.25	-30.56	0.65	0.17
573	何帅	交银施罗德基金	2015/07~2023/12	102	4	12.68	1.81	19.84	21.05	-33.67	-34.44	0.56	0.01

续表

编号	基金经理	当前任职公司	任职区间	任职时间（月）	管理基金数量（只）	年化收益率（%）	指数年化收益率（%）	年化波动率（%）	指数年化波动率（%）	最大回撤（%）	指数最大回撤（%）	年化夏普比率	指数年化夏普比率
574	刘鹏	交银施罗德基金	2018/05~2023/12	68	3	13. 23	3. 04	19. 31	18. 16	-34. 88	-22. 95	0. 61	0. 09
575	楼慧源	交银施罗德基金	2018/09~2023/12	64	3	18. 36	5. 72	22. 24	18. 10	-38. 18	-22. 95	0. 76	0. 23
576	芮晨	交银施罗德基金	2015/05~2023/12	104	4	4. 59	-1. 29	28. 42	21. 83	-50. 30	-48. 44	0. 11	-0. 13
577	沈楠	交银施罗德基金	2015/05~2023/12	104	3	5. 77	-1. 29	18. 39	21. 83	-24. 64	-48. 44	0. 23	-0. 13
578	田彧龙	交银施罗德基金	2019/05~2023/12	56	4	18. 75	4. 62	21. 75	16. 02	-32. 11	-22. 95	0. 79	0. 19
579	王崇	交银施罗德基金	2014/10~2023/12	111	3	16. 23	7. 66	22. 36	23. 92	-34. 28	-48. 44	0. 66	0. 25
580	王少成	交银施罗德基金	2010/09~2023/12	158	9	5. 90	5. 41	22. 20	22. 59	-44. 56	-48. 44	0. 18	0. 17
581	王艺伟	交银施罗德基金	2019/11~2023/12	50	7	5. 06	4. 54	3. 69	16. 88	-2. 69	-22. 95	0. 97	0. 18
582	杨浩	交银施罗德基金	2015/08~2023/12	101	4	14. 43	3. 67	19. 41	20. 45	-40. 07	-34. 44	0. 67	0. 11
583	杨金金	交银施罗德基金	2020/05~2023/12	44	3	25. 88	3. 35	22. 33	17. 04	-13. 23	-22. 95	1. 09	0. 11

续表

编号	基金经理	当前任职公司	任职区间	任职时间（月）	管理基金数量（只）	年化收益率（%）	指数年化收益率（%）	年化波动率（%）	指数年化波动率（%）	最大回撤（%）	指数最大回撤（%）	年化夏普比率	指数年化夏普比率
584	周中	交银施罗德基金	2018/09～2023/12	64	4	6.88	5.72	19.57	18.10	-46.58	-22.95	0.28	0.23
585	孔学兵	金信基金	2011/09～2023/12	125	11	5.32	3.52	30.14	23.10	-58.65	-48.44	0.11	0.08
586	刘榕俊	金信基金	2016/04～2023/12	77	7	1.38	-0.15	12.63	15.21	-29.44	-28.55	-0.01	-0.12
587	陈颖	金鹰基金	2015/06～2023/12	103	9	6.37	-0.07	25.48	21.64	-44.66	-42.38	0.19	-0.07
588	韩广哲	金鹰基金	2012/11～2023/12	68	11	15.93	8.14	29.54	18.49	-59.32	-22.95	0.49	0.35
589	林龙军	金鹰基金	2018/05～2023/12	68	2	3.53	3.04	5.28	18.16	-8.74	-22.95	0.38	0.09
590	龙悦芳	金鹰基金	2018/06～2023/12	67	1	4.81	4.60	2.99	17.92	-2.95	-22.95	1.11	0.17
591	倪超	金鹰基金	2015/06～2023/12	103	9	8.82	-0.07	23.94	21.64	-32.48	-42.38	0.31	-0.07
592	孙倩倩	金鹰基金	2016/06～2023/12	66	4	2.87	-3.05	3.49	14.03	-5.80	-22.95	0.41	-0.25
593	王喆	金鹰基金	2015/01～2023/12	108	9	1.09	5.38	19.95	23.82	-56.20	-48.44	-0.02	0.16
594	杨凡	金鹰基金	2017/12～2023/12	53	6	-19.42	-5.42	20.02	18.05	-60.16	-29.52	-1.06	-0.43
595	杨刚	金鹰基金	2014/11～2023/12	51	4	7.34	9.18	35.06	26.28	-51.65	-39.98	0.17	0.26
596	杨晓斌	金鹰基金	2018/04～2023/12	69	6	6.48	2.99	12.33	18.02	-31.37	-22.99	0.40	0.08
597	孔祥鹏	金元顺安基金	2017/06～2023/12	57	5	-8.37	-7.66	11.94	14.72	-47.44	-30.56	-0.84	-0.68
598	闵杭	金元顺安基金	2015/10～2023/12	99	6	1.90	2.37	15.05	19.67	-28.50	-34.44	0.03	0.04
599	缪玮彬	金元顺安基金	2016/12～2023/12	85	2	18.20	2.18	14.87	16.70	-23.78	-30.56	1.12	0.04
600	周博洋	金元顺安基金	2018/01～2023/12	72	2	8.67	1.40	15.98	17.83	-27.92	-29.52	0.45	-0.01
601	鲍无可	景顺长城基金	2014/06～2023/12	115	10	16.08	9.82	14.10	23.83	-21.08	-48.44	1.03	0.34

续表

编号	基金经理	当前任职公司	任职区间	任职时间（月）	管理基金数量（只）	年化收益率（%）	指数年化收益率（%）	年化波动率（%）	指数年化波动率（%）	最大回撤（%）	指数最大回撤（%）	年化夏普比率	指数年化夏普比率
602	曾理	景顺长城基金	2020/04~2023/12	41	6	-0.27	3.61	15.25	17.71	-25.32	-22.95	-0.12	0.07
603	陈莹	景顺长城基金	2020/07~2023/12	42	3	4.04	-2.77	3.32	15.26	-3.43	-22.95	0.77	-0.28
604	邓敬东	景顺长城基金	2020/05~2023/12	44	7	0.18	3.35	21.40	17.04	-32.82	-22.95	-0.06	0.11
605	董晗	景顺长城基金	2014/07~2023/12	104	10	11.65	7.46	20.80	24.45	-31.44	-48.44	0.49	0.23
606	韩文强	景顺长城基金	2019/10~2023/12	51	3	8.41	4.09	22.86	16.73	-26.20	-22.95	0.30	0.15
607	黎海威	景顺长城基金	2015/02~2023/12	107	10	8.01	4.72	23.77	23.85	-40.81	-48.44	0.27	0.13
608	李进	景顺长城基金	2016/10~2023/12	85	8	11.23	1.50	20.17	16.84	-27.22	-30.56	0.49	-0.03
609	刘苏	景顺长城基金	2011/12~2023/12	142	11	14.68	11.61	19.41	21.76	-36.18	-40.69	0.66	0.47
610	刘彦春	景顺长城基金	2008/07~2023/12	177	10	9.75	3.56	25.23	25.32	-43.23	-48.44	0.31	0.01
611	孟棋	景顺长城基金	2019/05~2023/12	50	7	15.61	7.68	22.27	16.64	-40.98	-22.95	0.65	0.38
612	农冰立	景顺长城基金	2018/06~2023/12	59	3	16.07	3.95	25.39	18.51	-35.43	-22.88	0.59	0.11
613	徐喻军	景顺长城基金	2017/01~2023/12	84	11	5.38	2.24	14.36	16.80	-25.16	-30.56	0.27	0.04
614	杨锐文	景顺长城基金	2014/10~2023/12	111	12	14.98	7.66	23.94	23.92	-38.76	-48.44	0.56	0.25
615	余广	景顺长城基金	2010/05~2023/12	164	8	9.92	7.33	23.20	22.81	-47.58	-48.44	0.34	0.23
616	詹成	景顺长城基金	2015/12~2023/12	97	10	5.47	0.98	18.91	19.67	-38.93	-34.44	0.21	-0.03
617	张靖	景顺长城基金	2011/05~2023/12	144	7	13.53	5.66	21.83	23.36	-29.81	-48.44	0.54	0.15
618	张仲维	景顺长城基金	2014/03~2023/12	97	11	18.01	15.06	25.66	19.47	-38.92	-40.69	0.65	0.71
619	周寒颖	景顺长城基金	2020/05~2023/12	44	3	7.57	3.35	18.63	17.04	-27.98	-22.95	0.33	0.11
620	何昕	九泰基金	2018/08~2023/12	65	4	8.90	5.88	20.10	17.96	-23.26	-22.95	0.37	0.24

续表

编号	基金经理	当前任职公司	任职区间	任职时间（月）	管理基金数量（只）	年化收益率（%）	指数年化收益率（%）	年化波动率（%）	指数年化波动率（%）	最大回撤（%）	指数最大回撤（%）	年化夏普比率	指数年化夏普比率
621	黄皓	九泰基金	2020/08～2023/12	41	2	7.11	-3.43	19.29	15.40	-21.14	-22.95	0.29	-0.32
622	李响	九泰基金	2019/12～2023/12	49	12	-1.44	2.75	16.21	16.66	-33.04	-22.95	-0.18	0.08
623	刘开运	九泰基金	2015/07～2023/12	102	11	4.57	1.81	17.52	21.05	-33.91	-34.44	0.17	0.01
624	刘源	九泰基金	2020/09～2023/12	40	3	-15.32	-1.68	16.58	15.27	-49.69	-22.95	-1.01	-0.21
625	孟亚强	九泰基金	2016/06～2023/12	91	13	2.57	2.73	17.32	16.45	-37.81	-30.56	0.06	0.07
626	魏晓雪	路博迈基金	2012/11～2023/12	126	10	16.64	11.58	24.14	23.94	-42.05	-48.44	0.62	0.40
627	蔡晓	民生加银基金	2016/05～2023/12	92	5	8.70	3.16	16.82	16.40	-33.22	-30.56	0.43	0.10
628	刘霄汉	民生加银基金	2010/05～2023/12	123	6	4.34	4.00	20.04	21.57	-45.72	-33.01	0.11	0.14
629	柳世庆	民生加银基金	2016/08～2023/12	89	9	5.47	2.08	16.63	16.55	-43.69	-30.56	0.24	0.03
630	孙伟	民生加银基金	2014/07～2023/12	114	11	14.88	9.00	23.29	23.80	-39.34	-48.44	0.57	0.31
631	王亮	民生加银基金	2017/11～2023/12	74	7	5.13	1.61	19.20	17.59	-47.35	-29.52	0.19	0.01
632	姚航	民生加银基金	2014/05～2023/12	93	6	2.16	8.12	6.53	25.39	-16.65	-48.44	0.08	0.27
633	郑爱刚	民生加银基金	2019/11～2023/12	50	4	2.96	4.54	22.27	16.88	-47.33	-22.95	0.07	0.18
634	何明	明亚基金	2018/02～2023/12	46	2	2.79	-6.57	12.94	19.16	-18.21	-25.93	0.10	-0.47
635	陈思郁	摩根基金	2015/08～2023/12	101	5	7.87	3.67	20.86	20.45	-47.85	-34.44	0.31	0.11
636	杜猛	摩根基金	2011/07～2023/12	150	7	13.42	7.04	29.28	23.10	-56.03	-48.44	0.39	0.22
637	方钰涵	摩根基金	2019/08～2023/12	53	2	5.08	4.30	22.78	16.41	-52.91	-22.95	0.16	0.17
638	郭晨	摩根基金	2012/07～2023/12	136	9	11.19	7.86	30.66	23.21	-56.90	-48.44	0.31	0.25
639	李博	摩根基金	2014/12～2023/12	109	6	5.17	5.55	23.41	23.71	-47.03	-48.44	0.15	0.17

续表

编号	基金经理	当前任职公司	任职区间	任职时间(月)	管理基金数量(只)	年化收益率(%)	指数年化收益率(%)	年化波动率(%)	指数年化波动率(%)	最大回撤(%)	指数最大回撤(%)	年化夏普比率	指数年化夏普比率
640	李德辉	摩根基金	2016/11~2023/12	86	8	10.70	1.39	20.39	16.73	-44.34	-30.56	0.45	-0.01
641	倪权生	摩根基金	2015/03~2023/12	103	9	5.85	2.80	17.36	23.57	-46.89	-48.44	0.25	0.02
642	王丽军	摩根基金	2019/03~2023/12	58	2	3.76	2.81	19.23	16.05	-44.02	-22.95	0.12	0.08
643	杨景喻	摩根基金	2015/08~2023/12	101	6	4.60	3.67	24.89	20.45	-57.65	-34.44	0.12	0.11
644	周战海	摩根基金	2015/12~2023/12	97	3	2.99	0.98	22.13	19.67	-48.67	-34.44	0.07	-0.03
645	朱晓龙	摩根基金	2018/11~2023/12	62	4	7.77	7.29	18.64	17.86	-43.06	-22.95	0.34	0.32
646	何晓春	摩根士丹利基金	2012/07~2023/12	119	9	15.37	9.69	23.65	24.90	-33.64	-48.44	0.57	0.34
647	雷志勇	摩根士丹利基金	2019/04~2023/12	57	5	9.33	3.17	24.93	16.18	-46.25	-22.95	0.31	0.10
648	缪东航	摩根士丹利基金	2017/01~2023/12	84	7	3.23	2.24	17.49	16.80	-43.67	-30.56	0.10	0.04
649	王大鹏	摩根士丹利基金	2015/01~2023/12	108	9	6.85	5.38	24.73	23.82	-47.31	-48.44	0.21	0.16
650	余斌	摩根士丹利基金	2017/06~2023/12	75	5	4.06	1.72	18.06	17.14	-34.88	-30.56	0.14	0.02
651	陈乐	南方基金	2017/12~2023/12	73	5	5.52	1.68	5.28	17.72	-6.96	-29.52	0.76	0.01
652	冯雨生	南方基金	2015/04~2023/12	101	13	2.13	0.38	22.47	22.83	-40.53	-48.44	0.03	-0.07
653	黄春逢	南方基金	2015/12~2023/12	97	6	3.78	0.98	18.24	19.67	-38.91	-34.44	0.13	-0.03

续表

编号	基金经理	当前任职公司	任职区间	任职时间（月）	管理基金数量（只）	年化收益率（%）	指数年化收益率（%）	年化波动率（%）	指数年化波动率（%）	最大回撤（%）	指数最大回撤（%）	年化夏普比率	指数年化夏普比率
654	黄亮	南方基金	2020/12～2023/12	37	1	-14. 83	-4. 54	24. 20	15. 57	-51. 16	-22. 95	-0. 67	-0. 39
655	蒋秋洁	南方基金	2014/12～2023/12	109	11	9. 99	5. 55	23. 33	23. 71	-41. 97	-48. 44	0. 36	0. 17
656	雷嘉源	南方基金	2020/08～2023/12	41	6	-3. 32	-3. 43	15. 72	15. 40	-32. 60	-22. 95	-0. 31	-0. 32
657	李锦文	南方基金	2018/12～2023/12	61	6	14. 00	8. 38	19. 19	17. 84	-30. 70	-22. 95	0. 65	0. 39
658	林乐峰	南方基金	2017/12～2023/12	73	4	10. 05	1. 68	16. 67	17. 72	-25. 92	-29. 52	0. 51	0. 01
659	卢玉珊	南方基金	2015/12～2023/12	97	7	8. 55	0. 98	11. 37	19. 67	-19. 44	-34. 44	0. 62	-0. 03
660	罗安安	南方基金	2015/07～2023/12	102	10	7. 61	1. 81	22. 71	21. 05	-42. 45	-34. 44	0. 27	0. 01
661	骆帅	南方基金	2015/05～2023/12	104	11	3. 84	-1. 29	19. 90	21. 83	-42. 09	-48. 44	0. 12	-0. 13
662	茅炜	南方基金	2016/02～2023/12	95	16	3. 28	4. 86	12. 86	17. 16	-41. 25	-30. 56	0. 14	0. 20
663	史博	南方基金	2004/07～2023/12	190	14	6. 39	4. 95	23. 29	27. 38	-61. 57	-68. 61	0. 18	0. 04
664	王博	南方基金	2019/11～2023/12	50	4	3. 49	4. 54	26. 81	16. 88	-52. 50	-22. 95	0. 07	0. 18
665	王峥娇	南方基金	2018/07～2023/12	66	2	8. 46	4. 62	26. 72	18. 06	-55. 74	-22. 95	0. 26	0. 17
666	吴剑毅	南方基金	2015/05～2023/12	104	8	7. 50	-1. 29	8. 93	21. 83	-12. 46	-48. 44	0. 67	-0. 13
667	应帅	南方基金	2007/05～2023/12	200	10	7. 09	6. 29	23. 10	27. 28	-58. 81	-68. 61	0. 21	0. 15
668	张磊	南方基金	2020/02～2023/12	47	3	8. 13	2. 94	28. 53	17. 03	-48. 96	-22. 95	0. 23	0. 08
669	张延闽	南方基金	2014/10～2023/12	108	13	11. 74	8. 12	20. 30	24. 20	-30. 03	-48. 44	0. 51	0. 27
670	章晖	南方基金	2015/05～2023/12	104	6	4. 64	-1. 29	21. 16	21. 83	-51. 62	-48. 44	0. 15	-0. 13
671	郑诗韵	南方基金	2019/12～2023/12	49	4	8. 43	2. 75	26. 03	16. 66	-46. 43	-22. 95	0. 27	0. 08
672	郑晓曦	南方基金	2019/06～2023/12	55	2	16. 14	3. 95	26. 91	16. 10	-35. 79	-22. 95	0. 54	0. 15

续表

编号	基金经理	当前任职公司	任职区间	任职时间（月）	管理基金数量（只）	年化收益率（%）	指数年化收益率（%）	年化波动率（%）	指数年化波动率（%）	最大回撤（%）	指数最大回撤（%）	年化夏普比率	指数年化夏普比率
673	郑迎迎	南方基金	2015/08~2023/12	91	2	7.66	3.72	14.66	21.34	-30.87	-34.44	0.43	0.09
674	钟赟	南方基金	2017/02~2023/12	80	7	21.26	1.36	24.33	17.25	-29.28	-30.56	0.82	0.08
675	朱恒红	南方基金	2020/12~2023/12	37	1	-8.45	-4.54	15.27	15.57	-34.09	-22.95	-0.65	-0.39
676	陈富权	农银汇理基金	2013/08~2023/12	125	10	13.65	9.48	20.56	23.05	-35.44	-48.44	0.58	0.34
677	宋永安	农银汇理基金	2015/12~2023/12	97	2	2.08	0.98	17.46	19.67	-35.00	-34.44	0.03	-0.03
678	魏刚	农银汇理基金	2018/03~2023/12	70	8	5.67	2.30	17.60	17.97	-30.13	-25.85	0.24	0.04
679	徐文卉	农银汇理基金	2017/05~2023/12	80	6	6.44	2.84	18.88	17.10	-44.27	-30.56	0.26	0.08
680	张峰	农银汇理基金	2015/09~2023/12	100	6	7.30	-0.07	16.79	21.64	-38.92	-42.38	0.35	-0.07
681	张燕	农银汇理基金	2017/03~2023/12	82	7	8.36	1.91	22.65	16.97	-40.17	-30.56	0.30	0.02
682	陈衍鹏	诺安基金	2020/07~2023/12	42	2	5.17	-2.77	19.35	15.26	-20.39	-22.95	0.19	-0.28
683	韩冬燕	诺安基金	2015/11~2023/12	98	5	8.37	1.63	15.52	19.66	-27.65	-34.44	0.44	0.01
684	黄友文	诺安基金	2020/08~2023/12	41	1	-4.31	-3.43	20.02	15.40	-35.23	-22.95	-0.29	-0.32
685	李迪	诺安基金	2020/12~2023/12	37	2	-0.95	-4.54	18.83	15.57	-31.57	-22.95	-0.13	-0.39
686	李玉良	诺安基金	2015/07~2023/12	102	7	5.43	1.81	17.39	21.05	-33.55	-34.44	0.23	0.01
687	罗春蕾	诺安基金	2015/09~2023/12	100	4	5.15	4.42	19.67	20.43	-44.55	-34.44	0.19	0.14
688	宋青	诺安基金	2019/02~2023/12	59	1	3.48	4.41	19.15	16.29	-41.21	-22.95	0.10	0.18
689	童宇	诺安基金	2020/12~2023/12	37	1	-5.67	-4.54	21.46	15.57	-33.92	-22.95	-0.33	-0.39
690	王创练	诺安基金	2015/03~2023/12	106	7	9.93	2.62	24.54	23.13	-37.47	-48.44	0.34	0.05
691	吴博俊	诺安基金	2014/06~2023/12	115	7	4.93	9.82	9.77	23.83	-25.30	-48.44	0.34	0.34

续表

编号	基金经理	当前任职公司	任职区间	任职时间（月）	管理基金数量（只）	年化收益率（%）	指数年化收益率（%）	年化波动率（%）	指数年化波动率（%）	最大回撤（%）	指数最大回撤（%）	年化夏普比率	指数年化夏普比率
692	杨谷	诺安基金	2006/02～2023/12	215	7	15. 63	14. 15	24. 69	28. 61	-59. 22	-68. 61	0. 54	0. 42
693	杨琨	诺安基金	2014/06～2023/12	91	6	19. 66	14. 32	22. 13	20. 99	-27. 25	-48. 44	0. 82	0. 59
694	张强	诺安基金	2017/03～2023/12	82	2	4. 74	1. 91	22. 25	16. 97	-41. 67	-30. 56	0. 15	0. 02
695	曾文宏	诺德基金	2017/08～2023/12	77	4	1. 74	1. 46	13. 91	17. 29	-32. 47	-30. 56	0. 02	0. 00
696	顾钰	诺德基金	2017/12～2023/12	73	5	-0. 58	1. 68	17. 94	17. 72	-32. 90	-29. 52	-0. 12	0. 01
697	郭纪亭	诺德基金	2019/09～2023/12	52	3	-0. 09	4. 20	13. 35	16. 57	-35. 78	-22. 95	-0. 12	0. 16
698	郝旭东	诺德基金	2015/07～2023/12	102	5	5. 95	1. 81	13. 83	21. 05	-34. 26	-34. 44	0. 32	0. 01
699	罗世锋	诺德基金	2014/11～2023/12	110	6	15. 27	6. 73	25. 62	23. 87	-40. 01	-48. 44	0. 53	0. 22
700	王恒楠	诺德基金	2018/11～2023/12	62	3	3. 25	7. 29	19. 78	17. 86	-49. 41	-22. 95	0. 09	0. 32
701	谢屹	诺德基金	2015/07～2023/12	99	8	-0. 17	1. 82	19. 44	21. 42	-39. 16	-34. 44	-0. 09	0. 01
702	朱红	诺德基金	2014/04～2023/12	117	3	11. 46	10. 13	22. 29	23. 63	-37. 49	-48. 44	0. 44	0. 36
703	包兵华	鹏华基金	2019/04～2023/12	57	4	5. 44	3. 17	16. 32	16. 18	-31. 02	-22. 95	0. 24	0. 10
704	陈璇淼	鹏华基金	2016/03～2023/12	94	6	10. 05	2. 79	17. 41	16. 24	-34. 36	-30. 56	0. 49	0. 08
705	戴钢	鹏华基金	2012/06～2023/12	139	4	5. 81	9. 09	5. 17	23. 28	-7. 65	-48. 44	0. 76	0. 31
706	方昶	鹏华基金	2019/06～2023/12	55	2	4. 15	3. 95	3. 87	16. 10	-4. 78	-22. 95	0. 68	0. 15
707	高松	鹏华基金	2015/01～2023/12	100	7	9. 27	7. 42	27. 39	24. 23	-52. 97	-48. 44	0. 29	0. 25
708	贺宁	鹏华基金	2019/05～2023/12	56	1	5. 86	4. 62	19. 03	16. 02	-28. 88	-22. 95	0. 23	0. 19
709	蒋鑫	鹏华基金	2016/06～2023/12	91	11	9. 62	2. 73	17. 92	16. 45	-32. 96	-30. 56	0. 45	0. 07
710	金笑非	鹏华基金	2016/06～2023/12	91	5	11. 78	2. 73	19. 28	16. 45	-32. 95	-30. 56	0. 53	0. 07

续表

编号	基金经理	当前任职公司	任职区间	任职时间（月）	管理基金数量（只）	年化收益率（%）	指数年化收益率（%）	年化波动率（%）	指数年化波动率（%）	最大回撤（%）	指数最大回撤（%）	年化夏普比率	指数年化夏普比率
711	郎超	鹏华基金	2018/04~2023/12	69	4	8.42	2.99	24.77	18.02	-41.15	-22.99	0.28	0.08
712	李君	鹏华基金	2015/05~2023/12	104	13	5.14	1.68	3.38	17.72	-3.48	-29.52	1.07	0.01
713	李韵怡	鹏华基金	2015/07~2023/12	102	15	5.66	1.81	6.94	21.05	-10.21	-34.44	0.60	0.01
714	梁浩	鹏华基金	2011/07~2023/12	150	16	8.64	7.04	20.31	23.10	-41.49	-48.44	0.33	0.22
715	刘方正	鹏华基金	2015/03~2023/12	106	20	3.74	2.62	6.25	23.13	-15.18	-48.44	0.35	0.05
716	柳黎	鹏华基金	2020/08~2023/12	41	3	1.41	-3.43	18.58	15.40	-33.84	-22.95	0.00	-0.32
717	孟昊	鹏华基金	2018/02~2023/12	71	8	12.64	2.25	22.86	17.84	-46.36	-25.93	0.49	0.04
718	牛孟艺	鹏华基金	2020/11~2023/12	38	2	3.23	-3.41	3.78	15.48	-2.88	-22.95	0.46	-0.32
719	苏俊杰	鹏华基金	2018/09~2023/12	45	2	8.86	-0.35	18.71	19.03	-17.57	-22.95	0.40	-0.05
720	汤志彦	鹏华基金	2017/07~2023/12	78	3	13.17	1.91	18.18	17.22	-31.13	-30.56	0.64	0.02
721	王海青	鹏华基金	2018/02~2023/12	71	3	7.58	2.25	20.93	17.84	-48.30	-25.93	0.29	0.04
722	王石千	鹏华基金	2018/11~2023/12	62	1	4.63	7.29	3.72	17.86	-5.07	-22.95	0.84	0.32
723	伍旋	鹏华基金	2011/12~2023/12	145	8	10.04	9.07	20.02	23.09	-37.45	-48.44	0.40	0.31
724	闫思倩	鹏华基金	2017/10~2023/12	72	6	21.12	5.23	29.18	16.73	-37.38	-30.56	0.68	0.17
725	杨飞	鹏华基金	2014/10~2023/12	107	9	13.35	8.49	27.52	23.80	-46.16	-48.44	0.43	0.31
726	叶朝明	鹏华基金	2018/08~2023/12	52	4	6.38	10.26	2.32	16.76	-0.61	-20.18	2.16	0.57
727	袁航	鹏华基金	2014/11~2023/12	110	14	8.98	6.73	17.83	23.87	-35.31	-48.44	0.42	0.22
728	张华恩	鹏华基金	2020/08~2023/12	41	2	-5.98	-3.43	17.01	15.40	-34.56	-22.95	-0.44	-0.32
729	朱睿	鹏华基金	2019/04~2023/12	53	6	12.58	2.15	21.42	16.63	-33.14	-22.95	0.53	0.04

续表

编号	基金经理	当前任职公司	任职区间	任职时间（月）	管理基金数量（只）	年化收益率（%）	指数年化收益率（%）	年化波动率（%）	指数年化波动率（%）	最大回撤（%）	指数最大回撤（%）	年化夏普比率	指数年化夏普比率
730	戴杰	鹏扬基金	2017/01～2023/12	79	16	11.84	3.11	19.80	17.23	-34.54	-30.56	0.53	0.11
731	邓彬彬	鹏扬基金	2015/03～2023/12	78	9	11.79	5.35	27.01	20.06	-54.62	-48.44	0.39	0.12
732	罗成	鹏扬基金	2018/03～2023/12	70	2	5.23	2.30	17.46	17.97	-27.55	-25.85	0.22	0.04
733	施红俊	鹏扬基金	2020/06～2023/12	43	3	5.33	1.03	24.75	16.66	-40.05	-22.95	0.15	-0.03
734	吴西燕	鹏扬基金	2015/06～2023/12	57	10	1.13	-9.58	7.08	23.36	-13.80	-38.05	-0.05	-0.46
735	伍智勇	鹏扬基金	2015/05～2023/12	97	4	1.56	-2.41	18.18	22.47	-43.94	-48.44	0.00	-0.19
736	赵世宏	鹏扬基金	2016/03～2023/12	89	6	7.77	5.27	18.08	16.10	-50.88	-28.66	0.35	0.21
737	朱国庆	鹏扬基金	2007/03～2023/12	115	5	2.21	3.25	23.28	30.19	-52.69	-68.61	-0.02	0.02
738	成钧	平安基金	2020/06～2023/12	43	1	3.03	1.03	19.68	16.66	-36.75	-22.95	0.08	-0.03
739	翟森	平安基金	2020/12～2023/12	37	3	-4.92	-4.54	28.13	15.57	-44.18	-22.95	-0.23	-0.39
740	丁琳	平安基金	2020/08～2023/12	41	5	-4.63	-3.43	14.02	15.40	-26.52	-22.95	-0.44	-0.32
741	韩克	平安基金	2019/12～2023/12	40	4	0.79	1.04	6.30	18.15	-13.85	-22.95	-0.11	-0.03
742	何杰	平安基金	2018/04～2023/12	65	10	13.44	2.73	21.49	18.58	-28.49	-22.99	0.57	0.06
743	黄维	平安基金	2016/08～2023/12	89	11	11.67	2.08	19.49	16.55	-36.67	-30.56	0.52	0.03
744	李化松	平安基金	2015/12～2023/12	93	15	13.19	2.60	21.99	19.92	-47.45	-34.44	0.54	0.10
745	林清源	平安基金	2015/05～2023/12	96	5	6.24	-0.09	27.20	22.70	-54.74	-48.44	0.18	-0.07
746	刘杰	平安基金	2016/07～2023/12	83	8	8.66	3.10	15.24	17.14	-28.77	-28.75	0.48	0.13
747	神爱前	平安基金	2016/07～2023/12	90	9	10.18	2.69	23.18	16.54	-37.85	-30.56	0.37	0.07
748	薛冀颖	平安基金	2015/06～2023/12	99	6	5.07	-2.36	19.29	21.38	-36.30	-42.38	0.19	-0.21

续表

编号	基金经理	当前任职公司	任职区间	任职时间（月）	管理基金数量（只）	年化收益率（%）	指数年化收益率（%）	年化波动率（%）	指数年化波动率（%）	最大回撤（%）	指数最大回撤（%）	年化夏普比率	指数年化夏普比率
749	张森	平安基金	2015/02～2023/12	103	3	5.74	4.28	20.54	24.32	-35.78	-48.44	0.21	0.11
750	张文平	平安基金	2015/06～2023/12	84	6	5.42	3.88	4.28	22.77	-6.50	-42.38	0.95	0.03
751	张晓泉	平安基金	2017/09～2023/12	57	7	17.07	4.62	23.23	16.02	-34.09	-22.95	0.68	0.15
752	周思聪	平安基金	2014/01～2023/12	110	9	7.05	10.77	21.96	23.46	-48.66	-44.57	0.25	0.35
753	褚艳辉	浦银安盛基金	2014/06～2023/12	115	6	7.76	9.82	10.48	23.83	-22.50	-48.44	0.58	0.34
754	胡攸乔	浦银安盛基金	2020/12～2023/12	37	3	-9.15	-4.54	22.35	15.57	-47.44	-22.95	-0.48	-0.39
755	蒋佳良	浦银安盛基金	2017/01～2023/12	80	10	12.20	5.79	20.79	16.37	-51.81	-30.56	0.52	0.25
756	罗雯	浦银安盛基金	2018/01～2023/12	72	2	-0.82	1.40	19.45	17.83	-51.97	-29.52	-0.12	-0.01
757	秦闻	浦银安盛基金	2020/12～2023/12	37	2	-7.73	-4.54	24.20	15.57	-41.53	-22.95	-0.38	-0.39
758	杨富麟	浦银安盛基金	2020/12～2023/12	37	4	-0.87	-4.54	21.85	15.57	-34.02	-22.95	-0.11	-0.39
759	杨岳斌	浦银安盛基金	2011/12～2023/12	140	6	7.84	9.13	21.37	23.56	-51.58	-48.44	0.28	0.30
760	崔宸龙	前海开源基金	2020/07～2023/12	42	6	23.04	-2.77	33.17	15.26	-37.79	-22.95	0.65	-0.28
761	范洁	前海开源基金	2017/09～2023/12	76	6	9.87	1.27	23.73	17.40	-57.64	-30.56	0.35	-0.01
762	李炳智	前海开源基金	2017/01～2023/12	84	4	9.25	2.24	8.33	16.80	-6.22	-30.56	0.93	0.04
763	邱杰	前海开源基金	2015/01～2023/12	108	11	7.16	5.38	16.55	23.82	-29.53	-48.44	0.34	0.16
764	曲扬	前海开源基金	2015/04～2023/12	105	18	5.38	0.46	18.88	22.33	-52.42	-48.44	0.20	-0.05
765	田维	前海开源基金	2020/07～2023/12	42	3	4.98	-2.77	19.86	15.26	-20.75	-22.95	0.18	-0.28
766	王霞	前海开源基金	2014/12～2023/12	109	13	5.38	5.55	15.25	23.71	-31.35	-48.44	0.25	0.17
767	魏淳	前海开源基金	2019/01～2023/12	60	10	13.40	7.96	25.56	17.97	-40.34	-22.95	0.47	0.36

续表

编号	基金经理	当前任职公司	任职区间	任职时间（月）	管理基金数量（只）	年化收益率（%）	指数年化收益率（%）	年化波动率（%）	指数年化波动率（%）	最大回撤（%）	指数最大回撤（%）	年化夏普比率	指数年化夏普比率
768	吴国清	前海开源基金	2015/09～2023/12	100	10	6.16	4.42	14.43	20.43	-22.36	-34.44	0.32	0.14
769	杨德龙	前海开源基金	2013/03～2023/12	71	6	7.54	8.59	27.50	27.51	-51.65	-44.57	0.20	0.26
770	刚登峰	泉果基金	2015/05～2023/12	94	9	8.63	-0.39	18.09	22.50	-34.47	-48.44	0.40	-0.09
771	钱思佳	泉果基金	2019/09～2023/12	39	3	7.91	5.63	18.73	17.84	-29.56	-22.88	0.35	0.28
772	赵诣	泉果基金	2017/03～2023/12	76	6	17.25	4.46	25.00	16.03	-37.24	-30.56	0.64	0.21
773	范琨	融通基金	2016/02～2023/12	95	6	16.25	4.86	17.60	17.16	-21.12	-30.56	0.84	0.20
774	关山	融通基金	2016/06～2023/12	91	9	9.39	2.73	15.35	16.45	-23.93	-30.56	0.51	0.07
775	何龙	融通基金	2015/08～2023/12	101	9	2.44	3.67	19.33	20.45	-42.42	-34.44	0.05	0.11
776	何天翔	融通基金	2016/08～2023/12	89	1	6.16	2.08	17.87	16.55	-37.45	-30.56	0.26	0.03
777	刘安坤	融通基金	2019/05～2023/12	56	5	7.40	4.62	15.85	16.02	-30.37	-22.95	0.37	0.19
778	万民远	融通基金	2016/08～2023/12	89	6	17.10	2.08	23.97	16.55	-25.44	-30.56	0.65	0.03
779	王迪	融通基金	2018/06～2023/12	67	5	17.16	4.60	25.89	17.92	-43.27	-22.95	0.61	0.17
780	余志勇	融通基金	2012/08～2023/12	136	11	6.81	8.90	9.55	23.32	-14.43	-48.44	0.53	0.28
781	张鹏	融通基金	2015/08～2023/12	101	2	4.91	3.67	23.20	20.45	-42.56	-34.44	0.15	0.11
782	邹曦	融通基金	2007/06～2023/12	194	9	5.65	6.81	26.95	27.49	-65.22	-68.61	0.13	0.18
783	袁忠伟	瑞达基金	2015/05～2023/12	86	9	-2.79	-6.55	11.84	22.66	-35.67	-48.44	-0.37	-0.37
784	傅鹏博	睿远基金	2009/01～2023/12	169	3	15.41	11.19	23.87	24.14	-45.79	-44.57	0.56	0.35
785	赵枫	睿远基金	2001/09～2023/12	112	3	22.40	18.59	22.83	25.70	-36.11	-49.46	0.91	0.66
786	朱璘	睿远基金	2019/03～2023/12	58	1	6.01	2.81	23.46	16.05	-45.79	-22.95	0.19	0.08

续表

编号	基金经理	当前任职公司	任职区间	任职时间（月）	管理基金数量（只）	年化收益率（%）	指数年化收益率（%）	年化波动率（%）	指数年化波动率（%）	最大回撤（%）	指数最大回撤（%）	年化夏普比率	指数年化夏普比率
787	杨旭	山西证券	2015/06～2023/12	89	14	-3.15	-4.10	11.84	22.11	-37.83	-42.38	-0.40	-0.28
788	章海默	山西证券	2011/09～2023/12	59	2	-11.84	-0.88	14.63	17.10	-47.26	-22.95	-0.96	-0.27
789	庄波	山西证券	2015/03～2023/12	56	3	5.52	0.50	17.08	28.12	-29.37	-48.44	0.24	-0.02
790	傅奕翔	上海东方证券资产	2017/03～2023/12	53	6	5.78	-3.00	15.04	16.19	-33.36	-30.56	0.29	-0.24
791	纪文静	上海东方证券资产	2015/07～2023/12	102	2	5.79	1.81	5.79	21.05	-6.73	-34.44	0.74	0.01
792	孔令超	上海东方证券资产	2016/08～2023/12	89	1	5.73	2.08	4.00	16.55	-3.52	-30.56	1.06	0.03
793	李竞	上海东方证券资产	2020/03～2023/12	46	6	6.40	4.75	23.90	16.84	-45.42	-22.95	0.21	0.19
794	刘辉	上海东方证券资产	2012/07～2023/12	121	5	18.68	11.68	25.41	21.80	-47.37	-40.69	0.68	0.60
795	刘锐	上海东方证券资产	2019/12～2023/12	42	4	23.32	3.09	24.70	16.64	-28.00	-22.88	0.91	0.16
796	苗宇	上海东方证券资产	2015/02～2023/12	101	12	10.52	4.14	27.92	24.36	-44.58	-48.44	0.33	0.10
797	秦绪文	上海东方证券资产	2016/01～2023/12	96	6	9.91	4.47	18.23	17.10	-41.94	-30.56	0.46	0.17
798	王延飞	上海东方证券资产	2015/06～2023/12	103	5	8.93	-0.07	20.65	21.64	-40.92	-42.38	0.36	-0.07

续表

编号	基金经理	当前任职公司	任职区间	任职时间（月）	管理基金数量（只）	年化收益率（%）	指数年化收益率（%）	年化波动率（%）	指数年化波动率（%）	最大回撤（%）	指数最大回撤（%）	年化夏普比率	指数年化夏普比率
799	徐觅	上海东方证券资产	2017/09～2023/12	76	1	5.86	1.27	4.21	17.40	-3.52	-30.56	1.03	-0.01
800	杨仁眉	上海东方证券资产	2018/04～2023/12	57	5	2.44	0.89	21.00	19.41	-49.88	-22.99	0.05	-0.03
801	张锋	上海东方证券资产	2008/06～2023/12	81	5	6.29	2.45	20.98	25.86	-40.66	-42.52	0.20	0.05
802	张伟锋	上海东方证券资产	2020/09～2023/12	40	2	-4.38	-1.68	22.55	15.27	-42.20	-22.95	-0.26	-0.21
803	周杨	上海东方证券资产	2019/06～2023/12	55	5	10.52	3.95	20.07	16.10	-30.77	-22.95	0.45	0.15
804	周云	上海东方证券资产	2015/09～2023/12	100	8	13.19	4.42	17.21	20.43	-20.85	-34.44	0.68	0.14
805	孟巍	上海光大证券资产	2020/06～2023/12	43	2	-6.37	1.03	18.50	16.66	-44.04	-22.95	-0.43	-0.03
806	应超	上海光大证券资产	2020/09～2023/12	40	3	-3.60	-1.68	16.61	15.27	-33.15	-22.95	-0.31	-0.21
807	王海军	上海国泰君安证券资产	2012/06～2023/12	101	6	2.63	9.55	24.76	25.26	-56.03	-48.44	0.03	0.28
808	胡倩	上海海通证券资产	2011/04～2023/12	83	7	1.53	4.08	18.00	18.93	-33.60	-30.76	-0.05	0.09
809	陈博	上银基金	2020/02～2023/12	47	4	8.96	2.94	18.40	17.03	-27.12	-22.95	0.41	0.08

续表

编号	基金经理	当前任职公司	任职区间	任职时间（月）	管理基金数量（只）	年化收益率（%）	指数年化收益率（%）	年化波动率（%）	指数年化波动率（%）	最大回撤（%）	指数最大回撤（%）	年化夏普比率	指数年化夏普比率
810	翟云飞	上银基金	2016/02~2023/12	88	9	2.90	5.28	14.54	17.51	-36.38	-30.56	0.10	0.23
811	卢扬	上银基金	2014/10~2023/12	90	11	2.07	4.87	26.05	25.54	-52.50	-48.44	0.02	0.14
812	赵治烨	上银基金	2015/05~2023/12	104	8	8.66	-1.29	21.40	21.83	-30.32	-48.44	0.33	-0.13
813	张志梅	尚正基金	2017/12~2023/12	53	4	1.30	-4.65	16.88	18.39	-32.34	-29.52	-0.01	-0.38
814	付娟	申万菱信基金	2012/04~2023/12	139	11	15.49	6.66	25.71	23.02	-47.13	-48.44	0.53	0.23
815	季鹏	申万菱信基金	2013/08~2023/12	109	7	6.29	10.42	21.37	24.40	-45.36	-48.44	0.22	0.35
816	刘敦	申万菱信基金	2018/03~2023/12	70	4	6.00	2.30	16.41	17.97	-21.59	-25.85	0.27	0.04
817	夏祥全	申万菱信基金	2020/10~2023/12	39	3	-2.75	-2.06	11.41	15.46	-23.55	-22.95	-0.37	-0.23
818	俞诚	申万菱信基金	2017/07~2023/12	67	5	3.74	0.16	16.61	15.63	-31.42	-22.95	0.14	-0.09
819	周小波	申万菱信基金	2020/06~2023/12	43	7	3.71	1.03	24.12	16.66	-44.11	-22.95	0.09	-0.03
820	常璐	太平基金	2017/12~2023/12	50	7	-2.89	2.06	21.23	16.88	-47.01	-22.95	-0.21	0.13
821	林开盛	太平基金	2017/05~2023/12	80	2	0.69	2.84	23.57	17.10	-54.52	-30.56	-0.03	0.08
822	陈鹏辉	泰康基金	2019/07~2023/12	44	5	17.76	6.25	17.51	13.94	-27.30	-22.88	0.95	0.35
823	陈怡	泰康基金	2017/11~2023/12	74	3	5.66	1.61	18.59	17.59	-37.39	-29.52	0.22	0.01
824	桂跃强	泰康基金	2011/06~2023/12	148	10	9.67	6.93	18.42	22.26	-35.67	-48.44	0.42	0.20
825	黄成扬	泰康基金	2017/11~2023/12	74	3	-0.40	1.61	18.41	17.59	-45.66	-29.52	-0.10	0.01
826	金宏伟	泰康基金	2017/08~2023/12	77	5	5.71	1.46	15.49	17.29	-29.89	-30.56	0.27	0.00
827	刘伟	泰康基金	2017/05~2023/12	80	4	0.56	2.84	16.20	17.10	-45.11	-30.56	-0.06	0.08
828	任慧娟	泰康基金	2016/05~2023/12	92	3	5.72	3.16	14.78	16.40	-32.80	-30.56	0.29	0.10

续表

编号	基金经理	当前任职公司	任职区间	任职时间（月）	管理基金数量（只）	年化收益率（%）	指数年化收益率（%）	年化波动率（%）	指数年化波动率（%）	最大回撤（%）	指数最大回撤（%）	年化夏普比率	指数年化夏普比率
829	宋仁杰	泰康基金	2019/09～2023/12	52	2	13.52	4.20	19.26	16.57	-30.47	-22.95	0.62	0.16
830	薛小波	泰康基金	2015/02～2023/12	96	8	9.65	5.05	17.62	23.72	-34.07	-44.57	0.47	0.18
831	董季周	泰信基金	2019/07～2023/12	54	2	19.24	4.05	31.64	16.26	-49.35	-22.95	0.56	0.16
832	董山青	泰信基金	2015/03～2023/12	106	5	13.91	2.62	20.36	23.13	-29.24	-48.44	0.61	0.05
833	王博强	泰信基金	2015/03～2023/12	106	5	0.88	2.62	24.53	23.13	-48.85	-48.44	-0.03	0.05
834	吴秉韬	泰信基金	2019/07～2023/12	54	4	22.14	4.05	27.45	16.26	-47.24	-22.95	0.75	0.16
835	徐慕浩	泰信基金	2019/08～2023/12	53	2	19.44	4.30	20.82	16.41	-29.85	-22.95	0.86	0.17
836	朱志权	泰信基金	2008/06～2023/12	187	5	4.97	8.29	24.75	25.49	-62.92	-48.44	0.12	0.24
837	陈国光	天弘基金	2012/04～2023/12	137	9	13.07	11.55	26.41	21.68	-39.64	-48.44	0.43	0.42
838	杜广	天弘基金	2020/05～2023/12	40	4	4.37	1.67	16.84	17.98	-18.93	-20.24	0.18	0.18
839	谷琦彬	天弘基金	2018/05～2023/12	68	7	7.84	3.04	17.41	18.16	-30.16	-22.95	0.36	0.09
840	郭相博	天弘基金	2018/01～2023/12	72	3	14.48	1.40	26.90	17.83	-39.21	-29.52	0.48	-0.01
841	姜晓丽	天弘基金	2014/03～2023/12	88	15	7.12	14.76	4.80	25.50	-9.17	-48.44	1.14	0.52
842	李宁	天弘基金	2015/03～2023/12	76	3	-3.23	-0.70	21.78	25.55	-53.75	-48.44	-0.22	-0.03
843	刘国江	天弘基金	2019/04～2023/12	57	3	0.99	3.17	21.39	16.18	-42.55	-22.95	-0.02	0.10
844	刘盟盟	天弘基金	2018/01～2023/12	72	1	13.06	1.40	25.55	17.83	-36.87	-29.52	0.45	-0.01
845	于洋	天弘基金	2019/08～2023/12	53	6	11.76	5.72	23.98	18.10	-43.21	-22.95	0.43	0.23
846	张寓	天弘基金	2020/07～2023/12	42	7	1.41	-2.77	8.03	15.26	-13.19	-22.95	-0.01	-0.28
847	赵鼎龙	天弘基金	2019/11～2023/12	50	3	4.77	4.54	14.54	16.88	-21.38	-22.95	0.22	0.18

续表

编号	基金经理	当前任职公司	任职区间	任职时间（月）	管理基金数量（只）	年化收益率（%）	指数年化收益率（%）	年化波动率（%）	指数年化波动率（%）	最大回撤（%）	指数最大回撤（%）	年化夏普比率	指数年化夏普比率
848	周楷宁	天弘基金	2020/01～2023/12	48	3	5. 26	2. 88	15. 15	16. 84	-20. 27	-22. 95	0. 25	0. 08
849	许家涵	天治基金	2015/06～2023/12	103	5	-2. 14	-0. 07	22. 53	21. 64	-49. 96	-42. 38	-0. 16	-0. 07
850	杨喆	同泰基金	2019/08～2023/12	53	6	-1. 72	4. 30	19. 43	16. 41	-41. 98	-22. 95	-0. 17	0. 17
851	高源	万家基金	2015/07～2023/12	99	14	6. 55	1. 80	19. 41	21. 36	-25. 75	-34. 44	0. 26	0. 00
852	耿嘉洲	万家基金	2020/05～2023/12	44	2	14. 09	3. 35	30. 91	17. 04	-50. 62	-22. 95	0. 41	0. 11
853	谷丹青	万家基金	2020/11～2023/12	38	2	2. 52	-3. 41	1. 53	15. 48	-1. 22	-22. 95	0. 67	-0. 32
854	黄海	万家基金	2020/09～2023/12	40	4	16. 68	-1. 68	27. 11	15. 27	-23. 67	-22. 95	0. 56	-0. 21
855	黄兴亮	万家基金	2014/02～2023/12	115	9	13. 25	9. 09	25. 75	23. 01	-48. 69	-44. 57	0. 45	0. 29
856	李文宾	万家基金	2017/01～2023/12	84	15	10. 25	2. 24	23. 05	16. 80	-35. 28	-30. 56	0. 38	0. 04
857	刘宏达	万家基金	2017/12～2023/12	69	5	0. 56	1. 43	19. 42	18. 26	-45. 75	-29. 52	-0. 05	-0. 05
858	刘洋	万家基金	2018/09～2023/12	64	3	16. 08	5. 72	22. 20	18. 10	-29. 81	-22. 95	0. 66	0. 23
859	莫海波	万家基金	2015/05～2023/12	104	13	8. 88	-1. 29	22. 35	21. 83	-32. 61	-48. 44	0. 33	-0. 13
860	乔亮	万家基金	2019/08～2023/12	53	5	5. 23	4. 30	17. 77	16. 41	-25. 86	-22. 95	0. 21	0. 17
861	束金伟	万家基金	2019/12～2023/12	49	3	20. 31	2. 75	21. 30	16. 66	-23. 55	-22. 95	0. 88	0. 08
862	苏谋东	万家基金	2015/05～2023/12	98	10	2. 77	-0. 47	3. 41	19. 38	-9. 49	-48. 44	0. 38	-0. 11
863	叶勇	万家基金	2018/08～2023/12	65	3	12. 23	5. 88	24. 95	17. 96	-32. 11	-22. 95	0. 43	0. 24
864	尹航	万家基金	2020/07～2023/12	42	5	-4. 97	-2. 77	19. 96	15. 26	-39. 60	-22. 95	-0. 32	-0. 28
865	章恒	万家基金	2014/11～2023/12	59	7	27. 29	13. 88	26. 28	25. 53	-26. 25	-39. 98	0. 99	0. 48
866	陈保国	西部利得基金	2020/02～2023/12	47	7	7. 70	2. 94	21. 03	17. 03	-42. 88	-22. 95	0. 29	0. 08

续表

编号	基金经理	当前任职公司	任职区间	任职时间（月）	管理基金数量（只）	年化收益率（%）	指数年化收益率（%）	年化波动率（%）	指数年化波动率（%）	最大回撤（%）	指数最大回撤（%）	年化夏普比率	指数年化夏普比率
867	何奇	西部利得基金	2015/08～2023/12	97	9	4. 10	1. 58	29. 22	20. 14	-45. 96	-34. 44	0. 09	0. 00
868	林静	西部利得基金	2017/03～2023/12	82	4	4. 70	1. 91	11. 14	16. 97	-27. 14	-30. 56	0. 29	0. 02
869	盛丰衍	西部利得基金	2019/03～2023/12	58	3	20. 08	2. 81	20. 12	16. 05	-30. 98	-22. 95	0. 92	0. 08
870	陶星言	西部利得基金	2020/07～2023/12	42	2	-8. 22	-2. 77	22. 27	15. 26	-50. 52	-22. 95	-0. 44	-0. 28
871	童国林	西部利得基金	2004/05～2023/12	71	6	12. 30	0. 72	16. 64	18. 88	-18. 87	-35. 98	0. 66	-0. 05
872	张昌平	西部利得基金	2020/11～2023/12	38	2	3. 64	-3. 41	24. 04	15. 48	-35. 60	-22. 95	0. 09	-0. 32
873	周平	西部利得基金	2014/03～2023/12	38	7	3. 61	30. 71	6. 54	24. 03	-10. 22	-27. 54	0. 26	1. 34
874	吴逸	西藏东财基金	2020/07～2023/12	42	3	-8. 46	-2. 77	17. 47	15. 26	-41. 88	-22. 95	-0. 57	-0. 28
875	车广路	湘财基金	2012/03～2023/12	138	12	5. 70	8. 56	25. 11	23. 39	-64. 83	-48. 44	0. 15	0. 29
876	程涛	湘财基金	2010/04～2023/12	104	13	-0. 69	6. 94	22. 32	20. 34	-52. 35	-33. 01	-0. 14	0. 23
877	徐亦达	湘财基金	2020/05～2023/12	44	8	6. 47	3. 35	20. 10	17. 04	-34. 90	-22. 95	0. 25	0. 11
878	蔡春红	新华基金	2015/07～2023/12	102	5	2. 60	1. 81	20. 49	21. 05	-39. 97	-34. 44	0. 05	0. 01
879	赖庆鑫	新华基金	2017/02～2023/12	76	7	5. 05	1. 70	23. 02	17. 42	-36. 05	-30. 56	0. 16	-0. 09
880	王永明	新华基金	2017/02～2023/12	83	7	2. 48	1. 80	17. 99	16. 87	-39. 89	-30. 56	0. 05	0. 02
881	赵强	新华基金	2014/03～2023/12	94	9	12. 62	11. 75	20. 85	18. 59	-40. 22	-30. 56	0. 53	0. 57
882	林材	新疆前海联合基金	2012/08～2023/12	122	9	9. 75	12. 69	20. 33	20. 41	-48. 28	-48. 44	0. 39	0. 51
883	王静	新疆前海联合基金	2017/06～2023/12	79	9	-0. 27	2. 14	15. 91	17. 11	-42. 50	-30. 56	-0. 11	0. 04

续表

编号	基金经理	当前任职公司	任职区间	任职时间（月）	管理基金数量（只）	年化收益率（%）	指数年化收益率（%）	年化波动率（%）	指数年化波动率（%）	最大回撤（%）	指数最大回撤（%）	年化夏普比率	指数年化夏普比率
884	熊钰	新疆前海联合基金	2020/05~2023/12	44	1	5.66	3.35	24.21	17.04	-41.38	-22.95	0.17	0.11
885	张磊	新疆前海联合基金	2020/06~2023/12	43	3	8.13	2.94	28.53	17.03	-48.96	-22.95	0.23	0.08
886	张文	新疆前海联合基金	2020/10~2023/12	39	1	2.09	-2.06	9.89	15.46	-11.67	-22.95	0.06	-0.23
887	张永任	新疆前海联合基金	2020/05~2023/12	44	4	7.85	3.35	18.83	17.04	-22.30	-22.95	0.34	0.11
888	张勇	新疆前海联合基金	2017/04~2023/12	61	4	-3.61	-4.17	14.20	17.18	-28.43	-30.56	-0.36	-0.35
889	陈乐华	新沃基金	2014/10~2023/12	97	7	5.18	7.46	31.99	24.31	-56.64	-44.57	0.12	0.27
890	李彪	鑫元基金	2019/06~2023/12	55	6	8.14	3.95	18.56	16.10	-24.23	-22.95	0.36	0.15
891	曾国富	信达澳亚基金	2008/07~2023/12	175	12	11.47	5.42	28.36	25.95	-49.05	-48.44	0.33	0.11
892	冯明远	信达澳亚基金	2016/10~2023/12	87	10	17.21	1.93	24.47	16.69	-42.17	-30.56	0.64	0.03
893	李淑彦	信达澳亚基金	2020/10~2023/12	39	4	4.26	-2.06	23.29	15.46	-41.00	-22.95	0.12	-0.23
894	林景艺	信达澳亚基金	2015/05~2023/12	96	5	2.63	-0.13	19.76	22.70	-35.41	-48.44	0.06	-0.06
895	刘小明	信达澳亚基金	2019/12~2023/12	41	7	-9.45	5.42	20.82	14.77	-53.31	-20.26	-0.54	0.34
896	沈莉	信达澳亚基金	2019/11~2023/12	43	5	15.57	6.32	22.69	17.37	-24.70	-20.24	0.64	0.42
897	是星涛	信达澳亚基金	2016/02~2023/12	89	6	11.99	4.60	16.50	17.60	-27.17	-30.56	0.64	0.18

续表

编号	基金经理	当前任职公司	任职区间	任职时间（月）	管理基金数量（只）	年化收益率（%）	指数年化收益率（%）	年化波动率（%）	指数年化波动率（%）	最大回撤（%）	指数最大回撤（%）	年化夏普比率	指数年化夏普比率
898	吴清宇	信达澳亚基金	2018/12～2023/12	50	6	12.29	7.67	23.02	19.51	-31.65	-22.95	0.48	0.31
899	杨珂	信达澳亚基金	2020/05～2023/12	44	3	10.09	3.35	25.46	17.04	-32.30	-22.95	0.34	0.11
900	朱然	信达澳亚基金	2017/11～2023/12	71	7	18.18	0.71	26.12	18.00	-38.00	-29.52	0.65	-0.05
901	邹运	信达澳亚基金	2019/05～2023/12	56	6	3.60	4.62	22.89	16.02	-53.78	-22.95	0.09	0.19
902	孙祺	兴合基金	2016/04～2023/12	40	2	-3.87	-8.05	8.32	12.02	-25.76	-28.55	-0.66	-0.72
903	高圣	兴业基金	2018/03～2023/12	70	1	7.29	2.30	17.66	17.97	-26.88	-25.85	0.33	0.04
904	蒋丽丝	兴业基金	2020/12～2023/12	37	1	-10.97	-4.54	19.32	15.57	-34.83	-22.95	-0.65	-0.39
905	腊博	兴业基金	2015/05～2023/12	104	4	5.74	-1.29	5.64	21.83	-17.65	-48.44	0.75	-0.13
906	刘方旭	兴业基金	2015/12～2023/12	97	6	6.52	0.98	17.84	19.67	-37.07	-34.44	0.28	-0.03
907	楼华锋	兴业基金	2016/12～2023/12	58	11	13.98	6.23	17.89	16.55	-18.99	-30.56	0.71	0.32
908	钱睿南	兴业基金	2008/02～2023/12	183	10	9.26	4.89	20.33	27.00	-44.33	-64.72	0.35	0.10
909	徐玉良	兴业基金	2020/10～2023/12	39	3	-8.77	-2.06	14.44	15.46	-37.35	-22.95	-0.71	-0.23
910	邹慧	兴业基金	2020/11～2023/12	38	3	5.08	-3.41	22.53	15.48	-30.73	-22.95	0.16	-0.32
911	孔晓语	兴银基金	2017/06～2023/12	69	7	2.76	0.07	15.40	15.52	-27.83	-22.95	0.08	-0.08
912	王卫	兴银基金	2020/12～2023/12	37	2	-8.41	-4.54	19.15	15.57	-36.38	-22.95	-0.52	-0.39
913	张世略	兴银基金	2020/11～2023/12	38	4	-3.33	-3.41	26.62	15.48	-47.26	-22.95	-0.18	-0.32
914	陈宇	兴证全球基金	2017/09～2023/12	76	2	9.83	1.27	21.01	17.40	-43.49	-30.56	0.40	-0.01
915	董理	兴证全球基金	2015/03～2023/12	94	7	6.56	1.67	20.92	24.41	-36.87	-48.44	0.24	0.02
916	何以广	兴证全球基金	2015/05～2023/12	95	11	8.59	-0.13	24.41	22.82	-39.61	-48.44	0.29	-0.06

续表

编号	基金经理	当前任职公司	任职区间	任职时间（月）	管理基金数量（只）	年化收益率（%）	指数年化收益率（%）	年化波动率（%）	指数年化波动率（%）	最大回撤（%）	指数最大回撤（%）	年化夏普比率	指数年化夏普比率
917	季文华	兴证全球基金	2016/03~2023/12	91	5	6.34	-0.28	19.87	14.84	-49.26	-28.55	0.25	-0.11
918	林翠萍	兴证全球基金	2016/04~2023/12	82	3	-0.17	3.20	20.46	16.70	-55.25	-30.56	-0.08	0.10
919	钱鑫	兴证全球基金	2020/12~2023/12	37	1	-12.10	-4.54	15.74	15.57	-41.94	-22.95	-0.86	-0.39
920	乔迁	兴证全球基金	2017/07~2023/12	78	5	10.02	1.91	17.79	17.22	-29.63	-30.56	0.48	0.02
921	任相栋	兴证全球基金	2015/01~2023/12	93	4	16.19	6.44	25.67	24.05	-36.94	-44.57	0.58	0.20
922	童兰	兴证全球基金	2020/07~2023/12	42	2	-5.68	-2.77	14.37	15.26	-34.27	-22.95	-0.50	-0.28
923	王品	兴证全球基金	2009/06~2023/12	159	5	7.10	6.63	19.37	24.74	-35.74	-48.44	0.26	0.18
924	谢书英	兴证全球基金	2014/04~2023/12	109	8	10.67	12.39	18.19	23.63	-28.45	-48.44	0.50	0.49
925	谢治宇	兴证全球基金	2013/01~2023/12	132	6	15.45	8.88	19.42	23.27	-36.22	-48.44	0.70	0.30
926	杨世进	兴证全球基金	2020/12~2023/12	37	3	-7.81	-4.54	16.41	15.57	-29.03	-22.95	-0.57	-0.39
927	邹欣	兴证全球基金	2015/12~2023/12	97	2	7.82	0.98	18.23	19.67	-42.01	-34.44	0.35	-0.03
928	匡伟	兴证证券资产	2020/04~2023/12	45	4	5.18	3.43	17.16	16.84	-30.63	-22.95	0.21	0.11
929	毕仲圆	易方达基金	2019/04~2023/12	44	2	-18.99	-4.05	22.78	15.86	-55.96	-22.95	-0.92	-0.42
930	蔡荣成	易方达基金	2019/04~2023/12	57	6	15.67	3.17	22.07	16.18	-29.50	-22.95	0.65	0.10
931	陈皓	易方达基金	2012/09~2023/12	136	14	13.55	9.79	23.02	23.44	-37.98	-48.44	0.51	0.34
932	冯波	易方达基金	2010/01~2023/12	168	5	10.45	6.41	24.48	22.78	-49.74	-48.44	0.34	0.19
933	付浩	易方达基金	2004/02~2023/12	183	6	9.99	10.01	20.97	28.09	-54.16	-68.61	0.37	0.28
934	郭杰	易方达基金	2012/10~2023/12	131	9	10.59	11.06	26.84	23.89	-45.61	-48.44	0.33	0.39
935	何崇恺	易方达基金	2019/11~2023/12	50	2	19.61	4.54	31.00	16.88	-35.95	-22.95	0.58	0.18

续表

编号	基金经理	当前任职公司	任职区间	任职时间（月）	管理基金数量（只）	年化收益率（%）	指数年化收益率（%）	年化波动率（%）	指数年化波动率（%）	最大回撤（%）	指数最大回撤（%）	年化夏普比率	指数年化夏普比率
936	纪玲云	易方达基金	2018/07~2023/12	66	2	3.79	4.62	3.71	18.06	-3.65	-22.95	0.62	0.17
937	李一硕	易方达基金	2016/08~2023/12	89	4	5.57	2.08	3.34	16.55	-3.83	-30.56	1.22	0.03
938	林高榜	易方达基金	2017/05~2023/12	80	3	6.41	2.84	20.63	17.10	-30.51	-30.56	0.24	0.08
939	刘健维	易方达基金	2019/07~2023/12	54	3	13.24	4.05	21.99	16.26	-32.98	-22.95	0.53	0.16
940	祁禾	易方达基金	2017/12~2023/12	73	8	11.96	1.68	20.83	17.72	-29.82	-29.52	0.50	0.01
941	孙松	易方达基金	2018/12~2023/12	61	1	13.42	8.38	20.59	17.84	-30.87	-22.95	0.58	0.39
942	王元春	易方达基金	2018/12~2023/12	61	4	19.47	8.38	25.94	17.84	-37.09	-22.95	0.69	0.39
943	武阳	易方达基金	2015/08~2023/12	101	5	6.35	3.67	23.40	20.45	-40.52	-34.44	0.21	0.11
944	萧楠	易方达基金	2012/09~2023/12	136	10	13.70	9.79	19.93	23.44	-36.61	-48.44	0.59	0.34
945	杨嘉文	易方达基金	2017/12~2023/12	73	6	10.75	1.68	16.69	17.72	-22.80	-29.52	0.55	0.01
946	杨康	易方达基金	2020/04~2023/12	45	21	5.34	3.43	3.69	16.84	-2.74	-22.95	1.04	0.11
947	杨添琦	易方达基金	2020/10~2023/12	39	1	-17.14	-2.06	24.31	15.46	-57.53	-22.95	-0.77	-0.23
948	杨桢霄	易方达基金	2016/08~2023/12	89	3	12.85	2.08	22.99	16.55	-46.31	-30.56	0.49	0.03
949	杨宗昌	易方达基金	2019/04~2023/12	57	3	24.81	3.17	24.36	16.18	-17.43	-22.95	0.96	0.10
950	张坤	易方达基金	2015/11~2023/12	136	4	7.60	1.63	26.46	19.66	-48.55	-34.44	0.23	0.01
951	张清华	易方达基金	2015/04~2023/12	105	13	11.92	0.46	17.45	22.33	-32.85	-48.44	0.60	-0.05
952	郑希	易方达基金	2012/09~2023/12	136	7	14.72	9.79	26.14	23.44	-40.93	-48.44	0.49	0.34
953	高喜阳	益民基金	2011/04~2023/12	61	7	1.90	4.56	15.61	18.25	-22.64	-30.76	-0.05	0.18
954	何晶	银河基金	2015/05~2023/12	65	7	5.76	0.05	11.71	20.59	-25.66	-47.04	0.37	-0.10

续表

编号	基金经理	当前任职公司	任职区间	任职时间（月）	管理基金数量（只）	年化收益率（%）	指数年化收益率（%）	年化波动率（%）	指数年化波动率（%）	最大回撤（%）	指数最大回撤（%）	年化夏普比率	指数年化夏普比率
955	黄栋	银河基金	2015/06~2023/12	58	4	1.27	-4.93	21.86	24.70	-32.63	-42.38	-0.01	-0.25
956	刘铭	银河基金	2017/05~2023/12	81	9	4.46	2.84	3.93	17.10	-8.03	-30.56	0.75	0.08
957	卢铁乔	银河基金	2012/12~2023/12	133	9	9.61	9.27	21.96	23.22	-47.48	-48.44	0.35	0.32
958	罗博	银河基金	2016/12~2023/12	85	6	5.03	2.18	11.91	16.70	-22.29	-30.56	0.30	0.04
959	石磊	银河基金	2019/04~2023/12	57	5	4.01	3.17	7.06	16.18	-16.01	-22.95	0.36	0.10
960	杨琪	银河基金	2017/01~2023/12	84	6	2.05	2.24	18.48	16.80	-46.66	-30.56	0.03	0.04
961	袁曦	银河基金	2015/12~2023/12	97	11	7.58	0.98	23.53	19.67	-42.66	-34.44	0.26	-0.03
962	郑巍山	银河基金	2019/05~2023/12	56	4	19.65	4.62	35.05	16.02	-51.53	-22.95	0.52	0.19
963	祝建辉	银河基金	2015/12~2023/12	97	13	7.03	0.98	17.17	19.67	-31.60	-34.44	0.32	-0.03
964	薄官辉	银华基金	2015/04~2023/12	105	8	6.63	0.46	21.22	22.33	-34.55	-48.44	0.24	-0.05
965	贲兴振	银华基金	2013/02~2023/12	127	9	8.54	8.21	18.74	23.75	-35.52	-48.44	0.36	0.26
966	程桯	银华基金	2015/08~2023/12	96	5	3.48	2.61	21.01	19.72	-49.87	-29.50	0.10	0.01
967	杜宇	银华基金	2019/12~2023/12	49	3	6.15	2.75	22.95	16.66	-35.24	-22.95	0.20	0.08
968	方建	银华基金	2018/06~2023/12	67	5	18.80	4.60	29.10	17.92	-34.66	-22.95	0.59	0.17
969	郭思捷	银华基金	2020/07~2023/12	42	3	-12.82	-2.77	18.56	15.26	-48.63	-22.95	-0.77	-0.28
970	和玮	银华基金	2018/08~2023/12	65	4	8.54	5.88	18.09	17.96	-27.90	-22.95	0.39	0.24
971	胡银玉	银华基金	2020/04~2023/12	45	2	11.13	3.43	16.41	16.84	-21.68	-22.95	0.59	0.11
972	贾鹏	银华基金	2016/05~2023/12	92	5	6.06	3.16	16.65	16.40	-43.87	-30.56	0.27	0.10
973	焦巍	银华基金	2012/10~2023/12	93	10	17.69	9.70	29.13	23.14	-52.66	-48.44	0.56	0.22

续表

编号	基金经理	当前任职公司	任职区间	任职时间（月）	管理基金数量（只）	年化收益率（%）	指数年化收益率（%）	年化波动率（%）	指数年化波动率（%）	最大回撤（%）	指数最大回撤（%）	年化夏普比率	指数年化夏普比率
974	李晓星	银华基金	2015/07～2023/12	102	15	10.93	1.81	23.17	21.05	-39.50	-34.44	0.41	0.01
975	李宜璇	银华基金	2018/03～2023/12	70	5	3.25	2.30	24.56	17.97	-47.58	-25.85	0.07	0.04
976	刘辉	银华基金	2017/03～2023/12	82	4	18.68	11.68	25.41	21.80	-47.37	-40.69	0.68	0.60
977	马君	银华基金	2013/12～2023/12	96	8	9.37	13.25	18.36	20.50	-32.27	-48.44	0.42	0.56
978	倪明	银华基金	2008/01～2023/12	188	9	4.97	6.19	23.60	26.64	-56.25	-64.72	0.12	0.18
979	秦锋	银华基金	2018/02～2023/12	71	2	-2.48	2.25	22.84	17.84	-51.93	-25.93	-0.17	0.04
980	苏静然	银华基金	2017/08～2023/12	77	6	1.68	1.46	19.88	17.29	-45.36	-30.56	0.01	0.00
981	孙蓓琳	银华基金	2012/07～2023/12	134	8	12.93	8.93	21.59	23.69	-33.37	-48.44	0.52	0.31
982	孙慧	银华基金	2016/10～2023/12	87	2	6.84	1.93	19.32	16.69	-35.21	-30.56	0.28	0.03
983	唐能	银华基金	2015/05～2023/12	104	8	2.80	-1.29	21.91	21.83	-45.55	-48.44	0.06	-0.13
984	王斌	银华基金	2016/02～2023/12	95	4	26.55	7.58	21.01	17.73	-22.36	-22.95	1.19	0.34
985	王海峰	银华基金	2016/03～2023/12	94	7	11.00	2.79	14.93	16.24	-19.73	-30.56	0.64	0.08
986	王浩	银华基金	2015/11～2023/12	98	7	7.45	1.63	22.27	19.66	-37.49	-34.44	0.27	0.01
987	王利刚	银华基金	2019/12～2023/12	49	4	6.71	2.75	19.78	16.66	-28.44	-22.95	0.26	0.08
988	王智伟	银华基金	2020/11～2023/12	38	5	4.40	-3.41	10.94	15.48	-12.61	-22.95	0.26	-0.32
989	魏卓	银华基金	2020/06～2023/12	43	2	-5.45	1.03	22.40	16.66	-46.41	-22.95	-0.31	-0.03
990	向伊达	银华基金	2019/12～2023/12	49	6	13.43	2.75	25.67	16.66	-46.11	-22.95	0.46	0.08
991	张凯	银华基金	2016/04～2023/12	93	4	-2.46	3.06	17.21	16.31	-46.27	-30.56	-0.23	0.10
992	张萍	银华基金	2018/11～2023/12	62	14	15.07	7.29	21.44	17.86	-38.71	-22.95	0.63	0.32

续表

编号	基金经理	当前任职公司	任职区间	任职时间（月）	管理基金数量（只）	年化收益率（%）	指数年化收益率（%）	年化波动率（%）	指数年化波动率（%）	最大回撤（%）	指数最大回撤（%）	年化夏普比率	指数年化夏普比率
993	赵楠楠	银华基金	2019/09~2023/12	52	5	3.47	4.20	2.76	16.57	-2.74	-22.95	0.71	0.16
994	周晶	银华基金	2013/02~2023/12	114	5	15.00	13.39	18.64	19.26	-41.86	-40.69	0.72	0.64
995	周书	银华基金	2018/04~2023/12	69	4	6.86	2.99	25.21	18.02	-57.39	-22.99	0.21	0.08
996	张大铮	英大基金	2020/01~2023/12	48	2	8.50	2.88	20.41	16.84	-24.34	-22.95	0.34	0.08
997	张媛	英大基金	2018/01~2023/12	72	5	10.65	1.40	17.77	17.83	-19.71	-29.52	0.51	-0.01
998	常远	永赢基金	2016/01~2023/12	85	5	2.42	2.44	20.28	16.37	-52.15	-28.55	0.05	-0.01
999	高楠	永赢基金	2017/11~2023/12	62	6	20.19	-0.35	26.69	18.45	-33.99	-29.52	0.73	-0.23
1000	光磊	永赢基金	2015/04~2023/12	99	10	3.02	-0.64	23.79	22.97	-49.10	-48.44	0.06	-0.10
1001	黄韵	永赢基金	2014/10~2023/12	101	11	5.44	10.22	9.64	24.39	-29.75	-48.44	0.40	0.31
1002	李永兴	永赢基金	2012/03~2023/12	108	14	11.86	15.10	19.68	21.18	-32.35	-48.44	0.51	0.62
1003	牟琼屿	永赢基金	2019/06~2023/12	55	1	6.97	3.95	9.39	16.10	-12.10	-22.95	0.58	0.15
1004	晏青	永赢基金	2020/03~2023/12	46	3	-2.80	4.75	18.48	16.84	-44.48	-22.95	-0.23	0.19
1005	于航	永赢基金	2015/04~2023/12	103	8	7.97	0.56	32.16	22.48	-62.04	-48.44	0.20	-0.09
1006	陈臣	圆信永丰基金	2020/05~2023/12	44	2	3.57	3.35	20.49	17.04	-38.38	-22.95	0.10	0.11
1007	范妍	圆信永丰基金	2015/10~2023/12	99	13	13.38	2.37	14.89	19.67	-23.86	-34.44	0.80	0.04
1008	胡春霞	圆信永丰基金	2018/03~2023/12	70	5	4.76	2.30	19.79	17.97	-44.17	-25.85	0.16	0.04
1009	汪萍	圆信永丰基金	2020/05~2023/12	44	2	8.30	3.35	20.71	17.04	-32.92	-22.95	0.33	0.11
1010	肖世源	圆信永丰基金	2017/06~2023/12	79	5	9.96	2.14	20.89	17.11	-34.11	-30.56	0.41	0.04
1011	邹维	圆信永丰基金	2019/01~2023/12	60	4	15.44	7.96	17.78	17.97	-24.37	-22.95	0.78	0.36

续表

编号	基金经理	当前任职公司	任职区间	任职时间（月）	管理基金数量（只）	年化收益率（%）	指数年化收益率（%）	年化波动率（%）	指数年化波动率（%）	最大回撤（%）	指数最大回撤（%）	年化夏普比率	指数年化夏普比率
1012	林忠晶	长安基金	2015/05～2023/12	104	12	7. 51	−1. 29	20. 31	21. 83	−54. 55	−48. 44	0. 30	−0. 13
1013	徐小勇	长安基金	2008/08～2023/12	148	14	19. 33	14. 68	25. 65	24. 55	−50. 29	−48. 44	0. 68	0. 53
1014	陈良栋	长城基金	2015/11～2023/12	98	11	9. 65	1. 63	17. 57	19. 66	−33. 44	−34. 44	0. 46	0. 01
1015	储雯玉	长城基金	2015/08～2023/12	101	7	6. 52	3. 67	22. 25	20. 45	−47. 72	−34. 44	0. 23	0. 11
1016	韩林	长城基金	2016/05～2023/12	89	8	4. 89	3. 38	20. 21	16. 69	−40. 44	−30. 56	0. 17	0. 09
1017	雷俊	长城基金	2015/06～2023/12	86	7	6. 63	1. 05	22. 68	21. 77	−30. 48	−38. 05	0. 23	0. 02
1018	廖瀚博	长城基金	2018/03～2023/12	70	7	10. 08	2. 30	21. 20	17. 97	−31. 31	−25. 85	0. 40	0. 04
1019	林皓	长城基金	2019/11～2023/12	48	2	18. 77	7. 75	20. 41	15. 88	−37. 27	−22. 95	0. 87	0. 24
1020	刘疆	长城基金	2019/04～2023/12	57	3	8. 02	3. 17	25. 44	16. 18	−49. 05	−22. 95	0. 26	0. 10
1021	龙宇飞	长城基金	2017/10～2023/12	75	3	7. 53	1. 11	21. 34	17. 52	−34. 52	−30. 56	0. 28	−0. 02
1022	马强	长城基金	2015/06～2023/12	103	10	2. 56	−0. 07	11. 37	21. 64	−30. 29	−42. 38	0. 09	−0. 07
1023	曲少杰	长城基金	2019/06～2023/12	55	1	−3. 55	3. 95	23. 56	16. 10	−58. 90	−22. 95	−0. 21	0. 15
1024	谭小兵	长城基金	2016/02～2023/12	95	7	11. 09	4. 86	17. 00	17. 16	−40. 39	−30. 56	0. 56	0. 20
1025	杨建华	长城基金	2007/09～2023/12	189	12	3. 18	1. 22	24. 98	25. 61	−64. 19	−68. 61	0. 04	−0. 05
1026	尤国梁	长城基金	2019/10～2023/12	51	3	12. 43	4. 09	32. 86	16. 73	−38. 15	−22. 95	0. 33	0. 15
1027	余欢	长城基金	2020/12～2023/12	37	3	−14. 07	−4. 54	18. 64	15. 57	−42. 66	−22. 95	−0. 84	−0. 39
1028	张捷	长城基金	2018/08～2023/12	65	2	5. 39	5. 88	20. 78	17. 96	−42. 40	−22. 95	0. 19	0. 24
1029	赵凤飞	长城基金	2018/03～2023/12	70	4	2. 97	2. 30	20. 50	17. 97	−39. 65	−25. 85	0. 07	0. 04
1030	徐婕	长江证券资产	2005/08～2023/12	55	3	21. 68	15. 61	21. 35	19. 87	−18. 36	−22. 95	0. 95	0. 68

续表

编号	基金经理	当前任职公司	任职区间	任职时间（月）	管理基金数量（只）	年化收益率（%）	指数年化收益率（%）	年化波动率（%）	指数年化波动率（%）	最大回撤（%）	指数最大回撤（%）	年化夏普比率	指数年化夏普比率
1031	陈亘斯	长盛基金	2019/05~2023/12	56	4	8.41	4.62	14.26	16.02	-13.03	-22.95	0.49	0.19
1032	代毅	长盛基金	2018/06~2023/12	67	6	0.67	4.60	26.57	17.92	-60.35	-22.95	-0.03	0.17
1033	郭堃	长盛基金	2015/11~2023/12	93	11	8.28	1.15	17.29	19.87	-31.28	-34.44	0.40	-0.02
1034	李琪	长盛基金	2016/08~2023/12	89	6	4.19	2.08	8.45	16.55	-22.21	-30.56	0.32	0.03
1035	钱文礼	长盛基金	2017/10~2023/12	75	8	0.49	1.11	22.32	17.52	-53.74	-30.56	-0.05	-0.02
1036	王宁	长盛基金	2001/07~2023/12	204	15	12.41	11.18	21.24	29.81	-52.32	-68.61	0.48	0.27
1037	杨衡	长盛基金	2015/06~2023/12	103	21	6.48	-0.07	12.71	21.64	-18.75	-42.38	0.39	-0.07
1038	张谊然	长盛基金	2019/05~2023/12	56	4	8.53	4.62	16.97	16.02	-33.03	-22.95	0.41	0.19
1039	朱律	长盛基金	2019/05~2023/12	56	4	7.20	4.62	25.60	16.02	-55.67	-22.95	0.22	0.19
1040	高远	长信基金	2017/01~2023/12	84	4	13.02	2.24	16.30	16.80	-21.74	-30.56	0.71	0.04
1041	李家春	长信基金	2016/10~2023/12	82	3	6.42	5.08	9.86	16.36	-23.31	-30.56	0.51	0.27
1042	刘亮	长信基金	2019/08~2023/12	53	3	1.35	4.30	23.97	16.41	-56.74	-22.95	-0.01	0.17
1043	宋海岸	长信基金	2018/02~2023/12	71	5	12.80	2.25	26.71	17.84	-39.50	-25.93	0.42	0.04
1044	吴晖	长信基金	2019/04~2023/12	57	3	7.51	3.17	8.77	16.18	-12.24	-22.95	0.69	0.10
1045	许望伟	长信基金	2020/12~2023/12	37	2	-0.17	-4.54	19.84	15.57	-35.87	-22.95	-0.08	-0.39
1046	叶松	长信基金	2011/03~2023/12	154	17	10.28	6.38	20.32	22.89	-29.61	-48.44	0.41	0.19
1047	张子乔	长信基金	2020/08~2023/12	41	4	-7.31	-3.43	18.13	15.40	-36.43	-22.95	-0.49	-0.32
1048	祝昱丰	长信基金	2017/10~2023/12	75	3	3.52	1.11	20.37	17.52	-44.62	-30.56	0.10	-0.02
1049	左金保	长信基金	2015/03~2023/12	106	14	6.24	2.62	25.10	23.13	-39.81	-48.44	0.19	0.05

续表

编号	基金经理	当前任职公司	任职区间	任职时间（月）	管理基金数量（只）	年化收益率（%）	指数年化收益率（%）	年化波动率（%）	指数年化波动率（%）	最大回撤（%）	指数最大回撤（%）	年化夏普比率	指数年化夏普比率
1050	蔡宇滨	招商基金	2017/12～2023/12	67	5	12.31	3.18	14.10	18.37	-14.15	-29.52	0.78	0.11
1051	付斌	招商基金	2015/01～2023/12	108	13	4.23	5.38	19.38	23.82	-50.75	-48.44	0.14	0.16
1052	郭锐	招商基金	2012/07～2023/12	138	12	10.68	9.65	20.17	23.29	-40.78	-48.44	0.44	0.33
1053	韩冰	招商基金	2015/05～2023/12	104	4	6.66	-1.29	24.29	21.83	-49.75	-48.44	0.21	-0.13
1054	侯杰	招商基金	2018/10～2023/12	63	6	7.32	7.58	7.68	17.73	-8.98	-22.95	0.76	0.34
1055	贾成东	招商基金	2013/11～2023/12	107	9	11.03	7.55	19.09	16.68	-33.35	-30.56	0.49	0.33
1056	李华建	招商基金	2020/11～2023/12	38	3	-10.85	-3.41	19.76	15.48	-47.35	-22.95	-0.63	-0.32
1057	李佳存	招商基金	2015/01～2023/12	108	8	11.79	5.38	29.05	23.82	-51.70	-48.44	0.35	0.16
1058	李崟	招商基金	2016/02～2023/12	95	7	7.95	4.86	12.16	17.16	-22.70	-30.56	0.53	0.20
1059	梁辰	招商基金	2017/07～2023/12	68	7	16.40	5.29	17.52	16.83	-20.20	-30.56	0.88	0.16
1060	陆文凯	招商基金	2018/06～2023/12	63	5	28.21	5.79	26.97	17.04	-21.30	-22.95	1.01	0.29
1061	任琳娜	招商基金	2017/11～2023/12	69	4	7.20	0.72	29.14	18.07	-53.66	-29.52	0.20	-0.03
1062	滕越	招商基金	2017/03～2023/12	64	8	-0.01	-3.28	8.37	17.02	-16.20	-30.56	-0.18	-0.25
1063	王超	招商基金	2015/04～2023/12	90	12	-0.17	-3.86	23.40	23.01	-40.41	-48.44	-0.07	-0.20
1064	王刚	招商基金	2017/07～2023/12	78	8	5.55	1.91	7.18	17.22	-10.33	-30.56	0.56	0.02
1065	王景	招商基金	2011/12～2023/12	144	16	10.33	7.23	18.29	22.70	-39.13	-48.44	0.46	0.21
1066	王平	招商基金	2016/03～2023/12	94	4	11.38	2.79	15.22	16.24	-18.47	-30.56	0.65	0.08
1067	王奇玮	招商基金	2016/12～2023/12	85	7	7.53	2.18	23.86	16.70	-45.78	-30.56	0.25	0.04
1068	文仲阳	招商基金	2020/05～2023/12	44	4	6.11	3.35	21.22	17.04	-35.01	-22.95	0.22	0.11

续表

编号	基金经理	当前任职公司	任职区间	任职时间（月）	管理基金数量（只）	年化收益率（%）	指数年化收益率（%）	年化波动率（%）	指数年化波动率（%）	最大回撤（%）	指数最大回撤（%）	年化夏普比率	指数年化夏普比率
1069	吴德瑄	招商基金	2016/12~2023/12	58	3	-3.57	3.70	18.59	16.55	-40.02	-30.56	-0.28	0.16
1070	吴昊	招商基金	2012/04~2023/12	141	3	7.39	1.03	32.07	16.66	-52.41	-22.95	0.18	-0.03
1071	徐张红	招商基金	2017/06~2023/12	53	3	1.37	-1.76	14.17	17.57	-21.32	-30.56	-0.01	-0.23
1072	姚飞军	招商基金	2016/06~2023/12	91	4	0.68	2.73	6.26	16.45	-17.66	-30.56	-0.13	0.07
1073	余芽芳	招商基金	2017/04~2023/12	81	7	5.64	2.38	4.39	17.03	-7.42	-30.56	0.94	0.05
1074	张磊	招商基金	2017/06~2023/12	79	4	8.13	2.94	28.53	17.03	-48.96	-22.95	0.23	0.08
1075	张林	招商基金	2015/07~2023/12	102	7	6.04	1.81	24.31	21.05	-39.73	-34.44	0.19	0.01
1076	张西林	招商基金	2017/04~2023/12	81	6	3.01	2.38	13.56	17.03	-30.47	-30.56	0.11	0.05
1077	张韵	招商基金	2016/01~2023/12	96	8	4.04	4.47	4.78	17.10	-6.27	-30.56	0.53	0.17
1078	朱红裕	招商基金	2011/05~2023/12	48	4	7.59	-6.22	23.69	20.07	-22.38	-28.08	0.22	-0.32
1079	马斌博	浙江浙商证券资产	2017/12~2023/12	73	4	5.59	1.68	17.00	17.72	-34.44	-29.52	0.24	0.01
1080	周涛	浙江浙商证券资产	2019/01~2023/12	60	6	8.51	7.96	18.71	17.97	-40.22	-22.95	0.37	0.36
1081	贾腾	浙商基金	2019/02~2023/12	59	6	6.18	4.41	20.91	16.29	-38.97	-22.95	0.22	0.18
1082	丘栋荣	中庚基金	2014/09~2023/12	105	7	23.59	10.66	20.23	24.05	-19.80	-48.44	1.10	0.40
1083	吴承根	中庚基金	2020/06~2023/12	43	1	16.93	1.03	19.20	16.66	-15.58	-22.95	0.80	-0.03
1084	陈玮	中海基金	2019/07~2023/12	54	2	-6.01	4.05	22.40	16.26	-54.04	-22.95	-0.34	0.16
1085	陈星	中海基金	2020/07~2023/12	42	4	-8.28	-2.77	16.50	15.26	-42.53	-22.95	-0.59	-0.28

续表

编号	基金经理	当前任职公司	任职区间	任职时间（月）	管理基金数量（只）	年化收益率（%）	指数年化收益率（%）	年化波动率（%）	指数年化波动率（%）	最大回撤（%）	指数最大回撤（%）	年化夏普比率	指数年化夏普比率
1086	梁静静	中海基金	2020/07～2023/12	42	2	-9. 70	-2. 77	23. 20	15. 26	-43. 01	-22. 95	-0. 48	-0. 28
1087	邱红丽	中海基金	2014/03～2023/12	118	5	9. 88	9. 96	24. 30	23. 53	-48. 90	-48. 44	0. 34	0. 35
1088	许定晴	中海基金	2010/03～2023/12	166	10	5. 08	6. 08	23. 16	22. 90	-52. 51	-48. 44	0. 13	0. 18
1089	姚晨曦	中海基金	2015/04～2023/12	105	6	4. 11	0. 46	30. 39	22. 33	-56. 36	-48. 44	0. 09	-0. 05
1090	姚炜	中海基金	2018/12～2023/12	61	2	-5. 84	8. 38	21. 50	17. 84	-59. 35	-22. 95	-0. 34	0. 39
1091	韩浩	中航基金	2017/12～2023/12	73	4	-0. 62	1. 68	16. 88	17. 72	-46. 74	-29. 52	-0. 13	0. 01
1092	龙川	中航基金	2017/07～2023/12	60	4	2. 28	-3. 06	15. 99	17. 44	-22. 22	-30. 56	0. 05	-0. 30
1093	杨扬	中航基金	2018/11～2023/12	43	2	4. 99	1. 98	18. 02	18. 78	-21. 44	-22. 95	0. 20	0. 04
1094	闫沛贤	中加基金	2015/12～2023/12	97	1	4. 10	0. 98	2. 91	19. 67	-3. 11	-34. 44	0. 89	-0. 03
1095	丁天宇	中金基金	2020/12～2023/12	37	1	-7. 46	-4. 54	23. 86	15. 57	-40. 14	-22. 95	-0. 38	-0. 39
1096	丁杨	中金基金	2020/12～2023/12	37	2	-5. 90	-4. 54	15. 63	15. 57	-30. 90	-22. 95	-0. 47	-0. 39
1097	邱延冰	中金基金	2020/07～2023/12	42	9	-6. 59	-2. 77	15. 38	15. 26	-31. 56	-22. 95	-0. 53	-0. 28
1098	王曼	中金基金	2016/01～2023/12	90	5	10. 85	4. 81	19. 96	17. 01	-30. 69	-30. 56	0. 47	0. 20
1099	许忠海	中金基金	2015/04～2023/12	102	9	0. 05	1. 47	33. 14	22. 26	-70. 98	-48. 44	-0. 04	-0. 05
1100	闫鑫	中金基金	2020/09～2023/12	40	1	-8. 17	-1. 68	23. 24	15. 27	-47. 27	-22. 95	-0. 42	-0. 21
1101	孟禄程	中科沃土基金	2019/11～2023/12	50	2	8. 64	4. 54	15. 23	16. 88	-14. 40	-22. 95	0. 47	0. 18
1102	徐伟	中科沃土基金	2019/08～2023/12	53	2	7. 29	4. 30	13. 52	16. 41	-14. 91	-22. 95	0. 43	0. 17
1103	曹名长	中欧基金	2006/07～2023/12	206	11	17. 58	14. 80	23. 97	27. 75	-63. 74	-68. 61	0. 64	0. 44
1104	成雨轩	中欧基金	2019/06～2023/12	55	5	7. 94	3. 95	19. 10	16. 10	-38. 49	-22. 95	0. 34	0. 15

续表

编号	基金经理	当前任职公司	任职区间	任职时间（月）	管理基金数量（只）	年化收益率（%）	指数年化收益率（%）	年化波动率（%）	指数年化波动率（%）	最大回撤（%）	指数最大回撤（%）	年化夏普比率	指数年化夏普比率
1105	代云锋	中欧基金	2017/10~2023/12	69	5	18.63	2.49	26.18	16.46	-29.69	-30.56	0.67	0.09
1106	葛兰	中欧基金	2015/01~2023/12	104	9	15.50	4.89	27.85	24.32	-52.88	-48.44	0.51	0.15
1107	华李成	中欧基金	2018/03~2023/12	70	1	5.70	2.30	2.78	17.97	-2.05	-25.85	1.51	0.04
1108	黄华	中欧基金	2018/12~2023/12	61	3	6.24	8.38	4.27	17.84	-2.86	-22.95	1.11	0.39
1109	蓝小康	中欧基金	2017/05~2023/12	80	4	8.43	2.84	18.52	17.10	-22.49	-30.56	0.37	0.08
1110	李帅	中欧基金	2015/07~2023/12	96	6	5.85	1.03	23.21	21.71	-38.21	-34.44	0.19	-0.05
1111	刘金辉	中欧基金	2020/08~2023/12	41	4	-5.38	-3.43	19.77	15.40	-37.85	-22.95	-0.35	-0.32
1112	卢纯青	中欧基金	2020/06~2023/12	43	3	7.12	1.03	25.59	16.66	-41.99	-22.95	0.22	-0.03
1113	罗佳明	中欧基金	2019/07~2023/12	54	5	5.30	4.05	19.20	16.26	-43.20	-22.95	0.20	0.16
1114	彭炜	中欧基金	2017/08~2023/12	71	9	13.82	1.39	23.01	17.79	-31.91	-30.56	0.54	-0.03
1115	钱亚风云	中欧基金	2015/07~2023/12	95	12	9.06	3.22	19.66	20.77	-38.53	-34.44	0.39	0.10
1116	曲径	中欧基金	2016/01~2023/12	96	11	7.92	4.47	16.20	17.10	-30.99	-30.56	0.40	0.17
1117	邵洁	中欧基金	2020/02~2023/12	47	4	2.17	2.94	21.88	17.03	-37.60	-22.95	0.03	0.08
1118	沈悦	中欧基金	2020/05~2023/12	44	6	3.65	3.35	21.23	17.04	-30.10	-22.95	0.10	0.11
1119	王健	中欧基金	2009/10~2023/12	154	13	12.38	9.18	17.06	20.29	-30.01	-48.44	0.61	0.34
1120	王培	中欧基金	2011/06~2023/12	135	11	12.51	5.85	24.95	23.71	-47.27	-48.44	0.42	0.16
1121	许文星	中欧基金	2018/04~2023/12	69	9	10.29	2.99	18.14	18.02	-27.45	-22.99	0.48	0.08
1122	余科苗	中欧基金	2017/12~2023/12	44	5	15.76	5.98	8.92	18.39	-7.53	-29.52	1.69	0.25
1123	袁维德	中欧基金	2016/12~2023/12	85	6	6.56	2.18	18.83	16.70	-38.09	-30.56	0.27	0.04

续表

编号	基金经理	当前任职公司	任职区间	任职时间（月）	管理基金数量（只）	年化收益率（%）	指数年化收益率（%）	年化波动率（%）	指数年化波动率（%）	最大回撤（%）	指数最大回撤（%）	年化夏普比率	指数年化夏普比率
1124	张跃鹏	中欧基金	2015/11～2023/12	98	16	4.08	1.63	11.33	19.66	-32.80	-34.44	0.23	0.01
1125	周蔚文	中欧基金	2006/11～2023/12	203	11	15.02	11.73	22.39	28.83	-52.65	-68.61	0.57	0.34
1126	姜诚	中泰证券资产	2014/08～2023/12	82	10	19.83	14.60	17.24	27.04	-15.78	-48.44	1.07	0.51
1127	田瑀	中泰证券资产	2019/04～2023/12	57	4	11.61	3.17	19.83	16.18	-23.29	-22.95	0.51	0.10
1128	韩海平	中信保诚基金	2007/11～2023/12	58	2	7.60	4.73	7.39	18.17	-4.81	-22.95	0.83	0.19
1129	江峰	中信保诚基金	2020/04～2023/12	45	1	11.00	3.43	12.48	16.84	-16.19	-22.95	0.76	0.11
1130	闫志刚	中信保诚基金	2010/02～2023/12	167	4	5.04	6.23	21.60	22.84	-42.38	-48.44	0.14	0.18
1131	孙浩中	中信保诚基金	2019/12～2023/12	49	7	17.76	2.75	33.87	16.66	-59.95	-22.95	0.48	0.08
1132	提云涛	中信保诚基金	2016/09～2023/12	88	10	5.53	2.34	6.12	16.63	-9.71	-30.56	0.66	0.05
1133	王睿	中信保诚基金	2015/04～2023/12	105	9	9.34	0.46	23.99	22.33	-34.37	-48.44	0.33	-0.05
1134	王颖	中信保诚基金	2017/02～2023/12	83	7	5.79	1.80	7.50	16.87	-13.95	-30.56	0.57	0.02
1135	吴昊	中信保诚基金	2015/11～2023/12	98	9	7.39	1.03	32.07	16.66	-52.41	-22.95	0.18	-0.03
1136	杨立春	中信保诚基金	2015/06～2023/12	103	7	9.23	-0.07	13.90	21.64	-5.34	-42.38	0.56	-0.07
1137	栾江伟	中信建投基金	2015/07～2023/12	95	10	14.00	5.18	22.65	21.23	-31.18	-32.65	0.56	0.16
1138	谢玮	中信建投基金	2019/04～2023/12	57	3	17.08	3.17	27.97	16.18	-49.54	-22.95	0.56	0.10
1139	周户	中信建投基金	2017/01～2023/12	76	3	0.53	4.14	15.28	17.50	-29.20	-30.56	-0.06	0.17
1140	周紫光	中信建投基金	2017/05～2023/12	80	5	13.00	2.84	30.01	17.10	-46.96	-30.56	0.38	0.08
1141	张燕	中信建投证券	2015/05～2023/12	85	10	8.36	1.91	22.65	16.97	-40.17	-30.56	0.30	0.02
1142	蔡青	中信证券资产	2020/09～2023/12	40	2	-21.63	-1.68	19.02	15.27	-59.64	-22.95	-1.22	-0.21

续表

编号	基金经理	当前任职公司	任职区间	任职时间（月）	管理基金数量（只）	年化收益率（%）	指数年化收益率（%）	年化波动率（%）	指数年化波动率（%）	最大回撤（%）	指数最大回撤（%）	年化夏普比率	指数年化夏普比率
1143	李品科	中信证券资产	2020/11~2023/12	38	1	-7.96	-3.41	18.99	15.48	-37.88	-22.95	-0.50	-0.32
1144	刘琦	中信证券资产	2019/10~2023/12	51	1	0.73	4.09	19.02	16.73	-46.41	-22.95	-0.04	0.15
1145	魏孛	中信证券资产	2017/03~2023/12	80	8	3.86	2.80	15.03	16.83	-27.73	-30.56	0.16	0.05
1146	张燕珍	中信证券资产	2020/02~2023/12	47	2	-2.10	2.94	18.27	17.03	-44.89	-22.95	-0.20	0.08
1147	计伟	中银国际证券	2017/09~2023/12	57	4	-3.41	-5.09	21.20	17.76	-54.23	-30.56	-0.23	-0.34
1148	林博程	中银国际证券	2018/03~2023/12	66	7	3.88	1.99	25.58	18.51	-49.11	-25.85	0.10	0.02
1149	刘先政	中银国际证券	2018/06~2023/12	61	4	0.34	3.48	25.53	18.69	-56.40	-22.95	-0.05	0.07
1150	黄珺	中银基金	2019/03~2023/12	58	5	16.96	2.81	20.03	16.05	-23.82	-22.95	0.77	0.08
1151	李建	中银基金	2012/09~2023/12	136	5	7.03	9.79	5.21	23.44	-8.53	-48.44	1.00	0.34
1152	刘晨	中银基金	2012/08~2023/12	76	5	4.07	2.87	19.13	17.25	-36.52	-30.56	0.13	0.06
1153	刘腾	中银基金	2017/09~2023/12	76	3	4.31	1.27	13.53	17.40	-28.42	-30.56	0.21	-0.01
1154	苗婷	中银基金	2016/08~2023/12	89	7	5.54	2.08	3.50	16.55	-3.18	-30.56	1.15	0.03
1155	宋殿宇	中银基金	2018/02~2023/12	71	4	1.25	2.25	5.85	17.84	-20.59	-25.93	-0.04	0.04
1156	涂海强	中银基金	2016/01~2023/12	96	6	3.68	4.47	5.96	17.10	-15.26	-30.56	0.37	0.17
1157	王睿	中银基金	2018/11~2023/12	62	7	9.34	0.46	23.99	22.33	-34.37	-48.44	0.33	-0.05
1158	王伟	中银基金	2015/02~2023/12	107	7	11.29	4.72	26.12	23.85	-56.64	-48.44	0.37	0.13
1159	王伟然	中银基金	2020/11~2023/12	38	5	1.40	-3.41	18.81	15.48	-30.60	-22.95	-0.01	-0.32
1160	严菲	中银基金	2007/03~2023/12	196	7	10.97	10.05	21.07	27.50	-56.93	-68.61	0.42	0.35
1161	杨成	中银基金	2015/09~2023/12	100	5	5.95	4.42	6.78	20.43	-13.84	-34.44	0.66	0.14

续表

编号	基金经理	当前任职公司	任职区间	任职时间（月）	管理基金数量（只）	年化收益率（%）	指数年化收益率（%）	年化波动率（%）	指数年化波动率（%）	最大回撤（%）	指数最大回撤（%）	年化夏普比率	指数年化夏普比率
1162	赵志华	中银基金	2015/07～2023/12	102	7	5. 51	1. 81	19. 12	21. 05	-32. 23	-34. 44	0. 21	0. 01
1163	曹思	中邮创业基金	2014/05～2023/12	116	4	14. 04	10. 06	27. 95	23. 73	-45. 47	-48. 44	0. 44	0. 35
1164	陈鸿平	中邮创业基金	2019/03～2023/12	58	1	-2. 90	2. 81	25. 45	16. 05	-48. 76	-22. 95	-0. 17	0. 08
1165	陈梁	中邮创业基金	2014/07～2023/12	114	8	9. 32	9. 00	23. 95	23. 80	-55. 36	-48. 44	0. 32	0. 31
1166	国晓雯	中邮创业基金	2017/01～2023/12	84	12	8. 02	2. 24	18. 63	16. 80	-32. 14	-30. 56	0. 35	0. 04
1167	王高	中邮创业基金	2020/07～2023/12	42	5	-10. 27	-2. 77	14. 61	15. 26	-42. 74	-22. 95	-0. 81	-0. 28
1168	吴尚	中邮创业基金	2018/03～2023/12	70	4	9. 36	2. 30	20. 62	17. 97	-37. 99	-25. 85	0. 38	0. 04
1169	武志骁	中邮创业基金	2019/05～2023/12	54	2	-3. 31	5. 10	26. 51	16. 09	-48. 76	-22. 95	-0. 18	0. 18
1170	闫宜乘	中邮创业基金	2020/09～2023/12	40	2	-0. 67	-1. 68	7. 38	15. 27	-16. 15	-22. 95	-0. 29	-0. 21
1171	周楠	中邮创业基金	2015/05～2023/12	104	4	1. 29	-1. 29	25. 79	21. 83	-52. 15	-48. 44	-0. 01	-0. 13
1172	梁跃军	朱雀基金	2020/06～2023/12	43	8	4. 81	1. 03	21. 88	16. 66	-31. 92	-22. 95	0. 15	-0. 03

附录七　离职基金经理与同期万得全 A 指数业绩对比表（按离职前任职公司排序）：1998~2023 年

本表展示离职基金经理与同期万得全 A 指数的收益和风险指标。其中，收益指标包括年化收益率、夏普比率，风险指标包括年化波动率、最大回撤。表中展示的指数收益和风险指标基于基金经理任职履历对应的同期指数数据计算得出，如果某月基金经理未管理基金产品，指数的收益不计算。本表中的基金经理仅包括管理以下类型基金的经理：股票多空型、偏股混合型、灵活配置型、平衡混合型、普通股票型和增强指数型的主动管理的基金，并且基金经理有三年以上任职时长，共 832 位离职基金经理。每位基金经理的业绩是该基金经理管理的所有基金按照管理规模加权平均后的业绩。表中"离职前任职公司"指的是截至 2023 年 12 月 31 日时已离职基金经理离职前任职的公司。

编号	基金经理	离职前任职公司	任职区间	任职时间（月）	管理基金数量（只）	年化收益率（%）	指数年化收益率（%）	年化波动率（%）	指数年化波动率（%）	最大回撤（%）	指数最大回撤（%）	年化夏普比率	指数年化夏普比率
1	蓝雁书	安信基金	2013/12~2019/05	67	6	4.82	13.45	9.22	28.06	-21.70	-48.44	0.32	0.41
2	杨凯玮	安信基金	2014/09~2020/03	58	3	17.01	9.57	12.98	24.58	-7.00	-48.44	1.20	0.28
3	钟光正	安信基金	2012/08~2022/05	102	6	9.23	17.64	6.69	25.65	-6.02	-47.04	1.09	0.60
4	陈茂仁	宝盈基金	2003/01~2010/07	78	2	2.84	-2.46	23.18	32.40	-54.54	-67.56	0.02	-0.08
5	段鹏程	宝盈基金	2007/06~2018/10	44	6	1.43	3.75	23.91	27.64	-32.23	-32.54	-0.02	0.01
6	牛春晖	宝盈基金	2004/10~2008/02	39	2	26.97	32.68	23.76	30.33	-14.21	-24.64	1.05	0.91
7	肖肖	宝盈基金	2017/01~2022/01	62	9	16.83	5.76	20.37	16.70	-32.58	-30.56	0.75	0.25
8	杨凯	宝盈基金	2013/02~2016/07	43	4	17.95	22.15	32.89	33.70	-43.35	-44.57	0.47	0.58
9	余述胜	宝盈基金	2009/07~2014/01	56	1	-3.72	-2.20	21.62	23.79	-38.92	-34.26	-0.31	-0.21
10	张小仁	宝盈基金	2014/01~2017/02	39	4	20.98	26.88	34.16	33.34	-46.44	-44.57	0.55	0.74
11	王婷婷	北京京管泰富基金	2018/05~2021/05	38	1	5.21	11.57	2.62	19.54	-0.94	-22.94	1.41	0.52

续表

编号	基金经理	离职前任职公司	任职区间	任职时间（月）	管理基金数量（只）	年化收益率（%）	指数年化收益率（%）	年化波动率（%）	指数年化波动率（%）	最大回撤（%）	指数最大回撤（%）	年化夏普比率	指数年化夏普比率
12	高峰	北信瑞丰基金	2010/02～2017/11	89	7	2.96	5.52	24.73	26.75	-35.41	-44.57	0.02	0.06
13	王忠波	北信瑞丰基金	2008/04～2021/05	120	10	20.18	11.70	27.36	30.60	-39.44	-57.51	0.67	0.32
14	于军华	北信瑞丰基金	2014/12～2020/05	67	5	8.81	7.00	21.90	27.36	-33.17	-48.44	0.33	0.20
15	陈丰	博时基金	2003/08～2008/11	66	2	24.30	13.94	28.39	36.56	-58.67	-68.61	0.76	0.31
16	陈亮	博时基金	2007/01～2010/03	40	2	25.04	26.00	31.44	44.65	-48.11	-68.61	0.70	0.51
17	邓晓峰	博时基金	2007/03～2014/11	94	1	14.47	10.75	25.23	32.58	-52.66	-68.61	0.45	0.24
18	高阳	博时基金	2002/10～2008/01	65	3	40.26	26.45	22.32	30.58	-17.70	-43.54	1.72	0.79
19	葛晨	博时基金	2018/04～2022/01	47	4	22.65	8.06	29.21	18.46	-30.95	-22.99	0.72	0.36
20	韩茂华	博时基金	2013/01～2021/01	97	6	8.93	13.80	20.75	25.38	-35.77	-48.44	0.34	0.47
21	黄健斌	博时基金	2003/12～2009/11	60	2	27.52	30.18	21.67	40.54	-33.94	-68.61	1.16	0.58
22	蒋娜	博时基金	2016/09～2022/03	68	6	8.51	4.65	13.47	16.61	-23.58	-30.56	0.52	0.19
23	兰乔	博时基金	2015/11～2022/05	80	7	9.63	2.79	23.36	20.63	-32.44	-34.44	0.35	0.06
24	李佳	博时基金	2018/07～2022/01	44	1	8.19	10.95	20.49	18.47	-22.69	-16.20	0.33	0.51
25	李培刚	博时基金	2008/07～2012/12	55	1	-1.30	5.30	25.32	30.86	-45.68	-42.52	-0.16	0.08
26	李权胜	博时基金	2012/08～2020/07	97	3	17.36	15.41	22.01	26.01	-33.35	-48.44	0.70	0.52
27	刘建伟	博时基金	2010/12～2015/08	50	4	-5.82	-5.91	15.89	23.60	-34.98	-36.20	-0.57	-0.55
28	刘思甸	博时基金	2016/04～2020/10	56	1	10.24	6.67	13.26	16.96	-21.97	-30.56	0.66	0.30
29	刘小山	博时基金	1999/10～2002/12	55	3	5.65	-1.79	16.91	22.71	-20.79	-41.28	0.21	-0.17
30	牟星海	博时基金	2019/06～2022/06	38	4	7.59	10.81	20.14	17.15	-40.92	-22.11	0.30	0.54

续表

编号	基金经理	离职前任职公司	任职区间	任职时间（月）	管理基金数量（只）	年化收益率（%）	指数年化收益率（%）	年化波动率（%）	指数年化波动率（%）	最大回撤（%）	指数最大回撤（%）	年化夏普比率	指数年化夏普比率
31	聂挺进	博时基金	2010/03~2014/11	58	3	5.45	4.80	15.32	21.09	-20.77	-33.01	0.16	0.09
32	皮敏	博时基金	2009/12~2015/06	68	2	2.68	14.77	14.07	24.52	-35.83	-34.26	-0.02	0.48
33	苏永超	博时基金	2013/10~2018/03	55	2	10.99	18.59	29.84	28.54	-51.51	-44.57	0.30	0.58
34	孙占军	博时基金	2008/02~2014/01	73	4	0.18	-2.23	22.53	30.97	-43.36	-64.72	-0.12	-0.17
35	王俊	博时基金	2015/01~2020/12	73	12	15.09	10.40	20.13	27.04	-28.26	-48.44	0.67	0.33
36	王燕	博时基金	2011/02~2016/07	67	3	4.17	11.38	22.71	29.40	-38.29	-44.57	0.06	0.29
37	王增财	博时基金	2013/10~2023/02	110	8	13.45	12.43	25.83	24.45	-41.12	-48.44	0.46	0.42
38	吴丰树	博时基金	2008/09~2021/08	132	10	11.58	14.54	22.08	27.71	-33.56	-44.57	0.43	0.45
39	夏春	博时基金	2008/12~2012/07	44	2	8.87	14.13	18.14	27.47	-18.83	-29.39	0.34	0.41
40	肖华	博时基金	2000/08~2006/11	73	3	14.61	0.27	19.12	22.11	-27.29	-61.69	0.66	-0.04
41	许少波	博时基金	2013/05~2023/08	58	3	4.20	17.60	20.12	21.66	-34.44	-22.95	0.11	0.73
42	杨鹏	博时基金	2010/08~2021/04	115	7	12.39	12.04	22.33	24.04	-40.05	-44.57	0.46	0.40
43	杨锐	博时基金	2006/05~2012/07	76	4	10.79	17.75	23.27	36.05	-52.88	-68.61	0.34	0.41
44	尹哲	博时基金	2014/10~2019/05	41	4	10.09	10.37	34.58	28.24	-60.09	-48.44	0.25	0.32
45	余洋	博时基金	2007/02~2011/04	52	2	11.63	17.47	29.67	40.34	-54.78	-68.61	0.30	0.36
46	张弘	博时基金	2019/11~2023/03	39	4	18.70	22.19	21.23	20.47	-26.10	-22.95	0.80	0.87
47	招扬	博时基金	2014/12~2018/02	40	4	9.46	11.62	31.48	32.05	-45.63	-44.57	0.25	0.31
48	周枫	博时基金	2001/04~2005/01	47	2	1.48	-18.35	12.97	20.85	-17.48	-55.86	-0.04	-0.98
49	周力	博时基金	2005/02~2011/06	78	2	25.35	26.03	26.22	36.33	-52.33	-68.61	0.86	0.64

续表

编号	基金经理	离职前任职公司	任职区间	任职时间（月）	管理基金数量（只）	年化收益率（%）	指数年化收益率（%）	年化波动率（%）	指数年化波动率（%）	最大回撤（%）	指数最大回撤（%）	年化夏普比率	指数年化夏普比率
50	周心鹏	博时基金	2010/10～2021/10	129	7	13.80	9.09	18.46	23.89	-33.51	-48.44	0.63	0.29
51	邹志新	博时基金	2002/01～2010/10	107	4	17.47	17.04	23.32	33.36	-56.05	-68.61	0.64	0.44
52	谈洁颖	财通基金	2012/07～2021/04	99	8	17.59	14.50	22.44	25.85	-32.53	-48.44	0.70	0.50
53	姚思劼	财通基金	2016/03～2019/06	41	7	-3.67	1.19	13.41	16.63	-29.55	-30.56	-0.39	-0.02
54	陈玉辉	创金合信基金	2012/11～2019/08	80	5	16.75	14.13	18.27	25.09	-20.36	-34.44	0.82	0.59
55	程志田	创金合信基金	2016/01～2019/06	43	3	3.27	5.15	16.69	18.54	-30.22	-30.56	0.11	0.20
56	胡尧盛	创金合信基金	2017/12～2022/11	61	4	5.74	3.44	22.09	18.92	-40.13	-29.52	0.19	0.10
57	王超伟	达诚基金	2016/02～2022/04	62	9	-0.63	2.83	12.38	17.56	-29.43	-30.56	-0.17	0.07
58	曹雄飞	大成基金	2006/01～2014/05	66	5	16.13	18.75	34.81	37.98	-61.35	-68.15	0.40	0.38
59	冯文光	大成基金	2011/03～2016/10	63	4	4.74	1.17	22.63	26.62	-46.38	-31.71	0.09	0.06
60	何光明	大成基金	2004/12～2013/02	77	2	-1.33	-5.05	23.53	30.61	-51.58	-64.72	-0.18	-0.20
61	黄万青	大成基金	2010/04～2022/11	129	14	3.05	2.42	13.46	23.45	-36.68	-48.44	0.08	-0.06
62	黎新平	大成基金	2016/09～2020/09	49	1	9.76	5.61	18.08	17.77	-31.14	-30.56	0.46	0.23
63	李富强	大成基金	2015/11～2023/03	74	5	8.83	7.59	9.28	21.59	-8.25	-34.44	0.80	0.27
64	李林益	大成基金	2015/07～2023/01	92	4	7.70	3.64	21.39	22.10	-31.25	-34.44	0.29	0.10
65	刘安田	大成基金	2010/04～2015/03	61	4	10.45	13.90	20.50	22.43	-37.66	-33.01	0.36	0.49
66	刘泽兵	大成基金	2007/09～2015/02	86	2	2.63	3.94	22.66	30.70	-55.72	-68.61	-0.01	0.06
67	施永辉	大成基金	2006/01～2013/10	95	1	16.88	20.68	30.29	34.39	-63.29	-68.61	0.46	0.52
68	石国武	大成基金	2013/04～2017/08	54	5	19.20	21.66	19.93	30.15	-23.44	-44.57	0.85	0.65

续表

编号	基金经理	离职前任职公司	任职区间	任职时间（月）	管理基金数量（只）	年化收益率（%）	指数年化收益率（%）	年化波动率（%）	指数年化波动率（%）	最大回撤（%）	指数最大回撤（%）	年化夏普比率	指数年化夏普比率
69	汤义峰	大成基金	2010/03~2015/03	58	3	15.37	15.75	18.48	23.13	-19.23	-33.01	0.69	0.62
70	王文祥	大成基金	2011/10~2015/12	44	3	22.26	16.25	29.71	30.48	-43.15	-39.98	0.67	0.34
71	谢家乐	大成基金	2019/08~2023/06	48	7	20.64	6.97	22.74	17.03	-28.01	-22.95	0.84	0.32
72	徐彬	大成基金	2002/01~2006/05	53	3	13.36	2.14	16.19	23.16	-14.80	-50.22	0.70	0.00
73	杨建华	大成基金	2005/02~2012/06	90	4	21.41	20.00	29.10	34.70	-61.47	-68.61	0.64	0.49
74	杨建勋	大成基金	2004/08~2015/07	125	7	11.28	16.23	26.21	32.44	-54.67	-68.61	0.33	0.40
75	周德昕	大成基金	2009/12~2017/11	61	3	-6.23	-6.32	24.32	26.66	-56.36	-44.57	-0.35	-0.44
76	周建春	大成基金	2002/01~2012/12	77	3	11.24	12.86	20.86	24.93	-36.46	-34.26	0.43	0.34
77	周志超	大成基金	2014/03~2019/12	64	11	15.04	22.99	29.99	25.13	-45.77	-48.44	0.46	0.78
78	朱哲	大成基金	2016/08~2019/08	38	2	2.09	-1.13	2.89	16.95	-3.06	-30.56	0.21	-0.16
79	戴鹤忠	德邦基金	2016/06~2023/02	81	3	13.12	4.89	16.99	17.14	-22.21	-30.56	0.68	0.20
80	王本昌	德邦基金	2012/03~2021/10	95	5	15.11	14.79	17.50	19.30	-29.16	-30.56	0.75	0.67
81	吴昊	德邦基金	2015/02~2023/10	101	7	5.00	4.76	22.99	24.62	-45.19	-48.44	0.15	0.13
82	乔春	东方阿尔法基金	2014/09~2022/12	80	7	10.16	11.78	22.43	26.36	-40.41	-44.57	0.39	0.39
83	乔海英	东方阿尔法基金	2015/08~2023/10	92	4	16.40	4.56	25.00	21.25	-39.38	-34.44	0.60	0.19
84	呼振翼	东方基金	2011/12~2015/07	45	5	22.36	26.13	30.39	26.94	-33.34	-24.63	0.64	0.86
85	蒋茜	东方基金	2017/07~2023/11	78	10	4.35	2.26	22.57	17.31	-48.92	-30.56	0.13	0.04

续表

编号	基金经理	离职前任职公司	任职区间	任职时间（月）	管理基金数量（只）	年化收益率（%）	指数年化收益率（%）	年化波动率（%）	指数年化波动率（%）	最大回撤（%）	指数最大回撤（%）	年化夏普比率	指数年化夏普比率
86	庞飒	东方基金	2005/08～2013/02	86	3	26. 32	24. 86	28. 54	34. 89	-54. 37	-68. 61	0. 83	0. 63
87	徐昀君	东方基金	2013/12～2017/04	42	3	8. 61	23. 45	3. 23	32. 24	-0. 48	-44. 57	2. 01	0. 66
88	薛子徵	东方基金	2015/04～2023/08	102	11	0. 53	1. 07	17. 59	22. 75	-36. 62	-48. 44	-0. 06	-0. 02
89	于鑫	东方基金	2007/07～2014/12	91	5	2. 47	5. 90	22. 65	30. 50	-62. 06	-68. 61	-0. 02	0. 09
90	张岗	东方基金	2006/03～2015/04	70	4	22. 10	34. 53	19. 33	25. 27	-29. 98	-33. 01	1. 01	1. 26
91	周薇	东方基金	2015/04～2020/04	62	5	4. 09	-1. 73	3. 66	25. 74	-7. 54	-48. 44	0. 70	-0. 13
92	朱晓栋	东方基金	2013/01～2019/02	75	11	6. 03	12. 43	12. 52	27. 66	-25. 86	-48. 44	0. 32	0. 37
93	胡德军	东海基金	2015/10～2021/08	72	3	2. 49	6. 62	20. 33	20. 69	-42. 94	-34. 44	0. 05	0. 25
94	陈军	东吴基金	2006/10～2023/11	199	9	11. 24	11. 92	23. 87	29. 01	-48. 86	-68. 61	0. 38	0. 33
95	戴斌	东吴基金	2014/12～2020/03	77	6	12. 13	6. 11	26. 84	27. 73	-54. 62	-48. 44	0. 39	0. 16
96	付琦	东吴基金	2013/08～2019/12	63	3	5. 35	17. 24	20. 55	29. 11	-48. 95	-48. 44	0. 17	0. 53
97	彭敢	东吴基金	2010/11～2021/02	120	9	14. 76	9. 75	28. 79	24. 54	-57. 43	-48. 44	0. 44	0. 30
98	秦斌	东吴基金	2016/07～2020/06	49	4	4. 69	4. 18	13. 26	16. 61	-25. 58	-30. 56	0. 24	0. 16
99	任壮	东吴基金	2009/01～2013/12	61	3	-2. 71	10. 90	28. 44	26. 02	-57. 13	-34. 26	-0. 19	0. 31
100	王炯	东吴基金	2006/12～2011/04	54	2	17. 90	23. 48	31. 45	40. 60	-53. 01	-68. 61	0. 48	0. 51
101	王立立	东吴基金	2013/12～2020/07	81	6	15. 55	15. 72	29. 72	26. 40	-49. 42	-48. 44	0. 46	0. 53
102	邬炜	东吴基金	2015/03～2023/07	92	7	2. 04	0. 73	22. 76	24. 00	-44. 20	-48. 44	0. 02	-0. 04
103	吴广利	东吴基金	2009/05～2014/11	43	3	1. 78	15. 38	19. 88	24. 46	-31. 95	-24. 44	-0. 04	0. 57
104	徐嶒	东吴基金	2015/05～2023/03	96	7	4. 36	0. 02	19. 62	22. 69	-35. 87	-48. 44	0. 14	-0. 07

续表

编号	基金经理	离职前任职公司	任职区间	任职时间（月）	管理基金数量（只）	年化收益率（%）	指数年化收益率（%）	年化波动率（%）	指数年化波动率（%）	最大回撤（%）	指数最大回撤（%）	年化夏普比率	指数年化夏普比率
105	张能进	东吴基金	2016/05~2019/12	45	2	9.22	3.61	14.93	16.30	-23.77	-30.56	0.52	0.13
106	程远	东兴基金	2015/12~2019/08	46	5	-10.39	-2.95	16.38	23.09	-37.63	-34.44	-0.73	-0.19
107	沈毅	方正富邦基金	2014/01~2018/11	60	2	12.99	12.03	30.00	28.16	-41.37	-46.95	0.37	0.36
108	王健	方正富邦基金	2015/06~2018/07	39	1	-2.72	-8.30	20.30	26.94	-28.94	-38.05	-0.21	-0.36
109	闻晨雨	方正富邦基金	2019/11~2023/05	44	4	12.04	7.16	19.19	17.79	-27.03	-22.95	0.55	0.32
110	李道滢	方正证券	2015/06~2021/10	66	6	8.36	-0.92	16.36	24.33	-17.57	-42.38	0.44	-0.05
111	乔林建	方正证券	2013/01~2022/12	62	8	17.83	22.64	20.21	25.88	-25.26	-36.22	0.81	0.89
112	黄强	富安达基金	2012/04~2015/07	41	1	25.13	25.93	37.48	27.64	-41.46	-24.63	0.59	0.83
113	毛矛	富安达基金	2015/05~2020/07	64	5	4.76	-0.31	21.91	25.38	-47.17	-48.44	0.15	-0.07
114	孙绍冰	富安达基金	2015/05~2023/07	100	3	-1.49	-0.06	27.90	22.28	-60.20	-48.44	-0.11	-0.07
115	吴战峰	富安达基金	2008/04~2023/05	136	9	8.95	2.31	18.80	25.15	-40.05	-57.51	0.38	0.15
116	朱义	富安达基金	2018/04~2022/06	52	4	7.96	7.58	15.90	19.38	-25.80	-22.99	0.41	0.31
117	陈戈	富国基金	2005/04~2014/03	109	1	19.62	18.91	25.39	32.63	-49.61	-68.61	0.66	0.49
118	戴益强	富国基金	2012/10~2018/01	65	5	13.39	19.58	30.39	28.52	-51.29	-44.57	0.37	0.61
119	贺轶	富国基金	2006/08~2016/01	87	3	21.23	24.15	24.37	31.87	-38.83	-43.03	0.77	0.72
120	金涛	富国基金	1999/05~2002/10	42	1	7.16	8.43	22.26	29.27	-26.72	-35.12	0.22	0.21
121	李文忠	富国基金	2000/07~2008/10	82	3	15.59	8.13	24.98	35.40	-50.65	-68.61	0.52	0.17
122	李晓铭	富国基金	2009/10~2019/07	119	8	10.57	7.61	22.46	25.29	-49.47	-48.44	0.37	0.21
123	厉叶淼	富国基金	2015/08~2023/10	99	5	14.99	3.95	24.73	20.64	-35.63	-34.44	0.55	0.12

续表

编号	基金经理	离职前任职公司	任职区间	任职时间（月）	管理基金数量（只）	年化收益率（%）	指数年化收益率（%）	年化波动率（%）	指数年化波动率（%）	最大回撤（%）	指数最大回撤（%）	年化夏普比率	指数年化夏普比率
124	刘博	富国基金	2018/07～2021/12	43	3	30. 81	13. 98	16. 69	17. 80	-6. 46	-16. 20	1. 76	0. 70
125	尚鹏岳	富国基金	2008/01～2015/05	86	4	14. 27	12. 67	25. 88	31. 12	-49. 00	-64. 72	0. 44	0. 26
126	汪鸣	富国基金	2014/01～2018/03	52	3	21. 02	19. 68	31. 32	29. 18	-35. 68	-44. 57	0. 61	0. 61
127	魏伟	富国基金	2011/12～2021/01	108	5	20. 99	13. 87	27. 98	25. 34	-41. 59	-48. 44	0. 68	0. 43
128	徐大成	富国基金	2002/11～2007/05	57	3	35. 59	31. 17	20. 09	27. 72	-15. 03	-43. 54	1. 70	1. 10
129	许达	富国基金	2005/03～2010/12	71	2	21. 20	30. 85	23. 14	37. 46	-49. 00	-68. 61	0. 81	0. 75
130	于江勇	富国基金	2008/05～2018/03	120	1	13. 23	9. 44	21. 93	29. 88	-33. 84	-54. 05	0. 49	0. 23
131	钟智伦	富国基金	2015/05～2019/02	47	7	3. 31	-8. 64	2. 68	27. 44	-3. 56	-48. 44	0. 66	-0. 37
132	黄祥斌	富荣基金	2013/12～2023/07	101	8	8. 96	12. 50	20. 60	23. 93	-42. 09	-48. 44	0. 36	0. 41
133	曹冠业	工银瑞信基金	2007/11～2014/05	80	4	3. 40	-1. 11	25. 44	30. 49	-47. 50	-67. 56	0. 02	-0. 13
134	陈守红	工银瑞信基金	2005/03～2011/03	66	3	36. 24	44. 11	27. 21	34. 31	-23. 08	-68. 61	1. 26	1. 33
135	杜海涛	工银瑞信基金	2015/04～2023/11	70	2	-6. 81	-5. 14	16. 92	23. 81	-40. 73	-44. 57	-0. 50	-0. 29
136	郝康	工银瑞信基金	2016/12～2020/03	41	3	5. 34	-0. 79	13. 87	16. 71	-22. 41	-30. 56	0. 28	-0. 14
137	何江旭	工银瑞信基金	2002/11～2014/06	138	7	18. 06	12. 23	25. 87	30. 64	-61. 22	-68. 61	0. 60	0. 34
138	胡文彪	工银瑞信基金	2010/02～2018/03	99	8	6. 09	9. 02	24. 75	25. 81	-41. 19	-44. 57	0. 15	0. 25
139	黄安乐	工银瑞信基金	2011/11～2022/07	130	9	16. 68	10. 65	31. 09	24. 07	-64. 37	-48. 44	0. 47	0. 36
140	江晖	工银瑞信基金	2002/01～2007/04	52	3	39. 52	39. 73	20. 39	27. 76	-9. 53	-48. 13	1. 92	1. 36
141	刘柯	工银瑞信基金	2014/11～2018/06	45	4	6. 11	10. 00	38. 57	31. 09	-53. 82	-44. 57	0. 11	0. 27
142	刘天任	工银瑞信基金	2013/11～2017/07	46	4	12. 24	21. 22	38. 97	31. 00	-61. 21	-44. 57	0. 26	0. 62

续表

编号	基金经理	离职前任职公司	任职区间	任职时间（月）	管理基金数量（只）	年化收益率（%）	指数年化收益率（%）	年化波动率（%）	指数年化波动率（%）	最大回撤（%）	指数最大回撤（%）	年化夏普比率	指数年化夏普比率
143	曲丽	工银瑞信基金	2007/11~2012/12	63	1	-4.58	-2.51	23.69	32.95	-52.95	-67.56	-0.32	-0.17
144	王烁杰	工银瑞信基金	2014/04~2017/04	38	3	20.75	27.35	43.38	33.81	-59.52	-44.57	0.43	0.75
145	王筱苓	工银瑞信基金	2007/01~2023/10	160	11	14.01	13.99	21.27	26.02	-39.32	-51.55	0.57	0.45
146	王勇	工银瑞信基金	2011/11~2014/12	39	2	9.36	16.75	15.58	21.47	-12.40	-17.71	0.40	0.64
147	魏欣	工银瑞信基金	2015/05~2021/06	75	2	12.76	1.32	10.72	23.75	-11.43	-48.44	1.05	-0.01
148	温震宇	工银瑞信基金	2005/02~2009/08	50	3	24.60	26.24	31.76	41.33	-51.97	-67.56	0.70	0.67
149	吴刚	工银瑞信基金	2002/09~2008/01	59	5	27.27	19.45	20.01	31.03	-13.10	-45.44	1.29	0.63
150	杨军	工银瑞信基金	2003/10~2013/12	109	4	14.73	18.18	25.87	33.51	-57.42	-68.61	0.47	0.45
151	游凛峰	工银瑞信基金	2012/04~2022/03	121	5	16.87	10.90	21.14	24.11	-37.68	-48.44	0.71	0.37
152	袁芳	工银瑞信基金	2015/12~2022/10	84	6	15.91	1.00	18.82	20.65	-34.72	-34.44	0.77	-0.02
153	张翎	工银瑞信基金	2005/05~2010/03	57	4	32.45	37.11	27.73	39.50	-49.25	-68.61	1.09	0.86
154	常昊	光大保德信基金	2002/11~2007/05	53	3	34.69	35.12	21.39	28.07	-23.88	-43.54	1.55	1.15
155	戴奇雷	光大保德信基金	2008/05~2021/06	123	7	9.49	14.46	24.38	29.21	-45.18	-54.05	0.31	0.40
156	董伟炜	光大保德信基金	2015/05~2020/10	67	4	12.17	-0.84	26.13	24.93	-41.61	-48.44	0.41	-0.09
157	高宏华	光大保德信基金	2007/08~2013/06	71	2	-4.56	-5.18	27.95	32.40	-60.41	-68.61	-0.27	-0.25

续表

编号	基金经理	离职前任职公司	任职区间	任职时间（月）	管理基金数量（只）	年化收益率（%）	指数年化收益率（%）	年化波动率（%）	指数年化波动率（%）	最大回撤（%）	指数最大回撤（%）	年化夏普比率	指数年化夏普比率
158	黄素丽	光大保德信基金	2010/04~2013/04	38	1	-4.79	-3.94	20.27	20.65	-34.86	-33.01	-0.39	-0.34
159	金昉毅	光大保德信基金	2015/05~2021/10	66	13	14.26	1.74	20.69	23.18	-24.22	-44.57	0.63	0.06
160	李阳	光大保德信基金	2010/07~2014/06	49	2	-4.79	0.52	24.36	19.52	-43.86	-33.01	-0.33	-0.13
161	钱钧	光大保德信基金	2007/09~2013/12	77	3	0.56	-3.32	29.36	31.60	-62.17	-68.61	-0.08	-0.20
162	盛松	光大保德信基金	2017/01~2020/01	38	1	-0.49	1.41	15.46	16.99	-33.60	-30.56	-0.13	-0.01
163	陶曙斌	光大保德信基金	2018/09~2023/11	58	4	-1.18	5.12	24.59	19.09	-57.42	-22.95	-0.11	0.23
164	田大伟	光大保德信基金	2014/02~2018/02	50	2	14.85	20.31	26.59	29.78	-33.01	-44.57	0.49	0.62
165	王维诚	光大保德信基金	2016/04~2019/11	45	4	2.71	1.38	16.81	15.83	-37.02	-30.56	0.07	-0.01
166	许春茂	光大保德信基金	2006/06~2010/03	47	2	35.40	35.26	37.71	42.72	-63.83	-68.61	0.86	0.76
167	于进杰	光大保德信基金	2009/10~2016/03	78	5	12.81	10.98	23.12	28.90	-30.76	-44.57	0.44	0.28

续表

编号	基金经理	离职前任职公司	任职区间	任职时间（月）	管理基金数量（只）	年化收益率（%）	指数年化收益率（%）	年化波动率（%）	指数年化波动率（%）	最大回撤（%）	指数最大回撤（%）	年化夏普比率	指数年化夏普比率
168	袁宏隆	光大保德信基金	2007/06~2011/03	47	2	6.70	8.47	38.96	38.92	-68.93	-68.61	0.10	0.14
169	赵大年	光大保德信基金	2016/02~2023/07	51	10	-5.34	3.27	14.03	16.62	-39.02	-22.95	-0.50	0.06
170	周炜炜	光大保德信基金	2005/08~2014/07	102	4	22.02	19.86	28.01	33.49	-51.30	-68.61	0.70	0.51
171	陈仕德	广发基金	2005/02~2015/05	125	2	25.63	25.59	31.53	32.33	-66.12	-68.61	0.72	0.70
172	陈宇庭	广发基金	2020/05~2023/06	39	1	4.60	6.52	20.25	17.90	-35.71	-22.95	0.15	0.28
173	陈甄璞	广发基金	2015/04~2023/06	74	8	0.41	-2.43	10.31	23.38	-25.48	-44.57	-0.11	-0.19
174	冯永欢	广发基金	2007/03~2014/11	94	4	11.22	10.75	25.88	32.58	-60.06	-68.61	0.32	0.24
175	何震	广发基金	2004/07~2008/01	44	2	57.56	45.50	27.61	33.63	-15.40	-27.00	1.99	1.28
176	季峰	广发基金	2015/09~2022/01	78	4	8.03	7.86	18.91	21.33	-23.61	-34.44	0.35	0.30
177	江湧	广发基金	2005/02~2009/08	56	2	29.71	32.15	29.37	40.82	-54.11	-68.61	0.93	0.72
178	刘晓龙	广发基金	2010/11~2017/02	77	3	15.09	11.46	27.51	27.67	-36.58	-44.57	0.45	0.32
179	马文文	广发基金	2016/11~2022/02	51	4	-1.82	4.23	13.74	17.08	-40.15	-30.56	-0.24	0.16
180	王小松	广发基金	2014/12~2019/05	55	6	6.85	6.51	26.43	29.83	-44.64	-48.44	0.20	0.16
181	谢军	广发基金	2016/02~2021/03	63	11	7.11	9.53	2.38	17.65	-0.93	-30.56	2.36	0.45
182	许雪梅	广发基金	2008/02~2013/01	61	3	-6.73	-3.03	28.43	32.48	-50.86	-64.72	-0.34	-0.18
183	易阳方	广发基金	2003/12~2020/01	195	10	16.85	14.15	26.52	30.13	-60.91	-68.61	0.54	0.39

续表

编号	基金经理	离职前任职公司	任职区间	任职时间（月）	管理基金数量（只）	年化收益率（%）	指数年化收益率（%）	年化波动率（%）	指数年化波动率（%）	最大回撤（%）	指数最大回撤（%）	年化夏普比率	指数年化夏普比率
184	余昊	广发基金	2016/06～2021/04	60	4	11.84	6.84	16.27	16.52	-26.07	-30.56	0.64	0.32
185	朱纪刚	广发基金	2009/09～2015/01	66	4	11.68	10.03	20.82	21.34	-33.45	-34.26	0.42	0.33
186	祝俭	广发基金	2010/12～2015/01	51	2	-0.83	9.04	12.98	20.33	-23.69	-31.71	-0.30	0.29
187	程广飞	国都证券	2015/12～2019/06	44	4	2.17	-2.84	8.24	23.65	-19.66	-34.44	0.08	-0.18
188	尹德才	国都证券	2017/07～2022/08	63	3	-2.61	4.21	17.47	18.02	-43.34	-30.56	-0.24	0.15
189	游典宗	国都证券	2015/12～2020/03	53	2	3.88	-2.35	12.25	21.99	-29.85	-34.44	0.19	-0.18
190	张崴	国都证券	2017/09～2021/02	43	3	9.06	6.28	18.58	18.53	-38.36	-30.56	0.41	0.26
191	邓钟锋	国海富兰克林基金	2016/06～2019/09	41	7	6.59	0.81	3.85	16.50	-3.23	-30.56	1.32	-0.04
192	张晓东	国海富兰克林基金	2006/06～2014/11	103	2	18.88	18.37	24.56	32.67	-47.49	-68.61	0.65	0.47
193	秦海燕	国海证券	2010/05～2022/09	77	3	14.69	15.59	21.29	23.54	-27.60	-33.01	0.57	0.53
194	宫雪	国金基金	2014/08～2022/12	102	6	7.87	10.40	10.55	24.98	-23.76	-48.44	0.59	0.35
195	李安心	国金基金	2009/10～2018/08	61	3	-3.01	-6.09	14.22	17.36	-36.61	-29.39	-0.38	-0.55
196	杨雨龙	国金基金	2015/06～2020/05	49	6	-1.87	-1.55	23.91	27.16	-28.24	-42.38	-0.14	-0.12
197	张航	国金基金	2019/04～2022/08	42	7	10.29	7.17	16.73	17.01	-25.37	-22.11	0.53	0.33
198	陈苏桥	国联安基金	2003/09～2011/03	66	3	-3.02	-2.61	26.13	34.08	-61.71	-68.61	-0.22	-0.24
199	冯天戈	国联安基金	2004/03～2010/04	65	5	20.41	18.40	24.68	36.97	-31.99	-57.51	0.74	0.54
200	李洪波	国联安基金	2005/12～2009/09	47	2	38.03	43.43	39.88	43.23	-61.31	-68.61	0.88	0.94

续表

编号	基金经理	离职前任职公司	任职区间	任职时间（月）	管理基金数量（只）	年化收益率（%）	指数年化收益率（%）	年化波动率（%）	指数年化波动率（%）	最大回撤（%）	指数最大回撤（%）	年化夏普比率	指数年化夏普比率
201	刘斌	国联安基金	2013/12~2023/06	116	9	12.71	10.75	18.11	23.74	-24.43	-48.44	0.61	0.38
202	吕中凡	国联安基金	2015/05~2019/12	57	3	1.78	-4.82	6.17	25.62	-19.95	-48.44	0.04	-0.25
203	张汉毅	国联安基金	2016/12~2021/07	57	3	21.86	6.82	17.94	16.70	-26.35	-30.56	1.14	0.32
204	郑青	国联安基金	2015/12~2020/04	54	1	-6.47	-1.10	26.28	21.93	-44.32	-34.44	-0.30	-0.12
205	姜涛	国联基金	2015/06~2020/04	60	10	3.13	-2.72	9.38	24.79	-22.31	-42.38	0.17	-0.17
206	解静	国联基金	2014/12~2020/04	66	5	3.21	7.00	20.02	27.58	-45.75	-48.44	0.08	0.20
207	刘李杰	国联基金	2017/09~2022/11	50	3	-3.10	-5.18	21.59	18.64	-38.15	-30.56	-0.22	-0.38
208	秦娟	国联基金	2011/12~2017/07	60	3	6.08	13.00	5.58	23.39	-4.55	-29.50	0.66	0.41
209	易海波	国联基金	2017/01~2020/02	39	4	6.53	1.36	15.27	16.75	-22.46	-30.56	0.33	-0.01
210	冯赟	国融基金	2019/10~2023/06	46	5	-6.72	6.86	15.65	17.42	-37.65	-22.95	-0.53	0.31
211	黎晓晖	国寿安保基金	2017/09~2022/07	48	2	-6.27	-2.51	16.05	18.34	-33.90	-30.56	-0.49	-0.13
212	陈列敏	国泰基金	2004/03~2007/04	38	1	24.98	34.33	22.58	31.71	-26.13	-43.54	1.01	1.01
213	范迪钊	国泰基金	2009/12~2014/12	62	2	8.87	6.15	19.32	21.38	-21.71	-34.26	0.31	0.15
214	黄刚	国泰基金	2002/05~2008/04	47	3	10.02	3.85	22.02	32.01	-28.28	-38.60	0.35	-0.21
215	黄焱	国泰基金	2005/01~2016/06	139	8	16.76	21.07	22.86	33.74	-57.12	-68.61	0.62	0.54
216	王航	国泰基金	2008/05~2016/05	98	7	9.86	10.26	23.98	32.80	-42.74	-54.05	0.30	0.23
217	吴晨	国泰基金	2016/01~2019/05	41	4	1.82	4.27	1.94	18.71	-2.30	-30.56	0.16	0.15
218	徐学标	国泰基金	2002/05~2007/02	46	2	17.85	17.71	19.68	27.28	-28.57	-50.22	0.82	0.55
219	徐智麟	国泰基金	1998/03~2001/05	40	1	23.44	21.56	20.67	28.85	-7.71	-23.50	0.99	0.64

续表

编号	基金经理	离职前任职公司	任职区间	任职时间（月）	管理基金数量（只）	年化收益率（%）	指数年化收益率（%）	年化波动率（%）	指数年化波动率（%）	最大回撤（%）	指数最大回撤（%）	年化夏普比率	指数年化夏普比率
220	余荣权	国泰基金	2003/07～2011/02	59	4	21.40	27.61	29.19	34.69	-53.88	-57.51	0.68	0.67
221	张玮	国泰基金	2005/12～2015/04	99	5	23.86	23.87	24.67	30.37	-41.17	-54.05	0.86	0.73
222	周伟锋	国泰基金	2013/06～2020/07	87	10	25.44	16.62	26.28	25.75	-37.00	-48.44	0.90	0.57
223	陈小玲	国投瑞银基金	2014/01～2017/12	49	3	17.15	21.74	18.78	29.92	-21.19	-44.57	0.81	0.66
224	狄晓娇	国投瑞银基金	2016/06～2019/10	42	7	4.25	1.03	9.11	16.29	-11.09	-30.56	0.30	-0.03
225	康晓云	国投瑞银基金	2006/04～2011/01	59	2	24.85	32.09	33.23	40.30	-59.23	-68.61	0.66	0.73
226	马少章	国投瑞银基金	2009/04～2014/11	69	4	12.03	10.28	16.45	23.97	-19.29	-34.26	0.56	0.31
227	汤海波	国投瑞银基金	2018/01～2021/11	48	4	5.02	7.82	15.36	17.87	-26.24	-29.52	0.23	0.35
228	吴潇	国投瑞银基金	2016/12～2023/05	79	8	9.36	3.39	15.15	17.21	-26.32	-30.56	0.52	0.11
229	徐炜哲	国投瑞银基金	2008/11～2014/11	63	3	17.35	20.84	23.89	25.60	-30.93	-34.26	0.62	0.69
230	杨冬冬	国投瑞银基金	2015/02～2020/10	69	6	11.85	8.51	23.39	27.49	-46.64	-48.44	0.44	0.25
231	于雷	国投瑞银基金	2013/03～2020/06	85	6	14.18	18.71	23.54	23.84	-42.30	-48.44	0.53	0.67
232	张佳荣	国投瑞银基金	2015/12～2020/12	62	2	15.74	4.29	22.82	21.84	-28.25	-34.44	0.62	0.13
233	陈洪	海富通基金	2003/08～2014/05	131	5	15.32	13.44	21.97	31.23	-54.29	-68.61	0.58	0.36
234	陈绍胜	海富通基金	2004/03～2012/03	98	3	11.85	14.36	24.82	34.25	-58.17	-68.61	0.37	0.34
235	程岽	海富通基金	2010/04～2013/11	44	2	4.82	0.33	22.29	21.98	-38.74	-33.01	0.08	-0.12
236	丁俊	海富通基金	2007/08～2016/07	86	6	3.91	6.26	24.95	35.49	-53.01	-68.61	0.05	0.11
237	蒋征	海富通基金	2003/01～2013/12	127	8	13.01	13.18	22.91	30.96	-62.94	-68.61	0.46	0.34
238	康赛波	海富通基金	2003/04～2011/03	82	3	11.86	15.22	26.87	35.76	-62.40	-68.61	0.36	0.24

续表

编号	基金经理	离职前任职公司	任职区间	任职时间（月）	管理基金数量（只）	年化收益率（%）	指数年化收益率（%）	年化波动率（%）	指数年化波动率（%）	最大回撤（%）	指数最大回撤（%）	年化夏普比率	指数年化夏普比率
239	牟永宁	海富通基金	2009/01~2013/09	58	4	9.49	11.81	20.21	26.49	-32.70	-34.26	0.34	0.34
240	王智慧	海富通基金	2012/01~2021/06	111	6	16.40	14.11	21.38	22.48	-38.37	-48.44	0.68	0.55
241	张炳炜	海富通基金	2015/06~2018/07	39	3	-7.66	-8.30	18.97	26.94	-32.22	-38.05	-0.48	-0.36
242	陈嘉平	合煦智远基金	2011/12~2019/08	54	5	24.47	23.21	16.76	22.80	-11.53	-29.44	1.33	0.91
243	朱伟东	合煦智远基金	2018/09~2023/10	63	1	13.81	6.24	18.84	18.36	-27.30	-22.95	0.65	0.26
244	张鸿羽	弘毅远方基金	2012/04~2020/08	52	2	21.88	19.72	18.64	20.83	-19.13	-16.56	1.07	0.82
245	周鹏	弘毅远方基金	2018/10~2022/06	46	3	17.75	14.68	19.39	19.00	-26.75	-22.11	0.84	0.69
246	季雷	红塔红土基金	2007/03~2015/04	65	4	0.06	27.48	30.24	36.52	-60.82	-64.13	-0.10	0.63
247	梁钧	红塔红土基金	2007/08~2023/02	52	5	-9.34	-3.53	26.23	32.56	-60.42	-68.61	-0.46	-0.27
248	侯世霞	红土创新基金	2015/09~2020/12	65	2	9.62	9.54	20.91	22.74	-33.17	-34.44	0.39	0.35
249	陈桥宁	宏利基金	2011/03~2014/10	45	3	-1.40	3.13	18.14	20.24	-30.65	-31.71	-0.25	0.00
250	邓艺颖	宏利基金	2011/06~2018/12	92	6	6.49	5.93	27.59	26.01	-55.12	-48.44	0.15	0.14
251	李泽刚	宏利基金	2005/09~2009/05	46	3	28.88	41.01	31.17	41.27	-62.25	-68.61	0.83	0.92
252	梁辉	宏利基金	2005/04~2015/03	121	10	21.50	24.49	23.88	31.85	-52.19	-68.61	0.78	0.68
253	刘青山	宏利基金	2003/04~2013/01	119	2	21.24	13.15	27.76	32.16	-57.54	-68.61	0.67	0.35
254	庞宝臣	宏利基金	2016/08~2019/12	42	7	4.88	1.27	12.27	16.63	-23.93	-30.56	0.28	-0.01
255	魏延军	宏利基金	2004/06~2008/07	40	3	6.90	7.00	25.68	36.59	-43.78	-47.01	0.16	0.01
256	吴俊峰	宏利基金	2009/03~2014/08	67	3	8.27	7.67	22.21	23.83	-26.64	-34.26	0.24	0.20
257	周琦凯	宏利基金	2015/05~2021/02	70	2	-0.92	0.42	28.77	24.28	-58.93	-48.44	-0.08	-0.05

续表

编号	基金经理	离职前任职公司	任职区间	任职时间（月）	管理基金数量（只）	年化收益率（%）	指数年化收益率（%）	年化波动率（%）	指数年化波动率（%）	最大回撤（%）	指数最大回撤（%）	年化夏普比率	指数年化夏普比率
258	邬传雁	泓德基金	2015/06~2023/01	93	7	11.71	1.52	18.42	22.74	-40.21	-42.38	0.55	0.00
259	陈俏宇	华安基金	2007/03~2015/05	100	6	16.55	18.94	23.14	33.34	-45.45	-68.61	0.59	0.48
260	陈逊	华安基金	2012/05~2015/05	38	6	34.58	36.87	23.61	25.53	-15.79	-16.52	1.34	1.33
261	崔莹	华安基金	2015/06~2021/12	80	7	22.26	3.41	25.19	22.68	-28.11	-42.38	0.82	0.08
262	李匆	华安基金	1999/06~2003/08	52	2	8.11	-4.36	15.17	21.21	-19.68	-41.28	0.39	-0.31
263	廖发达	华安基金	2015/08~2019/03	45	4	4.93	4.80	17.10	25.33	-26.51	-34.44	0.20	0.13
264	刘伟亭	华安基金	2011/07~2018/05	81	5	16.32	14.92	25.73	24.58	-28.79	-36.22	0.55	0.55
265	刘新勇	华安基金	2003/09~2009/02	67	2	24.26	18.08	24.73	36.31	-50.40	-68.61	0.87	0.42
266	尚志民	华安基金	1999/06~2015/01	189	6	16.83	10.86	21.06	28.50	-51.63	-68.61	0.68	0.29
267	苏玉平	华安基金	2014/04~2018/01	46	3	7.36	23.90	4.05	30.45	-3.47	-44.57	1.35	0.72
268	汪光成	华安基金	2008/02~2013/09	69	5	-3.52	-1.88	22.39	31.75	-49.76	-64.72	-0.29	-0.15
269	王国卫	华安基金	1998/06~2005/04	84	2	14.56	-2.47	22.33	25.68	-20.55	-58.38	0.54	-0.19
270	王嘉	华安基金	2015/07~2018/10	41	4	-2.21	-7.37	22.01	25.49	-30.84	-32.54	-0.17	-0.35
271	谢振东	华安基金	2015/03~2019/10	57	6	8.86	1.28	23.33	27.85	-39.73	-48.44	0.31	-0.01
272	张亮	华安基金	2018/10~2022/07	47	4	34.86	13.64	20.26	18.89	-12.68	-22.11	1.65	0.64
273	张翥	华安基金	2009/12~2013/02	40	1	-1.49	-4.73	17.03	20.98	-31.84	-34.26	-0.26	-0.37
274	郑可成	华安基金	2013/05~2023/02	119	9	6.28	10.81	4.74	24.17	-2.99	-48.44	0.95	0.37
275	范红兵	华宝基金	2009/02~2016/08	92	4	10.38	16.88	25.56	29.75	-39.49	-44.57	0.30	0.48
276	郭鹏飞	华宝基金	2010/06~2015/03	59	2	22.65	17.75	23.06	22.00	-29.84	-33.01	0.85	0.67

续表

编号	基金经理	离职前任职公司	任职区间	任职时间（月）	管理基金数量（只）	年化收益率（%）	指数年化收益率（%）	年化波动率（%）	指数年化波动率（%）	最大回撤（%）	指数最大回撤（%）	年化夏普比率	指数年化夏普比率
277	胡戈游	华宝基金	2009/05~2021/12	152	8	10.45	10.80	21.03	24.63	-39.38	-48.44	0.39	0.35
278	蒋宁	华宝基金	2010/07~2013/07	38	1	5.94	-3.05	18.72	21.21	-25.35	-33.01	0.15	-0.29
279	楼鸿强	华宝基金	2014/10~2020/01	65	2	22.11	11.22	36.40	28.16	-52.99	-48.44	0.56	0.34
280	牟旭东	华宝基金	2007/10~2013/01	65	2	-4.21	-4.23	25.99	33.10	-46.81	-68.15	-0.28	-0.22
281	区伟良	华宝基金	2015/04~2018/06	40	3	2.84	-6.75	30.89	28.59	-42.25	-44.57	0.04	-0.29
282	任志强	华宝基金	2007/09~2013/01	66	1	-3.86	-4.44	26.88	32.84	-59.67	-68.61	-0.26	-0.23
283	邵喆阳	华宝基金	2010/06~2015/01	57	3	14.32	12.93	20.77	20.70	-25.52	-33.01	0.54	0.48
284	易镜明	华宝基金	2015/04~2023/01	95	2	2.79	2.07	28.00	23.44	-56.79	-48.44	0.05	0.02
285	独孤南薰	华宸未来基金	2016/04~2020/12	43	2	11.18	5.02	17.16	14.54	-17.53	-22.40	0.58	0.26
286	陈德义	华富基金	2009/09~2012/12	41	2	-5.23	-0.16	20.88	21.79	-44.85	-34.26	-0.39	-0.14
287	龚炜	华富基金	2010/01~2022/07	149	14	11.92	8.63	26.21	23.73	-52.87	-48.44	0.38	0.23
288	刘文正	华富基金	2013/06~2017/02	46	3	18.21	26.17	32.27	31.03	-45.23	-44.57	0.49	0.77
289	王翔	华富基金	2014/11~2017/12	39	5	14.32	16.57	36.75	32.83	-43.00	-44.57	0.34	0.45
290	翁海波	华富基金	2015/12~2018/12	38	5	-14.19	-11.35	16.69	22.20	-37.70	-34.44	-0.96	-0.58
291	张亮	华富基金	2015/02~2021/02	74	2	34.86	13.64	20.26	18.89	-12.68	-22.11	1.65	0.64
292	李仆	华润元大基金	2018/08~2021/10	40	1	26.87	15.77	32.96	17.96	-20.52	-11.70	0.77	0.79
293	袁华涛	华润元大基金	2015/09~2019/09	50	3	0.82	4.65	14.99	24.06	-34.67	-34.44	-0.05	0.13
294	蔡建军	华商基金	2013/12~2017/11	49	4	12.30	21.50	29.12	29.94	-52.38	-44.57	0.35	0.65
295	李双全	华商基金	2015/04~2022/12	94	8	0.78	1.13	23.58	23.42	-48.96	-48.44	-0.03	-0.02

续表

编号	基金经理	离职前任职公司	任职区间	任职时间（月）	管理基金数量（只）	年化收益率（%）	指数年化收益率（%）	年化波动率（%）	指数年化波动率（%）	最大回撤（%）	指数最大回撤（%）	年化夏普比率	指数年化夏普比率
296	梁皓	华商基金	2017/07~2022/05	60	8	13. 69	3. 57	24. 74	17. 87	-36. 68	-30. 56	0. 49	0. 12
297	刘宏	华商基金	2011/05~2017/01	69	4	14. 78	12. 93	31. 05	28. 80	-47. 72	-44. 57	0. 39	0. 36
298	马国江	华商基金	2015/04~2019/02	48	4	1. 14	-4. 53	35. 46	28. 31	-49. 88	-48. 44	-0. 01	-0. 21
299	申艳丽	华商基金	2010/08~2015/03	57	2	16. 34	15. 25	21. 74	21. 85	-34. 69	-33. 01	0. 61	0. 56
300	孙建波	华商基金	2008/05~2013/01	52	3	0. 26	-5. 45	22. 83	30. 20	-37. 74	-54. 05	-0. 12	-0. 35
301	田明圣	华商基金	2010/07~2015/10	64	4	17. 21	14. 47	26. 24	26. 61	-40. 86	-39. 98	0. 54	0. 43
302	赵媛媛	华商基金	2013/03~2017/11	44	4	0. 97	-1. 90	27. 54	27. 69	-38. 83	-29. 50	-0. 04	0. 03
303	方伦煜	华泰柏瑞基金	2012/04~2020/07	101	3	12. 92	13. 20	23. 03	25. 71	-48. 65	-48. 44	0. 47	0. 43
304	黄明仁	华泰柏瑞基金	2016/11~2019/12	39	1	16. 38	-0. 37	17. 58	17. 04	-24. 84	-30. 56	0. 85	-0. 11
305	李灿	华泰柏瑞基金	2015/06~2018/12	44	3	-7. 39	-12. 13	24. 16	25. 98	-35. 47	-42. 38	-0. 37	-0. 53
306	梁丰	华泰柏瑞基金	2004/03~2010/04	73	4	18. 55	16. 90	28. 77	35. 96	-59. 41	-68. 61	0. 56	0. 31
307	秦岭松	华泰柏瑞基金	2007/05~2012/01	58	2	-2. 14	-0. 26	26. 23	35. 90	-49. 16	-68. 61	-0. 20	-0. 09
308	张慧	华泰柏瑞基金	2013/09~2023/05	118	9	13. 06	10. 24	23. 77	23. 65	-46. 46	-48. 44	0. 48	0. 36
309	蔡向阳	华夏基金	2014/05~2021/10	91	11	13. 72	15. 50	16. 66	25. 14	-22. 30	-48. 44	0. 72	0. 55
310	陈斌	华夏基金	2015/02~2021/04	76	3	19. 92	8. 80	27. 23	26. 45	-38. 16	-48. 44	0. 67	0. 27
311	陈虎	华夏基金	2014/11~2020/05	67	5	8. 50	8. 94	24. 19	27. 53	-46. 35	-48. 44	0. 28	0. 27
312	程海泳	华夏基金	2004/09~2013/08	56	3	1. 71	-8. 61	20. 48	21. 96	-41. 80	-33. 01	-0. 05	-0. 56
313	丁楹	华夏基金	1999/04~2006/10	86	4	16. 58	6. 58	18. 36	26. 45	-20. 04	-61. 69	0. 79	0. 15
314	巩怀志	华夏基金	2005/10~2013/05	93	4	26. 57	23. 18	28. 19	34. 22	-49. 46	-68. 61	0. 85	0. 59

续表

编号	基金经理	离职前任职公司	任职区间	任职时间（月）	管理基金数量（只）	年化收益率（%）	指数年化收益率（%）	年化波动率（%）	指数年化波动率（%）	最大回撤（%）	指数最大回撤（%）	年化夏普比率	指数年化夏普比率
315	胡建平	华夏基金	2006/03~2013/12	93	4	19.98	16.79	20.81	33.19	-33.11	-68.61	0.83	0.34
316	林峰	华夏基金	2014/05~2018/11	56	2	3.50	13.19	29.38	29.13	-55.44	-46.95	0.06	0.39
317	刘金玉	华夏基金	2010/03~2016/12	78	4	8.03	8.65	24.12	28.76	-36.59	-44.57	0.23	0.22
318	刘文动	华夏基金	2006/05~2012/02	70	5	21.61	21.06	29.99	36.90	-47.98	-68.61	0.62	0.49
319	罗泽萍	华夏基金	2005/04~2014/02	108	4	19.32	19.41	25.55	32.75	-51.90	-68.61	0.66	0.50
320	任竞辉	华夏基金	2010/10~2015/09	49	3	10.70	11.30	22.81	27.72	-38.09	-39.98	0.35	0.23
321	石波	华夏基金	2001/01~2007/07	80	4	25.96	15.35	20.76	28.26	-22.57	-61.69	1.14	0.46
322	孙彬	华夏基金	2012/01~2019/07	92	3	11.20	11.69	23.96	26.46	-47.46	-48.44	0.38	0.36
323	孙建冬	华夏基金	2005/06~2010/01	57	2	45.55	39.73	31.75	40.09	-46.82	-68.61	1.35	0.92
324	孙萌	华夏基金	2015/11~2019/02	41	3	-8.71	-2.51	18.42	23.99	-41.98	-34.44	-0.57	-0.17
325	谭琦	华夏基金	2007/09~2014/04	81	3	0.84	-3.75	23.71	30.81	-48.92	-68.61	-0.09	-0.22
326	佟巍	华夏基金	2015/02~2022/06	90	10	13.06	7.68	23.52	25.44	-40.07	-48.44	0.49	0.24
327	童汀	华夏基金	2007/09~2014/05	82	3	2.50	-3.48	21.82	30.62	-47.91	-68.61	-0.02	-0.21
328	王海雄	华夏基金	2011/03~2015/01	48	4	9.58	8.73	17.49	20.81	-23.74	-31.71	0.37	0.27
329	王亚伟	华夏基金	1998/04~2012/04	163	4	27.70	11.62	26.12	31.32	-44.71	-68.61	0.96	0.28
330	王怡欢	华夏基金	2011/02~2020/11	119	5	10.44	9.45	17.70	24.67	-32.22	-48.44	0.47	0.29
331	魏镇江	华夏基金	2016/04~2020/05	51	4	5.51	2.81	8.20	15.83	-14.02	-30.56	0.49	0.08
332	严鸿宴	华夏基金	2010/02~2014/09	57	2	0.97	3.03	17.80	20.90	-37.76	-33.01	-0.11	0.00
333	杨明韬	华夏基金	2012/01~2015/05	42	3	31.59	35.01	20.11	25.01	-9.75	-17.71	1.42	1.28

续表

编号	基金经理	离职前任职公司	任职区间	任职时间（月）	管理基金数量（只）	年化收益率（%）	指数年化收益率（%）	年化波动率（%）	指数年化波动率（%）	最大回撤（%）	指数最大回撤（%）	年化夏普比率	指数年化夏普比率
334	杨泽辉	华夏基金	2009/01~2012/02	38	1	10.02	15.93	26.88	27.83	-31.84	-27.75	0.27	0.48
335	张剑	华夏基金	2011/02~2014/04	40	2	3.42	-5.15	11.98	20.04	-14.61	-31.71	0.02	-0.42
336	张龙	华夏基金	2004/09~2010/01	66	2	26.03	29.10	30.03	38.72	-56.52	-68.61	0.78	0.68
337	张益驰	华夏基金	2004/09~2009/06	59	5	35.38	30.07	28.64	38.47	-51.65	-68.61	1.16	0.71
338	赵航	华夏基金	2003/04~2021/09	185	6	8.87	2.73	21.44	26.41	-50.79	-54.05	0.32	0.09
339	沈宏伟	汇安基金	2017/12~2021/07	44	1	1.77	7.28	14.45	18.39	-23.20	-29.52	0.02	0.31
340	周加文	汇安基金	2016/10~2022/05	65	3	-1.14	1.95	18.98	15.24	-34.66	-22.40	-0.14	-0.07
341	朱晨歌	汇安基金	2018/02~2023/09	69	8	0.14	3.04	18.46	18.18	-40.95	-25.93	-0.07	0.08
342	程彧	汇丰晋信基金	2016/11~2023/01	76	3	7.89	3.57	24.51	17.63	-54.79	-30.56	0.26	0.12
343	方超	汇丰晋信基金	2015/09~2019/08	49	1	16.34	21.43	36.47	33.45	-48.34	-44.57	0.40	0.59
344	郭敏	汇丰晋信基金	2015/05~2020/05	61	2	5.47	-4.62	20.68	24.80	-26.14	-48.44	0.19	-0.25
345	侯玉琦	汇丰晋信基金	2013/04~2023/07	118	3	8.61	10.07	24.39	24.16	-50.78	-48.44	0.28	0.36
346	黄立华	汇丰晋信基金	2014/01~2023/02	57	3	9.35	21.72	19.94	26.32	-35.37	-39.98	0.38	0.66
347	廖志峰	汇丰晋信基金	2010/03~2013/05	40	2	-1.89	-3.07	17.40	21.31	-35.03	-33.01	-0.28	-0.29
348	林彤彤	汇丰晋信基金	1998/06~2013/12	183	7	14.94	7.99	24.15	30.05	-59.49	-68.61	0.51	0.17
349	刘哲华	汇丰晋信基金	2020/01~2023/06	43	1	12.98	5.67	21.91	17.60	-23.93	-22.95	0.52	0.24
350	邵骥咏	汇丰晋信基金	2009/05~2012/07	40	3	2.45	0.95	19.40	26.12	-29.68	-29.39	-0.02	-0.07
351	严瑾	汇丰晋信基金	2018/09~2022/04	44	2	11.30	8.12	18.34	19.23	-26.13	-22.11	0.53	0.34
352	陈晓翔	汇添富基金	2009/01~2015/12	85	2	23.19	20.21	25.23	28.28	-28.48	-39.98	0.81	0.62

续表

编号	基金经理	离职前任职公司	任职区间	任职时间（月）	管理基金数量（只）	年化收益率（%）	指数年化收益率（%）	年化波动率（%）	指数年化波动率（%）	最大回撤（%）	指数最大回撤（%）	年化夏普比率	指数年化夏普比率
353	韩贤旺	汇添富基金	2012/03~2018/12	83	2	7.48	9.41	31.51	26.51	-59.88	-48.44	0.17	0.27
354	雷鸣	汇添富基金	2014/03~2022/01	96	5	22.05	14.10	25.25	24.78	-37.12	-48.44	0.81	0.50
355	刘江	汇添富基金	2015/06~2023/10	102	7	0.28	0.14	17.53	21.85	-49.77	-42.38	-0.07	-0.06
356	欧阳沁春	汇添富基金	2007/06~2018/12	140	3	5.90	6.20	33.67	30.51	-72.38	-68.61	0.10	0.12
357	齐东超	汇添富基金	2009/07~2014/03	58	2	3.23	-2.53	19.54	23.39	-25.17	-34.26	0.02	-0.23
358	佘中强	汇添富基金	2013/07~2019/07	68	4	15.88	18.23	24.94	24.55	-38.80	-48.44	0.57	0.64
359	苏竞	汇添富基金	2007/10~2013/10	74	3	-2.68	-3.44	24.64	32.15	-54.62	-68.15	-0.23	-0.20
360	谭志强	汇添富基金	2015/08~2022/02	80	2	10.77	7.18	20.10	21.23	-37.28	-34.44	0.46	0.27
361	叶从飞	汇添富基金	2012/03~2018/12	83	3	6.81	9.41	27.72	26.51	-57.10	-48.44	0.17	0.27
362	张晖	汇添富基金	2002/11~2007/11	48	3	40.60	27.47	23.49	31.96	-13.92	-36.44	1.71	0.77
363	周睿	汇添富基金	2012/03~2019/03	86	1	15.47	13.15	27.11	26.95	-48.64	-48.44	0.49	0.41
364	范习辉	惠升基金	2018/08~2023/06	56	5	6.51	7.51	24.01	19.14	-52.51	-22.95	0.21	0.31
365	骆海涛	嘉合基金	2018/03~2021/04	39	4	24.52	8.36	15.87	19.29	-11.21	-25.85	1.45	0.36
366	陈勤	嘉实基金	2006/10~2015/05	102	4	22.52	25.73	24.54	33.67	-48.42	-68.61	0.82	0.75
367	党开宇	嘉实基金	2005/01~2010/05	63	6	29.82	32.34	22.19	38.82	-21.94	-68.61	1.27	0.76
368	翟琳琳	嘉实基金	2014/02~2017/10	46	5	17.81	23.86	21.97	30.81	-31.71	-44.57	0.72	0.71
369	丁杰人	嘉实基金	2011/10~2017/11	72	3	19.45	14.92	29.98	28.20	-49.73	-44.57	0.58	0.47
370	顾义河	嘉实基金	2009/06~2014/10	66	2	7.03	5.89	18.17	23.70	-32.34	-34.26	0.23	0.13
371	郭东谋	嘉实基金	2014/04~2018/06	52	6	12.02	17.42	14.03	29.61	-22.85	-44.57	0.72	0.53

续表

编号	基金经理	离职前任职公司	任职区间	任职时间（月）	管理基金数量（只）	年化收益率（%）	指数年化收益率（%）	年化波动率（%）	指数年化波动率（%）	最大回撤（%）	指数最大回撤（%）	年化夏普比率	指数年化夏普比率
372	焦云	嘉实基金	2009/12~2017/10	83	4	3.56	3.23	24.85	27.49	-38.26	-44.57	0.05	-0.07
373	刘天君	嘉实基金	2006/08~2013/05	83	4	23.61	18.40	26.01	35.18	-50.20	-68.61	0.79	0.44
374	刘欣	嘉实基金	2003/07~2006/09	40	3	21.62	6.20	14.95	23.52	-10.10	-43.54	1.34	0.17
375	齐海滔	嘉实基金	2009/03~2020/06	119	4	17.81	14.53	24.94	26.70	-41.89	-48.44	0.64	0.49
376	曲扬	嘉实基金	2016/04~2020/11	58	11	7.20	7.42	3.36	16.87	-2.03	-30.56	1.70	0.35
377	邵健	嘉实基金	2004/04~2015/06	136	3	21.50	20.64	25.31	31.96	-56.20	-68.61	0.74	0.56
378	邵秋涛	嘉实基金	2010/11~2020/05	116	4	10.48	7.58	24.35	24.49	-37.34	-48.44	0.34	0.22
379	孙林	嘉实基金	2003/01~2007/03	52	2	31.40	19.90	19.71	25.20	-15.44	-43.54	1.48	0.70
380	陶羽	嘉实基金	2009/03~2017/06	101	2	10.24	13.28	29.08	27.98	-42.79	-44.57	0.27	0.38
381	王汉博	嘉实基金	2014/09~2022/05	42	5	11.03	9.13	27.44	32.51	-40.01	-44.57	0.35	0.21
382	王茜	嘉实基金	2015/07~2020/09	64	3	5.85	4.00	11.45	24.08	-16.46	-34.44	0.38	0.10
383	吴云峰	嘉实基金	2014/11~2020/05	68	4	10.37	8.94	24.95	27.53	-43.08	-48.44	0.35	0.27
384	谢泽林	嘉实基金	2015/09~2023/11	100	4	8.98	4.72	20.09	20.52	-32.01	-34.44	0.37	0.16
385	忻怡	嘉实基金	2006/12~2010/09	47	2	20.53	24.74	29.49	43.11	-56.55	-68.61	0.61	0.51
386	徐轶	嘉实基金	2000/06~2006/11	79	3	12.61	0.54	15.78	22.36	-20.95	-61.69	0.68	0.01
387	颜媛	嘉实基金	2015/03~2021/07	71	4	20.50	6.32	25.20	26.42	-36.56	-48.44	0.76	0.19
388	詹凌蔚	嘉实基金	2002/09~2014/03	106	4	16.40	8.11	23.23	30.90	-54.86	-68.15	0.61	0.24
389	张丹华	嘉实基金	2017/05~2023/01	70	12	10.27	5.44	20.57	18.09	-35.29	-30.56	0.43	0.22
390	张楠	嘉实基金	2018/01~2023/08	69	4	3.90	2.37	18.93	18.30	-39.84	-29.52	0.13	0.05

续表

编号	基金经理	离职前任职公司	任职区间	任职时间(月)	管理基金数量(只)	年化收益率(%)	指数年化收益率(%)	年化波动率(%)	指数年化波动率(%)	最大回撤(%)	指数最大回撤(%)	年化夏普比率	指数年化夏普比率
391	张琦	嘉实基金	2013/05~2019/08	54	3	16.00	18.70	23.40	32.01	-35.89	-48.44	0.60	0.52
392	张弢	嘉实基金	2009/01~2015/03	76	5	24.44	20.22	19.05	25.37	-22.23	-34.26	1.15	0.68
393	赵勇	嘉实基金	2009/08~2014/06	60	2	-0.86	2.73	13.73	20.87	-30.31	-34.26	-0.28	-0.01
394	陈鹏	建信基金	2004/12~2009/08	52	3	19.17	20.15	34.31	41.58	-59.51	-68.61	0.49	0.35
395	顾中汉	建信基金	2011/10~2017/02	66	4	10.20	15.79	25.20	29.22	-36.24	-44.57	0.30	0.45
396	李华	建信基金	2001/09~2007/09	48	2	39.90	32.58	20.87	30.67	-12.91	-31.78	1.85	0.97
397	李涛	建信基金	2005/06~2012/04	81	5	20.22	33.58	25.01	33.38	-38.52	-64.65	0.72	0.88
398	马志强	建信基金	2008/12~2015/04	74	3	23.31	27.48	31.04	26.97	-38.54	-34.26	0.67	0.96
399	田擎	建信基金	2004/02~2010/03	52	3	-8.38	-12.33	28.01	35.89	-67.34	-68.15	-0.40	-0.41
400	万志勇	建信基金	2008/10~2015/08	80	6	14.68	19.40	20.62	28.35	-29.37	-36.20	0.58	0.62
401	汪沛	建信基金	2007/03~2011/04	51	1	12.98	14.89	33.97	40.41	-59.26	-68.61	0.30	0.30
402	王新艳	建信基金	2002/11~2013/11	117	6	17.40	11.05	23.79	30.61	-57.63	-68.61	0.63	0.30
403	徐杰	建信基金	2008/03~2011/06	41	1	0.58	4.55	27.66	35.69	-49.11	-57.51	-0.08	0.05
404	许杰	建信基金	2010/02~2020/06	121	7	8.05	8.08	20.35	24.82	-36.07	-48.44	0.29	0.27
405	钟敬棣	建信基金	2013/09~2018/04	57	1	10.25	16.49	5.29	28.18	-4.03	-44.57	1.56	0.51
406	朱虹	建信基金	2015/10~2021/04	56	3	1.09	5.51	8.39	20.33	-13.80	-29.50	-0.05	0.21
407	朱建华	建信基金	2016/03~2019/07	42	2	0.66	1.12	2.95	16.42	-4.72	-30.56	-0.28	-0.02
408	王安良	江信基金	2016/02~2023/07	91	1	8.18	6.56	21.72	17.44	-33.98	-30.56	0.31	0.29
409	郑昱	江信基金	2015/08~2019/02	44	1	-1.58	2.64	11.62	25.30	-29.30	-34.44	-0.27	0.04

续表

编号	基金经理	离职前任职公司	任职区间	任职时间（月）	管理基金数量（只）	年化收益率（%）	指数年化收益率（%）	年化波动率（%）	指数年化波动率（%）	最大回撤（%）	指数最大回撤（%）	年化夏普比率	指数年化夏普比率
410	崔海峰	交银施罗德基金	2003/01～2010/05	86	7	27.70	24.33	25.78	33.62	-38.94	-68.61	1.01	0.69
411	盖婷婷	交银施罗德基金	2015/07～2018/08	39	3	13.26	-5.24	16.99	25.68	-21.16	-29.50	0.69	-0.26
412	管华雨	交银施罗德基金	2007/05～2015/04	93	7	13.76	13.45	24.24	32.15	-51.26	-68.61	0.45	0.28
413	李立	交银施罗德基金	2007/04～2012/04	62	2	3.82	2.99	28.80	35.33	-55.25	-68.61	0.03	0.00
414	李娜	交银施罗德基金	2015/08～2020/11	65	13	7.38	7.82	2.78	22.90	-0.67	-34.44	2.12	0.28
415	李旭利	交银施罗德基金	2000/03～2009/05	104	4	9.24	3.53	21.98	30.67	-55.77	-68.61	0.32	-0.04
416	龙向东	交银施罗德基金	2012/08～2015/08	38	1	21.88	27.33	29.53	29.78	-36.99	-36.20	0.64	0.82
417	唐倩	交银施罗德基金	2011/04～2018/06	84	2	15.88	5.81	26.38	26.80	-48.99	-44.57	0.52	0.15
418	张媚钗	交银施罗德基金	2010/06～2014/09	53	1	2.21	8.23	15.83	20.51	-27.76	-33.01	-0.05	0.25
419	郑拓	交银施罗德基金	2005/04～2009/07	50	5	35.41	35.24	29.33	38.17	-51.61	-68.61	1.14	0.73

续表

编号	基金经理	离职前任职公司	任职区间	任职时间（月）	管理基金数量（只）	年化收益率（%）	指数年化收益率（%）	年化波动率（%）	指数年化波动率（%）	最大回撤（%）	指数最大回撤（%）	年化夏普比率	指数年化夏普比率
420	陈立	金鹰基金	2013/08~2022/04	106	8	17.67	11.19	29.94	24.24	-46.94	-48.44	0.53	0.39
421	方超	金鹰基金	2014/09~2017/09	38	2	16.34	21.43	36.47	33.45	-48.34	-44.57	0.40	0.59
422	李海	金鹰基金	2013/01~2020/10	60	3	20.04	20.02	33.33	30.07	-47.12	-44.57	0.55	0.61
423	林华显	金鹰基金	2011/03~2015/02	49	1	1.04	10.14	15.12	20.77	-32.48	-31.71	-0.14	0.34
424	彭培祥	金鹰基金	2009/07~2013/03	46	2	-8.93	-4.27	25.81	23.80	-50.50	-34.26	-0.46	-0.30
425	冼鸿鹏	金鹰基金	2010/12~2017/10	84	2	1.52	11.42	37.15	26.58	-63.06	-44.57	-0.03	0.33
426	杨绍基	金鹰基金	2008/12~2015/01	74	4	12.86	18.54	20.37	24.94	-39.07	-34.26	0.49	0.63
427	于利强	金鹰基金	2015/01~2019/12	61	7	9.23	7.51	20.38	28.47	-38.76	-48.44	0.37	0.21
428	朱丹	金鹰基金	2010/07~2022/09	140	4	8.91	4.04	21.37	22.18	-38.43	-34.44	0.32	0.14
429	侯斌	金元顺安基金	2010/12~2018/08	93	5	0.40	6.98	18.83	25.61	-39.67	-44.57	-0.11	0.18
430	黄奕	金元顺安基金	2009/05~2013/03	48	3	0.39	3.17	16.28	25.46	-28.02	-34.26	-0.15	0.01
431	潘江	金元顺安基金	2009/03~2014/02	57	3	6.72	9.46	19.41	24.83	-19.58	-34.26	0.21	0.34
432	陈晖	景顺长城基金	2006/12~2013/11	85	2	8.74	13.66	28.32	34.88	-62.09	-68.61	0.20	0.30
433	邓春鸣	景顺长城基金	2007/09~2014/09	86	4	-4.05	0.14	25.02	30.33	-56.97	-68.61	-0.28	-0.09
434	贾殿村	景顺长城基金	2012/11~2016/04	43	3	14.88	27.37	36.27	34.44	-54.08	-44.57	0.34	0.72
435	江科宏	景顺长城基金	2014/08~2022/06	96	5	15.90	12.33	27.05	25.34	-49.28	-48.44	0.53	0.42
436	李孟海	景顺长城基金	2015/03~2022/10	93	4	10.28	2.89	32.51	24.36	-50.53	-48.44	0.27	0.06
437	李学文	景顺长城基金	2003/08~2007/08	48	4	52.81	43.25	25.42	31.70	-16.26	-43.54	2.03	1.28
438	李志嘉	景顺长城基金	2006/06~2010/04	48	2	25.45	32.49	34.98	42.59	-55.79	-68.61	0.64	0.69

续表

编号	基金经理	离职前任职公司	任职区间	任职时间（月）	管理基金数量（只）	年化收益率（%）	指数年化收益率（%）	年化波动率（%）	指数年化波动率（%）	最大回撤（%）	指数最大回撤（%）	年化夏普比率	指数年化夏普比率
439	刘晓明	景顺长城基金	2014/11～2020/04	67	4	11.75	8.97	19.93	27.74	-32.13	-48.44	0.51	0.26
440	唐咸德	景顺长城基金	2008/09～2014/09	68	2	13.99	11.48	23.11	27.68	-34.15	-34.26	0.49	0.33
441	万梦	景顺长城基金	2015/07～2021/07	74	8	6.69	5.21	2.77	22.60	-1.11	-34.44	1.87	0.16
442	王鹏辉	景顺长城基金	2007/09～2014/12	89	5	7.84	3.22	28.32	30.27	-61.44	-68.61	0.17	0.01
443	张继荣	景顺长城基金	2004/07～2015/06	104	7	2.60	-0.70	21.59	29.96	-54.35	-67.56	-0.01	0.03
444	黄敬东	九泰基金	2006/09～2015/11	45	5	27.41	10.55	32.22	42.35	-54.13	-57.73	0.80	0.33
445	林柏川	九泰基金	2017/01～2022/06	67	4	6.77	5.56	15.15	17.61	-25.42	-30.56	0.35	0.23
446	王玥晰	九泰基金	2015/08～2018/11	41	6	-4.17	-2.00	16.11	24.10	-22.85	-32.54	-0.35	-0.15
447	吴祖尧	九泰基金	2015/12～2021/10	52	7	-0.91	5.07	15.71	20.49	-34.61	-29.50	-0.15	0.26
448	徐占杰	九泰基金	2016/09～2021/12	65	1	17.41	7.57	15.38	16.01	-24.44	-30.56	1.03	0.38
449	张鹏程	九泰基金	2017/11～2023/08	71	4	4.69	2.56	10.77	18.05	-13.32	-29.52	0.30	0.06
450	付柏瑞	凯石基金	2009/04～2022/11	83	3	0.94	2.22	20.57	23.13	-41.41	-34.26	-0.08	0.01
451	蔡锋亮	民生加银基金	2011/04～2016/06	64	5	15.22	12.05	31.02	30.09	-40.57	-44.57	0.40	0.31
452	黄钦来	民生加银基金	2003/11～2010/10	50	4	13.34	8.65	18.72	26.88	-16.68	-43.54	0.61	0.20
453	黄一明	民生加银基金	2013/08～2020/05	66	6	10.06	19.57	27.52	28.02	-37.19	-48.44	0.30	0.63
454	江国华	民生加银基金	2011/12～2015/02	40	2	9.69	21.20	21.12	20.75	-16.79	-17.71	0.31	0.88
455	刘旭明	民生加银基金	2014/09～2019/02	52	6	11.01	16.01	21.16	30.75	-30.47	-48.44	0.45	0.46
456	宋磊	民生加银基金	2009/12～2018/02	75	8	10.14	4.94	22.57	27.47	-25.09	-44.57	0.36	0.09
457	王晓岩	民生加银基金	2019/11～2023/07	46	3	4.12	7.94	23.02	17.41	-46.07	-22.95	0.11	0.37

续表

编号	基金经理	离职前任职公司	任职区间	任职时间（月）	管理基金数量（只）	年化收益率（%）	指数年化收益率（%）	年化波动率（%）	指数年化波动率（%）	最大回撤（%）	指数最大回撤（%）	年化夏普比率	指数年化夏普比率
458	吴剑飞	民生加银基金	2005/04~2018/10	136	4	18.40	22.27	26.91	33.22	-57.49	-68.61	0.60	0.57
459	吴鹏飞	民生加银基金	2013/12~2021/08	67	7	14.80	13.03	14.83	26.76	-14.50	-44.57	0.90	0.46
460	董红波	摩根基金	2007/02~2015/01	91	4	16.92	22.14	28.64	29.77	-34.61	-59.41	0.49	0.59
461	冯刚	摩根基金	2006/06~2014/11	87	4	26.79	21.29	30.27	34.71	-60.81	-68.61	0.80	0.56
462	罗建辉	摩根基金	2009/10~2015/01	64	4	4.43	8.41	16.14	21.18	-26.83	-34.26	0.09	0.26
463	吕俊	摩根基金	2002/05~2007/07	60	4	44.96	30.94	24.75	29.08	-10.99	-50.22	1.76	0.97
464	孟亮	摩根基金	2012/03~2019/02	80	8	12.50	11.36	23.79	23.37	-43.21	-34.44	0.44	0.44
465	芮昆	摩根基金	2006/04~2009/09	43	2	29.08	40.35	27.14	45.05	-42.57	-68.61	0.96	0.83
466	帅虎	摩根基金	2014/12~2019/03	53	3	11.84	8.61	34.42	30.21	-53.40	-48.44	0.30	0.23
467	孙芳	摩根基金	2011/12~2022/07	129	5	14.97	11.42	24.95	24.04	-51.39	-48.44	0.52	0.39
468	孙延群	摩根基金	2004/06~2009/06	58	3	39.81	30.30	30.33	38.96	-55.19	-68.61	1.24	0.72
469	王孝德	摩根基金	2007/04~2014/11	89	3	13.74	13.20	23.75	29.82	-34.07	-68.61	0.46	0.38
470	王振州	摩根基金	2007/11~2011/11	50	4	-3.17	-3.09	29.02	35.38	-57.70	-67.56	-0.21	-0.17
471	吴鹏	摩根基金	2006/09~2012/08	68	5	0.22	17.80	26.06	36.41	-55.86	-68.61	-0.11	0.33
472	许俊哲	摩根基金	2015/04~2018/05	39	1	-8.86	-4.23	30.81	28.62	-49.39	-44.57	-0.34	-0.20
473	杨安乐	摩根基金	2007/08~2013/05	71	1	-4.03	-2.65	30.71	32.05	-63.47	-68.61	-0.23	-0.18
474	张飞	摩根基金	2015/01~2018/01	38	2	13.48	13.23	36.06	32.77	-48.13	-44.57	0.33	0.35
475	张淑婉	摩根基金	2018/06~2021/06	38	1	13.50	14.82	16.98	18.74	-11.81	-16.20	0.71	0.71
476	赵艰申	摩根基金	2013/08~2017/07	46	3	29.20	29.46	31.15	27.12	-40.13	-44.57	0.89	0.97

续表

编号	基金经理	离职前任职公司	任职区间	任职时间（月）	管理基金数量（只）	年化收益率（%）	指数年化收益率（%）	年化波动率（%）	指数年化波动率（%）	最大回撤（%）	指数最大回撤（%）	年化夏普比率	指数年化夏普比率
477	征茂平	摩根基金	2013/07～2021/12	103	3	9.61	15.12	24.42	23.93	-51.45	-48.44	0.32	0.56
478	陈健夫	摩根士丹利基金	2018/08～2022/10	52	2	4.00	7.29	19.43	19.20	-35.62	-22.95	0.13	0.30
479	何滨	摩根士丹利基金	2008/04～2013/07	65	2	6.11	-1.15	21.05	31.42	-32.76	-57.51	0.15	-0.13
480	钱斌	摩根士丹利基金	2010/07～2014/08	47	4	6.56	5.42	17.83	20.12	-22.36	-29.06	0.20	-0.08
481	盛军锋	摩根士丹利基金	2009/07～2014/02	49	4	6.11	4.81	21.05	24.51	-28.79	-34.26	0.16	0.05
482	司巍	摩根士丹利基金	2015/01～2018/11	48	3	-6.81	2.85	31.38	30.16	-70.16	-46.95	-0.27	0.04
483	项志群	摩根士丹利基金	2005/03～2010/08	49	3	44.38	49.71	27.32	32.23	-17.88	-44.30	1.57	1.45
484	徐达	摩根士丹利基金	2016/06～2023/11	91	4	4.92	3.04	19.45	16.52	-49.29	-30.56	0.18	0.09
485	毕凯	南方基金	2018/06～2022/02	46	2	-0.36	11.30	17.13	18.07	-29.32	-16.20	-0.11	0.54
486	蔡望鹏	南方基金	2015/01～2020/01	62	2	9.01	7.34	24.67	28.23	-36.55	-48.44	0.30	0.20
487	陈键	南方基金	2005/04～2015/12	130	6	21.36	24.18	25.28	33.00	-48.20	-68.61	0.74	0.65
488	杜冬松	南方基金	2012/03～2016/02	49	5	10.38	17.19	28.82	32.04	-29.42	-44.57	0.27	0.45

续表

编号	基金经理	离职前任职公司	任职区间	任职时间（月）	管理基金数量（只）	年化收益率（%）	指数年化收益率（%）	年化波动率（%）	指数年化波动率（%）	最大回撤（%）	指数最大回撤（%）	年化夏普比率	指数年化夏普比率
489	蒋峰	南方基金	2003/11~2012/11	91	3	11.89	11.26	21.74	24.07	-34.18	-43.54	0.44	0.27
490	蒋朋宸	南方基金	2008/04~2015/05	87	4	9.94	15.47	25.38	30.41	-45.88	-57.51	0.28	0.41
491	李源海	南方基金	2008/07~2015/01	76	4	12.62	13.56	16.40	26.83	-29.00	-42.52	0.60	0.38
492	李振兴	南方基金	2014/04~2022/11	96	8	13.30	11.39	15.63	22.31	-33.11	-48.44	0.75	0.41
493	马北雁	南方基金	2008/04~2014/03	73	2	-5.75	0.23	20.19	29.95	-43.82	-57.51	-0.43	-0.09
494	彭砚	南方基金	2010/06~2015/06	55	4	17.87	22.78	26.72	23.93	-29.70	-33.01	0.57	0.86
495	苏彦祝	南方基金	2006/11~2010/01	40	1	33.07	34.51	39.35	46.05	-58.78	-68.61	0.76	0.68
496	谈建强	南方基金	2006/12~2015/06	104	4	19.11	21.78	27.07	33.78	-60.76	-68.61	0.60	0.56
497	汪澂	南方基金	2002/05~2013/10	139	4	12.85	11.23	27.10	30.92	-57.44	-68.61	0.38	0.28
498	王宏远	南方基金	1999/08~2008/03	64	4	29.71	31.56	25.33	31.68	-27.29	-60.08	1.11	0.93
499	萧嘉倩	南方基金	2019/05~2023/05	50	2	15.87	6.92	30.02	16.73	-42.17	-22.95	0.48	0.32
500	肖勇	南方基金	2015/07~2020/11	43	6	41.52	9.23	38.87	28.75	-36.00	-34.44	1.06	0.34
501	张旭	南方基金	2012/03~2019/02	85	5	7.08	12.15	31.53	26.98	-52.99	-48.44	0.16	0.37
502	张原	南方基金	2010/02~2021/08	139	8	12.97	9.16	22.87	23.84	-40.97	-48.44	0.47	0.29
503	孔庆卿	南华基金	2013/08~2023/07	65	4	6.12	18.25	14.50	27.44	-27.24	-44.57	0.29	0.53
504	刘斐	南华基金	2017/08~2022/06	60	3	11.28	4.94	24.88	18.33	-41.18	-30.56	0.39	0.19
505	徐超	南华基金	2015/11~2021/11	68	5	14.78	5.85	24.61	20.70	-28.94	-34.44	0.55	0.21
506	顾旭俊	农银汇理基金	2016/03~2019/07	42	3	-0.46	1.12	12.68	16.42	-27.09	-30.56	-0.15	-0.02
507	郭世凯	农银汇理基金	2014/01~2019/12	73	4	8.48	14.23	27.33	27.00	-51.84	-48.44	0.24	0.46

续表

编号	基金经理	离职前任职公司	任职区间	任职时间（月）	管理基金数量（只）	年化收益率（%）	指数年化收益率（%）	年化波动率（%）	指数年化波动率（%）	最大回撤（%）	指数最大回撤（%）	年化夏普比率	指数年化夏普比率
508	李洪雨	农银汇理基金	2008/09～2014/09	70	3	3.36	10.21	20.94	27.36	-38.12	-34.26	0.02	0.30
509	凌晨	农银汇理基金	2013/11～2023/06	68	5	6.46	13.52	27.24	27.74	-42.68	-44.57	0.17	0.39
510	栾杰	农银汇理基金	2003/07～2011/03	84	5	35.24	29.38	21.52	32.96	-22.57	-67.10	1.55	0.91
511	蔡嵩松	诺安基金	2019/02～2023/08	56	5	17.37	5.84	35.22	16.80	-50.33	-22.95	0.45	0.26
512	李嘉	诺安基金	2014/06～2018/05	49	3	9.67	19.49	31.39	30.13	-52.19	-44.57	0.25	0.59
513	林健标	诺安基金	2008/01～2011/04	41	3	0.66	0.82	24.24	37.17	-41.51	-64.72	-0.09	-0.05
514	刘红辉	诺安基金	2008/05～2018/12	125	3	6.64	6.36	21.07	29.39	-46.10	-54.05	0.20	0.09
515	刘魁	诺安基金	2012/05～2015/10	39	6	24.07	27.51	25.13	31.87	-31.44	-39.98	0.88	0.77
516	曲泉儒	诺安基金	2019/04～2022/09	43	4	16.03	4.78	18.79	17.37	-20.83	-22.11	0.77	0.19
517	史高飞	诺安基金	2015/01～2020/12	72	4	6.96	10.40	33.51	27.04	-66.79	-48.44	0.16	0.33
518	王鹏	诺安基金	2007/07～2011/02	42	2	2.33	0.12	23.54	36.95	-48.26	-68.61	-0.03	-0.16
519	王永宏	诺安基金	2009/03～2013/03	40	2	2.15	5.53	27.54	27.32	-41.21	-34.26	-0.02	0.16
520	夏俊杰	诺安基金	2010/03～2017/02	85	3	11.06	10.30	19.62	27.66	-33.62	-44.57	0.43	0.28
521	张堃	诺安基金	2015/08～2023/09	99	5	11.42	4.26	18.34	20.73	-24.52	-34.44	0.54	0.13
522	邹翔	诺安基金	2000/09～2015/01	84	3	4.03	11.41	21.39	27.30	-52.98	-51.55	0.05	0.08
523	胡志伟	诺德基金	2009/09～2021/09	81	5	4.88	9.55	17.23	19.93	-31.97	-34.26	0.13	0.35
524	王赟	诺德基金	2015/08～2020/02	56	1	9.32	4.28	25.01	23.12	-37.90	-34.44	0.31	0.12
525	向朝勇	诺德基金	2005/02～2012/05	78	5	3.07	4.23	27.97	33.38	-65.97	-68.61	0.01	0.07
526	杨霞辉	诺德基金	2017/04～2023/04	74	1	-3.68	4.28	20.33	17.65	-55.86	-30.56	-0.25	0.16

续表

编号	基金经理	离职前任职公司	任职区间	任职时间（月）	管理基金数量（只）	年化收益率（%）	指数年化收益率（%）	年化波动率（%）	指数年化波动率（%）	最大回撤（%）	指数最大回撤（%）	年化夏普比率	指数年化夏普比率
527	应颖	诺德基金	2018/01~2021/07	44	2	12.58	6.94	21.90	18.60	-28.36	-29.52	0.51	0.29
528	周勇	诺德基金	2012/06~2015/06	38	2	34.32	35.05	27.73	26.31	-15.36	-15.00	1.13	1.22
529	程世杰	鹏华基金	2005/05~2015/06	123	5	21.13	27.07	25.41	32.41	-56.96	-68.61	0.73	0.75
530	胡东健	鹏华基金	2015/06~2019/06	50	4	-0.44	-4.59	23.01	26.66	-31.49	-42.38	-0.09	-0.23
531	黄鑫	鹏华基金	2007/08~2015/08	98	4	1.51	5.94	25.93	32.09	-55.65	-68.61	-0.06	0.09
532	黄中	鹏华基金	2001/09~2006/10	63	1	8.10	-0.05	15.19	22.70	-26.28	-51.50	0.39	-0.10
533	冀洪涛	鹏华基金	2005/09~2011/11	71	2	37.46	37.04	28.18	35.18	-30.70	-68.61	1.25	1.12
534	林宇坤	鹏华基金	2007/08~2010/08	38	2	-4.44	-4.92	32.01	40.36	-58.12	-68.61	-0.24	-0.20
535	罗捷	鹏华基金	2018/03~2021/07	42	2	12.87	8.77	16.58	18.82	-23.60	-25.85	0.69	0.39
536	聂毅翔	鹏华基金	2017/08~2022/07	61	5	13.79	4.31	21.50	18.23	-32.49	-30.56	0.57	0.15
537	王宗合	鹏华基金	2010/12~2023/03	149	16	5.30	7.85	15.77	23.27	-44.19	-48.44	0.20	0.25
538	谢可	鹏华基金	2009/10~2014/06	58	1	-4.84	-0.26	17.50	20.67	-32.62	-34.26	-0.44	-0.16
539	尤柏年	鹏华基金	2016/12~2022/02	64	2	10.75	6.07	17.52	16.46	-23.20	-30.56	0.53	0.28
540	张栓伟	鹏华基金	2016/08~2022/09	75	10	7.73	2.76	4.61	17.29	-3.77	-30.56	1.35	0.07
541	张卓	鹏华基金	2007/08~2017/06	120	4	4.50	6.53	24.64	31.57	-59.57	-68.61	0.07	0.12
542	郑川江	鹏华基金	2015/06~2019/06	50	6	-5.14	-4.59	20.94	26.66	-31.83	-42.38	-0.32	-0.23
543	刘俊廷	平安基金	2015/07~2020/08	63	10	0.49	5.24	24.98	24.12	-50.89	-34.44	-0.04	0.15
544	孙健	平安基金	2012/09~2018/02	67	9	7.26	17.91	15.38	28.23	-25.15	-44.57	0.33	0.56
545	汪澳	平安基金	2016/09~2020/07	48	3	7.92	6.90	12.70	17.83	-19.74	-30.56	0.51	0.30

续表

编号	基金经理	离职前任职公司	任职区间	任职时间（月）	管理基金数量（只）	年化收益率（%）	指数年化收益率（%）	年化波动率（%）	指数年化波动率（%）	最大回撤（%）	指数最大回撤（%）	年化夏普比率	指数年化夏普比率
546	颜正华	平安基金	2007/07~2013/04	42	4	-3. 66	-18. 25	17. 20	34. 48	-38. 40	-68. 61	-0. 42	-0. 56
547	张俊生	平安基金	2011/06~2022/07	82	8	22. 11	10. 10	27. 01	20. 56	-39. 21	-28. 08	0. 76	0. 42
548	陈士俊	浦银安盛基金	2018/09~2022/10	51	1	8. 97	7. 11	8. 55	19. 39	-4. 63	-22. 95	0. 87	0. 29
549	蒋建伟	浦银安盛基金	2010/07~2020/06	121	4	12. 28	9. 25	31. 27	24. 42	-68. 05	-48. 44	0. 32	0. 29
550	吴勇	浦银安盛基金	2010/04~2023/02	156	7	11. 63	8. 05	29. 92	23. 46	-52. 91	-48. 44	0. 32	0. 25
551	丁骏	前海开源基金	2006/12~2020/04	140	7	8. 61	14. 18	22. 91	32. 42	-56. 84	-68. 61	0. 28	0. 34
552	史程	前海开源基金	2016/04~2021/03	61	12	21. 29	6. 89	17. 42	16. 42	-16. 28	-30. 56	1. 14	0. 33
553	唐文杰	前海开源基金	2009/07~2014/12	44	2	-6. 99	6. 99	22. 04	23. 65	-32. 44	-24. 44	-0. 45	0. 24
554	肖立强	前海开源基金	2018/10~2023/11	63	8	5. 29	8. 11	11. 34	17. 84	-26. 22	-22. 95	0. 33	0. 37
555	徐立平	前海开源基金	2014/09~2018/02	43	3	13. 28	17. 31	21. 87	31. 61	-25. 80	-44. 57	0. 53	0. 49
556	赵雪芹	前海开源基金	2016/01~2020/06	55	5	7. 17	7. 20	10. 52	17. 56	-19. 10	-30. 56	0. 54	0. 32
557	陈鹤明	融通基金	2006/11~2011/02	53	3	18. 70	27. 51	33. 35	41. 37	-60. 47	-68. 61	0. 47	0. 59
558	付伟琦	融通基金	2015/06~2020/01	57	5	11. 20	-2. 58	21. 57	25. 17	-24. 65	-42. 38	0. 45	-0. 16
559	管文浩	融通基金	2004/06~2013/01	89	4	11. 01	9. 95	28. 97	33. 07	-74. 30	-68. 61	0. 29	0. 21
560	郭恒	融通基金	2011/03~2014/08	43	1	2. 05	-0. 15	21. 07	20. 04	-33. 14	-31. 71	-0. 05	-0. 17
561	郝继伦	融通基金	2001/09~2010/01	71	2	13. 73	9. 95	25. 61	37. 01	-55. 72	-68. 61	0. 44	0. 14
562	蒋秀蕾	融通基金	2012/09~2023/02	112	5	18. 68	12. 89	30. 10	25. 62	-50. 47	-48. 44	0. 56	0. 42
563	刘明	融通基金	2018/11~2023/06	57	1	12. 73	9. 85	8. 47	18. 46	-6. 73	-22. 95	1. 33	0. 45
564	刘模林	融通基金	2004/03~2011/03	86	3	20. 96	19. 83	26. 65	35. 76	-53. 38	-68. 61	0. 69	0. 48

续表

编号	基金经理	离职前任职公司	任职区间	任职时间（月）	管理基金数量（只）	年化收益率（%）	指数年化收益率（%）	年化波动率（%）	指数年化波动率（%）	最大回撤（%）	指数最大回撤（%）	年化夏普比率	指数年化夏普比率
565	鲁万峰	融通基金	2007/09~2011/12	53	2	-18. 41	-8. 38	30. 44	35. 15	-65. 08	-68. 61	-0. 70	-0. 32
566	汪忠远	融通基金	2010/04~2014/10	56	2	-0. 53	4. 69	14. 91	20. 74	-29. 92	-33. 01	-0. 24	0. 08
567	吴巍	融通基金	2011/04~2014/10	44	3	0. 23	3. 60	14. 43	20. 46	-19. 84	-30. 76	-0. 20	0. 02
568	许富强	融通基金	2018/05~2023/07	64	1	10. 27	5. 33	8. 52	18. 63	-7. 07	-22. 95	1. 03	0. 21
569	姚昆	融通基金	2012/07~2015/07	38	1	21. 42	31. 64	21. 65	28. 04	-17. 21	-24. 63	0. 86	1. 03
570	易万军	融通基金	2003/09~2007/02	43	1	25. 83	24. 65	18. 13	26. 34	-23. 45	-43. 54	1. 30	0. 85
571	张一格	融通基金	2013/12~2023/07	109	6	7. 16	17. 40	6. 98	19. 78	-12. 00	-48. 44	0. 79	0. 71
572	周珺	融通基金	2012/01~2015/03	40	3	20. 61	26. 11	19. 11	22. 84	-16. 71	-17. 71	0. 92	1. 01
573	蔡文	山西证券	2016/12~2020/03	41	2	0. 95	-0. 79	9. 62	16. 71	-17. 26	-30. 56	-0. 06	-0. 14
574	李惟愚	山西证券	2019/12~2023/10	48	3	7. 54	3. 32	20. 60	16. 99	-31. 06	-22. 95	0. 29	0. 11
575	刘俊清	山西证券	2018/05~2022/05	50	1	6. 18	5. 49	18. 86	19. 24	-31. 25	-22. 94	0. 25	0. 21
576	韩冬	上海东方证券资产	2016/01~2022/08	81	4	15. 26	6. 76	18. 41	17. 68	-31. 24	-30. 56	0. 75	0. 30
577	李响	上海东方证券资产	2018/03~2023/04	63	2	5. 23	4. 53	22. 54	18. 77	-43. 22	-25. 85	0. 17	0. 16
578	林鹏	上海东方证券资产	2014/09~2020/04	69	8	23. 54	10. 69	18. 99	27. 55	-23. 71	-48. 44	1. 15	0. 33
579	孙伟	上海东方证券资产	2016/01~2023/05	90	4	14. 02	5. 71	19. 83	17. 56	-42. 09	-30. 56	0. 63	0. 24

续表

编号	基金经理	离职前任职公司	任职区间	任职时间（月）	管理基金数量（只）	年化收益率（%）	指数年化收益率（%）	年化波动率（%）	指数年化波动率（%）	最大回撤（%）	指数最大回撤（%）	年化夏普比率	指数年化夏普比率
580	郑伟	上海国泰君安证券资产	2013/08～2023/03	113	7	20.91	12.56	29.41	24.02	-52.83	-48.44	0.66	0.44
581	朱蓓	上海海通证券资产	2011/04～2021/10	88	2	4.79	11.10	29.51	26.18	-51.40	-44.57	0.08	0.34
582	施敏佳	上银基金	2015/10～2023/11	95	7	-3.02	2.26	25.90	20.16	-62.18	-34.44	-0.18	0.03
583	常永涛	申万菱信基金	2005/11～2009/08	47	2	33.76	43.28	36.20	43.22	-61.53	-68.61	0.85	0.93
584	廖明兵	申万菱信基金	2020/07～2023/08	39	4	5.21	-1.46	29.44	16.00	-40.06	-22.95	0.13	-0.19
585	刘忠勋	申万菱信基金	2011/08～2015/04	46	1	23.74	24.00	25.96	24.54	-29.11	-23.84	0.80	0.85
586	欧庆铃	申万菱信基金	2005/10～2015/08	106	6	11.18	12.17	24.45	31.98	-42.35	-68.15	0.35	0.32
587	孙晨进	申万菱信基金	2015/03～2023/01	92	8	-0.37	4.17	23.63	24.84	-48.90	-48.44	-0.08	0.10
588	孙琳	申万菱信基金	2014/01～2022/01	98	8	14.57	13.56	25.98	24.55	-50.20	-48.44	0.49	0.48
589	谭涛	申万菱信基金	2011/06～2015/06	50	1	18.51	21.73	24.17	25.44	-22.69	-28.08	0.64	0.73
590	魏立	申万菱信基金	2009/06～2012/07	39	2	-4.70	-2.77	25.56	25.61	-37.51	-29.39	-0.29	-0.22
591	徐爽	申万菱信基金	2008/01～2015/05	90	3	12.74	13.16	24.85	30.84	-47.12	-64.72	0.39	0.33
592	杨扬	申万菱信基金	2020/06～2023/11	43	2	0.88	1.65	27.10	16.83	-44.87	-22.95	-0.02	0.01
593	张鹏	申万菱信基金	2008/12～2014/01	63	2	10.21	12.89	26.80	26.17	-44.45	-34.26	0.28	0.38
594	梁鹏	太平基金	2017/12～2023/06	68	3	8.48	3.30	19.59	18.26	-29.91	-29.52	0.36	0.10
595	赵梓峰	太平基金	2007/03～2016/02	65	2	3.31	13.68	33.51	42.68	-58.75	-68.61	0.02	0.23
596	彭一博	泰康基金	2014/05～2017/11	40	5	34.47	37.97	16.40	27.57	-2.76	-44.57	2.04	1.27

续表

编号	基金经理	离职前任职公司	任职区间	任职时间（月）	管理基金数量（只）	年化收益率（%）	指数年化收益率（%）	年化波动率（%）	指数年化波动率（%）	最大回撤（%）	指数最大回撤（%）	年化夏普比率	指数年化夏普比率
597	崔海鸿	泰信基金	2005/10～2009/12	47	3	23.68	31.92	30.86	39.86	-38.37	-68.61	0.71	0.61
598	戴宇虹	泰信基金	2012/03～2016/11	58	3	14.67	20.46	31.55	30.29	-50.77	-44.57	0.39	0.59
599	刘杰	泰信基金	2015/03～2021/09	80	2	9.10	6.33	28.27	24.87	-62.16	-48.44	0.27	0.19
600	刘强	泰信基金	2007/02～2012/11	71	1	2.35	6.70	34.57	35.69	-64.42	-68.61	-0.02	0.10
601	刘毅	泰信基金	2010/12～2014/05	43	2	-1.37	-3.38	18.70	19.57	-25.73	-31.71	-0.24	-0.33
602	柳菁	泰信基金	2009/04～2015/08	78	2	14.74	13.90	28.33	27.74	-40.43	-36.20	0.42	0.40
603	钱鑫	泰信基金	2014/05～2021/08	88	3	19.36	15.95	27.50	25.41	-58.17	-48.44	0.64	0.56
604	袁园	泰信基金	2012/03～2017/07	66	1	10.04	17.46	29.17	28.67	-55.30	-44.57	0.26	0.53
605	张彦	泰信基金	2017/11～2021/07	46	1	9.53	7.04	20.36	18.18	-36.71	-29.52	0.39	0.30
606	姜文涛	天弘基金	2005/04～2016/10	82	6	27.15	35.64	24.23	31.69	-23.65	-51.55	1.06	1.18
607	王林	天弘基金	2015/12～2018/12	38	4	-1.57	-11.35	5.18	22.20	-14.65	-34.44	-0.59	-0.58
608	肖志刚	天弘基金	2013/09～2019/07	72	6	7.71	12.79	24.59	27.23	-49.30	-48.44	0.24	0.40
609	TIANHUAN	天治基金	2018/08～2022/03	45	3	15.71	11.15	20.31	18.42	-27.59	-13.92	0.70	0.52
610	曾海	天治基金	2015/06～2019/02	46	1	-16.55	-5.97	25.49	27.26	-55.05	-42.38	-0.71	-0.27
611	刘红兵	天治基金	2004/06～2008/06	49	2	22.58	28.85	23.65	36.21	-33.54	-47.01	0.84	0.72
612	王洋	天治基金	2015/02～2018/07	43	1	2.55	4.88	6.94	31.16	-13.12	-44.57	0.14	0.11
613	吴涛	天治基金	2008/04～2011/08	42	2	-2.47	1.95	26.16	35.32	-47.33	-57.51	-0.20	-0.02
614	谢京	天治基金	2005/08～2012/05	83	2	18.68	24.36	24.45	35.35	-47.41	-68.61	0.65	0.61
615	尹维国	天治基金	2015/02～2022/01	85	4	7.99	7.95	14.42	25.40	-29.02	-48.44	0.45	0.25

续表

编号	基金经理	离职前任职公司	任职区间	任职时间（月）	管理基金数量（只）	年化收益率（%）	指数年化收益率（%）	年化波动率（%）	指数年化波动率（%）	最大回撤（%）	指数最大回撤（%）	年化夏普比率	指数年化夏普比率
616	卞亚军	同泰基金	2010/10～2023/04	78	10	-0.60	5.42	22.36	19.27	-45.16	-33.01	-0.14	0.27
617	高翰昆	万家基金	2015/05～2018/07	40	14	3.97	-11.40	5.28	27.14	-5.20	-44.57	0.46	-0.48
618	刘芳洁	万家基金	2007/07～2014/10	83	4	4.11	0.86	23.65	30.73	-47.97	-68.61	0.05	0.00
619	吕宜振	万家基金	2006/11～2012/12	63	5	20.59	29.07	29.33	34.71	-30.73	-51.55	0.63	0.72
620	孙远慧	万家基金	2016/03～2020/10	57	7	9.90	6.09	17.63	16.99	-21.43	-30.56	0.49	0.27
621	尹诚庸	万家基金	2019/03～2023/04	51	4	5.86	5.67	4.81	16.83	-5.65	-22.95	0.91	0.25
622	朱颖	万家基金	2011/11～2015/01	40	2	0.77	16.93	16.72	21.18	-21.05	-17.71	-0.14	0.65
623	傅明笑	西部利得基金	2008/08～2014/11	70	3	1.88	12.32	17.71	26.81	-36.82	-34.26	-0.05	0.32
624	刘荟	西部利得基金	2016/01～2021/06	67	10	11.86	10.06	11.51	17.27	-15.37	-30.56	0.90	0.50
625	张维文	西部利得基金	2015/06～2018/09	41	5	1.67	-9.41	4.29	26.43	-5.31	-38.05	0.04	-0.41
626	张翔	西部利得基金	2015/07～2022/11	83	3	9.26	2.18	14.21	23.07	-24.84	-34.44	0.55	0.02
627	王颢	先锋基金	2017/06～2020/06	38	4	3.56	3.43	15.36	17.86	-26.71	-30.56	0.13	0.11
628	杨帅	先锋基金	2018/04～2021/08	42	3	5.83	10.86	18.09	18.70	-24.94	-22.99	0.24	0.50
629	蒋畅	新华基金	2001/02～2006/06	47	2	8.98	2.38	17.10	22.90	-22.56	-60.08	0.41	0.01
630	栾超	新华基金	2015/11～2023/10	94	10	10.97	2.16	20.65	20.15	-40.43	-34.44	0.46	0.02
631	王卫东	新华基金	2008/07～2013/12	67	3	17.38	5.79	24.54	29.50	-28.46	-42.52	0.59	0.10
632	张霖	新华基金	2016/07～2023/07	62	3	-8.34	-1.35	16.33	17.42	-46.02	-30.56	-0.62	-0.15
633	陈令朝	鑫元基金	2018/01～2021/10	47	3	8.82	7.16	12.99	18.03	-11.42	-29.52	0.56	0.31
634	丁玥	鑫元基金	2017/09～2022/05	58	5	8.23	2.77	13.68	18.14	-20.30	-30.56	0.49	0.07

续表

编号	基金经理	离职前任职公司	任职区间	任职时间（月）	管理基金数量（只）	年化收益率（%）	指数年化收益率（%）	年化波动率（%）	指数年化波动率（%）	最大回撤（%）	指数最大回撤（%）	年化夏普比率	指数年化夏普比率
635	王美芹	鑫元基金	2017/12~2021/02	40	1	14.99	7.44	14.76	19.16	-11.04	-29.52	0.91	0.31
636	曾昭雄	信达澳亚基金	2003/04~2008/12	55	7	5.70	-5.44	29.58	36.99	-62.78	-68.61	0.11	-0.30
637	杜蜀鹏	信达澳亚基金	2012/04~2015/12	46	4	17.83	24.99	31.75	29.13	-49.07	-39.98	0.47	0.76
638	冯士祯	信达澳亚基金	2015/05~2019/04	49	6	-6.24	-6.60	26.15	27.20	-47.39	-48.44	-0.30	-0.30
639	孔学峰	信达澳亚基金	2016/10~2020/09	48	1	17.29	4.92	16.21	17.91	-21.87	-30.56	0.97	0.19
640	李朝伟	信达澳亚基金	2016/01~2020/01	50	4	9.64	6.03	16.48	17.52	-24.22	-30.56	0.49	0.26
641	王辉良	信达澳亚基金	2016/01~2021/11	67	3	12.19	7.48	19.51	16.36	-41.86	-30.56	0.56	0.37
642	王咏辉	信达澳亚基金	2018/06~2022/03	46	5	17.64	9.04	19.52	18.39	-14.04	-16.20	0.83	0.41
643	王战强	信达澳亚基金	2008/07~2015/07	86	3	15.42	15.74	24.12	30.09	-32.75	-42.52	0.52	0.43
644	冷文鹏	兴华基金	2016/06~2023/05	66	6	1.81	0.61	18.18	16.91	-28.23	-30.56	0.02	-0.09
645	冯烜	兴业基金	2017/05~2022/02	59	5	12.83	7.33	15.25	16.97	-18.10	-30.56	0.74	0.34
646	吴卫东	兴业基金	2015/01~2020/10	70	3	7.17	9.47	20.36	27.39	-37.41	-48.44	0.27	0.29
647	王磊	兴银基金	2017/07~2020/12	43	3	14.47	7.58	12.81	18.58	-15.74	-30.56	1.01	0.33
648	陈锦泉	兴证全球基金	2011/05~2015/01	46	1	20.11	11.13	18.40	20.95	-20.63	-28.08	0.92	0.38
649	陈扬帆	兴证全球基金	2009/03~2014/12	71	2	13.26	12.79	24.38	24.06	-28.84	-34.26	0.43	0.41
650	董承非	兴证全球基金	2007/02~2021/09	177	5	16.58	11.92	21.17	29.49	-49.68	-68.61	0.67	0.32
651	季侃乐	兴证全球基金	2014/11~2021/06	81	2	22.28	12.20	21.72	26.05	-31.05	-48.44	0.95	0.41
652	王晓明	兴证全球基金	2005/11~2013/09	96	2	26.52	22.51	25.72	34.27	-43.85	-68.61	0.92	0.57
653	吴圣涛	兴证全球基金	2008/03~2018/06	116	6	7.06	6.40	24.88	30.43	-52.56	-57.51	0.19	0.11

续表

编号	基金经理	离职前任职公司	任职区间	任职时间（月）	管理基金数量（只）	年化收益率（%）	指数年化收益率（%）	年化波动率（%）	指数年化波动率（%）	最大回撤（%）	指数最大回撤（%）	年化夏普比率	指数年化夏普比率
654	杨大力	兴证全球基金	2008/12～2014/11	44	2	18.72	36.88	17.70	26.87	-17.20	-34.26	0.93	1.28
655	张惠萍	兴证全球基金	2008/01～2013/01	62	3	1.60	-2.29	22.49	32.25	-39.00	-64.72	-0.06	-0.16
656	蔡海洪	易方达基金	2011/09～2015/06	47	3	17.75	27.04	14.96	25.39	-10.75	-19.88	0.99	0.95
657	陈志民	易方达基金	2001/06～2011/03	120	4	22.22	9.97	25.27	32.76	-53.21	-68.61	0.80	0.26
658	葛秋石	易方达基金	2018/03～2022/08	55	2	14.44	5.06	21.40	19.06	-29.02	-25.85	0.60	0.19
659	韩阅川	易方达基金	2019/06～2022/07	39	17	9.24	9.65	3.43	17.03	-2.07	-22.11	2.26	0.48
660	何云峰	易方达基金	2008/01～2014/11	84	2	0.39	3.55	21.95	29.53	-48.41	-64.72	-0.12	0.02
661	侯清濯	易方达基金	2006/01～2012/08	81	3	17.44	21.72	25.80	35.82	-44.25	-68.61	0.56	0.52
662	江作良	易方达基金	2001/06～2007/06	72	2	23.88	11.31	16.36	28.20	-8.89	-61.69	1.35	0.32
663	兰传杰	易方达基金	2018/12～2022/08	46	2	20.63	13.91	31.74	18.95	-35.53	-22.11	0.60	0.65
664	李文健	易方达基金	2011/01～2015/02	51	1	11.08	11.07	18.51	20.46	-21.06	-31.71	0.43	0.39
665	梁裕宁	易方达基金	2016/01～2020/05	54	3	9.72	5.39	18.73	17.32	-34.43	-30.56	0.44	0.22
666	林森	易方达基金	2016/03～2022/04	75	6	10.59	3.40	10.51	16.48	-23.28	-30.56	0.87	0.12
667	刘武	易方达基金	2018/12～2023/06	56	4	25.14	11.11	27.52	18.43	-36.70	-22.95	0.86	0.52
668	马骏	易方达基金	2001/06～2005/12	56	1	4.29	-16.98	14.54	21.31	-14.11	-61.69	0.15	-0.90
669	潘峰	易方达基金	2007/04～2014/11	93	1	6.82	7.02	27.30	31.07	-58.45	-68.61	0.14	0.13
670	冉华	易方达基金	2004/02～2007/12	48	1	50.90	38.91	26.05	33.09	-13.60	-43.54	1.86	1.10
671	宋昆	易方达基金	2010/09～2018/12	101	5	7.31	6.04	30.70	25.37	-65.28	-48.44	0.16	0.14
672	王超	易方达基金	2013/05～2021/04	98	7	12.04	13.37	18.61	25.24	-30.13	-48.44	0.55	0.46

续表

编号	基金经理	离职前任职公司	任职区间	任职时间（月）	管理基金数量（只）	年化收益率（%）	指数年化收益率（%）	年化波动率（%）	指数年化波动率（%）	最大回撤（%）	指数最大回撤（%）	年化夏普比率	指数年化夏普比率
673	王义克	易方达基金	2014/12~2018/02	40	1	21.16	11.62	34.75	32.05	-46.55	-44.57	0.56	0.31
674	吴欣荣	易方达基金	2004/02~2014/03	123	3	16.03	12.53	25.81	31.93	-53.94	-68.61	0.51	0.30
675	伍卫	易方达基金	2006/09~2011/09	61	6	21.83	22.38	30.78	39.01	-46.10	-68.61	0.63	0.50
676	肖坚	易方达基金	2002/03~2007/12	71	3	41.06	25.16	25.74	29.86	-14.99	-50.22	1.50	0.76
677	肖林	易方达基金	2016/05~2019/08	41	2	7.51	1.64	6.61	16.60	-7.06	-30.56	0.91	0.01
678	韩宁	益民基金	2012/03~2016/06	53	3	10.03	19.97	27.02	31.66	-49.09	-44.57	0.27	0.55
679	侯燕琳	益民基金	2010/12~2014/08	42	3	-2.17	-1.60	17.95	18.60	-23.71	-27.69	-0.30	-0.34
680	蒋俊国	益民基金	2011/08~2015/05	47	1	8.68	27.48	21.61	25.18	-34.80	-23.84	0.26	0.97
681	李勇钢	益民基金	2011/09~2014/11	40	1	5.15	12.53	15.49	20.78	-23.97	-19.88	0.13	0.45
682	熊伟	益民基金	2007/10~2011/09	49	1	-11.46	-6.68	29.31	36.33	-55.19	-68.15	-0.49	-0.26
683	赵若琼	益民基金	2017/02~2022/08	68	6	13.52	3.90	17.94	17.54	-28.39	-30.56	0.67	0.14
684	成胜	银河基金	2010/09~2015/05	58	3	37.11	22.04	30.53	23.97	-27.49	-33.01	1.12	0.79
685	韩晶	银河基金	2015/04~2023/02	96	20	4.88	2.05	3.93	23.32	-2.81	-48.44	0.85	0.02
686	李昇	银河基金	2002/09~2009/07	85	4	24.58	19.58	24.28	34.54	-48.34	-68.61	0.92	0.49
687	刘风华	银河基金	2007/01~2013/01	74	2	12.61	11.50	25.35	35.68	-51.42	-68.61	0.38	0.24
688	王海华	银河基金	2013/12~2022/02	100	6	19.32	13.48	31.56	24.32	-53.26	-48.44	0.56	0.48
689	张杨	银河基金	2011/10~2023/03	138	9	13.21	9.44	26.78	23.70	-54.03	-48.44	0.42	0.31
690	葛鹤军	银华基金	2014/10~2018/06	46	4	8.95	12.23	4.56	31.02	-1.49	-44.57	1.59	0.34
691	郭建兴	银华基金	2009/12~2016/06	76	2	12.87	11.63	23.37	29.31	-39.81	-44.57	0.44	0.36

续表

编号	基金经理	离职前任职公司	任职区间	任职时间（月）	管理基金数量（只）	年化收益率（%）	指数年化收益率（%）	年化波动率（%）	指数年化波动率（%）	最大回撤（%）	指数最大回撤（%）	年化夏普比率	指数年化夏普比率
692	金斌	银华基金	2009/02～2013/06	54	2	8.72	7.75	17.90	27.13	-17.58	-34.26	0.33	0.18
693	况群峰	银华基金	2006/09～2011/08	61	3	26.58	24.56	32.39	39.04	-58.19	-68.61	0.73	0.55
694	刘春雨	银华基金	2012/04～2015/04	38	1	32.07	31.84	21.66	24.57	-16.72	-16.56	1.34	1.17
695	陆文俊	银华基金	2006/07～2013/08	83	4	26.57	24.65	28.34	33.65	-36.56	-68.61	0.85	0.77
696	王华	银华基金	2006/11～2017/07	130	5	18.70	17.46	27.77	33.57	-59.00	-68.61	0.58	0.44
697	王翔	银华基金	2017/03～2021/05	52	3	14.32	16.57	36.75	32.83	-43.00	-44.57	0.34	0.45
698	王鑫钢	银华基金	2013/02～2019/11	83	5	5.86	11.42	22.85	26.60	-52.17	-48.44	0.17	0.35
699	许翔	银华基金	2003/05～2009/06	66	3	22.72	27.38	25.21	36.69	-49.68	-68.61	0.82	0.63
700	周可彦	银华基金	2008/02～2018/11	96	7	2.02	-2.61	24.03	30.06	-58.44	-64.72	-0.01	-0.15
701	邹积建	银华基金	2008/07～2016/06	71	2	21.97	20.49	31.19	34.02	-36.15	-44.57	0.63	0.56
702	郑中华	英大基金	2019/03～2023/01	48	2	20.69	6.64	25.87	17.34	-31.03	-22.95	0.74	0.30
703	陆海燕	永赢基金	2016/04～2023/07	65	3	2.00	5.66	19.64	15.05	-29.41	-22.95	0.03	0.28
704	乔敏	永赢基金	2019/10～2023/04	43	2	20.95	7.68	27.39	17.70	-34.56	-22.95	0.71	0.35
705	万纯	永赢基金	2019/07～2023/07	50	5	7.63	7.12	12.26	16.70	-18.50	-22.95	0.50	0.34
706	李明阳	圆信永丰基金	2017/12～2021/10	48	4	18.44	7.47	20.30	17.83	-25.65	-29.52	0.83	0.33
707	顾晓飞	长安基金	2014/08～2020/06	63	7	7.64	16.22	22.92	28.18	-39.68	-47.04	0.27	0.48
708	栾绍菲	长安基金	2015/05～2018/11	44	2	-5.80	-13.75	15.86	26.40	-26.71	-46.95	-0.46	-0.58
709	蔡旻	长城基金	2015/12～2019/05	43	5	1.67	-3.90	1.36	23.86	-1.34	-34.44	0.13	-0.23
710	陈蔚丰	长城基金	2015/05～2022/09	87	6	9.70	-1.28	26.78	23.56	-35.27	-48.44	0.31	-0.14

续表

编号	基金经理	离职前任职公司	任职区间	任职时间（月）	管理基金数量（只）	年化收益率（%）	指数年化收益率（%）	年化波动率（%）	指数年化波动率（%）	最大回撤（%）	指数最大回撤（%）	年化夏普比率	指数年化夏普比率
711	韩浩	长城基金	2002/07~2006/02	44	2	6.02	-10.65	13.48	19.94	-15.52	-48.49	0.29	-0.64
712	蒋劲刚	长城基金	2010/01~2019/05	114	9	3.40	7.29	15.60	25.52	-30.13	-48.44	0.07	0.19
713	刘颖芳	长城基金	2010/01~2015/02	63	2	0.69	9.35	12.94	20.96	-24.27	-33.01	-0.18	0.30
714	秦玲萍	长城基金	2006/03~2009/04	40	1	39.70	42.75	33.85	44.64	-52.95	-68.61	1.08	0.89
715	徐九龙	长城基金	2008/02~2016/02	98	5	6.39	5.49	19.70	33.20	-46.83	-64.72	0.18	0.08
716	杨毅平	长城基金	2002/03~2013/05	123	5	14.79	17.92	29.21	33.96	-60.78	-68.61	0.41	0.44
717	郑帮强	长城基金	2015/07~2018/07	38	3	7.69	-3.27	31.56	25.81	-31.12	-29.50	0.20	-0.19
718	曹紫建	长江证券资产	2018/04~2022/06	52	4	4.63	7.58	18.06	19.38	-30.44	-22.99	0.17	0.31
719	邓永明	长盛基金	2006/05~2014/09	101	6	21.04	21.19	23.89	32.26	-36.01	-68.61	0.77	0.66
720	付海宁	长盛基金	2017/07~2021/07	43	8	3.41	4.46	14.06	17.66	-25.37	-30.56	0.14	-0.05
721	侯继雄	长盛基金	2007/10~2014/03	79	2	-0.47	-3.50	22.47	31.20	-55.19	-68.15	-0.16	-0.21
722	闵昱	长盛基金	2002/06~2006/04	47	5	7.92	-7.60	15.32	20.33	-18.93	-50.22	0.40	-0.48
723	宋炳山	长盛基金	2001/04~2008/06	62	5	-10.57	-18.66	18.55	26.78	-45.66	-61.69	-0.74	-0.95
724	田间	长盛基金	2013/07~2018/02	57	5	2.45	19.94	23.13	28.22	-50.15	-44.57	0.02	0.63
725	吴博文	长盛基金	2014/06~2019/05	57	5	9.35	14.40	23.83	28.36	-45.72	-48.44	0.33	0.67
726	吴达	长盛基金	2016/07~2023/06	85	5	4.94	4.06	15.86	16.91	-41.56	-30.56	0.22	0.15
727	肖强	长盛基金	2002/11~2010/02	78	5	16.58	19.78	26.02	36.94	-56.89	-68.61	0.55	0.38
728	许良胜	长盛基金	2002/04~2008/08	50	2	-18.92	-25.01	22.22	27.65	-58.16	-53.21	-0.98	-1.17
729	许彤	长盛基金	2004/10~2009/04	56	1	28.73	29.24	28.21	39.08	-55.66	-68.61	0.92	0.68

续表

编号	基金经理	离职前任职公司	任职区间	任职时间（月）	管理基金数量（只）	年化收益率（%）	指数年化收益率（%）	年化波动率（%）	指数年化波动率（%）	最大回撤（%）	指数最大回撤（%）	年化夏普比率	指数年化夏普比率
730	赵宏宇	长盛基金	2013/05～2019/07	76	6	7.78	12.22	20.37	27.44	-41.30	-48.44	0.29	0.37
731	安昀	长信基金	2011/10～2022/01	95	9	16.87	14.54	22.03	21.12	-27.31	-40.69	0.67	0.61
732	曾芒	长信基金	2006/11～2010/07	46	2	21.60	28.13	35.45	44.05	-60.99	-68.61	0.53	0.57
733	付勇	长信基金	2006/01～2012/10	80	3	28.07	24.13	31.96	35.87	-63.46	-68.61	0.80	0.63
734	胡志宝	长信基金	2006/12～2015/02	100	4	10.45	17.49	27.51	32.77	-61.19	-68.61	0.27	0.44
735	李小羽	长信基金	2016/01～2019/01	37	2	-6.50	-1.26	10.81	15.68	-25.09	-30.56	-0.74	-0.18
736	宋小龙	长信基金	2006/12～2016/06	112	6	13.56	16.34	30.45	35.55	-53.52	-68.61	0.36	0.38
737	吴廷华	长信基金	2018/03～2022/11	57	3	2.99	4.30	10.13	19.27	-11.58	-25.85	0.15	0.15
738	朱垚	长信基金	2019/05～2023/08	53	1	2.99	6.14	6.86	16.53	-18.39	-22.95	0.22	0.28
739	白海峰	招商基金	2017/05～2023/06	75	2	6.66	4.40	17.70	17.55	-33.77	-30.56	0.29	0.17
740	何文韬	招商基金	2014/04～2019/05	63	7	4.10	15.10	7.28	28.90	-11.49	-48.44	0.32	0.46
741	贺庆	招商基金	2003/04～2006/12	46	2	23.95	11.96	19.46	24.12	-16.96	-43.54	1.12	0.41
742	胡军华	招商基金	2005/08～2008/12	41	2	29.17	30.96	28.41	42.08	-49.17	-68.61	0.92	0.66
743	贾仁栋	招商基金	2016/09～2023/07	84	3	5.48	4.03	14.68	16.93	-29.99	-30.56	0.28	0.15
744	李亚	招商基金	2014/12～2021/01	75	5	16.51	10.43	18.58	26.67	-31.15	-48.44	0.80	0.33
745	吕一凡	招商基金	2003/12～2014/12	72	7	31.20	31.31	23.97	31.18	-24.68	-48.70	1.23	1.05
746	潘明曦	招商基金	2015/10～2021/08	72	4	13.19	6.62	18.34	20.69	-26.91	-34.44	0.64	0.25
747	孙振峰	招商基金	2009/07～2017/05	88	7	10.94	9.73	20.20	27.33	-27.23	-44.57	0.44	0.39
748	唐祝益	招商基金	2009/12～2014/12	57	4	7.00	7.23	18.86	22.27	-33.64	-34.26	0.22	0.17

续表

编号	基金经理	离职前任职公司	任职区间	任职时间（月）	管理基金数量（只）	年化收益率（%）	指数年化收益率（%）	年化波动率（%）	指数年化波动率（%）	最大回撤（%）	指数最大回撤（%）	年化夏普比率	指数年化夏普比率
749	涂冰云	招商基金	2008/03~2011/11	46	2	-4. 13	-0. 12	25. 58	34. 17	-38. 50	-57. 51	-0. 27	-0. 09
750	王垠	招商基金	2018/09~2023/04	57	4	6. 65	8. 70	4. 91	18. 95	-4. 62	-22. 95	1. 05	0. 38
751	姚爽	招商基金	2016/12~2021/06	50	2	12. 27	4. 62	6. 71	14. 30	-5. 84	-28. 55	1. 64	0. 16
752	游海	招商基金	2007/01~2010/06	43	3	16. 49	17. 18	28. 40	43. 91	-44. 55	-68. 61	0. 47	0. 32
753	袁野	招商基金	2007/03~2015/04	96	5	14. 06	20. 19	20. 34	33. 43	-45. 57	-68. 61	0. 55	0. 51
754	张冰	招商基金	2004/06~2011/06	86	3	20. 30	22. 50	28. 36	35. 24	-57. 97	-68. 61	0. 62	0. 56
755	张慎平	招商基金	2008/01~2014/05	74	6	-6. 80	-1. 95	23. 88	30. 84	-51. 52	-64. 72	-0. 41	-0. 15
756	赵龙	招商基金	2006/08~2013/12	62	4	16. 90	21. 73	30. 67	37. 47	-58. 89	-68. 61	0. 46	0. 53
757	倪文昊	招商证券资产	2013/05~2021/09	45	3	10. 11	27. 41	23. 83	27. 31	-35. 30	-39. 98	0. 34	0. 93
758	赵波	招商证券资产	2014/04~2022/12	103	6	5. 09	12. 26	25. 43	25. 08	-59. 22	-48. 44	0. 14	0. 42
759	唐光英	浙江浙商证券资产	2015/08~2018/12	42	1	-10. 73	-3. 40	18. 32	23. 93	-40. 22	-34. 44	-0. 67	-0. 21
760	赵语涛	浙江浙商证券资产	2016/03~2019/03	39	3	-1. 41	2. 77	9. 61	16. 77	-17. 41	-30. 56	-0. 30	0. 08
761	陈志龙	浙商基金	2007/08~2014/09	66	3	7. 91	0. 89	24. 40	32. 90	-49. 15	-68. 61	0. 21	-0. 02
762	姜培正	浙商基金	2011/05~2015/05	50	1	12. 15	24. 96	18. 80	24. 65	-23. 67	-28. 08	0. 48	0. 89
763	唐桦	浙商基金	2013/11~2019/01	60	2	-0. 62	0. 50	17. 23	24. 43	-31. 49	-34. 44	-0. 15	0. 08
764	向伟	浙商基金	2019/09~2023/05	46	3	12. 19	6. 65	20. 65	17. 41	-28. 07	-22. 95	0. 52	0. 30
765	曹庆	中庚基金	2012/08~2022/08	87	8	15. 84	10. 48	28. 01	26. 38	-42. 58	-44. 57	0. 51	0. 31

续表

编号	基金经理	离职前任职公司	任职区间	任职时间（月）	管理基金数量（只）	年化收益率（%）	指数年化收益率（%）	年化波动率（%）	指数年化波动率（%）	最大回撤（%）	指数最大回撤（%）	年化夏普比率	指数年化夏普比率
766	李飞	中国国际金融	2020/04～2023/05	38	2	-6. 31	6. 20	12. 16	17. 89	-33. 32	-22. 95	-0. 64	0. 26
767	彬彬	中国人保资产	2019/01～2022/06	43	2	6. 25	15. 75	15. 94	19. 39	-31. 71	-22. 11	0. 30	0. 73
768	石晓冉	中国人保资产	2020/08～2023/09	39	5	-17. 24	-2. 45	20. 36	15. 96	-58. 09	-22. 95	-0. 92	-0. 25
769	郁琦	中国人保资产	2018/11～2022/08	47	2	19. 18	12. 31	19. 13	18. 99	-23. 96	-22. 11	0. 92	0. 57
770	张丽华	中国人保资产	2018/10～2023/03	55	1	5. 58	11. 42	19. 92	18. 68	-45. 92	-22. 95	0. 20	0. 53
771	张永超	中国人保资产	2016/11～2023/12	80	13	-6. 82	-2. 42	13. 68	16. 04	-52. 28	-30. 56	-0. 61	-0. 25
772	陈明星	中海基金	2012/03～2015/05	40	1	29. 76	36. 78	23. 59	24. 95	-23. 35	-16. 56	1. 14	1. 36
773	笪菲	中海基金	2011/02～2014/10	46	2	-0. 20	3. 11	18. 30	20. 00	-27. 05	-31. 71	-0. 18	0. 00
774	李延刚	中海基金	2008/01～2012/01	50	3	-8. 32	-5. 04	25. 77	34. 33	-50. 10	-64. 72	-0. 44	-0. 23
775	刘俊	中海基金	2014/05～2021/07	87	6	13. 19	15. 69	12. 10	25. 55	-12. 18	-48. 44	0. 95	0. 55
776	骆泽斌	中海基金	2011/11～2015/03	42	3	26. 98	23. 60	21. 71	22. 85	-13. 66	-17. 71	1. 10	0. 90
777	彭海平	中海基金	2016/04～2021/08	66	3	14. 18	8. 02	20. 16	16. 02	-28. 89	-30. 56	0. 63	0. 41
778	王雄辉	中海基金	2001/06～2008/03	67	3	11. 49	7. 76	22. 60	30. 54	-37. 40	-61. 69	0. 42	0. 04
779	夏春晖	中海基金	2010/12～2018/05	81	3	-7. 93	-0. 57	29. 71	25. 43	-56. 84	-44. 57	-0. 36	-0. 24
780	周其源	中海基金	2013/10～2016/11	39	1	19. 79	27. 71	26. 11	33. 31	-27. 18	-44. 57	0. 67	0. 76
781	杜晓安	中航基金	2017/12～2021/02	40	2	11. 02	7. 44	10. 67	19. 16	-9. 61	-29. 52	0. 89	0. 31
782	李坤元	中加基金	2010/05～2023/01	136	9	-0. 47	0. 63	24. 86	22. 05	-65. 04	-48. 44	-0. 10	-0. 12
783	刘晓晨	中加基金	2018/01～2023/06	58	5	11. 77	1. 26	13. 35	19. 59	-16. 83	-29. 52	0. 79	-0. 05
784	王梁	中加基金	2018/08～2023/04	58	3	6. 19	8. 83	10. 58	18. 78	-9. 05	-22. 95	0. 44	0. 39

续表

编号	基金经理	离职前任职公司	任职区间	任职时间（月）	管理基金数量（只）	年化收益率（%）	指数年化收益率（%）	年化波动率（%）	指数年化波动率（%）	最大回撤（%）	指数最大回撤（%）	年化夏普比率	指数年化夏普比率
785	许飞虎	中加基金	2018/05~2022/04	49	1	8.53	4.10	14.65	19.25	-18.99	-22.94	0.48	0.14
786	郭党钰	中金基金	2015/06~2019/10	54	8	1.15	-4.07	20.56	25.61	-30.36	-42.38	-0.02	-0.22
787	乐瑞祺	中科沃土基金	2011/11~2019/12	45	5	6.91	0.01	16.09	19.71	-20.22	-30.51	0.28	0.05
788	李昱	中科沃土基金	2011/01~2019/04	89	5	5.97	8.17	23.77	23.74	-55.47	-48.44	0.15	0.23
789	曹剑飞	中欧基金	2008/08~2016/03	90	6	17.89	14.96	27.69	32.48	-43.51	-44.57	0.56	0.37
790	苟开红	中欧基金	2009/10~2015/05	68	4	20.48	18.48	20.68	24.00	-18.01	-34.26	0.85	0.65
791	郭睿	中欧基金	2018/02~2023/08	68	4	6.63	3.29	25.18	18.31	-52.94	-25.93	0.20	0.10
792	蒋雯文	中欧基金	2018/07~2022/06	49	3	7.61	10.13	6.02	19.46	-6.31	-22.11	1.02	0.44
793	李欣	中欧基金	2016/01~2019/07	44	3	15.44	5.00	16.83	18.32	-24.92	-30.56	0.83	0.19
794	刘明月	中欧基金	2009/06~2016/11	87	6	4.34	4.93	33.54	27.81	-56.16	-44.57	0.05	0.01
795	卢博森	中欧基金	2016/12~2020/07	44	3	9.57	6.89	17.71	18.04	-23.08	-30.56	0.46	0.30
796	王海	中欧基金	2010/09~2013/12	41	2	-9.87	-0.70	21.48	21.25	-34.01	-33.01	-0.62	-0.18
797	魏博	中欧基金	2012/08~2022/11	125	5	12.86	11.65	24.57	24.28	-42.89	-48.44	0.45	0.40
798	余罗畅	中欧基金	2019/07~2022/07	38	2	8.29	9.96	4.44	17.27	-5.29	-22.11	1.53	0.49
799	周应波	中欧基金	2015/11~2022/02	77	8	21.38	4.68	20.15	20.30	-17.75	-34.44	0.99	0.16
800	黄小坚	中信保诚基金	2004/12~2014/02	87	4	25.91	21.48	24.32	28.34	-39.42	-51.55	0.99	0.76
801	刘浩	中信保诚基金	2008/06~2012/08	52	2	3.99	3.81	24.74	30.79	-31.86	-42.52	0.05	0.03
802	谭鹏万	中信保诚基金	2011/09~2015/05	45	3	28.79	30.53	26.59	24.76	-13.31	-19.88	0.97	1.11
803	夏明月	中信保诚基金	2019/03~2023/07	54	2	8.51	5.52	18.94	16.47	-28.27	-22.95	0.37	0.24

续表

编号	基金经理	离职前任职公司	任职区间	任职时间（月）	管理基金数量（只）	年化收益率（%）	指数年化收益率（%）	年化波动率（%）	指数年化波动率（%）	最大回撤（%）	指数最大回撤（%）	年化夏普比率	指数年化夏普比率
804	杨建标	中信保诚基金	2011/03~2015/04	51	3	18.50	18.97	21.99	23.86	-29.64	-31.71	0.70	0.67
805	殷孝东	中信保诚基金	2016/12~2020/04	42	3	-0.22	0.80	12.10	16.75	-25.28	-30.56	-0.14	-0.04
806	岳爱民	中信保诚基金	2006/04~2009/06	40	2	31.43	43.50	28.31	44.07	-49.93	-68.61	1.00	0.92
807	张光成	中信保诚基金	2009/03~2019/10	126	6	11.72	11.56	23.98	26.29	-43.69	-48.44	0.40	0.34
808	张弘	中信保诚基金	2013/07~2023/08	62	4	18.70	22.19	21.23	20.47	-26.10	-22.95	0.80	0.87
809	王琦	中信建投基金	2015/02~2019/03	51	3	6.07	6.95	16.57	30.70	-24.09	-48.44	0.27	0.17
810	罗众球	中银国际证券	2016/09~2019/09	38	5	1.37	-0.30	2.50	16.93	-2.98	-30.56	-0.05	-0.11
811	蒲延杰	中银国际证券	2017/07~2023/02	60	6	6.88	-0.36	19.20	17.97	-31.49	-30.56	0.29	-0.07
812	张少华	中银国际证券	2011/06~2023/10	82	6	-7.34	-4.48	23.16	18.39	-52.61	-28.08	-0.41	-0.31
813	甘霖	中银基金	2007/08~2015/07	97	5	8.44	7.94	22.26	31.75	-48.86	-68.61	0.25	0.16
814	辜岚	中银基金	2013/09~2020/02	79	4	7.74	12.66	25.60	26.12	-48.69	-48.44	0.23	0.41
815	李志磊	中银基金	2008/04~2011/09	43	2	6.57	-0.69	21.59	35.21	-26.46	-57.51	0.18	-0.10
816	欧阳力君	中银基金	2018/03~2021/05	40	3	9.75	9.77	19.90	19.19	-23.26	-25.85	0.41	0.43
817	史彬	中银基金	2012/07~2018/05	72	3	8.19	15.97	33.54	27.34	-63.26	-44.57	0.18	0.50
818	孙庆瑞	中银基金	2006/10~2013/07	83	4	17.00	15.70	24.21	35.74	-45.08	-68.61	0.58	0.35
819	王帅	中银基金	2015/07~2023/11	102	6	2.80	2.07	23.33	21.14	-49.14	-34.44	0.06	0.03
820	吴印	中银基金	2010/07~2023/11	153	13	2.96	5.53	20.56	23.09	-49.29	-48.44	0.05	0.13
821	吴域	中银基金	2007/08~2010/09	39	1	9.72	-4.44	28.00	39.81	-46.62	-68.61	0.24	-0.19
822	俞岱曦	中银基金	2008/04~2011/08	42	2	1.07	1.95	27.67	35.32	-44.53	-57.51	-0.06	-0.02

续表

编号	基金经理	离职前任职公司	任职区间	任职时间（月）	管理基金数量（只）	年化收益率（%）	指数年化收益率（%）	年化波动率（%）	指数年化波动率（%）	最大回撤（%）	指数最大回撤（%）	年化夏普比率	指数年化夏普比率
823	张发余	中银基金	2010/08~2015/03	57	3	10.55	15.25	17.55	21.85	-33.65	-33.01	0.43	0.56
824	邓立新	中邮创业基金	2011/05~2017/08	77	5	5.23	12.72	30.12	27.57	-50.83	-44.57	0.09	0.37
825	纪云飞	中邮创业基金	2017/01~2020/09	46	2	7.81	5.71	17.15	18.17	-27.44	-30.56	0.37	0.23
826	任慧峰	中邮创业基金	2018/08~2023/05	59	4	7.06	7.98	13.86	18.70	-26.23	-22.95	0.40	0.35
827	任泽松	中邮创业基金	2012/12~2018/05	67	5	28.30	15.69	37.10	27.51	-49.19	-44.57	0.70	0.49
828	盛军	中邮创业基金	2008/01~2011/02	39	1	-3.92	1.25	36.84	38.18	-59.64	-64.72	-0.18	-0.04
829	王喆	中邮创业基金	2019/03~2022/03	38	3	8.23	7.31	11.37	15.59	-11.83	-13.92	0.59	0.37
830	许进财	中邮创业基金	2012/12~2018/09	71	4	14.56	12.51	29.32	27.17	-48.96	-44.57	0.42	0.38
831	张萌	中邮创业基金	2015/05~2019/03	48	1	4.28	-6.37	2.33	27.50	-1.44	-48.44	1.18	-0.29
832	张腾	中邮创业基金	2015/03~2023/06	101	2	10.49	3.76	29.40	23.69	-56.55	-48.44	0.30	0.09

附录八　在职股票型基金经理选股与择时能力（按当前任职公司排序）：1998~2023 年

本表展示的是基于 Carhart 四因子模型改进得到的 Treynor-Mazuy 四因子模型对任职三年以上的在职股票型基金经理管理的所有基金产品的收益进行回归拟合所得结果，所用模型为：

$$R_{i,t}-R_{f,t}=\alpha_i+\beta_{i,mkt}\times(R_{mkt,t}-R_{f,t})+\gamma_i\times(R_{mkt,t}-R_{f,t})^2+\beta_{i,smb}\times SMB_t+\beta_{i,hml}\times HML_t+\beta_{i,mom}\times MOM_t+\varepsilon_{i,t}$$

其中，i 指的是第 i 位基金经理，$R_{i,t}-R_{f,t}$ 为 t 月基金经理 i 的超额收益率；$R_{mkt,t}-R_{f,t}$ 为 t 月大盘指数（万得全 A 指数）的超额收益率，$R_{f,t}$ 为 t 月无风险收益率。SMB_t 为规模因子，代表小盘股与大盘股之间的溢价，是第 t 月小公司的收益率与大公司的收益率之差；HML_t 为价值因子，代表价值股与成长股之间的溢价，是第 t 月价值股（高账面市值比公司）与成长股（低账面市值比公司）收益率之差；MOM_t 为动量因子，代表过去一年收益率最高的股票与收益率最低的股票之间的溢价，是过去一年（$t-1$ 个月到 $t-11$ 个月）收益率最高的（前 30%）股票与收益率最低的（后 30%）股票第 t 月收益率之差。基金经理在 t 月管理的所有产品的收益是以每只基金 $t-1$ 期规模为权重计算出的加权平均收益。如果第 t 月基金经理未管理产品，则本月基金经理所管理的产品收益默认为零，本月指数的收益默认为零，回归中我们将忽略这些月份的数据。我们用 A 股所有上市公司的数据自行计算规模因子、价值因子和动量因子。α_i 代表基金经理的选股能力给投资者带来的超额收益，γ_i 代表基金经理的择时能力。本表还展示了每位基金经理对于万得全 A 指数、规模因子、价值因子、动量因子的风险暴露（β_{mkt}、β_{smb}、β_{hml}、β_{mom}）。本表中也给出每位基金经理管理基金的收益和风险指标。其中，收益指标包括年化收益率、夏普比率，风险指标包括年化波动率、最大回撤。表中 * 代表选股能力或择时能力在 5%的显著水平下显著。表中“当前任职公司”指的是截至 2023 年 12 月 31 日时在职基金经理任职的公司。

编号	基金经理	当前任职公司	任职区间	任职时间（月）	管理基金数量（只）	选股能力		择时能力		β_{mkt}	β_{smb}	β_{hml}	β_{mom}	年化收益率（%）	年化波动率（%）	年化夏普比率	最大回撤率（%）	调整后 R^2（%）
						年化 α(%)	t(α)	γ	t(γ)									
1	陈鹏	安信基金	2011/01~2023/12	181	9	-2.14	-0.60	-0.32	-1.08	0.87	0.14	-0.55	0.11	5.94	24.04	0.16	-49.17	81
2	陈一峰	安信基金	2014/04~2023/12	117	9	6.77	1.88*	0.06	0.20	0.77	-0.15	0.09	0.02	13.29	19.99	0.58	-30.42	76
3	陈振宇	安信基金	2012/06~2023/12	90	4	3.65	0.87	0.58	1.05	0.77	-0.13	-0.01	0.06	6.77	15.82	0.32	-26.05	70
4	李君	安信基金	2017/12~2023/12	73	4	5.61	4.07*	-0.35	-1.60	0.73	-0.03	0.14	0.02	5.14	3.38	1.07	-3.48	41

续表

编号	基金经理	当前任职公司	任职区间	任职时间（月）	管理基金数量（只）	选股能力		择时能力		β_{mkt}	β_{smb}	β_{hml}	β_{mom}	年化收益率（%）	年化波动率（%）	年化夏普比率	最大回撤率（%）	调整后 R^2（%）
						年化 α(%)	t(α)	γ	t(γ)									
5	聂世林	安信基金	2016/02~2023/12	95	6	12.25	2.92*	-1.12	-1.59	0.80	-0.22	-0.07	-0.03	11.29	15.80	0.62	-24.02	62
6	谭珏娜	安信基金	2017/12~2023/12	72	7	5.34	0.60	-1.42	-0.96	0.80	-0.10	-0.67	0.04	7.28	22.98	0.26	-43.45	49
7	王涛	安信基金	2019/01~2023/12	55	2	4.99	1.9*	-0.46	-0.97	0.65	-0.01	0.01	0.02	6.93	5.14	1.08	-3.97	36
8	袁玮	安信基金	2016/04~2023/12	93	8	9.17	1.59	0.13	0.13	0.11	-0.17	0.60	0.07	10.69	18.91	0.49	-24.99	52
9	张竞	安信基金	2017/12~2023/12	73	5	11.68	2.17*	-0.10	-0.11	0.07	-0.14	0.13	0.12	11.14	17.09	0.56	-27.87	65
10	张明	安信基金	2017/05~2023/12	80	10	9.53	1.84*	-0.85	-0.96	0.20	-0.30	0.15	-0.11	6.48	17.57	0.28	-32.78	63
11	张翼飞	安信基金	2015/05~2023/12	104	3	4.16	3.83*	0.13	1.35	0.88	-0.05	0.07	-0.01	5.52	3.19	1.25	-3.77	26
12	黄艺明	百嘉基金	2019/01~2023/12	51	3	13.61	1.50	-2.45	-1.55	0.80	0.07	-0.68	0.20	21.11	19.83	1.01	-29.72	54
13	杨思亮	宝盈基金	2018/03~2023/12	70	8	18.22	2.6*	-0.51	-0.46	0.88	-0.29	0.45	0.03	13.61	20.07	0.60	-26.34	59
14	赵国进	宝盈基金	2020/11~2023/12	38	5	0.50	0.03	-0.31	-0.08	0.98	0.07	-0.90	0.09	-2.70	26.04	-0.16	-47.94	55
15	朱建明	宝盈基金	2017/01~2023/12	84	7	0.00	0.00	0.73	0.72	0.89	0.24	-0.89	-0.04	7.53	24.27	0.25	-41.58	74
16	程敏	北信瑞丰基金	2018/03~2023/12	70	4	3.09	0.61	-0.45	-0.57	0.74	0.05	-0.56	0.18	6.68	18.17	0.29	-40.27	74
17	庞文杰	北信瑞丰基金	2020/06~2023/12	43	5	12.87	1.20	-4.09	-1.98	0.83	-0.06	-0.32	-0.34	1.28	21.80	-0.01	-39.24	57
18	神玉飞	贝莱德基金	2012/12~2023/12	122	6	2.80	0.81	0.28	1.07	0.79	0.06	-0.38	0.21	13.99	22.05	0.56	-42.94	82
19	史伟	博道基金	2005/11~2023/12	117	4	5.27	1.09	-0.13	-0.37	0.83	-0.24	-0.25	0.13	17.06	24.57	0.61	-40.86	76
20	孙文龙	博道基金	2015/01~2023/12	96	9	5.99	1.49	0.06	0.20	0.58	0.12	-0.17	0.19	13.44	18.81	0.64	-23.74	73
21	杨梦	博道基金	2018/08~2023/12	65	8	0.35	0.12	0.91	1.95*	0.96	0.03	-0.05	0.21	9.57	16.99	0.47	-23.36	90
22	袁争光	博道基金	2015/05~2023/12	88	6	7.67	2.13*	-0.32	-1.13	0.80	-0.01	-0.47	-0.12	7.66	21.63	0.29	-31.05	87
23	张迎军	博道基金	2009/01~2023/12	128	9	-2.26	-0.55	0.44	1.15	0.94	-0.01	-0.46	0.16	10.19	18.22	0.44	-36.96	65

续表

编号	基金经理	当前任职公司	任职区间	任职时间（月）	管理基金数量（只）	选股能力		择时能力		β_{mkt}	β_{smb}	β_{hml}	β_{mom}	年化收益率（%）	年化波动率（%）	年化夏普比率	最大回撤率（%）	调整后 R^2（%）
						年化α(%)	t(α)	γ	t(γ)									
24	蔡滨	博时基金	2014/12~2023/12	109	12	6.51	2.42*	-0.09	-0.42	0.65	-0.08	-0.35	-0.06	9.70	16.79	0.48	-28.24	83
25	曾豪	博时基金	2017/12~2023/12	67	8	4.06	1.03	0.96	1.42	0.87	0.03	-0.34	0.25	13.14	16.47	0.72	-19.71	81
26	曾鹏	博时基金	2013/01~2023/12	132	12	-0.83	-0.21	0.45	1.42	0.88	0.00	-0.66	0.08	9.14	23.89	0.31	-48.71	77
27	陈雷	博时基金	2014/08~2023/12	113	7	7.24	1.56	-0.66	-1.83	0.88	-0.14	-0.57	0.07	8.65	21.85	0.32	-40.42	68
28	陈鹏扬	博时基金	2015/08~2023/12	101	11	6.27	1.9*	-0.12	-0.40	0.55	-0.07	-0.25	-0.19	8.56	19.18	0.37	-34.18	81
29	陈伟	博时基金	2019/10~2023/12	51	2	9.87	1.44	1.04	0.78	0.60	-0.19	-0.59	0.13	14.59	19.57	0.67	-29.73	74
30	陈曦	博时基金	2020/10~2023/12	39	4	8.45	1.15	-1.13	-0.62	0.80	-0.11	-0.57	0.03	0.99	17.64	-0.03	-30.93	74
31	程卓	博时基金	2020/06~2023/12	43	1	4.74	1.49	0.51	0.84	0.85	-0.15	0.11	0.03	4.95	7.47	0.46	-9.54	68
32	付伟	博时基金	2015/08~2023/12	82	9	12.03	2.32*	-0.97	-2.26	0.71	-0.04	-0.46	-0.19	14.35	22.45	0.58	-32.60	75
33	郭晓林	博时基金	2016/07~2023/12	90	9	1.52	0.31	0.91	1.04	1.00	-0.01	-0.42	0.26	8.31	21.02	0.32	-39.67	74
34	过钧	博时基金	2016/03~2023/12	95	9	7.34	1.48	-0.22	-0.24	0.76	-0.12	-0.31	0.13	8.88	15.42	0.48	-33.64	46
35	黄继晨	博时基金	2020/11~2023/12	38	2	3.55	0.26	-0.16	-0.04	0.90	-0.12	-1.07	0.22	-2.57	24.82	-0.16	-41.33	59
36	黄瑞庆	博时基金	2011/12~2023/12	136	7	5.49	2.11*	-0.28	-1.38	0.64	-0.19	0.13	0.00	5.19	16.85	0.21	-33.63	83
37	冀楠	博时基金	2017/06~2023/12	76	9	14.58	2.25*	-1.02	-0.96	0.69	-0.31	-0.23	0.20	11.72	20.67	0.50	-39.68	64
38	金晟哲	博时基金	2016/10~2023/12	87	9	-0.21	-0.08	0.69	1.41	0.17	-0.11	-0.33	0.07	3.78	14.40	0.16	-36.35	83
39	金耀	博时基金	2017/12~2023/12	66	6	7.82	1.02	-0.18	-0.15	0.90	-0.03	-0.73	0.12	12.89	22.44	0.52	-36.40	66
40	李洋	博时基金	2019/06~2023/12	55	2	4.45	0.68	0.07	0.06	0.84	-0.28	0.11	0.26	4.01	17.46	0.14	-33.51	66
41	李喆	博时基金	2020/10~2023/12	39	5	-5.17	-0.87	1.00	0.69	0.94	-0.12	-0.48	0.02	-7.12	14.30	-0.60	-35.96	74
42	刘阳	博时基金	2015/07~2023/12	102	3	1.71	0.31	-0.97	-2.04	0.73	0.06	-0.74	0.02	0.93	25.20	-0.02	-50.48	71

续表

编号	基金经理	当前任职公司	任职区间	任职时间（月）	管理基金数量（只）	选股能力		择时能力		β_{mkt}	β_{smb}	β_{hml}	β_{mom}	年化收益率（%）	年化波动率（%）	年化夏普比率	最大回撤率（%）	调整后 R^2（%）
						年化 α（%）	t(α)	γ	t(γ)									
43	刘钊	博时基金	2012/07~2023/12	64	5	-2.08	-0.49	0.10	0.30	0.81	0.41	-0.20	0.11	18.25	25.06	0.65	-36.98	92
44	沙炜	博时基金	2015/05~2023/12	104	9	11.34	2.81*	-0.22	-0.62	0.83	-0.06	-0.34	0.15	9.14	23.26	0.33	-36.40	81
45	孙少锋	博时基金	2015/09~2023/12	100	2	5.40	2.22*	-0.17	-0.79	0.83	-0.05	-0.08	0.06	8.00	16.39	0.40	-27.02	86
46	田俊维	博时基金	2015/06~2023/12	98	7	10.54	2.35*	-0.16	-0.41	0.86	0.06	-0.12	0.19	9.93	18.80	0.45	-30.50	67
47	王诗瑶	博时基金	2017/06~2023/12	79	4	1.92	0.37	0.67	0.77	0.72	-0.19	-0.08	0.04	4.68	19.36	0.16	-50.08	71
48	吴鹏	博时基金	2020/10~2023/12	39	2	2.45	0.29	-1.49	-0.71	0.72	-0.22	-0.37	-0.01	-8.04	19.56	-0.49	-38.59	72
49	吴渭	博时基金	2013/12~2023/12	96	8	5.24	1.10	-0.43	-0.49	0.56	0.01	-0.45	0.28	10.34	16.36	0.53	-34.55	56
50	肖瑞瑾	博时基金	2017/01~2023/12	84	17	-0.75	-0.16	1.46	1.77*	0.88	-0.04	-0.52	0.17	7.15	20.44	0.28	-38.11	76
51	杨永光	博时基金	2016/12~2023/12	85	5	4.19	2.93*	-0.40	-1.60	1.04	-0.05	-0.10	-0.01	4.58	4.40	0.70	-9.29	51
52	姚爽	博时基金	2016/12~2023/12	81	3	4.08	0.55	0.07	0.06	0.94	-0.14	-0.14	-0.02	4.87	22.34	0.15	-49.59	55
53	于玥	博时基金	2018/06~2023/12	51	5	8.81	1.25	-0.67	-0.66	0.99	-0.22	-0.29	0.14	9.84	20.33	0.42	-27.44	77
54	张锦	博时基金	2018/08~2023/12	65	3	4.39	0.88	-1.24	-1.58	0.96	-0.02	-0.22	0.14	6.02	17.12	0.26	-39.35	74
55	赵易	博时基金	2020/11~2023/12	38	4	6.97	0.73	-1.80	-0.78	0.72	-0.06	-0.79	0.11	-1.00	19.35	-0.13	-33.08	66
56	何翔	渤海汇金证券资产	2018/07~2023/12	66	3	4.23	0.76	-0.75	-0.85	1.07	0.04	-0.35	0.10	7.13	17.58	0.32	-32.47	68
57	滕祖光	渤海汇金证券资产	2014/04~2023/12	103	4	-1.49	-0.28	1.22	3.11*	1.08	-0.24	-0.45	-0.10	8.35	19.72	0.34	-45.62	56
58	金梓才	财通基金	2014/11~2023/12	110	12	3.68	0.46	0.64	1.04	0.87	0.21	-0.16	0.38	14.76	31.12	0.42	-51.41	54
59	夏钦	财通基金	2016/05~2023/12	92	8	-2.67	-0.54	0.74	0.84	1.03	-0.16	-0.18	0.14	1.90	19.31	0.02	-51.29	67
60	钟俊	财通基金	2019/09~2023/12	46	6	-18.22	-1.55	4.37	2*	0.35	0.39	0.22	0.36	3.19	22.13	0.08	-47.25	51

续表

编号	基金经理	当前任职公司	任职区间	任职时间（月）	管理基金数量（只）	选股能力		择时能力		β_{mkt}	β_{smb}	β_{hml}	β_{mom}	年化收益率（%）	年化波动率（%）	年化夏普比率	最大回撤率（%）	调整后 R^2（%）
						年化 α（%）	t(α)	γ	t(γ)									
61	朱海东	财通基金	2019/07~2023/12	54	2	-4.27	-0.72	0.11	0.10	0.97	0.10	-0.16	-0.02	2.42	18.97	0.05	-30.77	78
62	姜永明	财通证券资产	2019/04~2023/12	57	6	9.63	1.34	0.37	0.25	0.99	-0.14	-0.47	-0.12	12.82	21.30	0.53	-39.12	72
63	易小金	财通证券资产	2018/05~2023/12	51	4	2.97	0.29	1.53	1.03	0.66	0.35	-0.19	-0.08	10.79	21.45	0.44	-24.44	53
64	于洋	财通证券资产	2018/09~2023/12	64	5	4.60	0.64	0.27	0.25	0.97	-0.09	-0.58	0.26	11.76	23.98	0.43	-43.21	74
65	曹春林	创金合信基金	2017/07~2023/12	78	12	-0.41	-0.05	-0.59	-0.45	0.91	-0.11	-0.86	-0.14	1.52	24.43	0.00	-56.87	60
66	陈建军	创金合信基金	2019/05~2023/12	56	1	14.70	1.30	0.54	0.23	0.88	-0.58	0.11	0.07	11.11	25.78	0.37	-36.27	53
67	董梁	创金合信基金	2019/07~2023/12	54	8	-1.93	-0.45	1.52	1.78*	1.01	-0.02	0.12	-0.01	5.04	16.46	0.22	-27.33	85
68	黄弢	创金合信基金	2020/05~2023/12	44	4	5.05	1.37	1.56	2.24*	0.83	-0.16	0.03	0.16	8.87	9.68	0.76	-5.70	74
69	李龑	创金合信基金	2018/10~2023/12	63	5	2.18	0.38	-0.69	-0.75	0.93	-0.33	0.18	0.20	1.49	19.71	0.00	-41.03	75
70	李晗	创金合信基金	2015/08~2023/12	85	6	3.26	0.60	-0.37	-0.76	0.81	0.14	-0.36	0.15	3.11	19.63	0.08	-28.06	59
71	李游	创金合信基金	2016/11~2023/12	86	7	6.80	0.94	0.02	0.02	0.67	-0.35	-0.47	0.33	8.82	25.42	0.29	-47.88	63
72	皮劲松	创金合信基金	2018/10~2023/12	63	5	0.78	0.08	-0.10	-0.06	0.88	0.04	-0.05	0.32	9.23	24.24	0.32	-47.80	51
73	王妍	创金合信基金	2019/12~2023/12	49	6	0.82	0.11	-0.11	-0.07	0.74	-0.13	-0.46	0.13	2.18	21.73	0.03	-43.03	76
74	王一兵	创金合信基金	2017/07~2023/12	49	2	9.24	3.38*	-1.83	-4.42	0.89	-0.08	0.16	-0.02	1.21	6.84	-0.04	-13.45	64
75	周志敏	创金合信基金	2017/12~2023/12	73	5	2.47	0.28	0.32	0.24	0.76	0.14	-0.91	-0.03	10.19	25.17	0.35	-34.38	57
76	陈文	淳厚基金	2020/05~2023/12	44	3	3.35	0.45	1.95	1.39	0.36	0.10	-0.17	0.28	13.88	20.03	0.62	-21.47	75
77	翟羽佳	淳厚基金	2019/12~2023/12	39	2	17.22	1.05	0.36	0.12	0.82	-0.49	0.04	-0.08	13.14	28.73	0.42	-31.65	60
78	薛莉丽	淳厚基金	2019/08~2023/12	53	7	3.08	0.52	1.51	1.29	0.23	0.03	-0.16	0.15	12.64	17.94	0.62	-24.03	76
79	戴军	大成基金	2015/05~2023/12	104	4	7.51	2.26*	-0.30	-1.03	0.09	-0.08	-0.26	0.07	5.18	18.41	0.20	-35.34	79

续表

编号	基金经理	当前任职公司	任职区间	任职时间（月）	管理基金数量（只）	选股能力		择时能力		β_{mkt}	β_{smb}	β_{hml}	β_{mom}	年化收益率（%）	年化波动率（%）	年化夏普比率	最大回撤率（%）	调整后 R^2（%）
						年化 α(%)	t(α)	γ	t(γ)									
80	韩创	大成基金	2019/01~2023/12	60	8	23.46	2.9*	−0.99	−0.77	0.87	−0.13	0.30	0.53	27.30	22.35	1.15	−27.38	64
81	侯春燕	大成基金	2015/12~2023/12	97	8	6.02	2.03*	0.09	0.34	0.81	−0.07	−0.01	0.00	6.89	18.53	0.29	−25.68	84
82	李博	大成基金	2015/04~2023/12	105	6	−1.56	−0.37	0.22	0.69	0.88	0.04	−0.10	0.22	5.17	23.41	0.15	−47.03	78
83	刘旭	大成基金	2015/07~2023/12	102	9	13.12	3.52*	−0.45	−1.37	1.01	0.01	0.13	0.13	12.91	19.23	0.59	−28.23	76
84	齐炜中	大成基金	2020/02~2023/12	47	7	13.06	1.64*	0.10	0.07	0.86	−0.18	−0.14	0.15	13.19	18.93	0.62	−23.85	66
85	苏秉毅	大成基金	2014/01~2023/12	96	4	6.77	2.94*	−0.08	−0.19	0.45	−0.05	0.11	−0.08	8.30	14.71	0.47	−25.02	87
86	孙丹	大成基金	2017/05~2023/12	80	7	3.41	3.73*	−0.08	−0.53	0.75	−0.02	−0.04	0.03	4.86	2.50	1.34	−1.87	43
87	王磊	大成基金	2013/07~2023/12	126	7	4.83	1.49	0.25	0.96	0.76	−0.14	−0.42	0.10	8.64	13.11	0.53	−34.46	52
88	魏庆国	大成基金	2015/04~2023/12	105	11	2.00	0.45	0.37	1.01	0.50	0.21	−0.14	0.50	7.36	23.94	0.24	−44.39	78
89	夏高	大成基金	2017/03~2023/12	77	3	4.79	1.02	0.55	0.72	0.82	0.00	0.07	0.09	7.83	13.19	0.49	−29.10	52
90	徐雄晖	大成基金	2013/04~2023/12	50	5	0.92	0.17	1.12	1.92*	0.65	−0.15	0.03	0.04	18.01	14.87	1.11	−8.32	69
91	徐彦	大成基金	2012/10~2023/12	121	12	10.80	3.27*	−0.13	−0.49	0.80	0.00	−0.04	0.07	16.48	18.13	0.81	−30.39	76
92	杨挺	大成基金	2014/06~2023/12	115	6	0.20	0.04	−0.48	−1.35	0.78	0.21	−0.18	0.52	6.73	25.89	0.20	−57.23	78
93	张烨	大成基金	2017/09~2023/12	76	4	12.75	2.09*	−0.78	−0.77	0.95	−0.27	0.06	0.04	8.98	19.57	0.38	−29.06	63
94	郭成东	德邦基金	2018/05~2023/12	61	4	3.79	0.37	0.94	0.58	0.74	−0.27	0.23	0.03	−1.25	24.75	−0.11	−42.32	54
95	黎莹	德邦基金	2015/06~2023/12	103	7	12.67	3.81*	−0.63	−2.15	0.82	−0.21	−0.15	−0.15	8.05	20.81	0.31	−28.54	84
96	汪晖	德邦基金	2007/05~2023/12	133	6	1.48	0.33	0.72	2.34*	0.94	−0.10	−0.23	0.38	8.52	23.40	0.26	−36.12	75
97	刘明	东方阿尔法基金	2004/10~2023/12	183	7	1.01	0.24	0.24	0.96	0.42	−0.08	−0.45	0.32	11.66	25.97	0.36	−61.06	74

续表

编号	基金经理	当前任职公司	任职区间	任职时间（月）	管理基金数量（只）	选股能力		择时能力		β_{mkt}	β_{smb}	β_{hml}	β_{mom}	年化收益率（%）	年化波动率（%）	年化夏普比率	最大回撤率（%）	调整后 R^2（%）
						年化 α(%)	t(α)	γ	t(γ)									
98	唐雷	东方阿尔法基金	2016/07～2023/12	83	6	7. 53	0. 72	-0. 75	-0. 41	0. 57	-0. 09	-0. 93	0. 18	5. 87	25. 63	0. 17	-53. 48	26
99	周谧	东方阿尔法基金	2018/03～2023/12	64	8	-2. 24	-0. 31	0. 94	0. 86	0. 84	-0. 02	-0. 37	0. 33	6. 02	20. 38	0. 23	-31. 47	64
100	房建威	东方基金	2018/07～2023/12	51	7	7. 77	1. 34	-1. 93	-2. 06	0. 70	-0. 27	-0. 28	0. 05	5. 95	15. 46	0. 30	-25. 07	67
101	李瑞	东方基金	2017/12～2023/12	73	7	5. 37	0. 51	-1. 26	-0. 73	0. 74	-0. 05	-0. 73	0. 04	5. 41	26. 46	0. 15	-58. 78	43
102	曲华锋	东方基金	2020/04～2023/12	45	4	6. 68	0. 63	3. 25	1. 60	0. 86	-0. 47	0. 48	0. 43	12. 22	28. 00	0. 38	-35. 75	73
103	盛泽	东方基金	2018/08～2023/12	65	6	5. 33	1. 73*	0. 13	0. 26	0. 63	-0. 18	0. 11	0. 07	7. 88	15. 66	0. 41	-22. 86	88
104	王然	东方基金	2015/05～2023/12	104	9	2. 70	0. 56	-0. 44	-1. 05	0. 70	-0. 10	-0. 05	0. 14	-1. 55	24. 35	-0. 13	-51. 63	75
105	许文波	东方基金	2015/08～2023/12	97	11	0. 41	0. 10	0. 61	1. 66*	0. 69	-0. 22	-0. 31	0. 04	4. 39	13. 87	0. 21	-36. 15	47
106	严凯	东方基金	2020/04～2023/12	45	5	4. 16	0. 29	-0. 51	-0. 18	0. 26	-0. 07	-0. 22	0. 23	3. 71	21. 04	0. 11	-30. 37	14
107	张博	东方基金	2018/04～2023/12	51	2	3. 42	0. 54	-0. 78	-0. 78	0. 59	-0. 01	-0. 21	0. 10	10. 29	16. 50	0. 55	-17. 14	65
108	周思越	东方基金	2020/08～2023/12	41	3	19. 84	2. 36*	-0. 90	-0. 42	0. 70	-0. 43	0. 07	0. 01	7. 38	17. 42	0. 34	-25. 79	63
109	刘瑞	东吴基金	2018/11～2023/12	70	7	4. 04	0. 44	0. 03	0. 02	0. 54	-0. 17	-0. 63	-0. 18	-1. 81	17. 66	-0. 19	-31. 69	57
110	刘元海	东吴基金	2013/01～2023/12	137	9	9. 92	1. 98*	-0. 57	-0. 85	0. 76	-0. 04	-0. 51	0. 23	18. 72	21. 82	0. 78	-33. 04	61
111	赵梅玲	东吴基金	2016/05～2023/12	92	9	4. 61	1. 14	-0. 17	-0. 23	0. 88	-0. 16	-0. 14	0. 11	6. 33	15. 32	0. 32	-35. 74	65
112	周健	东吴基金	2012/10～2023/12	123	9	-2. 66	-0. 71	0. 40	0. 81	0. 89	0. 11	0. 09	0. 25	11. 22	17. 35	0. 55	-28. 05	67
113	李兵伟	东兴基金	2016/06～2023/12	91	7	-0. 39	-0. 11	0. 05	0. 09	0. 70	0. 13	-0. 08	0. 00	2. 90	12. 62	0. 11	-26. 10	63
114	李晨辉	东兴基金	2016/06～2023/12	91	6	0. 16	0. 07	-0. 35	-0. 81	0. 76	0. 02	-0. 02	0. 01	1. 50	12. 86	0. 00	-31. 33	83

续表

编号	基金经理	当前任职公司	任职区间	任职时间（月）	管理基金数量（只）	选股能力		择时能力		β_{mkt}	β_{smb}	β_{hml}	β_{mom}	年化收益率（%）	年化波动率（%）	年化夏普比率	最大回撤率（%）	调整后 R^2（%）
						年化 α(%)	t(α)	γ	t(γ)									
115	孙继青	东兴基金	2015/09~2023/12	100	6	-0.31	-0.09	-0.70	-2.21	0.69	-0.13	-0.37	-0.09	-0.94	15.72	-0.16	-41.79	68
116	张旭	东兴基金	2015/08~2023/12	95	8	1.06	0.33	0.53	1.89*	0.69	-0.04	-0.20	0.02	4.87	10.10	0.34	-15.67	41
117	崔建波	方正富邦基金	2010/03~2023/12	162	24	2.64	1.08	-0.16	-0.74	0.50	0.11	-0.02	0.11	7.23	18.25	0.28	-35.16	82
118	李朝昱	方正富邦基金	2020/11~2023/12	38	1	-6.02	-0.52	-1.37	-0.48	0.66	-0.42	-0.18	0.05	-21.12	21.07	-1.07	-62.20	57
119	乔培涛	方正富邦基金	2016/08~2023/12	79	13	6.48	1.48	-0.41	-0.50	0.96	-0.04	-0.22	0.16	9.76	17.12	0.49	-24.22	72
120	吴昊	方正富邦基金	2019/05~2023/12	56	9	2.50	0.16	0.93	0.31	0.96	0.12	-0.96	0.51	7.39	32.07	0.18	-52.41	55
121	纪青	富安达基金	2016/12~2023/12	79	3	9.78	1.31	-0.11	-0.09	0.70	-0.01	-0.21	-0.07	11.13	20.79	0.47	-35.69	48
122	李守峰	富安达基金	2015/12~2023/12	97	9	-1.29	-0.26	0.62	1.35	1.06	0.05	-0.40	0.06	3.30	16.56	0.11	-40.64	47
123	申坤	富安达基金	2015/06~2023/12	98	5	5.91	1.32	-0.32	-0.84	0.87	0.02	-0.37	0.14	5.96	22.91	0.20	-43.78	78
124	杨红	富安达基金	2019/06~2023/12	50	8	-1.11	-0.11	0.62	0.33	0.80	0.12	-0.82	0.08	9.43	22.65	0.36	-38.69	62
125	白冰洋	富国基金	2016/04~2023/12	65	6	-0.20	-0.02	1.22	0.86	1.01	0.22	0.53	0.71	7.69	18.80	0.35	-25.57	39
126	毕天宇	富国基金	2005/12~2023/12	218	7	6.03	1.84*	-0.33	-1.74	0.96	-0.06	-0.51	0.15	14.94	27.24	0.47	-59.31	81
127	蔡卡尔	富国基金	2018/05~2023/12	68	1	7.29	1.04	-2.50	-2.29	0.73	-0.24	0.38	-0.02	-2.45	17.89	-0.22	-41.26	50
128	曹晋	富国基金	2013/04~2023/12	126	8	5.32	1.11	0.08	0.22	1.03	0.16	-0.33	0.43	14.06	26.87	0.46	-39.24	75
129	曹文俊	富国基金	2013/08~2023/12	116	10	5.60	1.53	0.12	0.42	0.55	0.05	-0.28	0.23	14.57	22.50	0.57	-35.19	82
130	曾新杰	富国基金	2020/05~2023/12	44	2	2.90	0.20	1.25	0.47	0.91	-0.19	-0.06	0.63	6.62	27.16	0.19	-36.31	51
131	方旻	富国基金	2017/06~2023/12	54	4	5.62	1.71*	0.56	1.05	0.72	0.04	0.00	0.04	11.18	15.03	0.66	-15.89	88
132	侯梧	富国基金	2014/11~2023/12	83	5	5.55	1.14	0.45	0.96	0.64	-0.08	-0.50	0.06	14.46	19.45	0.67	-34.85	73
133	李元博	富国基金	2014/06~2023/12	112	7	2.24	0.35	-0.28	-0.54	0.89	0.18	-0.59	0.30	13.20	30.59	0.38	-53.39	69

续表

编号	基金经理	当前任职公司	任职区间	任职时间（月）	管理基金数量（只）	选股能力		择时能力		β_{mkt}	β_{smb}	β_{hml}	β_{mom}	年化收益率（%）	年化波动率（%）	年化夏普比率	最大回撤率（%）	调整后 R^2（%）
						年化 α(%)	t(α)	γ	t(γ)									
134	林庆	富国基金	2015/05～2023/12	104	3	12.66	3.14*	-0.21	-0.59	0.77	-0.09	-0.18	0.24	9.65	24.95	0.33	-43.26	83
135	刘莉莉	富国基金	2018/07～2023/12	66	4	15.07	2.2*	1.04	0.97	1.00	-0.26	0.39	0.22	18.75	22.38	0.77	-19.57	71
136	宁君	富国基金	2018/09～2023/12	64	1	12.64	1.58	-1.59	-1.29	0.97	-0.20	0.01	0.15	9.09	18.58	0.41	-36.89	46
137	蒲世林	富国基金	2018/12～2023/12	61	5	12.16	2.64*	-0.70	-0.95	0.89	-0.17	-0.07	0.04	14.60	16.34	0.80	-26.80	78
138	孙彬	富国基金	2019/05～2023/12	56	11	10.93	2.03*	1.83	1.65*	0.80	-0.31	-0.14	0.20	16.48	19.33	0.78	-33.01	81
139	孙笑悦	富国基金	2020/04～2023/12	45	3	1.56	0.09	0.10	0.04	0.78	-0.29	-0.04	0.61	0.67	28.75	-0.03	-51.34	38
140	唐颐恒	富国基金	2019/07～2023/12	54	1	3.09	0.31	2.90	1.46	0.89	-0.56	-0.29	0.28	6.53	25.00	0.20	-52.49	64
141	汪孟海	富国基金	2015/10～2023/12	99	6	4.29	0.97	0.37	0.89	0.64	-0.27	-0.15	0.14	5.74	17.00	0.25	-45.37	58
142	王保合	富国基金	2020/09～2023/12	40	4	-1.14	-0.23	0.39	0.31	0.80	0.14	-0.09	0.04	0.60	16.12	-0.06	-24.13	84
143	王园园	富国基金	2017/06～2023/12	79	7	11.32	1.63	0.89	0.76	0.94	-0.28	-0.04	-0.04	13.42	23.35	0.51	-31.74	64
144	吴畏	富国基金	2018/10～2023/12	63	3	10.34	1.62	0.71	0.70	0.86	-0.25	-0.23	0.23	15.36	18.55	0.75	-29.22	65
145	肖威兵	富国基金	2018/09～2023/12	64	11	3.74	0.66	0.73	0.85	0.79	-0.20	-0.07	0.09	8.02	18.40	0.35	-34.28	72
146	徐斌	富国基金	2019/08～2023/12	53	2	-0.93	-0.17	1.58	1.42	0.74	-0.22	-0.30	0.19	4.83	18.07	0.18	-35.33	79
147	徐幼华	富国基金	2018/05～2023/12	68	2	8.03	1.9*	-0.91	-1.38	0.87	-0.24	0.20	0.15	4.41	15.64	0.19	-33.71	76
148	许炎	富国基金	2016/08～2023/12	89	5	10.99	1.49	0.30	0.23	0.69	-0.04	-0.75	0.36	16.41	24.16	0.62	-38.41	55
149	杨栋	富国基金	2015/08～2023/12	101	9	8.21	2.56*	0.26	0.91	1.03	-0.01	-0.39	0.19	13.37	21.40	0.55	-36.53	86
150	易智泉	富国基金	2017/10～2023/12	75	5	4.77	1.05	-0.29	-0.38	0.93	0.12	-0.03	0.31	7.82	15.64	0.40	-34.03	69
151	于渤	富国基金	2019/07～2023/12	54	3	-3.28	-0.95	3.83	5.5*	0.39	-0.06	-0.14	0.23	9.43	10.81	0.73	-11.42	77
152	于鹏	富国基金	2017/11～2023/12	74	4	-0.23	-0.06	-0.10	-0.17	0.48	0.03	-0.33	0.16	3.18	18.80	0.09	-36.86	86

续表

编号	基金经理	当前任职公司	任职区间	任职时间（月）	管理基金数量（只）	选股能力		择时能力		β_{mkt}	β_{smb}	β_{hml}	β_{mom}	年化收益率（%）	年化波动率（%）	年化夏普比率	最大回撤率（%）	调整后 R^2（%）
						年化 α（%）	t(α)	γ	t(γ)									
153	于洋	富国基金	2017/10～2023/12	58	7	4.60	0.64	0.27	0.25	0.63	-0.09	-0.58	0.26	11.76	23.98	0.43	-43.21	74
154	袁宜	富国基金	2012/10～2023/12	135	4	0.74	0.21	0.47	1.68*	0.88	0.06	-0.17	0.30	11.30	20.22	0.47	-39.16	74
155	张峰	富国基金	2015/06～2023/12	103	6	9.29	1.9*	-0.01	-0.02	0.78	-0.30	-0.18	-0.02	7.30	16.79	0.35	-38.92	46
156	张富盛	富国基金	2018/03～2023/12	67	6	7.81	0.91	-0.66	-0.48	1.01	0.10	-0.72	0.28	13.96	26.39	0.48	-37.52	67
157	张慕禹	富国基金	2020/08～2023/12	41	1	2.89	0.30	0.52	0.22	1.00	-0.39	-0.36	-0.11	-5.82	18.11	-0.40	-40.75	54
158	张啸伟	富国基金	2015/08～2023/12	101	4	6.59	1.86*	-0.45	-1.43	0.82	-0.12	-0.21	-0.04	7.18	20.40	0.28	-39.33	81
159	章旭峰	富国基金	2011/08～2023/12	145	5	4.28	0.93	0.57	1.31	0.78	-0.12	-0.46	0.41	11.95	24.16	0.42	-45.40	68
160	赵年珅	富国基金	2020/08～2023/12	41	2	-11.97	-0.84	5.76	1.61	0.93	-0.19	-0.11	0.08	-6.36	25.21	-0.31	-48.59	49
161	赵伟	富国基金	2017/06～2023/12	76	7	7.77	0.72	0.47	0.27	0.67	-0.02	-0.60	0.15	13.57	27.36	0.45	-47.05	40
162	朱少醒	富国基金	2005/11～2023/12	218	2	6.88	2.29*	-0.04	-0.21	0.86	-0.03	-0.36	0.21	17.92	25.22	0.62	-55.78	82
163	邓宇翔	富荣基金	2018/03～2023/12	70	6	4.06	0.68	-0.92	-0.98	0.92	-0.27	-0.30	0.03	0.43	14.43	-0.07	-29.29	43
164	郎骋成	富荣基金	2020/10～2023/12	39	4	16.04	1.41	-6.09	-2.19	0.78	-0.02	-0.65	-0.14	-0.62	19.93	-0.11	-33.85	54
165	李黄海	富荣基金	2015/11～2023/12	42	6	2.83	0.48	-0.21	-0.43	1.01	-0.26	-0.52	-0.43	-1.70	9.47	-0.34	-15.45	31
166	王丹	富荣基金	2020/05～2023/12	44	2	14.67	2.08*	-1.85	-1.65	0.92	-0.47	-0.34	0.10	9.47	20.11	0.40	-45.85	66
167	李会忠	格林基金	2014/12～2023/12	102	12	8.38	1.48	0.36	0.88	0.52	0.12	-0.12	0.14	15.48	26.04	0.54	-30.55	71
168	刘冬	格林基金	2015/06～2023/12	52	5	0.06	0.01	-0.85	-2.08	0.55	-0.02	-0.03	-0.27	-8.29	21.80	-0.46	-38.83	85
169	陈丹琳	工银瑞信基金	2014/01～2023/12	93	4	-0.84	-0.19	-0.47	-1.52	0.68	-0.17	-0.05	0.04	0.29	24.13	-0.06	-61.59	82
170	陈小鹭	工银瑞信基金	2016/09～2023/12	88	6	4.27	0.56	0.24	0.18	0.89	-0.04	0.39	0.15	6.99	22.50	0.24	-36.27	45
171	单文	工银瑞信基金	2016/06～2023/12	91	7	-0.55	-0.11	1.18	1.30	0.79	0.00	-0.51	0.11	6.25	20.66	0.23	-44.79	70

续表

编号	基金经理	当前任职公司	任职区间	任职时间（月）	管理基金数量（只）	选股能力		择时能力		β_{mkt}	β_{smb}	β_{hml}	β_{mom}	年化收益率（%）	年化波动率（%）	年化夏普比率	最大回撤率（%）	调整后 R^2（%）
						年化 α(%)	t(α)	γ	t(γ)									
172	杜洋	工银瑞信基金	2015/02~2023/12	107	10	9.66	2.33*	-0.37	-1.19	0.93	-0.07	-0.03	0.13	10.95	23.30	0.40	-45.14	79
173	郭雪松	工银瑞信基金	2019/09~2023/12	52	1	7.81	2.05*	-0.28	-0.37	0.77	-0.19	-0.22	-0.17	6.62	11.64	0.44	-16.93	77
174	何肖颉	工银瑞信基金	2005/02~2023/12	160	7	5.90	1.77*	0.11	0.54	0.93	-0.12	-0.43	0.19	17.07	24.52	0.63	-42.75	82
175	何秀红	工银瑞信基金	2015/10~2023/12	99	1	5.00	2.07*	0.06	0.29	0.25	-0.18	-0.32	-0.08	5.59	8.65	0.47	-16.93	52
176	胡志利	工银瑞信基金	2016/10~2023/12	87	13	3.42	0.80	0.59	0.78	0.67	-0.16	-0.34	0.10	7.08	18.66	0.30	-41.77	75
177	孔令兵	工银瑞信基金	2020/12~2023/12	37	2	-19.66	-1.29	5.86	1.64*	0.14	-0.29	0.12	0.01	-18.09	26.39	-0.74	-52.60	56
178	李劭钊	工银瑞信基金	2016/09~2023/12	46	3	-17.12	-3.03	-1.47	-1.49	0.93	-0.07	-0.44	-0.14	-21.38	13.79	-1.70	-57.40	59
179	李昱	工银瑞信基金	2018/01~2023/12	72	6	7.45	1.53	-0.65	-0.84	1.11	-0.19	-0.36	0.09	6.05	15.77	0.29	-35.98	68
180	林梦	工银瑞信基金	2017/10~2023/12	75	4	12.57	2.15*	-0.66	-0.69	0.87	-0.10	0.10	0.03	10.50	20.43	0.44	-35.55	70
181	林念	工银瑞信基金	2016/09~2023/12	88	4	9.54	1.78*	-1.51	-1.58	0.66	-0.06	-0.63	0.21	9.38	20.66	0.38	-34.52	68
182	盛震山	工银瑞信基金	2015/09~2023/12	48	9	17.54	3.83*	-1.19	-3.21	0.82	-0.32	-0.37	-0.21	8.01	18.61	0.36	-26.10	83
183	宋炳珅	工银瑞信基金	2014/01~2023/12	120	6	8.61	1.86*	-0.42	-1.13	0.74	-0.02	-0.04	0.11	14.73	25.06	0.52	-49.77	74
184	谭冬寒	工银瑞信基金	2016/09~2023/12	88	5	8.88	1.08	-0.25	-0.17	0.37	0.04	-0.29	0.07	11.41	22.82	0.43	-40.90	38
185	夏雨	工银瑞信基金	2019/09~2023/12	52	3	5.13	0.55	1.01	0.55	0.88	-0.14	-0.27	0.35	10.98	20.69	0.46	-43.24	56
186	修世宇	工银瑞信基金	2014/10~2023/12	68	5	-2.63	-0.45	-0.03	-0.07	0.33	0.31	-0.29	0.46	-2.36	34.45	-0.12	-70.39	88
187	鄢耀	工银瑞信基金	2013/08~2023/12	125	10	6.37	2.16*	-0.15	-0.63	0.75	-0.17	0.01	-0.02	10.50	17.56	0.50	-34.22	78
188	杨柯	工银瑞信基金	2013/04~2023/12	129	6	1.39	0.32	-0.02	-0.05	0.12	0.05	-0.24	0.31	10.68	26.26	0.34	-56.58	78
189	杨鑫鑫	工银瑞信基金	2013/06~2023/12	124	6	10.78	4.24*	-0.18	-0.86	0.77	-0.15	0.16	-0.14	13.39	13.60	0.86	-16.04	73
190	张剑峰	工银瑞信基金	2016/09~2023/12	88	3	6.45	1.20	-0.27	-0.28	0.87	-0.08	-0.50	0.19	9.26	21.48	0.36	-36.38	70

续表

编号	基金经理	当前任职公司	任职区间	任职时间（月）	管理基金数量（只）	选股能力		择时能力		β_{mkt}	β_{smb}	β_{hml}	β_{mom}	年化收益率（%）	年化波动率（%）	年化夏普比率	最大回撤率（%）	调整后 R^2（%）
						年化 α(%)	t(α)	γ	t(γ)									
191	张玮升	工银瑞信基金	2017/10~2023/12	75	5	14. 23	2. 03*	-0. 60	-0. 52	1. 06	-0. 36	0. 08	-0. 17	8. 75	22. 52	0. 32	-43. 72	64
192	张洋	工银瑞信基金	2015/08~2023/12	101	1	2. 25	1. 30	0. 34	2. 22*	0. 75	-0. 09	-0. 04	0. 06	4. 74	5. 58	0. 58	-8. 67	40
193	张宇帆	工银瑞信基金	2016/03~2023/12	94	3	13. 11	2. 7*	-0. 03	-0. 03	0. 92	-0. 14	-0. 26	-0. 03	14. 66	17. 30	0. 76	-28. 34	59
194	赵蓓	工银瑞信基金	2014/11~2023/12	110	6	10. 71	1. 64*	-0. 53	-1. 06	0. 90	0. 11	-0. 23	0. 21	14. 95	29. 10	0. 46	-52. 68	65
195	陈栋	光大保德信基金	2015/04~2023/12	105	6	4. 28	1. 29	0. 04	0. 16	0. 90	0. 01	0. 04	0. 06	5. 18	21. 25	0. 17	-41. 88	84
196	崔书田	光大保德信基金	2020/07~2023/12	42	4	8. 48	0. 85	-0. 86	-0. 33	1. 00	0. 06	-1. 00	-0. 16	4. 31	23. 06	0. 12	-39. 82	69
197	房雷	光大保德信基金	2016/12~2023/12	85	9	5. 91	1. 37	-1. 06	-1. 39	0. 95	-0. 08	-0. 45	0. 03	5. 46	12. 26	0. 32	-26. 28	43
198	黄波	光大保德信基金	2019/10~2023/12	51	3	1. 76	0. 58	0. 84	1. 42	0. 70	0. 03	-0. 04	-0. 05	6. 90	7. 59	0. 71	-6. 98	67
199	林晓凤	光大保德信基金	2018/10~2023/12	63	6	4. 79	0. 68	-1. 44	-1. 28	0. 96	0. 02	-0. 55	0. 21	7. 98	18. 49	0. 35	-32. 97	58
200	马鹏飞	光大保德信基金	2020/04~2023/12	45	3	-2. 51	-0. 29	0. 95	0. 58	0. 85	-0. 16	-0. 27	-0. 33	0. 01	20. 78	-0. 07	-37. 12	68
201	王卫林	光大保德信基金	2019/12~2023/12	44	3	-3. 92	-0. 56	0. 35	0. 28	0. 85	-0. 12	-0. 25	0. 01	1. 12	20. 52	-0. 02	-34. 95	82
202	徐晓杰	光大保德信基金	2015/05~2023/12	102	8	9. 47	1. 73*	-0. 34	-0. 70	0. 26	-0. 02	-0. 31	0. 01	7. 63	21. 76	0. 28	-40. 16	61

续表

编号	基金经理	当前任职公司	任职区间	任职时间（月）	管理基金数量（只）	选股能力		择时能力		β_{mkt}	β_{smb}	β_{hml}	β_{mom}	年化收益率（%）	年化波动率（%）	年化夏普比率	最大回撤率（%）	调整后 R^2（%）
						年化 α(%)	t(α)	γ	t(γ)									
203	詹佳	光大保德信基金	2018/06~2023/12	67	9	9.74	1.54	-0.27	-0.26	1.11	-0.29	0.18	0.03	8.51	18.78	0.37	-34.64	64
204	曾刚	广发基金	2015/11~2023/12	66	7	2.73	1.19	0.34	1.8*	0.19	-0.03	-0.20	0.09	6.82	5.95	0.91	-9.48	43
205	陈少平	广发基金	2006/12~2023/12	199	8	1.21	0.35	0.13	0.65	0.95	0.17	-0.38	0.48	10.72	24.95	0.34	-55.71	78
206	陈樱子	广发基金	2020/08~2023/12	41	1	-3.98	-0.29	3.18	0.93	0.14	-0.35	0.23	0.33	-7.36	25.00	-0.35	-45.43	53
207	程琨	广发基金	2013/02~2023/12	131	9	4.36	1.19	0.48	1.63	0.89	-0.07	-0.22	0.07	12.06	18.01	0.57	-30.66	66
208	段涛	广发基金	2020/05~2023/12	44	5	-8.15	-1.28	2.79	2.32*	0.61	0.04	-0.23	0.14	3.83	21.56	0.11	-34.16	84
209	费逸	广发基金	2017/07~2023/12	78	9	10.18	1.56	0.18	0.17	0.95	-0.23	-0.68	0.05	13.11	22.16	0.52	-37.37	65
210	冯骋	广发基金	2020/08~2023/12	41	1	26.24	1.58	-7.05	-1.68	0.73	0.07	-1.28	-0.54	8.75	27.92	0.26	-33.05	44
211	冯汉杰	广发基金	2018/12~2023/12	54	5	11.62	2.52*	0.60	0.87	0.57	-0.04	0.13	0.25	20.79	13.14	1.50	-9.09	72
212	傅友兴	广发基金	2013/02~2023/12	131	8	2.50	0.72	-0.04	-0.12	0.05	0.11	-0.09	0.15	9.57	17.31	0.45	-34.25	67
213	观富钦	广发基金	2018/02~2023/12	71	7	4.04	0.50	0.81	0.65	0.83	0.05	-0.13	0.22	10.42	22.98	0.39	-33.38	59
214	蒋科	广发基金	2020/04~2023/12	45	3	4.77	0.64	0.67	0.48	0.65	0.14	-0.46	0.44	12.49	21.36	0.51	-24.97	77
215	李琛	广发基金	2007/06~2023/12	199	11	-0.36	-0.12	0.19	0.98	0.20	-0.05	-0.28	0.21	5.27	20.69	0.15	-60.33	75
216	李巍	广发基金	2011/09~2023/12	148	13	1.46	0.39	0.09	0.30	0.94	0.13	-0.57	0.38	10.79	25.38	0.35	-50.85	80
217	李晓博	广发基金	2020/07~2023/12	42	1	3.22	2.21*	0.16	0.44	0.52	-0.01	-0.05	0.02	3.94	3.44	0.71	-3.30	71
218	李耀柱	广发基金	2016/11~2023/12	86	9	10.96	2.29*	-1.97	-2.35	0.86	-0.27	-0.21	-0.01	5.66	18.81	0.22	-46.03	70
219	林英睿	广发基金	2015/05~2023/12	99	9	8.80	2.01*	0.09	0.24	0.17	-0.19	0.16	-0.15	5.72	18.10	0.24	-22.02	66
220	刘彬	广发基金	2019/02~2023/12	52	7	11.41	0.94	-0.05	-0.02	0.80	0.09	-0.97	-0.40	17.52	26.73	0.61	-33.04	58

续表

编号	基金经理	当前任职公司	任职区间	任职时间（月）	管理基金数量（只）	选股能力		择时能力		β_{mkt}	β_{smb}	β_{hml}	β_{mom}	年化收益率（%）	年化波动率（%）	年化夏普比率	最大回撤率（%）	调整后 R^2（%）
						年化 α（%）	t(α)	γ	t(γ)									
221	刘格菘	广发基金	2013/08~2023/12	120	15	-2.58	-0.50	0.65	1.64*	0.19	0.19	-0.74	0.42	11.73	31.65	0.32	-63.64	81
222	刘玉	广发基金	2018/10~2023/12	63	3	8.90	1.74*	-0.09	-0.10	0.64	-0.15	-0.33	0.28	13.52	17.25	0.70	-29.28	74
223	罗洋	广发基金	2019/05~2023/12	56	3	4.90	0.74	0.40	0.30	0.09	-0.08	-0.23	0.14	10.78	20.18	0.46	-34.06	74
224	邱璟旻	广发基金	2016/04~2023/12	93	8	1.42	0.23	-1.57	-1.38	0.87	-0.07	-0.53	0.08	0.60	20.86	-0.04	-58.54	54
225	邱世磊	广发基金	2016/01~2023/12	90	6	4.16	3.44*	0.29	1.50	0.65	-0.01	-0.01	0.07	7.05	3.74	1.51	-1.66	49
226	孙迪	广发基金	2017/12~2023/12	73	7	8.80	1.27	-0.18	-0.16	0.99	-0.15	-0.41	0.31	10.54	23.52	0.38	-44.33	69
227	谭昌杰	广发基金	2015/01~2023/12	108	3	2.80	2.17*	0.11	1.14	0.16	-0.05	-0.16	-0.03	4.65	3.83	0.81	-3.20	24
228	唐晓斌	广发基金	2014/12~2023/12	109	8	1.17	0.22	0.16	0.42	0.87	0.27	-0.24	0.38	11.42	29.16	0.34	-57.38	78
229	田文舟	广发基金	2019/06~2023/12	55	3	-2.38	-0.28	1.68	0.96	0.59	-0.26	-0.13	-0.01	1.88	21.91	0.02	-48.59	63
230	王海涛	广发基金	2010/05~2023/12	47	6	-14.25	-2.11	1.00	0.89	0.69	0.00	-0.14	0.15	-14.16	14.14	-1.18	-49.03	67
231	王明旭	广发基金	2018/10~2023/12	63	8	9.05	1.46	0.89	0.90	0.71	-0.14	0.30	0.37	16.06	19.50	0.75	-25.75	70
232	王鹏	广发基金	2019/09~2023/12	46	5	12.20	1.05	-0.38	-0.19	0.29	0.04	-0.81	0.19	16.71	31.16	0.49	-54.60	49
233	王瑞冬	广发基金	2020/05~2023/12	44	4	6.34	0.96	0.94	0.75	0.22	-0.16	-0.17	0.25	8.87	15.86	0.46	-17.21	69
234	王颂	广发基金	2014/12~2023/12	94	6	3.77	0.89	0.33	1.09	0.75	-0.04	-0.25	0.37	11.33	23.21	0.43	-45.77	82
235	吴敌	广发基金	2020/05~2023/12	44	3	-0.22	-0.06	2.64	3.58*	1.06	-0.04	0.07	0.25	8.64	8.29	0.86	-3.75	60
236	吴兴武	广发基金	2015/02~2023/12	107	10	1.54	0.22	0.26	0.50	0.34	0.09	-0.19	0.29	8.87	29.77	0.25	-56.23	64
237	吴远怡	广发基金	2020/09~2023/12	40	5	-2.50	-0.27	1.02	0.44	0.65	-0.08	-0.86	0.53	-5.43	24.14	-0.29	-43.99	76
238	武幼辉	广发基金	2020/10~2023/12	39	1	-1.89	-0.21	0.09	0.04	0.69	-0.18	-0.72	0.22	-8.32	19.45	-0.50	-45.16	67
239	杨定光	广发基金	2020/08~2023/12	41	2	-8.10	-0.88	3.41	1.48	0.58	-0.11	0.37	0.01	-5.07	19.41	-0.34	-35.41	64

续表

编号	基金经理	当前任职公司	任职区间	任职时间（月）	管理基金数量（只）	选股能力		择时能力		β_{mkt}	β_{smb}	β_{hml}	β_{mom}	年化收益率（%）	年化波动率（%）	年化夏普比率	最大回撤率（%）	调整后 R^2（%）
						年化α(%)	t(α)	γ	t(γ)									
240	姚秋	广发基金	2015/01~2023/12	104	5	5.03	1.98*	-0.09	-0.45	0.87	-0.09	-0.12	-0.12	6.76	8.65	0.61	-17.37	46
241	张东一	广发基金	2016/07~2023/12	90	13	7.60	1.43	-1.88	-1.97	0.84	-0.34	-0.19	-0.16	2.33	18.54	0.04	-52.13	60
242	张芊	广发基金	2015/11~2023/12	98	7	5.48	3.3*	-0.22	-1.44	0.94	0.00	0.05	0.02	6.16	5.67	0.82	-11.08	47
243	郑澄然	广发基金	2020/05~2023/12	44	8	-1.85	-0.13	2.65	0.96	0.77	-0.08	-0.46	0.39	7.73	30.17	0.21	-53.33	58
244	廖晓东	国都证券	2020/05~2023/12	44	3	-16.54	-2.10	-0.88	-0.59	0.77	-0.12	-0.34	-0.04	-18.72	16.78	-1.20	-59.36	61
245	张晓磊	国都证券	2018/12~2023/12	58	4	-7.76	-1.20	-0.29	-0.29	1.16	0.03	-0.49	-0.05	-0.57	18.05	-0.12	-52.86	69
246	杜飞	国海富兰克林基金	2015/07~2023/12	102	3	3.11	0.81	-0.32	-0.95	1.04	0.02	0.12	0.19	3.62	19.70	0.11	-34.79	76
247	刘晓	国海富兰克林基金	2017/02~2023/12	83	6	9.83	3.44*	-2.14	-4.30	0.74	-0.13	-0.10	-0.05	4.68	10.69	0.30	-23.10	68
248	刘怡敏	国海富兰克林基金	2019/01~2023/12	60	1	6.35	3.56*	-0.25	-0.87	1.01	-0.07	0.00	0.08	7.37	4.44	1.32	-3.55	56
249	沈竹熙	国海富兰克林基金	2018/09~2023/12	64	1	2.80	1.31	-0.65	-1.97	0.80	-0.05	-0.07	-0.03	1.92	4.14	0.10	-10.00	22
250	王莉	国海富兰克林基金	2019/09~2023/12	52	1	4.30	2.43*	0.71	2.02*	0.87	-0.07	0.01	0.11	7.25	4.57	1.26	-2.61	68
251	王晓宁	国海富兰克林基金	2013/07~2023/12	126	2	1.02	0.32	0.14	0.57	0.99	-0.03	-0.25	0.15	9.84	22.29	0.36	-45.94	84
252	徐成	国海富兰克林基金	2017/07~2023/12	78	3	10.83	2.22*	-1.11	-1.36	0.89	-0.29	-0.22	0.06	7.56	19.08	0.32	-51.28	74

续表

编号	基金经理	当前任职公司	任职区间	任职时间（月）	管理基金数量（只）	选股能力		择时能力		β_{mkt}	β_{smb}	β_{hml}	β_{mom}	年化收益率（%）	年化波动率（%）	年化夏普比率	最大回撤率（%）	调整后 R^2（%）
						年化α（%）	t(α)	γ	t(γ)									
253	徐荔蓉	国海富兰克林基金	2006/03~2023/12	163	5	6.99	2.25*	-0.31	-1.47	0.91	-0.15	-0.35	0.07	20.17	24.35	0.75	-42.67	84
254	赵晓东	国海富兰克林基金	2010/11~2023/12	158	6	4.18	1.35	0.73	2.79*	0.87	-0.11	0.03	0.04	11.25	17.39	0.53	-26.18	69
255	赵宇烨	国海富兰克林基金	2018/09~2023/12	64	1	3.10	0.44	0.07	0.07	0.27	-0.35	0.59	0.12	0.62	18.28	-0.05	-31.08	56
256	吕伟	国金基金	2015/06~2023/12	100	8	3.02	0.45	0.39	0.66	0.67	-0.10	0.07	0.28	3.49	27.73	0.07	-42.89	64
257	马芳	国金基金	2020/09~2023/12	40	4	8.37	1.99*	1.06	1.00	0.14	0.19	-0.03	0.02	13.09	14.02	0.83	-12.59	86
258	孙欣炎	国金基金	2019/11~2023/12	44	6	8.90	0.93	-0.72	-0.42	0.37	0.01	-0.53	-0.20	13.11	23.64	0.50	-31.76	76
259	高诗	国联安基金	2019/09~2023/12	52	1	11.67	1.40	-1.24	-0.75	0.56	-0.17	-0.58	0.29	11.59	21.52	0.47	-33.42	68
260	洪阳玚	国联安基金	2020/11~2023/12	38	3	2.33	1.73*	0.37	1.15	0.71	-0.08	0.00	0.02	1.97	4.13	0.11	-5.04	85
261	呼荣权	国联安基金	2020/07~2023/12	42	3	-1.77	-0.16	2.36	0.82	0.77	-0.23	0.08	0.20	-3.57	20.28	-0.25	-30.34	48
262	潘明	国联安基金	2014/02~2023/12	119	7	-0.97	-0.13	0.33	0.57	1.45	0.24	-0.76	0.42	11.92	35.43	0.29	-64.10	67
263	王欢	国联安基金	2017/12~2023/12	73	3	4.91	2.48*	-0.30	-0.93	0.68	-0.03	0.04	0.08	5.22	6.16	0.60	-13.05	63
264	韦明亮	国联安基金	2010/12~2023/12	69	6	3.37	0.61	-0.93	-1.34	0.74	-0.25	-0.18	0.06	3.78	17.32	0.06	-23.18	67
265	魏东	国联安基金	2004/05~2023/12	233	7	5.99	2.04*	0.13	0.74	0.37	-0.17	-0.42	0.09	13.33	22.15	0.50	-56.78	75
266	徐俊	国联安基金	2019/06~2023/12	55	1	-2.66	-0.44	3.85	3.1*	0.67	-0.27	0.51	0.04	4.09	16.70	0.16	-15.17	69
267	薛琳	国联安基金	2015/06~2023/12	103	5	3.17	1.44	0.31	1.60	0.73	-0.10	-0.04	0.02	4.89	7.30	0.46	-20.50	42
268	杨子江	国联安基金	2017/12~2023/12	73	4	2.15	0.65	-0.34	-0.64	0.96	-0.06	0.14	-0.01	1.39	8.87	-0.01	-20.95	51

续表

编号	基金经理	当前任职公司	任职区间	任职时间（月）	管理基金数量（只）	选股能力		择时能力		β_{mkt}	β_{smb}	β_{hml}	β_{mom}	年化收益率（%）	年化波动率（%）	年化夏普比率	最大回撤率（%）	调整后 R^2（%）
						年化 α(%)	t(α)	γ	t(γ)									
269	章椹元	国联安基金	2018/03~2023/12	41	3	-7.38	-1.64	1.50	2.56*	0.16	0.01	0.32	-0.03	-3.74	14.58	-0.37	-22.82	86
270	邹新进	国联安基金	2010/03~2023/12	166	3	2.30	0.92	0.43	2.02*	1.06	-0.01	0.22	0.08	9.32	19.14	0.38	-29.23	83
271	陈荔	国联基金	2020/08~2023/12	41	9	-6.00	-0.90	1.68	1.01	0.96	-0.18	0.22	0.18	-7.14	13.45	-0.64	-30.23	61
272	陈薪羽	国联基金	2020/03~2023/12	46	3	-3.90	-0.50	-1.05	-0.70	1.09	0.22	-0.56	-0.07	1.55	22.98	0.00	-44.50	78
273	冯琪	国联基金	2019/11~2023/12	50	6	-1.78	-0.14	0.43	0.18	0.87	-0.09	0.54	-0.02	2.04	27.34	0.02	-37.75	58
274	甘传琦	国联基金	2017/06~2023/12	79	13	2.43	0.42	-0.13	-0.13	0.67	0.30	-0.41	0.37	9.78	21.34	0.39	-37.31	70
275	柯海东	国联基金	2016/07~2023/12	86	13	4.99	1.05	0.47	0.55	0.86	-0.01	-0.34	0.18	12.37	18.48	0.60	-30.78	70
276	寇文红	国联基金	2019/05~2023/12	56	2	-24.89	-1.95	4.35	1.65*	0.79	0.13	-0.90	0.23	-1.94	32.68	-0.11	-61.77	63
277	骆尖	国联基金	2020/12~2023/12	37	3	-8.99	-0.62	-0.42	-0.12	0.96	0.19	-0.49	0.47	-10.92	25.04	-0.50	-58.42	56
278	钱文成	国联基金	2013/01~2023/12	107	18	-1.81	-0.56	0.53	2.23*	0.18	0.00	-0.04	0.12	4.95	11.15	0.28	-25.10	46
279	吴刚	国联基金	2017/11~2023/12	73	7	5.09	0.95	-0.45	-0.51	0.36	0.01	-0.09	0.24	7.04	16.01	0.35	-33.68	61
280	赵菲	国联基金	2016/12~2023/12	72	5	-6.37	-1.11	0.10	0.11	0.14	0.17	-0.41	0.11	-4.22	22.65	-0.26	-48.63	75
281	李丹	国寿安保基金	2016/02~2023/12	95	2	5.99	1.44	-2.00	-2.88	0.28	-0.13	-0.42	-0.06	3.67	17.18	0.13	-37.82	69
282	李捷	国寿安保基金	2016/09~2023/12	88	3	5.00	1.29	-0.41	-0.59	0.23	-0.18	-0.28	0.09	5.89	17.57	0.25	-35.78	77
283	刘志军	国寿安保基金	2018/04~2023/12	69	2	-0.99	-0.12	-0.34	-0.26	0.81	0.11	-0.07	0.40	3.62	21.32	0.10	-46.84	49
284	吴坚	国寿安保基金	2015/09~2023/12	100	7	3.92	0.79	-0.08	-0.17	1.02	-0.04	-0.62	0.15	7.34	19.03	0.31	-49.61	58
285	张标	国寿安保基金	2018/04~2023/12	69	2	-0.84	-0.16	-0.79	-0.94	0.68	0.05	-0.63	-0.12	1.58	21.09	0.00	-47.01	79
286	张琦	国寿安保基金	2010/07~2023/12	159	16	0.67	0.24	0.42	1.72*	0.37	0.10	-0.29	0.23	13.22	19.83	0.57	-28.59	80
287	程洲	国泰基金	2008/04~2023/12	189	15	3.12	1.29	-0.41	-2.53	0.90	0.01	-0.36	-0.06	5.95	19.76	0.19	-53.88	83

续表

编号	基金经理	当前任职公司	任职区间	任职时间（月）	管理基金数量（只）	选股能力		择时能力		β_{mkt}	β_{smb}	β_{hml}	β_{mom}	年化收益率（%）	年化波动率（%）	年化夏普比率	最大回撤率（%）	调整后 R^2（%）
						年化 α（%）	t(α)	γ	t(γ)									
288	戴计辉	国泰基金	2018/12~2023/12	61	6	1.48	0.64	1.08	2.94*	1.03	-0.03	-0.05	0.02	7.88	7.04	0.91	-7.77	70
289	邓时锋	国泰基金	2008/04~2023/12	148	5	2.10	0.64	-0.21	-1.05	0.86	0.17	-0.02	0.28	6.78	22.91	0.20	-48.68	83
290	杜沛	国泰基金	2020/05~2023/12	44	1	8.62	0.66	-0.53	-0.21	0.86	-0.08	-0.90	0.42	8.00	26.18	0.25	-46.51	56
291	樊利安	国泰基金	2014/10~2023/12	111	29	3.07	2.07*	0.09	0.78	0.63	-0.05	-0.18	-0.03	5.67	5.41	0.75	-11.38	47
292	高崇南	国泰基金	2018/09~2023/12	64	3	5.30	1.35	-0.73	-1.20	0.75	-0.22	0.03	0.10	4.55	17.12	0.18	-33.56	85
293	胡松	国泰基金	2020/09~2023/12	40	1	10.20	1.77*	-0.60	-0.41	0.94	-0.05	-0.36	0.24	5.75	16.68	0.25	-24.57	81
294	姜英	国泰基金	2020/12~2023/12	37	3	-5.62	-0.83	-1.03	-0.63	0.75	0.29	-0.32	-0.05	-4.94	16.69	-0.39	-28.96	78
295	李海	国泰基金	2016/06~2023/12	91	5	4.13	0.87	0.66	0.77	0.88	-0.20	-0.13	-0.13	6.70	17.29	0.30	-28.44	62
296	李恒	国泰基金	2017/01~2023/12	84	6	18.10	2.61*	-1.82	-1.50	1.11	-0.35	0.05	-0.17	12.10	22.59	0.47	-39.47	58
297	梁杏	国泰基金	2018/07~2023/12	66	1	2.00	0.62	-1.05	-2.05	0.98	-0.19	-0.24	-0.12	-0.64	11.92	-0.18	-31.90	77
298	林小聪	国泰基金	2017/06~2023/12	79	3	6.87	0.94	-0.16	-0.13	0.99	0.09	-0.47	0.07	11.27	23.62	0.41	-38.97	61
299	彭凌志	国泰基金	2015/12~2023/12	97	7	3.54	0.53	0.54	0.86	0.78	0.04	-0.55	0.47	8.69	26.81	0.27	-39.10	62
300	饶玉涵	国泰基金	2015/09~2023/12	100	5	5.79	1.62	-0.60	-1.89	0.82	-0.17	-0.35	-0.04	6.05	20.58	0.22	-46.25	81
301	王琳	国泰基金	2017/01~2023/12	84	10	1.39	0.66	1.22	3.33*	0.95	-0.02	-0.06	0.02	6.65	7.99	0.64	-8.92	69
302	王阳	国泰基金	2018/11~2023/12	62	6	19.60	2.07*	-2.42	-1.60	0.79	-0.01	-0.96	-0.20	22.18	27.96	0.74	-40.37	67
303	徐治彪	国泰基金	2015/08~2023/12	98	9	4.50	0.84	0.22	0.49	0.26	0.22	-0.15	0.12	10.84	25.10	0.38	-47.24	74
304	郑有为	国泰基金	2019/06~2023/12	55	5	9.52	1.17	1.54	0.93	0.68	-0.22	-0.42	0.21	15.58	20.31	0.69	-35.07	62
305	吉莉	国投瑞银基金	2017/06~2023/12	79	8	5.96	1.48	0.26	0.39	0.22	-0.04	-0.26	0.20	10.01	15.04	0.57	-26.84	70
306	敬夏玺	国投瑞银基金	2018/09~2023/12	37	3	0.59	0.38	-0.14	-0.63	0.62	-0.07	-0.11	-0.03	1.17	2.34	-0.13	-2.50	41

续表

编号	基金经理	当前任职公司	任职区间	任职时间（月）	管理基金数量（只）	选股能力		择时能力		β_{mkt}	β_{smb}	β_{hml}	β_{mom}	年化收益率（%）	年化波动率（%）	年化夏普比率	最大回撤率（%）	调整后 R^2（%）
						年化 α(%)	t(α)	γ	t(γ)									
307	李轩	国投瑞银基金	2015/12~2023/12	97	2	-2.63	-0.33	1.19	1.59	0.76	0.17	-0.49	0.38	5.64	29.26	0.14	-41.85	54
308	刘扬	国投瑞银基金	2020/03~2023/12	46	2	-8.94	-0.78	1.58	0.72	0.28	-0.15	0.56	-0.34	-3.83	21.61	-0.25	-42.24	47
309	綦缚鹏	国投瑞银基金	2010/04~2023/12	165	13	3.44	1.59	-0.13	-0.72	0.90	0.11	0.16	0.04	9.17	17.21	0.41	-34.53	84
310	桑俊	国投瑞银基金	2014/12~2023/12	109	14	4.49	1.57	0.12	0.56	0.17	-0.13	-0.32	0.01	6.94	11.66	0.46	-24.39	59
311	施成	国投瑞银基金	2019/03~2023/12	58	7	13.64	0.80	-0.41	-0.11	0.13	0.12	-0.83	0.28	22.48	37.32	0.56	-57.89	48
312	王鹏	国投瑞银基金	2015/04~2023/12	105	4	12.20	1.05	-0.38	-0.19	0.08	0.04	-0.81	0.19	16.71	31.16	0.49	-54.60	49
313	吴默村	国投瑞银基金	2020/12~2023/12	37	4	-15.25	-1.27	1.35	0.48	0.90	0.26	0.32	0.37	-10.07	19.60	-0.59	-37.85	50
314	殷瑞飞	国投瑞银基金	2015/11~2023/12	47	4	-3.06	-1.22	0.30	1.25	0.12	-0.01	-0.16	-0.01	-1.60	4.81	-0.65	-17.06	24
315	黄诺楠	国新国证基金	2017/04~2023/12	53	4	-1.94	-0.44	-0.39	-0.55	1.06	-0.04	-0.05	-0.05	-2.83	7.62	-0.58	-17.89	13
316	杜晓海	海富通基金	2016/06~2023/12	91	9	3.10	2.01*	-0.58	-2.07	0.87	-0.10	-0.16	0.01	3.13	7.26	0.22	-20.69	77
317	范庭芳	海富通基金	2019/08~2023/12	53	5	-4.05	-0.42	1.83	0.96	0.93	-0.01	-0.60	0.30	8.19	25.99	0.26	-44.15	70
318	高峥	海富通基金	2017/08~2023/12	77	1	7.69	1.32	-1.39	-1.44	0.65	-0.31	-0.13	-0.11	2.01	19.28	0.03	-38.88	65
319	胡耀文	海富通基金	2015/06~2023/12	100	4	8.28	1.97*	0.17	0.49	0.20	-0.14	-0.29	0.17	7.92	23.22	0.28	-39.70	80
320	黄峰	海富通基金	2014/12~2023/12	109	9	5.65	1.10	-0.30	-0.76	0.17	-0.01	-0.29	0.33	9.29	26.17	0.30	-54.32	74
321	李志	海富通基金	2017/05~2023/12	80	3	0.22	0.04	0.23	0.29	0.85	-0.05	-0.16	0.10	4.16	19.37	0.14	-44.71	73
322	陆怡雯	海富通基金	2020/09~2023/12	40	1	1.79	0.28	0.92	0.58	0.26	-0.27	-0.35	0.08	-3.03	16.71	-0.27	-30.78	77
323	吕越超	海富通基金	2014/11~2023/12	107	6	5.02	0.51	1.24	1.69*	0.73	-0.19	-0.73	0.21	15.31	30.86	0.45	-43.91	34
324	谈云飞	海富通基金	2015/04~2023/12	105	6	2.89	2.26*	0.27	2.56*	0.85	-0.08	-0.07	0.02	4.71	4.56	0.70	-5.93	49
325	陶敏	海富通基金	2018/04~2023/12	69	1	-1.68	-0.55	1.46	3.06*	0.78	-0.02	0.07	0.12	4.86	8.16	0.41	-10.19	54

续表

编号	基金经理	当前任职公司	任职区间	任职时间（月）	管理基金数量（只）	选股能力		择时能力		β_{mkt}	β_{smb}	β_{hml}	β_{mom}	年化收益率（%）	年化波动率（%）	年化夏普比率	最大回撤率（%）	调整后 R^2（%）
						年化 α(%)	t(α)	γ	t(γ)									
326	王金祥	海富通基金	2018/11~2023/12	62	2	8.58	1.9*	-0.98	-1.35	0.99	-0.06	-0.31	0.20	13.21	20.45	0.57	-33.48	86
327	夏妍妍	海富通基金	2018/01~2023/12	72	2	4.09	3.47*	-0.20	-1.07	1.04	-0.08	-0.07	0.03	4.27	4.09	0.68	-8.76	72
328	周雪军	海富通基金	2012/06~2023/12	136	8	5.37	2.11*	0.39	1.71*	0.73	-0.07	-0.24	0.17	10.76	18.82	0.48	-31.33	85
329	朱斌全	海富通基金	2019/10~2023/12	51	5	2.04	1.17	0.40	1.16	0.99	-0.07	-0.05	-0.02	4.15	5.88	0.45	-8.39	82
330	李骥	合煦智远基金	2010/02~2023/12	43	2	-2.34	-0.58	1.17	2.01*	0.89	0.14	0.10	0.23	-1.07	17.12	-0.23	-19.92	93
331	叶佳	恒越基金	2020/08~2023/12	41	3	-0.56	-0.04	-1.89	-0.46	0.55	0.13	-0.58	0.80	-8.73	30.56	-0.33	-64.67	56
332	赵耀	红塔红土基金	2015/05~2023/12	104	11	0.08	0.02	0.77	2.61*	0.55	-0.21	-0.22	-0.10	2.41	11.98	0.08	-35.38	50
333	盖俊龙	红土创新基金	2014/05~2023/12	105	10	2.80	0.50	-0.62	-1.47	0.15	0.24	-0.64	0.23	15.08	29.46	0.46	-49.60	77
334	刘欣	宏利基金	2014/01~2023/12	120	10	2.53	0.80	0.30	1.22	0.93	-0.03	-0.10	0.13	10.39	18.30	0.48	-41.29	77
335	孟杰	宏利基金	2020/09~2023/12	40	2	13.39	1.73*	-0.65	-0.33	0.77	0.14	-0.64	0.09	11.83	19.51	0.53	-26.14	75
336	师婧	宏利基金	2017/12~2023/12	72	3	8.01	2.09*	-2.20	-3.60	0.78	-0.12	-0.02	-0.04	0.78	10.13	-0.07	-18.91	51
337	王鹏	宏利基金	2017/11~2023/12	74	7	12.20	1.05	-0.38	-0.19	0.35	0.04	-0.81	0.19	16.71	31.16	0.49	-54.60	49
338	吴华	宏利基金	2014/03~2023/12	118	6	6.55	1.26	-0.87	-2.13	0.72	-0.15	-0.06	0.11	7.42	22.55	0.25	-46.05	60
339	张勋	宏利基金	2014/11~2023/12	110	10	6.55	1.51	-0.58	-1.73	0.77	-0.05	-0.47	0.15	9.75	28.41	0.29	-64.47	84
340	庄腾飞	宏利基金	2015/05~2023/12	104	10	4.30	0.98	-0.12	-0.31	0.90	-0.27	-0.09	0.17	-0.09	23.39	-0.07	-55.23	78
341	秦毅	泓德基金	2017/06~2023/12	79	9	8.74	1.69*	-0.63	-0.71	0.76	-0.29	-0.37	-0.02	7.56	19.05	0.32	-45.16	70
342	苏昌景	泓德基金	2016/04~2023/12	93	10	6.19	1.94*	-0.20	-0.34	0.79	-0.14	-0.29	0.12	8.37	16.33	0.42	-37.52	80
343	王克玉	泓德基金	2010/07~2023/12	158	12	3.21	1.36	0.52	2.42*	0.75	0.06	-0.26	0.15	13.22	17.85	0.63	-33.53	83
344	于浩成	泓德基金	2018/01~2023/12	66	5	3.99	0.55	-0.46	-0.39	0.96	-0.16	-0.22	-0.03	-2.45	21.18	-0.19	-43.35	66

续表

编号	基金经理	当前任职公司	任职区间	任职时间（月）	管理基金数量（只）	选股能力		择时能力		β_{mkt}	β_{smb}	β_{hml}	β_{mom}	年化收益率（%）	年化波动率（%）	年化夏普比率	最大回撤率（%）	调整后 R^2（%）
						年化 α(%)	t(α)	γ	t(γ)									
345	陈媛	华安基金	2018/02~2023/12	71	6	4.35	0.61	0.52	0.48	0.81	-0.28	-0.04	0.10	4.19	20.18	0.13	-48.10	59
346	高钥群	华安基金	2017/04~2023/12	81	4	10.59	2.45*	-0.77	-1.04	0.67	-0.11	-0.26	0.16	11.17	16.33	0.59	-38.63	70
347	贺涛	华安基金	2015/05~2023/12	104	7	1.46	0.63	0.18	0.90	0.84	-0.13	-0.03	-0.02	2.18	6.87	0.10	-19.13	27
348	胡宜斌	华安基金	2015/11~2023/12	98	7	16.34	2.63*	-0.53	-0.91	0.97	-0.14	-0.53	-0.54	14.30	25.31	0.51	-28.06	63
349	蒋璆	华安基金	2015/06~2023/12	103	14	3.31	0.57	0.48	0.94	0.43	0.13	-0.60	0.19	8.51	22.30	0.31	-42.22	57
350	金拓	华安基金	2019/01~2023/12	54	5	5.72	0.50	1.31	0.78	0.96	0.29	-0.67	0.33	27.29	24.56	1.07	-22.46	52
351	李欣	华安基金	2015/07~2023/12	102	7	7.43	1.18	-0.17	-0.17	1.09	-0.34	0.53	-0.03	2.65	18.15	0.06	-33.30	60
352	李振宇	华安基金	2017/05~2023/12	45	2	2.03	1.93*	-0.22	-1.32	0.83	-0.03	-0.07	-0.02	2.35	1.86	0.49	-2.14	30
353	刘畅畅	华安基金	2020/01~2023/12	48	4	18.45	2.38*	-0.11	-0.07	0.82	0.15	-0.29	0.01	24.53	22.23	1.04	-25.79	77
354	刘潇	华安基金	2018/06~2023/12	61	5	10.50	1.09	1.10	0.67	0.62	-0.11	-0.31	0.21	18.55	21.59	0.80	-32.39	42
355	陆奔	华安基金	2018/09~2023/12	64	4	7.67	2.89*	-0.51	-1.25	0.96	-0.01	-0.04	0.01	8.65	6.44	1.11	-6.29	50
356	陆秋渊	华安基金	2017/06~2023/12	79	4	11.47	2.02*	-0.43	-0.45	0.81	-0.46	-0.28	-0.08	8.78	21.06	0.35	-47.74	70
357	马丁	华安基金	2019/03~2023/12	58	4	2.51	0.31	0.35	0.21	0.71	-0.13	0.11	0.22	4.64	17.33	0.18	-28.82	46
358	饶晓鹏	华安基金	2013/12~2023/12	117	9	1.72	0.33	0.41	0.91	0.36	0.13	-0.10	0.22	14.84	24.34	0.55	-47.26	67
359	盛骅	华安基金	2018/02~2023/12	71	5	11.54	1.78*	-0.71	-0.69	0.78	-0.50	-0.26	-0.06	5.04	23.52	0.15	-48.15	75
360	石雨欣	华安基金	2016/02~2023/12	95	5	3.82	3.52*	-0.37	-2.06	0.94	-0.01	-0.06	0.00	4.77	3.81	0.86	-5.84	57
361	舒灏	华安基金	2018/07~2023/12	66	6	1.54	0.54	-0.04	-0.08	0.44	0.03	-0.26	0.06	4.58	7.38	0.42	-16.66	53
362	万建军	华安基金	2018/03~2023/12	70	7	9.02	1.14	0.87	0.71	0.28	-0.03	-0.19	0.40	15.45	22.49	0.62	-38.46	59
363	王斌	华安基金	2018/10~2023/12	63	6	14.90	2.02*	0.74	0.63	0.58	0.11	0.05	0.25	26.55	21.01	1.19	-22.36	64

续表

编号	基金经理	当前任职公司	任职区间	任职时间（月）	管理基金数量（只）	选股能力		择时能力		β_{mkt}	β_{smb}	β_{hml}	β_{mom}	年化收益率（%）	年化波动率（%）	年化夏普比率	最大回撤率（%）	调整后 R^2（%）
						年化α(%)	t(α)	γ	t(γ)									
364	王春	华安基金	2007/04~2023/12	164	11	6.80	1.44	0.37	1.30	0.88	-0.31	-0.17	0.03	12.91	23.59	0.46	-51.18	62
365	翁启森	华安基金	2014/03~2023/12	118	6	2.37	0.76	-0.36	-1.45	1.29	0.03	-0.61	0.03	9.57	24.03	0.33	-51.19	87
366	杨明	华安基金	2013/06~2023/12	127	9	5.41	1.88*	0.11	0.47	0.91	-0.21	-0.10	0.11	11.06	19.09	0.49	-41.83	82
367	张序	华安基金	2020/05~2023/12	44	2	12.98	1.14	-0.14	-0.06	1.32	-0.06	-0.72	0.18	14.81	28.41	0.47	-35.88	71
368	周益鸣	华安基金	2019/12~2023/12	49	1	4.18	1.87*	-0.07	-0.15	1.16	0.01	-0.01	-0.06	5.72	5.50	0.77	-6.33	68
369	朱才敏	华安基金	2015/05~2023/12	104	6	2.66	2.9*	0.13	1.63	0.89	-0.03	-0.06	0.04	4.29	3.11	0.89	-4.60	44
370	樊艳	华安证券	2020/10~2023/12	39	1	5.06	1.53	-0.57	-0.69	0.80	0.02	0.13	-0.05	5.53	4.77	0.85	-5.53	28
371	汪志健	华安证券	2020/07~2023/12	42	1	5.04	1.65*	-0.54	-0.69	0.87	0.02	0.13	-0.06	5.46	4.59	0.86	-5.53	27
372	蔡目荣	华宝基金	2012/08~2023/12	137	7	5.14	1.36	0.02	0.08	0.84	-0.24	0.01	-0.06	9.05	18.70	0.38	-35.63	65
373	丁靖斐	华宝基金	2019/09~2023/12	52	5	5.88	0.66	2.73	1.56	0.79	-0.08	-0.10	0.33	17.44	22.97	0.69	-29.31	68
374	贺喆	华宝基金	2018/07~2023/12	66	5	3.27	0.66	0.67	0.87	0.86	0.04	-0.36	0.07	11.19	19.70	0.49	-27.09	80
375	李栋梁	华宝基金	2015/10~2023/12	99	8	4.00	2.3*	0.52	3.18*	0.88	-0.11	-0.10	0.01	6.81	6.75	0.79	-11.56	59
376	林昊	华宝基金	2017/03~2023/12	82	5	4.32	3.3*	0.15	0.65	0.98	-0.05	-0.02	0.04	6.19	4.43	1.06	-5.07	62
377	刘自强	华宝基金	2008/03~2023/12	190	7	0.14	0.04	0.22	0.92	0.65	0.20	0.09	0.38	9.59	25.79	0.29	-47.94	79
378	毛文博	华宝基金	2015/04~2023/12	105	3	1.53	0.40	0.43	1.35	0.94	-0.12	0.21	0.05	2.30	21.15	0.04	-43.47	79
379	汤慧	华宝基金	2019/09~2023/12	52	8	5.30	0.66	0.35	0.23	0.75	-0.20	-0.23	-0.03	6.99	19.06	0.29	-27.67	62
380	夏林锋	华宝基金	2014/10~2023/12	111	7	0.77	0.17	1.16	3.37*	0.76	-0.02	-0.41	0.08	13.24	22.40	0.52	-34.89	72
381	徐林明	华宝基金	2015/04~2023/12	105	4	-3.83	-0.72	-0.48	-1.07	0.22	-0.01	-0.57	0.09	-4.76	26.28	-0.24	-57.82	73
382	闫旭	华宝基金	2007/06~2023/12	186	11	-0.55	-0.21	0.11	0.72	0.90	0.00	-0.36	0.17	5.11	23.73	0.13	-55.99	88

续表

编号	基金经理	当前任职公司	任职区间	任职时间（月）	管理基金数量（只）	选股能力		择时能力		β_{mkt}	β_{smb}	β_{hml}	β_{mom}	年化收益率（%）	年化波动率（%）	年化夏普比率	最大回撤率（%）	调整后 R^2（%）
						年化α(%)	t(α)	γ	t(γ)									
383	张金涛	华宝基金	2015/10~2023/12	52	4	15.23	3.76*	-2.11	-2.87	0.40	-0.28	0.06	0.04	10.89	18.03	0.52	-31.94	74
384	陈奇	华富基金	2019/10~2023/12	51	7	9.11	0.82	-0.50	-0.22	0.68	0.00	-0.94	0.11	14.10	26.56	0.47	-33.20	64
385	陈启明	华富基金	2014/09~2023/12	112	10	6.17	1.50	-0.23	-0.70	0.80	0.13	-0.58	0.13	13.28	26.11	0.45	-47.15	82
386	高靖瑜	华富基金	2014/12~2023/12	109	4	-3.78	-1.00	0.01	0.04	0.94	0.11	-0.42	0.28	3.54	25.56	0.08	-59.73	85
387	郜哲	华富基金	2018/02~2023/12	65	3	2.81	0.30	-1.49	-1.09	0.85	-0.14	-0.34	-0.17	-2.11	19.27	-0.19	-29.61	40
388	张惠	华富基金	2016/06~2023/12	91	6	4.59	3.62*	-0.33	-1.44	0.71	-0.05	-0.06	0.02	5.23	3.84	0.97	-6.11	45
389	张娅	华富基金	2018/01~2023/12	66	3	3.82	0.42	-1.50	-1.10	0.69	-0.17	-0.35	-0.14	-2.08	19.12	-0.19	-29.61	39
390	李武群	华润元大基金	2019/10~2023/12	51	5	10.51	2.32*	-2.01	-2.26	1.05	-0.24	0.18	-0.21	2.82	13.76	0.10	-23.42	77
391	刘宏毅	华润元大基金	2018/01~2023/12	72	5	-4.43	-0.44	0.83	0.53	0.81	0.27	-0.56	0.38	6.47	25.51	0.20	-37.69	47
392	罗黎军	华润元大基金	2020/07~2023/12	42	1	8.06	1.85*	-1.48	-1.33	0.76	-0.18	-0.05	-0.06	0.66	10.05	-0.08	-15.93	69
393	艾定飞	华商基金	2018/11~2023/12	62	6	1.15	0.16	-1.00	-0.86	0.97	0.07	-0.64	0.23	7.41	20.34	0.29	-30.97	65
394	陈恒	华商基金	2017/07~2023/12	78	6	-2.01	-0.32	0.23	0.22	0.80	0.01	-0.36	0.15	1.48	22.06	0.00	-44.63	68
395	邓默	华商基金	2015/09~2023/12	100	9	3.39	0.80	-0.27	-0.71	0.78	-0.06	-0.76	0.01	6.33	20.69	0.23	-45.54	74
396	高兵	华商基金	2015/04~2023/12	97	11	0.97	0.13	-0.55	-0.87	0.87	0.34	-0.69	0.29	2.58	30.87	0.03	-66.82	67
397	何奇峰	华商基金	2015/01~2023/12	108	7	2.03	0.41	-0.28	-0.75	0.74	-0.03	-0.46	0.08	5.80	26.78	0.16	-52.22	78
398	胡中原	华商基金	2019/03~2023/12	58	2	8.52	2.01*	0.44	0.51	0.75	-0.03	-0.15	0.18	12.72	9.52	1.18	-10.90	50
399	彭欣杨	华商基金	2016/04~2023/12	93	5	-0.48	-0.09	-0.41	-0.44	1.51	0.06	-0.58	0.12	2.72	19.35	0.06	-44.60	64
400	童立	华商基金	2016/04~2023/12	93	11	-1.38	-0.23	1.08	0.98	1.13	0.19	-0.77	-0.02	6.12	20.63	0.22	-34.93	55
401	王毅文	华商基金	2020/05~2023/12	44	2	11.71	1.19	-1.08	-0.58	0.80	0.07	-0.53	-0.07	12.33	19.75	0.55	-28.38	56

续表

编号	基金经理	当前任职公司	任职区间	任职时间（月）	管理基金数量（只）	选股能力		择时能力		β_{mkt}	β_{smb}	β_{hml}	β_{mom}	年化收益率（%）	年化波动率（%）	年化夏普比率	最大回撤率（%）	调整后 R^2（%）
						年化α(%)	t(α)	γ	t(γ)									
402	吴昊	华商基金	2017/07~2023/12	78	6	2.50	0.16	0.93	0.31	0.71	0.12	-0.96	0.51	7.39	32.07	0.18	-52.41	55
403	伍文友	华商基金	2015/08~2023/12	98	7	4.64	0.96	-0.22	-0.50	0.67	0.04	-0.36	0.23	7.35	23.02	0.26	-38.99	74
404	周海栋	华商基金	2014/05~2023/12	116	10	9.65	2.4*	-0.37	-1.18	0.95	0.07	-0.13	0.04	16.07	20.90	0.69	-38.99	73
405	笪篁	华泰柏瑞基金	2020/05~2023/12	44	3	-4.94	-0.81	2.24	1.96*	1.12	0.10	-0.25	0.13	6.33	20.16	0.24	-26.44	84
406	董辰	华泰柏瑞基金	2020/07~2023/12	42	8	9.35	1.64*	-0.09	-0.06	0.97	-0.07	-0.17	0.01	7.19	10.13	0.56	-11.35	48
407	方纬	华泰柏瑞基金	2014/08~2023/12	107	13	6.21	1.38	0.66	1.92*	0.86	-0.24	-0.61	-0.09	12.22	18.41	0.59	-38.72	61
408	何琦	华泰柏瑞基金	2017/07~2023/12	78	2	6.08	0.56	-0.43	-0.23	1.24	-0.24	0.29	-0.17	2.61	29.17	0.04	-57.61	45
409	李晓西	华泰柏瑞基金	2020/02~2023/12	47	5	-15.09	-1.37	3.04	1.45	0.83	-0.29	0.11	0.64	-7.70	23.21	-0.40	-57.55	57
410	陆从珍	华泰柏瑞基金	2010/04~2023/12	105	5	1.62	0.41	-0.67	-1.39	1.04	-0.03	-0.39	0.10	5.94	17.07	0.21	-34.24	71
411	吕慧建	华泰柏瑞基金	2009/11~2023/12	170	6	3.49	0.89	0.35	1.05	0.97	-0.04	-0.26	0.34	10.64	25.49	0.34	-44.32	75
412	牛勇	华泰柏瑞基金	2016/12~2023/12	82	7	-1.27	-0.19	-0.02	-0.02	0.81	0.04	-0.48	0.27	3.93	23.06	0.11	-53.10	63
413	沈雪峰	华泰柏瑞基金	2007/05~2023/12	134	12	-3.23	-0.76	0.24	0.74	0.86	-0.03	-0.21	0.34	10.50	23.23	0.36	-51.18	78
414	盛豪	华泰柏瑞基金	2015/10~2023/12	99	16	3.16	1.94*	0.22	1.43	0.62	-0.05	0.03	0.10	5.85	16.35	0.27	-22.99	94
415	田汉卿	华泰柏瑞基金	2013/08~2023/12	125	11	6.75	3.43*	-0.25	-1.56	0.80	-0.18	0.00	-0.11	11.40	19.36	0.50	-31.19	92
416	吴邦栋	华泰柏瑞基金	2018/03~2023/12	70	11	2.74	0.72	-0.05	-0.08	0.64	-0.01	-0.32	0.17	5.83	11.51	0.38	-27.25	63
417	杨景涵	华泰柏瑞基金	2015/04~2023/12	105	18	2.13	0.51	0.79	2.26*	0.98	-0.20	0.54	-0.07	3.59	13.93	0.15	-19.55	42
418	赵楠	华泰柏瑞基金	2015/05~2023/12	93	5	-1.02	-0.18	0.83	1.79*	0.79	0.24	-0.21	0.35	6.13	22.18	0.22	-37.09	67
419	郑青	华泰柏瑞基金	2020/06~2023/12	43	4	4.64	2.92*	0.88	2.88*	0.93	-0.02	0.05	0.12	8.17	3.99	1.67	-1.69	72
420	尚烁徽	华泰保兴基金	2017/03~2023/12	82	9	12.42	2.09*	-1.15	-1.11	0.79	-0.17	-0.66	0.22	12.60	21.34	0.52	-41.48	66

续表

编号	基金经理	当前任职公司	任职区间	任职时间（月）	管理基金数量（只）	选股能力		择时能力		β_{mkt}	β_{smb}	β_{hml}	β_{mom}	年化收益率（%）	年化波动率（%）	年化夏普比率	最大回撤率（%）	调整后 R^2（%）
						年化α(%)	t(α)	γ	t(γ)									
421	孙静佳	华泰保兴基金	2019/05~2023/12	56	2	-1.59	-0.24	2.31	1.69*	0.87	-0.14	-0.12	0.24	7.38	15.54	0.39	-29.36	56
422	赵健	华泰保兴基金	2018/06~2023/12	67	3	5.81	1.86*	-0.71	-1.44	0.51	-0.12	-0.11	0.08	5.12	9.82	0.37	-24.25	68
423	赵旭照	华泰保兴基金	2018/01~2023/12	72	4	4.30	1.8*	-0.46	-1.21	0.80	-0.05	-0.01	-0.02	3.63	6.64	0.32	-13.91	56
424	查晓磊	华泰证券资产	2016/03~2023/12	78	10	11.73	3.33*	-0.85	-1.25	0.56	-0.01	-0.20	0.12	16.17	15.29	0.97	-19.02	77
425	刘瑞	华泰证券资产	2020/08~2023/12	41	2	4.04	0.44	0.03	0.02	1.03	-0.17	-0.63	-0.18	-1.81	17.66	-0.19	-31.69	57
426	李本刚	华西基金	2012/09~2023/12	91	10	5.06	1.03	0.26	0.78	0.91	0.12	-0.19	0.47	17.71	26.10	0.62	-40.50	82
427	李健伟	华西基金	2017/01~2023/12	62	6	7.76	0.97	0.55	0.40	0.11	0.16	-0.62	-0.05	19.61	23.93	0.78	-27.28	65
428	吴文庆	华西基金	2013/12~2023/12	41	9	7.55	1.19	-0.39	-1.36	0.88	0.06	-0.46	0.01	13.54	16.06	0.73	-16.81	79
429	陈伟彦	华夏基金	2015/11~2023/12	98	16	2.63	0.74	0.33	1.01	0.46	-0.21	-0.23	-0.12	3.84	17.21	0.14	-33.54	74
430	代瑞亮	华夏基金	2015/03~2023/12	106	5	-1.05	-0.14	0.18	0.33	0.94	0.07	-0.86	0.18	3.43	26.90	0.07	-54.55	52
431	顾鑫峰	华夏基金	2020/06~2023/12	43	2	9.74	0.86	-2.43	-1.11	0.67	0.04	-0.68	0.07	4.36	23.61	0.12	-40.98	59
432	韩丽楠	华夏基金	2015/08~2023/12	98	10	2.20	0.77	0.48	1.91*	0.82	-0.06	-0.19	0.23	6.56	9.15	0.56	-16.38	43
433	黄芳	华夏基金	2018/01~2023/12	72	1	5.39	0.64	-2.87	-2.15	0.96	-0.27	0.01	-0.10	-6.16	20.67	-0.37	-53.54	44
434	黄文倩	华夏基金	2016/02~2023/12	95	6	15.24	2.59*	-2.28	-2.32	0.77	-0.29	0.03	-0.07	10.66	19.97	0.46	-43.83	54
435	季新星	华夏基金	2017/01~2023/12	81	10	14.04	2.17*	-0.90	-0.77	0.76	-0.23	0.11	0.11	10.64	19.31	0.48	-39.13	54
436	李铧汶	华夏基金	2014/03~2023/12	69	4	-10.17	-1.41	0.08	0.20	0.58	0.10	-0.32	0.26	-2.01	24.31	-0.16	-63.43	74
437	李湘杰	华夏基金	2013/09~2023/12	111	4	-4.25	-0.69	-0.03	-0.04	0.78	0.13	0.06	0.36	3.91	24.19	0.09	-57.18	59
438	李彦	华夏基金	2020/06~2023/12	43	4	2.93	0.22	1.71	0.68	0.84	0.28	-0.57	-0.15	12.97	23.58	0.49	-37.41	44
439	林晶	华夏基金	2017/03~2023/12	82	11	2.33	0.67	-0.18	-0.29	0.85	-0.08	-0.36	0.11	4.55	17.54	0.17	-39.66	83

续表

编号	基金经理	当前任职公司	任职区间	任职时间（月）	管理基金数量（只）	选股能力		择时能力		β_{mkt}	β_{smb}	β_{hml}	β_{mom}	年化收益率（%）	年化波动率（%）	年化夏普比率	最大回撤率（%）	调整后 R^2（%）
						年化α（%）	t(α)	γ	t(γ)									
440	林青泽	华夏基金	2019/08～2023/12	53	3	7.86	0.76	0.54	0.27	0.80	-0.50	0.16	-0.06	2.85	21.96	0.06	-44.45	55
441	刘平	华夏基金	2015/11～2023/12	98	3	-0.69	-0.15	-0.10	-0.22	1.08	-0.10	-0.64	0.05	-1.33	22.49	-0.13	-49.37	75
442	刘文成	华夏基金	2020/12～2023/12	37	3	-10.55	-1.37	3.27	1.81*	0.73	-0.11	0.34	0.43	-11.05	19.92	-0.63	-39.55	80
443	刘心任	华夏基金	2016/11～2023/12	80	4	6.18	1.02	1.06	1.03	0.91	-0.15	0.22	0.02	9.24	17.21	0.46	-23.34	50
444	罗皓亮	华夏基金	2018/10～2023/12	63	5	-6.09	-0.83	0.94	0.80	0.80	-0.04	-0.15	0.21	2.75	18.60	0.07	-44.45	54
445	吕佳玮	华夏基金	2017/08～2023/12	77	4	8.37	1.01	-0.73	-0.52	0.70	0.18	-0.69	0.21	13.05	27.92	0.41	-36.08	66
446	马生华	华夏基金	2020/12～2023/12	37	2	-23.13	-2.07	3.96	1.51	1.09	-0.03	-0.02	0.13	-15.70	16.21	-1.09	-44.07	39
447	潘中宁	华夏基金	2018/09～2023/12	64	4	7.75	1.12	-0.02	-0.02	0.84	-0.32	-0.33	0.30	8.84	20.69	0.35	-42.17	67
448	彭海伟	华夏基金	2014/01～2023/12	120	4	2.90	0.61	0.17	0.45	0.82	0.09	-0.40	0.27	12.26	25.00	0.42	-42.31	72
449	孙蒙	华夏基金	2020/03～2023/12	46	3	10.58	2.38*	-0.83	-0.96	0.99	0.23	0.00	0.16	17.23	17.23	0.91	-19.48	87
450	孙轶佳	华夏基金	2015/11～2023/12	98	10	4.34	1.18	0.07	0.20	0.73	-0.15	-0.07	0.07	5.27	21.17	0.18	-39.09	81
451	屠环宇	华夏基金	2020/03～2023/12	46	7	4.14	0.48	0.96	0.58	0.80	-0.10	-0.58	0.08	9.73	22.11	0.37	-30.56	71
452	万方方	华夏基金	2020/08～2023/12	41	3	0.26	0.01	1.97	0.41	0.98	0.20	-0.58	0.67	3.06	31.65	0.05	-36.26	40
453	王劲松	华夏基金	2007/01～2023/12	69	5	-0.93	-0.14	0.17	0.41	0.96	0.14	-0.54	0.19	15.55	27.56	0.50	-47.20	79
454	王君正	华夏基金	2013/08～2023/12	118	11	12.33	3.79*	0.09	0.35	0.82	-0.28	0.20	-0.11	16.89	18.83	0.81	-23.96	78
455	王睿智	华夏基金	2019/08～2023/12	53	1	-3.36	-0.40	0.40	0.24	0.78	-0.15	-0.56	0.44	1.96	20.56	0.02	-50.90	63
456	王晓李	华夏基金	2015/09～2023/12	100	7	-2.31	-0.35	0.39	0.67	0.95	0.12	-0.22	0.32	6.14	28.46	0.17	-52.72	67
457	王泽实	华夏基金	2020/08～2023/12	41	5	-4.11	-0.30	0.01	0.01	0.85	-0.14	-0.20	0.64	-9.85	21.89	-0.52	-45.37	36
458	吴昊	华夏基金	2020/06～2023/12	43	2	2.50	0.16	0.93	0.31	0.98	0.12	-0.96	0.51	7.39	32.07	0.18	-52.41	55

续表

编号	基金经理	当前任职公司	任职区间	任职时间（月）	管理基金数量（只）	选股能力		择时能力		β_{mkt}	β_{smb}	β_{hml}	β_{mom}	年化收益率（%）	年化波动率（%）	年化夏普比率	最大回撤率（%）	调整后 R^2（%）
						年化α（%）	t(α)	γ	t(γ)									
459	阳琨	华夏基金	2007/06~2023/12	199	9	-1.47	-0.44	0.54	2.51*	0.97	0.02	0.02	0.24	7.86	23.51	0.24	-47.40	77
460	袁英杰	华夏基金	2017/09~2023/12	57	4	0.05	0.02	0.26	0.53	0.90	-0.03	0.00	0.17	-5.21	16.35	-0.42	-28.45	91
461	张城源	华夏基金	2017/05~2023/12	80	7	4.61	1.12	-2.54	-3.63	0.23	0.15	-0.23	-0.13	0.63	12.23	-0.07	-23.79	53
462	张帆	华夏基金	2017/01~2023/12	84	5	3.51	0.60	1.08	1.07	0.05	-0.02	-0.59	0.08	10.17	20.41	0.42	-34.90	63
463	张弘弢	华夏基金	2016/11~2023/12	86	1	7.75	2.71*	-1.84	-3.66	0.78	-0.10	0.16	0.15	3.81	15.22	0.15	-26.11	84
464	郑晓辉	华夏基金	2006/12~2023/12	146	4	1.23	0.34	0.19	0.87	0.97	-0.05	-0.64	0.12	12.44	24.74	0.43	-47.30	81
465	郑煜	华夏基金	2006/08~2023/12	209	14	4.52	2.13*	0.01	0.05	0.11	-0.09	-0.19	0.05	13.10	22.55	0.48	-48.12	89
466	郑泽鸿	华夏基金	2017/06~2023/12	79	6	19.48	1.91*	-1.61	-0.93	0.76	0.05	-0.49	0.06	19.49	30.27	0.59	-37.98	53
467	钟帅	华夏基金	2020/07~2023/12	42	2	12.11	0.81	0.95	0.26	0.98	0.33	-0.53	0.45	15.51	29.23	0.48	-34.53	57
468	周克平	华夏基金	2019/01~2023/12	60	7	4.52	0.55	-0.79	-0.60	0.78	0.00	-0.72	0.01	13.87	28.43	0.44	-44.93	77
469	陈欣	汇安基金	2018/03~2023/12	70	5	5.30	0.98	-2.12	-2.49	0.83	-0.06	-0.53	0.02	1.64	18.55	0.01	-37.80	72
470	刘田	汇安基金	2015/12~2023/12	94	9	-3.29	-0.62	-0.73	-1.39	0.83	0.04	-0.69	0.24	-5.96	21.83	-0.34	-48.56	65
471	柳预才	汇安基金	2020/12~2023/12	37	5	-0.84	-0.15	1.93	1.41	0.59	-0.14	-0.07	0.14	-3.48	15.42	-0.32	-24.97	81
472	陆丰	汇安基金	2020/05~2023/12	44	6	-3.39	-0.39	-0.88	-0.53	0.81	0.02	-0.63	-0.14	-3.22	19.97	-0.24	-40.27	66
473	吴尚伟	汇安基金	2014/11~2023/12	101	10	9.76	2.13*	-0.45	-1.33	0.83	-0.04	-0.15	0.07	13.76	22.17	0.56	-39.79	73
474	邹唯	汇安基金	2006/08~2023/12	187	12	1.70	0.36	0.03	0.13	0.76	0.19	-0.69	0.41	14.07	28.20	0.43	-60.62	71
475	陈平	汇丰晋信基金	2015/07~2023/12	102	3	-1.67	-0.28	0.51	0.97	0.55	0.03	-0.53	0.15	3.53	28.30	0.07	-45.81	72
476	方磊	汇丰晋信基金	2016/03~2023/12	94	2	5.10	1.61	-1.30	-2.24	0.75	0.05	0.20	0.01	4.30	12.68	0.22	-19.75	67
477	陆彬	汇丰晋信基金	2019/05~2023/12	56	7	24.86	2.01*	-1.03	-0.40	0.79	-0.15	-0.29	0.22	27.69	30.83	0.85	-39.43	61

续表

编号	基金经理	当前任职公司	任职区间	任职时间（月）	管理基金数量（只）	选股能力		择时能力		β_{mkt}	β_{smb}	β_{hml}	β_{mom}	年化收益率（%）	年化波动率（%）	年化夏普比率	最大回撤率（%）	调整后 R^2（%）
						年化α（%）	t(α)	γ	t(γ)									
478	吴培文	汇丰晋信基金	2015/09~2023/12	100	5	6.91	1.7*	-0.33	-0.90	0.80	-0.14	-0.06	0.10	8.16	19.31	0.34	-23.74	73
479	许廷全	汇丰晋信基金	2019/08~2023/12	53	1	-5.96	-0.56	0.98	0.46	0.45	-0.23	0.09	-0.36	-5.15	22.93	-0.29	-45.91	52
480	梁永强	汇泉基金	2008/09~2023/12	149	9	-10.11	-2.13	1.08	3.48*	0.81	0.31	-0.19	0.43	8.96	28.15	0.24	-75.25	76
481	蔡志文	汇添富基金	2019/12~2023/12	49	3	1.00	0.15	2.48	1.91*	0.77	-0.21	-0.38	0.34	8.18	19.02	0.35	-27.67	75
482	陈健玮	汇添富基金	2018/02~2023/12	71	3	5.14	0.54	-2.21	-1.48	0.82	-0.30	0.34	-0.07	-5.50	23.26	-0.30	-56.82	45
483	董超	汇添富基金	2020/06~2023/12	43	5	-3.04	-0.33	2.56	1.47	0.76	-0.05	-0.96	0.12	3.22	24.67	0.07	-48.35	76
484	樊勇	汇添富基金	2018/10~2023/12	60	7	12.73	1.25	0.25	0.15	0.67	0.10	-0.65	0.10	26.45	27.18	0.94	-40.12	61
485	顾耀强	汇添富基金	2009/12~2023/12	169	6	-0.18	-0.06	0.28	1.10	0.51	0.11	-0.34	0.38	8.67	24.64	0.27	-48.30	85
486	胡昕炜	汇添富基金	2016/04~2023/12	93	6	16.22	2.39*	-1.07	-0.86	0.67	-0.33	0.00	0.02	14.26	22.47	0.57	-44.81	53
487	胡奕	汇添富基金	2020/07~2023/12	42	4	-3.26	-0.44	0.62	0.33	0.14	-0.04	-0.26	0.26	-4.28	14.00	-0.41	-28.05	53
488	黄耀锋	汇添富基金	2019/04~2023/12	57	4	-5.81	-1.11	4.09	3.81*	0.76	-0.27	-0.24	0.32	6.18	19.40	0.24	-40.27	82
489	赖中立	汇添富基金	2017/05~2023/12	80	1	-1.46	-0.20	1.32	1.05	0.79	-0.03	-0.96	0.13	8.35	25.80	0.27	-44.14	65
490	劳杰男	汇添富基金	2015/07~2023/12	102	8	5.35	1.64*	-0.04	-0.15	0.92	-0.25	-0.24	-0.01	4.58	18.41	0.17	-47.55	80
491	李威	汇添富基金	2015/01~2023/12	108	5	1.32	0.23	0.27	0.63	1.01	0.13	-0.24	0.32	10.39	30.74	0.29	-63.35	77
492	李云鑫	汇添富基金	2020/05~2023/12	44	5	-5.80	-0.51	1.80	0.84	0.84	-0.31	-0.16	0.16	-2.71	26.48	-0.16	-53.05	67
493	刘伟林	汇添富基金	2015/12~2023/12	97	5	-1.39	-0.29	-0.28	-0.62	0.87	-0.28	-0.33	-0.19	-3.24	15.41	-0.31	-45.81	42
494	马翔	汇添富基金	2016/03~2023/12	94	9	5.92	1.47	-1.18	-1.59	0.78	-0.05	-0.45	0.10	6.02	18.87	0.24	-37.33	76
495	王栩	汇添富基金	2010/02~2023/12	167	6	1.47	0.40	0.21	0.66	0.71	0.09	-0.26	0.32	9.82	24.06	0.32	-46.19	76
496	王志华	汇添富基金	2001/11~2023/12	71	5	11.47	1.48	-1.27	-2.01	0.75	-0.46	0.16	0.23	21.38	24.93	0.80	-24.70	64

续表

编号	基金经理	当前任职公司	任职区间	任职时间（月）	管理基金数量（只）	选股能力		择时能力		β_{mkt}	β_{smb}	β_{hml}	β_{mom}	年化收益率（%）	年化波动率（%）	年化夏普比率	最大回撤率（%）	调整后 R^2（%）
						年化α(%)	t(α)	γ	t(γ)									
497	温宇峰	汇添富基金	2010/10～2023/12	59	4	5.21	1.17	-0.24	-0.37	0.78	-0.27	0.03	0.11	-2.60	14.66	-0.37	-21.18	78
498	吴江宏	汇添富基金	2016/04～2023/12	93	3	3.15	3.32*	-0.18	-1.01	0.99	-0.04	-0.03	0.00	4.14	2.84	0.93	-2.62	42
499	谢昌旭	汇添富基金	2018/10～2023/12	60	10	6.61	0.86	-0.38	-0.28	0.78	-0.25	-0.05	0.35	9.93	20.15	0.43	-51.26	59
500	徐志华	汇添富基金	2019/11～2023/12	45	4	10.06	0.80	0.47	0.21	0.77	0.03	-0.27	0.20	18.86	27.47	0.65	-35.26	66
501	杨瑨	汇添富基金	2018/06～2023/12	67	8	0.57	0.12	-0.81	-1.10	1.08	-0.21	-0.26	0.00	-1.25	13.14	-0.21	-45.17	61
502	詹杰	汇添富基金	2018/08～2023/12	61	5	12.65	1.89*	-0.37	-0.32	0.78	-0.30	-0.17	0.32	19.74	21.58	0.86	-29.01	73
503	张朋	汇添富基金	2018/06～2023/12	63	6	13.20	1.81*	-0.84	-0.70	0.16	-0.26	-0.65	-0.11	8.97	20.00	0.38	-38.90	63
504	赵剑	汇添富基金	2020/05～2023/12	44	4	4.45	0.34	1.49	0.60	0.82	-0.06	-0.84	-0.12	10.51	29.36	0.31	-50.44	64
505	赵鹏程	汇添富基金	2016/07～2023/12	90	7	2.62	0.55	-0.69	-0.79	0.61	-0.18	-0.54	0.11	3.20	17.97	0.09	-51.70	65
506	赵鹏飞	汇添富基金	2016/06～2023/12	91	6	6.87	1.56	-0.47	-0.59	0.88	-0.14	-0.41	0.21	8.18	15.18	0.44	-26.39	58
507	郑慧莲	汇添富基金	2018/04～2023/12	69	10	7.93	1.16	-0.72	-0.67	0.82	-0.36	-0.16	0.17	4.41	18.45	0.16	-41.70	55
508	郑磊	汇添富基金	2014/12～2023/12	101	8	5.82	0.92	0.15	0.32	0.51	0.08	0.03	0.63	14.18	27.19	0.47	-50.40	68
509	左剑	汇添富基金	2015/05～2023/12	94	5	9.84	1.29	1.49	2.36*	0.93	-0.07	-0.74	0.27	18.35	23.72	0.75	-34.15	47
510	孙庆	惠升基金	2019/12～2023/12	49	9	-5.60	-0.97	1.04	0.94	0.06	-0.19	-0.21	0.06	-3.26	16.37	-0.29	-44.69	76
511	张一甫	惠升基金	2017/01～2023/12	81	5	7.40	1.68*	-0.69	-0.92	0.19	-0.16	-0.19	0.01	5.97	15.83	0.29	-34.46	68
512	张玉坤	惠升基金	2016/08～2023/12	82	8	11.47	1.86*	-2.77	-2.57	0.16	-0.13	-0.40	-0.01	6.50	17.78	0.29	-24.52	48
513	李国林	嘉合基金	2019/01～2023/12	60	9	11.63	1.55	-1.80	-1.51	0.84	-0.24	-0.54	0.17	9.75	18.32	0.45	-37.25	54
514	王东旋	嘉合基金	2015/09～2023/12	96	5	3.78	0.94	-0.19	-0.54	0.52	-0.06	-0.68	0.06	8.87	19.96	0.37	-33.26	76
515	杨彦喆	嘉合基金	2019/06～2023/12	55	5	3.61	0.56	0.22	0.17	1.09	-0.30	-0.05	0.21	3.71	17.70	0.13	-38.21	69

续表

编号	基金经理	当前任职公司	任职区间	任职时间（月）	管理基金数量（只）	选股能力		择时能力		β_{mkt}	β_{smb}	β_{hml}	β_{mom}	年化收益率（%）	年化波动率（%）	年化夏普比率	最大回撤率（%）	调整后 R^2（%）
						年化 α(%)	t(α)	γ	t(γ)									
516	蔡丞丰	嘉实基金	2017/07~2023/12	66	7	11.92	2.39*	-0.73	-0.90	0.49	-0.35	-0.73	-0.24	14.37	17.20	0.76	-26.27	75
517	常蓁	嘉实基金	2015/03~2023/12	106	7	8.91	1.91*	-0.47	-1.28	0.33	-0.18	-0.02	-0.02	6.58	21.89	0.23	-39.20	70
518	陈涛	嘉实基金	2020/08~2023/12	41	2	6.38	0.51	-2.04	-0.64	0.65	-0.02	-0.56	-0.10	-1.70	21.34	-0.15	-35.56	44
519	董福焱	嘉实基金	2019/08~2023/12	53	3	0.32	0.06	0.26	0.27	0.68	-0.31	-0.31	0.05	0.79	19.34	-0.04	-46.99	86
520	方晗	嘉实基金	2017/10~2023/12	70	4	0.09	0.02	-0.39	-0.51	0.94	-0.17	-0.06	0.02	-2.27	15.68	-0.24	-38.12	71
521	归凯	嘉实基金	2016/03~2023/12	94	9	6.82	1.36	-0.62	-0.67	0.57	-0.09	-0.46	-0.01	7.56	18.47	0.33	-46.18	62
522	郝淼	嘉实基金	2019/01~2023/12	57	6	4.74	0.39	0.68	0.37	0.82	-0.08	-0.50	0.19	14.84	25.43	0.54	-45.53	44
523	洪流	嘉实基金	2014/11~2023/12	103	13	1.79	0.51	1.00	3.73*	0.76	-0.14	-0.36	0.13	9.53	21.11	0.38	-51.83	82
524	胡涛	嘉实基金	2009/06~2023/12	171	8	0.94	0.22	0.09	0.29	0.78	0.13	-0.53	0.25	9.70	24.15	0.32	-53.02	70
525	胡永青	嘉实基金	2014/10~2023/12	111	10	4.59	3.58*	0.03	0.36	0.46	-0.02	-0.08	0.05	6.35	3.83	1.24	-3.49	21
526	胡宇飞	嘉实基金	2018/02~2023/12	71	4	16.28	2.43*	-1.35	-1.28	0.80	-0.44	0.09	-0.07	7.13	20.73	0.27	-38.93	65
527	金猛	嘉实基金	2018/09~2023/12	64	2	4.46	1.52	0.49	1.10	0.70	-0.16	0.02	0.11	9.14	18.46	0.41	-28.06	93
528	赖礼辉	嘉实基金	2020/12~2023/12	37	5	2.91	1.75*	-0.34	-0.86	0.91	-0.01	-0.03	0.01	2.60	2.93	0.38	-3.49	57
529	李欣	嘉实基金	2018/03~2023/12	70	2	7.43	1.18	-0.17	-0.17	0.77	-0.34	0.53	-0.03	2.65	18.15	0.06	-33.30	60
530	刘斌	嘉实基金	2009/11~2023/12	165	5	1.06	0.52	0.69	3.96*	0.73	-0.05	-0.15	0.06	9.57	19.42	0.39	-34.27	89
531	刘美玲	嘉实基金	2013/12~2023/12	108	6	-4.45	-0.84	-0.07	-0.18	0.73	0.16	-0.39	0.22	4.60	25.57	0.11	-57.78	72
532	龙昌伦	嘉实基金	2017/06~2023/12	79	2	2.22	0.94	0.50	1.26	0.93	0.08	0.01	0.09	6.81	17.55	0.30	-30.16	93
533	栾峰	嘉实基金	2020/08~2023/12	41	2	0.86	0.14	1.16	0.75	0.61	-0.39	0.27	-0.02	-4.80	13.85	-0.45	-28.50	68
534	孟夏	嘉实基金	2020/07~2023/12	42	4	4.96	0.57	0.52	0.24	0.48	0.03	-0.37	0.09	3.46	19.47	0.10	-26.22	67

续表

编号	基金经理	当前任职公司	任职区间	任职时间（月）	管理基金数量（只）	选股能力		择时能力		β_{mkt}	β_{smb}	β_{hml}	β_{mom}	年化收益率（%）	年化波动率（%）	年化夏普比率	最大回撤率（%）	调整后 R^2（%）
						年化 α（%）	t(α)	γ	t(γ)									
535	曲盛伟	嘉实基金	2017/12～2023/12	73	4	-2.82	-0.42	1.53	1.42	0.71	0.23	-0.83	0.07	9.79	25.56	0.32	-47.13	75
536	苏文杰	嘉实基金	2018/10～2023/12	63	2	18.90	2.49*	-0.69	-0.56	0.78	-0.32	-0.24	0.16	19.14	21.21	0.83	-24.66	62
537	谭丽	嘉实基金	2017/04～2023/12	81	11	12.63	3.04*	-1.89	-2.65	0.85	-0.27	0.04	-0.09	6.74	14.44	0.36	-26.42	64
538	王丹	嘉实基金	2019/01～2023/12	60	3	14.67	2.08*	-1.85	-1.65	0.73	-0.47	-0.34	0.10	9.47	20.11	0.40	-45.85	66
539	王贵重	嘉实基金	2019/05～2023/12	56	7	10.23	1.09	-0.14	-0.07	0.85	-0.10	-0.48	0.01	14.98	23.99	0.56	-34.19	63
540	王凯	嘉实基金	2016/09～2023/12	88	2	-0.92	-0.14	0.03	0.03	0.82	-0.16	-0.42	0.00	1.15	21.83	-0.02	-55.44	58
541	王鑫晨	嘉实基金	2019/05～2023/12	56	3	-1.96	-0.17	-1.53	-0.62	0.89	-0.19	-0.22	-0.72	-7.17	24.36	-0.36	-49.04	42
542	王雪松	嘉实基金	2009/08～2023/12	54	3	-8.57	-1.57	0.88	1.04	0.74	-0.09	-0.16	0.35	-7.93	16.33	-0.63	-48.47	84
543	吴悠	嘉实基金	2020/01～2023/12	48	3	9.85	1.49	1.24	0.99	0.86	-0.26	-0.11	0.17	11.78	17.59	0.58	-20.92	73
544	吴越	嘉实基金	2019/04～2023/12	53	6	1.46	0.16	1.93	0.91	0.76	-0.27	0.16	0.17	0.68	18.66	-0.04	-34.24	56
545	肖觅	嘉实基金	2016/12～2023/12	85	10	8.53	2.39*	-1.04	-1.65	0.79	-0.22	0.07	-0.03	6.04	14.38	0.32	-33.29	72
546	颜伟鹏	嘉实基金	2015/03～2023/12	100	6	7.75	1.33	0.51	1.16	0.19	0.18	-0.20	0.40	15.18	26.46	0.52	-42.58	71
547	杨欢	嘉实基金	2015/06～2023/12	88	15	0.14	0.03	-0.16	-0.33	0.87	0.17	-0.43	0.09	2.04	24.44	0.02	-42.39	72
548	姚志鹏	嘉实基金	2016/05～2023/12	93	9	9.14	1.71*	-1.46	-1.51	0.99	-0.10	-0.40	-0.06	8.08	22.23	0.30	-48.80	71
549	张金涛	嘉实基金	2016/05～2023/12	92	8	15.23	3.76*	-2.11	-2.87	1.00	-0.28	0.06	0.04	10.89	18.03	0.52	-31.94	74
550	张露	嘉实基金	2017/08～2023/12	77	4	7.19	2.41*	-0.83	-1.68	0.90	-0.16	-0.03	0.11	5.11	17.26	0.21	-34.30	88
551	何珅华	建信基金	2015/04～2023/12	105	5	4.38	1.08	0.17	0.51	0.81	-0.22	-0.63	-0.01	4.46	18.80	0.16	-38.83	70
552	姜锋	建信基金	2011/07～2023/12	150	8	6.44	1.97*	-0.44	-1.63	0.83	-0.21	-0.52	-0.06	7.27	20.24	0.26	-44.09	76
553	刘克飞	建信基金	2018/03～2023/12	70	5	7.54	1.15	0.72	0.71	0.84	-0.25	-0.01	0.08	8.84	18.92	0.39	-35.71	60

续表

编号	基金经理	当前任职公司	任职区间	任职时间（月）	管理基金数量（只）	选股能力		择时能力		β_{mkt}	β_{smb}	β_{hml}	β_{mom}	年化收益率（%）	年化波动率（%）	年化夏普比率	最大回撤率（%）	调整后 R^2（%）
						年化α(%)	t(α)	γ	t(γ)									
554	牛兴华	建信基金	2015/04~2023/12	105	11	2.92	1.53	0.15	0.95	0.91	-0.01	-0.17	0.07	5.23	6.15	0.60	-15.52	37
555	潘龙玲	建信基金	2016/03~2023/12	94	4	4.71	0.71	0.12	0.11	0.90	0.05	-0.07	0.25	9.03	21.08	0.36	-31.12	49
556	邱宇航	建信基金	2011/07~2023/12	150	4	-1.30	-0.50	0.29	1.33	0.92	-0.04	-0.10	0.17	5.41	19.47	0.18	-39.95	83
557	邵卓	建信基金	2015/03~2023/12	106	8	9.35	2.08*	-0.43	-1.21	0.78	0.17	-0.37	0.25	12.15	23.01	0.46	-32.70	75
558	孙晟	建信基金	2016/03~2023/12	94	6	6.22	1.40	0.15	0.19	0.85	-0.08	-0.26	0.03	8.98	17.05	0.44	-38.71	65
559	陶灿	建信基金	2011/07~2023/12	150	11	5.88	1.59	0.10	0.34	0.90	-0.10	-0.46	0.16	11.16	22.19	0.41	-46.42	74
560	田元泉	建信基金	2020/06~2023/12	43	2	19.97	1.11	-1.24	-0.35	0.87	0.03	-1.05	-0.14	17.01	33.21	0.47	-50.06	47
561	王东杰	建信基金	2015/05~2023/12	104	8	7.07	1.55	1.05	2.63*	0.77	-0.20	-0.10	-0.01	10.46	15.16	0.59	-25.86	42
562	薛玲	建信基金	2017/05~2023/12	80	3	4.50	2.31*	0.05	0.15	0.81	-0.04	0.01	0.04	6.69	9.71	0.53	-20.58	83
563	姚锦	建信基金	2009/12~2023/12	161	8	5.81	1.61	0.36	1.18	0.47	-0.08	0.08	0.21	12.35	20.74	0.50	-32.13	71
564	叶乐天	建信基金	2016/08~2023/12	89	5	5.96	2.72*	-0.91	-2.32	0.83	-0.01	-0.04	0.05	5.62	11.94	0.35	-20.98	84
565	袁蓓	建信基金	2004/08~2023/12	59	2	14.07	2.71*	0.32	1.05	0.56	-0.23	0.00	0.35	32.70	21.46	1.44	-20.55	82
566	周智硕	建信基金	2020/09~2023/12	40	4	12.48	1.26	1.72	0.70	0.80	0.11	-0.02	0.81	14.73	24.95	0.53	-27.40	75
567	高鹏飞	江信基金	2020/10~2023/12	39	2	2.76	0.24	-1.56	-0.54	0.70	-0.16	-0.49	-0.03	-6.11	19.43	-0.39	-44.47	46
568	陈俊华	交银施罗德基金	2016/11~2023/12	86	2	11.01	2.53*	-1.73	-2.26	0.37	-0.17	-0.12	0.15	7.61	14.99	0.41	-34.51	61
569	陈孜铎	交银施罗德基金	2014/10~2023/12	111	2	2.95	1.01	-0.20	-0.89	0.26	0.01	-0.26	0.17	7.87	20.81	0.30	-37.00	86
570	封晴	交银施罗德基金	2020/07~2023/12	42	3	-1.33	-0.15	0.74	0.34	0.33	-0.10	-0.55	-0.01	-4.05	17.80	-0.31	-41.74	60

续表

编号	基金经理	当前任职公司	任职区间	任职时间（月）	管理基金数量（只）	选股能力		择时能力		β_{mkt}	β_{smb}	β_{hml}	β_{mom}	年化收益率（%）	年化波动率（%）	年化夏普比率	最大回撤率（%）	调整后 R^2（%）
						年化 α(%)	t(α)	γ	t(γ)									
571	郭斐	交银施罗德基金	2017/09~2023/12	76	4	4.64	0.70	2.32	2.14*	0.97	-0.02	-0.24	0.25	14.72	22.83	0.58	-29.71	68
572	韩威俊	交银施罗德基金	2016/01~2023/12	96	7	20.15	3.15*	-2.00	-1.87	0.79	-0.33	0.01	-0.12	15.91	22.19	0.65	-33.25	55
573	何帅	交银施罗德基金	2015/07~2023/12	102	4	10.45	2.76*	0.11	0.33	0.79	-0.05	-0.49	-0.20	12.68	19.84	0.56	-33.67	77
574	刘鹏	交银施罗德基金	2018/05~2023/12	68	3	10.17	1.92*	-0.08	-0.09	0.89	-0.03	-0.39	0.00	13.23	19.31	0.61	-34.88	76
575	楼慧源	交银施罗德基金	2018/09~2023/12	64	3	16.29	1.88*	-0.13	-0.09	0.71	-0.23	-0.24	0.30	18.36	22.24	0.76	-38.18	55
576	芮晨	交银施罗德基金	2015/05~2023/12	104	4	3.12	0.55	-0.01	-0.01	0.92	0.23	-0.34	-0.13	4.59	28.42	0.11	-50.30	74
577	沈楠	交银施罗德基金	2015/05~2023/12	104	3	8.62	2.78*	-0.16	-0.58	0.22	-0.17	-0.15	-0.15	5.77	18.39	0.23	-24.64	82
578	田彧龙	交银施罗德基金	2019/05~2023/12	56	4	12.96	1.76*	-1.16	-0.76	0.76	0.06	-0.69	0.18	18.75	21.75	0.79	-32.11	72
579	王崇	交银施罗德基金	2014/10~2023/12	111	3	9.52	2.32*	0.19	0.60	0.55	-0.05	-0.38	0.13	16.23	22.36	0.66	-34.28	76
580	王少成	交银施罗德基金	2010/09~2023/12	158	9	-1.04	-0.34	-0.01	-0.02	0.71	0.14	-0.44	0.22	5.90	22.20	0.18	-44.56	82
581	王艺伟	交银施罗德基金	2019/11~2023/12	50	7	2.53	1.77*	0.47	1.73*	0.86	-0.05	0.00	0.05	5.06	3.69	0.97	-2.69	70

续表

编号	基金经理	当前任职公司	任职区间	任职时间（月）	管理基金数量（只）	选股能力		择时能力		β_{mkt}	β_{smb}	β_{hml}	β_{mom}	年化收益率（%）	年化波动率（%）	年化夏普比率	最大回撤率（%）	调整后 R^2（%）
						年化 α（%）	t(α)	γ	t(γ)									
582	杨浩	交银施罗德基金	2015/08~2023/12	101	4	13.79	3.37*	-0.49	-1.33	0.82	-0.11	-0.54	-0.12	14.43	19.41	0.67	-40.07	72
583	杨金金	交银施罗德基金	2020/05~2023/12	44	3	9.98	0.92	3.37	1.64*	0.83	0.16	0.12	0.42	25.88	22.33	1.09	-13.23	58
584	周中	交银施罗德基金	2018/09~2023/12	64	4	-0.78	-0.13	1.05	1.17	0.73	-0.11	-0.41	0.04	6.88	19.57	0.28	-46.58	74
585	孔学兵	金信基金	2011/09~2023/12	125	11	2.71	0.40	-0.11	-0.19	1.06	0.25	-0.65	0.49	5.32	30.14	0.11	-58.65	62
586	刘榕俊	金信基金	2016/04~2023/12	77	7	5.29	1.26	-1.84	-1.89	0.97	0.00	0.16	-0.09	1.38	12.63	-0.01	-29.44	57
587	陈颖	金鹰基金	2015/06~2023/12	103	9	2.97	0.58	-0.31	-0.69	0.70	0.43	-0.22	0.04	6.37	25.48	0.19	-44.66	74
588	韩广哲	金鹰基金	2012/11~2023/12	68	11	13.03	1.11	-1.08	-0.65	0.91	-0.21	-0.97	0.45	15.93	29.54	0.49	-59.32	54
589	林龙军	金鹰基金	2018/05~2023/12	68	2	2.36	1.21	-0.23	-0.76	0.84	-0.01	-0.11	0.00	3.53	5.28	0.38	-8.74	56
590	龙悦芳	金鹰基金	2018/06~2023/12	67	1	5.86	4.06*	-0.64	-2.78	0.65	-0.06	-0.09	-0.04	4.81	2.99	1.11	-2.95	25
591	倪超	金鹰基金	2015/06~2023/12	103	9	7.81	1.77*	-0.11	-0.28	0.90	0.02	-0.58	-0.07	8.82	23.94	0.31	-32.48	78
592	孙倩倩	金鹰基金	2016/06~2023/12	66	4	1.74	1.28	0.23	0.57	0.67	0.00	-0.09	0.02	2.87	3.49	0.41	-5.80	54
593	王喆	金鹰基金	2015/01~2023/12	108	9	-5.08	-0.94	0.65	1.60	0.66	-0.11	-0.47	0.23	1.09	19.95	-0.02	-56.20	52
594	杨凡	金鹰基金	2017/12~2023/12	53	6	-14.73	-1.54	0.21	0.15	0.67	-0.43	-0.85	-0.36	-19.42	20.02	-1.06	-60.16	47
595	杨刚	金鹰基金	2014/11~2023/12	51	4	-12.93	-1.56	0.01	0.02	0.81	0.43	0.03	0.00	7.34	35.06	0.17	-51.65	87
596	杨晓斌	金鹰基金	2018/04~2023/12	69	6	8.52	2.27*	-0.95	-1.63	0.22	-0.16	-0.32	-0.02	6.48	12.33	0.40	-31.37	70
597	孔祥鹏	金元顺安基金	2017/06~2023/12	57	5	0.23	0.04	-1.70	-1.23	0.86	-0.10	-0.03	0.06	-8.37	11.94	-0.84	-47.44	53
598	闵杭	金元顺安基金	2015/10~2023/12	99	6	4.21	1.44	-0.57	-2.07	0.70	-0.24	0.09	0.02	1.90	15.05	0.03	-28.50	77

续表

编号	基金经理	当前任职公司	任职区间	任职时间（月）	管理基金数量（只）	选股能力		择时能力		β_{mkt}	β_{smb}	β_{hml}	β_{mom}	年化收益率（%）	年化波动率（%）	年化夏普比率	最大回撤率（%）	调整后 R^2（%）
						年化α（%）	t（α）	γ	t（γ）									
599	缪玮彬	金元顺安基金	2016/12~2023/12	85	2	12.22	2.2*	0.52	0.54	0.71	0.43	0.43	0.24	18.20	14.87	1.12	-23.78	36
600	周博洋	金元顺安基金	2018/01~2023/12	72	2	7.56	1.36	-0.50	-0.56	0.54	0.03	-0.13	0.11	8.67	15.98	0.45	-27.92	58
601	鲍无可	景顺长城基金	2014/06~2023/12	115	10	11.91	3.59*	-0.11	-0.42	0.81	-0.04	0.15	0.05	16.08	14.10	1.03	-21.08	60
602	曾理	景顺长城基金	2020/04~2023/12	41	6	0.38	0.07	-1.16	-1.25	0.65	0.18	-0.48	0.05	-0.27	15.25	-0.12	-25.32	83
603	陈莹	景顺长城基金	2020/07~2023/12	42	3	4.00	2.72*	0.14	0.38	0.73	-0.06	-0.01	-0.03	4.04	3.32	0.77	-3.43	68
604	邓敬东	景顺长城基金	2020/05~2023/12	44	7	-2.45	-0.26	1.75	0.99	0.73	-0.32	0.25	-0.17	0.18	21.40	-0.06	-32.82	66
605	董晗	景顺长城基金	2014/07~2023/12	104	10	8.15	2.19*	-0.14	-0.50	0.69	-0.02	-0.66	0.20	11.65	20.80	0.49	-31.44	80
606	韩文强	景顺长城基金	2019/10~2023/12	51	3	-1.82	-0.15	4.10	1.78*	0.86	-0.19	0.74	0.22	8.41	22.86	0.30	-26.20	44
607	黎海威	景顺长城基金	2015/02~2023/12	107	10	2.02	0.97	0.15	0.95	0.87	0.06	0.14	0.19	8.01	23.77	0.27	-40.81	95
608	李进	景顺长城基金	2016/10~2023/12	85	8	6.96	1.10	0.51	0.47	1.14	0.11	-0.59	0.11	11.23	20.17	0.49	-27.22	56
609	刘苏	景顺长城基金	2011/12~2023/12	142	11	5.95	1.58	0.10	0.31	0.82	-0.10	0.02	0.12	14.68	19.41	0.66	-36.18	67
610	刘彦春	景顺长城基金	2008/07~2023/12	177	10	9.82	2.04*	0.16	0.45	0.74	-0.21	-0.11	0.22	9.75	25.23	0.31	-43.23	63
611	孟棋	景顺长城基金	2019/05~2023/12	50	7	16.51	1.55	-3.21	-1.54	0.80	-0.10	-0.77	0.14	15.61	22.27	0.65	-40.98	54
612	农冰立	景顺长城基金	2018/06~2023/12	59	3	15.35	1.79*	-0.82	-0.65	0.68	-0.09	-0.38	-0.01	16.07	25.39	0.59	-35.43	71
613	徐喻军	景顺长城基金	2017/01~2023/12	84	11	5.22	1.72*	-0.88	-1.66	0.89	-0.02	-0.11	0.09	5.38	14.36	0.27	-25.16	80
614	杨锐文	景顺长城基金	2014/10~2023/12	111	12	12.46	3.12*	-0.84	-2.73	0.82	0.03	-0.71	-0.04	14.98	23.94	0.56	-38.76	80
615	余广	景顺长城基金	2010/05~2023/12	164	8	6.71	2*	-0.44	-1.53	0.81	-0.11	-0.17	0.10	9.92	23.20	0.34	-47.58	79
616	詹成	景顺长城基金	2015/12~2023/12	97	10	7.78	2.01*	-0.79	-2.17	0.43	-0.14	-0.31	0.09	5.47	18.91	0.21	-38.93	74
617	张靖	景顺长城基金	2011/05~2023/12	144	7	6.30	1.66*	0.17	0.54	0.06	0.15	-0.37	0.33	13.53	21.83	0.54	-29.81	73

续表

编号	基金经理	当前任职公司	任职区间	任职时间（月）	管理基金数量（只）	选股能力		择时能力		β_{mkt}	β_{smb}	β_{hml}	β_{mom}	年化收益率（%）	年化波动率（%）	年化夏普比率	最大回撤率（%）	调整后 R^2（%）
						年化α（%）	t(α)	γ	t(γ)									
618	张仲维	景顺长城基金	2014/03~2023/12	97	11	2.27	0.34	0.55	0.57	0.83	0.11	-0.79	0.16	18.01	25.66	0.65	-38.92	62
619	周寒颖	景顺长城基金	2020/05~2023/12	44	3	0.63	0.08	1.95	1.36	0.93	-0.09	-0.15	0.13	7.57	18.63	0.33	-27.98	70
620	何昕	九泰基金	2018/08~2023/12	65	4	-2.55	-0.41	1.81	1.88*	0.86	0.00	-0.27	-0.05	8.90	20.10	0.37	-23.26	71
621	黄皓	九泰基金	2020/08~2023/12	41	2	5.56	0.65	-0.21	-0.10	0.11	0.27	0.07	-0.16	7.11	19.29	0.29	-21.14	69
622	李响	九泰基金	2019/12~2023/12	49	12	-10.89	-1.93	1.70	1.57	0.17	0.09	-0.05	0.15	-1.44	16.21	-0.18	-33.04	76
623	刘开运	九泰基金	2015/07~2023/12	102	11	3.08	0.94	0.17	0.61	0.78	-0.14	-0.33	0.04	4.57	17.52	0.17	-33.91	78
624	刘源	九泰基金	2020/09~2023/12	40	3	-9.78	-1.65	-1.99	-1.33	0.16	0.05	-0.44	-0.14	-15.32	16.58	-1.01	-49.69	80
625	孟亚强	九泰基金	2016/06~2023/12	91	13	-4.27	-1.24	0.82	1.33	0.15	0.10	-0.15	0.33	2.57	17.32	0.06	-37.81	80
626	魏晓雪	路博迈基金	2012/11~2023/12	126	10	7.83	2.25*	-0.26	-0.98	0.17	0.02	-0.49	0.10	16.64	24.14	0.62	-42.05	84
627	蔡晓	民生加银基金	2016/05~2023/12	92	5	4.96	1.18	0.46	0.61	0.16	-0.12	-0.55	0.00	8.70	16.82	0.43	-33.22	68
628	刘霄汉	民生加银基金	2010/05~2023/12	123	6	-4.03	-1.27	0.76	2.57*	0.74	0.08	-0.34	0.17	4.34	20.04	0.11	-45.72	82
629	柳世庆	民生加银基金	2016/08~2023/12	89	9	2.09	0.50	0.31	0.42	0.43	-0.06	-0.05	0.20	5.47	16.63	0.24	-43.69	70
630	孙伟	民生加银基金	2014/07~2023/12	114	11	4.97	1.02	0.40	1.07	1.06	0.09	-0.33	0.22	14.88	23.29	0.57	-39.34	69
631	王亮	民生加银基金	2017/11~2023/12	74	7	2.54	0.48	0.90	1.07	0.90	-0.24	-0.28	0.05	5.13	19.20	0.19	-47.35	73
632	姚航	民生加银基金	2014/05~2023/12	93	6	0.69	0.39	-0.19	-1.49	0.71	-0.01	-0.11	-0.02	2.16	6.53	0.08	-16.65	59
633	郑爱刚	民生加银基金	2019/11~2023/12	50	4	-4.98	-0.63	0.48	0.32	0.72	0.04	-0.75	0.08	2.96	22.27	0.07	-47.33	75
634	何明	明亚基金	2018/02~2023/12	46	2	2.69	0.58	0.67	1.05	0.73	0.02	-0.26	-0.13	2.79	12.94	0.10	-18.21	77
635	陈思郁	摩根基金	2015/08~2023/12	101	5	4.48	0.90	-0.26	-0.57	0.10	0.07	-0.24	0.29	7.87	20.86	0.31	-47.85	64
636	杜猛	摩根基金	2011/07~2023/12	150	7	3.59	0.70	0.29	0.67	0.76	0.15	-0.68	0.47	13.42	29.28	0.39	-56.03	71

续表

编号	基金经理	当前任职公司	任职区间	任职时间（月）	管理基金数量（只）	选股能力		择时能力		β_{mkt}	β_{smb}	β_{hml}	β_{mom}	年化收益率（%）	年化波动率（%）	年化夏普比率	最大回撤率（%）	调整后 R^2（%）
						年化α(%)	t(α)	γ	t(γ)									
637	方钰涵	摩根基金	2019/08~2023/12	53	2	6.77	0.57	-2.41	-1.02	0.95	-0.07	-0.31	0.35	5.08	22.78	0.16	-52.91	41
638	郭晨	摩根基金	2012/07~2023/12	136	9	-2.32	-0.44	0.54	1.31	0.96	0.13	-0.55	0.44	11.19	30.66	0.31	-56.90	76
639	李博	摩根基金	2014/12~2023/12	109	6	-1.56	-0.37	0.22	0.69	0.77	0.04	-0.10	0.22	5.17	23.41	0.15	-47.03	78
640	李德辉	摩根基金	2016/11~2023/12	86	8	5.76	1.00	0.82	0.82	0.71	-0.11	-0.39	0.20	10.70	20.39	0.45	-44.34	63
641	倪权生	摩根基金	2015/03~2023/12	103	9	-1.28	-0.29	0.90	2.63*	0.76	0.02	-0.55	0.30	5.85	17.36	0.25	-46.89	59
642	王丽军	摩根基金	2019/03~2023/12	58	2	4.70	0.69	-0.62	-0.44	0.74	-0.25	-0.47	0.06	3.76	19.23	0.12	-44.02	69
643	杨景喻	摩根基金	2015/08~2023/12	101	6	0.99	0.19	-0.15	-0.31	0.81	-0.02	-0.50	0.33	4.60	24.89	0.12	-57.65	72
644	周战海	摩根基金	2015/12~2023/12	97	3	-4.91	-0.83	1.69	3.07*	0.12	-0.07	-0.41	0.12	2.99	22.13	0.07	-48.67	57
645	朱晓龙	摩根基金	2018/11~2023/12	62	4	-0.90	-0.15	0.82	0.87	0.95	-0.07	-0.34	0.19	7.77	18.64	0.34	-43.06	71
646	何晓春	摩根士丹利基金	2012/07~2023/12	119	9	3.39	0.88	0.25	0.90	0.83	0.05	-0.59	-0.11	15.37	23.65	0.57	-33.64	82
647	雷志勇	摩根士丹利基金	2019/04~2023/12	57	5	-1.93	-0.22	0.30	0.17	0.84	0.23	-0.91	-0.01	9.33	24.93	0.31	-46.25	70
648	缪东航	摩根士丹利基金	2017/01~2023/12	84	7	4.09	1.06	-0.81	-1.20	0.30	-0.15	-0.29	-0.10	3.23	17.49	0.10	-43.67	78
649	王大鹏	摩根士丹利基金	2015/01~2023/12	108	9	3.00	0.56	-0.24	-0.60	0.97	0.04	-0.01	0.20	6.85	24.73	0.21	-47.31	69
650	余斌	摩根士丹利基金	2017/06~2023/12	75	5	2.51	0.53	-0.81	-1.04	1.11	0.04	-0.32	0.23	4.06	18.06	0.14	-34.88	74

续表

编号	基金经理	当前任职公司	任职区间	任职时间（月）	管理基金数量（只）	选股能力		择时能力		β_{mkt}	β_{smb}	β_{hml}	β_{mom}	年化收益率（%）	年化波动率（%）	年化夏普比率	最大回撤率（%）	调整后 R^2（%）
						年化 α(%)	t(α)	γ	t(γ)									
651	陈乐	南方基金	2017/12~2023/12	73	5	4.62	3.21*	-0.11	-0.47	0.49	-0.04	0.00	0.07	5.52	5.28	0.76	-6.96	74
652	冯雨生	南方基金	2015/04~2023/12	101	13	0.26	0.09	0.10	0.42	0.90	0.11	-0.18	0.19	2.13	22.47	0.03	-40.53	90
653	黄春逢	南方基金	2015/12~2023/12	97	6	5.60	1.65*	-0.18	-0.55	0.62	-0.34	-0.31	-0.08	3.78	18.24	0.13	-38.91	79
654	黄亮	南方基金	2020/12~2023/12	37	1	-14.23	-0.99	4.68	1.39	0.56	-0.36	0.30	-0.39	-14.83	24.20	-0.67	-51.16	53
655	蒋秋洁	南方基金	2014/12~2023/12	109	11	-3.94	-0.81	1.35	3.66*	0.56	0.15	-0.13	0.44	9.99	23.33	0.36	-41.97	70
656	雷嘉源	南方基金	2020/08~2023/12	41	6	0.91	0.13	0.15	0.09	0.42	-0.09	-0.54	0.10	-3.32	15.72	-0.31	-32.60	66
657	李锦文	南方基金	2018/12~2023/12	61	6	16.95	2.17*	-1.82	-1.45	0.28	-0.33	-0.08	0.29	14.00	19.19	0.65	-30.70	53
658	林乐峰	南方基金	2017/12~2023/12	73	4	12.81	3.01*	-1.07	-1.56	0.90	-0.12	0.01	0.14	10.05	16.67	0.51	-25.92	77
659	卢玉珊	南方基金	2015/12~2023/12	97	7	3.30	1.04	0.84	2.82*	1.00	-0.02	-0.27	0.23	8.55	11.37	0.62	-19.44	52
660	罗安安	南方基金	2015/07~2023/12	102	10	7.22	1.55	-0.51	-1.25	0.98	0.01	-0.50	0.07	7.61	22.71	0.27	-42.45	73
661	骆帅	南方基金	2015/05~2023/12	104	11	6.67	2.03*	-0.29	-0.99	0.78	-0.13	-0.36	-0.01	3.84	19.90	0.12	-42.09	83
662	茅炜	南方基金	2016/02~2023/12	95	16	4.70	1.40	-1.32	-2.36	0.90	-0.15	-0.47	-0.08	3.28	12.86	0.14	-41.25	64
663	史博	南方基金	2004/07~2023/12	190	14	0.64	0.22	0.42	2.21*	0.80	0.04	-0.19	0.29	6.39	23.29	0.18	-61.57	83
664	王博	南方基金	2019/11~2023/12	50	4	0.94	0.08	-1.91	-0.80	0.16	0.06	-0.77	0.31	3.49	26.81	0.07	-52.50	59
665	王峥娇	南方基金	2018/07~2023/12	66	2	6.19	0.53	-0.50	-0.27	0.77	-0.11	-0.31	0.60	8.46	26.72	0.26	-55.74	41
666	吴剑毅	南方基金	2015/05~2023/12	104	8	4.98	2.83*	0.53	3.41*	0.88	-0.06	-0.09	-0.06	7.50	8.93	0.67	-12.46	75
667	应帅	南方基金	2007/05~2023/12	200	10	2.43	0.97	0.05	0.33	0.82	-0.08	-0.29	0.23	7.09	23.10	0.21	-58.81	86
668	张磊	南方基金	2020/02~2023/12	47	3	-0.83	-0.08	2.03	0.99	0.23	-0.01	-1.00	0.25	8.13	28.53	0.23	-48.96	73
669	张延闽	南方基金	2014/10~2023/12	108	13	6.22	1.36	0.23	0.68	0.79	-0.16	-0.15	0.05	11.74	20.30	0.51	-30.03	66

续表

编号	基金经理	当前任职公司	任职区间	任职时间（月）	管理基金数量（只）	选股能力		择时能力		β_{mkt}	β_{smb}	β_{hml}	β_{mom}	年化收益率（%）	年化波动率（%）	年化夏普比率	最大回撤率（%）	调整后 R^2（%）
						年化α(%)	t(α)	γ	t(γ)									
670	章晖	南方基金	2015/05~2023/12	104	6	6.18	1.47	-0.05	-0.14	0.56	-0.13	-0.47	0.22	4.64	21.16	0.15	-51.62	75
671	郑诗韵	南方基金	2019/12~2023/12	49	4	3.57	0.31	3.48	1.59	0.88	-0.45	-0.03	0.31	8.43	26.03	0.27	-46.43	62
672	郑晓曦	南方基金	2019/06~2023/12	55	2	6.32	0.52	-0.44	-0.17	0.23	0.17	-0.79	0.42	16.14	26.91	0.54	-35.79	51
673	郑迎迎	南方基金	2015/08~2023/12	91	2	9.19	2.27*	-1.04	-3.08	0.89	0.11	0.19	0.03	7.66	14.66	0.43	-30.87	60
674	钟赟	南方基金	2017/02~2023/12	80	7	15.68	2.11*	-1.38	-1.07	0.93	0.13	-0.70	0.53	21.26	24.33	0.82	-29.28	63
675	朱恒红	南方基金	2020/12~2023/12	37	1	-1.96	-0.37	-0.75	-0.59	0.57	-0.03	-0.02	0.18	-8.45	15.27	-0.65	-34.09	84
676	陈富权	农银汇理基金	2013/08~2023/12	125	10	8.70	2.25*	-0.19	-0.60	0.37	-0.05	-0.48	0.15	13.65	20.56	0.58	-35.44	72
677	宋永安	农银汇理基金	2015/12~2023/12	97	2	4.26	2.07*	-0.62	-3.22	0.78	-0.15	-0.08	0.05	2.08	17.46	0.03	-35.00	92
678	魏刚	农银汇理基金	2018/03~2023/12	70	8	7.66	1.45	-1.59	-1.91	1.18	-0.03	-0.38	0.04	5.67	17.60	0.24	-30.13	70
679	徐文卉	农银汇理基金	2017/05~2023/12	80	6	3.90	0.69	0.18	0.19	0.82	-0.18	-0.18	0.07	6.44	18.88	0.26	-44.27	62
680	张峰	农银汇理基金	2015/09~2023/12	100	6	9.29	1.9*	-0.01	-0.02	0.87	-0.30	-0.18	-0.02	7.30	16.79	0.35	-38.92	46
681	张燕	农银汇理基金	2017/03~2023/12	82	7	5.17	0.72	-0.18	-0.14	0.72	-0.03	-0.69	0.07	8.36	22.65	0.30	-40.17	56
682	陈衍鹏	诺安基金	2020/07~2023/12	42	2	12.63	1.19	-2.35	-0.87	0.24	0.00	-0.54	-0.13	5.17	19.35	0.19	-20.39	51
683	韩冬燕	诺安基金	2015/11~2023/12	98	5	6.37	1.95*	0.30	1.00	0.79	-0.13	-0.20	0.03	8.37	15.52	0.44	-27.65	73
684	黄友文	诺安基金	2020/08~2023/12	41	1	7.16	0.76	-3.45	-1.45	0.76	0.01	-0.34	-0.06	-4.31	20.02	-0.29	-35.23	64
685	李迪	诺安基金	2020/12~2023/12	37	2	9.50	1.01	-0.42	-0.18	0.90	-0.23	-0.43	0.23	-0.95	18.83	-0.13	-31.57	67
686	李玉良	诺安基金	2015/07~2023/12	102	7	3.67	1.07	-0.24	-0.81	0.73	0.08	-0.07	0.15	5.43	17.39	0.23	-33.55	75
687	罗春蕾	诺安基金	2015/09~2023/12	100	4	4.44	0.89	-0.30	-0.67	0.84	-0.20	-0.39	-0.10	5.15	19.67	0.19	-44.55	60
688	宋青	诺安基金	2019/02~2023/12	59	1	2.98	0.37	0.54	0.33	0.74	-0.29	-0.15	-0.08	3.48	19.15	0.10	-41.21	56

续表

编号	基金经理	当前任职公司	任职区间	任职时间（月）	管理基金数量（只）	选股能力		择时能力		β_{mkt}	β_{smb}	β_{hml}	β_{mom}	年化收益率（%）	年化波动率（%）	年化夏普比率	最大回撤率（%）	调整后 R^2（%）
						年化 α(%)	t(α)	γ	t(γ)									
689	童宇	诺安基金	2020/12~2023/12	37	1	-7.71	-1.07	2.36	1.39	0.69	0.10	-0.40	-0.19	-5.67	21.46	-0.33	-33.92	85
690	王创练	诺安基金	2015/03~2023/12	106	7	8.91	1.98*	-0.40	-1.13	1.03	0.02	-0.27	0.20	9.93	24.54	0.34	-37.47	78
691	吴博俊	诺安基金	2014/06~2023/12	115	7	1.47	0.51	0.14	0.62	0.20	-0.08	-0.28	-0.03	4.93	9.77	0.34	-25.30	37
692	杨谷	诺安基金	2006/02~2023/12	215	7	4.63	1.87*	-0.03	-0.21	0.25	-0.01	-0.42	0.20	15.63	24.69	0.54	-59.22	87
693	杨琨	诺安基金	2014/06~2023/12	91	6	7.86	1.34	0.22	0.28	0.19	-0.08	-0.02	0.11	19.66	22.13	0.82	-27.25	65
694	张强	诺安基金	2017/03~2023/12	82	2	9.55	1.32	-2.48	-1.98	0.60	-0.15	-0.37	0.09	4.74	22.25	0.15	-41.67	54
695	曾文宏	诺德基金	2017/08~2023/12	77	4	4.55	1.21	-0.67	-1.07	1.03	-0.20	0.08	0.01	1.74	13.91	0.02	-32.47	71
696	顾钰	诺德基金	2017/12~2023/12	73	5	1.54	0.27	-0.33	-0.35	0.92	-0.24	-0.02	0.05	-0.58	17.94	-0.12	-32.90	63
697	郭纪亭	诺德基金	2019/09~2023/12	52	3	0.94	0.18	-0.07	-0.07	0.74	-0.23	0.03	0.05	-0.09	13.35	-0.12	-35.78	68
698	郝旭东	诺德基金	2015/07~2023/12	102	5	3.98	1.21	0.33	1.13	0.75	-0.12	-0.09	-0.01	5.95	13.83	0.32	-34.26	64
699	罗世锋	诺德基金	2014/11~2023/12	110	6	9.82	1.93*	0.21	0.54	0.87	-0.12	-0.33	0.31	15.27	25.62	0.53	-40.01	73
700	王恒楠	诺德基金	2018/11~2023/12	62	3	2.64	0.30	-1.22	-0.86	0.80	-0.13	-0.34	0.18	3.25	19.78	0.09	-49.41	43
701	谢屹	诺德基金	2015/07~2023/12	99	8	-2.84	-0.56	0.92	2.1*	0.96	-0.36	-0.40	-0.06	-0.17	19.44	-0.09	-39.16	60
702	朱红	诺德基金	2014/04~2023/12	117	3	1.99	0.45	0.03	0.09	0.95	0.13	-0.16	0.08	11.46	22.29	0.44	-37.49	71
703	包兵华	鹏华基金	2019/04~2023/12	57	4	-5.36	-1.12	1.17	1.20	0.79	0.17	-0.15	0.29	5.44	16.32	0.24	-31.02	79
704	陈璇淼	鹏华基金	2016/03~2023/12	94	6	7.46	1.50	0.13	0.14	0.88	-0.11	-0.31	0.07	10.05	17.41	0.49	-34.36	58
705	戴钢	鹏华基金	2012/06~2023/12	139	4	2.56	1.96*	0.28	2.65*	1.08	-0.08	-0.03	-0.01	5.81	5.17	0.76	-7.65	45
706	方昶	鹏华基金	2019/06~2023/12	55	2	2.30	1.54	0.17	0.57	0.42	-0.05	-0.09	0.01	4.15	3.87	0.68	-4.78	64
707	高松	鹏华基金	2015/01~2023/12	100	7	-0.55	-0.11	-0.19	-0.52	0.80	0.26	0.00	0.51	9.27	27.39	0.29	-52.97	81

续表

编号	基金经理	当前任职公司	任职区间	任职时间（月）	管理基金数量（只）	选股能力		择时能力		β_{mkt}	β_{smb}	β_{hml}	β_{mom}	年化收益率（%）	年化波动率（%）	年化夏普比率	最大回撤率（%）	调整后 R^2（%）
						年化 α(%)	t(α)	γ	t(γ)									
708	贺宁	鹏华基金	2019/05~2023/12	56	1	6.65	0.80	-2.05	-1.19	0.87	-0.03	-0.04	0.14	5.86	19.03	0.23	-28.88	54
709	蒋鑫	鹏华基金	2016/06~2023/12	91	11	5.47	1.10	0.04	0.05	0.78	0.04	-0.08	0.30	9.62	17.92	0.45	-32.96	61
710	金笑非	鹏华基金	2016/06~2023/12	91	5	8.08	1.28	0.37	0.33	1.01	0.00	-0.47	-0.03	11.78	19.28	0.53	-32.95	46
711	郎超	鹏华基金	2018/04~2023/12	69	4	1.42	0.15	0.02	0.02	0.78	0.16	0.03	0.59	8.42	24.77	0.28	-41.15	52
712	李君	鹏华基金	2015/05~2023/12	104	13	5.61	4.07*	-0.35	-1.60	0.87	-0.03	0.14	0.02	5.14	3.38	1.07	-3.48	41
713	李韵怡	鹏华基金	2015/07~2023/12	102	15	2.37	1.19	0.43	2.45*	0.89	-0.05	-0.20	0.17	5.66	6.94	0.60	-10.21	48
714	梁浩	鹏华基金	2011/07~2023/12	150	16	0.29	0.11	0.19	0.85	0.87	0.14	-0.36	0.23	8.64	20.31	0.33	-41.49	84
715	刘方正	鹏华基金	2015/03~2023/12	106	20	1.96	1.05	0.21	1.42	0.22	-0.10	-0.16	-0.06	3.74	6.25	0.35	-15.18	42
716	柳黎	鹏华基金	2020/08~2023/12	41	3	4.10	0.42	-0.16	-0.06	0.86	0.04	-0.58	0.30	1.41	18.58	0.00	-33.84	56
717	孟昊	鹏华基金	2018/02~2023/12	71	8	7.76	0.97	-0.11	-0.08	0.89	0.04	-0.56	0.20	12.64	22.86	0.49	-46.36	59
718	牛孟艺	鹏华基金	2020/11~2023/12	38	2	2.34	1.03	0.43	0.80	0.80	-0.04	0.01	0.01	3.23	3.78	0.46	-2.88	49
719	苏俊杰	鹏华基金	2018/09~2023/12	45	2	-3.13	-0.65	2.17	3.42*	0.97	0.20	-0.05	0.22	8.86	18.71	0.40	-17.57	90
720	汤志彦	鹏华基金	2017/07~2023/12	78	3	9.37	1.91*	-0.64	-0.77	0.74	0.18	-0.31	0.20	13.17	18.18	0.64	-31.13	71
721	王海青	鹏华基金	2018/02~2023/12	71	3	-2.94	-0.44	1.20	1.16	0.48	0.19	-0.33	0.29	7.58	20.93	0.29	-48.30	66
722	王石千	鹏华基金	2018/11~2023/12	62	1	2.20	1.75*	0.06	0.32	1.05	-0.02	-0.08	0.01	4.63	3.72	0.84	-5.07	68
723	伍旋	鹏华基金	2011/12~2023/12	145	8	6.10	2.52*	-0.57	-2.89	0.74	-0.06	0.15	-0.04	10.04	20.02	0.40	-37.45	87
724	闫思倩	鹏华基金	2017/10~2023/12	72	6	11.92	1.12	-1.35	-0.72	0.68	0.24	-0.81	0.28	21.12	29.18	0.68	-37.38	53
725	杨飞	鹏华基金	2014/10~2023/12	107	9	2.86	0.44	0.46	0.94	0.69	0.13	-0.56	0.28	13.35	27.52	0.43	-46.16	63
726	叶朝明	鹏华基金	2018/08~2023/12	52	4	4.39	3.54*	-0.08	-0.37	0.97	-0.01	0.01	0.08	6.38	2.32	2.16	-0.61	29

续表

编号	基金经理	当前任职公司	任职区间	任职时间（月）	管理基金数量（只）	选股能力		择时能力		β_{mkt}	β_{smb}	β_{hml}	β_{mom}	年化收益率（%）	年化波动率（%）	年化夏普比率	最大回撤率（%）	调整后 R^2（%）
						年化 α（%）	t(α)	γ	t(γ)									
727	袁航	鹏华基金	2014/11~2023/12	110	14	5.40	1.01	0.29	0.71	0.92	-0.21	-0.20	-0.09	8.98	17.83	0.42	-35.31	37
728	张华恩	鹏华基金	2020/08~2023/12	41	2	-7.79	-1.11	1.49	0.85	0.78	0.10	-0.50	0.18	-5.98	17.01	-0.44	-34.56	73
729	朱睿	鹏华基金	2019/04~2023/12	53	6	17.07	2.3*	-2.55	-1.75	0.91	-0.19	-0.61	0.12	12.58	21.42	0.53	-33.14	75
730	戴杰	鹏扬基金	2017/01~2023/12	79	16	11.61	2.19*	-0.87	-0.96	0.79	-0.20	-0.09	0.01	11.84	19.80	0.53	-34.54	71
731	邓彬彬	鹏扬基金	2015/03~2023/12	78	9	9.85	1.18	-0.75	-0.67	0.72	0.02	-0.67	0.12	11.79	27.01	0.39	-54.62	63
732	罗成	鹏扬基金	2018/03~2023/12	70	2	12.59	2.52*	-1.06	-1.27	0.57	-0.32	0.12	0.25	5.23	17.46	0.22	-27.55	73
733	施红俊	鹏扬基金	2020/06~2023/12	43	3	18.11	1.83*	-2.55	-1.34	0.82	-0.34	-0.59	-0.21	5.33	24.75	0.15	-40.05	71
734	吴西燕	鹏扬基金	2015/06~2023/12	57	10	0.94	0.30	0.19	0.75	0.64	-0.17	-0.11	-0.18	1.13	7.08	-0.05	-13.80	34
735	伍智勇	鹏扬基金	2015/05~2023/12	97	4	3.06	0.90	0.15	0.51	1.20	-0.10	-0.37	0.06	1.56	18.18	0.00	-43.94	79
736	赵世宏	鹏扬基金	2016/03~2023/12	89	6	1.08	0.21	0.21	0.24	1.01	-0.05	-0.54	0.39	7.77	18.08	0.35	-50.88	64
737	朱国庆	鹏扬基金	2007/03~2023/12	115	5	1.90	0.52	-0.04	-0.23	1.07	-0.09	-0.26	0.18	2.21	23.28	-0.02	-52.69	86
738	成钧	平安基金	2020/06~2023/12	43	1	5.66	0.68	0.63	0.40	0.58	-0.34	0.37	0.30	3.03	19.68	0.08	-36.75	68
739	翟森	平安基金	2020/12~2023/12	37	3	2.92	0.19	-3.32	-0.89	0.74	0.17	-1.39	-0.18	-4.92	28.13	-0.23	-44.18	58
740	丁琳	平安基金	2020/08~2023/12	41	5	-1.15	-0.15	1.26	0.67	0.82	-0.27	-0.33	-0.26	-4.63	14.02	-0.44	-26.52	54
741	韩克	平安基金	2019/12~2023/12	40	4	-0.71	-0.21	0.72	1.33	1.02	-0.13	-0.20	0.01	0.79	6.30	-0.11	-13.85	69
742	何杰	平安基金	2018/04~2023/12	65	10	16.58	1.95*	-0.75	-0.58	0.85	-0.38	-0.24	0.22	13.44	21.49	0.57	-28.49	55
743	黄维	平安基金	2016/08~2023/12	89	11	5.09	0.99	1.00	1.10	0.96	-0.01	-0.68	0.19	11.67	19.49	0.52	-36.67	67
744	李化松	平安基金	2015/12~2023/12	93	15	3.24	0.55	2.00	3.77*	0.99	-0.19	-0.56	0.14	13.19	21.99	0.54	-47.45	61
745	林清源	平安基金	2015/05~2023/12	96	5	5.19	0.88	-0.61	-1.22	0.81	0.27	-0.50	0.36	6.24	27.20	0.18	-54.74	74

续表

编号	基金经理	当前任职公司	任职区间	任职时间（月）	管理基金数量（只）	选股能力		择时能力		β_{mkt}	β_{smb}	β_{hml}	β_{mom}	年化收益率（%）	年化波动率（%）	年化夏普比率	最大回撤率（%）	调整后 R^2（%）
						年化 α（%）	t(α)	γ	t(γ)									
746	刘杰	平安基金	2016/07～2023/12	83	8	5.37	1.31	0.11	0.17	0.78	-0.09	0.22	0.20	8.66	15.24	0.48	-28.77	70
747	神爱前	平安基金	2016/07～2023/12	90	9	4.51	0.71	0.61	0.54	0.68	0.01	-0.70	0.08	10.18	23.18	0.37	-37.85	63
748	薛冀颖	平安基金	2015/06～2023/12	99	6	6.92	1.58	-0.03	-0.08	0.96	-0.05	-0.46	0.19	5.07	19.29	0.19	-36.30	70
749	张淼	平安基金	2015/02～2023/12	103	3	4.21	1.42	-0.15	-0.67	0.84	-0.12	-0.27	0.08	5.74	20.54	0.21	-35.78	87
750	张文平	平安基金	2015/06～2023/12	84	6	2.29	1.47	0.25	1.99*	0.98	-0.03	-0.14	0.09	5.42	4.28	0.95	-6.50	38
751	张晓泉	平安基金	2017/09～2023/12	57	7	3.18	0.36	0.64	0.36	0.80	0.35	-0.50	0.23	17.07	23.23	0.68	-34.09	66
752	周思聪	平安基金	2014/01～2023/12	110	9	1.31	0.19	0.09	0.17	0.88	0.03	-0.20	0.34	7.05	21.96	0.25	-48.66	37
753	褚艳辉	浦银安盛基金	2014/06～2023/12	115	6	-0.40	-0.19	0.72	4.41*	0.66	0.02	-0.36	0.07	7.76	10.48	0.58	-22.50	71
754	胡攸乔	浦银安盛基金	2020/12～2023/12	37	3	-3.01	-0.21	-1.15	-0.34	0.69	0.05	0.01	0.57	-9.15	22.35	-0.48	-47.44	46
755	蒋佳良	浦银安盛基金	2017/01～2023/12	80	10	1.59	0.26	0.79	0.72	0.88	0.12	-0.30	0.35	12.20	20.79	0.52	-51.81	65
756	罗雯	浦银安盛基金	2018/01～2023/12	72	2	10.13	1.31	-2.47	-2.02	0.81	-0.26	0.32	0.02	-0.82	19.45	-0.12	-51.97	46
757	秦闻	浦银安盛基金	2020/12～2023/12	37	2	7.68	0.60	-2.39	-0.79	1.02	-0.24	-1.07	0.01	-7.73	24.20	-0.38	-41.53	63
758	杨富麟	浦银安盛基金	2020/12～2023/12	37	4	1.21	0.12	1.28	0.55	0.79	0.03	-0.32	0.21	-0.87	21.85	-0.11	-34.02	72
759	杨岳斌	浦银安盛基金	2011/12～2023/12	140	6	0.80	0.27	0.08	0.36	0.81	-0.07	-0.09	0.09	7.84	21.37	0.28	-51.58	84
760	崔宸龙	前海开源基金	2020/07～2023/12	42	6	25.47	1.38	0.12	0.03	0.94	0.14	-0.70	0.26	23.04	33.17	0.65	-37.79	49
761	范洁	前海开源基金	2017/09～2023/12	76	6	2.91	0.34	1.65	1.17	0.22	-0.10	-0.21	0.20	9.87	23.73	0.35	-57.64	49
762	李炳智	前海开源基金	2017/01～2023/12	84	4	1.02	0.51	2.54	7.18*	0.10	-0.08	-0.10	-0.06	9.25	8.33	0.93	-6.22	73
763	邱杰	前海开源基金	2015/01～2023/12	108	11	4.34	1.02	0.27	0.84	0.90	-0.17	-0.01	-0.14	7.16	16.55	0.34	-29.53	56
764	曲扬	前海开源基金	2015/04～2023/12	105	18	4.01	0.79	1.00	2.34*	0.96	-0.41	-0.38	0.04	5.38	18.88	0.20	-52.42	53

续表

编号	基金经理	当前任职公司	任职区间	任职时间（月）	管理基金数量（只）	选股能力		择时能力		β_{mkt}	β_{smb}	β_{hml}	β_{mom}	年化收益率（%）	年化波动率（%）	年化夏普比率	最大回撤率（%）	调整后 R^2（%）
						年化α（%）	t(α)	γ	t(γ)									
765	田维	前海开源基金	2020/07~2023/12	42	3	7.14	0.55	1.90	0.58	0.69	-0.27	0.18	0.07	4.98	19.86	0.18	-20.75	30
766	王霞	前海开源基金	2014/12~2023/12	109	13	2.18	0.48	0.63	1.85*	0.37	-0.29	-0.33	-0.04	5.38	15.25	0.25	-31.35	41
767	魏淳	前海开源基金	2019/01~2023/12	60	10	5.94	0.62	0.11	0.08	0.98	-0.14	-0.36	0.01	13.40	25.56	0.47	-40.34	62
768	吴国清	前海开源基金	2015/09~2023/12	100	10	3.32	1.07	-0.02	-0.07	0.92	-0.05	-0.01	0.22	6.16	14.43	0.32	-22.36	72
769	杨德龙	前海开源基金	2013/03~2023/12	71	6	-7.13	-1.35	0.26	0.82	0.99	0.11	-0.04	-0.12	7.54	27.50	0.20	-51.65	88
770	刚登峰	泉果基金	2015/05~2023/12	94	9	10.67	2.45*	-0.06	-0.17	0.92	-0.27	-0.26	-0.06	8.63	18.09	0.40	-34.47	68
771	钱思佳	泉果基金	2019/09~2023/12	39	3	7.42	1.06	0.08	0.07	0.75	-0.33	-0.15	-0.11	7.91	18.73	0.35	-29.56	81
772	赵诣	泉果基金	2017/03~2023/12	76	6	7.65	0.90	0.62	0.41	0.66	0.20	-0.30	0.40	17.25	25.00	0.64	-37.24	52
773	范琨	融通基金	2016/02~2023/12	95	6	14.82	2.91*	-1.08	-1.27	0.88	-0.07	0.01	0.34	16.25	17.60	0.84	-21.12	56
774	关山	融通基金	2016/06~2023/12	91	9	8.01	2.38*	-0.56	-0.92	0.81	-0.06	-0.21	0.14	9.39	15.35	0.51	-23.93	76
775	何龙	融通基金	2015/08~2023/12	101	9	1.67	0.47	-0.62	-1.96	0.80	-0.12	-0.30	0.22	2.44	19.33	0.05	-42.42	79
776	何天翔	融通基金	2016/08~2023/12	89	1	0.28	0.08	1.12	1.81*	0.73	-0.07	-0.34	0.16	6.16	17.87	0.26	-37.45	82
777	刘安坤	融通基金	2019/05~2023/12	56	5	-3.32	-0.61	3.18	2.84*	0.66	-0.21	-0.26	0.39	7.40	15.85	0.37	-30.37	71
778	万民远	融通基金	2016/08~2023/12	89	6	11.68	1.57	0.45	0.34	0.77	0.28	-0.36	-0.06	17.10	23.97	0.65	-25.44	53
779	王迪	融通基金	2018/06~2023/12	67	5	8.83	1.10	0.30	0.24	0.61	0.05	-0.87	0.11	17.16	25.89	0.61	-43.27	69
780	余志勇	融通基金	2012/08~2023/12	136	11	2.44	0.90	0.27	1.29	0.91	-0.02	-0.10	0.15	6.81	9.55	0.53	-14.43	35
781	张鹏	融通基金	2015/08~2023/12	101	2	-0.33	-0.09	-0.07	-0.19	0.83	0.11	-0.41	0.31	4.91	23.20	0.15	-42.56	83
782	邹曦	融通基金	2007/06~2023/12	194	9	1.00	0.29	0.20	0.94	0.85	-0.18	-0.19	0.23	5.65	26.95	0.13	-65.22	82
783	袁忠伟	瑞达基金	2015/05~2023/12	86	9	-3.29	-0.89	0.76	2.43*	1.03	-0.17	-0.28	0.00	-2.79	11.84	-0.37	-35.67	51

续表

编号	基金经理	当前任职公司	任职区间	任职时间（月）	管理基金数量（只）	选股能力		择时能力		β_{mkt}	β_{smb}	β_{hml}	β_{mom}	年化收益率（%）	年化波动率（%）	年化夏普比率	最大回撤率（%）	调整后 R^2（%）
						年化α（%）	t(α)	γ	t(γ)									
784	傅鹏博	睿远基金	2009/01~2023/12	169	3	2.51	0.69	0.52	1.81*	0.91	0.02	-0.58	0.34	15.41	23.87	0.56	-45.79	77
785	赵枫	睿远基金	2001/09~2023/12	112	3	12.15	3.19*	-0.20	-0.62	0.82	-0.45	-0.18	0.15	22.40	22.83	0.91	-36.11	83
786	朱璘	睿远基金	2019/03~2023/12	58	1	3.15	0.51	0.81	0.63	0.82	-0.29	-0.51	0.08	6.01	23.46	0.19	-45.79	82
787	杨旭	山西证券	2015/06~2023/12	89	14	-3.53	-0.91	0.28	0.84	0.80	-0.06	-0.58	0.06	-3.15	11.84	-0.40	-37.83	43
788	章海默	山西证券	2011/09~2023/12	59	2	0.43	0.09	-3.02	-3.21	0.97	-0.18	-0.19	-0.40	-11.84	14.63	-0.96	-47.26	77
789	庄波	山西证券	2015/03~2023/12	56	3	9.66	1.71*	-0.67	-1.92	0.76	-0.20	-0.04	-0.34	5.52	17.08	0.24	-29.37	66
790	傅奕翔	上海东方证券资产	2017/03~2023/12	53	6	4.01	0.62	0.63	0.56	0.66	-0.16	-0.50	0.18	5.78	15.04	0.29	-33.36	49
791	纪文静	上海东方证券资产	2015/07~2023/12	102	2	4.90	4.01*	0.06	0.53	0.66	-0.10	-0.09	-0.05	5.79	5.79	0.74	-6.73	72
792	孔令超	上海东方证券资产	2016/08~2023/12	89	1	4.63	4.09*	-0.08	-0.37	0.13	-0.05	0.05	0.02	5.73	4.00	1.06	-3.52	61
793	李竞	上海东方证券资产	2020/03~2023/12	46	6	4.24	0.47	0.59	0.34	0.67	-0.24	-0.58	-0.03	6.40	23.90	0.21	-45.42	73
794	刘辉	上海东方证券资产	2012/07~2023/12	121	5	2.83	0.46	0.87	1.12	0.96	0.00	-0.66	0.35	18.68	25.41	0.68	-47.37	60
795	刘锐	上海东方证券资产	2019/12~2023/12	42	4	14.51	1.19	1.71	0.78	0.97	-0.13	-0.40	0.27	23.32	24.70	0.91	-28.00	64
796	苗宇	上海东方证券资产	2015/02~2023/12	101	12	6.85	1.08	-0.01	-0.02	0.96	-0.03	-0.24	0.26	10.52	27.92	0.33	-44.58	70

续表

编号	基金经理	当前任职公司	任职区间	任职时间(月)	管理基金数量(只)	选股能力		择时能力		β_{mkt}	β_{smb}	β_{hml}	β_{mom}	年化收益率(%)	年化波动率(%)	年化夏普比率	最大回撤率(%)	调整后 R^2(%)
						年化α(%)	t(α)	γ	t(γ)									
797	秦绪文	上海东方证券资产	2016/01~2023/12	96	6	12.94	3.14*	-1.70	-2.47	1.02	-0.31	-0.49	-0.11	9.91	18.23	0.46	-41.94	73
798	王延飞	上海东方证券资产	2015/06~2023/12	103	5	12.22	2.58*	-0.14	-0.33	0.73	-0.30	-0.01	-0.02	8.93	20.65	0.36	-40.92	66
799	徐觅	上海东方证券资产	2017/09~2023/12	76	1	5.51	4.24*	-0.15	-0.69	0.85	-0.05	0.07	0.03	5.86	4.21	1.03	-3.52	64
800	杨仁眉	上海东方证券资产	2018/04~2023/12	57	5	12.98	1.76*	-1.53	-1.49	0.81	-0.59	-0.78	0.04	2.44	21.00	0.05	-49.88	73
801	张锋	上海东方证券资产	2008/06~2023/12	81	5	4.74	0.71	1.14	2.58*	0.65	-0.26	0.00	0.61	6.29	20.98	0.20	-40.66	61
802	张伟锋	上海东方证券资产	2020/09~2023/12	40	2	0.35	0.03	1.94	0.73	0.73	-0.42	0.43	0.20	-4.38	22.55	-0.26	-42.20	65
803	周杨	上海东方证券资产	2019/06~2023/12	55	5	7.07	1.32	0.06	0.06	0.71	-0.09	-0.47	-0.21	10.52	20.07	0.45	-30.77	83
804	周云	上海东方证券资产	2015/09~2023/12	100	8	11.88	3.46*	-0.28	-0.90	1.06	-0.12	-0.08	-0.01	13.19	17.21	0.68	-20.85	75
805	孟巍	上海光大证券资产	2020/06~2023/12	43	2	-2.98	-0.45	-0.01	0.00	0.75	-0.22	-0.46	-0.19	-6.37	18.50	-0.43	-44.04	78
806	应超	上海光大证券资产	2020/09~2023/12	40	3	0.55	0.09	1.24	0.81	1.10	-0.28	-0.24	0.05	-3.60	16.61	-0.31	-33.15	78

续表

编号	基金经理	当前任职公司	任职区间	任职时间（月）	管理基金数量（只）	选股能力		择时能力		β_{mkt}	β_{smb}	β_{hml}	β_{mom}	年化收益率（%）	年化波动率（%）	年化夏普比率	最大回撤率（%）	调整后 R^2（%）
						年化 α(%)	t(α)	γ	t(γ)									
807	王海军	上海国泰君安证券资产	2012/06~2023/12	101	6	0.30	0.05	-0.30	-0.70	0.97	-0.22	-0.36	-0.19	2.63	24.76	0.03	-56.03	67
808	胡倩	上海海通证券资产	2011/04~2023/12	83	7	-5.80	-2.00	0.05	0.11	1.12	0.17	0.12	0.07	1.53	18.00	-0.05	-33.60	91
809	陈博	上银基金	2020/02~2023/12	47	4	7.91	1.14	1.17	0.89	1.01	-0.28	0.32	-0.14	8.96	18.40	0.41	-27.12	73
810	翟云飞	上银基金	2016/02~2023/12	88	9	1.44	0.42	-0.86	-1.56	0.90	-0.08	-0.04	0.04	2.90	14.54	0.10	-36.38	74
811	卢扬	上银基金	2014/10~2023/12	90	11	2.60	0.47	-0.54	-1.39	0.87	0.16	-0.38	0.25	2.07	26.05	0.02	-52.50	76
812	赵治烨	上银基金	2015/05~2023/12	104	8	6.42	1.54	0.76	2.07*	1.06	-0.02	0.12	-0.11	8.66	21.40	0.33	-30.32	76
813	张志梅	尚正基金	2017/12~2023/12	53	4	7.42	1.10	0.06	0.06	0.94	-0.19	0.40	-0.02	1.30	16.88	-0.01	-32.34	65
814	付娟	申万菱信基金	2012/04~2023/12	139	11	5.31	1.35	0.37	1.15	0.46	0.18	-0.41	0.52	15.49	25.71	0.53	-47.13	80
815	季鹏	申万菱信基金	2013/08~2023/12	109	7	0.66	0.24	-0.33	-1.59	0.49	-0.05	-0.40	0.10	6.29	21.37	0.22	-45.36	89
816	刘敦	申万菱信基金	2018/03~2023/12	70	4	4.42	1.43	0.58	1.20	0.97	-0.19	0.11	0.18	6.00	16.41	0.27	-21.59	88
817	夏祥全	申万菱信基金	2020/10~2023/12	39	3	4.84	1.61	-0.91	-1.23	0.85	-0.24	0.00	0.12	-2.75	11.41	-0.37	-23.55	90
818	俞诚	申万菱信基金	2017/07~2023/12	67	5	4.23	0.93	-1.04	-1.05	0.85	0.00	-0.24	0.17	3.74	16.61	0.14	-31.42	77
819	周小波	申万菱信基金	2020/06~2023/12	43	7	5.02	0.47	0.72	0.36	0.90	-0.21	-0.68	0.09	3.71	24.12	0.09	-44.11	65
820	常璐	太平基金	2017/12~2023/12	50	7	-6.36	-0.89	0.29	0.21	0.14	-0.09	-0.57	0.02	-2.89	21.23	-0.21	-47.01	77
821	林开盛	太平基金	2017/05~2023/12	80	2	-4.53	-0.54	-0.08	-0.05	0.91	0.00	-0.56	0.30	0.69	23.57	-0.03	-54.52	46
822	陈鹏辉	泰康基金	2019/07~2023/12	44	5	9.11	1.59	1.14	0.86	0.91	-0.04	-0.62	-0.16	17.76	17.51	0.95	-27.30	79
823	陈怡	泰康基金	2017/11~2023/12	74	3	9.19	1.56	-0.69	-0.73	0.83	-0.32	-0.32	-0.10	5.66	18.59	0.22	-37.39	64

续表

编号	基金经理	当前任职公司	任职区间	任职时间（月）	管理基金数量（只）	选股能力		择时能力		β_{mkt}	β_{smb}	β_{hml}	β_{mom}	年化收益率（%）	年化波动率（%）	年化夏普比率	最大回撤率（%）	调整后 R^2（%）
						年化α(%)	t(α)	γ	t(γ)									
824	桂跃强	泰康基金	2011/06~2023/12	148	10	0. 31	0. 09	0. 86	2. 87*	0. 09	0. 01	-0. 08	0. 11	9. 67	18. 42	0. 42	-35. 67	66
825	黄成扬	泰康基金	2017/11~2023/12	74	3	8. 20	1. 55	-2. 46	-2. 87	0. 70	-0. 25	-0. 05	0. 02	-0. 40	18. 41	-0. 10	-45. 66	70
826	金宏伟	泰康基金	2017/08~2023/12	77	5	8. 25	2. 03*	-0. 85	-1. 26	1. 03	-0. 18	-0. 21	-0. 11	5. 71	15. 49	0. 27	-29. 89	73
827	刘伟	泰康基金	2017/05~2023/12	80	4	1. 84	0. 45	-1. 29	-1. 86	0. 89	-0. 14	-0. 24	0. 06	0. 56	16. 20	-0. 06	-45. 11	73
828	任慧娟	泰康基金	2016/05~2023/12	92	3	6. 71	1. 82*	-0. 75	-1. 11	0. 96	-0. 20	-0. 20	-0. 14	5. 72	14. 78	0. 29	-32. 80	68
829	宋仁杰	泰康基金	2019/09~2023/12	52	2	16. 74	2. 29*	-2. 31	-1. 59	0. 25	-0. 11	-0. 25	0. 11	13. 52	19. 26	0. 62	-30. 47	69
830	薛小波	泰康基金	2015/02~2023/12	96	8	3. 79	0. 90	0. 64	2. 07*	0. 72	-0. 16	-0. 65	0. 09	9. 65	17. 62	0. 47	-34. 07	67
831	董季周	泰信基金	2019/07~2023/12	54	2	10. 08	0. 70	-1. 53	-0. 52	0. 23	0. 26	-0. 91	0. 30	19. 24	31. 64	0. 56	-49. 35	53
832	董山青	泰信基金	2015/03~2023/12	106	5	9. 84	1. 55	0. 65	1. 32	0. 18	-0. 16	-0. 41	-0. 19	13. 91	20. 36	0. 61	-29. 24	36
833	王博强	泰信基金	2015/03~2023/12	106	5	-7. 43	-1. 48	0. 52	1. 33	0. 90	0. 21	-0. 28	0. 27	0. 88	24. 53	-0. 03	-48. 85	72
834	吴秉韬	泰信基金	2019/07~2023/12	54	4	12. 77	1. 03	0. 53	0. 22	0. 10	0. 04	-0. 57	0. 31	22. 14	27. 45	0. 75	-47. 24	54
835	徐慕浩	泰信基金	2019/08~2023/12	53	2	19. 57	2. 64*	-1. 64	-1. 10	0. 69	-0. 06	-0. 24	0. 01	19. 44	20. 82	0. 86	-29. 85	72
836	朱志权	泰信基金	2008/06~2023/12	187	5	-7. 51	-2. 27	0. 30	1. 28	0. 59	0. 24	-0. 25	0. 34	4. 97	24. 75	0. 12	-62. 92	80
837	陈国光	天弘基金	2012/04~2023/12	137	9	0. 74	0. 15	-0. 04	-0. 09	0. 97	0. 15	-0. 45	0. 25	13. 07	26. 41	0. 43	-39. 64	70
838	杜广	天弘基金	2020/05~2023/12	40	4	1. 14	0. 16	-0. 29	-0. 20	1. 17	0. 06	0. 03	-0. 25	4. 37	16. 84	0. 18	-18. 93	74
839	谷琦彬	天弘基金	2018/05~2023/12	68	7	6. 77	1. 71*	-0. 92	-1. 51	1. 01	0. 04	-0. 17	0. 09	7. 84	17. 41	0. 36	-30. 16	83
840	郭相博	天弘基金	2018/01~2023/12	72	3	7. 62	0. 77	0. 69	0. 45	0. 90	0. 10	-0. 22	0. 36	14. 48	26. 90	0. 48	-39. 21	54
841	姜晓丽	天弘基金	2014/03~2023/12	88	15	3. 44	1. 98*	0. 17	1. 38	0. 95	0. 00	-0. 09	0. 07	7. 12	4. 80	1. 14	-9. 17	31
842	李宁	天弘基金	2015/03~2023/12	76	3	1. 29	0. 34	-1. 01	-3. 85	1. 13	0. 19	0. 23	0. 41	-3. 23	21. 78	-0. 22	-53. 75	87

续表

编号	基金经理	当前任职公司	任职区间	任职时间（月）	管理基金数量（只）	选股能力		择时能力		β_{mkt}	β_{smb}	β_{hml}	β_{mom}	年化收益率（%）	年化波动率（%）	年化夏普比率	最大回撤率（%）	调整后 R^2（%）
						年化α(%)	t(α)	γ	t(γ)									
843	刘国江	天弘基金	2019/04~2023/12	57	3	8.48	0.86	-0.35	-0.17	0.91	-0.44	0.22	-0.25	0.99	21.39	-0.02	-42.55	48
844	刘盟盟	天弘基金	2018/01~2023/12	72	1	5.15	0.55	0.98	0.67	0.89	0.11	-0.20	0.40	13.06	25.55	0.45	-36.87	55
845	于洋	天弘基金	2019/08~2023/12	53	6	4.60	0.64	0.27	0.25	0.86	-0.09	-0.58	0.26	11.76	23.98	0.43	-43.21	74
846	张寓	天弘基金	2020/07~2023/12	42	7	1.18	0.46	0.24	0.37	0.73	0.01	-0.11	-0.05	1.41	8.03	-0.01	-13.19	83
847	赵鼎龙	天弘基金	2019/11~2023/12	50	3	3.31	0.74	-0.02	-0.02	0.83	-0.12	0.05	0.01	4.77	14.54	0.22	-21.38	81
848	周楷宁	天弘基金	2020/01~2023/12	48	3	3.46	0.72	0.19	0.21	0.87	-0.08	-0.10	-0.01	5.26	15.15	0.25	-20.27	81
849	许家涵	天治基金	2015/06~2023/12	103	5	-1.45	-0.33	-0.29	-0.74	0.94	-0.03	-0.33	0.26	-2.14	22.53	-0.16	-49.96	76
850	杨喆	同泰基金	2019/08~2023/12	53	6	-6.19	-0.95	0.15	0.12	0.80	-0.07	-0.30	0.08	-1.72	19.43	-0.17	-41.98	75
851	高源	万家基金	2015/07~2023/12	99	14	9.96	2.58*	-0.63	-1.93	0.65	-0.13	0.06	0.12	6.55	19.41	0.26	-25.75	77
852	耿嘉洲	万家基金	2020/05~2023/12	44	2	20.01	1.12	-3.11	-0.92	0.82	0.02	-0.81	0.24	14.09	30.91	0.41	-50.62	40
853	谷丹青	万家基金	2020/11~2023/12	38	2	2.61	2.4*	-0.32	-1.23	1.01	-0.03	0.00	0.03	2.52	1.53	0.67	-1.22	29
854	黄海	万家基金	2020/09~2023/12	40	4	-5.29	-0.29	9.36	2.08*	0.73	-0.01	1.17	1.01	16.68	27.11	0.56	-23.67	31
855	黄兴亮	万家基金	2014/02~2023/12	115	9	6.14	1.03	0.00	0.01	0.92	-0.01	-0.78	-0.06	13.25	25.75	0.45	-48.69	62
856	李文宾	万家基金	2017/01~2023/12	84	15	7.80	1.21	-1.01	-0.90	0.83	0.12	-0.30	0.33	10.25	23.05	0.38	-35.28	65
857	刘宏达	万家基金	2017/12~2023/12	69	5	7.86	1.13	-1.36	-1.28	0.92	-0.27	-0.10	-0.07	0.56	19.42	-0.05	-45.75	61
858	刘洋	万家基金	2018/09~2023/12	64	3	13.71	1.50	-1.05	-0.74	0.81	-0.02	-0.37	0.05	16.08	22.20	0.66	-29.81	50
859	莫海波	万家基金	2015/05~2023/12	104	13	8.32	1.49	0.27	0.55	0.82	-0.02	-0.14	0.21	8.88	22.35	0.33	-32.61	60
860	乔亮	万家基金	2019/08~2023/12	53	5	-6.08	-1.14	1.40	1.32	1.01	0.13	-0.26	0.13	5.23	17.77	0.21	-25.86	80
861	束金伟	万家基金	2019/12~2023/12	49	3	12.70	1.23	0.66	0.34	0.76	0.11	-0.08	0.25	20.31	21.30	0.88	-23.55	54

续表

编号	基金经理	当前任职公司	任职区间	任职时间（月）	管理基金数量（只）	选股能力		择时能力		β_{mkt}	β_{smb}	β_{hml}	β_{mom}	年化收益率（%）	年化波动率（%）	年化夏普比率	最大回撤率（%）	调整后 R^2（%）
						年化α(%)	t(α)	γ	t(γ)									
862	苏谋东	万家基金	2015/05~2023/12	98	10	0.48	0.43	0.36	2.55*	0.11	-0.05	-0.05	0.01	2.77	3.41	0.38	-9.49	43
863	叶勇	万家基金	2018/08~2023/12	65	3	4.14	0.39	-0.79	-0.47	0.68	0.29	0.28	0.58	12.23	24.95	0.43	-32.11	44
864	尹航	万家基金	2020/07~2023/12	42	5	6.34	0.59	-2.62	-0.96	0.82	-0.14	-0.39	0.23	-4.97	19.96	-0.32	-39.60	53
865	章恒	万家基金	2014/11~2023/12	59	7	10.94	1.05	1.18	1.33	1.21	0.06	0.03	0.29	27.29	26.28	0.99	-26.25	56
866	陈保国	西部利得基金	2020/02~2023/12	47	7	6.76	0.81	-0.05	-0.03	0.89	-0.08	-0.59	-0.15	7.70	21.03	0.29	-42.88	70
867	何奇	西部利得基金	2015/08~2023/12	97	9	1.46	0.16	0.23	0.29	1.02	0.08	0.94	0.26	4.10	29.22	0.09	-45.96	46
868	林静	西部利得基金	2017/03~2023/12	82	4	3.79	0.95	-0.30	-0.43	0.79	-0.12	-0.26	0.05	4.70	11.14	0.29	-27.14	43
869	盛丰衍	西部利得基金	2019/03~2023/12	58	3	13.72	2.74*	-0.38	-0.36	0.96	0.08	-0.45	0.27	20.08	20.12	0.92	-30.98	85
870	陶星言	西部利得基金	2020/07~2023/12	42	2	-10.70	-0.89	5.46	1.79*	0.78	-0.37	0.01	0.09	-8.22	22.27	-0.44	-50.52	52
871	童国林	西部利得基金	2004/05~2023/12	71	6	9.84	1.78*	0.06	0.07	0.76	-0.15	0.06	0.34	12.30	16.64	0.66	-18.87	68
872	张昌平	西部利得基金	2020/11~2023/12	38	2	4.02	0.33	2.35	0.80	0.51	-0.07	-0.46	0.30	3.64	24.04	0.09	-35.60	63
873	周平	西部利得基金	2014/03~2023/12	38	7	0.98	0.21	-0.27	-0.47	1.04	-0.10	-0.22	-0.03	3.61	6.54	0.26	-10.22	30
874	吴逸	西藏东财基金	2020/07~2023/12	42	3	-4.15	-0.52	0.93	0.46	0.49	-0.19	-0.24	0.15	-8.46	17.47	-0.57	-41.88	66
875	车广路	湘财基金	2012/03~2023/12	138	12	-3.23	-0.74	-0.08	-0.22	0.24	0.12	-0.06	-0.03	5.70	25.11	0.15	-64.83	75
876	程涛	湘财基金	2010/04~2023/12	104	13	-16.02	-2.63	1.76	2.02*	0.86	0.37	-0.20	0.31	-0.69	22.32	-0.14	-52.35	63
877	徐亦达	湘财基金	2020/05~2023/12	44	8	2.79	0.30	-0.23	-0.12	0.89	0.07	-0.18	-0.04	6.47	20.10	0.25	-34.90	61
878	蔡春红	新华基金	2015/07~2023/12	102	5	4.06	0.89	-0.40	-0.99	0.65	-0.14	-0.04	0.02	2.60	20.49	0.05	-39.97	69
879	赖庆鑫	新华基金	2017/02~2023/12	76	7	6.04	0.90	-0.63	-0.57	0.83	-0.10	-0.22	0.18	5.05	23.02	0.16	-36.05	69
880	王永明	新华基金	2017/02~2023/12	83	7	-1.01	-0.19	0.06	0.07	0.45	0.08	-0.29	0.06	2.48	17.99	0.05	-39.89	63

续表

编号	基金经理	当前任职公司	任职区间	任职时间（月）	管理基金数量（只）	选股能力		择时能力		β_{mkt}	β_{smb}	β_{hml}	β_{mom}	年化收益率（%）	年化波动率（%）	年化夏普比率	最大回撤率（%）	调整后 R^2（%）
						年化 α(%)	t(α)	γ	t(γ)									
881	赵强	新华基金	2014/03~2023/12	94	9	2.00	0.41	-0.10	-0.12	0.79	0.02	-0.51	0.20	12.62	20.85	0.53	-40.22	70
882	林材	新疆前海联合基金	2012/08~2023/12	122	9	2.68	0.58	0.22	0.37	0.84	-0.29	-0.22	-0.05	9.75	20.33	0.39	-48.28	64
883	王静	新疆前海联合基金	2017/06~2023/12	79	9	1.05	0.20	-1.14	-1.32	0.89	-0.11	-0.19	0.09	-0.27	15.91	-0.11	-42.50	58
884	熊钰	新疆前海联合基金	2020/05~2023/12	44	1	11.57	0.94	-0.31	-0.13	0.76	-0.44	-0.24	-0.15	5.66	24.21	0.17	-41.38	54
885	张磊	新疆前海联合基金	2020/06~2023/12	43	3	-0.83	-0.08	2.03	0.99	0.85	-0.01	-1.00	0.25	8.13	28.53	0.23	-48.96	73
886	张文	新疆前海联合基金	2020/10~2023/12	39	1	2.63	0.64	1.59	1.58	0.90	-0.23	0.16	0.04	2.09	9.89	0.06	-11.67	74
887	张永任	新疆前海联合基金	2020/05~2023/12	44	4	8.06	1.45	0.74	0.71	0.85	-0.28	-0.33	-0.21	7.85	18.83	0.34	-22.30	84
888	张勇	新疆前海联合基金	2017/04~2023/12	61	4	-0.24	-0.05	0.03	0.04	0.69	-0.20	-0.30	-0.04	-3.61	14.20	-0.36	-28.43	61
889	陈乐华	新沃基金	2014/10~2023/12	97	7	-4.32	-0.63	-0.13	-0.26	0.83	0.31	-0.38	0.49	5.18	31.99	0.12	-56.64	74
890	李彪	鑫元基金	2019/06~2023/12	55	6	4.87	0.82	0.69	0.57	0.86	-0.20	-0.50	-0.11	8.14	18.56	0.36	-24.23	76
891	曾国富	信达澳亚基金	2008/07~2023/12	175	12	-2.92	-0.58	0.70	2.05*	0.39	0.28	-0.33	0.59	11.47	28.36	0.33	-49.05	68
892	冯明远	信达澳亚基金	2016/10~2023/12	87	10	14.68	2.16*	-0.60	-0.50	1.01	0.04	-0.65	0.16	17.21	24.47	0.64	-42.17	64
893	李淑彦	信达澳亚基金	2020/10~2023/12	39	4	5.78	0.50	0.79	0.28	0.33	0.03	-0.58	0.31	4.26	23.29	0.12	-41.00	62

续表

编号	基金经理	当前任职公司	任职区间	任职时间（月）	管理基金数量（只）	选股能力		择时能力		β_{mkt}	β_{smb}	β_{hml}	β_{mom}	年化收益率（%）	年化波动率（%）	年化夏普比率	最大回撤率（%）	调整后 R^2（%）
						年化α(%)	t(α)	γ	t(γ)									
894	林景艺	信达澳亚基金	2015/05~2023/12	96	5	1.98	0.92	0.01	0.07	0.69	0.07	0.11	0.18	2.63	19.76	0.06	-35.41	93
895	刘小明	信达澳亚基金	2019/12~2023/12	41	7	-11.18	-0.99	-2.80	-1.00	0.27	-0.14	0.31	0.71	-9.45	20.82	-0.54	-53.31	51
896	沈莉	信达澳亚基金	2019/11~2023/12	43	5	13.36	1.01	-1.84	-0.68	1.04	-0.11	0.19	0.38	15.57	22.69	0.64	-24.70	49
897	是星涛	信达澳亚基金	2016/02~2023/12	89	6	9.97	2.64*	-0.38	-0.63	1.07	-0.12	-0.09	-0.05	11.99	16.50	0.64	-27.17	75
898	吴清宇	信达澳亚基金	2018/12~2023/12	50	6	1.46	0.15	0.61	0.45	0.75	0.00	-0.90	-0.09	12.29	23.02	0.48	-31.65	67
899	杨珂	信达澳亚基金	2020/05~2023/12	44	3	3.01	0.21	1.47	0.55	0.67	-0.03	-0.02	0.38	10.09	25.46	0.34	-32.30	43
900	朱然	信达澳亚基金	2017/11~2023/12	71	7	11.77	1.15	0.01	0.01	0.18	0.09	-0.86	0.28	18.18	26.12	0.65	-38.00	52
901	邹运	信达澳亚基金	2019/05~2023/12	56	6	8.58	0.86	0.29	0.14	0.82	-0.62	0.08	0.15	3.60	22.89	0.09	-53.78	53
902	孙祺	兴合基金	2016/04~2023/12	40	2	3.21	0.75	-3.20	-1.47	0.67	-0.16	-0.34	-0.19	-3.87	8.32	-0.66	-25.76	57
903	高圣	兴业基金	2018/03~2023/12	70	1	6.27	1.00	-0.29	-0.29	0.45	-0.11	-0.42	-0.01	7.29	17.66	0.33	-26.88	58
904	蒋丽丝	兴业基金	2020/12~2023/12	37	1	-13.87	-1.30	4.36	1.73*	0.74	-0.15	-0.02	-0.09	-10.97	19.32	-0.65	-34.83	59
905	腊博	兴业基金	2015/05~2023/12	104	4	2.56	1.39	0.54	3.35*	0.86	-0.08	-0.13	-0.06	5.74	5.64	0.75	-17.65	31
906	刘方旭	兴业基金	2015/12~2023/12	97	6	5.64	1.61	0.17	0.51	0.71	-0.20	-0.25	0.10	6.52	17.84	0.28	-37.07	76
907	楼华锋	兴业基金	2016/12~2023/12	58	11	6.13	1.11	-0.31	-0.33	0.43	0.05	0.07	0.33	13.98	17.89	0.71	-18.99	71
908	钱睿南	兴业基金	2008/02~2023/12	183	10	3.80	1.40	0.08	0.44	0.72	0.09	-0.17	0.29	9.26	20.33	0.35	-44.33	81
909	徐玉良	兴业基金	2020/10~2023/12	39	3	-7.25	-0.96	1.08	0.59	0.48	-0.13	-0.28	0.15	-8.77	14.44	-0.71	-37.35	59
910	邹慧	兴业基金	2020/11~2023/12	38	3	9.75	1.19	-0.33	-0.16	1.04	0.03	-0.45	0.36	5.08	22.53	0.16	-30.73	81
911	孔晓语	兴银基金	2017/06~2023/12	69	7	-0.02	0.00	0.07	0.08	0.96	0.02	-0.48	-0.03	2.76	15.40	0.08	-27.83	73
912	王卫	兴银基金	2020/12~2023/12	37	2	-3.67	-0.41	-1.91	-0.90	0.83	0.18	-0.41	-0.02	-8.41	19.15	-0.52	-36.38	71

续表

编号	基金经理	当前任职公司	任职区间	任职时间（月）	管理基金数量（只）	选股能力		择时能力		β_{mkt}	β_{smb}	β_{hml}	β_{mom}	年化收益率（%）	年化波动率（%）	年化夏普比率	最大回撤率（%）	调整后 R^2（%）
						年化α(%)	t(α)	γ	t(γ)									
913	张世略	兴银基金	2020/11～2023/12	38	4	-3. 33	-0. 24	-0. 34	-0. 10	0. 45	0. 23	-0. 93	0. 25	-3. 33	26. 62	-0. 18	-47. 26	62
914	陈宇	兴证全球基金	2017/09～2023/12	76	2	9. 97	1. 77*	-0. 76	-0. 81	0. 84	-0. 18	-0. 55	0. 13	9. 83	21. 01	0. 40	-43. 49	73
915	董理	兴证全球基金	2015/03～2023/12	94	7	2. 75	0. 73	0. 37	1. 39	0. 44	-0. 01	-0. 15	0. 35	6. 56	20. 92	0. 24	-36. 87	83
916	何以广	兴证全球基金	2015/05～2023/12	95	11	9. 72	2. 11*	-0. 54	-1. 38	0. 74	0. 11	-0. 29	0. 31	8. 59	24. 41	0. 29	-39. 61	80
917	季文华	兴证全球基金	2016/03～2023/12	91	5	7. 29	1. 38	0. 19	0. 16	0. 93	-0. 26	-0. 44	-0. 07	6. 34	19. 87	0. 25	-49. 26	68
918	林翠萍	兴证全球基金	2016/04～2023/12	82	3	8. 23	1. 14	-3. 32	-2. 62	0. 24	-0. 37	0. 23	-0. 20	-0. 17	20. 46	-0. 08	-55. 25	45
919	钱鑫	兴证全球基金	2020/12～2023/12	37	1	-6. 46	-0. 88	-0. 84	-0. 48	0. 91	-0. 02	-0. 46	0. 04	-12. 10	15. 74	-0. 86	-41. 94	71
920	乔迁	兴证全球基金	2017/07～2023/12	78	5	11. 58	3. 28*	-0. 86	-1. 46	0. 86	-0. 17	-0. 17	0. 05	10. 02	17. 79	0. 48	-29. 63	84
921	任相栋	兴证全球基金	2015/01～2023/12	93	4	9. 00	2. 31*	0. 04	0. 15	1. 06	0. 03	-0. 58	-0. 02	16. 19	25. 67	0. 58	-36. 94	87
922	童兰	兴证全球基金	2020/07～2023/12	42	2	6. 81	1. 25	-2. 44	-1. 76	0. 88	-0. 26	-0. 15	0. 04	-5. 68	14. 37	-0. 50	-34. 27	77
923	王品	兴证全球基金	2009/06～2023/12	159	5	0. 05	0. 02	0. 30	1. 46	0. 75	0. 03	-0. 23	0. 17	7. 10	19. 37	0. 26	-35. 74	83
924	谢书英	兴证全球基金	2014/04～2023/12	109	8	5. 65	1. 53	-0. 57	-2. 04	0. 92	-0. 15	-0. 44	-0. 02	10. 67	18. 19	0. 50	-28. 45	72
925	谢治宇	兴证全球基金	2013/01～2023/12	132	6	9. 20	2. 79*	0. 07	0. 28	0. 79	-0. 07	-0. 26	0. 04	15. 45	19. 42	0. 70	-36. 22	77
926	杨世进	兴证全球基金	2020/12～2023/12	37	3	-0. 63	-0. 09	-1. 14	-0. 72	0. 70	-0. 02	-0. 22	-0. 11	-7. 81	16. 41	-0. 57	-29. 03	78
927	邹欣	兴证全球基金	2015/12～2023/12	97	2	5. 30	1. 53	0. 57	1. 77*	0. 86	-0. 16	-0. 21	0. 06	7. 82	18. 23	0. 35	-42. 01	78
928	匡伟	兴证证券资产	2020/04～2023/12	45	4	11. 53	1. 82*	-1. 14	-0. 93	0. 34	-0. 34	-0. 34	0. 07	5. 18	17. 16	0. 21	-30. 63	75
929	毕仲圆	易方达基金	2019/04～2023/12	44	2	-8. 72	-0. 81	2. 17	0. 89	0. 74	-0. 57	-0. 03	0. 16	-18. 99	22. 78	-0. 92	-55. 96	68
930	蔡荣成	易方达基金	2019/04～2023/12	57	6	14. 78	1. 60	-1. 94	-1. 01	0. 44	0. 07	-0. 77	0. 05	15. 67	22. 07	0. 65	-29. 50	58
931	陈皓	易方达基金	2012/09～2023/12	136	14	2. 43	0. 78	0. 20	0. 83	0. 17	0. 15	-0. 46	0. 20	13. 55	23. 02	0. 51	-37. 98	85

续表

编号	基金经理	当前任职公司	任职区间	任职时间（月）	管理基金数量（只）	选股能力		择时能力		β_{mkt}	β_{smb}	β_{hml}	β_{mom}	年化收益率（%）	年化波动率（%）	年化夏普比率	最大回撤率（%）	调整后 R^2（%）
						年化 α(%)	t(α)	γ	t(γ)									
932	冯波	易方达基金	2010/01～2023/12	168	5	3. 33	0. 89	0. 00	0. 00	0. 76	0. 07	-0. 14	0. 32	10. 45	24. 48	0. 34	-49. 74	76
933	付浩	易方达基金	2004/02～2023/12	183	6	4. 47	1. 18	0. 07	0. 31	0. 47	-0. 15	-0. 02	0. 27	9. 99	20. 97	0. 37	-54. 16	69
934	郭杰	易方达基金	2012/10～2023/12	131	9	4. 50	0. 81	-0. 38	-0. 87	0. 74	-0. 14	-0. 01	0. 09	10. 59	26. 84	0. 33	-45. 61	66
935	何崇恺	易方达基金	2019/11～2023/12	50	2	-3. 95	-0. 27	4. 01	1. 43	0. 39	0. 23	-0. 64	0. 70	19. 61	31. 00	0. 58	-35. 95	56
936	纪玲云	易方达基金	2018/07～2023/12	66	2	4. 29	2. 47*	-0. 33	-1. 21	0. 37	-0. 08	-0. 04	-0. 05	3. 79	3. 71	0. 62	-3. 65	31
937	李一硕	易方达基金	2016/08～2023/12	89	4	5. 52	5. 07*	-0. 37	-1. 91	0. 20	-0. 05	-0. 01	-0. 04	5. 57	3. 34	1. 22	-3. 83	49
938	林高榜	易方达基金	2017/05～2023/12	80	3	4. 92	0. 77	0. 30	0. 28	0. 17	-0. 20	0. 20	0. 01	6. 41	20. 63	0. 24	-30. 51	60
939	刘健维	易方达基金	2019/07～2023/12	54	3	9. 73	1. 41	-1. 11	-0. 79	0. 57	0. 01	-0. 53	0. 02	13. 24	21. 99	0. 53	-32. 98	78
940	祁禾	易方达基金	2017/12～2023/12	73	8	9. 80	1. 7*	-0. 38	-0. 40	0. 26	-0. 06	-0. 64	0. 02	11. 96	20. 83	0. 50	-29. 82	73
941	孙松	易方达基金	2018/12～2023/12	61	1	15. 17	2. 63*	-1. 45	-1. 57	0. 63	-0. 39	-0. 19	0. 07	13. 42	20. 59	0. 58	-30. 87	78
942	王元春	易方达基金	2018/12～2023/12	61	4	24. 30	2. 44*	-1. 43	-0. 90	0. 23	-0. 55	0. 42	0. 21	19. 47	25. 94	0. 69	-37. 09	58
943	武阳	易方达基金	2015/08～2023/12	101	5	7. 19	1. 58	-0. 78	-1. 93	0. 76	-0. 15	-0. 34	0. 01	6. 35	23. 40	0. 21	-40. 52	77
944	萧楠	易方达基金	2012/09～2023/12	136	10	9. 07	1. 64*	0. 49	1. 12	0. 85	-0. 27	-0. 17	0. 01	13. 70	19. 93	0. 59	-36. 61	35
945	杨嘉文	易方达基金	2017/12～2023/12	73	6	13. 11	3. 62*	-1. 37	-2. 36	0. 67	-0. 02	-0. 09	0. 06	10. 75	16. 69	0. 55	-22. 80	83
946	杨康	易方达基金	2020/04～2023/12	45	21	3. 93	2. 15*	0. 15	0. 43	0. 70	-0. 05	-0. 04	0. 04	5. 34	3. 69	1. 04	-2. 74	54
947	杨添琦	易方达基金	2020/10～2023/12	39	1	-15. 95	-1. 23	3. 18	1. 00	0. 87	-0. 33	0. 22	0. 15	-17. 14	24. 31	-0. 77	-57. 53	57
948	杨桢霄	易方达基金	2016/08～2023/12	89	3	9. 10	1. 20	0. 03	0. 03	0. 85	0. 02	-0. 40	0. 20	12. 85	22. 99	0. 49	-46. 31	47
949	杨宗昌	易方达基金	2019/04～2023/12	57	3	10. 01	1. 20	2. 85	1. 67*	0. 72	0. 05	-0. 37	0. 31	24. 81	24. 36	0. 96	-17. 43	71
950	张坤	易方达基金	2015/11～2023/12	136	4	11. 62	1. 79*	-0. 47	-0. 77	1. 13	-0. 43	0. 03	-0. 22	7. 60	26. 46	0. 23	-48. 55	63

续表

编号	基金经理	当前任职公司	任职区间	任职时间（月）	管理基金数量（只）	选股能力		择时能力		β_{mkt}	β_{smb}	β_{hml}	β_{mom}	年化收益率（%）	年化波动率（%）	年化夏普比率	最大回撤率（%）	调整后 R^2（%）
						年化 α（%）	t(α)	γ	t(γ)									
951	张清华	易方达基金	2015/04~2023/12	105	13	9.29	1.83*	0.80	1.87*	1.06	-0.26	-0.50	0.16	11.92	17.45	0.60	-32.85	45
952	郑希	易方达基金	2012/09~2023/12	136	7	4.92	1.06	0.02	0.06	0.70	0.13	-0.75	0.23	14.72	26.14	0.49	-40.93	74
953	高喜阳	益民基金	2011/04~2023/12	61	7	3.87	0.56	-2.63	-1.99	0.62	0.22	-0.10	0.15	1.90	15.61	-0.05	-22.64	61
954	何晶	银河基金	2015/05~2023/12	65	7	2.79	0.46	0.73	1.05	0.51	-0.12	-0.11	0.16	5.76	11.71	0.37	-25.66	20
955	黄栋	银河基金	2015/06~2023/12	58	4	2.32	0.66	0.43	1.58	0.94	0.28	0.03	0.34	1.27	21.86	-0.01	-32.63	91
956	刘铭	银河基金	2017/05~2023/12	81	9	3.80	3.46*	-0.39	-2.08	0.95	-0.04	-0.06	0.04	4.46	3.93	0.75	-8.03	67
957	卢铁乔	银河基金	2012/12~2023/12	133	9	-1.98	-0.47	0.24	0.71	0.85	0.25	0.36	0.41	9.61	21.96	0.35	-47.48	69
958	罗博	银河基金	2016/12~2023/12	85	6	-2.70	-1.17	1.67	4.1*	0.84	0.06	0.02	0.19	5.03	11.91	0.30	-22.29	83
959	石磊	银河基金	2019/04~2023/12	57	5	1.67	0.52	-0.04	-0.06	1.07	-0.01	-0.08	0.06	4.01	7.06	0.36	-16.01	49
960	杨琪	银河基金	2017/01~2023/12	84	6	6.02	1.15	-1.76	-1.93	0.64	-0.26	-0.09	0.05	2.05	18.48	0.03	-46.66	64
961	袁曦	银河基金	2015/12~2023/12	97	11	5.10	1.15	0.28	0.68	0.82	-0.13	-0.75	0.15	7.58	23.53	0.26	-42.66	78
962	郑巍山	银河基金	2019/05~2023/12	56	4	28.39	1.7*	-5.40	-1.56	0.57	-0.30	-1.28	0.14	19.65	35.05	0.52	-51.53	45
963	祝建辉	银河基金	2015/12~2023/12	97	13	4.65	1.29	0.21	0.63	0.61	-0.06	-0.22	0.24	7.03	17.17	0.32	-31.60	73
964	薄官辉	银华基金	2015/04~2023/12	105	8	8.22	2.24*	-0.16	-0.52	0.93	-0.16	-0.31	-0.05	6.63	21.22	0.24	-34.55	81
965	贲兴振	银华基金	2013/02~2023/12	127	9	6.88	1.92*	-0.52	-1.86	0.07	-0.08	-0.20	0.11	8.54	18.74	0.36	-35.52	72
966	程桯	银华基金	2015/08~2023/12	96	5	4.44	0.96	0.04	0.10	0.34	-0.29	-0.16	-0.01	3.48	21.01	0.10	-49.87	72
967	杜宇	银华基金	2019/12~2023/12	49	3	3.88	0.34	0.10	0.05	0.74	-0.09	-0.85	-0.05	6.15	22.95	0.20	-35.24	52
968	方建	银华基金	2018/06~2023/12	67	5	12.00	1.11	0.09	0.06	1.06	-0.02	-0.67	0.21	18.80	29.10	0.59	-34.66	56
969	郭思捷	银华基金	2020/07~2023/12	42	3	-8.61	-1.00	1.15	0.53	0.61	-0.20	-0.05	0.23	-12.82	18.56	-0.77	-48.63	64

续表

编号	基金经理	当前任职公司	任职区间	任职时间（月）	管理基金数量（只）	选股能力		择时能力		β_{mkt}	β_{smb}	β_{hml}	β_{mom}	年化收益率（%）	年化波动率（%）	年化夏普比率	最大回撤率（%）	调整后 R^2（%）
						年化 α（%）	t(α)	γ	t(γ)									
970	和玮	银华基金	2018/08～2023/12	65	4	11.17	1.69*	−1.94	−1.87	0.54	−0.08	0.19	0.06	8.54	18.09	0.39	−27.90	59
971	胡银玉	银华基金	2020/04～2023/12	45	2	8.51	1.14	1.46	1.02	1.00	−0.26	0.07	0.23	11.13	16.41	0.59	−21.68	61
972	贾鹏	银华基金	2016/05～2023/12	92	5	1.50	0.42	0.82	1.27	0.83	−0.14	−0.19	0.08	6.06	16.65	0.27	−43.87	77
973	焦巍	银华基金	2012/10～2023/12	93	10	6.61	0.74	1.09	1.28	0.86	−0.10	0.11	0.61	17.69	29.13	0.56	−52.66	58
974	李晓星	银华基金	2015/07～2023/12	102	15	12.42	2.85*	−0.47	−1.23	1.12	−0.15	−0.31	−0.02	10.93	23.17	0.41	−39.50	78
975	李宜璇	银华基金	2018/03～2023/12	70	5	0.02	0.00	−0.35	−0.32	0.95	0.04	−0.50	−0.04	3.25	24.56	0.07	−47.58	74
976	刘辉	银华基金	2017/03～2023/12	82	4	2.83	0.46	0.87	1.12	0.90	0.00	−0.66	0.35	18.68	25.41	0.68	−47.37	60
977	马君	银华基金	2013/12～2023/12	96	8	4.51	1.14	−1.66	−3.02	1.04	0.07	−0.25	0.14	9.37	18.36	0.42	−32.27	75
978	倪明	银华基金	2008/01～2023/12	188	9	−1.93	−0.69	0.22	1.22	0.92	−0.01	−0.14	0.27	4.97	23.60	0.12	−56.25	85
979	秦锋	银华基金	2018/02～2023/12	71	2	4.37	0.52	−0.89	−0.67	0.79	−0.42	−0.01	0.01	−2.48	22.84	−0.17	−51.93	54
980	苏静然	银华基金	2017/08～2023/12	77	6	4.49	0.88	−0.94	−1.11	0.72	−0.20	−0.01	0.12	1.68	19.88	0.01	−45.36	75
981	孙蓓琳	银华基金	2012/07～2023/12	134	8	4.40	1.39	0.40	1.62	0.86	−0.06	−0.20	0.22	12.93	21.59	0.52	−33.37	83
982	孙慧	银华基金	2016/10～2023/12	87	2	6.25	1.04	−0.58	−0.54	0.87	−0.02	0.03	0.10	6.84	19.32	0.28	−35.21	55
983	唐能	银华基金	2015/05～2023/12	104	8	3.84	0.75	0.13	0.29	0.87	−0.10	−0.09	0.28	2.80	21.91	0.06	−45.55	65
984	王斌	银华基金	2016/02～2023/12	95	4	14.90	2.02*	0.74	0.63	0.59	0.11	0.05	0.25	26.55	21.01	1.19	−22.36	64
985	王海峰	银华基金	2016/03～2023/12	94	7	5.18	1.47	1.02	1.59	0.77	0.02	0.02	0.16	11.00	14.93	0.64	−19.73	71
986	王浩	银华基金	2015/11～2023/12	98	7	6.32	1.25	−0.07	−0.15	0.14	−0.08	−0.43	0.01	7.45	22.27	0.27	−37.49	68
987	王利刚	银华基金	2019/12～2023/12	49	4	−2.87	−0.27	1.91	0.95	0.08	0.05	−0.24	0.17	6.71	19.78	0.26	−28.44	45
988	王智伟	银华基金	2020/11～2023/12	38	5	4.95	0.64	0.86	0.47	0.29	−0.12	−0.15	0.19	4.40	10.94	0.26	−12.61	30

续表

编号	基金经理	当前任职公司	任职区间	任职时间（月）	管理基金数量（只）	选股能力		择时能力		β_{mkt}	β_{smb}	β_{hml}	β_{mom}	年化收益率（%）	年化波动率（%）	年化夏普比率	最大回撤率（%）	调整后 R^2（%）
						年化α(%)	t(α)	γ	t(γ)									
989	魏卓	银华基金	2020/06~2023/12	43	2	1.94	0.15	-0.46	-0.18	0.69	-0.42	0.06	0.14	-5.45	22.40	-0.31	-46.41	41
990	向伊达	银华基金	2019/12~2023/12	49	6	8.45	0.70	-0.57	-0.24	0.90	0.12	-0.56	0.10	13.43	25.67	0.46	-46.11	56
991	张凯	银华基金	2016/04~2023/12	93	4	1.15	0.26	-2.27	-2.79	0.69	-0.18	-0.44	0.09	-2.46	17.21	-0.23	-46.27	65
992	张萍	银华基金	2018/11~2023/12	62	14	11.05	1.53	0.05	0.05	0.88	-0.23	-0.27	0.05	15.07	21.44	0.63	-38.71	68
993	赵楠楠	银华基金	2019/09~2023/12	52	5	2.66	1.91*	-0.22	-0.81	1.32	-0.03	-0.04	0.04	3.47	2.76	0.71	-2.74	45
994	周晶	银华基金	2013/02~2023/12	114	5	6.41	1.57	-0.70	-1.28	0.28	-0.12	-0.02	0.24	15.00	18.64	0.72	-41.86	69
995	周书	银华基金	2018/04~2023/12	69	4	12.49	1.34	-0.80	-0.55	1.00	-0.45	0.33	0.26	6.86	25.21	0.21	-57.39	55
996	张大铮	英大基金	2020/01~2023/12	48	2	-0.22	-0.04	1.71	1.52	1.33	0.05	-0.02	0.03	8.50	20.41	0.34	-24.34	84
997	张媛	英大基金	2018/01~2023/12	72	5	9.38	2.04*	0.22	0.31	0.40	-0.03	0.20	0.09	10.65	17.77	0.51	-19.71	77
998	常远	永赢基金	2016/01~2023/12	85	5	1.64	0.32	0.34	0.36	1.01	-0.29	-0.50	0.19	2.42	20.28	0.05	-52.15	72
999	高楠	永赢基金	2017/11~2023/12	62	6	18.60	1.8*	0.86	0.53	1.10	-0.01	-0.75	-0.11	20.19	26.69	0.73	-33.99	59
1000	光磊	永赢基金	2015/04~2023/12	99	10	4.85	0.91	-0.51	-1.17	0.88	0.07	-0.30	0.33	3.02	23.79	0.06	-49.10	70
1001	黄韵	永赢基金	2014/10~2023/12	101	11	1.53	0.52	0.23	1.05	0.61	-0.14	-0.16	-0.06	5.44	9.64	0.40	-29.75	41
1002	李永兴	永赢基金	2012/03~2023/12	108	14	5.96	1.43	-0.38	-0.76	0.04	-0.28	0.19	0.04	11.86	19.68	0.51	-32.35	74
1003	牟琼屿	永赢基金	2019/06~2023/12	55	1	3.45	1.49	0.35	0.74	0.76	-0.05	-0.08	0.10	6.97	9.39	0.58	-12.10	86
1004	晏青	永赢基金	2020/03~2023/12	46	3	-14.36	-1.81	4.05	2.65*	0.29	-0.21	-0.09	-0.03	-2.80	18.48	-0.23	-44.48	65
1005	于航	永赢基金	2015/04~2023/12	103	8	5.42	0.77	0.35	0.61	0.28	0.10	-0.42	0.69	7.97	32.16	0.20	-62.04	70
1006	陈臣	圆信永丰基金	2020/05~2023/12	44	2	7.56	0.88	-0.23	-0.14	0.92	-0.34	-0.31	-0.05	3.57	20.49	0.10	-38.38	68
1007	范妍	圆信永丰基金	2015/10~2023/12	99	13	8.09	3.09*	0.86	3.51*	0.25	-0.08	-0.32	0.18	13.38	14.89	0.80	-23.86	81

续表

编号	基金经理	当前任职公司	任职区间	任职时间（月）	管理基金数量（只）	选股能力		择时能力		β_{mkt}	β_{smb}	β_{hml}	β_{mom}	年化收益率（%）	年化波动率（%）	年化夏普比率	最大回撤率（%）	调整后 R^2（%）
						年化α(%)	t(α)	γ	t(γ)									
1008	胡春霞	圆信永丰基金	2018/03~2023/12	70	5	1.42	0.28	-0.06	-0.07	0.78	-0.04	-0.48	0.11	4.76	19.79	0.16	-44.17	78
1009	汪萍	圆信永丰基金	2020/05~2023/12	44	2	11.70	1.54	-1.45	-1.01	0.93	-0.11	-0.62	-0.13	8.30	20.71	0.33	-32.92	76
1010	肖世源	圆信永丰基金	2017/06~2023/12	79	5	7.49	1.10	-0.53	-0.46	1.03	0.02	-0.38	0.11	9.96	20.89	0.41	-34.11	56
1011	邹维	圆信永丰基金	2019/01~2023/12	60	4	10.09	2.88*	-0.42	-0.75	0.82	-0.14	-0.22	0.32	15.44	17.78	0.78	-24.37	89
1012	林忠晶	长安基金	2015/05~2023/12	104	12	4.52	0.74	0.82	1.52	0.68	-0.23	-0.79	0.18	7.51	20.31	0.30	-54.55	42
1013	徐小勇	长安基金	2008/08~2023/12	148	14	3.01	0.53	0.60	1.41	0.81	0.00	-0.24	0.49	19.33	25.65	0.68	-50.29	61
1014	陈良栋	长城基金	2015/11~2023/12	98	11	0.60	0.12	1.40	3*	0.77	0.11	-0.53	0.41	9.65	17.57	0.46	-33.44	51
1015	储雯玉	长城基金	2015/08~2023/12	101	7	1.52	0.23	0.19	0.33	0.91	0.01	-1.08	0.37	6.52	22.25	0.23	-47.72	44
1016	韩林	长城基金	2016/05~2023/12	89	8	-0.23	-0.04	0.33	0.35	0.86	0.06	-0.58	0.26	4.89	20.21	0.17	-40.44	66
1017	雷俊	长城基金	2015/06~2023/12	86	7	1.19	0.37	0.53	1.94*	1.13	0.03	-0.30	-0.05	6.63	22.68	0.23	-30.48	90
1018	廖瀚博	长城基金	2018/03~2023/12	70	7	1.98	0.29	0.50	0.48	1.12	0.12	-0.52	0.37	10.08	21.20	0.40	-31.31	66
1019	林皓	长城基金	2019/11~2023/12	48	2	14.19	1.41	0.35	0.17	0.70	-0.05	-0.84	0.03	18.77	20.41	0.87	-37.27	54
1020	刘疆	长城基金	2019/04~2023/12	57	3	18.53	1.49	-5.51	-2.16	1.03	-0.12	-0.49	0.11	8.02	25.44	0.26	-49.05	42
1021	龙宇飞	长城基金	2017/10~2023/12	75	3	6.90	1.13	-1.33	-1.33	0.66	0.04	-0.66	0.13	7.53	21.34	0.28	-34.52	70
1022	马强	长城基金	2015/06~2023/12	103	10	-0.34	-0.10	0.42	1.41	0.82	-0.09	-0.36	0.12	2.56	11.37	0.09	-30.29	44
1023	曲少杰	长城基金	2019/06~2023/12	55	1	-2.26	-0.22	-0.18	-0.08	0.88	-0.24	0.08	-0.13	-3.55	23.56	-0.21	-58.90	55
1024	谭小兵	长城基金	2016/02~2023/12	95	7	6.39	1.27	-0.31	-0.36	0.86	0.16	-0.27	0.12	11.09	17.00	0.56	-40.39	53
1025	杨建华	长城基金	2007/09~2023/12	189	12	4.81	1.23	0.04	0.15	0.59	-0.18	-0.10	0.15	3.18	24.98	0.04	-64.19	72
1026	尤国梁	长城基金	2019/10~2023/12	51	3	6.02	0.37	-1.48	-0.46	0.24	0.17	-1.16	0.36	12.43	32.86	0.33	-38.15	49

续表

编号	基金经理	当前任职公司	任职区间	任职时间（月）	管理基金数量（只）	选股能力		择时能力		β_{mkt}	β_{smb}	β_{hml}	β_{mom}	年化收益率（%）	年化波动率（%）	年化夏普比率	最大回撤率（%）	调整后 R^2（%）
						年化α（%）	t（α）	γ	t（γ）									
1027	余欢	长城基金	2020/12～2023/12	37	3	-7.43	-0.71	0.88	0.36	0.96	-0.22	-0.21	-0.14	-14.07	18.64	-0.84	-42.66	58
1028	张捷	长城基金	2018/08～2023/12	65	2	2.35	0.31	-0.60	-0.51	0.23	-0.10	-0.30	0.26	5.39	20.78	0.19	-42.40	59
1029	赵凤飞	长城基金	2018/03～2023/12	70	4	-4.40	-0.59	0.54	0.47	0.17	0.10	-0.67	0.06	2.97	20.50	0.07	-39.65	57
1030	徐婕	长江证券资产	2005/08～2023/12	55	3	7.00	1.12	1.63	1.77*	0.11	-0.32	0.19	0.18	21.68	21.35	0.95	-18.36	77
1031	陈亘斯	长盛基金	2019/05～2023/12	56	4	1.17	0.25	1.28	1.34	0.70	-0.04	0.03	0.23	8.41	14.26	0.49	-13.03	74
1032	代毅	长盛基金	2018/06～2023/12	67	6	-11.93	-1.34	1.36	0.97	0.85	0.11	-0.52	0.43	0.67	26.57	-0.03	-60.35	64
1033	郭堃	长盛基金	2015/11～2023/12	93	11	3.03	0.91	1.16	3.78*	0.20	-0.04	-0.40	0.13	8.28	17.29	0.40	-31.28	79
1034	李琪	长盛基金	2016/08～2023/12	89	6	1.09	0.54	0.30	0.84	0.71	0.00	-0.06	0.11	4.19	8.45	0.32	-22.21	73
1035	钱文礼	长盛基金	2017/10～2023/12	75	8	-3.47	-0.51	0.16	0.15	0.92	-0.14	-0.87	0.09	0.49	22.32	-0.05	-53.74	65
1036	王宁	长盛基金	2001/07～2023/12	204	15	8.38	3.39*	-0.02	-0.14	0.63	-0.16	-0.05	0.25	12.41	21.24	0.48	-52.32	85
1037	杨衡	长盛基金	2015/06～2023/12	103	21	6.14	1.99*	-0.15	-0.56	0.92	-0.01	-0.15	0.17	6.48	12.71	0.39	-18.75	63
1038	张谊然	长盛基金	2019/05～2023/12	56	4	2.54	0.50	0.97	0.94	0.82	-0.16	-0.34	0.20	8.53	16.97	0.41	-33.03	78
1039	朱律	长盛基金	2019/05～2023/12	56	4	3.60	0.27	0.35	0.13	1.17	-0.32	-0.92	0.54	7.20	25.60	0.22	-55.67	32
1040	高远	长信基金	2017/01～2023/12	84	4	10.42	3.09*	-0.11	-0.18	0.89	0.01	-0.31	0.01	13.02	16.30	0.71	-21.74	81
1041	李家春	长信基金	2016/10～2023/12	82	3	2.71	1.10	0.65	1.45	0.91	-0.17	-0.19	-0.10	6.42	9.86	0.51	-23.31	73
1042	刘亮	长信基金	2019/08～2023/12	53	3	-0.21	-0.02	1.82	0.82	0.99	-0.40	0.05	0.01	1.35	23.97	-0.01	-56.74	52
1043	宋海岸	长信基金	2018/02～2023/12	71	5	-3.97	-0.40	1.78	1.16	0.69	0.38	-0.77	0.24	12.80	26.71	0.42	-39.50	55
1044	吴晖	长信基金	2019/04～2023/12	57	3	8.61	3.1*	-0.74	-1.31	0.69	-0.12	-0.20	-0.04	7.51	8.77	0.69	-12.24	75
1045	许望伟	长信基金	2020/12～2023/12	37	2	4.75	0.35	0.03	0.01	0.69	-0.08	-0.23	0.25	-0.17	19.84	-0.08	-35.87	36

续表

编号	基金经理	当前任职公司	任职区间	任职时间（月）	管理基金数量（只）	选股能力		择时能力		β_{mkt}	β_{smb}	β_{hml}	β_{mom}	年化收益率（%）	年化波动率（%）	年化夏普比率	最大回撤率（%）	调整后 R^2（%）
						年化 α(%)	t(α)	γ	t(γ)									
1046	叶松	长信基金	2011/03~2023/12	154	17	2.97	1.03	-0.02	-0.06	0.69	0.15	-0.28	0.08	10.28	20.32	0.41	-29.61	81
1047	张子乔	长信基金	2020/08~2023/12	41	4	-9.94	-1.13	1.27	0.58	0.69	0.17	-0.32	0.21	-7.31	18.13	-0.49	-36.43	63
1048	祝昱丰	长信基金	2017/10~2023/12	75	3	7.95	1.28	-1.06	-1.04	0.69	-0.26	-0.11	-0.04	3.52	20.37	0.10	-44.62	66
1049	左金保	长信基金	2015/03~2023/12	106	14	-2.25	-0.66	0.51	1.92*	0.69	0.23	-0.15	0.23	6.24	25.1	0.19	-39.81	88
1050	蔡宇滨	招商基金	2017/12~2023/12	67	5	12.98	3.3*	-0.62	-1.03	0.69	-0.04	0.18	0.07	12.31	14.1	0.78	-14.15	77
1051	付斌	招商基金	2015/01~2023/12	108	13	-1.49	-0.37	0.46	1.52	0.69	-0.11	-0.51	0.05	4.23	19.38	0.14	-50.75	72
1052	郭锐	招商基金	2012/07~2023/12	138	12	1.68	0.51	0.22	0.86	0.69	0.03	-0.22	0.18	10.68	20.17	0.44	-40.78	78
1053	韩冰	招商基金	2015/05~2023/12	104	4	9.69	1.79*	-0.56	-1.18	0.69	-0.01	-0.43	0.09	6.66	24.29	0.21	-49.75	68
1054	侯杰	招商基金	2018/10~2023/12	63	6	5.78	2.21*	-0.71	-1.69	0.69	-0.01	-0.10	-0.05	7.32	7.68	0.76	-8.98	66
1055	贾成东	招商基金	2013/11~2023/12	107	9	0.51	0.09	2.15	2.04*	0.69	-0.13	-0.26	0.07	11.03	19.09	0.49	-33.35	51
1056	李华建	招商基金	2020/11~2023/12	38	3	-6.38	-0.58	-1.14	-0.43	0.69	0.05	-0.52	0.10	-10.85	19.76	-0.63	-47.35	57
1057	李佳存	招商基金	2015/01~2023/12	108	8	5.01	0.73	-0.12	-0.23	0.69	0.18	-0.20	0.36	11.79	29.05	0.35	-51.7	63
1058	李崟	招商基金	2016/02~2023/12	95	7	4.82	1.18	-0.09	-0.14	0.69	0.00	0.13	0.15	7.95	12.16	0.53	-22.7	40
1059	梁辰	招商基金	2017/07~2023/12	68	7	5.18	0.92	2.10	2.21*	0.69	0.10	-0.27	0.27	16.4	17.52	0.88	-20.2	66
1060	陆文凯	招商基金	2018/06~2023/12	63	5	14.62	1.35	1.28	0.72	0.69	0.20	-0.70	0.20	28.21	26.97	1.01	-21.3	51
1061	任琳娜	招商基金	2017/11~2023/12	69	4	3.68	0.33	0.01	0.01	0.69	-0.33	-0.91	0.21	7.2	29.14	0.20	-53.66	53
1062	滕越	招商基金	2017/03~2023/12	64	8	1.21	0.50	-0.29	-0.69	0.69	-0.02	-0.15	-0.04	-0.01	8.37	-0.18	-16.2	72
1063	王超	招商基金	2015/04~2023/12	90	12	-1.07	-0.23	0.57	1.48	0.69	0.11	-0.01	0.23	-0.17	23.4	-0.07	-40.41	78
1064	王刚	招商基金	2017/07~2023/12	78	8	1.37	0.69	0.64	1.93*	0.69	0.01	-0.19	-0.05	5.55	7.18	0.56	-10.33	70

续表

编号	基金经理	当前任职公司	任职区间	任职时间（月）	管理基金数量（只）	选股能力		择时能力		β_{mkt}	β_{smb}	β_{hml}	β_{mom}	年化收益率（%）	年化波动率（%）	年化夏普比率	最大回撤率（%）	调整后 R^2（%）
						年化α（%）	t(α)	γ	t(γ)									
1065	王景	招商基金	2011/12~2023/12	144	16	0.15	0.04	1.24	4.36*	0.69	-0.09	-0.38	0.16	10.33	18.29	0.46	-39.13	69
1066	王平	招商基金	2016/03~2023/12	94	4	4.19	1.48	0.60	1.17	0.69	0.27	0.08	0.33	11.38	15.22	0.65	-18.47	82
1067	王奇玮	招商基金	2016/12~2023/12	85	7	1.62	0.24	0.63	0.54	0.69	-0.11	-0.84	0.15	7.53	23.86	0.25	-45.78	64
1068	文仲阳	招商基金	2020/05~2023/12	44	4	7.56	0.74	-0.80	-0.41	0.69	-0.13	-0.10	0.16	6.11	21.22	0.22	-35.01	59
1069	吴德瑄	招商基金	2016/12~2023/12	58	3	-15.54	-1.90	2.39	1.72*	0.69	-0.14	0.08	0.34	-3.57	18.59	-0.28	-40.02	41
1070	吴昊	招商基金	2012/04~2023/12	141	3	2.50	0.16	0.93	0.31	0.69	0.12	-0.96	0.51	7.39	32.07	0.18	-52.41	55
1071	徐张红	招商基金	2017/06~2023/12	53	3	4.08	0.86	-0.47	-0.62	0.69	-0.05	-0.14	0.02	1.37	14.17	-0.01	-21.32	74
1072	姚飞军	招商基金	2016/06~2023/12	91	4	2.95	1.48	-1.36	-3.77	0.69	-0.07	-0.16	-0.04	0.68	6.26	-0.13	-17.66	49
1073	余芽芳	招商基金	2017/04~2023/12	81	7	3.71	2.4*	0.12	0.44	0.69	-0.04	-0.03	0.05	5.64	4.39	0.94	-7.42	47
1074	张磊	招商基金	2017/06~2023/12	79	4	-0.83	-0.08	2.03	0.99	0.69	-0.01	-1.00	0.25	8.13	28.53	0.23	-48.96	73
1075	张林	招商基金	2015/07~2023/12	102	7	4.50	0.75	-0.50	-0.96	0.69	0.06	-0.79	0.28	6.04	24.31	0.19	-39.73	62
1076	张西林	招商基金	2017/04~2023/12	81	6	1.24	0.32	-0.08	-0.12	0.69	-0.09	-0.34	-0.08	3.01	13.56	0.11	-30.47	65
1077	张韵	招商基金	2016/01~2023/12	96	8	1.69	1.13	0.02	0.07	0.69	-0.02	-0.03	0.13	4.04	4.78	0.53	-6.27	47
1078	朱红裕	招商基金	2011/05~2023/12	48	4	5.85	0.57	1.57	1.16	0.69	0.01	0.24	0.06	7.59	23.69	0.22	-22.38	64
1079	马斌博	浙江浙商证券资产	2017/12~2023/12	73	4	3.72	0.78	-0.49	-0.63	0.69	-0.04	-0.51	0.12	5.59	17	0.24	-34.44	72
1080	周涛	浙江浙商证券资产	2019/01~2023/12	60	6	6.57	1.24	-1.37	-1.63	0.69	-0.18	-0.41	0.29	8.51	18.71	0.37	-40.22	78
1081	贾腾	浙商基金	2019/02~2023/12	59	6	9.47	1.31	-0.43	-0.29	0.69	-0.33	0.08	-0.18	6.18	20.91	0.22	-38.97	70

续表

编号	基金经理	当前任职公司	任职区间	任职时间（月）	管理基金数量（只）	选股能力		择时能力		β_{mkt}	β_{smb}	β_{hml}	β_{mom}	年化收益率（%）	年化波动率（%）	年化夏普比率	最大回撤率（%）	调整后 R^2（%）
						年化α（%）	t(α)	γ	t(γ)									
1082	丘栋荣	中庚基金	2014/09~2023/12	105	7	16.04	3.66*	0.12	0.36	0.69	-0.11	0.27	-0.03	23.59	20.23	1.10	-19.8	69
1083	吴承根	中庚基金	2020/06~2023/12	43	1	4.28	0.50	1.52	0.93	0.69	0.41	0.12	0.14	16.93	19.2	0.80	-15.58	65
1084	陈玮	中海基金	2019/07~2023/12	54	2	-5.07	-0.56	0.63	0.35	0.69	-0.30	0.07	-0.27	-6.01	22.4	-0.34	-54.04	63
1085	陈星	中海基金	2020/07~2023/12	42	4	-2.27	-0.27	-0.90	-0.41	0.69	-0.12	-0.66	-0.22	-8.28	16.5	-0.59	-42.53	57
1086	梁静静	中海基金	2020/07~2023/12	42	2	-3.83	-0.28	-0.32	-0.09	0.69	-0.10	0.15	0.66	-9.7	23.2	-0.48	-43.01	42
1087	邱红丽	中海基金	2014/03~2023/12	118	5	1.77	0.37	0.06	0.15	0.69	0.00	-0.34	0.21	9.88	24.3	0.34	-48.9	71
1088	许定晴	中海基金	2010/03~2023/12	166	10	0.27	0.07	-0.31	-0.96	0.69	0.14	-0.20	0.29	5.08	23.16	0.13	-52.51	75
1089	姚晨曦	中海基金	2015/04~2023/12	105	6	1.67	0.25	-0.04	-0.06	0.69	0.12	-0.36	0.53	4.11	30.39	0.09	-56.36	69
1090	姚炜	中海基金	2018/12~2023/12	61	2	1.62	0.20	-2.88	-2.23	0.69	-0.37	0.00	-0.17	-5.84	21.5	-0.34	-59.35	60
1091	韩浩	中航基金	2017/12~2023/12	73	4	-4.47	-0.78	0.11	0.12	0.69	-0.02	-0.47	0.13	-0.62	16.88	-0.13	-46.74	59
1092	龙川	中航基金	2017/07~2023/12	60	4	-0.87	-0.27	1.90	3.65*	0.69	0.02	-0.11	0.19	2.28	15.99	0.05	-22.22	88
1093	杨扬	中航基金	2018/11~2023/12	43	2	-3.43	-0.91	1.47	2.68*	0.69	0.08	-0.10	0.11	4.99	18.02	0.20	-21.44	93
1094	闫沛贤	中加基金	2015/12~2023/12	97	1	2.06	2.38*	0.11	1.39	0.69	0.00	-0.11	0.01	4.1	2.91	0.89	-3.11	46
1095	丁天宇	中金基金	2020/12~2023/12	37	1	-3.21	-0.19	-0.51	-0.12	0.69	0.03	-0.11	0.57	-7.46	23.86	-0.38	-40.14	32
1096	丁杨	中金基金	2020/12~2023/12	37	2	-2.33	-0.31	0.38	0.22	0.69	-0.04	-0.31	0.13	-5.9	15.63	-0.47	-30.9	70
1097	邱延冰	中金基金	2020/07~2023/12	42	9	-2.54	-0.35	1.96	1.08	0.69	-0.32	-0.12	0.51	-6.59	15.38	-0.53	-31.56	64
1098	王曼	中金基金	2016/01~2023/12	90	5	3.66	0.57	0.53	0.52	0.69	0.04	-0.58	0.16	10.85	19.96	0.47	-30.69	50
1099	许忠海	中金基金	2015/04~2023/12	102	9	-3.80	-0.46	-0.10	-0.15	0.69	0.19	-0.89	0.06	0.05	33.14	-0.04	-70.98	62
1100	闫鑫	中金基金	2020/09~2023/12	40	1	-1.81	-0.15	2.03	0.67	0.69	-0.53	0.14	-0.09	-8.17	23.24	-0.42	-47.27	57

续表

编号	基金经理	当前任职公司	任职区间	任职时间（月）	管理基金数量（只）	选股能力		择时能力		β_{mkt}	β_{smb}	β_{hml}	β_{mom}	年化收益率（%）	年化波动率（%）	年化夏普比率	最大回撤率（%）	调整后 R^2（%）
						年化α(%)	t(α)	γ	t(γ)									
1101	孟禄程	中科沃土基金	2019/11~2023/12	50	2	0.23	0.03	1.80	1.12	0.69	-0.04	0.02	0.34	8.64	15.23	0.47	-14.4	40
1102	徐伟	中科沃土基金	2019/08~2023/12	53	2	6.27	1.10	0.38	0.34	0.69	-0.16	0.23	0.13	7.29	13.52	0.43	-14.91	61
1103	曹名长	中欧基金	2006/07~2023/12	206	11	8.62	3.09*	-0.03	-0.20	0.69	-0.19	-0.02	0.04	17.58	23.97	0.64	-63.74	83
1104	成雨轩	中欧基金	2019/06~2023/12	55	5	11.65	1.54	-0.47	-0.30	0.69	-0.42	-0.19	0.09	7.94	19.1	0.34	-38.49	63
1105	代云锋	中欧基金	2017/10~2023/12	69	5	2.98	0.35	2.53	1.71*	0.69	0.12	-0.62	0.26	18.63	26.18	0.67	-29.69	64
1106	葛兰	中欧基金	2015/01~2023/12	104	9	9.10	1.26	0.45	0.85	0.69	-0.12	-0.51	0.00	15.5	27.85	0.51	-52.88	59
1107	华李成	中欧基金	2018/03~2023/12	70	1	4.02	3.75*	0.11	0.67	0.69	-0.04	-0.07	0.04	5.7	2.78	1.51	-2.05	51
1108	黄华	中欧基金	2018/12~2023/12	61	3	3.34	1.7*	0.17	0.55	0.69	-0.01	-0.01	-0.02	6.24	4.27	1.11	-2.86	40
1109	蓝小康	中欧基金	2017/05~2023/12	80	4	8.95	1.79*	-0.99	-1.15	0.69	0.06	0.40	0.07	8.43	18.52	0.37	-22.49	69
1110	李帅	中欧基金	2015/07~2023/12	96	6	5.16	1.07	0.12	0.31	0.69	-0.17	-0.74	0.22	5.85	23.21	0.19	-38.21	76
1111	刘金辉	中欧基金	2020/08~2023/12	41	4	7.10	0.76	-3.21	-1.36	0.69	-0.09	-0.75	-0.05	-5.38	19.77	-0.35	-37.85	64
1112	卢纯青	中欧基金	2020/06~2023/12	43	3	6.91	0.54	1.45	0.59	0.69	-0.24	-0.58	0.14	7.12	25.59	0.22	-41.99	55
1113	罗佳明	中欧基金	2019/07~2023/12	54	5	9.87	1.49	-2.49	-1.86	0.69	-0.10	-0.07	-0.15	5.3	19.2	0.20	-43.2	73
1114	彭炜	中欧基金	2017/08~2023/12	71	9	9.26	1.41	-0.43	-0.42	0.69	0.04	-0.72	0.16	13.82	23.01	0.54	-31.91	74
1115	钱亚风云	中欧基金	2015/07~2023/12	95	12	1.72	0.30	0.79	1.66*	0.69	-0.07	-0.51	0.27	9.06	19.66	0.39	-38.53	53
1116	曲径	中欧基金	2016/01~2023/12	96	11	5.66	2.08*	-0.87	-1.92	0.69	0.01	-0.25	0.14	7.92	16.2	0.40	-30.99	85
1117	邵洁	中欧基金	2020/02~2023/12	47	4	4.89	0.55	-1.57	-0.92	0.69	-0.06	-0.64	0.09	2.17	21.88	0.03	-37.6	69
1118	沈悦	中欧基金	2020/05~2023/12	44	6	-2.98	-0.32	1.08	0.62	0.69	-0.01	0.45	-0.10	3.65	21.23	0.10	-30.1	66
1119	王健	中欧基金	2009/10~2023/12	154	13	4.09	1.74*	0.11	0.36	0.69	0.00	-0.27	0.08	12.38	17.06	0.61	-30.01	84

续表

编号	基金经理	当前任职公司	任职区间	任职时间（月）	管理基金数量（只）	选股能力		择时能力		β_{mkt}	β_{smb}	β_{hml}	β_{mom}	年化收益率（%）	年化波动率（%）	年化夏普比率	最大回撤率（%）	调整后 R^2（%）
						年化α(%)	t(α)	γ	t(γ)									
1120	王培	中欧基金	2011/06~2023/12	135	11	3.38	0.85	0.29	0.93	0.69	0.13	-0.32	0.34	12.51	24.95	0.42	-47.27	80
1121	许文星	中欧基金	2018/04~2023/12	69	9	9.57	2.03*	-0.44	-0.59	0.69	-0.07	-0.27	-0.15	10.29	18.14	0.48	-27.45	78
1122	余科苗	中欧基金	2017/12~2023/12	44	5	11.47	4.9*	-0.32	-0.94	0.69	0.18	0.06	0.31	15.76	8.92	1.69	-7.53	87
1123	袁维德	中欧基金	2016/12~2023/12	85	6	7.29	1.63	-1.32	-1.68	0.69	0.07	-0.13	0.00	6.56	18.83	0.27	-38.09	74
1124	张跃鹏	中欧基金	2015/11~2023/12	98	16	0.38	0.11	0.57	1.81*	0.69	-0.08	-0.40	0.13	4.08	11.33	0.23	-32.8	46
1125	周蔚文	中欧基金	2006/11~2023/12	203	11	6.23	2.48*	0.07	0.47	0.69	-0.05	-0.39	0.14	15.02	22.39	0.57	-52.65	85
1126	姜诚	中泰证券资产	2014/08~2023/12	82	10	17.85	3.01*	0.14	0.35	0.69	-0.25	0.33	0.12	19.83	17.24	1.07	-15.78	47
1127	田瑀	中泰证券资产	2019/04~2023/12	57	4	8.59	1.40	2.42	1.92*	0.69	-0.22	0.53	-0.10	11.61	19.83	0.51	-23.29	76
1128	韩海平	中信保诚基金	2007/11~2023/12	58	2	-1.14	-0.43	2.19	5.17*	0.69	-0.04	0.03	0.05	7.6	7.39	0.83	-4.81	69
1129	江峰	中信保诚基金	2020/04~2023/12	45	1	13.05	2.46*	-1.33	-1.31	0.69	-0.04	-0.06	-0.27	11	12.48	0.76	-16.19	66
1130	闫志刚	中信保诚基金	2010/02~2023/12	167	4	-2.75	-0.80	0.19	0.65	0.69	0.08	-0.29	0.20	5.04	21.6	0.14	-42.38	74
1131	孙浩中	中信保诚基金	2019/12~2023/12	49	7	14.01	0.77	-0.63	-0.18	0.69	0.02	-0.69	0.25	17.76	33.87	0.48	-59.95	44
1132	提云涛	中信保诚基金	2016/09~2023/12	88	10	4.85	2.97*	-0.26	-0.88	0.69	-0.09	0.00	0.04	5.53	6.12	0.66	-9.71	66
1133	王睿	中信保诚基金	2015/04~2023/12	105	9	6.53	1.60	0.09	0.27	0.69	0.10	-0.27	0.26	9.34	23.99	0.33	-34.37	81
1134	王颖	中信保诚基金	2017/02~2023/12	83	7	6.30	2.66*	-0.51	-1.25	0.69	-0.09	-0.05	-0.04	5.79	7.5	0.57	-13.95	56
1135	吴昊	中信保诚基金	2015/11~2023/12	98	9	2.50	0.16	0.93	0.31	0.69	0.12	-0.96	0.51	7.39	32.07	0.18	-52.41	55
1136	杨立春	中信保诚基金	2015/06~2023/12	103	7	7.62	1.57	0.35	0.82	0.69	-0.28	-0.59	-0.31	9.23	13.9	0.56	-5.34	22
1137	栾江伟	中信建投基金	2015/07~2023/12	95	10	9.22	1.99*	-0.37	-0.95	0.69	0.12	-0.36	0.22	14	22.65	0.56	-31.18	77
1138	谢玮	中信建投基金	2019/04~2023/12	57	3	18.23	1.33	-2.72	-0.97	0.69	-0.03	-0.41	0.25	17.08	27.97	0.56	-49.54	42

续表

编号	基金经理	当前任职公司	任职区间	任职时间（月）	管理基金数量（只）	选股能力		择时能力		β_{mkt}	β_{smb}	β_{hml}	β_{mom}	年化收益率（%）	年化波动率（%）	年化夏普比率	最大回撤率（%）	调整后 R^2（%）
						年化α(%)	t(α)	γ	t(γ)									
1139	周户	中信建投基金	2017/01~2023/12	76	3	0.65	0.14	-0.99	-1.31	0.69	-0.20	-0.36	-0.17	0.53	15.28	-0.06	-29.2	66
1140	周紫光	中信建投基金	2017/05~2023/12	80	5	1.70	0.17	1.03	0.60	0.69	0.20	-0.87	0.32	13	30.01	0.38	-46.96	51
1141	张燕	中信建投证券	2015/05~2023/12	85	10	5.17	0.72	-0.18	-0.14	0.69	-0.03	-0.69	0.07	8.36	22.65	0.30	-40.17	56
1142	蔡青	中信证券资产	2020/09~2023/12	40	2	-22.60	-1.85	1.42	0.47	0.69	-0.06	-0.22	0.68	-21.63	19.02	-1.22	-59.64	35
1143	李品科	中信证券资产	2020/11~2023/12	38	1	-2.88	-0.36	0.99	0.52	0.69	-0.18	-0.37	-0.13	-7.96	18.99	-0.50	-37.88	76
1144	刘琦	中信证券资产	2019/10~2023/12	51	1	-1.67	-0.27	0.62	0.51	0.69	-0.25	-0.52	0.21	0.73	19.02	-0.04	-46.41	78
1145	魏孛	中信证券资产	2017/03~2023/12	80	8	5.81	1.81*	-1.35	-2.40	0.69	-0.15	-0.21	-0.06	3.86	15.03	0.16	-27.73	81
1146	张燕珍	中信证券资产	2020/02~2023/12	47	2	2.79	0.38	-0.79	-0.56	0.69	-0.29	-0.29	-0.21	-2.1	18.27	-0.20	-44.89	69
1147	计伟	中银国际证券	2017/09~2023/12	57	4	-1.84	-0.24	0.26	0.23	0.69	0.03	-0.54	0.23	-3.41	21.2	-0.23	-54.23	68
1148	林博程	中银国际证券	2018/03~2023/12	66	7	-0.47	-0.06	0.03	0.03	0.69	0.00	-0.36	0.39	3.88	25.58	0.10	-49.11	75
1149	刘先政	中银国际证券	2018/06~2023/12	61	4	4.38	0.51	-1.87	-1.42	0.69	-0.08	-0.43	0.10	0.34	25.53	-0.05	-56.4	69
1150	黄珺	中银基金	2019/03~2023/12	58	5	15.37	1.93*	-0.60	-0.36	0.69	-0.12	-0.51	0.11	16.96	20.03	0.77	-23.82	60
1151	李建	中银基金	2012/09~2023/12	136	5	4.44	3.05*	0.17	1.44	0.69	-0.07	-0.17	0.00	7.03	5.21	1.00	-8.53	34
1152	刘晨	中银基金	2012/08~2023/12	76	5	-1.17	-0.17	1.29	1.38	0.69	-0.03	0.00	-0.11	4.07	19.13	0.13	-36.52	53
1153	刘腾	中银基金	2017/09~2023/12	76	3	9.94	2.17*	-1.53	-2.02	0.69	-0.22	0.10	0.04	4.31	13.53	0.21	-28.42	56
1154	苗婷	中银基金	2016/08~2023/12	89	7	4.76	4.76*	-0.25	-1.39	0.69	-0.05	-0.04	0.03	5.54	3.5	1.15	-3.18	61
1155	宋殿宇	中银基金	2018/02~2023/12	71	4	2.31	1.04	-0.36	-1.02	0.69	-0.12	-0.03	0.03	1.25	5.85	-0.04	-20.59	52
1156	涂海强	中银基金	2016/01~2023/12	96	6	4.59	2.64*	-0.89	-3.05	0.69	-0.09	-0.19	-0.01	3.68	5.96	0.37	-15.26	54
1157	王睿	中银基金	2018/11~2023/12	62	7	6.53	1.60	0.09	0.27	0.69	0.10	-0.27	0.26	9.34	23.99	0.33	-34.37	81

续表

编号	基金经理	当前任职公司	任职区间	任职时间（月）	管理基金数量（只）	选股能力		择时能力		β_{mkt}	β_{smb}	β_{hml}	β_{mom}	年化收益率（%）	年化波动率（%）	年化夏普比率	最大回撤率（%）	调整后 R^2（%）
						年化α(%)	t(α)	γ	t(γ)									
1158	王伟	中银基金	2015/02~2023/12	107	7	7.39	1.41	-0.22	-0.55	0.69	0.03	-0.60	0.36	11.29	26.12	0.37	-56.64	73
1159	王伟然	中银基金	2020/11~2023/12	38	5	7.22	0.86	-1.21	-0.59	0.69	-0.02	-0.78	0.18	1.4	18.81	-0.01	-30.6	72
1160	严菲	中银基金	2007/03~2023/12	196	7	2.21	0.72	0.18	0.92	0.69	-0.08	-0.19	0.30	10.97	21.07	0.42	-56.93	75
1161	杨成	中银基金	2015/09~2023/12	100	5	2.44	1.18	0.43	2.33*	0.69	-0.06	-0.14	0.14	5.95	6.78	0.66	-13.84	42
1162	赵志华	中银基金	2015/07~2023/12	102	7	4.03	1.52	0.01	0.07	0.69	-0.05	-0.09	0.03	5.51	19.12	0.21	-32.23	88
1163	曹思	中邮创业基金	2014/05~2023/12	116	4	1.26	0.26	0.18	0.48	0.69	0.34	-0.70	0.28	14.04	27.95	0.44	-45.47	78
1164	陈鸿平	中邮创业基金	2019/03~2023/12	58	1	3.47	0.29	-0.46	-0.18	0.69	-0.30	0.11	-0.47	-2.9	25.45	-0.17	-48.76	46
1165	陈梁	中邮创业基金	2014/07~2023/12	114	8	-5.59	-1.04	1.37	3.28*	0.69	0.12	-0.28	0.38	9.32	23.95	0.32	-55.36	64
1166	国晓雯	中邮创业基金	2017/01~2023/12	84	12	5.15	1.18	-0.11	-0.14	0.69	0.01	-0.44	-0.01	8.02	18.63	0.35	-32.14	75
1167	王高	中邮创业基金	2020/07~2023/12	42	5	-10.23	-1.66	0.40	0.26	0.69	0.05	-0.32	-0.02	-10.27	14.61	-0.81	-42.74	71
1168	吴尚	中邮创业基金	2018/03~2023/12	70	4	10.20	1.46	-1.12	-1.02	0.69	-0.04	-0.39	-0.08	9.36	20.62	0.38	-37.99	62
1169	武志骁	中邮创业基金	2019/05~2023/12	54	2	6.48	0.50	-1.69	-0.65	0.69	-0.34	0.18	-0.60	-3.31	26.51	-0.18	-48.76	50
1170	闫宜乘	中邮创业基金	2020/09~2023/12	40	2	-4.25	-1.02	1.28	1.23	0.69	0.02	-0.07	0.08	-0.67	7.38	-0.29	-16.15	49
1171	周楠	中邮创业基金	2015/05~2023/12	104	4	-1.50	-0.26	0.08	0.16	0.69	0.23	-0.65	-0.07	1.29	25.79	-0.01	-52.15	69
1172	梁跃军	朱雀基金	2020/06~2023/12	43	8	6.61	0.98	-0.28	-0.21	0.69	-0.09	-0.38	0.08	4.81	21.88	0.15	-31.92	83

附录九　离职股票型基金经理选股与择时能力（按离职前任职公司排序）：1998~2023 年

本表展示的是基于 Carhart 四因子模型改进得到的 Treynor-Mazuy 四因子模型对任职三年以上的离职股票型基金经理管理的所有基金产品的收益进行回归拟合所得结果，所用模型为：

$$R_{i,t}-R_{f,t}=\alpha_i+\beta_{i,mkt}\times(R_{mkt,t}-R_{f,t})+\gamma_i\times(R_{mkt,t}-R_{f,t})^2+\beta_{i,smb}\times SMB_t+\beta_{i,hml}\times HML_t+\beta_{i,mom}\times MOM_t+\varepsilon_{i,t}$$

其中，i 指的是第 i 位基金经理，$R_{i,t}-R_{f,t}$ 为 t 月基金经理 i 的超额收益率；$R_{mkt,t}-R_{f,t}$ 为 t 月大盘指数（万得全 A 指数）的超额收益率，$R_{f,t}$ 为 t 月无风险收益率。SMB_t 为规模因子，代表小盘股与大盘股之间的溢价，是第 t 月小公司的收益率与大公司的收益率之差；HML_t 为价值因子，代表价值股与成长股之间的溢价，是第 t 月价值股（高账面市值比公司）与成长股（低账面市值比公司）收益率之差；MOM_t 为动量因子，代表过去一年收益率最高的股票与收益率最低的股票之间的溢价，是过去一年（$t-1$ 个月到 $t-11$ 个月）收益率最高的（前 30%）股票与收益率最低的（后 30%）股票第 t 月收益率之差。基金经理在 t 月管理的所有产品的收益是以每只基金 $t-1$ 期规模为权重计算出的加权平均收益。如果第 t 月基金经理未管理产品，则本月基金经理所管理的产品收益默认为零，本月指数的收益默认为零，回归中我们将忽略这些月份的数据。我们用 A 股所有上市公司的数据自行计算规模因子、价值因子和动量因子。α_i 代表基金经理的选股能力给投资者带来的超额收益，γ_i 代表基金经理的择时能力。本表还展示了每位基金经理对于万得全 A 指数、规模因子、价值因子、动量因子的风险暴露（β_{mkt}、β_{smb}、β_{hml}、β_{mom}）。本表中也给出了每位基金经理管理基金的收益和风险指标。其中，收益指标包括年化收益率、夏普比率，风险指标包括年化波动率、最大回撤。表中 * 代表选股能力或择时能力在 5%的显著水平下显著。表中“离职前任职公司”指的是截至 2023 年 12 月 31 日时已离职基金经理离职前任职的公司。

编号	基金经理	离职前任职公司	任职区间	任职时间（月）	管理基金数量（只）	选股能力		择时能力		β_{mkt}	β_{smb}	β_{hml}	β_{mom}	年化收益率（%）	年化波动率（%）	年化夏普比率	最大回撤率（%）	调整后 R^2（%）
						年化 α(%)	t(α)	γ	t(γ)									
1	蓝雁书	安信基金	2013/12~2019/05	67	6	3.12	1.00	-0.20	-1.06	0.26	-0.09	-0.20	0.01	4.82	9.22	0.32	-21.70	56
2	杨凯玮	安信基金	2014/09~2020/03	58	3	6.41	1.37	1.44	3.51*	0.22	0.20	0.35	0.13	17.01	12.98	1.20	-7.00	62
3	钟光正	安信基金	2012/08~2022/05	102	6	1.18	0.54	0.52	3.45*	0.12	0.05	-0.03	0.08	9.23	6.69	1.09	-6.02	41
4	陈茂仁	宝盈基金	2003/01~2010/07	78	2	3.49	0.77	-0.15	-0.58	0.69	-0.06	0.18	0.45	2.84	23.18	0.02	-54.54	86

续表

编号	基金经理	离职前任职公司	任职区间	任职时间（月）	管理基金数量（只）	选股能力		择时能力		β_{mkt}	β_{smb}	β_{hml}	β_{mom}	年化收益率（%）	年化波动率（%）	年化夏普比率	最大回撤率（%）	调整后 R^2（%）
						年化α（%）	t(α)	γ	t(γ)									
5	段鹏程	宝盈基金	2007/06~2018/10	44	6	1.85	0.34	-0.40	-1.16	0.85	-0.17	-0.36	-0.24	1.43	23.91	-0.02	-32.23	88
6	牛春晖	宝盈基金	2004/10~2008/02	39	2	0.89	0.07	0.89	0.96	0.54	-0.27	0.14	0.11	26.97	23.76	1.05	-14.21	62
7	肖肖	宝盈基金	2017/01~2022/01	62	9	10.73	1.61	-0.48	-0.42	0.92	-0.01	-0.18	0.18	16.83	20.37	0.75	-32.58	63
8	杨凯	宝盈基金	2013/02~2016/07	43	4	4.20	0.59	-0.33	-0.98	0.87	0.11	-0.56	0.32	17.95	32.89	0.47	-43.35	93
9	余述胜	宝盈基金	2009/07~2014/01	56	1	-8.98	-1.87	0.54	1.23	0.87	0.07	-0.13	0.25	-3.72	21.62	-0.31	-38.92	88
10	张小仁	宝盈基金	2014/01~2017/02	39	4	-2.88	-0.26	-0.16	-0.33	0.94	0.07	-0.29	0.00	20.98	34.16	0.55	-46.44	87
11	王婷婷	北京京管泰富基金	2018/05~2021/05	38	1	2.39	1.62	0.06	0.29	0.08	0.02	0.01	0.03	5.21	2.62	1.41	-0.94	45
12	高峰	北信瑞丰基金	2010/02~2017/11	89	7	2.58	0.62	-0.94	-3.30	0.81	0.17	-0.07	-0.29	2.96	24.73	0.02	-35.41	86
13	王忠波	北信瑞丰基金	2008/04~2021/05	120	10	5.99	1.26	0.26	1.04	0.79	0.12	-0.23	0.40	20.18	27.36	0.67	-39.44	83
14	于军华	北信瑞丰基金	2014/12~2020/05	67	5	8.44	1.81*	-0.85	-2.89	0.70	0.02	-0.25	-0.07	8.81	21.90	0.33	-33.17	82
15	陈丰	博时基金	2003/08~2008/11	66	2	10.81	2.73*	0.28	1.63	0.78	-0.33	-0.19	0.27	24.30	28.39	0.76	-58.67	94
16	陈亮	博时基金	2007/01~2010/03	40	2	20.91	1.69*	0.09	0.25	0.66	-0.67	-0.08	-0.27	25.04	31.44	0.70	-48.11	83
17	邓晓峰	博时基金	2007/03~2014/11	94	1	12.53	3.12*	0.09	0.47	0.74	-0.39	-0.08	-0.15	14.47	25.23	0.45	-52.66	89
18	高阳	博时基金	2002/10~2008/01	65	3	20.22	3.47*	0.13	0.33	0.62	-0.56	0.17	0.01	40.26	22.32	1.72	-17.70	78
19	葛晨	博时基金	2018/04~2022/01	47	4	8.07	0.57	0.60	0.29	0.86	0.15	-0.11	0.56	22.65	29.21	0.72	-30.95	47
20	韩茂华	博时基金	2013/01~2021/01	97	6	2.65	0.58	-0.55	-1.68	0.69	-0.03	-0.09	-0.01	8.93	20.75	0.34	-35.77	71
21	黄健斌	博时基金	2003/12~2009/11	60	2	12.53	2.7*	0.35	2.03*	0.51	-0.31	0.10	0.17	27.52	21.67	1.16	-33.94	89
22	蒋娜	博时基金	2016/09~2022/03	68	6	4.49	1.18	0.31	0.48	0.60	-0.16	-0.35	-0.06	8.51	13.47	0.52	-23.58	70

续表

编号	基金经理	离职前任职公司	任职区间	任职时间（月）	管理基金数量（只）	选股能力		择时能力		β_{mkt}	β_{smb}	β_{hml}	β_{mom}	年化收益率（%）	年化波动率（%）	年化夏普比率	最大回撤率（%）	调整后 R^2（%）
						年化α(%)	t(α)	γ	t(γ)									
23	兰乔	博时基金	2015/11~2022/05	80	7	8.24	1.44	-0.54	-1.09	0.80	0.15	-0.55	-0.01	9.63	23.36	0.35	-32.44	71
24	李佳	博时基金	2018/07~2022/01	44	1	0.44	0.05	-0.28	-0.22	0.90	-0.11	0.09	0.11	8.19	20.49	0.33	-22.69	66
25	李培刚	博时基金	2008/07~2012/12	55	1	-8.23	-1.71	0.20	0.74	0.80	0.03	-0.06	0.12	-1.30	25.32	-0.16	-45.68	91
26	李权胜	博时基金	2012/08~2020/07	97	3	8.43	2.3*	-0.46	-1.81	0.79	-0.05	-0.18	-0.01	17.36	22.01	0.70	-33.35	84
27	刘建伟	博时基金	2010/12~2015/08	50	4	-15.75	-2.25	2.90	3.81*	0.59	-0.01	0.01	0.20	-5.82	15.89	-0.57	-34.98	61
28	刘思甸	博时基金	2016/04~2020/10	56	1	5.82	1.63	-0.75	-1.23	0.70	0.04	-0.02	0.17	10.24	13.26	0.66	-21.97	78
29	刘小山	博时基金	1999/10~2002/12	55	3	-7.69	-0.95	2.24	2.16*	0.60	0.08	-0.08	-0.06	5.65	16.91	0.21	-20.79	78
30	牟星海	博时基金	2019/06~2022/06	38	4	-2.28	-0.22	0.38	0.20	0.69	-0.14	-0.57	-0.17	7.59	20.14	0.30	-40.92	58
31	聂挺进	博时基金	2010/03~2014/11	58	3	0.40	0.09	0.08	0.13	0.63	0.01	0.17	0.14	5.45	15.32	0.16	-20.77	80
32	皮敏	博时基金	2009/12~2015/06	68	2	1.64	0.31	-0.68	-1.26	0.49	-0.15	-0.19	0.10	2.68	14.07	-0.02	-35.83	55
33	苏永超	博时基金	2013/10~2018/03	55	2	2.44	0.55	-0.19	-0.75	0.91	0.12	-1.02	0.41	10.99	29.84	0.30	-51.51	93
34	孙占军	博时基金	2008/02~2014/01	73	4	-8.22	-1.75	0.51	1.98*	0.68	0.21	0.10	0.01	0.18	22.53	-0.12	-43.36	86
35	王俊	博时基金	2015/01~2020/12	73	12	9.97	3.04*	-0.19	-0.91	0.74	-0.18	-0.07	-0.03	15.09	20.13	0.67	-28.26	89
36	王燕	博时基金	2011/02~2016/07	67	3	-1.57	-0.40	-0.59	-2.52	0.72	0.09	-0.39	-0.04	4.17	22.71	0.06	-38.29	90
37	王增财	博时基金	2013/10~2023/02	110	8	1.64	0.31	0.11	0.28	0.84	0.12	-0.11	0.26	13.45	25.83	0.46	-41.12	72
38	吴丰树	博时基金	2008/09~2021/08	132	10	-1.04	-0.38	0.20	1.23	0.75	-0.04	0.10	-0.12	11.58	22.08	0.43	-33.56	89
39	夏春	博时基金	2008/12~2012/07	44	2	3.54	0.89	-0.22	-0.69	0.63	-0.22	-0.14	-0.01	8.87	18.14	0.34	-18.83	91
40	肖华	博时基金	2000/08~2006/11	73	3	15.23	2.11*	-0.67	-0.78	0.65	-0.42	0.00	0.12	14.61	19.12	0.66	-27.29	52
41	许少波	博时基金	2013/05~2023/08	58	3	-4.97	-0.87	0.48	0.81	0.74	-0.17	-0.58	-0.10	4.20	20.12	0.11	-34.44	78

续表

编号	基金经理	离职前任职公司	任职区间	任职时间（月）	管理基金数量（只）	选股能力		择时能力		β_{mkt}	β_{smb}	β_{hml}	β_{mom}	年化收益率（%）	年化波动率（%）	年化夏普比率	最大回撤率（%）	调整后 R^2（%）
						年化α（%）	t(α)	γ	t(γ)									
42	杨鹏	博时基金	2010/08~2021/04	115	7	4.51	0.98	-0.44	-1.26	0.73	0.08	-0.04	0.34	12.39	22.33	0.46	-40.05	71
43	杨锐	博时基金	2006/05~2012/07	76	4	0.65	0.15	0.09	0.53	0.62	-0.19	-0.14	0.05	10.79	23.27	0.34	-52.88	89
44	尹哲	博时基金	2014/10~2019/05	41	4	2.05	0.19	0.09	0.12	1.11	0.05	-0.47	0.32	10.09	34.58	0.25	-60.09	82
45	余洋	博时基金	2007/02~2011/04	52	2	6.34	0.93	0.01	0.03	0.72	-0.23	-0.25	0.25	11.63	29.67	0.30	-54.78	91
46	张弘	博时基金	2019/11~2023/03	39	4	9.93	1.03	0.71	0.53	0.53	-0.06	-0.30	0.33	18.70	21.23	0.80	-26.10	37
47	招扬	博时基金	2014/12~2018/02	40	4	10.95	1.43	-0.98	-2.40	0.98	-0.23	-0.74	-0.23	9.46	31.48	0.25	-45.63	88
48	周枫	博时基金	2001/04~2005/01	47	2	3.26	0.81	0.61	1.05	0.62	-0.18	0.29	0.23	1.48	12.97	-0.04	-17.48	85
49	周力	博时基金	2005/02~2011/06	78	2	13.30	2.28*	-0.17	-0.69	0.66	-0.26	-0.09	-0.08	25.35	26.22	0.86	-52.33	83
50	周心鹏	博时基金	2010/10~2021/10	129	7	6.47	1.54	0.29	0.90	0.61	-0.07	-0.13	-0.14	13.80	18.46	0.63	-33.51	60
51	邹志新	博时基金	2002/01~2010/10	107	4	16.84	4.26*	-0.73	-3.70	0.65	-0.30	-0.27	0.18	17.47	23.32	0.64	-56.05	84
52	谈洁颖	财通基金	2012/07~2021/04	99	8	2.61	0.64	0.37	1.31	0.75	0.07	-0.32	0.21	17.59	22.44	0.70	-32.53	81
53	姚思劼	财通基金	2016/03~2019/06	41	7	-4.92	-1.86	0.18	0.41	0.76	-0.02	-0.20	-0.01	-3.67	13.41	-0.39	-29.55	91
54	陈玉辉	创金合信基金	2012/11~2019/08	80	5	4.95	1.34	-0.17	-0.66	0.60	-0.05	0.68	-0.02	16.75	18.27	0.82	-20.36	82
55	程志田	创金合信基金	2016/01~2019/06	43	3	-0.46	-0.12	-0.21	-0.37	0.84	0.06	0.09	-0.06	3.27	16.69	0.11	-30.22	88
56	胡尧盛	创金合信基金	2017/12~2022/11	61	4	5.99	0.73	-0.34	-0.28	0.83	-0.36	-0.49	-0.11	5.74	22.09	0.19	-40.13	62
57	王超伟	达诚基金	2016/02~2022/04	62	9	3.24	0.72	-1.18	-1.73	0.46	-0.17	-0.45	-0.02	-0.63	12.38	-0.17	-29.43	56
58	曹雄飞	大成基金	2006/01~2014/05	66	5	7.57	1.17	0.23	0.91	0.88	-0.28	-0.08	0.57	16.13	34.81	0.40	-61.35	92
59	冯文光	大成基金	2011/03~2016/10	63	4	-11.78	-2.09	0.60	1.61	0.67	0.36	0.92	0.14	4.74	22.63	0.09	-46.38	83
60	何光明	大成基金	2004/12~2013/02	77	2	-0.11	-0.03	0.18	0.90	0.79	-0.04	-0.12	0.44	-1.33	23.53	-0.18	-51.58	92

续表

编号	基金经理	离职前任职公司	任职区间	任职时间（月）	管理基金数量（只）	选股能力		择时能力		β_{mkt}	β_{smb}	β_{hml}	β_{mom}	年化收益率（%）	年化波动率（%）	年化夏普比率	最大回撤率（%）	调整后 R^2（%）
						年化 α(%)	t(α)	γ	t(γ)									
61	黄万青	大成基金	2010/04～2022/11	129	14	-2.02	-0.51	0.77	2.28*	0.35	-0.05	0.00	0.09	3.05	13.46	0.08	-36.68	35
62	黎新平	大成基金	2016/09～2020/09	49	1	0.91	0.17	0.12	0.14	0.84	0.01	-0.12	0.29	9.76	18.08	0.46	-31.14	78
63	李富强	大成基金	2015/11～2023/03	74	5	4.78	1.34	0.41	1.46	0.22	-0.05	-0.07	0.25	8.83	9.28	0.80	-8.25	43
64	李林益	大成基金	2015/07～2023/01	92	4	7.19	1.86*	-0.80	-2.47	0.77	0.03	-0.36	0.15	7.70	21.39	0.29	-31.25	82
65	刘安田	大成基金	2010/04～2015/03	61	4	-7.47	-1.65	0.86	1.67*	0.89	0.06	-0.45	0.14	10.45	20.50	0.36	-37.66	86
66	刘泽兵	大成基金	2007/09～2015/02	86	2	-4.09	-0.73	-0.12	-0.36	0.64	0.17	-0.47	0.05	2.63	22.66	-0.01	-55.72	77
67	施永辉	大成基金	2006/01～2013/10	95	1	1.10	0.25	0.23	1.12	0.87	-0.26	-0.48	0.24	16.88	30.29	0.46	-63.29	90
68	石国武	大成基金	2013/04～2017/08	54	5	5.95	1.85*	-0.28	-1.58	0.64	-0.01	0.00	-0.15	19.20	19.93	0.85	-23.44	94
69	汤义峰	大成基金	2010/03～2015/03	58	3	1.46	0.38	0.22	0.53	0.77	-0.06	-0.10	-0.02	15.37	18.48	0.69	-19.23	89
70	王文祥	大成基金	2011/10～2015/12	44	3	-0.27	-0.04	0.26	0.55	0.90	0.14	-1.13	0.43	22.26	29.71	0.67	-43.15	90
71	谢家乐	大成基金	2019/08～2023/06	48	7	11.71	1.13	0.11	0.06	0.70	-0.03	-0.39	0.40	20.64	22.74	0.84	-28.01	59
72	徐彬	大成基金	2002/01～2006/05	53	3	6.49	1.81*	-0.45	-1.00	0.72	-0.03	0.22	0.66	13.36	16.19	0.70	-14.80	89
73	杨建华	大成基金	2005/02～2012/06	90	4	7.40	1.31	-0.02	-0.08	0.79	-0.05	-0.36	0.43	21.41	29.10	0.64	-61.47	84
74	杨建勋	大成基金	2004/08～2015/07	125	7	4.81	1.20	-0.14	-0.69	0.78	-0.23	-0.08	0.16	11.28	26.21	0.33	-54.67	85
75	周德昕	大成基金	2009/12～2017/11	61	3	-3.90	-0.84	0.66	1.78*	0.85	0.27	0.13	0.31	-6.23	24.32	-0.35	-56.36	88
76	周建春	大成基金	2002/01～2012/12	77	3	3.55	0.87	-0.30	-0.79	0.83	0.12	-0.04	0.47	11.24	20.86	0.43	-36.46	85
77	周志超	大成基金	2014/03～2019/12	64	11	-4.00	-0.52	-0.05	-0.07	0.95	0.36	-0.38	0.52	15.04	29.99	0.46	-45.77	78
78	朱哲	大成基金	2016/08～2019/08	38	2	0.28	0.14	0.21	0.68	0.00	0.08	0.05	0.12	2.09	2.89	0.21	-3.06	8
79	戴鹤忠	德邦基金	2016/06～2023/02	81	3	6.44	1.72*	0.78	1.22	0.84	-0.11	-0.01	0.12	13.12	16.99	0.68	-22.21	78

续表

编号	基金经理	离职前任职公司	任职区间	任职时间（月）	管理基金数量（只）	选股能力		择时能力		β_{mkt}	β_{smb}	β_{hml}	β_{mom}	年化收益率（%）	年化波动率（%）	年化夏普比率	最大回撤率（%）	调整后 R^2（%）
						年化 α（%）	t(α)	γ	t(γ)									
80	王本昌	德邦基金	2012/03~2021/10	95	5	0.58	0.19	0.37	0.93	0.83	-0.05	-0.21	0.10	15.11	17.50	0.75	-29.16	84
81	吴昊	德邦基金	2015/02~2023/10	101	7	-0.20	-0.04	-0.14	-0.41	0.73	0.12	-0.35	0.02	5.00	22.99	0.15	-45.19	74
82	乔春	东方阿尔法基金	2014/09~2022/12	80	7	4.48	0.73	0.09	0.23	0.63	-0.13	-0.42	0.29	10.16	22.43	0.39	-40.41	68
83	乔海英	东方阿尔法基金	2015/08~2023/10	92	4	9.62	1.42	-0.17	-0.28	0.76	0.29	-0.33	0.31	16.40	25.00	0.60	-39.38	60
84	呼振翼	东方基金	2011/12~2015/07	45	5	-6.95	-0.83	-0.13	-0.20	0.90	0.40	-0.33	0.23	22.36	30.39	0.64	-33.34	85
85	蒋茜	东方基金	2017/07~2023/11	78	10	1.53	0.22	-1.26	-1.09	0.84	0.18	-0.50	0.18	4.35	22.57	0.13	-48.92	63
86	庞飒	东方基金	2005/08~2013/02	86	3	12.83	2.34*	0.06	0.25	0.76	-0.30	-0.30	0.36	26.32	28.54	0.83	-54.37	85
87	徐昀君	东方基金	2013/12~2017/04	42	3	5.21	2.58*	0.02	0.18	0.05	0.02	-0.04	0.01	8.61	3.23	2.01	-0.48	33
88	薛子徵	东方基金	2015/04~2023/08	102	11	-2.52	-0.70	0.11	0.36	0.62	0.15	0.29	0.23	0.53	17.59	-0.06	-36.62	74
89	于鑫	东方基金	2007/07~2014/12	91	5	2.69	0.77	-0.56	-2.68	0.66	0.01	0.28	0.04	2.47	22.65	-0.02	-62.06	90
90	张岗	东方基金	2006/03~2015/04	70	4	-0.91	-0.23	-0.13	-0.33	0.77	-0.09	-0.22	0.28	22.10	19.33	1.01	-29.98	86
91	周薇	东方基金	2015/04~2020/04	62	5	3.57	2.13*	-0.09	-0.71	0.07	-0.04	0.00	-0.11	4.09	3.66	0.70	-7.54	23
92	朱晓栋	东方基金	2013/01~2019/02	75	11	-0.22	-0.07	-0.10	-0.48	0.36	0.07	-0.12	-0.09	6.03	12.52	0.32	-25.86	72
93	胡德军	东海基金	2015/10~2021/08	72	3	-0.97	-0.17	-1.06	-2.22	0.60	0.13	-0.30	0.40	2.49	20.33	0.05	-42.94	67
94	陈军	东吴基金	2006/10~2023/11	199	9	-0.86	-0.28	0.19	1.11	0.69	0.21	-0.45	0.29	11.24	23.87	0.38	-48.86	81
95	戴斌	东吴基金	2014/12~2020/03	77	6	-4.22	-0.62	1.16	2.74*	0.73	0.20	-0.43	0.32	12.13	26.84	0.39	-54.62	76
96	付琦	东吴基金	2013/08~2019/12	63	3	-6.15	-0.81	0.90	2.02*	0.51	-0.12	0.45	0.41	5.35	20.55	0.17	-48.95	58

续表

编号	基金经理	离职前任职公司	任职区间	任职时间（月）	管理基金数量（只）	选股能力		择时能力		β_{mkt}	β_{smb}	β_{hml}	β_{mom}	年化收益率（%）	年化波动率（%）	年化夏普比率	最大回撤率（%）	调整后 R^2（%）
						年化α（%）	t（α）	γ	t（γ）									
97	彭敢	东吴基金	2010/11～2021/02	120	9	0.54	0.14	0.06	0.20	1.00	0.30	-0.43	0.22	14.76	28.79	0.44	-57.43	87
98	秦斌	东吴基金	2016/07～2020/06	49	4	-1.94	-0.58	0.49	0.87	0.69	-0.04	-0.33	0.07	4.69	13.26	0.24	-25.58	84
99	任壮	东吴基金	2009/01～2013/12	61	3	-15.00	-1.72	-0.13	-0.18	0.96	0.12	-0.01	0.22	-2.71	28.44	-0.19	-57.13	75
100	王炯	东吴基金	2006/12～2011/04	54	2	-1.48	-0.15	0.74	2.24*	0.65	0.09	0.09	0.97	17.90	31.45	0.48	-53.01	82
101	王立立	东吴基金	2013/12～2020/07	81	6	-0.54	-0.09	-0.12	-0.30	0.87	0.20	-1.23	0.15	15.55	29.72	0.46	-49.42	82
102	邬炜	东吴基金	2015/03～2023/07	92	7	3.16	0.55	-0.25	-0.56	0.62	0.15	-0.24	0.45	2.04	22.76	0.02	-44.20	65
103	吴广利	东吴基金	2009/05～2014/11	43	3	-2.72	-0.44	-0.28	-0.61	0.71	-0.21	-0.02	0.52	1.78	19.88	-0.04	-31.95	88
104	徐嶒	东吴基金	2015/05～2023/03	96	7	5.90	1.91*	-0.46	-1.75	0.72	-0.01	-0.31	0.13	4.36	19.62	0.14	-35.87	85
105	张能进	东吴基金	2016/05～2019/12	45	2	5.37	0.91	-0.42	-0.41	0.73	-0.25	-0.42	0.03	9.22	14.93	0.52	-23.77	61
106	程远	东兴基金	2015/12～2019/08	46	5	-4.55	-0.91	-0.98	-2.23	0.53	-0.22	-0.98	-0.33	-10.39	16.38	-0.73	-37.63	74
107	沈毅	方正富邦基金	2014/01～2018/11	60	2	5.47	0.90	0.14	0.39	1.00	-0.07	-0.82	0.23	12.99	30.00	0.37	-41.37	86
108	王健	方正富邦基金	2015/06～2018/07	39	1	7.52	1.13	-0.96	-1.97	0.63	-0.21	-0.62	-0.13	-2.72	20.30	-0.21	-28.94	77
109	闻晨雨	方正富邦基金	2019/11～2023/05	44	4	5.42	0.77	1.65	1.27	0.87	-0.32	0.03	0.08	12.04	19.19	0.55	-27.03	77
110	李道滢	方正证券	2015/06～2021/10	66	6	5.40	1.04	0.43	1.07	0.55	-0.04	-0.17	0.17	8.36	16.36	0.44	-17.57	66
111	乔林建	方正证券	2013/01～2022/12	62	8	2.86	0.63	-0.03	-0.10	0.76	0.00	-0.45	0.14	17.83	20.21	0.81	-25.26	87
112	黄强	富安达基金	2012/04～2015/07	41	1	-2.23	-0.22	0.75	1.00	1.34	-0.15	-1.39	0.78	25.13	37.48	0.59	-41.46	88
113	毛矛	富安达基金	2015/05～2020/07	64	5	1.06	0.15	0.41	0.81	0.63	0.04	-0.09	0.39	4.76	21.91	0.15	-47.17	63
114	孙绍冰	富安达基金	2015/05～2023/07	100	3	-9.74	-1.09	1.47	1.9*	0.58	-0.07	-0.91	0.07	-1.49	27.90	-0.11	-60.20	37
115	吴战峰	富安达基金	2008/04～2023/05	136	9	2.83	0.85	0.12	0.47	0.68	0.08	-0.12	0.19	8.95	18.80	0.38	-40.05	76

续表

编号	基金经理	离职前任职公司	任职区间	任职时间（月）	管理基金数量（只）	选股能力		择时能力		β_{mkt}	β_{smb}	β_{hml}	β_{mom}	年化收益率（%）	年化波动率（%）	年化夏普比率	最大回撤率（%）	调整后 R^2（%）
						年化α(%)	t(α)	γ	t(γ)									
116	朱义	富安达基金	2018/04~2022/06	52	4	5.33	0.93	-0.52	-0.63	0.67	-0.18	-0.10	0.04	7.96	15.90	0.41	-25.80	69
117	陈戈	富国基金	2005/04~2014/03	109	1	10.60	2.34*	-0.03	-0.12	0.73	-0.25	-0.22	0.33	19.62	25.39	0.66	-49.61	83
118	戴益强	富国基金	2012/10~2018/01	65	5	-5.87	-0.86	0.94	2.31*	0.89	0.13	-0.84	0.62	13.39	30.39	0.37	-51.29	83
119	贺轶	富国基金	2006/08~2016/01	87	3	4.78	1.38	-0.23	-1.31	0.79	-0.02	-0.51	0.19	21.23	24.37	0.77	-38.83	91
120	金涛	富国基金	1999/05~2002/10	42	1	-7.62	-1.63	0.89	3.37*	0.55	0.13	-0.19	-0.02	7.16	22.26	0.22	-26.72	93
121	李文忠	富国基金	2000/07~2008/10	82	3	17.48	2.84*	-0.22	-0.76	0.65	-0.37	-0.40	-0.27	15.59	24.98	0.52	-50.65	79
122	李晓铭	富国基金	2009/10~2019/07	119	8	3.53	1.32	-0.10	-0.48	0.83	0.11	-0.34	0.17	10.57	22.46	0.37	-49.47	90
123	厉叶淼	富国基金	2015/08~2023/10	99	5	10.26	2.14*	-0.20	-0.47	0.91	0.11	-0.46	0.25	14.99	24.73	0.55	-35.63	77
124	刘博	富国基金	2018/07~2021/12	43	3	18.93	2.76*	0.30	0.28	0.63	-0.10	-0.15	0.26	30.81	16.69	1.76	-6.46	64
125	尚鹏岳	富国基金	2008/01~2015/05	86	4	-3.97	-0.70	0.58	1.95*	0.75	0.19	-0.13	0.15	14.27	25.88	0.44	-49.00	81
126	汪鸣	富国基金	2014/01~2018/03	52	3	4.58	0.84	-0.01	-0.01	0.90	0.29	-0.49	0.19	21.02	31.32	0.61	-35.68	92
127	魏伟	富国基金	2011/12~2021/01	108	5	10.15	1.46	-0.56	-1.11	0.68	0.39	-0.02	0.51	20.99	27.98	0.68	-41.59	61
128	徐大成	富国基金	2002/11~2007/05	57	3	13.65	3.11*	-0.59	-1.53	0.76	-0.24	0.12	0.22	35.59	20.09	1.70	-15.03	86
129	许达	富国基金	2005/03~2010/12	71	2	10.15	1.35	-0.16	-0.54	0.54	-0.16	-0.28	-0.06	21.20	23.14	0.81	-49.00	69
130	于江勇	富国基金	2008/05~2018/03	120	1	3.75	1.41	0.13	0.85	0.68	0.13	-0.29	0.25	13.23	21.93	0.49	-33.84	90
131	钟智伦	富国基金	2015/05~2019/02	47	7	2.89	2.12*	-0.15	-1.52	0.05	-0.04	0.01	-0.06	3.31	2.68	0.66	-3.56	31
132	黄祥斌	富荣基金	2013/12~2023/07	101	8	-4.14	-0.79	0.80	2.05*	0.63	0.10	-0.12	0.08	8.96	20.60	0.36	-42.09	63
133	曹冠业	工银瑞信基金	2007/11~2014/05	80	4	2.82	0.52	0.00	-0.01	0.77	0.10	0.10	0.40	3.40	25.44	0.02	-47.50	84
134	陈守红	工银瑞信基金	2005/03~2011/03	66	3	1.02	0.16	0.57	1.98*	0.68	-0.21	0.48	0.34	36.24	27.21	1.26	-23.08	84

续表

编号	基金经理	离职前任职公司	任职区间	任职时间（月）	管理基金数量（只）	选股能力		择时能力		β_{mkt}	β_{smb}	β_{hml}	β_{mom}	年化收益率（%）	年化波动率（%）	年化夏普比率	最大回撤率（%）	调整后 R^2（%）
						年化 α(%)	t(α)	γ	t(γ)									
135	杜海涛	工银瑞信基金	2015/04~2023/11	70	2	-0.85	-0.22	-0.17	-0.56	0.67	-0.15	-0.09	-0.11	-6.81	16.92	-0.50	-40.73	79
136	郝康	工银瑞信基金	2016/12~2020/03	41	3	15.62	2.86*	-3.38	-3.96	0.77	-0.07	0.41	0.10	5.34	13.87	0.28	-22.41	69
137	何江旭	工银瑞信基金	2002/11~2014/06	138	7	7.46	2.7*	-0.07	-0.44	0.84	-0.05	-0.10	0.35	18.06	25.87	0.60	-61.22	92
138	胡文彪	工银瑞信基金	2010/02~2018/03	99	8	-3.78	-1.27	0.01	0.06	0.90	0.14	-0.41	0.24	6.09	24.75	0.15	-41.19	92
139	黄安乐	工银瑞信基金	2011/11~2022/07	130	9	3.39	0.67	0.01	0.03	1.02	0.18	-0.70	0.37	16.68	31.09	0.47	-64.37	79
140	江晖	工银瑞信基金	2002/01~2007/04	52	3	15.62	3.49*	-0.42	-1.08	0.81	-0.17	-0.51	0.70	39.52	20.39	1.92	-9.53	88
141	刘柯	工银瑞信基金	2014/11~2018/06	45	4	-7.12	-0.82	0.86	1.82*	1.03	0.25	-0.41	0.62	6.11	38.57	0.11	-53.82	88
142	刘天任	工银瑞信基金	2013/11~2017/07	46	4	-5.16	-0.62	0.21	0.49	1.09	0.18	-0.60	0.51	12.24	38.97	0.26	-61.21	91
143	曲丽	工银瑞信基金	2007/11~2012/12	63	1	-4.49	-1.11	0.06	0.31	0.70	0.02	-0.13	0.14	-4.58	23.69	-0.32	-52.95	92
144	王烁杰	工银瑞信基金	2014/04~2017/04	38	3	-2.18	-0.21	0.32	0.66	1.18	0.07	-0.76	0.49	20.75	43.38	0.43	-59.52	92
145	王筱苓	工银瑞信基金	2007/01~2023/10	160	11	6.37	2.44*	-0.24	-1.33	0.78	-0.10	-0.12	0.10	14.01	21.27	0.57	-39.32	85
146	王勇	工银瑞信基金	2011/11~2014/12	39	2	-6.82	-1.39	0.44	0.72	0.66	0.11	0.13	0.18	9.36	15.58	0.40	-12.40	85
147	魏欣	工银瑞信基金	2015/05~2021/06	75	2	6.04	1.63	0.73	2.48*	0.22	0.06	-0.19	0.33	12.76	10.72	1.05	-11.43	46
148	温震宇	工银瑞信基金	2005/02~2009/08	50	3	15.49	2.33*	-0.31	-1.30	0.76	-0.19	-0.18	0.63	24.60	31.76	0.70	-51.97	91
149	吴刚	工银瑞信基金	2002/09~2008/01	59	5	11.17	2.59*	-0.04	-0.15	0.61	-0.28	0.08	0.35	27.27	20.01	1.29	-13.10	88
150	杨军	工银瑞信基金	2003/10~2013/12	109	4	8.34	1.82*	-0.14	-0.62	0.75	-0.33	-0.56	0.00	14.73	25.87	0.47	-57.42	85
151	游凛峰	工银瑞信基金	2012/04~2022/03	121	5	1.98	0.51	1.04	3.53*	0.73	0.04	-0.23	0.13	16.87	21.14	0.71	-37.68	75
152	袁芳	工银瑞信基金	2015/12~2022/10	84	6	10.55	2.15*	1.05	2.43*	0.68	-0.19	-0.53	-0.11	15.91	18.82	0.77	-34.72	65
153	张翎	工银瑞信基金	2005/05~2010/03	57	4	18.19	2.84*	-0.31	-1.34	0.65	-0.19	-0.09	0.24	32.45	27.73	1.09	-49.25	89

续表

编号	基金经理	离职前任职公司	任职区间	任职时间（月）	管理基金数量（只）	选股能力		择时能力		β_{mkt}	β_{smb}	β_{hml}	β_{mom}	年化收益率（%）	年化波动率（%）	年化夏普比率	最大回撤率（%）	调整后 R^2（%）
						年化α（%）	t（α）	γ	t（γ）									
154	常昊	光大保德信基金	2002/11~2007/05	53	3	9.39	2.65*	-0.85	-2.81	0.86	-0.17	0.08	0.48	34.69	21.39	1.55	-23.88	93
155	戴奇雷	光大保德信基金	2008/05~2021/06	123	7	-2.99	-0.83	0.08	0.40	0.76	0.06	-0.22	0.07	9.49	24.38	0.31	-45.18	85
156	董伟炜	光大保德信基金	2015/05~2020/10	67	4	12.35	3.27*	0.10	0.35	0.94	0.06	0.10	0.46	12.17	26.13	0.41	-41.61	92
157	高宏华	光大保德信基金	2007/08~2013/06	71	2	-0.36	-0.11	0.16	0.88	0.86	-0.07	-0.06	0.15	-4.56	27.95	-0.27	-60.41	96
158	黄素丽	光大保德信基金	2010/04~2013/04	38	1	-5.20	-1.07	1.01	1.44	0.91	-0.04	0.13	0.10	-4.79	20.27	-0.39	-34.86	93
159	金昉毅	光大保德信基金	2015/05~2021/10	66	13	8.67	2.23*	0.41	1.36	0.81	0.13	0.04	0.14	14.26	20.69	0.63	-24.22	87
160	李阳	光大保德信基金	2010/07~2014/06	49	2	-20.28	-2.29	1.19	1.00	0.92	0.56	0.46	0.66	-4.79	24.36	-0.33	-43.86	74
161	钱钧	光大保德信基金	2007/09~2013/12	77	3	2.29	0.94	0.19	1.43	0.93	-0.02	0.07	0.02	0.56	29.36	-0.08	-62.17	98
162	盛松	光大保德信基金	2017/01~2020/01	38	1	0.24	0.05	-0.89	-1.21	0.89	0.09	0.17	0.29	-0.49	15.46	-0.13	-33.60	83
163	陶曙斌	光大保德信基金	2018/09~2023/11	58	4	-11.35	-1.07	0.15	0.11	0.90	0.18	-0.25	0.00	-1.18	24.59	-0.11	-57.42	59

续表

编号	基金经理	离职前任职公司	任职区间	任职时间（月）	管理基金数量（只）	选股能力		择时能力		β_{mkt}	β_{smb}	β_{hml}	β_{mom}	年化收益率（%）	年化波动率（%）	年化夏普比率	最大回撤率（%）	调整后 R^2（%）
						年化α（%）	t(α)	γ	t(γ)									
164	田大伟	光大保德信基金	2014/02~2018/02	50	2	-2.93	-0.75	-0.01	-0.06	0.82	0.13	0.10	0.05	14.85	26.59	0.49	-33.01	94
165	王维诚	光大保德信基金	2016/04~2019/11	45	4	4.18	0.54	-1.54	-1.15	0.79	-0.11	0.24	0.05	2.71	16.81	0.07	-37.02	46
166	许春茂	光大保德信基金	2006/06~2010/03	47	2	10.55	1.65*	-0.24	-1.16	0.87	-0.18	-0.10	-0.16	35.40	37.71	0.86	-63.83	96
167	于进杰	光大保德信基金	2009/10~2016/03	78	5	6.59	1.73*	0.21	0.87	0.81	-0.18	-0.23	0.11	12.81	23.12	0.44	-30.76	89
168	袁宏隆	光大保德信基金	2007/06~2011/03	47	2	7.98	1.32	-0.07	-0.29	0.98	-0.36	-0.14	-0.05	6.70	38.96	0.10	-68.93	96
169	赵大年	光大保德信基金	2016/02~2023/07	51	10	-0.62	-0.14	-2.65	-3.36	0.80	-0.10	0.03	-0.18	-5.34	14.03	-0.50	-39.02	76
170	周炜炜	光大保德信基金	2005/08~2014/07	102	4	10.34	2.4*	0.13	0.65	0.80	-0.29	-0.06	0.24	22.02	28.01	0.70	-51.30	89
171	陈仕德	广发基金	2005/02~2015/05	125	2	1.45	0.33	-0.01	-0.02	0.92	0.08	-0.12	0.31	25.63	31.53	0.72	-66.12	88
172	陈宇庭	广发基金	2020/05~2023/06	39	1	-5.79	-0.92	2.78	2.45*	0.88	-0.28	-0.08	0.20	4.60	20.25	0.15	-35.71	85
173	陈甄璞	广发基金	2015/04~2023/06	74	8	-0.27	-0.06	0.20	0.58	0.18	-0.03	-0.27	0.06	0.41	10.31	-0.11	-25.48	27
174	冯永欢	广发基金	2007/03~2014/11	94	4	2.25	0.47	0.19	0.86	0.76	-0.06	-0.36	0.32	11.22	25.88	0.32	-60.06	85
175	何震	广发基金	2004/07~2008/01	44	2	17.20	2.48*	0.84	2*	0.69	-0.18	-0.34	0.55	57.56	27.61	1.99	-15.40	87
176	季峰	广发基金	2015/09~2022/01	78	4	0.38	0.07	0.33	0.71	0.56	-0.06	-0.43	0.25	8.03	18.91	0.35	-23.61	55

续表

编号	基金经理	离职前任职公司	任职区间	任职时间（月）	管理基金数量（只）	选股能力		择时能力		β_{mkt}	β_{smb}	β_{hml}	β_{mom}	年化收益率（%）	年化波动率（%）	年化夏普比率	最大回撤率（%）	调整后 R^2（%）
						年化 α(%)	t(α)	γ	t(γ)									
177	江湧	广发基金	2005/02～2009/08	56	2	18.74	2.55*	-0.23	-0.84	0.68	-0.12	-0.26	0.43	29.71	29.37	0.93	-54.11	86
178	刘晓龙	广发基金	2010/11～2017/02	77	3	-1.46	-0.34	0.73	2.68*	0.91	0.07	0.24	0.21	15.09	27.51	0.45	-36.58	90
179	马文文	广发基金	2016/11～2022/02	51	4	-3.12	-0.66	-0.54	-0.72	0.71	-0.11	0.07	-0.23	-1.82	13.74	-0.24	-40.15	68
180	王小松	广发基金	2014/12～2019/05	55	6	6.22	1.16	-0.55	-1.79	0.78	0.08	-0.50	0.11	6.85	26.43	0.20	-44.64	87
181	谢军	广发基金	2016/02～2021/03	63	11	5.87	6.69*	-0.46	-3.21	0.09	-0.03	-0.06	0.04	7.11	2.38	2.36	-0.93	51
182	许雪梅	广发基金	2008/02～2013/01	61	3	-12.52	-2.18	0.78	2.59*	0.87	0.05	0.04	0.17	-6.73	28.43	-0.34	-50.86	89
183	易阳方	广发基金	2003/12～2020/01	195	10	2.05	0.64	0.44	2.47*	0.82	0.01	-0.43	0.43	16.85	26.52	0.54	-60.91	83
184	余昊	广发基金	2016/06～2021/04	60	4	9.72	1.8*	-2.55	-2.71	0.78	-0.02	0.10	0.42	11.84	16.27	0.64	-26.07	63
185	朱纪刚	广发基金	2009/09～2015/01	66	4	-6.91	-0.94	1.12	1.15	0.74	0.29	-0.52	0.44	11.68	20.82	0.42	-33.45	67
186	祝俭	广发基金	2010/12～2015/01	51	2	-6.46	-1.13	-0.10	-0.12	0.54	0.06	-0.47	0.11	-0.83	12.98	-0.30	-23.69	58
187	程广飞	国都证券	2015/12～2019/06	44	4	-2.38	-0.70	0.71	2.46*	0.27	-0.04	0.01	-0.07	2.17	8.24	0.08	-19.66	56
188	尹德才	国都证券	2017/07～2022/08	63	3	-3.59	-0.54	-0.57	-0.55	0.70	-0.17	-0.23	-0.11	-2.61	17.47	-0.24	-43.34	55
189	游典宗	国都证券	2015/12～2020/03	53	2	-1.45	-0.32	1.11	2.92*	0.42	0.01	-0.12	-0.06	3.88	12.25	0.19	-29.85	57
190	张崴	国都证券	2017/09～2021/02	43	3	1.06	0.12	-0.04	-0.03	0.71	0.17	-0.17	0.18	9.06	18.58	0.41	-38.36	59
191	邓钟锋	国海富兰克林基金	2016/06～2019/09	41	7	7.10	4.14*	-0.75	-2.64	0.19	-0.01	-0.10	0.05	6.59	3.85	1.32	-3.23	55
192	张晓东	国海富兰克林基金	2006/06～2014/11	103	2	2.65	0.66	0.47	2.46*	0.72	-0.08	-0.17	0.33	18.88	24.56	0.65	-47.49	87
193	秦海燕	国海证券	2010/05～2022/09	77	3	0.51	0.11	0.29	0.60	0.82	0.00	-0.07	0.27	14.69	21.29	0.57	-27.60	84

续表

编号	基金经理	离职前任职公司	任职区间	任职时间（月）	管理基金数量（只）	选股能力		择时能力		β_{mkt}	β_{smb}	β_{hml}	β_{mom}	年化收益率（%）	年化波动率（%）	年化夏普比率	最大回撤率（%）	调整后 R^2（%）
						年化α(%)	t(α)	γ	t(γ)									
194	宫雪	国金基金	2014/08~2022/12	102	6	2.79	0.76	0.52	1.93*	0.16	-0.12	-0.26	0.05	7.87	10.55	0.59	-23.76	24
195	李安心	国金基金	2009/10~2018/08	61	3	-3.82	-0.96	1.15	1.45	0.70	0.26	0.24	0.40	-3.01	14.22	-0.38	-36.61	81
196	杨雨龙	国金基金	2015/06~2020/05	49	6	-4.13	-1.22	-0.05	-0.22	0.80	0.25	0.28	-0.21	-1.87	23.91	-0.14	-28.24	95
197	张航	国金基金	2019/04~2022/08	42	7	11.97	2.12*	-2.37	-2.25	0.71	-0.22	-0.49	-0.08	10.29	16.73	0.53	-25.37	81
198	陈苏桥	国联安基金	2003/09~2011/03	66	3	4.37	0.90	-0.07	-0.24	0.76	-0.19	0.15	0.26	-3.02	26.13	-0.22	-61.71	90
199	冯天戈	国联安基金	2004/03~2010/04	65	5	3.09	0.62	0.50	2.35*	0.65	-0.34	0.00	0.47	20.41	24.68	0.74	-31.99	88
200	李洪波	国联安基金	2005/12~2009/09	47	2	2.58	0.27	0.10	0.34	0.89	-0.09	-0.15	0.30	38.03	39.88	0.88	-61.31	91
201	刘斌	国联安基金	2013/12~2023/06	116	9	9.26	2.16*	-0.29	-0.87	0.59	-0.15	-0.14	0.07	12.71	18.11	0.61	-24.43	59
202	吕中凡	国联安基金	2015/05~2019/12	57	3	0.16	0.06	0.06	0.26	0.13	-0.05	-0.01	-0.13	1.78	6.17	0.04	-19.95	26
203	张汉毅	国联安基金	2016/12~2021/07	57	3	14.28	3.21*	-1.28	-1.69	0.91	0.18	-0.13	0.45	21.86	17.94	1.14	-26.35	81
204	郑青	国联安基金	2015/12~2020/04	54	1	-7.63	-1.15	0.27	0.49	1.10	-0.22	-0.42	-0.10	-6.47	26.28	-0.30	-44.32	79
205	姜涛	国联基金	2015/06~2020/04	60	10	-0.21	-0.05	0.32	1.08	0.25	-0.10	-0.32	-0.04	3.13	9.38	0.17	-22.31	39
206	解静	国联基金	2014/12~2020/04	66	5	-3.98	-0.75	0.40	1.20	0.52	0.18	0.42	0.44	3.21	20.02	0.08	-45.75	73
207	刘李杰	国联基金	2017/09~2022/11	50	3	-2.84	-0.38	-0.36	-0.33	0.79	0.18	-0.55	0.28	-3.10	21.59	-0.22	-38.15	77
208	秦娟	国联基金	2011/12~2017/07	60	3	1.47	0.54	0.20	0.97	0.12	-0.01	0.06	0.17	6.08	5.58	0.66	-4.55	29
209	易海波	国联基金	2017/01~2020/02	39	4	8.69	2.11*	-1.14	-1.79	0.91	-0.02	0.22	0.06	6.53	15.27	0.33	-22.46	86
210	冯赟	国融基金	2019/10~2023/06	46	5	0.14	0.02	-2.16	-1.62	0.72	-0.30	-0.10	-0.17	-6.72	15.65	-0.53	-37.65	63
211	黎晓晖	国寿安保基金	2017/09~2022/07	48	2	-5.90	-0.98	0.37	0.42	0.74	-0.27	0.03	-0.21	-6.27	16.05	-0.49	-33.90	69
212	陈列敏	国泰基金	2004/03~2007/04	38	1	0.77	0.11	-0.97	-1.71	0.77	0.15	0.16	0.66	24.98	22.58	1.01	-26.13	82

续表

编号	基金经理	离职前任职公司	任职区间	任职时间（月）	管理基金数量（只）	选股能力		择时能力		β_{mkt}	β_{smb}	β_{hml}	β_{mom}	年化收益率（%）	年化波动率（%）	年化夏普比率	最大回撤率（%）	调整后 R^2（%）
						年化 α(%)	t(α)	γ	t(γ)									
213	范迪钊	国泰基金	2009/12~2014/12	62	2	-0.95	-0.19	0.56	0.85	0.83	0.10	0.05	0.40	8.87	19.32	0.31	-21.71	83
214	黄刚	国泰基金	2002/05~2008/04	47	3	10.03	1.76*	-0.10	-0.25	0.74	-0.34	-0.08	0.32	10.02	22.02	0.35	-28.28	89
215	黄焱	国泰基金	2005/01~2016/06	139	8	5.46	1.18	0.19	0.87	0.60	-0.25	-0.24	-0.02	16.76	22.86	0.62	-57.12	72
216	王航	国泰基金	2008/05~2016/05	98	7	6.86	1.64*	-0.12	-0.60	0.69	-0.07	-0.20	0.30	9.86	23.98	0.30	-42.74	86
217	吴晨	国泰基金	2016/01~2019/05	41	4	1.42	1.33	-0.41	-2.63	0.07	-0.04	-0.02	-0.03	1.82	1.94	0.16	-2.30	33
218	徐学标	国泰基金	2002/05~2007/02	46	2	0.16	0.03	-0.36	-0.63	0.78	0.45	0.01	0.88	17.85	19.68	0.82	-28.57	85
219	徐智麟	国泰基金	1998/03~2001/05	40	1	11.84	1.72*	0.28	0.82	0.59	-0.16	-0.12	0.05	23.44	20.67	0.99	-7.71	87
220	余荣权	国泰基金	2003/07~2011/02	59	4	3.06	0.54	0.05	0.19	0.84	-0.01	-0.43	0.30	21.40	29.19	0.68	-53.88	92
221	张玮	国泰基金	2005/12~2015/04	99	5	-1.03	-0.24	0.38	1.63	0.77	0.14	-0.31	0.34	23.86	24.67	0.86	-41.17	86
222	周伟锋	国泰基金	2013/06~2020/07	87	10	10.20	1.96*	-0.06	-0.16	0.87	0.10	-0.20	0.18	25.44	26.28	0.90	-37.00	80
223	陈小玲	国投瑞银基金	2014/01~2017/12	49	3	12.20	2.34*	-0.18	-0.60	0.55	-0.02	-0.64	0.18	17.15	18.78	0.81	-21.19	81
224	狄晓娇	国投瑞银基金	2016/06~2019/10	42	7	1.02	0.35	0.68	1.40	0.45	-0.02	-0.17	0.02	4.25	9.11	0.30	-11.09	76
225	康晓云	国投瑞银基金	2006/04~2011/01	59	2	13.76	2.2*	-0.17	-0.78	0.79	-0.35	-0.13	0.44	24.85	33.23	0.66	-59.23	93
226	马少章	国投瑞银基金	2009/04~2014/11	69	4	-0.97	-0.24	0.67	1.84*	0.63	0.06	-0.05	0.15	12.03	16.45	0.56	-19.29	81
227	汤海波	国投瑞银基金	2018/01~2021/11	48	4	4.34	0.67	-0.83	-0.83	0.72	-0.11	0.10	-0.09	5.02	15.36	0.23	-26.24	60
228	吴潇	国投瑞银基金	2016/12~2023/05	79	8	2.93	0.93	1.07	2*	0.72	0.01	-0.19	0.00	9.36	15.15	0.52	-26.32	82
229	徐炜哲	国投瑞银基金	2008/11~2014/11	63	3	0.55	0.09	-0.45	-0.91	0.88	0.07	-0.20	0.16	17.35	23.89	0.62	-30.93	83
230	杨冬冬	国投瑞银基金	2015/02~2020/10	69	6	0.51	0.10	0.16	0.49	0.63	0.18	-0.54	0.37	11.85	23.39	0.44	-46.64	81
231	于雷	国投瑞银基金	2013/03~2020/06	85	6	6.78	1.03	-0.67	-1.44	0.82	-0.31	-0.52	-0.08	14.18	23.54	0.53	-42.30	61

续表

编号	基金经理	离职前任职公司	任职区间	任职时间（月）	管理基金数量（只）	选股能力		择时能力		β_{mkt}	β_{smb}	β_{hml}	β_{mom}	年化收益率（%）	年化波动率（%）	年化夏普比率	最大回撤率（%）	调整后 R^2（%）
						年化 α(%)	t(α)	γ	t(γ)									
232	张佳荣	国投瑞银基金	2015/12~2020/12	62	2	10.73	1.85*	-0.07	-0.14	0.79	0.27	-0.67	-0.06	15.74	22.82	0.62	-28.25	76
233	陈洪	海富通基金	2003/08~2014/05	131	5	7.79	2.99*	-0.11	-0.78	0.69	-0.13	-0.08	0.28	15.32	21.97	0.58	-54.29	91
234	陈绍胜	海富通基金	2004/03~2012/03	98	3	1.73	0.50	0.07	0.43	0.71	0.00	-0.19	0.41	11.85	24.82	0.37	-58.17	91
235	程崇	海富通基金	2010/04~2013/11	44	2	-13.52	-1.72	2.22	2.36*	0.92	0.21	-0.89	0.11	4.82	22.29	0.08	-38.74	78
236	丁俊	海富通基金	2007/08~2016/07	86	6	-0.36	-0.09	0.15	0.86	0.66	0.06	-0.05	0.30	3.91	24.95	0.05	-53.01	91
237	蒋征	海富通基金	2003/01~2013/12	127	8	5.58	2.21*	-0.24	-1.77	0.73	-0.07	-0.07	0.40	13.01	22.91	0.46	-62.94	92
238	康赛波	海富通基金	2003/04~2011/03	82	3	14.27	3.2*	-0.68	-3.40	0.74	-0.04	-0.29	0.39	11.86	26.87	0.36	-62.40	90
239	牟永宁	海富通基金	2009/01~2013/09	58	4	-3.16	-0.79	0.01	0.05	0.74	0.14	0.06	0.34	9.49	20.21	0.34	-32.70	91
240	王智慧	海富通基金	2012/01~2021/06	111	6	2.53	0.69	-0.02	-0.04	0.83	0.11	-0.20	0.22	16.40	21.38	0.68	-38.37	81
241	张炳炜	海富通基金	2015/06~2018/07	39	3	-1.62	-0.35	-0.07	-0.21	0.68	-0.16	0.05	0.04	-7.66	18.97	-0.48	-32.22	87
242	陈嘉平	合煦智远基金	2011/12~2019/08	54	5	10.35	1.53	-0.02	-0.02	0.61	0.07	-0.27	0.23	24.47	16.76	1.33	-11.53	59
243	朱伟东	合煦智远基金	2018/09~2023/10	63	1	12.06	1.73*	-1.18	-1.10	0.76	-0.01	-0.20	0.07	13.81	18.84	0.65	-27.30	60
244	张鸿羽	弘毅远方基金	2012/04~2020/08	52	2	6.71	0.75	-0.81	-0.87	0.69	-0.13	-0.31	0.49	21.88	18.64	1.07	-19.13	59
245	周鹏	弘毅远方基金	2018/10~2022/06	46	3	12.45	1.89*	-2.32	-2.38	0.79	-0.07	-0.45	0.06	17.75	19.39	0.84	-26.75	76
246	季雷	红塔红土基金	2007/03~2015/04	65	4	-6.07	-0.80	-0.35	-1.17	0.75	-0.16	0.19	0.55	0.06	30.24	-0.10	-60.82	86
247	梁钧	红塔红土基金	2007/08~2023/02	52	5	6.35	0.91	-1.07	-3.17	0.68	0.08	0.09	0.29	-9.34	26.23	-0.46	-60.42	87
248	侯世霞	红土创新基金	2015/09~2020/12	65	2	8.75	1.24	-0.97	-1.76	0.69	-0.36	-0.11	-0.07	9.62	20.91	0.39	-33.17	56
249	陈桥宁	宏利基金	2011/03~2014/10	45	3	-5.18	-0.95	0.37	0.52	0.88	-0.12	-0.11	0.31	-1.40	18.14	-0.25	-30.65	84
250	邓艺颖	宏利基金	2011/06~2018/12	92	6	1.04	0.20	0.25	0.68	0.88	0.16	-0.65	0.58	6.49	27.59	0.15	-55.12	81

续表

编号	基金经理	离职前任职公司	任职区间	任职时间（月）	管理基金数量（只）	选股能力		择时能力		β_{mkt}	β_{smb}	β_{hml}	β_{mom}	年化收益率（%）	年化波动率（%）	年化夏普比率	最大回撤率（%）	调整后 R^2（%）
						年化α（%）	t（α）	γ	t（γ）									
251	李泽刚	宏利基金	2005/09~2009/05	46	3	9.46	1.33	-0.29	-1.16	0.73	-0.20	-0.11	0.29	28.88	31.17	0.83	-62.25	91
252	梁辉	宏利基金	2005/04~2015/03	121	10	8.84	2.18*	-0.20	-0.95	0.70	-0.09	-0.20	0.36	21.50	23.88	0.78	-52.19	82
253	刘青山	宏利基金	2003/04~2013/01	119	2	10.57	2.55*	0.08	0.36	0.83	-0.15	-0.29	0.53	21.24	27.76	0.67	-57.54	86
254	庞宝臣	宏利基金	2016/08~2019/12	42	7	3.14	0.73	-0.11	-0.15	0.65	-0.04	0.09	0.09	4.88	12.27	0.28	-23.93	72
255	魏延军	宏利基金	2004/06~2008/07	40	3	4.09	0.57	0.01	0.04	0.67	-0.34	-0.05	0.19	6.90	25.68	0.16	-43.78	87
256	吴俊峰	宏利基金	2009/03~2014/08	67	3	-5.23	-0.95	0.32	0.67	0.90	0.06	-0.76	0.50	8.27	22.21	0.24	-26.64	82
257	周琦凯	宏利基金	2015/05~2021/02	70	2	-2.06	-0.32	-0.27	-0.55	0.97	0.21	-0.46	0.01	-0.92	28.77	-0.08	-58.93	79
258	邬传雁	泓德基金	2015/06~2023/01	93	7	7.66	1.50	0.55	1.30	0.57	-0.23	-0.53	-0.03	11.71	18.42	0.55	-40.21	57
259	陈俏宇	华安基金	2007/03~2015/05	100	6	-4.40	-0.99	0.50	2.43*	0.63	0.14	-0.41	0.15	16.55	23.14	0.59	-45.45	83
260	陈逊	华安基金	2012/05~2015/05	38	6	0.01	0.00	0.34	0.70	0.88	0.00	-0.12	0.01	34.58	23.61	1.34	-15.79	91
261	崔莹	华安基金	2015/06~2021/12	80	7	15.31	3.35*	-0.04	-0.10	0.89	0.25	-0.47	0.23	22.26	25.19	0.82	-28.11	84
262	李勿	华安基金	1999/06~2003/08	52	2	6.03	1.07	0.88	1.16	0.59	-0.03	0.01	0.25	8.11	15.17	0.39	-19.68	76
263	廖发达	华安基金	2015/08~2019/03	45	4	2.92	0.72	-0.23	-0.73	0.60	0.04	0.02	0.04	4.93	17.10	0.20	-26.51	85
264	刘伟亭	华安基金	2011/07~2018/05	81	5	1.27	0.27	0.04	0.14	0.97	-0.10	0.00	-0.12	16.32	25.73	0.55	-28.79	85
265	刘新勇	华安基金	2003/09~2009/02	67	2	10.25	1.93*	0.23	0.98	0.64	-0.25	-0.03	0.26	24.26	24.73	0.87	-50.40	85
266	尚志民	华安基金	1999/06~2015/01	189	6	9.61	3.61*	0.01	0.06	0.70	-0.08	-0.17	0.27	16.83	21.06	0.68	-51.63	83
267	苏玉平	华安基金	2014/04~2018/01	46	3	3.31	1.68*	0.07	0.66	0.07	-0.07	-0.03	-0.07	7.36	4.05	1.35	-3.47	43
268	汪光成	华安基金	2008/02~2013/09	69	5	-2.92	-0.93	0.05	0.28	0.72	0.07	-0.10	0.37	-3.52	22.39	-0.29	-49.76	94
269	王国卫	华安基金	1998/06~2005/04	84	2	10.27	2.38*	0.94	3.43*	0.68	-0.35	-0.07	0.16	14.56	22.33	0.54	-20.55	85

续表

编号	基金经理	离职前任职公司	任职区间	任职时间（月）	管理基金数量（只）	选股能力		择时能力		β_{mkt}	β_{smb}	β_{hml}	β_{mom}	年化收益率（%）	年化波动率（%）	年化夏普比率	最大回撤率（%）	调整后 R^2（%）
						年化 α（%）	t(α)	γ	t(γ)									
270	王嘉	华安基金	2015/07～2018/10	41	4	7.05	1.24	-0.78	-1.83	0.59	0.41	0.31	0.49	-2.21	22.01	-0.17	-30.84	85
271	谢振东	华安基金	2015/03～2019/10	57	6	10.61	3.84*	-0.45	-2.63	0.75	0.12	-0.18	0.21	8.86	23.33	0.31	-39.73	95
272	张亮	华安基金	2018/10～2022/07	47	4	21.74	3*	1.18	1.10	0.86	-0.16	0.14	0.10	34.86	20.26	1.65	-12.68	73
273	张翥	华安基金	2009/12～2013/02	40	1	-5.46	-1.10	0.09	0.14	0.68	0.44	0.23	0.25	-1.49	17.03	-0.26	-31.84	89
274	郑可成	华安基金	2013/05～2023/02	119	9	3.14	2.46*	0.11	1.16	0.13	-0.04	0.02	-0.07	6.28	4.74	0.95	-2.99	46
275	范红兵	华宝基金	2009/02～2016/08	92	4	-2.95	-0.90	0.15	0.76	0.83	-0.01	-0.25	0.37	10.38	25.56	0.30	-39.49	92
276	郭鹏飞	华宝基金	2010/06～2015/03	59	2	-5.53	-0.85	1.35	1.78*	0.78	0.46	-0.23	0.18	22.65	23.06	0.85	-29.84	77
277	胡戈游	华宝基金	2009/05～2021/12	152	8	0.38	0.12	-0.06	-0.27	0.74	0.08	-0.33	0.26	10.45	21.03	0.39	-39.38	81
278	蒋宁	华宝基金	2010/07～2013/07	38	1	-3.56	-0.54	1.45	1.81*	0.75	0.25	-0.04	0.10	5.94	18.72	0.15	-25.35	81
279	楼鸿强	华宝基金	2014/10～2020/01	65	2	7.48	1.08	0.65	1.50	1.08	0.28	-0.66	0.43	22.11	36.40	0.56	-52.99	86
280	牟旭东	华宝基金	2007/10～2013/01	65	2	-9.32	-1.68	0.47	1.64*	0.75	0.21	0.12	0.23	-4.21	25.99	-0.28	-46.81	87
281	区伟良	华宝基金	2015/04～2018/06	40	3	1.74	0.25	0.87	1.92*	0.90	0.22	-0.45	0.49	2.84	30.89	0.04	-42.25	89
282	任志强	华宝基金	2007/09～2013/01	66	1	0.65	0.18	-0.05	-0.23	0.80	-0.05	-0.15	0.13	-3.86	26.88	-0.26	-59.67	95
283	邵喆阳	华宝基金	2010/06～2015/01	57	3	-2.04	-0.27	1.00	0.98	0.82	0.07	-0.54	0.69	14.32	20.77	0.54	-25.52	68
284	易镜明	华宝基金	2015/04～2023/01	95	2	-4.55	-0.89	0.51	1.26	0.93	0.14	-0.35	0.44	2.79	28.00	0.05	-56.79	81
285	独孤南薰	华宸未来基金	2016/04～2020/12	43	2	-1.15	-0.17	2.36	1.36	0.84	-0.29	-0.57	-0.06	11.18	17.16	0.58	-17.53	67
286	陈德义	华富基金	2009/09～2012/12	41	2	-8.17	-1.34	-0.75	-0.90	0.84	0.34	0.23	0.64	-5.23	20.88	-0.39	-44.85	90
287	龚炜	华富基金	2010/01～2022/07	149	14	-0.45	-0.13	0.22	0.80	0.91	0.24	-0.33	0.42	11.92	26.21	0.38	-52.87	85
288	刘文正	华富基金	2013/06～2017/02	46	3	-2.42	-0.39	0.62	2.06*	0.92	0.08	-0.47	0.63	18.21	32.27	0.49	-45.23	94

续表

编号	基金经理	离职前任职公司	任职区间	任职时间（月）	管理基金数量（只）	选股能力		择时能力		β_{mkt}	β_{smb}	β_{hml}	β_{mom}	年化收益率（%）	年化波动率（%）	年化夏普比率	最大回撤率（%）	调整后 R^2（%）
						年化α（%）	t(α)	γ	t(γ)									
289	王翔	华富基金	2014/11~2017/12	39	5	-3.47	-0.62	0.81	2.75*	1.02	0.14	-0.57	0.48	14.32	36.75	0.34	-43.00	96
290	翁海波	华富基金	2015/12~2018/12	38	5	-5.42	-1.19	-0.11	-0.26	0.57	0.26	0.00	0.40	-14.19	16.69	-0.96	-37.70	84
291	张亮	华富基金	2015/02~2021/02	74	2	21.74	3*	1.18	1.10	0.86	-0.16	0.14	0.10	34.86	20.26	1.65	-12.68	73
292	李仆	华润元大基金	2018/08~2021/10	40	1	-4.92	-0.29	1.35	0.52	0.90	0.40	-1.19	0.08	26.87	32.96	0.77	-20.52	50
293	袁华涛	华润元大基金	2015/09~2019/09	50	3	-5.15	-0.85	0.51	1.07	0.48	-0.21	-0.13	-0.25	0.82	14.99	-0.05	-34.67	52
294	蔡建军	华商基金	2013/12~2017/11	49	4	1.69	0.29	-0.69	-2.09	0.87	0.09	-0.40	0.11	12.30	29.12	0.35	-52.38	90
295	李双全	华商基金	2015/04~2022/12	94	8	-1.10	-0.25	-0.25	-0.70	0.82	0.12	-0.31	-0.02	0.78	23.58	-0.03	-48.96	80
296	梁皓	华商基金	2017/07~2022/05	60	8	2.62	0.31	1.22	0.95	0.87	0.19	-0.68	-0.08	13.69	24.74	0.49	-36.68	65
297	刘宏	华商基金	2011/05~2017/01	69	4	-2.01	-0.31	0.28	0.70	0.92	0.25	-0.65	0.29	14.78	31.05	0.39	-47.72	85
298	马国江	华商基金	2015/04~2019/02	48	4	1.43	0.21	0.66	1.57	0.95	0.45	-0.70	0.56	1.14	35.46	-0.01	-49.88	91
299	申艳丽	华商基金	2010/08~2015/03	57	2	4.98	0.67	-0.45	-0.52	0.81	0.07	0.48	0.57	16.34	21.74	0.61	-34.69	68
300	孙建波	华商基金	2008/05~2013/01	52	3	-6.87	-1.04	0.07	0.19	0.57	0.61	-0.08	0.37	0.26	22.83	-0.12	-37.74	82
301	田明圣	华商基金	2010/07~2015/10	64	4	2.55	0.40	-0.31	-0.59	0.86	0.21	-0.21	0.16	17.21	26.24	0.54	-40.86	82
302	赵媛媛	华商基金	2013/03~2017/11	44	4	-1.21	-0.10	-0.02	-0.02	0.81	0.03	-0.35	0.56	0.97	27.54	-0.04	-38.83	68
303	方伦煜	华泰柏瑞基金	2012/04~2020/07	101	3	3.17	0.86	0.17	0.68	0.83	-0.21	0.19	0.00	12.92	23.03	0.47	-48.65	85
304	黄明仁	华泰柏瑞基金	2016/11~2019/12	39	1	18.16	2.34*	-0.62	-0.51	0.86	0.09	0.03	0.17	16.38	17.58	0.85	-24.84	63
305	李灿	华泰柏瑞基金	2015/06~2018/12	44	3	7.15	1.48	-0.42	-1.16	0.83	-0.06	-0.32	0.30	-7.39	24.16	-0.37	-35.47	90
306	梁丰	华泰柏瑞基金	2004/03~2010/04	73	4	15.76	2.93*	-0.30	-1.15	0.77	-0.26	0.14	0.37	18.55	28.77	0.56	-59.41	90
307	秦岭松	华泰柏瑞基金	2007/05~2012/01	58	2	-2.88	-0.43	0.28	0.95	0.69	-0.03	-0.12	0.49	-2.14	26.23	-0.20	-49.16	85

续表

编号	基金经理	离职前任职公司	任职区间	任职时间（月）	管理基金数量（只）	选股能力		择时能力		β_{mkt}	β_{smb}	β_{hml}	β_{mom}	年化收益率（%）	年化波动率（%）	年化夏普比率	最大回撤率（%）	调整后 R^2（%）
						年化α（%）	t(α)	γ	t(γ)									
308	张慧	华泰柏瑞基金	2013/09~2023/05	118	9	7.31	1.79*	-0.42	-1.32	0.81	0.03	-0.45	0.22	13.06	23.77	0.48	-46.46	78
309	蔡向阳	华夏基金	2014/05~2021/10	91	11	6.15	1.33	-0.01	-0.03	0.50	-0.08	-0.15	0.18	13.72	16.66	0.72	-22.30	57
310	陈斌	华夏基金	2015/02~2021/04	76	3	8.44	1.43	0.10	0.25	0.78	0.20	-0.53	0.31	19.92	27.23	0.67	-38.16	79
311	陈虎	华夏基金	2014/11~2020/05	67	5	1.69	0.60	-0.18	-0.98	0.82	0.11	-0.17	0.12	8.50	24.19	0.28	-46.35	95
312	程海泳	华夏基金	2004/09~2013/08	56	3	-4.22	-0.73	0.86	1.23	0.82	0.25	0.21	0.76	1.71	20.48	-0.05	-41.80	84
313	丁楹	华夏基金	1999/04~2006/10	86	4	4.39	1.36	1.05	5.16*	0.53	-0.16	0.31	0.20	16.58	18.36	0.79	-20.04	86
314	巩怀志	华夏基金	2005/10~2013/05	93	4	4.26	0.97	0.32	1.59	0.80	0.02	-0.24	0.47	26.57	28.19	0.85	-49.46	90
315	胡建平	华夏基金	2006/03~2013/12	93	4	9.63	2.27*	0.52	2.39*	0.59	-0.15	0.13	0.52	19.98	20.81	0.83	-33.11	84
316	林峰	华夏基金	2014/05~2018/11	56	2	-4.11	-0.76	-0.60	-1.84	0.87	0.22	-0.35	-0.12	3.50	29.38	0.06	-55.44	89
317	刘金玉	华夏基金	2010/03~2016/12	78	4	-0.37	-0.09	0.03	0.13	0.74	0.18	-0.14	0.35	8.03	24.12	0.23	-36.59	89
318	刘文动	华夏基金	2006/05~2012/02	70	5	7.51	1.03	0.08	0.29	0.76	-0.09	-0.27	0.29	21.61	29.99	0.62	-47.98	83
319	罗泽萍	华夏基金	2005/04~2014/02	108	4	9.77	1.95*	-0.16	-0.65	0.72	-0.13	-0.15	0.21	19.32	25.55	0.66	-51.90	81
320	任竞辉	华夏基金	2010/10~2015/09	49	3	10.72	1.68*	-0.29	-0.55	0.87	-0.21	-0.80	0.36	10.70	22.81	0.35	-38.09	84
321	石波	华夏基金	2001/01~2007/07	80	4	9.48	2.34*	0.32	1.02	0.70	-0.24	-0.19	0.58	25.96	20.76	1.14	-22.57	83
322	孙彬	华夏基金	2012/01~2019/07	92	3	0.52	0.19	0.09	0.49	0.85	0.10	-0.26	0.26	11.20	23.96	0.38	-47.46	93
323	孙建冬	华夏基金	2005/06~2010/01	57	2	14.78	2.48*	0.28	1.31	0.75	-0.18	0.15	0.20	45.55	31.75	1.35	-46.82	92
324	孙萌	华夏基金	2015/11~2019/02	41	3	-4.09	-1.20	-0.53	-1.83	0.71	-0.10	-0.30	-0.11	-8.71	18.42	-0.57	-41.98	92
325	谭琦	华夏基金	2007/09~2014/04	81	3	-1.01	-0.32	0.52	2.92*	0.79	0.06	-0.05	0.26	0.84	23.71	-0.09	-48.92	94
326	佟巍	华夏基金	2015/02~2022/06	90	10	8.18	1.77*	-0.27	-0.84	0.75	0.02	-0.04	0.35	13.06	23.52	0.49	-40.07	79

续表

编号	基金经理	离职前任职公司	任职区间	任职时间（月）	管理基金数量（只）	选股能力		择时能力		β_{mkt}	β_{smb}	β_{hml}	β_{mom}	年化收益率（%）	年化波动率（%）	年化夏普比率	最大回撤率（%）	调整后 R^2（%）
						年化 α（%）	t（α）	γ	t（γ）									
327	童汀	华夏基金	2007/09~2014/05	82	3	1.44	0.41	0.31	1.56	0.72	0.02	-0.07	0.19	2.50	21.82	-0.02	-47.91	91
328	王海雄	华夏基金	2011/03~2015/01	48	4	0.82	0.14	0.15	0.19	0.80	0.11	-0.34	0.28	9.58	17.49	0.37	-23.74	76
329	王亚伟	华夏基金	1998/04~2012/04	163	4	8.68	2.83*	0.88	6.02*	0.72	0.12	0.21	0.23	27.70	26.12	0.96	-44.71	87
330	王怡欢	华夏基金	2011/02~2020/11	119	5	3.77	1.39	0.21	1.05	0.67	-0.15	-0.06	0.14	10.44	17.70	0.47	-32.22	83
331	魏镇江	华夏基金	2016/04~2020/05	51	4	2.35	1.02	0.14	0.35	0.43	-0.10	-0.38	-0.09	5.51	8.20	0.49	-14.02	78
332	严鸿宴	华夏基金	2010/02~2014/09	57	2	-8.53	-1.99	-0.11	-0.20	0.77	0.22	-0.01	0.24	0.97	17.80	-0.11	-37.76	88
333	杨明韬	华夏基金	2012/01~2015/05	42	3	5.41	0.80	0.22	0.36	0.77	0.01	-0.66	0.32	31.59	20.11	1.42	-9.75	80
334	杨泽辉	华夏基金	2009/01~2012/02	38	1	1.77	0.33	-1.10	-2.74	0.96	0.00	-0.39	0.25	10.02	26.88	0.27	-31.84	94
335	张剑	华夏基金	2011/02~2014/04	40	2	0.69	0.15	0.31	0.53	0.51	0.09	-0.02	0.23	3.42	11.98	0.02	-14.61	77
336	张龙	华夏基金	2004/09~2010/01	66	2	3.98	0.68	0.29	1.25	0.73	-0.16	0.01	0.42	26.03	30.03	0.78	-56.52	89
337	张益驰	华夏基金	2004/09~2009/06	59	5	15.32	2.57*	0.14	0.61	0.71	-0.05	-0.08	0.56	35.38	28.64	1.16	-51.65	89
338	赵航	华夏基金	2003/04~2021/09	185	6	2.68	1.01	0.13	0.71	0.75	0.08	-0.09	0.26	8.87	21.44	0.32	-50.79	84
339	沈宏伟	汇安基金	2017/12~2021/07	44	1	-5.91	-0.68	0.00	0.01	0.24	-0.06	-0.56	-0.04	1.77	14.45	0.02	-23.20	24
340	周加文	汇安基金	2016/10~2022/05	65	3	1.66	0.22	-2.45	-1.36	0.61	0.08	-0.59	0.01	-1.14	18.98	-0.14	-34.66	49
341	朱晨歌	汇安基金	2018/02~2023/09	69	8	2.03	0.44	-1.35	-1.89	0.82	-0.13	-0.41	0.04	0.14	18.46	-0.07	-40.95	80
342	程彧	汇丰晋信基金	2016/11~2023/01	76	3	9.90	1.25	-1.49	-1.13	1.11	-0.27	0.02	-0.04	7.89	24.51	0.26	-54.79	59
343	方超	汇丰晋信基金	2015/09~2019/08	49	1	3.87	0.41	-0.43	-0.93	1.02	0.01	-0.58	0.05	16.34	36.47	0.40	-48.34	89
344	郭敏	汇丰晋信基金	2015/05~2020/05	61	2	8.27	2.38*	0.10	0.38	0.80	-0.04	-0.07	0.03	5.47	20.68	0.19	-26.14	90
345	侯玉琦	汇丰晋信基金	2013/04~2023/07	118	3	0.47	0.12	-0.06	-0.22	0.93	-0.06	-0.07	0.13	8.61	24.39	0.28	-50.78	84

续表

编号	基金经理	离职前任职公司	任职区间	任职时间（月）	管理基金数量（只）	选股能力		择时能力		β_{mkt}	β_{smb}	β_{hml}	β_{mom}	年化收益率（%）	年化波动率（%）	年化夏普比率	最大回撤率（%）	调整后 R^2（%）
						年化α(%)	t(α)	γ	t(γ)									
346	黄立华	汇丰晋信基金	2014/01~2023/02	57	3	7.95	1.62	-0.37	-0.90	0.72	-0.39	-0.11	0.04	9.35	19.94	0.38	-35.37	85
347	廖志峰	汇丰晋信基金	2010/03~2013/05	40	2	-8.86	-1.78	0.64	0.92	0.68	0.32	0.24	0.38	-1.89	17.40	-0.28	-35.03	90
348	林彤彤	汇丰晋信基金	1998/06~2013/12	183	7	4.64	1.69*	0.47	3.41*	0.74	-0.06	-0.15	0.38	14.94	24.15	0.51	-59.49	86
349	刘哲华	汇丰晋信基金	2020/01~2023/06	43	1	8.69	0.73	-0.37	-0.16	0.67	-0.04	-0.31	0.23	12.98	21.91	0.52	-23.93	51
350	邵骥咏	汇丰晋信基金	2009/05~2012/07	40	3	-6.99	-1.48	0.17	0.43	0.70	0.39	-0.15	0.35	2.45	19.40	-0.02	-29.68	90
351	严瑾	汇丰晋信基金	2018/09~2022/04	44	2	5.06	0.82	0.39	0.46	0.65	-0.21	-0.49	0.09	11.30	18.34	0.53	-26.13	77
352	陈晓翔	汇添富基金	2009/01~2015/12	85	2	8.67	1.62	-0.13	-0.34	0.83	-0.04	-0.17	0.16	23.19	25.23	0.81	-28.48	82
353	韩贤旺	汇添富基金	2012/03~2018/12	83	2	-3.37	-0.57	0.40	1.02	1.04	0.16	-0.67	0.40	7.48	31.51	0.17	-59.88	83
354	雷鸣	汇添富基金	2014/03~2022/01	96	5	6.10	1.14	0.69	1.81*	0.81	0.11	0.03	0.33	22.05	25.25	0.81	-37.12	73
355	刘江	汇添富基金	2015/06~2023/10	102	7	3.21	0.80	-0.91	-2.61	0.55	-0.05	-0.57	-0.11	0.28	17.53	-0.07	-49.77	68
356	欧阳沁春	汇添富基金	2007/06~2018/12	140	3	-6.93	-1.23	0.64	2*	0.93	0.25	-0.50	0.50	5.90	33.67	0.10	-72.38	78
357	齐东超	汇添富基金	2009/07~2014/03	58	2	1.71	0.44	-0.96	-2.65	0.76	0.14	-0.55	0.42	3.23	19.54	0.02	-25.17	90
358	佘中强	汇添富基金	2013/07~2019/07	68	4	-0.06	-0.01	0.30	0.65	0.88	0.14	-0.17	0.39	15.88	24.94	0.57	-38.80	85
359	苏竞	汇添富基金	2007/10~2013/10	74	3	-4.11	-0.76	0.29	1.00	0.72	0.08	-0.11	0.53	-2.68	24.64	-0.23	-54.62	85
360	谭志强	汇添富基金	2015/08~2022/02	80	2	4.68	1.15	-0.16	-0.48	0.74	-0.06	-0.64	0.10	10.77	20.10	0.46	-37.28	80
361	叶从飞	汇添富基金	2012/03~2018/12	83	3	-3.83	-0.95	0.33	1.22	0.93	0.19	-0.54	0.33	6.81	27.72	0.17	-57.10	90
362	张晖	汇添富基金	2002/11~2007/11	48	3	18.09	2.85*	-0.05	-0.13	0.69	-0.51	-0.29	0.35	40.60	23.49	1.71	-13.92	86
363	周睿	汇添富基金	2012/03~2019/03	86	1	6.81	1.30	-0.33	-0.96	0.81	0.26	-0.70	0.27	15.47	27.11	0.49	-48.64	82
364	范习辉	惠升基金	2018/08~2023/06	56	5	5.36	0.59	-1.81	-1.35	0.84	-0.13	-0.52	0.25	6.51	24.01	0.21	-52.51	65

续表

编号	基金经理	离职前任职公司	任职区间	任职时间（月）	管理基金数量（只）	选股能力		择时能力		β_{mkt}	β_{smb}	β_{hml}	β_{mom}	年化收益率（%）	年化波动率（%）	年化夏普比率	最大回撤率（%）	调整后 R^2（%）
						年化 α（%）	t(α)	γ	t(γ)									
365	骆海涛	嘉合基金	2018/03～2021/04	39	4	22.18	2.36*	-1.64	-1.22	0.41	-0.05	-0.24	0.25	24.52	15.87	1.45	-11.21	38
366	陈勤	嘉实基金	2006/10～2015/05	102	4	7.21	1.9*	-0.20	-1.09	0.75	-0.10	-0.28	0.17	22.52	24.54	0.82	-48.42	89
367	党开宇	嘉实基金	2005/01～2010/05	63	6	13.06	1.96*	0.43	1.72*	0.52	-0.13	-0.07	0.40	29.82	22.19	1.27	-21.94	79
368	翟琳琳	嘉实基金	2014/02～2017/10	46	5	7.39	1.85*	0.20	0.98	0.72	-0.12	-0.50	0.25	17.81	21.97	0.72	-31.71	93
369	丁杰人	嘉实基金	2011/10～2017/11	72	3	7.26	1.28	0.48	1.34	1.00	-0.01	-0.95	0.61	19.45	29.98	0.58	-49.73	86
370	顾义河	嘉实基金	2009/06～2014/10	66	2	-5.05	-1.04	0.27	0.63	0.69	0.15	-0.28	0.36	7.03	18.17	0.23	-32.34	79
371	郭东谋	嘉实基金	2014/04～2018/06	52	6	3.66	1.24	0.12	0.70	0.45	-0.03	-0.10	0.10	12.02	14.03	0.72	-22.85	87
372	焦云	嘉实基金	2009/12～2017/10	83	4	-0.33	-0.08	-0.35	-1.28	0.78	0.28	-0.71	0.29	3.56	24.85	0.05	-38.26	89
373	刘天君	嘉实基金	2006/08～2013/05	83	4	18.76	3.21*	-0.38	-1.46	0.68	-0.14	-0.30	0.41	23.61	26.01	0.79	-50.20	81
374	刘欣	嘉实基金	2003/07～2006/09	40	3	16.13	3.32*	-0.67	-1.14	0.66	-0.08	-0.05	0.37	21.62	14.95	1.34	-10.10	82
375	齐海滔	嘉实基金	2009/03～2020/06	119	4	0.35	0.07	0.30	0.91	0.78	0.24	-0.44	0.23	17.81	24.94	0.64	-41.89	77
376	曲扬	嘉实基金	2016/04～2020/11	58	11	5.53	3.96*	-0.36	-1.48	0.14	-0.04	-0.04	0.02	7.20	3.36	1.70	-2.03	45
377	邵健	嘉实基金	2004/04～2015/06	136	3	7.06	1.79*	-0.05	-0.25	0.73	0.06	-0.50	0.51	21.50	25.31	0.74	-56.20	82
378	邵秋涛	嘉实基金	2010/11～2020/05	116	4	-1.56	-0.42	0.79	2.8*	0.89	0.05	-0.53	0.25	10.48	24.35	0.34	-37.34	83
379	孙林	嘉实基金	2003/01～2007/03	52	2	10.16	2.12*	0.48	1.00	0.72	-0.37	-0.13	0.36	31.40	19.71	1.48	-15.44	87
380	陶羽	嘉实基金	2009/03～2017/06	101	2	-8.02	-2.42	0.37	1.69*	0.98	0.18	-0.16	0.24	10.24	29.08	0.27	-42.79	93
381	王汉博	嘉实基金	2014/09～2022/05	42	5	1.36	0.13	1.23	2.33*	0.63	0.04	-0.36	0.45	11.03	27.44	0.35	-40.01	75
382	王茜	嘉实基金	2015/07～2020/09	64	3	5.95	2.03*	-0.53	-2.42	0.38	0.04	-0.03	0.03	5.85	11.45	0.38	-16.46	76
383	吴云峰	嘉实基金	2014/11～2020/05	68	4	2.95	0.56	0.01	0.03	0.80	0.03	-0.36	0.22	10.37	24.95	0.35	-43.08	82

续表

编号	基金经理	离职前任职公司	任职区间	任职时间（月）	管理基金数量（只）	选股能力		择时能力		β_{mkt}	β_{smb}	β_{hml}	β_{mom}	年化收益率（%）	年化波动率（%）	年化夏普比率	最大回撤率（%）	调整后 R^2（%）
						年化 α(%)	t(α)	γ	t(γ)									
384	谢泽林	嘉实基金	2015/09~2023/11	100	4	3.84	1.01	0.26	0.78	0.79	-0.07	-0.50	0.05	8.98	20.09	0.37	-32.01	78
385	忻怡	嘉实基金	2006/12~2010/09	47	2	15.10	1.71*	-0.02	-0.07	0.68	-0.28	-0.20	0.06	20.53	29.49	0.61	-56.55	88
386	徐轶	嘉实基金	2000/06~2006/11	79	3	7.44	2.19*	0.12	0.29	0.70	-0.37	-0.11	0.33	12.61	15.78	0.68	-20.95	83
387	颜媛	嘉实基金	2015/03~2021/07	71	4	13.38	1.96*	-0.22	-0.50	0.70	0.13	-0.35	0.26	20.50	25.20	0.76	-36.56	72
388	詹凌蔚	嘉实基金	2002/09~2014/03	106	4	9.10	2.99*	-0.04	-0.20	0.73	-0.11	0.33	0.17	16.40	23.23	0.61	-54.86	92
389	张丹华	嘉实基金	2017/05~2023/01	70	12	8.81	1.66*	-1.65	-1.93	0.94	-0.06	-0.35	0.07	10.27	20.57	0.43	-35.29	76
390	张楠	嘉实基金	2018/01~2023/08	69	4	1.05	0.19	-0.05	-0.06	0.75	-0.07	-0.25	0.29	3.90	18.93	0.13	-39.84	71
391	张琦	嘉实基金	2013/05~2019/08	54	3	4.99	0.68	-0.23	-0.61	0.63	0.00	0.21	-0.02	16.00	23.40	0.60	-35.89	78
392	张弢	嘉实基金	2009/01~2015/03	76	5	7.28	1.49	0.30	0.76	0.68	0.03	-0.01	0.21	24.44	19.05	1.15	-22.23	76
393	赵勇	嘉实基金	2009/08~2014/06	60	2	-9.77	-2.32	0.20	0.38	0.58	0.15	-0.26	0.21	-0.86	13.73	-0.28	-30.31	79
394	陈鹏	建信基金	2004/12~2009/08	52	3	15.81	2.25*	-0.38	-1.49	0.80	-0.19	0.08	0.27	19.17	34.31	0.49	-59.51	91
395	顾中汉	建信基金	2011/10~2017/02	66	4	-5.72	-1.27	-0.09	-0.33	0.72	0.30	-0.39	0.11	10.20	25.20	0.30	-36.24	90
396	李华	建信基金	2001/09~2007/09	48	2	13.43	2.35*	0.81	1.98*	0.58	-0.28	-0.20	0.29	39.90	20.87	1.85	-12.91	86
397	李涛	建信基金	2005/06~2012/04	81	5	2.39	0.59	-0.26	-1.35	0.76	-0.04	-0.26	0.28	20.22	25.01	0.72	-38.52	91
398	马志强	建信基金	2008/12~2015/04	74	3	-0.63	-0.07	-0.47	-0.70	0.96	0.11	0.58	0.51	23.31	31.04	0.67	-38.54	72
399	田擎	建信基金	2004/02~2010/03	52	3	6.90	1.68*	-0.08	-0.40	0.79	-0.18	0.02	0.36	-8.38	28.01	-0.40	-67.34	96
400	万志勇	建信基金	2008/10~2015/08	80	6	2.56	0.55	0.02	0.06	0.65	-0.11	0.08	-0.08	14.68	20.62	0.58	-29.37	82
401	汪沛	建信基金	2007/03~2011/04	51	1	12.72	1.99*	-0.43	-1.96	0.81	-0.25	0.10	-0.05	12.98	33.97	0.30	-59.26	94
402	王新艳	建信基金	2002/11~2013/11	117	6	10.91	3.53*	-0.01	-0.08	0.77	-0.24	-0.25	0.41	17.40	23.79	0.63	-57.63	90

续表

编号	基金经理	离职前任职公司	任职区间	任职时间(月)	管理基金数量(只)	选股能力		择时能力		β_{mkt}	β_{smb}	β_{hml}	β_{mom}	年化收益率(%)	年化波动率(%)	年化夏普比率	最大回撤率(%)	调整后 R^2(%)
						年化α(%)	t(α)	γ	t(γ)									
403	徐杰	建信基金	2008/03~2011/06	41	1	-2.03	-0.31	-0.10	-0.35	0.75	0.08	0.07	0.26	0.58	27.66	-0.08	-49.11	92
404	许杰	建信基金	2010/02~2020/06	121	7	3.31	1.01	-0.32	-1.27	0.77	-0.08	-0.28	0.11	8.05	20.35	0.29	-36.07	81
405	钟敬棣	建信基金	2013/09~2018/04	57	1	5.04	2.41*	0.09	0.73	0.12	0.02	0.05	-0.02	10.25	5.29	1.56	-4.03	51
406	朱虹	建信基金	2015/10~2021/04	56	3	-7.73	-2.43	0.94	3.57*	0.24	0.04	-0.03	0.31	1.09	8.39	-0.05	-13.80	55
407	朱建华	建信基金	2016/03~2019/07	42	2	0.16	0.14	-0.32	-1.74	0.14	-0.07	-0.15	-0.08	0.66	2.95	-0.28	-4.72	67
408	王安良	江信基金	2016/02~2023/07	91	1	7.53	1.13	-2.42	-2.20	0.70	0.23	-0.50	0.30	8.18	21.72	0.31	-33.98	52
409	郑昱	江信基金	2015/08~2019/02	44	1	-6.66	-1.19	0.44	1.04	0.33	-0.22	-0.12	-0.15	-1.58	11.62	-0.27	-29.30	41
410	崔海峰	交银施罗德基金	2003/01~2010/05	86	7	15.65	3.3*	-0.23	-0.98	0.72	-0.43	-0.05	0.25	27.70	25.78	1.01	-38.94	86
411	盖婷婷	交银施罗德基金	2015/07~2018/08	39	3	19.28	3.38*	-0.71	-1.68	0.42	0.25	-0.12	0.16	13.26	16.99	0.69	-21.16	76
412	管华雨	交银施罗德基金	2007/05~2015/04	93	7	2.92	0.69	0.33	1.52	0.73	0.03	-0.30	0.39	13.76	24.24	0.45	-51.26	87
413	李立	交银施罗德基金	2007/04~2012/04	62	2	5.25	0.76	0.19	0.60	0.78	-0.30	-0.19	0.27	3.82	28.80	0.03	-55.25	86
414	李娜	交银施罗德基金	2015/08~2020/11	65	13	4.98	4.78*	0.04	0.50	0.07	-0.06	-0.14	0.01	7.38	2.78	2.12	-0.67	45
415	李旭利	交银施罗德基金	2000/03~2009/05	104	4	10.42	3.08*	0.11	0.61	0.71	-0.30	-0.11	0.44	9.24	21.98	0.32	-55.77	86

续表

编号	基金经理	离职前任职公司	任职区间	任职时间（月）	管理基金数量（只）	选股能力		择时能力		β_{mkt}	β_{smb}	β_{hml}	β_{mom}	年化收益率（%）	年化波动率（%）	年化夏普比率	最大回撤率（%）	调整后 R^2（%）
						年化α（%）	t(α)	γ	t(γ)									
416	龙向东	交银施罗德基金	2012/08~2015/08	38	1	1.13	0.20	0.18	0.49	0.94	-0.29	0.24	0.11	21.88	29.53	0.64	-36.99	95
417	唐倩	交银施罗德基金	2011/04~2018/06	84	2	10.07	1.68*	0.38	0.93	0.89	-0.06	-0.68	0.50	15.88	26.38	0.52	-48.99	75
418	张媚钗	交银施罗德基金	2010/06~2014/09	53	1	-9.60	-2.26	0.56	1.04	0.73	0.02	-0.21	0.33	2.21	15.83	-0.05	-27.76	85
419	郑拓	交银施罗德基金	2005/04~2009/07	50	5	18.07	2.53*	0.03	0.09	0.73	-0.31	-0.11	0.21	35.41	29.33	1.14	-51.61	89
420	陈立	金鹰基金	2013/08~2022/04	106	8	3.20	0.54	0.49	1.09	0.96	0.17	-0.44	0.20	17.67	29.94	0.53	-46.94	74
421	方超	金鹰基金	2014/09~2017/09	38	2	3.87	0.41	-0.43	-0.93	1.02	0.01	-0.58	0.05	16.34	36.47	0.40	-48.34	89
422	李海	金鹰基金	2013/01~2020/10	60	3	-5.01	-0.49	0.59	1.05	0.93	-0.05	-0.54	0.39	20.04	33.33	0.55	-47.12	74
423	林华显	金鹰基金	2011/03~2015/02	49	1	-7.57	-1.64	0.14	0.22	0.74	0.03	-0.44	0.05	1.04	15.12	-0.14	-32.48	81
424	彭培祥	金鹰基金	2009/07~2013/03	46	2	-15.60	-2.60	-0.17	-0.30	0.94	0.61	0.07	0.28	-8.93	25.81	-0.46	-50.50	89
425	冼鸿鹏	金鹰基金	2010/12~2017/10	84	2	-19.94	-2.89	0.59	1.27	1.16	0.42	-0.60	0.12	1.52	37.15	-0.03	-63.06	84
426	杨绍基	金鹰基金	2008/12~2015/01	74	4	-5.60	-1.33	-0.21	-0.56	0.75	0.31	-0.11	0.17	12.86	20.37	0.49	-39.07	85
427	于利强	金鹰基金	2015/01~2019/12	61	7	1.17	0.26	0.34	1.23	0.56	0.19	-0.08	0.36	9.23	20.38	0.37	-38.76	83
428	朱丹	金鹰基金	2010/07~2022/09	140	4	1.66	0.56	0.05	0.18	0.85	0.21	-0.22	0.20	8.91	21.37	0.32	-38.43	84
429	侯斌	金元顺安基金	2010/12~2018/08	93	5	-3.19	-0.96	-0.17	-0.70	0.67	-0.03	0.05	0.14	0.40	18.83	-0.11	-39.67	83
430	黄奕	金元顺安基金	2009/05~2013/03	48	3	-14.17	-1.96	0.49	0.84	0.49	0.39	-0.18	0.24	0.39	16.28	-0.15	-28.02	60

续表

编号	基金经理	离职前任职公司	任职区间	任职时间（月）	管理基金数量（只）	选股能力		择时能力		β_{mkt}	β_{smb}	β_{hml}	β_{mom}	年化收益率（%）	年化波动率（%）	年化夏普比率	最大回撤率（%）	调整后R^2（%）
						年化α（%）	t(α)	γ	t(γ)									
431	潘江	金元顺安基金	2009/03~2014/02	57	3	-4.37	-0.86	-0.57	-1.41	0.76	0.14	-0.38	0.10	6.72	19.41	0.21	-19.58	85
432	陈晖	景顺长城基金	2006/12~2013/11	85	2	3.61	0.98	-0.14	-0.87	0.83	-0.18	-0.39	0.21	8.74	28.32	0.20	-62.09	94
433	邓春鸣	景顺长城基金	2007/09~2014/09	86	4	-1.08	-0.20	-0.03	-0.10	0.75	-0.11	0.10	0.35	-4.05	25.02	-0.28	-56.97	82
434	贾殿村	景顺长城基金	2012/11~2016/04	43	3	0.31	0.03	-0.45	-1.00	1.01	-0.05	-0.78	0.18	14.88	36.27	0.34	-54.08	88
435	江科宏	景顺长城基金	2014/08~2022/06	96	5	6.28	1.07	-0.18	-0.43	0.88	0.00	-0.16	0.15	15.90	27.05	0.53	-49.28	72
436	李孟海	景顺长城基金	2015/03~2022/10	93	4	1.08	0.20	-0.16	-0.39	0.97	0.52	-0.30	0.21	10.28	32.51	0.27	-50.53	84
437	李学文	景顺长城基金	2003/08~2007/08	48	4	23.28	3.44*	-0.51	-1.11	0.86	-0.40	-0.42	0.30	52.81	25.42	2.03	-16.26	84
438	李志嘉	景顺长城基金	2006/06~2010/04	48	2	24.44	3.27*	-0.54	-2.21	0.76	-0.46	-0.02	0.37	25.45	34.98	0.64	-55.79	93
439	刘晓明	景顺长城基金	2014/11~2020/04	67	4	14.94	2.33*	-1.14	-2.80	0.51	-0.04	-0.41	0.09	11.75	19.93	0.51	-32.13	59
440	唐咸德	景顺长城基金	2008/09~2014/09	68	2	0.10	0.02	0.02	0.07	0.79	0.18	0.09	0.34	13.99	23.11	0.49	-34.15	91
441	万梦	景顺长城基金	2015/07~2021/07	74	8	4.22	4.2*	0.10	1.27	0.07	-0.01	0.00	0.07	6.69	2.77	1.87	-1.11	42
442	王鹏辉	景顺长城基金	2007/09~2014/12	89	5	5.51	0.87	0.15	0.41	0.85	0.01	-0.24	0.51	7.84	28.32	0.17	-61.44	79
443	张继荣	景顺长城基金	2004/07~2015/06	104	7	-4.84	-1.10	0.61	2.15*	0.71	-0.05	-0.19	0.42	2.60	21.59	-0.01	-54.35	79
444	黄敬东	九泰基金	2006/09~2015/11	45	5	25.28	2.3*	-0.27	-0.66	0.72	-0.10	-0.23	0.50	27.41	32.22	0.80	-54.13	85
445	林柏川	九泰基金	2017/01~2022/06	67	4	3.33	0.76	-0.35	-0.49	0.72	0.01	-0.05	-0.02	6.77	15.15	0.35	-25.42	71
446	王玥晰	九泰基金	2015/08~2018/11	41	6	2.49	0.51	-1.19	-3.11	0.50	-0.08	0.04	-0.07	-4.17	16.11	-0.35	-22.85	78
447	吴祖尧	九泰基金	2015/12~2021/10	52	7	-2.87	-0.62	-0.61	-1.66	0.66	-0.20	-0.07	-0.17	-0.91	15.71	-0.15	-34.61	75
448	徐占杰	九泰基金	2016/09~2021/12	65	1	11.67	2.52*	-0.66	-0.79	0.77	0.02	-0.24	0.02	17.41	15.38	1.03	-24.44	67
449	张鹏程	九泰基金	2017/11~2023/08	71	4	4.34	1.32	-0.41	-0.78	0.49	-0.05	-0.09	-0.02	4.69	10.77	0.30	-13.32	68

续表

编号	基金经理	离职前任职公司	任职区间	任职时间（月）	管理基金数量（只）	选股能力		择时能力		β_{mkt}	β_{smb}	β_{hml}	β_{mom}	年化收益率（%）	年化波动率（%）	年化夏普比率	最大回撤率（%）	调整后 R^2（%）
						年化 α(%)	t(α)	γ	t(γ)									
450	付柏瑞	凯石基金	2009/04~2022/11	83	3	-5.48	-0.88	0.23	0.40	0.70	0.04	-0.11	0.52	0.94	20.57	-0.08	-41.41	68
451	蔡锋亮	民生加银基金	2011/04~2016/06	64	5	-2.16	-0.41	0.52	1.65*	0.94	0.17	-0.30	0.38	15.22	31.02	0.40	-40.57	91
452	黄钦来	民生加银基金	2003/11~2010/10	50	4	7.63	1.29	0.00	0.01	0.65	-0.05	0.32	0.40	13.34	18.72	0.61	-16.68	83
453	黄一明	民生加银基金	2013/08~2020/05	66	6	-14.56	-2.04	0.96	2.22*	0.75	0.23	0.16	0.43	10.06	27.52	0.30	-37.19	78
454	江国华	民生加银基金	2011/12~2015/02	40	2	-16.32	-2.70	1.18	1.53	0.99	0.05	0.02	0.54	9.69	21.12	0.31	-16.79	87
455	刘旭明	民生加银基金	2014/09~2019/02	52	6	3.28	0.75	-0.32	-1.35	0.68	-0.25	-0.27	-0.15	11.01	21.16	0.45	-30.47	89
456	宋磊	民生加银基金	2009/12~2018/02	75	8	2.92	0.69	0.35	1.20	0.69	0.23	0.02	0.18	10.14	22.57	0.36	-25.09	85
457	王晓岩	民生加银基金	2019/11~2023/07	46	3	4.64	0.41	-1.58	-0.74	0.69	-0.19	-0.60	0.14	4.12	23.02	0.11	-46.07	56
458	吴剑飞	民生加银基金	2005/04~2018/10	136	4	3.65	0.96	-0.01	-0.04	0.78	-0.07	-0.35	0.04	18.40	26.91	0.60	-57.49	86
459	吴鹏飞	民生加银基金	2013/12~2021/08	67	7	1.56	0.30	0.95	2.88*	0.37	0.08	0.06	0.08	14.80	14.83	0.90	-14.50	55
460	董红波	摩根基金	2007/02~2015/01	91	4	-0.20	-0.04	0.17	0.56	0.90	-0.09	-0.05	0.29	16.92	28.64	0.49	-34.61	84
461	冯刚	摩根基金	2006/06~2014/11	87	4	9.32	2.36*	0.03	0.20	0.88	-0.01	-0.38	0.34	26.79	30.27	0.80	-60.81	94
462	罗建辉	摩根基金	2009/10~2015/01	64	4	-7.76	-1.49	0.70	1.02	0.66	0.15	-0.25	0.33	4.43	16.14	0.09	-26.83	73
463	吕俊	摩根基金	2002/05~2007/07	60	4	13.33	3.5*	0.28	0.92	0.86	-0.06	-0.24	0.77	44.96	24.75	1.76	-10.99	93
464	孟亮	摩根基金	2012/03~2019/02	80	8	3.98	0.64	-0.02	-0.05	0.88	-0.03	-0.41	0.30	12.50	23.79	0.44	-43.21	69
465	芮崑	摩根基金	2006/04~2009/09	43	2	15.23	1.93*	-0.09	-0.37	0.56	-0.25	0.09	0.27	29.08	27.14	0.96	-42.57	89
466	帅虎	摩根基金	2014/12~2019/03	53	3	0.85	0.14	0.29	0.83	0.91	0.33	-0.84	0.42	11.84	34.42	0.30	-53.40	90
467	孙芳	摩根基金	2011/12~2022/07	129	5	2.42	0.64	0.07	0.26	0.85	0.16	-0.26	0.37	14.97	24.95	0.52	-51.39	82
468	孙延群	摩根基金	2004/06~2009/06	58	3	24.70	3.92*	-0.24	-0.95	0.76	-0.15	-0.27	0.39	39.81	30.33	1.24	-55.19	90

续表

编号	基金经理	离职前任职公司	任职区间	任职时间（月）	管理基金数量（只）	选股能力		择时能力		β_{mkt}	β_{smb}	β_{hml}	β_{mom}	年化收益率（%）	年化波动率（%）	年化夏普比率	最大回撤率（%）	调整后 R^2（%）
						年化α(%)	t(α)	γ	t(γ)									
469	王孝德	摩根基金	2007/04~2014/11	89	3	-0.80	-0.14	0.15	0.48	0.73	0.10	-0.43	0.25	13.74	23.75	0.46	-34.07	79
470	王振州	摩根基金	2007/11~2011/11	50	4	-2.17	-0.35	0.21	0.77	0.80	-0.03	0.15	0.03	-3.17	29.02	-0.21	-57.70	93
471	吴鹏	摩根基金	2006/09~2012/08	68	5	-11.92	-2.62	0.43	1.93*	0.76	0.07	0.04	0.27	0.22	26.06	-0.11	-55.86	92
472	许俊哲	摩根基金	2015/04~2018/05	39	1	-3.80	-0.66	0.03	0.07	1.00	0.00	-0.30	0.22	-8.86	30.81	-0.34	-49.39	93
473	杨安乐	摩根基金	2007/08~2013/05	71	1	2.57	0.49	-0.30	-1.04	0.88	-0.08	0.30	-0.22	-4.03	30.71	-0.23	-63.47	91
474	张飞	摩根基金	2015/01~2018/01	38	2	5.06	0.59	-0.01	-0.01	0.92	0.17	-0.90	0.44	13.48	36.06	0.33	-48.13	90
475	张淑婉	摩根基金	2018/06~2021/06	38	1	9.16	1.35	-2.69	-2.60	0.83	-0.05	0.10	0.27	13.50	16.98	0.71	-11.81	71
476	赵艰申	摩根基金	2013/08~2017/07	46	3	10.73	1.44	-0.03	-0.08	0.98	0.11	-0.51	0.49	29.20	31.15	0.89	-40.13	90
477	征茂平	摩根基金	2013/07~2021/12	103	3	-2.55	-0.62	-0.20	-0.65	0.88	0.01	-0.36	0.30	9.61	24.42	0.32	-51.45	82
478	陈健夫	摩根士丹利基金	2018/08~2022/10	52	2	2.29	0.51	-0.89	-1.39	0.91	-0.20	-0.18	0.08	4.00	19.43	0.13	-35.62	88
479	何滨	摩根士丹利基金	2008/04~2013/07	65	2	4.16	0.78	0.22	0.77	0.63	-0.02	-0.01	0.17	6.11	21.05	0.15	-32.76	82
480	钱斌	摩根士丹利基金	2010/07~2014/08	47	4	-15.30	-1.90	2.81	2.32*	0.66	0.37	0.18	0.47	6.56	17.83	0.20	-22.36	65
481	盛军锋	摩根士丹利基金	2009/07~2014/02	49	4	-4.65	-0.66	0.93	1.69*	0.80	-0.10	-0.06	0.49	6.11	21.05	0.16	-28.79	82
482	司巍	摩根士丹利基金	2015/01~2018/11	48	3	-19.66	-2.03	1.45	2.65*	0.74	0.21	-0.71	0.65	-6.81	31.38	-0.27	-70.16	75

续表

编号	基金经理	离职前任职公司	任职区间	任职时间（月）	管理基金数量（只）	选股能力		择时能力		β_{mkt}	β_{smb}	β_{hml}	β_{mom}	年化收益率（%）	年化波动率（%）	年化夏普比率	最大回撤率（%）	调整后 R^2（%）
						年化α(%)	t(α)	γ	t(γ)									
483	项志群	摩根士丹利基金	2005/03~2010/08	49	3	19.09	1.51	-0.03	-0.03	0.63	-0.29	-0.23	0.31	44.38	27.32	1.57	-17.88	59
484	徐达	摩根士丹利基金	2016/06~2023/11	91	4	6.02	1.49	-1.43	-1.97	0.98	-0.15	-0.39	0.07	4.92	19.45	0.18	-49.29	78
485	毕凯	南方基金	2018/06~2022/02	46	2	0.43	0.05	-1.21	-0.93	0.70	-0.33	0.12	-0.21	-0.36	17.13	-0.11	-29.32	46
486	蔡望鹏	南方基金	2015/01~2020/01	62	2	2.91	0.69	-0.08	-0.30	0.80	0.03	-0.57	0.06	9.01	24.67	0.30	-36.55	89
487	陈键	南方基金	2005/04~2015/12	130	6	9.35	2.9*	0.21	1.35	0.71	-0.41	0.12	-0.04	21.36	25.28	0.74	-48.20	90
488	杜冬松	南方基金	2012/03~2016/02	49	5	-6.89	-0.67	0.10	0.18	0.77	0.12	-0.47	-0.08	10.38	28.82	0.27	-29.42	73
489	蒋峰	南方基金	2003/11~2012/11	91	3	6.71	1.40	-1.16	-2.16	0.95	-0.08	0.21	0.54	11.89	21.74	0.44	-34.18	85
490	蒋朋宸	南方基金	2008/04~2015/05	87	4	-6.12	-1.58	0.28	1.36	0.79	0.08	0.16	0.01	9.94	25.38	0.28	-45.88	91
491	李源海	南方基金	2008/07~2015/01	76	4	-6.82	-1.58	1.64	5.68*	0.54	0.03	0.10	0.26	12.62	16.40	0.60	-29.00	76
492	李振兴	南方基金	2014/04~2022/11	96	8	8.59	1.86*	-0.12	-0.24	0.47	-0.10	-0.49	-0.02	13.30	15.63	0.75	-33.11	53
493	马北雁	南方基金	2008/04~2014/03	73	2	-6.43	-1.92	0.00	0.01	0.66	-0.02	0.00	0.27	-5.75	20.19	-0.43	-43.82	91
494	彭砚	南方基金	2010/06~2015/06	55	4	-9.07	-1.60	0.96	1.42	1.00	0.06	-0.93	0.32	17.87	26.72	0.57	-29.70	89
495	苏彦祝	南方基金	2006/11~2010/01	40	1	22.97	1.87*	-0.14	-0.37	0.81	-0.39	-0.14	0.34	33.07	39.35	0.76	-58.78	90
496	谈建强	南方基金	2006/12~2015/06	104	4	5.39	1.22	0.09	0.46	0.78	-0.11	-0.29	0.28	19.11	27.07	0.60	-60.76	87
497	汪澂	南方基金	2002/05~2013/10	139	4	3.22	0.67	0.20	0.75	0.77	-0.17	0.08	0.08	12.85	27.10	0.38	-57.44	77
498	王宏远	南方基金	1999/08~2008/03	64	4	6.50	1.25	0.40	1.36	0.74	-0.24	-0.25	-0.04	29.71	25.33	1.11	-27.29	87
499	萧嘉倩	南方基金	2019/05~2023/05	50	2	8.44	0.59	-1.11	-0.39	0.78	-0.01	-0.78	0.35	15.87	30.02	0.48	-42.17	51

续表

编号	基金经理	离职前任职公司	任职区间	任职时间（月）	管理基金数量（只）	选股能力		择时能力		β_{mkt}	β_{smb}	β_{hml}	β_{mom}	年化收益率（%）	年化波动率（%）	年化夏普比率	最大回撤率（%）	调整后 R^2（%）
						年化 α(%)	t(α)	γ	t(γ)									
500	肖勇	南方基金	2015/07~2020/11	43	6	22.87	3.02*	0.32	0.69	1.28	0.18	0.01	0.20	41.52	38.87	1.06	-36.00	93
501	张旭	南方基金	2012/03~2019/02	85	5	-9.68	-1.83	0.44	1.27	0.98	0.32	-0.11	0.43	7.08	31.53	0.16	-52.99	86
502	张原	南方基金	2010/02~2021/08	139	8	1.07	0.39	0.23	1.04	0.86	0.07	-0.49	0.28	12.97	22.87	0.47	-40.97	87
503	孔庆卿	南华基金	2013/08~2023/07	65	4	-1.24	-0.17	0.72	1.67*	0.25	-0.03	-0.16	0.18	6.12	14.50	0.29	-27.24	24
504	刘斐	南华基金	2017/08~2022/06	60	3	1.49	0.17	0.22	0.17	0.89	0.10	-0.18	0.47	11.28	24.88	0.39	-41.18	63
505	徐超	南华基金	2015/11~2021/11	68	5	6.72	0.99	0.03	0.07	0.83	0.01	-0.46	0.46	14.78	24.61	0.55	-28.94	69
506	顾旭俊	农银汇理基金	2016/03~2019/07	42	3	-0.72	-0.17	-0.73	-1.02	0.69	-0.20	-0.22	0.01	-0.46	12.68	-0.15	-27.09	74
507	郭世凯	农银汇理基金	2014/01~2019/12	73	4	-2.40	-0.52	0.06	0.22	0.88	0.16	-0.38	0.36	8.48	27.33	0.24	-51.84	88
508	李洪雨	农银汇理基金	2008/09~2014/09	70	3	-5.01	-1.04	0.33	1.16	0.75	-0.08	-0.11	0.43	3.36	20.94	0.02	-38.12	85
509	凌晨	农银汇理基金	2013/11~2023/06	68	5	4.82	0.56	0.04	0.08	0.74	-0.03	-0.58	0.45	6.46	27.24	0.17	-42.68	71
510	栾杰	农银汇理基金	2003/07~2011/03	84	5	14.93	2.99*	0.30	1.17	0.60	-0.23	-0.18	0.45	35.24	21.52	1.55	-22.57	78
511	蔡嵩松	诺安基金	2019/02~2023/08	56	5	19.12	1.15	-2.77	-0.82	0.89	-0.21	-1.23	0.06	17.37	35.22	0.45	-50.33	47
512	李嘉	诺安基金	2014/06~2018/05	49	3	-6.30	-0.98	0.14	0.39	0.99	-0.02	-0.52	0.24	9.67	31.39	0.25	-52.19	89
513	林健标	诺安基金	2008/01~2011/04	41	3	6.02	1.18	0.10	0.50	0.67	-0.17	0.22	0.32	0.66	24.24	-0.09	-41.51	94
514	刘红辉	诺安基金	2008/05~2018/12	125	3	-3.27	-0.95	0.64	3.18*	0.66	0.04	0.04	0.06	6.64	21.07	0.20	-46.10	81
515	刘魁	诺安基金	2012/05~2015/10	39	6	7.99	1.19	-0.10	-0.23	0.79	-0.11	-0.18	0.12	24.07	25.13	0.88	-31.44	90
516	曲泉儒	诺安基金	2019/04~2022/09	43	4	17.52	2.17*	-0.36	-0.24	0.92	-0.31	0.11	0.00	16.03	18.79	0.77	-20.83	68
517	史高飞	诺安基金	2015/01~2020/12	72	4	-6.94	-1.02	-0.20	-0.45	0.96	0.40	-0.35	0.16	6.96	33.51	0.16	-66.79	83
518	王鹏	诺安基金	2007/07~2011/02	42	2	2.09	0.19	-0.11	-0.23	0.53	0.04	0.19	-0.15	2.33	23.54	-0.03	-48.26	73

续表

编号	基金经理	离职前任职公司	任职区间	任职时间（月）	管理基金数量（只）	选股能力		择时能力		β_{mkt}	β_{smb}	β_{hml}	β_{mom}	年化收益率（%）	年化波动率（%）	年化夏普比率	最大回撤率（%）	调整后 R^2（%）
						年化 α(%)	t(α)	γ	t(γ)									
519	王永宏	诺安基金	2009/03~2013/03	40	2	-7.86	-1.57	-0.53	-1.40	1.03	0.26	-0.50	0.09	2.15	27.54	-0.02	-41.21	95
520	夏俊杰	诺安基金	2010/03~2017/02	85	3	2.54	0.75	0.24	1.08	0.66	-0.01	0.02	0.18	11.06	19.62	0.43	-33.62	87
521	张堃	诺安基金	2015/08~2023/09	99	5	8.01	2.02*	-0.23	-0.65	0.64	0.06	-0.35	0.22	11.42	18.34	0.54	-24.52	71
522	邹翔	诺安基金	2000/09~2015/01	84	3	-1.85	-0.56	0.11	0.39	0.86	0.16	-0.35	0.16	4.03	21.39	0.05	-52.98	90
523	胡志伟	诺德基金	2009/09~2021/09	81	5	-3.72	-1.18	-0.05	-0.12	0.80	0.04	0.07	-0.02	4.88	17.23	0.13	-31.97	89
524	王赟	诺德基金	2015/08~2020/02	56	1	5.30	0.93	-0.38	-0.82	0.90	0.07	-0.65	0.35	9.32	25.01	0.31	-37.90	83
525	向朝勇	诺德基金	2005/02~2012/05	78	5	-3.88	-0.67	0.21	0.71	0.80	0.08	-0.31	0.51	3.07	27.97	0.01	-65.97	86
526	杨霞辉	诺德基金	2017/04~2023/04	74	1	-4.10	-0.56	-0.93	-0.76	0.68	-0.31	-0.62	-0.15	-3.68	20.33	-0.25	-55.86	50
527	应颖	诺德基金	2018/01~2021/07	44	2	-1.50	-0.18	0.26	0.22	0.86	0.31	-0.20	0.37	12.58	21.90	0.51	-28.36	71
528	周勇	诺德基金	2012/06~2015/06	38	2	0.51	0.06	0.25	0.34	0.91	0.21	-0.79	0.11	34.32	27.73	1.13	-15.36	84
529	程世杰	鹏华基金	2005/05~2015/06	123	5	11.08	3.28*	-0.27	-1.43	0.75	-0.35	0.01	-0.09	21.13	25.41	0.73	-56.96	90
530	胡东健	鹏华基金	2015/06~2019/06	50	4	0.34	0.07	0.55	1.50	0.77	0.19	0.27	0.35	-0.44	23.01	-0.09	-31.49	86
531	黄鑫	鹏华基金	2007/08~2015/08	98	4	-4.88	-1.08	0.00	0.01	0.74	0.12	-0.37	0.27	1.51	25.93	-0.06	-55.65	86
532	黄中	鹏华基金	2001/09~2006/10	63	1	10.12	2.39*	-1.17	-2.22	0.69	-0.04	-0.11	0.46	8.10	15.19	0.39	-26.28	78
533	冀洪涛	鹏华基金	2005/09~2011/11	71	2	6.61	1.06	0.42	1.45	0.74	-0.07	0.00	0.58	37.46	28.18	1.25	-30.70	87
534	林宇坤	鹏华基金	2007/08~2010/08	38	2	8.66	1.08	0.14	0.45	0.81	-0.18	0.10	0.27	-4.44	32.01	-0.24	-58.12	93
535	罗捷	鹏华基金	2018/03~2021/07	42	2	5.92	1.31	-1.08	-1.65	0.81	0.22	0.11	0.32	12.87	16.58	0.69	-23.60	86
536	聂毅翔	鹏华基金	2017/08~2022/07	61	5	7.48	1.26	-0.80	-0.88	0.88	0.17	-0.27	0.31	13.79	21.50	0.57	-32.49	77
537	王宗合	鹏华基金	2010/12~2023/03	149	16	1.09	0.27	0.26	0.81	0.44	-0.14	-0.20	0.08	5.30	15.77	0.20	-44.19	41

续表

编号	基金经理	离职前任职公司	任职区间	任职时间(月)	管理基金数量(只)	选股能力		择时能力		β_{mkt}	β_{smb}	β_{hml}	β_{mom}	年化收益率(%)	年化波动率(%)	年化夏普比率	最大回撤率(%)	调整后 R^2(%)
						年化α(%)	t(α)	γ	t(γ)									
538	谢可	鹏华基金	2009/10~2014/06	58	1	-9.54	-1.84	0.14	0.22	0.76	0.11	-0.06	0.22	-4.84	17.50	-0.44	-32.62	81
539	尤柏年	鹏华基金	2016/12~2022/02	64	2	-0.71	-0.11	1.40	1.31	0.56	0.01	-0.25	0.38	10.75	17.52	0.53	-23.20	55
540	张栓伟	鹏华基金	2016/08~2022/09	75	10	5.50	3.61*	-0.05	-0.19	0.18	0.02	0.00	0.08	7.73	4.61	1.35	-3.77	57
541	张卓	鹏华基金	2007/08~2017/06	120	4	1.00	0.36	-0.12	-0.82	0.74	0.08	-0.05	0.21	4.50	24.64	0.07	-59.57	92
542	郑川江	鹏华基金	2015/06~2019/06	50	6	-0.43	-0.10	-0.25	-0.82	0.70	0.10	0.05	0.07	-5.14	20.94	-0.32	-31.83	89
543	刘俊廷	平安基金	2015/07~2020/08	63	10	-3.23	-0.48	-0.77	-1.55	0.73	0.29	-0.23	0.45	0.49	24.98	-0.04	-50.89	74
544	孙健	平安基金	2012/09~2018/02	67	9	3.26	0.73	-0.47	-1.72	0.41	0.09	-0.29	0.14	7.26	15.38	0.33	-25.15	70
545	汪澳	平安基金	2016/09~2020/07	48	3	-3.85	-0.86	1.66	2.36*	0.46	-0.06	-0.20	0.11	7.92	12.70	0.51	-19.74	70
546	颜正华	平安基金	2007/07~2013/04	42	4	-2.59	-0.49	0.49	1.72*	0.50	-0.03	-0.02	0.07	-3.66	17.20	-0.42	-38.40	84
547	张俊生	平安基金	2011/06~2022/07	82	8	13.46	1.52	0.03	0.03	0.98	-0.24	-0.39	-0.06	22.11	27.01	0.76	-39.21	59
548	陈士俊	浦银安盛基金	2018/09~2022/10	51	1	3.77	1.12	0.75	1.63	0.32	-0.06	0.09	0.10	8.97	8.55	0.87	-4.63	67
549	蒋建伟	浦银安盛基金	2010/07~2020/06	121	4	-1.06	-0.24	-0.23	-0.69	1.06	0.39	-0.23	0.31	12.28	31.27	0.32	-68.05	86
550	吴勇	浦银安盛基金	2010/04~2023/02	156	7	-1.11	-0.23	-0.06	-0.15	0.94	0.36	-0.58	0.38	11.63	29.92	0.32	-52.91	76
551	丁骏	前海开源基金	2006/12~2020/04	140	7	-0.68	-0.24	0.24	1.7*	0.68	-0.09	0.00	0.25	8.61	22.91	0.28	-56.84	88
552	史程	前海开源基金	2016/04~2021/03	61	12	10.85	1.67*	1.34	1.17	0.66	0.04	0.08	0.29	21.29	17.42	1.14	-16.28	51
553	唐文杰	前海开源基金	2009/07~2014/12	44	2	-18.15	-2.92	-0.31	-0.55	0.91	0.27	-0.41	0.15	-6.99	22.04	-0.45	-32.44	87
554	肖立强	前海开源基金	2018/10~2023/11	63	8	7.25	1.67*	-1.15	-1.66	0.46	-0.18	0.09	0.26	5.29	11.34	0.33	-26.22	58
555	徐立平	前海开源基金	2014/09~2018/02	43	3	-17.00	-1.94	2.17	4.57*	0.45	0.04	0.58	0.28	13.28	21.87	0.53	-25.80	65
556	赵雪芹	前海开源基金	2016/01~2020/06	55	5	7.52	2.19*	-1.73	-3.15	0.56	-0.18	-0.38	-0.17	7.17	10.52	0.54	-19.10	68

续表

编号	基金经理	离职前任职公司	任职区间	任职时间（月）	管理基金数量（只）	选股能力		择时能力		β_{mkt}	β_{smb}	β_{hml}	β_{mom}	年化收益率（%）	年化波动率（%）	年化夏普比率	最大回撤率（%）	调整后 R^2（%）
						年化 α（%）	t(α)	γ	t(γ)									
557	陈鹤明	融通基金	2006/11～2011/02	53	3	8.29	1.11	-0.02	-0.06	0.77	-0.23	-0.10	0.59	18.70	33.35	0.47	-60.47	91
558	付伟琦	融通基金	2015/06～2020/01	57	5	15.37	2.72*	-0.62	-1.41	0.68	0.10	-0.40	0.04	11.20	21.57	0.45	-24.65	77
559	管文浩	融通基金	2004/06～2013/01	89	4	1.53	0.29	-0.04	-0.16	0.82	0.04	-0.08	0.60	11.01	28.97	0.29	-74.30	86
560	郭恒	融通基金	2011/03～2014/08	43	1	-8.96	-1.30	0.90	0.99	0.92	0.23	-0.12	0.59	2.05	21.07	-0.05	-33.14	81
561	郝继伦	融通基金	2001/09～2010/01	71	2	13.97	2.25*	-0.27	-1.04	0.64	-0.16	-0.10	0.09	13.73	25.61	0.44	-55.72	81
562	蒋秀蕾	融通基金	2012/09～2023/02	112	5	6.08	0.89	-0.25	-0.51	0.81	0.23	-0.44	0.42	18.68	30.10	0.56	-50.47	68
563	刘明	融通基金	2018/11～2023/06	57	1	10.27	2.15*	0.08	0.11	0.12	-0.07	-0.12	0.09	12.73	8.47	1.33	-6.73	18
564	刘模林	融通基金	2004/03～2011/03	86	3	7.02	1.72*	0.19	1.06	0.72	-0.20	-0.10	0.48	20.96	26.65	0.69	-53.38	90
565	鲁万峰	融通基金	2007/09～2011/12	53	2	-8.45	-1.16	0.10	0.29	0.83	-0.05	-0.06	0.52	-18.41	30.44	-0.70	-65.08	88
566	汪忠远	融通基金	2010/04～2014/10	56	2	-11.54	-2.75	0.33	0.63	0.64	0.14	-0.24	0.41	-0.53	14.91	-0.24	-29.92	83
567	吴巍	融通基金	2011/04～2014/10	44	3	-7.85	-1.63	0.21	0.35	0.66	0.09	-0.25	0.28	0.23	14.43	-0.20	-19.84	81
568	许富强	融通基金	2018/05～2023/07	64	1	9.46	2.16*	-0.31	-0.47	0.17	-0.05	-0.12	0.03	10.27	8.52	1.03	-7.07	19
569	姚昆	融通基金	2012/07～2015/07	38	1	-0.41	-0.08	1.11	3.06*	0.75	-0.31	-0.23	0.41	21.42	21.65	0.86	-17.21	92
570	易万军	融通基金	2003/09～2007/02	43	1	11.81	2.3*	-0.99	-2.04	0.74	-0.07	-0.27	0.42	25.83	18.13	1.30	-23.45	86
571	张一格	融通基金	2013/12～2023/07	109	6	5.43	2.7*	-0.59	-1.96	0.23	-0.07	-0.27	0.01	7.16	6.98	0.79	-12.00	46
572	周珺	融通基金	2012/01～2015/03	40	3	3.48	0.49	1.02	1.41	0.72	-0.36	-0.02	0.33	20.61	19.11	0.92	-16.71	76
573	蔡文	山西证券	2016/12～2020/03	41	2	0.79	0.17	-0.70	-0.95	0.44	-0.08	-0.05	0.12	0.95	9.62	-0.06	-17.26	53
574	李惟愚	山西证券	2019/12～2023/10	48	3	8.46	0.88	0.52	0.29	0.84	-0.33	-0.14	0.04	7.54	20.60	0.29	-31.06	58
575	刘俊清	山西证券	2018/05～2022/05	50	1	8.71	0.92	-1.34	-1.00	0.55	-0.28	-0.13	0.22	6.18	18.86	0.25	-31.25	41

续表

编号	基金经理	离职前任职公司	任职区间	任职时间(月)	管理基金数量(只)	选股能力		择时能力		β_{mkt}	β_{smb}	β_{hml}	β_{mom}	年化收益率(%)	年化波动率(%)	年化夏普比率	最大回撤率(%)	调整后 R^2(%)
						年化α(%)	t(α)	γ	t(γ)									
576	韩冬	上海东方证券资产	2016/01~2022/08	81	4	17.92	3.3*	-1.84	-2.12	0.87	-0.39	-0.18	-0.25	15.26	18.41	0.75	-31.24	61
577	李响	上海东方证券资产	2018/03~2023/04	63	2	10.07	1.41	-1.67	-1.54	1.03	-0.35	-0.17	-0.14	5.23	22.54	0.17	-43.22	70
578	林鹏	上海东方证券资产	2014/09~2020/04	69	8	17.90	3.47*	-0.11	-0.33	0.60	-0.14	-0.34	0.04	23.54	18.99	1.15	-23.71	70
579	孙伟	上海东方证券资产	2016/01~2023/05	90	4	16.96	3.4*	-2.20	-2.68	1.02	-0.31	-0.02	-0.09	14.02	19.83	0.63	-42.09	68
580	郑伟	上海国泰君安证券资产	2013/08~2023/03	113	7	8.40	1.51	-0.16	-0.37	1.02	0.08	-0.40	0.11	20.91	29.41	0.66	-52.83	76
581	朱蓓	上海海通证券资产	2011/04~2021/10	88	2	-9.08	-1.88	0.06	0.19	0.98	0.24	-0.21	0.27	4.79	29.51	0.08	-51.40	87
582	施敏佳	上银基金	2015/10~2023/11	95	7	-5.56	-0.84	0.28	0.47	0.96	-0.15	-0.41	0.23	-3.02	25.90	-0.18	-62.18	63
583	常永涛	申万菱信基金	2005/11~2009/08	47	2	3.70	0.63	-0.03	-0.14	0.82	-0.18	-0.01	0.25	33.76	36.20	0.85	-61.53	96
584	廖明兵	申万菱信基金	2020/07~2023/08	39	4	-0.58	-0.04	3.57	0.99	1.07	0.12	-0.75	0.17	5.21	29.44	0.13	-40.06	64
585	刘忠勋	申万菱信基金	2011/08~2015/04	46	1	-5.67	-1.15	-0.08	-0.16	0.84	0.60	0.03	-0.26	23.74	25.96	0.80	-29.11	92
586	欧庆铃	申万菱信基金	2005/10~2015/08	106	6	0.85	0.19	0.49	2.09*	0.69	-0.16	0.48	0.28	11.18	24.45	0.35	-42.35	85
587	孙晨进	申万菱信基金	2015/03~2023/01	92	8	-3.23	-0.99	-0.20	-0.83	0.87	-0.05	-0.40	0.04	-0.37	23.63	-0.08	-48.90	90
588	孙琳	申万菱信基金	2014/01~2022/01	98	8	7.64	1.62	-0.65	-1.88	0.95	-0.16	-0.19	0.15	14.57	25.98	0.49	-50.20	80

续表

编号	基金经理	离职前任职公司	任职区间	任职时间（月）	管理基金数量（只）	选股能力		择时能力		β_{mkt}	β_{smb}	β_{hml}	β_{mom}	年化收益率（%）	年化波动率（%）	年化夏普比率	最大回撤率（%）	调整后 R^2（%）
						年化 α(%)	t(α)	γ	t(γ)									
589	谭涛	申万菱信基金	2011/06~2015/06	50	1	-6.38	-0.98	0.68	1.10	0.81	0.16	-0.18	0.20	18.51	24.17	0.64	-22.69	83
590	魏立	申万菱信基金	2009/06~2012/07	39	2	-13.33	-2.64	-0.19	-0.44	0.93	0.50	-0.39	0.48	-4.70	25.56	-0.29	-37.51	94
591	徐爽	申万菱信基金	2008/01~2015/05	90	3	-6.00	-1.46	0.43	1.96*	0.74	0.21	-0.33	0.37	12.74	24.85	0.39	-47.12	88
592	杨扬	申万菱信基金	2020/06~2023/11	43	2	0.45	0.03	0.09	0.03	1.03	-0.10	0.25	0.33	0.88	27.10	-0.02	-44.87	43
593	张鹏	申万菱信基金	2008/12~2014/01	63	2	-7.93	-1.34	0.50	1.06	0.92	0.20	0.58	0.59	10.21	26.80	0.28	-44.45	87
594	梁鹏	太平基金	2017/12~2023/06	68	3	9.59	1.52	-0.89	-0.90	0.91	-0.12	0.06	0.05	8.48	19.59	0.36	-29.91	66
595	赵梓峰	太平基金	2007/03~2016/02	65	2	-6.14	-0.64	0.38	1.25	0.72	-0.08	-0.19	0.40	3.31	33.51	0.02	-58.75	82
596	彭一博	泰康基金	2014/05~2017/11	40	5	12.84	1.7*	1.16	2.96*	0.35	0.16	-0.12	0.17	34.47	16.40	2.04	-2.76	63
597	崔海鸿	泰信基金	2005/10~2009/12	47	3	-11.32	-0.91	1.08	2.05*	0.73	-0.04	0.71	0.62	23.68	30.86	0.71	-38.37	76
598	戴宇虹	泰信基金	2012/03~2016/11	58	3	-3.17	-0.46	0.38	1.01	0.99	-0.03	-0.46	0.39	14.67	31.55	0.39	-50.77	88
599	刘杰	泰信基金	2015/03~2021/09	80	2	-0.98	-0.18	-0.05	-0.12	0.86	0.34	-0.25	0.35	9.10	28.27	0.27	-62.16	83
600	刘强	泰信基金	2007/02~2012/11	71	1	-18.48	-3.15	0.91	3.74*	0.92	0.27	-0.40	0.55	2.35	34.57	-0.02	-64.42	91
601	刘毅	泰信基金	2010/12~2014/05	43	2	-11.91	-1.83	1.27	1.44	0.70	0.40	0.26	0.22	-1.37	18.70	-0.24	-25.73	78
602	柳菁	泰信基金	2009/04~2015/08	78	2	-0.07	-0.01	-0.20	-0.58	0.94	0.20	-0.07	0.34	14.74	28.33	0.42	-40.43	90
603	钱鑫	泰信基金	2014/05~2021/08	88	3	6.02	1.17	-0.45	-1.26	0.86	0.22	-0.52	0.24	19.36	27.50	0.64	-58.17	81
604	袁园	泰信基金	2012/03~2017/07	66	1	-1.09	-0.20	0.15	0.45	0.92	0.05	-0.81	0.58	10.04	29.17	0.26	-55.30	88
605	张彦	泰信基金	2017/11~2021/07	46	1	-2.46	-0.36	-0.74	-0.71	0.82	0.47	-0.36	0.33	9.53	20.36	0.39	-36.71	75
606	姜文涛	天弘基金	2005/04~2016/10	82	6	4.87	1.08	0.50	2.31*	0.73	-0.32	-0.50	0.41	27.15	24.23	1.06	-23.65	87
607	王林	天弘基金	2015/12~2018/12	38	4	-2.99	-1.01	0.26	0.94	0.14	-0.07	-0.12	-0.09	-1.57	5.18	-0.59	-14.65	25

续表

编号	基金经理	离职前任职公司	任职区间	任职时间（月）	管理基金数量（只）	选股能力		择时能力		β_{mkt}	β_{smb}	β_{hml}	β_{mom}	年化收益率（%）	年化波动率（%）	年化夏普比率	最大回撤率（%）	调整后 R^2（%）
						年化 α(%)	t(α)	γ	t(γ)									
608	肖志刚	天弘基金	2013/09~2019/07	72	6	-0.18	-0.04	0.02	0.07	0.83	0.05	-0.51	0.24	7.71	24.59	0.24	-49.30	88
609	TIANHUAN	天治基金	2018/08~2022/03	45	3	8.47	1.18	-0.32	-0.30	0.86	-0.22	-0.05	0.24	15.71	20.31	0.70	-27.59	73
610	曾海	天治基金	2015/06~2019/02	46	1	-7.73	-1.13	-0.30	-0.61	0.79	0.06	-0.13	0.31	-16.55	25.49	-0.71	-55.05	81
611	刘红兵	天治基金	2004/06~2008/06	49	2	-2.01	-0.42	0.44	2.01*	0.59	-0.13	0.08	0.38	22.58	23.65	0.84	-33.54	91
612	王洋	天治基金	2015/02~2018/07	43	1	2.23	0.54	-0.10	-0.44	0.12	-0.09	0.05	-0.07	2.55	6.94	0.14	-13.12	20
613	吴涛	天治基金	2008/04~2011/08	42	2	-0.84	-0.13	-0.16	-0.60	0.72	0.02	-0.04	0.39	-2.47	26.16	-0.20	-47.33	93
614	谢京	天治基金	2005/08~2012/05	83	2	6.16	1.28	0.20	0.96	0.59	-0.09	0.34	0.66	18.68	24.45	0.65	-47.41	86
615	尹维国	天治基金	2015/02~2022/01	85	4	3.49	0.74	0.31	0.96	0.32	-0.17	-0.43	0.14	7.99	14.42	0.45	-29.02	45
616	卞亚军	同泰基金	2010/10~2023/04	78	10	-10.73	-1.50	0.83	0.77	0.81	0.25	-0.38	0.45	-0.60	22.36	-0.14	-45.16	65
617	高翰昆	万家基金	2015/05~2018/07	40	14	5.36	2.35*	-0.21	-1.23	0.16	-0.09	0.05	-0.15	3.97	5.28	0.46	-5.20	59
618	刘芳洁	万家基金	2007/07~2014/10	83	4	-0.74	-0.13	0.03	0.09	0.69	0.13	0.19	0.22	4.11	23.65	0.05	-47.97	79
619	吕宜振	万家基金	2006/11~2012/12	63	5	-2.60	-0.37	-0.03	-0.08	0.86	0.21	-0.56	0.53	20.59	29.33	0.63	-30.73	86
620	孙远慧	万家基金	2016/03~2020/10	57	7	3.45	0.67	0.78	0.90	0.86	-0.11	-0.02	-0.17	9.90	17.63	0.49	-21.43	75
621	尹诚庸	万家基金	2019/03~2023/04	51	4	2.40	1.44	0.64	1.95*	0.21	-0.08	0.03	0.08	5.86	4.81	0.91	-5.65	74
622	朱颖	万家基金	2011/11~2015/01	40	2	-11.09	-2.06	-0.31	-0.44	0.79	0.02	-0.20	0.19	0.77	16.72	-0.14	-21.05	83
623	傅明笑	西部利得基金	2008/08~2014/11	70	3	-12.27	-2.88	0.37	1.39	0.60	0.22	-0.09	0.30	1.88	17.71	-0.05	-36.82	82
624	刘荟	西部利得基金	2016/01~2021/06	67	10	4.18	1.23	0.33	0.60	0.52	-0.01	0.08	0.14	11.86	11.51	0.90	-15.37	67
625	张维文	西部利得基金	2015/06~2018/09	41	5	1.89	0.81	-0.13	-0.74	0.08	-0.03	-0.21	-0.01	1.67	4.29	0.04	-5.31	35
626	张翔	西部利得基金	2015/07~2022/11	83	3	4.43	0.91	0.88	2.34*	0.42	-0.14	-0.12	0.09	9.26	14.21	0.55	-24.84	47

续表

编号	基金经理	离职前任职公司	任职区间	任职时间（月）	管理基金数量（只）	选股能力		择时能力		β_{mkt}	β_{smb}	β_{hml}	β_{mom}	年化收益率（%）	年化波动率（%）	年化夏普比率	最大回撤率（%）	调整后 R^2（%）
						年化α(%)	t(α)	γ	t(γ)									
627	王颢	先锋基金	2017/06~2020/06	38	4	-3.34	-0.69	1.33	1.9*	0.67	0.19	0.01	0.02	3.56	15.36	0.13	-26.71	84
628	杨帅	先锋基金	2018/04~2021/08	42	3	3.48	0.57	-2.02	-2.30	0.94	-0.17	-0.26	-0.16	5.83	18.09	0.24	-24.94	79
629	蒋畅	新华基金	2001/02~2006/06	47	2	-9.14	-1.51	2.12	3.29*	0.49	0.13	0.41	0.34	8.98	17.10	0.41	-22.56	75
630	栾超	新华基金	2015/11~2023/10	94	10	6.49	1.33	0.18	0.42	0.63	0.04	-0.99	-0.15	10.97	20.65	0.46	-40.43	69
631	王卫东	新华基金	2008/07~2013/12	67	3	-0.71	-0.11	1.76	4.73*	0.77	0.02	0.54	0.30	17.38	24.54	0.59	-28.46	80
632	张霖	新华基金	2016/07~2023/07	62	3	-8.74	-1.77	0.49	0.61	0.73	-0.08	-0.27	-0.18	-8.34	16.33	-0.62	-46.02	72
633	陈令朝	鑫元基金	2018/01~2021/10	47	3	2.51	0.39	-0.12	-0.12	0.39	0.08	0.04	0.36	8.82	12.99	0.56	-11.42	45
634	丁玥	鑫元基金	2017/09~2022/05	58	5	8.16	2.28*	-1.01	-1.86	0.64	-0.10	-0.09	0.16	8.23	13.68	0.49	-20.30	81
635	王美芹	鑫元基金	2017/12~2021/02	40	1	13.08	1.8*	-1.24	-1.25	0.57	0.14	0.34	0.51	14.99	14.76	0.91	-11.04	60
636	曾昭雄	信达澳亚基金	2003/04~2008/12	55	7	16.58	2.53*	-0.39	-1.43	0.77	-0.16	-0.15	0.44	5.70	29.58	0.11	-62.78	89
637	杜蜀鹏	信达澳亚基金	2012/04~2015/12	46	4	5.94	0.67	-0.66	-1.07	1.11	-0.26	-0.36	0.17	17.83	31.75	0.47	-49.07	85
638	冯士祯	信达澳亚基金	2015/05~2019/04	49	6	8.73	2.03*	-0.95	-3.05	0.81	0.09	-0.39	0.28	-6.24	26.15	-0.30	-47.39	93
639	孔学峰	信达澳亚基金	2016/10~2020/09	48	1	13.99	3.09*	-1.00	-1.43	0.82	-0.04	-0.34	0.01	17.29	16.21	0.97	-21.87	81
640	李朝伟	信达澳亚基金	2016/01~2020/01	50	4	3.72	0.72	0.19	0.23	0.78	-0.03	-0.29	0.02	9.64	16.48	0.49	-24.22	72
641	王辉良	信达澳亚基金	2016/01~2021/11	67	3	3.28	0.63	0.58	0.66	0.97	0.05	-0.13	-0.09	12.19	19.51	0.56	-41.86	75
642	王咏辉	信达澳亚基金	2018/06~2022/03	46	5	1.12	0.17	1.85	1.88*	0.70	0.13	-0.23	0.24	17.64	19.52	0.83	-14.04	74
643	王战强	信达澳亚基金	2008/07~2015/07	86	3	-1.66	-0.28	1.06	3.07*	0.69	-0.07	0.33	0.39	15.42	24.12	0.52	-32.75	75
644	冷文鹏	兴华基金	2016/06~2023/05	66	6	4.54	1.33	-0.60	-1.01	0.96	0.00	-0.27	-0.03	1.81	18.18	0.02	-28.23	88
645	冯烜	兴业基金	2017/05~2022/02	59	5	3.50	0.90	1.39	2.17*	0.73	-0.10	0.06	0.02	12.83	15.25	0.74	-18.10	79

续表

编号	基金经理	离职前任职公司	任职区间	任职时间（月）	管理基金数量（只）	选股能力		择时能力		β_{mkt}	β_{smb}	β_{hml}	β_{mom}	年化收益率（%）	年化波动率（%）	年化夏普比率	最大回撤率（%）	调整后 R^2（%）
						年化 α(%)	t(α)	γ	t(γ)									
646	吴卫东	兴业基金	2015/01~2020/10	70	3	0. 52	0. 15	-0. 08	-0. 33	0. 72	-0. 07	-0. 21	-0. 10	7. 17	20. 36	0. 27	-37. 41	88
647	王磊	兴银基金	2017/07~2020/12	43	3	9. 17	2. 15*	0. 05	0. 09	0. 60	0. 09	0. 24	0. 26	14. 47	12. 81	1. 01	-15. 74	79
648	陈锦泉	兴证全球基金	2011/05~2015/01	46	1	7. 00	1. 10	0. 81	0. 94	0. 75	-0. 01	0. 30	0. 36	20. 11	18. 40	0. 92	-20. 63	77
649	陈扬帆	兴证全球基金	2009/03~2014/12	71	2	-3. 33	-0. 43	0. 47	0. 66	0. 69	0. 33	0. 17	0. 86	13. 26	24. 38	0. 43	-28. 84	66
650	董承非	兴证全球基金	2007/02~2021/09	177	5	5. 98	2. 61*	0. 37	2. 96*	0. 69	-0. 10	-0. 20	0. 10	16. 58	21. 17	0. 67	-49. 68	88
651	季侃乐	兴证全球基金	2014/11~2021/06	81	2	8. 12	1. 83*	0. 62	2. 11*	0. 73	-0. 05	-0. 39	0. 06	22. 28	21. 72	0. 95	-31. 05	80
652	王晓明	兴证全球基金	2005/11~2013/09	96	2	6. 36	1. 8*	0. 55	3. 43*	0. 72	-0. 19	-0. 06	0. 13	26. 52	25. 72	0. 92	-43. 85	92
653	吴圣涛	兴证全球基金	2008/03~2018/06	116	6	5. 39	1. 47	-0. 30	-1. 41	0. 77	-0. 02	-0. 27	0. 10	7. 06	24. 88	0. 19	-52. 56	86
654	杨大力	兴证全球基金	2008/12~2014/11	44	2	6. 46	0. 99	-0. 34	-0. 88	0. 58	-0. 16	0. 15	0. 52	18. 72	17. 70	0. 93	-17. 20	84
655	张惠萍	兴证全球基金	2008/01~2013/01	62	3	-0. 28	-0. 05	0. 46	1. 57	0. 68	-0. 08	-0. 03	0. 23	1. 60	22. 49	-0. 06	-39. 00	83
656	蔡海洪	易方达基金	2011/09~2015/06	47	3	-0. 21	-0. 05	0. 59	1. 43	0. 50	-0. 05	0. 00	0. 02	17. 75	14. 96	0. 99	-10. 75	81
657	陈志民	易方达基金	2001/06~2011/03	120	4	12. 65	3. 61*	0. 22	1. 25	0. 74	-0. 15	-0. 14	0. 72	22. 22	25. 27	0. 80	-53. 21	88
658	葛秋石	易方达基金	2018/03~2022/08	55	2	19. 93	3. 2*	-2. 28	-2. 53	1. 02	-0. 27	-0. 24	-0. 09	14. 44	21. 40	0. 60	-29. 02	79
659	韩阅川	易方达基金	2019/06~2022/07	39	17	6. 38	3. 65*	0. 17	0. 54	0. 11	-0. 05	-0. 04	0. 05	9. 24	3. 43	2. 26	-2. 07	58
660	何云峰	易方达基金	2008/01~2014/11	84	2	-7. 48	-1. 71	0. 20	0. 81	0. 70	0. 13	-0. 14	0. 36	0. 39	21. 95	-0. 12	-48. 41	85
661	侯清濯	易方达基金	2006/01~2012/08	81	3	7. 74	1. 34	0. 05	0. 20	0. 65	-0. 26	0. 00	0. 32	17. 44	25. 80	0. 56	-44. 25	82
662	江作良	易方达基金	2001/06~2007/06	72	2	12. 19	3. 47*	0. 11	0. 42	0. 54	-0. 21	0. 08	0. 36	23. 88	16. 36	1. 35	-8. 89	84
663	兰传杰	易方达基金	2018/12~2022/08	46	2	3. 94	0. 23	-0. 77	-0. 31	0. 92	0. 15	-0. 35	0. 28	20. 63	31. 74	0. 60	-35. 53	43
664	李文健	易方达基金	2011/01~2015/02	51	1	2. 36	0. 26	-0. 30	-0. 24	0. 63	0. 22	-0. 74	0. 16	11. 08	18. 51	0. 43	-21. 06	50

续表

编号	基金经理	离职前任职公司	任职区间	任职时间（月）	管理基金数量（只）	选股能力		择时能力		β_{mkt}	β_{smb}	β_{hml}	β_{mom}	年化收益率（%）	年化波动率（%）	年化夏普比率	最大回撤率（%）	调整后 R^2（%）
						年化α(%)	t(α)	γ	t(γ)									
665	梁裕宁	易方达基金	2016/01～2020/05	54	3	8.64	1.84*	-2.13	-2.84	1.08	-0.06	-0.31	0.15	9.72	18.73	0.44	-34.43	81
666	林森	易方达基金	2016/03～2022/04	75	6	10.68	3.74*	-1.03	-2.10	0.43	0.00	-0.36	0.06	10.59	10.51	0.87	-23.28	69
667	刘武	易方达基金	2018/12～2023/06	56	4	18.04	1.79*	-1.17	-0.74	1.02	-0.14	-0.86	-0.24	25.14	27.52	0.86	-36.70	66
668	马骏	易方达基金	2001/06～2005/12	56	1	4.97	1.19	0.73	1.26	0.68	-0.35	0.16	0.44	4.29	14.54	0.15	-14.11	83
669	潘峰	易方达基金	2007/04～2014/11	93	1	-3.76	-0.96	0.56	2.62*	0.88	-0.05	-0.25	0.21	6.82	27.30	0.14	-58.45	91
670	冉华	易方达基金	2004/02～2007/12	48	1	21.51	2.51*	0.08	0.15	0.71	-0.22	-0.11	0.27	50.90	26.05	1.86	-13.60	76
671	宋昆	易方达基金	2010/09～2018/12	101	5	1.20	0.24	0.28	0.75	1.07	0.12	-0.82	0.46	7.31	30.70	0.16	-65.28	83
672	王超	易方达基金	2013/05～2021/04	98	7	0.97	0.20	0.64	1.88*	0.59	-0.17	-0.20	0.01	12.04	18.61	0.55	-30.13	60
673	王义克	易方达基金	2014/12～2018/02	40	1	16.31	2.31*	-0.33	-0.89	0.93	0.10	-0.96	0.46	21.16	34.75	0.56	-46.55	92
674	吴欣荣	易方达基金	2004/02～2014/03	123	3	5.60	1.76*	0.24	1.46	0.78	-0.19	0.08	0.41	16.03	25.81	0.51	-53.94	91
675	伍卫	易方达基金	2006/09～2011/09	61	6	7.43	1.01	0.02	0.07	0.77	-0.18	-0.24	0.48	21.83	30.78	0.63	-46.10	87
676	肖坚	易方达基金	2002/03～2007/12	71	3	13.45	3.34*	0.40	1.37	0.81	-0.30	-0.12	0.62	41.06	25.74	1.50	-14.99	91
677	肖林	易方达基金	2016/05～2019/08	41	2	9.17	2.66*	-1.32	-2.33	0.23	-0.04	0.24	-0.12	7.51	6.61	0.91	-7.06	39
678	韩宁	益民基金	2012/03～2016/06	53	3	-2.95	-0.54	0.10	0.36	0.86	-0.10	-0.46	0.18	10.03	27.02	0.27	-49.09	91
679	侯燕琳	益民基金	2010/12～2014/08	42	3	-10.81	-1.34	0.29	0.22	0.72	0.39	-0.36	0.22	-2.17	17.95	-0.30	-23.71	70
680	蒋俊国	益民基金	2011/08～2015/05	47	1	-16.70	-3.33	-0.12	-0.24	0.73	0.25	0.09	0.11	8.68	21.61	0.26	-34.80	88
681	李勇钢	益民基金	2011/09～2014/11	40	1	-13.68	-2.39	1.63	2.24*	0.62	0.17	-0.13	0.01	5.15	15.49	0.13	-23.97	78
682	熊伟	益民基金	2007/10～2011/09	49	1	-2.36	-0.35	-0.31	-1.09	0.74	0.15	0.42	0.36	-11.46	29.31	-0.49	-55.19	92
683	赵若琼	益民基金	2017/02～2022/08	68	6	10.37	2.15*	-0.80	-1.02	0.79	-0.09	-0.23	0.22	13.52	17.94	0.67	-28.39	75

续表

编号	基金经理	离职前任职公司	任职区间	任职时间（月）	管理基金数量（只）	选股能力		择时能力		β_{mkt}	β_{smb}	β_{hml}	β_{mom}	年化收益率（%）	年化波动率（%）	年化夏普比率	最大回撤率（%）	调整后 R^2（%）
						年化 α（%）	t(α)	γ	t(γ)									
684	成胜	银河基金	2010/09~2015/05	58	3	11.43	1.43	-0.12	-0.14	1.04	0.34	-0.97	0.59	37.11	30.53	1.12	-27.49	81
685	韩晶	银河基金	2015/04~2023/02	96	20	3.04	2.5*	0.14	1.43	0.09	-0.07	-0.12	0.02	4.88	3.93	0.85	-2.81	44
686	李昇	银河基金	2002/09~2009/07	85	4	11.73	2.81*	0.00	0.02	0.66	-0.39	0.21	-0.03	24.58	24.28	0.92	-48.34	87
687	刘风华	银河基金	2007/01~2013/01	74	2	1.60	0.31	0.28	1.27	0.66	0.13	-0.14	0.53	12.61	25.35	0.38	-51.42	87
688	王海华	银河基金	2013/12~2022/02	100	6	6.89	1.02	-0.15	-0.30	0.91	0.20	-0.45	0.58	19.32	31.56	0.56	-53.26	72
689	张杨	银河基金	2011/10~2023/03	138	9	4.25	0.97	-0.08	-0.22	0.89	0.06	-0.79	0.30	13.21	26.78	0.42	-54.03	77
690	葛鹤军	银华基金	2014/10~2018/06	46	4	3.28	1.48	0.38	3.16*	0.08	0.00	0.01	0.05	8.95	4.56	1.59	-1.49	41
691	郭建兴	银华基金	2009/12~2016/06	76	2	3.83	0.80	-0.13	-0.43	0.72	0.07	-0.26	0.33	12.87	23.37	0.44	-39.81	85
692	金斌	银华基金	2009/02~2013/06	54	2	4.79	1.43	-0.45	-1.78	0.66	0.02	-0.13	0.28	8.72	17.90	0.33	-17.58	92
693	况群峰	银华基金	2006/09~2011/08	61	3	15.10	2.34*	0.08	0.36	0.79	-0.24	-0.30	0.59	26.58	32.39	0.73	-58.19	91
694	刘春雨	银华基金	2012/04~2015/04	38	1	11.19	1.76*	-0.17	-0.29	1.03	-0.24	-0.94	0.28	32.07	21.66	1.34	-16.72	86
695	陆文俊	银华基金	2006/07~2013/08	83	4	-2.18	-0.56	0.33	1.66*	0.86	0.05	-0.14	0.25	26.57	28.34	0.85	-36.56	93
696	王华	银华基金	2006/11~2017/07	130	5	7.52	2.11*	0.07	0.41	0.79	0.01	-0.38	0.44	18.70	27.77	0.58	-59.00	89
697	王翔	银华基金	2017/03~2021/05	52	3	-3.47	-0.62	0.81	2.75*	1.02	0.14	-0.57	0.48	14.32	36.75	0.34	-43.00	96
698	王鑫钢	银华基金	2013/02~2019/11	83	5	-2.83	-0.68	-0.09	-0.32	0.79	0.03	-0.36	0.01	5.86	22.85	0.17	-52.17	84
699	许翔	银华基金	2003/05~2009/06	66	3	8.80	1.20	0.17	0.56	0.61	-0.33	-0.16	0.29	22.72	25.21	0.82	-49.68	75
700	周可彦	银华基金	2008/02~2018/11	96	7	8.65	1.60	-0.68	-2.19	0.64	0.02	-0.02	0.00	2.02	24.03	-0.01	-58.44	74
701	邹积建	银华基金	2008/07~2016/06	71	2	-1.58	-0.29	0.13	0.54	0.85	0.12	-0.12	-0.06	21.97	31.19	0.63	-36.15	91
702	郑中华	英大基金	2019/03~2023/01	48	2	17.05	2.38*	-2.71	-2.00	1.20	0.09	-0.61	-0.13	20.69	25.87	0.74	-31.03	85

续表

编号	基金经理	离职前任职公司	任职区间	任职时间（月）	管理基金数量（只）	选股能力		择时能力		β_{mkt}	β_{smb}	β_{hml}	β_{mom}	年化收益率（%）	年化波动率（%）	年化夏普比率	最大回撤率（%）	调整后 R^2（%）
						年化 α（%）	t(α)	γ	t(γ)									
703	陆海燕	永赢基金	2016/04～2023/07	65	3	2.21	0.28	-3.27	-1.75	0.71	0.33	0.03	0.46	2.00	19.64	0.03	-29.41	47
704	乔敏	永赢基金	2019/10～2023/04	43	2	2.92	0.26	3.78	1.82*	1.00	-0.23	-0.26	0.36	20.95	27.39	0.71	-34.56	71
705	万纯	永赢基金	2019/07～2023/07	50	5	4.09	0.75	0.20	0.19	0.51	-0.11	-0.16	-0.03	7.63	12.26	0.50	-18.50	59
706	李明阳	圆信永丰基金	2017/12～2021/10	48	4	12.42	1.87*	-1.40	-1.34	0.94	-0.18	-0.42	0.15	18.44	20.30	0.83	-25.65	75
707	顾晓飞	长安基金	2014/08～2020/06	63	7	-1.92	-0.26	0.33	0.73	0.59	-0.42	0.16	-0.39	7.64	22.92	0.27	-39.68	67
708	栾绍菲	长安基金	2015/05～2018/11	44	2	2.06	0.36	-0.35	-0.79	0.45	-0.08	-0.63	-0.13	-5.80	15.86	-0.46	-26.71	66
709	蔡旻	长城基金	2015/12～2019/05	43	5	0.77	1.01	-0.11	-1.76	0.02	-0.03	-0.05	-0.06	1.67	1.36	0.13	-1.34	22
710	陈蔚丰	长城基金	2015/05～2022/09	87	6	9.68	1.59	-0.15	-0.29	0.80	0.21	-0.63	0.19	9.70	26.78	0.31	-35.27	74
711	韩浩	长城基金	2002/07～2006/02	44	2	5.90	1.24	-0.18	-0.22	0.68	-0.29	-0.01	0.47	6.02	13.48	0.29	-15.52	82
712	蒋劲刚	长城基金	2010/01～2019/05	114	9	-0.86	-0.28	-0.18	-0.79	0.51	0.08	0.00	0.16	3.40	15.60	0.07	-30.13	74
713	刘颖芳	长城基金	2010/01～2015/02	63	2	-7.69	-1.51	0.19	0.28	0.53	0.06	-0.39	0.12	0.69	12.94	-0.18	-24.27	60
714	秦玲萍	长城基金	2006/03～2009/04	40	1	18.21	1.48	-0.04	-0.08	0.71	-0.33	-0.17	0.14	39.70	33.85	1.08	-52.95	84
715	徐九龙	长城基金	2008/02～2016/02	98	5	-2.62	-0.57	0.17	0.75	0.50	0.11	-0.46	0.09	6.39	19.70	0.18	-46.83	75
716	杨毅平	长城基金	2002/03～2013/05	123	5	12.37	2.98*	-0.49	-2.51	0.82	-0.47	-0.13	-0.22	14.79	29.21	0.41	-60.78	91
717	郑帮强	长城基金	2015/07～2018/07	38	3	10.71	1.12	-0.06	-0.08	0.97	0.33	-0.63	0.31	7.69	31.56	0.20	-31.12	82
718	曹紫建	长江证券资产	2018/04～2022/06	52	4	-0.57	-0.10	0.16	0.21	0.80	-0.18	-0.20	-0.18	4.63	18.06	0.17	-30.44	78
719	邓永明	长盛基金	2006/05～2014/09	101	6	3.09	0.66	0.27	1.13	0.72	-0.09	-0.31	0.16	21.04	23.89	0.77	-36.01	83
720	付海宁	长盛基金	2017/07～2021/07	43	8	4.12	0.65	-0.70	-0.68	0.70	0.06	0.09	0.25	3.41	14.06	0.14	-25.37	58
721	侯继雄	长盛基金	2007/10～2014/03	79	2	-0.97	-0.26	0.13	0.65	0.70	0.03	-0.18	0.16	-0.47	22.47	-0.16	-55.19	91

续表

编号	基金经理	离职前任职公司	任职区间	任职时间（月）	管理基金数量（只）	选股能力		择时能力		β_{mkt}	β_{smb}	β_{hml}	β_{mom}	年化收益率（%）	年化波动率（%）	年化夏普比率	最大回撤率（%）	调整后 R^2（%）
						年化 α(%)	t(α)	γ	t(γ)									
722	闵昱	长盛基金	2002/06~2006/04	47	5	6.99	1.64*	-0.35	-0.51	0.77	-0.26	-0.15	0.54	7.92	15.32	0.40	-18.93	88
723	宋炳山	长盛基金	2001/04~2008/06	62	5	3.28	0.68	-0.37	-0.87	0.64	-0.24	0.01	0.36	-10.57	18.55	-0.74	-45.66	83
724	田间	长盛基金	2013/07~2018/02	57	5	-7.12	-1.35	-0.60	-1.91	0.72	-0.01	0.20	0.20	2.45	23.13	0.02	-50.15	84
725	吴博文	长盛基金	2014/06~2019/05	57	5	-3.56	-0.54	-0.18	-0.29	0.80	0.19	-0.06	0.37	9.35	23.83	0.33	-45.72	78
726	吴达	长盛基金	2016/07~2023/06	85	5	0.80	0.21	-0.10	-0.14	0.65	-0.13	-0.39	0.26	4.94	15.86	0.22	-41.56	74
727	肖强	长盛基金	2002/11~2010/02	78	5	7.34	1.81*	0.11	0.64	0.70	-0.15	0.09	0.48	16.58	26.02	0.55	-56.89	91
728	许良胜	长盛基金	2002/04~2008/08	50	2	-1.63	-0.34	-0.09	-0.23	0.79	-0.42	0.10	0.43	-18.92	22.22	-0.98	-58.16	92
729	许彤	长盛基金	2004/10~2009/04	56	1	11.80	1.62	-0.02	-0.06	0.68	-0.20	-0.10	0.16	28.73	28.21	0.92	-55.66	84
730	赵宏宇	长盛基金	2013/05~2019/07	76	6	-1.66	-0.27	0.37	0.95	0.58	0.03	-0.43	0.04	7.78	20.37	0.29	-41.30	61
731	安昀	长信基金	2011/10~2022/01	95	9	2.04	0.32	0.24	0.32	0.73	0.09	-0.26	0.31	16.87	22.03	0.67	-27.31	55
732	曾芒	长信基金	2006/11~2010/07	46	2	9.70	1.27	-0.11	-0.47	0.79	-0.33	0.00	0.04	21.60	35.45	0.53	-60.99	94
733	付勇	长信基金	2006/01~2012/10	80	3	6.78	1.51	-0.11	-0.60	0.87	0.03	-0.03	-0.01	28.07	31.96	0.80	-63.46	93
734	胡志宝	长信基金	2006/12~2015/02	100	4	-2.64	-0.72	0.01	0.09	0.84	0.00	-0.25	0.26	10.45	27.51	0.27	-61.19	92
735	李小羽	长信基金	2016/01~2019/01	37	2	-1.36	-0.22	-2.34	-2.12	0.40	-0.04	-0.10	0.06	-6.50	10.81	-0.74	-25.09	31
736	宋小龙	长信基金	2006/12~2016/06	112	6	5.40	1.00	-0.59	-2.65	0.78	-0.05	-0.15	-0.40	13.56	30.45	0.36	-53.52	84
737	吴廷华	长信基金	2018/03~2022/11	57	3	7.17	1.41	-0.64	-0.88	0.30	-0.19	0.36	-0.03	2.99	10.13	0.15	-11.58	36
738	朱垚	长信基金	2019/05~2023/08	53	1	-0.52	-0.16	0.63	0.97	0.22	-0.09	-0.08	0.07	2.99	6.86	0.22	-18.39	49
739	白海峰	招商基金	2017/05~2023/06	75	2	6.01	1.10	-1.12	-1.23	0.76	-0.13	-0.24	0.06	6.66	17.70	0.29	-33.77	62
740	何文韬	招商基金	2014/04~2019/05	63	7	1.38	0.53	-0.16	-1.04	0.18	0.01	-0.26	-0.08	4.10	7.28	0.32	-11.49	56

续表

编号	基金经理	离职前任职公司	任职区间	任职时间（月）	管理基金数量（只）	选股能力		择时能力		β_{mkt}	β_{smb}	β_{hml}	β_{mom}	年化收益率（%）	年化波动率（%）	年化夏普比率	最大回撤率（%）	调整后 R^2（%）
						年化α(%)	t(α)	γ	t(γ)									
741	贺庆	招商基金	2003/04~2006/12	46	2	0.45	0.12	1.20	2.93*	0.73	-0.11	0.03	0.58	23.95	19.46	1.12	-16.96	92
742	胡军华	招商基金	2005/08~2008/12	41	2	11.03	1.88*	0.08	0.37	0.65	-0.18	-0.10	0.33	29.17	28.41	0.92	-49.17	93
743	贾仁栋	招商基金	2016/09~2023/07	84	3	3.63	0.69	-0.45	-0.49	0.35	-0.10	-0.61	0.07	5.48	14.68	0.28	-29.99	43
744	李亚	招商基金	2014/12~2021/01	75	5	9.94	1.49	0.16	0.37	0.49	-0.30	-0.57	-0.04	16.51	18.58	0.80	-31.15	44
745	吕一凡	招商基金	2003/12~2014/12	72	7	7.96	1.81*	0.43	1.58	0.73	-0.27	-0.31	0.41	31.20	23.97	1.23	-24.68	88
746	潘明曦	招商基金	2015/10~2021/08	72	4	4.16	1.05	0.24	0.72	0.71	0.14	-0.23	0.33	13.19	18.34	0.64	-26.91	80
747	孙振峰	招商基金	2009/07~2017/05	88	7	-3.48	-0.87	0.35	1.03	0.74	0.06	-0.19	0.30	10.94	20.20	0.44	-27.23	84
748	唐祝益	招商基金	2009/12~2014/12	57	4	0.31	0.06	0.14	0.21	0.84	0.02	-0.25	0.37	7.00	18.86	0.22	-33.64	82
749	涂冰云	招商基金	2008/03~2011/11	46	2	3.23	0.54	0.12	0.45	0.75	-0.13	0.28	0.66	-4.13	25.58	-0.27	-38.50	91
750	王垠	招商基金	2018/09~2023/04	57	4	3.10	1.60	0.21	0.74	0.19	-0.01	0.01	0.04	6.65	4.91	1.05	-4.62	60
751	姚爽	招商基金	2016/12~2021/06	50	2	7.35	3*	0.46	0.78	0.29	0.09	0.12	0.28	12.27	6.71	1.64	-5.84	67
752	游海	招商基金	2007/01~2010/06	43	3	26.29	3.49*	-0.40	-1.74	0.62	-0.42	0.21	0.15	16.49	28.40	0.47	-44.55	91
753	袁野	招商基金	2007/03~2015/04	96	5	3.21	1.07	0.13	1.01	0.60	-0.13	-0.14	0.16	14.06	20.34	0.55	-45.57	91
754	张冰	招商基金	2004/06~2011/06	86	3	8.38	1.83*	-0.23	-1.12	0.77	-0.13	-0.14	0.48	20.30	28.36	0.62	-57.97	89
755	张慎平	招商基金	2008/01~2014/05	74	6	-4.56	-1.33	0.23	1.24	0.78	-0.15	0.14	0.23	-6.80	23.88	-0.41	-51.52	94
756	赵龙	招商基金	2006/08~2013/12	62	4	8.32	1.34	-0.32	-1.27	0.80	-0.26	-0.10	0.28	16.90	30.67	0.46	-58.89	89
757	倪文昊	招商证券资产	2013/05~2021/09	45	3	-16.27	-2.63	0.65	1.43	0.79	-0.05	0.15	0.02	10.11	23.83	0.34	-35.30	87
758	赵波	招商证券资产	2014/04~2022/12	103	6	-4.44	-0.95	-0.21	-0.62	0.86	0.04	-0.45	0.07	5.09	25.43	0.14	-59.22	80
759	唐光英	浙江浙商证券资产	2015/08~2018/12	42	1	-2.95	-0.51	-1.18	-2.62	0.54	0.02	-0.18	-0.06	-10.73	18.32	-0.67	-40.22	75

续表

编号	基金经理	离职前任职公司	任职区间	任职时间（月）	管理基金数量（只）	选股能力		择时能力		β_{mkt}	β_{smb}	β_{hml}	β_{mom}	年化收益率（%）	年化波动率（%）	年化夏普比率	最大回撤率（%）	调整后 R^2（%）
						年化 α(%)	t(α)	γ	t(γ)									
760	赵语涛	浙江浙商证券资产	2016/03~2019/03	39	3	-2.15	-0.50	-0.30	-0.42	0.43	0.00	-0.12	-0.08	-1.41	9.61	-0.30	-17.41	58
761	陈志龙	浙商基金	2007/08~2014/09	66	3	9.53	1.99*	-0.29	-1.23	0.69	0.00	0.11	0.27	7.91	24.40	0.21	-49.15	91
762	姜培正	浙商基金	2011/05~2015/05	50	1	-7.08	-1.45	0.82	1.73*	0.65	-0.17	0.04	0.03	12.15	18.80	0.48	-23.67	84
763	唐桦	浙商基金	2013/11~2019/01	60	2	-5.72	-1.42	0.11	0.35	0.66	-0.04	0.13	-0.12	-0.62	17.23	-0.15	-31.49	82
764	向伟	浙商基金	2019/09~2023/05	46	3	8.49	1.60	-0.49	-0.48	1.07	-0.15	-0.09	0.06	12.19	20.65	0.52	-28.07	88
765	曹庆	中庚基金	2012/08~2022/08	87	8	9.87	1.81*	0.00	0.00	0.88	0.07	-0.61	0.40	15.84	28.01	0.51	-42.58	82
766	李飞	中国国际金融	2020/04~2023/05	38	2	-6.60	-1.26	-0.12	-0.12	0.55	-0.22	-0.10	-0.13	-6.31	12.16	-0.64	-33.32	71
767	彬彬	中国人保资产	2019/01~2022/06	43	2	4.63	0.65	-1.67	-1.61	0.52	-0.29	-0.40	0.08	6.25	15.94	0.30	-31.71	62
768	石晓冉	中国人保资产	2020/08~2023/09	39	5	-9.93	-0.99	-1.56	-0.63	0.74	0.02	-0.41	0.23	-17.24	20.36	-0.92	-58.09	64
769	郁琦	中国人保资产	2018/11~2022/08	47	2	10.70	2.64*	-1.06	-1.76	0.84	-0.08	-0.45	0.06	19.18	19.13	0.92	-23.96	91
770	张丽华	中国人保资产	2018/10~2023/03	55	1	2.82	0.37	-1.56	-1.32	0.53	-0.14	-0.65	0.32	5.58	19.92	0.20	-45.92	63
771	张永超	中国人保资产	2016/11~2023/12	80	13	-4.50	-0.87	-0.92	-0.98	0.49	-0.04	-0.25	0.10	-6.82	13.68	-0.61	-52.28	42
772	陈明星	中海基金	2012/03~2015/05	40	1	-4.54	-1.28	-0.71	-2.22	0.93	0.19	0.03	-0.05	29.76	23.59	1.14	-23.35	96
773	笪菲	中海基金	2011/02~2014/10	46	2	-12.00	-2.19	1.09	1.50	0.80	0.16	-0.02	0.33	-0.20	18.30	-0.18	-27.05	83
774	李延刚	中海基金	2008/01~2012/01	50	3	0.38	0.06	-0.20	-0.69	0.71	0.07	0.22	0.43	-8.32	25.77	-0.44	-50.10	90
775	刘俊	中海基金	2014/05~2021/07	87	6	8.29	1.8*	0.14	0.46	0.17	-0.06	-0.38	0.13	13.19	12.10	0.95	-12.18	23
776	骆泽斌	中海基金	2011/11~2015/03	42	3	3.75	0.45	1.12	1.25	0.90	-0.05	-0.51	0.61	26.98	21.71	1.10	-13.66	71
777	彭海平	中海基金	2016/04~2021/08	66	3	0.52	0.09	2.12	1.92*	0.87	0.28	0.05	0.13	14.18	20.16	0.63	-28.89	66

续表

编号	基金经理	离职前任职公司	任职区间	任职时间（月）	管理基金数量（只）	选股能力		择时能力		β_{mkt}	β_{smb}	β_{hml}	β_{mom}	年化收益率（%）	年化波动率（%）	年化夏普比率	最大回撤率（%）	调整后 R^2（%）
						年化α(%)	t(α)	γ	t(γ)									
778	王雄辉	中海基金	2001/06~2008/03	67	3	10.67	2.16*	-0.37	-1.02	0.75	0.02	-0.16	0.54	11.49	22.60	0.42	-37.40	87
779	夏春晖	中海基金	2010/12~2018/05	81	3	-10.89	-1.64	0.61	1.22	1.00	0.16	-0.37	0.61	-7.93	29.71	-0.36	-56.84	78
780	周其源	中海基金	2013/10~2016/11	39	1	-9.77	-0.93	-0.88	-2.02	0.62	0.32	0.23	-0.55	19.79	26.11	0.67	-27.18	81
781	杜晓安	中航基金	2017/12~2021/02	40	2	8.72	1.63	-0.84	-1.15	0.44	-0.06	0.01	0.13	11.02	10.67	0.89	-9.61	59
782	李坤元	中加基金	2010/05~2023/01	136	9	4.49	0.95	-0.99	-2.28	0.91	0.03	-0.27	0.24	-0.47	24.86	-0.10	-65.04	72
783	刘晓晨	中加基金	2018/01~2023/06	58	5	13.60	3.04*	-0.58	-0.91	0.53	-0.15	-0.33	-0.01	11.77	13.35	0.79	-16.83	74
784	王梁	中加基金	2018/08~2023/04	58	3	-4.03	-1.02	1.67	2.81*	0.33	0.02	-0.17	-0.12	6.19	10.58	0.44	-9.05	62
785	许飞虎	中加基金	2018/05~2022/04	49	1	2.42	0.56	0.81	1.35	0.65	-0.03	0.04	0.06	8.53	14.65	0.48	-18.99	80
786	郭党钰	中金基金	2015/06~2019/10	54	8	7.88	1.95*	-0.73	-2.35	0.68	0.08	-0.25	0.07	1.15	20.56	-0.02	-30.36	88
787	乐瑞祺	中科沃土基金	2011/11~2019/12	45	5	-3.56	-0.58	1.25	1.49	0.79	0.00	-0.31	0.19	6.91	16.09	0.28	-20.22	76
788	李昱	中科沃土基金	2011/01~2019/04	89	5	-3.95	-0.85	0.34	0.77	0.80	0.28	-0.04	0.50	5.97	23.77	0.15	-55.47	82
789	曹剑飞	中欧基金	2008/08~2016/03	90	6	4.35	0.70	0.69	2.21*	0.76	-0.02	-0.06	0.66	17.89	27.69	0.56	-43.51	79
790	苟开红	中欧基金	2009/10~2015/05	68	4	-0.08	-0.02	0.05	0.10	0.73	0.26	-0.05	0.22	20.48	20.68	0.85	-18.01	85
791	郭睿	中欧基金	2018/02~2023/08	68	4	4.64	0.54	-0.65	-0.48	1.03	-0.01	-0.28	-0.02	6.63	25.18	0.20	-52.94	62
792	蒋雯文	中欧基金	2018/07~2022/06	49	3	5.31	1.9*	-0.37	-0.92	0.24	0.02	0.01	-0.03	7.61	6.02	1.02	-6.31	51
793	李欣	中欧基金	2016/01~2019/07	44	3	12.48	2.72*	-0.45	-0.65	0.87	-0.05	-0.21	0.04	15.44	16.83	0.83	-24.92	82
794	刘明月	中欧基金	2009/06~2016/11	87	6	-11.28	-1.46	0.29	0.56	0.95	0.54	-0.90	0.71	4.34	33.54	0.05	-56.16	79
795	卢博森	中欧基金	2016/12~2020/07	44	3	6.98	1.32	-1.71	-2.12	0.96	-0.11	-0.13	-0.02	9.57	17.71	0.46	-23.08	81
796	王海	中欧基金	2010/09~2013/12	41	2	-12.10	-1.14	0.88	0.69	0.76	-0.12	0.52	0.22	-9.87	21.48	-0.62	-34.01	64

续表

编号	基金经理	离职前任职公司	任职区间	任职时间（月）	管理基金数量（只）	选股能力		择时能力		β_{mkt}	β_{smb}	β_{hml}	β_{mom}	年化收益率（%）	年化波动率（%）	年化夏普比率	最大回撤率（%）	调整后 R^2（%）
						年化α(%)	t(α)	γ	t(γ)									
797	魏博	中欧基金	2012/08~2022/11	125	5	0.88	0.20	0.63	1.84*	0.85	0.00	-0.52	0.26	12.86	24.57	0.45	-42.89	77
798	余罗畅	中欧基金	2019/07~2022/07	38	2	5.73	4.16*	0.19	0.79	0.18	-0.10	-0.10	0.01	8.29	4.44	1.53	-5.29	86
799	周应波	中欧基金	2015/11~2022/02	77	8	16.28	3.69*	0.24	0.63	0.83	-0.20	-0.59	-0.03	21.38	20.15	0.99	-17.75	77
800	黄小坚	中信保诚基金	2004/12~2014/02	87	4	-2.84	-0.52	0.49	1.17	0.84	0.07	-0.70	0.55	25.91	24.32	0.99	-39.42	79
801	刘浩	中信保诚基金	2008/06~2012/08	52	2	-4.08	-0.77	0.32	1.12	0.78	0.14	-0.10	0.42	3.99	24.74	0.05	-31.86	90
802	谭鹏万	中信保诚基金	2011/09~2015/05	45	3	-0.54	-0.07	2.13	2.93*	0.80	-0.50	0.22	0.24	28.79	26.59	0.97	-13.31	82
803	夏明月	中信保诚基金	2019/03~2023/07	54	2	2.98	0.58	-0.26	-0.24	0.88	-0.06	-0.38	0.11	8.51	18.94	0.37	-28.27	83
804	杨建标	中信保诚基金	2011/03~2015/04	51	3	6.10	0.84	-0.76	-1.04	0.87	0.05	-0.15	0.23	18.50	21.99	0.70	-29.64	73
805	殷孝东	中信保诚基金	2016/12~2020/04	42	3	0.13	0.02	-1.24	-1.51	0.60	-0.21	-0.33	-0.15	-0.22	12.10	-0.14	-25.28	62
806	岳爱民	中信保诚基金	2006/04~2009/06	40	2	18.58	2.24*	-0.37	-1.42	0.62	-0.27	0.04	0.18	31.43	28.31	1.00	-49.93	90
807	张光成	中信保诚基金	2009/03~2019/10	126	6	-3.02	-0.90	0.33	1.40	0.79	0.26	-0.01	0.33	11.72	23.98	0.40	-43.69	86
808	张弘	中信保诚基金	2013/07~2023/08	62	4	9.93	1.03	0.71	0.53	0.53	-0.06	-0.30	0.33	18.70	21.23	0.80	-26.10	37
809	王琦	中信建投基金	2015/02~2019/03	51	3	5.43	1.36	-0.17	-0.76	0.49	-0.03	-0.23	0.17	6.07	16.57	0.27	-24.09	84
810	罗众球	中银国际证券	2016/09~2019/09	38	5	1.14	0.99	-0.28	-1.54	0.11	0.05	-0.03	0.04	1.37	2.50	-0.05	-2.98	58
811	蒲延杰	中银国际证券	2017/07~2023/02	60	6	-1.47	-0.17	1.93	0.95	0.63	0.03	-0.66	0.28	6.88	19.20	0.29	-31.49	57
812	张少华	中银国际证券	2011/06~2023/10	82	6	-6.89	-1.13	0.61	0.65	1.00	0.10	-0.48	0.11	-7.34	23.16	-0.41	-52.61	75
813	甘霖	中银基金	2007/08~2015/07	97	5	3.58	0.96	0.03	0.13	0.66	-0.01	-0.16	0.26	8.44	22.26	0.25	-48.86	87
814	辜岚	中银基金	2013/09~2020/02	79	4	0.40	0.07	-0.18	-0.46	0.85	-0.10	0.12	0.29	7.74	25.60	0.23	-48.69	75
815	李志磊	中银基金	2008/04~2011/09	43	2	4.03	0.69	0.41	1.68*	0.62	-0.03	0.06	0.26	6.57	21.59	0.18	-26.46	90

续表

编号	基金经理	离职前任职公司	任职区间	任职时间（月）	管理基金数量（只）	选股能力		择时能力		β_{mkt}	β_{smb}	β_{hml}	β_{mom}	年化收益率（%）	年化波动率（%）	年化夏普比率	最大回撤率（%）	调整后 R^2（%）
						年化 α(%)	t(α)	γ	t(γ)									
816	欧阳力君	中银基金	2018/03～2021/05	40	3	-0.95	-0.13	-0.68	-0.64	0.84	0.40	-0.27	0.14	9.75	19.90	0.41	-23.26	75
817	史彬	中银基金	2012/07～2018/05	72	3	-8.88	-1.23	0.09	0.21	1.03	0.23	-0.62	0.33	8.19	33.54	0.18	-63.26	81
818	孙庆瑞	中银基金	2006/10～2013/07	83	4	4.68	1.11	0.07	0.38	0.65	0.06	-0.09	0.23	17.00	24.21	0.58	-45.08	89
819	王帅	中银基金	2015/07～2023/11	102	6	2.79	0.63	-0.02	-0.06	0.96	-0.23	-0.35	-0.01	2.80	23.33	0.06	-49.14	78
820	吴印	中银基金	2010/07～2023/11	153	13	-0.15	-0.04	-0.18	-0.54	0.71	-0.04	-0.27	0.18	2.96	20.56	0.05	-49.29	68
821	吴域	中银基金	2007/08～2010/09	39	1	23.93	3.57*	-0.14	-0.51	0.68	-0.19	0.10	0.40	9.72	28.00	0.24	-46.62	94
822	俞岱曦	中银基金	2008/04～2011/08	42	2	7.05	1.65*	-0.28	-1.60	0.77	-0.03	0.16	0.40	1.07	27.67	-0.06	-44.53	97
823	张发余	中银基金	2010/08～2015/03	57	3	-2.31	-0.53	0.02	0.04	0.72	0.07	0.24	0.20	10.55	17.55	0.43	-33.65	83
824	邓立新	中邮创业基金	2011/05～2017/08	77	5	-10.56	-2.81	0.17	0.68	1.01	0.22	-0.40	0.15	5.23	30.12	0.09	-50.83	93
825	纪云飞	中邮创业基金	2017/01～2020/09	46	2	-0.79	-0.17	0.09	0.14	0.80	0.14	-0.01	0.37	7.81	17.15	0.37	-27.44	83
826	任慧峰	中邮创业基金	2018/08～2023/05	59	4	8.22	2.01*	-1.42	-2.28	0.64	-0.17	-0.22	-0.11	7.06	13.86	0.40	-26.23	76
827	任泽松	中邮创业基金	2012/12～2018/05	67	5	4.86	0.54	0.69	1.23	0.93	0.51	-0.97	0.38	28.30	37.10	0.70	-49.19	78
828	盛军	中邮创业基金	2008/01～2011/02	39	1	-0.26	-0.05	0.28	1.20	1.00	-0.26	0.00	0.30	-3.92	36.84	-0.18	-59.64	97
829	王喆	中邮创业基金	2019/03～2022/03	38	3	6.71	1.49	-1.39	-1.47	0.60	0.00	-0.20	-0.09	8.23	11.37	0.59	-11.83	74
830	许进财	中邮创业基金	2012/12～2018/09	71	4	1.43	0.29	0.19	0.60	0.95	0.18	-0.47	0.26	14.56	29.32	0.42	-48.96	89
831	张萌	中邮创业基金	2015/05～2019/03	48	1	2.51	1.92*	0.00	0.02	0.03	-0.03	-0.03	-0.07	4.28	2.33	1.18	-1.44	15
832	张腾	中邮创业基金	2015/03～2023/06	101	2	0.37	0.06	0.46	0.90	0.85	0.30	-0.30	0.30	10.49	29.40	0.30	-56.55	67

参考文献

[1] 李鑫，姚爽．中国开放式基金选时和选股能力的实证分析 [J]．技术经济与管理研究，2011 (10)：88-91.

[2] 李悦，黄温柔．中国股票型基金业绩持续性实证研究 [J]．经济理论与经济管理，2011 (12)：47-54.

[3] 罗荣华，兰伟，杨云红．基金的主动性管理提升了业绩吗？[J]．金融研究，2011 (1)：127-139.

[4] 王向阳，袁定．开放式基金业绩持续性的实证研究 [J]．统计与决策，2006 (11)：137-138.

[5] 肖奎喜，杨义群．我国开放式基金业绩持续性的实证检验 [J]．财贸研究，2005 (2)：60-64.

[6] 张永冀，李天雄，苏治，黄琼．基金规模、投资者关注与基金业绩持续性 [J]．中国管理科学，2023 (12)：57-68.

[7] Bollen N, Busse J. On the Timing Ability of Mutual Fund Managers [J]. Journal of Finance, 2001, 56 (3): 1075-1094.

[8] Brown S, Goetzmann W. Performance Persistence [J]. Journal of Finance, 1995, 50 (2): 679-698.

[9] Cao C, Simin T, Wang Y. Do Mutual Fund Managers Time Market Liquidity? [J]. Journal of Financial Markets, 2013, 16 (2): 279-307.

[10] Cao C, Chen Y, Liang B, Lo A. Can Hedge Funds Time Market Liquidity? [J]. Journal of Financial Economics, 2013, 109 (2): 493-516.

[11] Carhart M. On Persistence in Mutual Fund Performance [J]. Journal of Finance, 1997, 52 (1): 57-82.

[12] Fama E F, French K. The Cross-section of Expected Stock Returns [J]. Journal of Finance, 1992, 47 (2): 427-465.

[13] Fama E, French K. Common Risk Factors in the Returns on Stocks and Bonds [J]. Journal of Financial Economics, 1993, 33 (1): 3-56.

[14] Fama E, French K. Luck Versus Skill in the Cross Section of Mutual Fund

Returns [J]. Journal of Finance, 2010, 65 (5): 1915-1947.

[15] Henriksson R. Market Timing and Mutual Fund Performance: An Empirical Investigation [J]. Journal of Business, 1984, 57 (1): 73-96.

[16] Jensen M. The Performance of Mutual Funds in the Period 1945-1964 [J]. Journal of Finance, 1968, 23 (2): 389-416.

[17] Kosowski R, Timmermann A, White H, Wermers R. Can Mutual Fund "Stars" Really Pick Stocks? New Evidence from a Bootstrap Analysis [J]. Journal of Finance, 2006, 61 (6): 2551-2595.

[18] Malkiel B. Returns from Investing in Equity Mutual Funds 1971 to 1991 [J]. Journal of Finance, 1995, 50 (2): 549-572.

[19] Treynor J, Mazuy K. Can Mutual Funds Outguess the Market? [J]. Harvard Business Review, 1966 (44): 131-136.

后　记

本书是清华大学五道口金融学院和香港中文大学（深圳）高等金融研究院经过多年积累的研究成果，是 2016～2023 年历年出版的《中国公募基金研究报告》和《中国私募基金研究报告》的后续报告。2024 年，我们进一步完善了研究方法、样本和结果，并加入了对 ESG 基金的分析，出版《2024 年中国公募基金研究报告》和《2024 年中国私募基金研究报告》，以飨读者。

本书凝聚着所有参与研究和撰写的工作人员的心血和智慧。在整个书稿的撰写及审阅的过程中，清华大学五道口金融学院、香港中文大学（深圳）高等金融研究院和香港中文大学（深圳）经管学院的领导们给予了大力支持，报告由曹泉伟教授、陈卓教授和舒涛教授共同主持指导，由研究人员门垚、张凯、周嘉慧、姜白杨和詹欣琪共同撰写完成。

我们衷心感谢清华大学五道口金融学院、香港中文大学（深圳）高等金融研究院和香港中文大学（深圳）经管学院的大力支持，感谢国家自然科学基金优秀青年科学基金项目（72222004）的资助，感谢来自学术界、业界、监管机构的各方人士在书稿写作过程中提供的帮助。此外，我们感谢富国基金管理有限公司和汇添富基金管理股份有限公司的领导在我们实地调研时提供的大力支持，感谢于江勇、王立新、史炎、朱民、李剑桥、张晓燕、张博辉、杨文斌、余剑峰、钟蓉萨、赵康、俞文宏和廖理等为本书提供许多有价值的建议。最后，我们由衷感谢来自各方的支持与帮助，在此一并致谢！

作者

2024 年 2 月

图书在版编目（CIP）数据

2024 年中国公募基金研究报告 / 曹泉伟等著. --北京：经济科学出版社，2024. 5
ISBN 978-7-5218-5726-9

Ⅰ.①2… Ⅱ.①曹… Ⅲ.①投资基金-研究报告-中国-2024 Ⅳ.①F832.51

中国国家版本馆 CIP 数据核字(2024)第 061040 号

责任编辑：初少磊
责任校对：刘　昕
责任印制：范　艳

2024 年中国公募基金研究报告
2024 NIAN ZHONGGUO GONGMU JIJIN YANJIU BAOGAO
曹泉伟　陈卓　舒涛　等/著
经济科学出版社出版、发行　新华书店经销
社址：北京市海淀区阜成路甲 28 号　邮编：100142
总编部电话：010-88191217　发行部电话：010-88191522
网址：www.esp.com.cn
电子邮箱：esp@esp.com.cn
天猫网店：经济科学出版社旗舰店
网址：http://jjkxcbs.tmall.com
北京季蜂印刷有限公司印装
787×1092　16 开　33.75 印张　661000 字
2024 年 5 月第 1 版　2024 年 5 月第 1 次印刷
ISBN 978-7-5218-5726-9　定价：118.00 元